Das Buch

»Eine Witwe hatte zwei Töcht[...]ßig, die andere häßlich und faul. Si[...]weil sie ihre rechte Tochter war, vie[...]beit tun.« Das Märchen von ›Frau [...] geht, wie viele andere auch, ein Thema auf, das die Menschen quält, seitdem sie sich über den merkwürdigen Gang der Welt Gedanken machen: Warum, so fragt es, geht es in der Welt immer wieder dem Schlechten gut, dem Guten aber schlecht? Was ist der Sinn dieses flagranten Unrechts, das man so oft und allerorten sieht? Auf diese komplexen und schwierigen Menschheitsfragen können Märchen, so der praktizierende Psychotherapeut und engagierte Kirchenkritiker Eugen Drewermann, eine Antwort geben. Mittels ganz unterschiedlicher Verfahren – zum Beispiel der Symbolforschung und der Literaturwissenschaft, der Tiefenpsychologie C. G. Jungs und der Freudschen Psychoanalyse – interpretiert er unter anderem ›Frau Holle‹, ›Brüderchen und Schwesterchen‹, aber auch unbekanntere Märchen der Gebrüder Grimm als Darstellung der langen Suchwanderungen des Menschen nach sich selbst. Denn die Märchen »wissen, daß alle Kriege sich zunächst im Inneren des Menschen zutragen und ausnahmslos dem Ziel dienen, am Ende aller Leiden geliebt zu werden; sie wissen auch, daß es keine Macht gibt, die den Menschen mehr bezaubert und beherrscht als die Liebe. Nur sie lehrt uns, die Träume für wirklicher zu setzen als den Dreinspruch der Tatsachen. Die Poesie der Liebe im Leben zu verwirklichen – dies und nichts anderes können und wollen die Märchen uns lehren.« (Aus dem Vorwort)

Der Autor

Eugen Drewermann, 1940 in Bergkamen bei Dortmund geboren, studierte Philosophie in Münster, Theologie in Paderborn, Psychoanalyse in Göttingen und habilitierte sich in katholischer Theologie. Er war Priester und Dozent in Paderborn, bis er wegen seiner grundlegenden Kirchenkritik in Auseinandersetzung mit der katholischen Amtskirche geriet. Er ist seitdem als Schriftsteller und Therapeut tätig. Veröffentlichungen u. a.: ›Tiefenpsychologie und Exegese‹ (2 Bände, 1984–1985), ›Das Markusevangelium‹ (2 Bände, 1987–1988), ›Kleriker‹ (1989), ›Ich steige hinab in die Barke der Sonne‹ (1989), ›Was uns Zukunft gibt‹ (1991), ›Die Spirale der Angst‹ (1991), ›Das Matthäusevangelium‹ (1992), ›Rapunzel, Rapunzel, laß dein Haar herunter‹ (Märcheninterpretationen 1992), ›Giordano Bruno oder: Der Spiegel des Unendlichen‹ (1992).

Eugen Drewermann:
Lieb Schwesterlein, laß mich herein
Grimms Märchen tiefenpsychologisch gedeutet

Deutscher
Taschenbuch
Verlag

Die Kapitel dieses Buches sind zuerst als Einzelbände beim Walter
Verlag, Olten 1981–1990, erschienen.

Von Eugen Drewermann
sind im Deutschen Taschenbuch Verlag erschienen:
Kleriker (30010)
Rapunzel, Rapunzel, laß Dein
Haar herunter (35056)

Im Text ungekürzte Ausgabe
1. Auflage April 1992
5. Auflage Februar 1993: 48. bis 67. Tausend
Deutscher Taschenbuch Verlag GmbH & Co. KG, München
© 1981–1990 Walter Verlag, Olten
Umschlaggestaltung: Boris Sokolow
Gesamtherstellung: C. H. Beck'sche Buchdruckerei, Nördlingen
Printed in Germany · ISBN 3-423-35050-4

Inhalt

Vorwort

> Allein das Märchen
> von der Gnade
> löst das Wirrsal:
> Nur das Märchen
> ist Antwort an Leben und Zeit;
> es ist der Lobgesang der Tragiker.
> (Reinhold Schneider: Winter in Wien)

Märchen wie ›Rotkäppchen‹, ›Aschenputtel‹, ›Hänsel und Gretel‹ oder ›Schneewittchen‹ kennt jeder, denn sie zu verstehen ist relativ einfach. Die Sammlung der vorliegenden Märcheninterpretationen greift, neben allgemein bekannten Erzählungen wie ›Frau Holle‹ und ›Brüderchen und Schwesterchen‹, vor allem Märchen auf, die bisher zwar weniger gelesen, doch um so lesenswerter sind. Ein Hauptmotiv der Auswahl ist dabei pädagogischer Art: Mit den hier interpretierten Erzählungen soll dem Leser so etwas wie ein Passepartout in die Hand gegeben werden, das es ihm erlaubt, auch zum Verständnis anderer Märchen selbständig Zugang zu gewinnen.

Die wichtigsten Verfahren der Märcheninterpretation sind rasch genannt: Religionsgeschichte und Symbolforschung, Volkskunde und Literaturwissenschaft, Tiefenpsychologie und Daseinsanalyse; sie alle, in jeweils unterschiedlicher Gewichtung, können dazu beitragen, eine Märcheninterpretation wissenschaftlich zu untermauern; und so scheint die Auslegung eines Märchens etwas sehr Kompliziertes zu sein. Ein zentrales Anliegen dieser Interpretationen indessen ist es, einen solchen Eindruck zu widerlegen. Märchen sind zwar in der Anlage äußerst komplexe, in der Thematik aber äußerst einfache Erzählungen; die Fragen, die sie aufgreifen, können in sich sehr vielschichtig sein, doch ihre Antworten laufen in aller Regel auf eine einzige Einsicht hinaus. Und was am wichtigsten ist: es gab einmal eine Zeit, da wir mühelos imstande waren, auf eine ganz einfache Weise die komplexe Wahrheit der Märchen zu verstehen – als wir noch Kinder waren. Alles, was die hier versammelten Märchendeutungen versuchen können, besteht in einem Wiedererinnern bzw. Einüben kindlichen Hörens, und einzig darin, daß wir es auf dem Wege des »Erwachsenwerdens« weitgehend verlernt haben, nach der Art der Kinder wahrzunehmen und zu begreifen, liegt der Grund, weswegen wir überhaupt bestimmter Märcheninterpretationen bedürfen.

»Erwachsen« zu werden – das heißt für uns immer noch: die Träume der Kinder zu zerstören, ihre Sehnsüchte nach Geborgenheit und

Liebe Lügen zu strafen und ihnen beizubringen, daß die Wirklichkeit die Wirklichkeit ist – und die Wirklichkeit ist, wie sie ist; ihre Erkennungsmerkmale sind: blutig, grausam und roh. Wer es anders sieht, ist halt ein ewiges Kind, ist ein Phantast, ist letztlich ein unverantwortlicher Eskapist.

Als ich diese Märcheninterpretationen plante, dachte ich eigentlich an den Titel: Märchen für Erwachsene. »Das geht nicht«, erklärte zu meiner Überraschung ein Verlagslektor. »Märchen für Erwachsene, da denkt man an erotische Literatur.« In der Tat, so weit sind wir. Der einzige Bereich, in dem es für uns noch so etwas gibt wie Rausch und Ekstase, ist die Sphäre der »Erotik«, doch was wir darunter verstehen, ist inzwischen eine zumeist von aller Poesie und Phantasie, ja, sogar von aller Zärtlichkeit entleerte Welt vermarktbarer »Tatsachen«. Selbst das Wort Sexualität ist dafür schon zu umständlich geworden; wir müssen es kürzer und gebrauchsfertiger, also amerikanisch benennen, um zu sagen, was wir da meinen: nichts nämlich. Wir brauchen als »Erwachsene« die Märchen schon deshalb, weil sie als die einzige noch verbliebene Literaturform vor unseren Augen eine Welt beschwören, in der die Liebenden doch wenigstens eine Chance haben, glücklich zu sein, in der es die entmutigte Fügsamkeit und das mangelnde Vorstellungsvermögen zerstörter Gefühle und enttäuschter Hoffnungen noch nicht gibt und in der Menschen es trotz allem wagen, ihren stärksten Sehnsüchten nach Liebe und Glück gegen alle Abspaltungen, Wiederholungszwänge, Schuldgefühle und Strafängste mit allem Mut und aller Energie bis zum Ende nachzugehen. Wer außer den kindlichen Menschen: den Dichtern, den Musikern, den Malern soll das noch verstehen? Doch selbst da haben wir mittlerweile für »Ordnung« gesorgt, indem wir die »Kunst« in die Ecke des Feuilletons verbannt haben; mit der Welt der Nachrichten, der Fakten, der verwalteten Macht hat diese Ecke durchaus nichts zu tun. Jedenfalls wäre ein Narr, wer erwarten wollte, der Weltenlauf würde von den Träumen der Kindlichen verändert. Einzig die Märchen liegen weit unterhalb dieser ebenso »praktischen« wie wahnsinnigen Aufteilungen. Sie wissen, daß alle Kriege sich zunächst im Inneren des Menschen zutragen und ausnahmslos dem Ziel dienen, am Ende aller Leiden geliebt zu werden; die Märchen wissen auch, daß es keine Macht gibt, die den Menschen mehr bezaubern und beherrschen kann als dieses Gefühl der Liebe. Denn allein die Liebe ist imstande, armselige Bauerstöchter in Prinzessinnen zu verwandeln, allein sie macht aus fahrenden Müllersburschen Thronprätendenten im Königreich des Herzens, nur sie stellt die menschliche Psyche in ein Spiegelkabinett von Engeln und Dämonen, von Feen und Hexen; allein die Liebe verleiht uns die Kraft eines allmählich reifenden Vertrauens und eines schrittweisen Zusammenwachsens des innerlich wie äußerlich Zusam-

mengehörigen; und vor allem: nur die Liebe lehrt uns, nach dem
Vorbild der Kinder die Träume für wirklicher zu setzen als den Dreinspruch der Tatsachen. Die Poesie der Liebe im Leben zu verwirklichen – dies und nichts anderes können und wollen die Märchen uns
lehren. Bis auf wenige Ausnahmen sind alle Märchen Geschichten der
Sehnsucht nach Liebe und des Reifens aus Liebe. Ohne ein Verständnis der poetischen Weltsicht der Märchen wird nicht nur die Sprache
der Zärtlichkeit karger, es erstirbt schließlich unter dem Mangel an
Worten die Fähigkeit der Liebe insgesamt. Die Gestalt einer schönen
Frau – wie könnte man sie anders wahrhaft beschreiben als in den
Metaphern der Märchen, so daß alle Wälder und Hügel, alle Quellen
und Schlösser, alle Blumen und Perlen, alle Brunnen und Türme einzig von ihrer Unvergleichlichkeit erzählen! Die Sprache der Liebe ist
notwendig eine Sprache der Dichtung, und so sind die Märchen eine
buchstäblich liebesnotwendige Dichtung für uns als Erwachsene. Erotische Literatur? Oh, wenn es so wäre! Aber wer beginnt, mit den
Märchen an die Liebe zu glauben, der fängt an, die Welt anders wahrzunehmen, dem verändert sich das Gefühl für wichtig und unwichtig,
gültig und ungültig, wirklich und unwirklich.

Wieso eigentlich sind wir so sicher, was »wirklich« ist? Um die
Sicherheit zu erschüttern, mit der wir definieren, was für »real« gelten
soll, erzählte der chinesische Weise Dschuang Dsi einmal die folgende
Geschichte: »Einst träumte Dschuang Dschou, daß er ein Schmetterling sei, ein flatternder Schmetterling, der sich wohl und glücklich
fühlte und nichts wußte von Dschuang Dschou. Plötzlich wachte er
auf: Da war er wieder wirklich und wahrhaft Dschuang Dschou. Nun
weiß ich nicht, ob Dschuang Dschou geträumt hat, daß er ein Schmetterling sei, oder ob der Schmetterling geträumt hat, daß er Dschuang
Dschou sei, obwohl doch zwischen Dschuang Dschou und dem Schmetterling sicher ein Unterschied ist. So ist es mit der Wandlung der Dinge.«
(Das wahre Buch vom Südlichen Blütenland, München 1988, II, 12)

In der Sammlung der Grimmschen Märchen gibt es zumindest *eine*
Geschichte, die sich zentral um den Begriff der Wirklichkeit dreht: die
Geschichte von dem ›Räuberbräutigam‹ (KHM* 40). Inhaltlich geht es
um die Heirat eines jungen Mädchens mit einem angesehenen Mann;
doch wie die Braut, um ihren Zukünftigen kennenzulernen, dessen
Haus betritt, warnt am Eingang ein Vöglein sie vor all dem Furchtbaren, das ihr in dem Hause begegnen wird, und eine steinalte Frau
weist bedeutungsvoll das Mädchen auf einen großen Kochkessel hin,
in dem jener ausgesuchte Gemahl – in Wahrheit ein Mörder, Räuber-
hauptmann und Menschenfresser – seine Opfer zu kochen pflegt.
Tatsächlich wird die junge Braut sehr bald schon zur Zeugin

---

* Kinder- und Hausmärchen

einer gräßlichen Szene, in der jener Wüstling ein junges Mädchen auf dem Tisch entkleidet, tötet und zerstückelt. Zwar weiß die junge Braut sich mit Hilfe der alten Frau in Sicherheit zu bringen, doch wer wird ihrer Geschichte Glauben schenken, daß sie alles das »wirklich« erlebt hat? Selbst der Leser wird bis hierher geneigt sein, das Geschilderte für eine ausgemacht ödipale Kastrationsangst des noch liebeunerfahrenen Mädchens zu erklären, das ersichtlich unter einem erweiterten Vaterkomplex leidet. Doch es kommt anders. Schon ist die Hochzeitsgesellschaft im Hause des Vaters versammelt, da erzählt die Braut, was sie gesehen hat; und damit man ihr überhaupt zuhört, muß sie an jeder Stelle betonen, es handle sich bei all dem »nur« um einen Traum – bis sie schließlich mit einer raschen Gebärde das Beweisstück: einen abgehackten Finger mit dem Ring des ermordeten Mädchens präsentiert und den Bräutigam seiner Verbrechen überführt. Statt eines Märchens haben wir also eine Detektivgeschichte vor uns. Was aber ist es dann mit der sogenannten »Wirklichkeit«, wenn sie schrecklicher sein kann als ein Traum und wenn offenbar zwischen »Alptraum« und »Realität« durchaus keine Unterscheidung möglich ist? Es ist die feste Meinung der Märchen, daß man eine menschliche Wirklichkeit nur gestalten kann, wenn man die Alpträume des menschlichen Herzens durcharbeitet und zur Wahrheit der Liebe erlöst. Alles, was Tiefenpsychologie und Daseinsanalyse aufgrund ihrer therapeutischen Einsichten im Umgang mit menschlichen Träumen und menschlichem Leiden in den Märchen zu entdecken lehren, sind solche Wegspuren der oft langen Suchwanderungen von Menschen nach sich selbst und nach einem anderen Menschen, in dem sie zu sich selbst zu finden vermögen und um dessen Existenz die eigene Gestalt sich zu formen getraut.

Von daher ist es kein Wunder, daß insbesondere diejenige psychoanalytische Schule zur Deutung der Märchen am meisten geeignet scheint, die als erste die Bedeutung der Liebe zwischen Mann und Frau für das Gelingen oder Mißlingen des menschlichen Daseins erkannt hat. Es war Sigmund Freuds große Entdeckung um die Wende zum 20. Jahrhundert, daß nach dem Zusammenbruch der etablierten Religionsformen im Abendland die Frage der Liebe zu einem letzten Ort göttlicher Erfahrung oder der Widerlegung alles Göttlichen werden würde. Wie verzweifelt sehen wir die Menschen immer wieder sich aneinander klammern, und ihre Sehnsucht ist ihre Frömmigkeit und das Flüstern ihres Herzens ihr Gebet. Es ist eine Situation, die den Märchen sehr ähnlich sieht; denn auch die Märchen sind durchaus »profan«, ja, oft genug sind sie die säkularisierten Überbleibsel alter Religion, und wenn es in ihnen immer noch Teufel und Engel gibt, so wesentlich als Projektionsgestalten innerseelischer Kräfte im Menschen. Wenn irgend insbesondere die verinnerlichten Gestalten von

Vater und Mutter die Wege der Liebe bis weit ins Erwachsenenleben hinein versperren können, so sind die therapeutischen Erfahrungen der Freudschen Psychoanalyse wohl am besten geeignet, um Märchen zu interpretieren, die von solchen Hindernissen und ihrer Überwindung sprechen. Deutungen, in denen die handelnden Personen als objektiv wirklich aufgefaßt werden, heißen »objektal«, und so empfiehlt es sich, alle Märchen, in denen heranwachsende Kinder mit ihren Eltern (oder Stiefeltern) konfrontiert werden, in objektalem Sinne als Auseinandersetzungen zwischen »wirklichen« Personen zu verstehen.

Doch erneut Vorsicht im Umgang mit dem Wort »wirklich«! Die Berechtigung der komplexen Psychologie C. G. Jungs liegt allemal in dem Wissen, daß alles, was uns mit einem anderen Menschen verbindet, auch in uns selber lebt. Was wir in einem anderen Menschen lieben, sind gewiß auch Seiten an uns selber, die wir in uns tragen oder die wir selbst benötigen, um »wirklich« zu werden; ja, selbst die Erfahrungen eines kleinen Kindes mit seiner Mutter und seinem Vater basieren auf Sehnsüchten und Ängsten, Erwartungen und Reflexen, die im Verlauf von Jahrmillionen der Stammesgeschichte kollektiv ausgebildet wurden. Diese »Bilder« in den Tiefenschichten der menschlichen Psyche besitzen eine subjektive Realität und liegen den individuellen Erfahrungen der »objektiven« Welt vorgängig zugrunde; eine Deutung von Märchen auf dieser Ebene der Selbsterfahrung heißt subjektal. Woher aber weiß man, welche Methode zur Interpretation eines Märchens gerade richtig ist?

Als Faustregel mag gelten, daß Konflikte der ersten Lebenshälfte am ehesten mit Hilfe der objektalen Betrachtung der Freudschen Psychoanalyse zu verstehen sind, während Fragen der zweiten Lebenshälfte eher der Deutung der Schule C. G. Jungs bedürfen. Der Grund für diese Zuordnung ist unschwer zu verstehen: In jungen Jahren kommt es darauf an, zunächst in die äußere Wirklichkeit hineinzufinden und die Auseinandersetzung mit den Menschen der Umgebung (den Eltern, Geschwistern, Vorgesetzten, Kollegen, Freunden etc.) zu bestehen; die Stärkung des Ichs und die Durchsetzung gegenüber der realen Umwelt sind in dieser Zeit wichtiger als die Suche nach Weisheit und Erkenntnis, und dementsprechend tat Sigmund Freud gut daran, das möglicherweise Entstellende und Verhüllende an den Symbolbildungen des Unbewußten in den Vordergrund der Analyse zu rücken. In der zweiten Lebenshälfte hingegen kommt das Symbolverständnis C. G. Jungs stärker zu seinem Recht: Die eigenen Eltern zum Beispiel mögen längst verstorben sein, aber deutlicher erkennbar als zuvor verkörpern und beherrschen sie auch jetzt noch sehr lebendig ganze Teile der eigenen Psyche; was bislang als eine reale Anforderung galt: zu heiraten, Kinder in die Welt zu set-

zen, ein Haus zu bauen, sich einzurichten, erweist sich jetzt zunehmend als eine nur symbolische Vorwegnahme der eigentlichen Lebensaufgabe: »Hochzeit« zu feiern ist erst möglich, wenn die eigene
Seele gefunden und heimgeführt worden ist, wie es die Märchen im
Symbol der »Heiligen Hochzeit« schildern; ein »Kind« zur Welt zu
bringen ist nur möglich als Frucht eines einheitlicheren und innerlich
erneuerten Lebens, wie es als Symbol das mythische Bild von dem
»göttlichen Kind« wiedergibt; »nach Hause« kommt man nicht durch
Bezug eines Eigenheims, sondern nur indem man sich im eigenen
Leben besser zurechtfindet, wie es das Märchenmotiv von dem »verwunschenen Schloß« am Ende der Welt recht häufig beschreibt. Und
so in allen Dingen. Während in der ersten Lebenshälfte die Symbole
der Seele zur äußeren Wirklichkeit hin geöffnet werden müssen, gilt es
in der zweiten Lebenshälfte umgekehrt, die gesamte äußere Wirklichkeit für den Symbolismus der Seele zu öffnen. Je nach dem Zeitpunkt,
an dem eine Märchenerzählung einsetzt, und je nach dem Thema, das
es behandelt, ist seine Symbolsprache daher mitunter eher objektal,
mitunter eher subjektal zu lesen; im Prinzip aber gehen beide Deutungen ineinander über.

Allerdings lassen sich nicht alle Fragen des menschlichen Lebens
mit den Mitteln der Psychologie beantworten, und so entsteht die
Notwendigkeit einer philosophischen bzw. religiösen Deutung der
Märchen, wobei insbesondere die Herkunft vieler Märchenmotive aus
alten religiösen Überlieferungen als Leitfaden dienen kann und muß.
Die Frage nach Recht und Gerechtigkeit, nach Lohn und Strafe, nach
Gut und Böse zum Beispiel hat die Menschen seit altersher beschäftigt, und so werden wir etwa die Geschichte der ›Frau Holle‹ wesentlich als eine philosophische Parabel über dieses Thema kennenlernen.

Oder die Frage, wie wir umgehen können mit der Ausgesetztheit,
Hilflosigkeit und Lächerlichkeit unserer irdischen Existenz; sie stellt
sich psychologisch, ist jedoch psychologisch allein nicht zu beantworten. An dem Märchenschicksal der ›Klugen Else‹ wollen wir die erstaunliche Fähigkeit zur *Charakterzeichnung* in den Märchen würdigen und bei dieser Gelegenheit lernen, was uns im Umgang miteinander in den alltäglichen Wechselfällen des Lebens nur guttun kann: aus
scheinbar verstreuten Bemerkungen, aus zur Erheiterung hingeworfe-
nen Porträtskizzen, aus den Witzen, die Menschen über Menschen
erzählen, das Bild der Not, der Vergeblichkeit und der Verzweiflung
zu rekonstruieren, das bei einiger Einfühlung hinter der Fassade der
»Wirklichkeit« bürgerlicher Selbstgefälligkeit sichtbar wird – und auf
Abhilfe wartet!

In diesem Buch werden zunächst zwei Märchen und ihre Interpretationen vorgestellt, die im wesentlichen »objektal« zu lesen sind:
›Das Mädchen ohne Hände‹ und ›Marienkind‹; dann folgen zwei Ge-

schichten, die vornehmlich »subjektal« gelesen werden wollen: ›Der Trommler‹ und ›Brüderchen und Schwesterchen‹. Die Geschichte von der ›Klugen Else‹ sodann ist eine ausgesprochene Charakterdarstellung; daseinsanalytisch betrachtet wird schließlich die Erzählung von ›Frau Holle‹. Der Kreis der möglichen Interpretationsweisen ist damit geschlossen. Insgesamt ist zu sagen: Nicht eine Erweiterung philologischen Wissens ist das Ziel dieses Buches, sondern eine Erweiterung des Bewußtseins, eine Vertiefung des Menschseins, eine Ermutigung zur Güte und eine helfende Begleitung bei den ebenso zärtlichen wie zerbrechlichen Bemühungen der Liebenden, glücklich zu sein.

Es gibt in der Sammlung der Kinder- und Hausmärchen der Brüder Grimm indessen auch manch eine Geschichte, die uns als *Gleichnis* auf uns selber Weisheit lehren möchte und die schon daher keiner »Deutung« bedarf; wenn es für sie eine Interpretation gibt, dann müßte sie, wie im Grunde bei all den vorgelegten Auslegungen, im eigenen Dasein erfolgen. Eine solche Geschichte, die als Parabel auf uns selber von der Haltung des Moralisierens, des Zensierens und der ewigen Besserwisserei in witziger Parodie befreien und entkrampfen kann, ist die Geschichte von dem ›Schneider im Himmel‹ (KHM 35). Wir geben diese Erzählung am Ende der Einleitung zu diesem Buch in vollem Wortlaut wieder, weil sie am besten zu zeigen vermag, welch einen Sinn die Beschäftigung mit Märchen praktisch haben kann; der Sinn und Gewinn jeder Beschäftigung mit den Märchen läßt sich auf die einfache Formel der Bergpredigt bringen: »Richtet nicht, damit ihr nicht gerichtet werdet.« (Mt 7,1) Die Erzählung lautet:

Der Schneider im Himmel

Es trug sich zu, daß der liebe Gott an einem schönen Tag in dem himmlischen Garten sich ergehen wollte und alle Apostel und Heiligen mitnahm, also daß niemand mehr im Himmel blieb als der heilige Petrus. Der Herr hatte ihm befohlen, während seiner Abwesenheit niemand einzulassen, Petrus stand also an der Pforte und hielt Wache. Nicht lange, so klopfte jemand an. Petrus fragte, wer da wäre und was er wollte. »Ich bin ein armer ehrlicher Schneider«, antwortete eine feine Stimme, »der um Einlaß bittet.« »Ja, ehrlich«, sagte Petrus, »wie der Dieb am Galgen, du hast lange Finger gemacht und den Leuten das Tuch abgezwickt. Du kommst nicht in den Himmel, der Herr hat mir verboten, solange er draußen wäre, irgend jemand einzulassen.« »Seid doch barmherzig«, rief der Schneider, »kleine Flicklappen, die von selbst vom Tisch herabfallen, sind nicht gestohlen und nicht der Rede wert. Seht, ich hinke und habe von dem Weg daher Blasen an den Füßen, ich kann unmöglich wieder umkehren. Laßt mich nur hinein, ich will alle schlechte Arbeit tun. Ich will die Kinder tragen, die Windeln waschen, die Bänke, darauf sie gespielt haben, säubern und abwischen und ihre zerrissenen Kleider flicken.« Der heilige Petrus ließ sich aus Mitleiden bewegen und öffnete dem lahmen Schneider die Himmelspforte so weit, daß er mit seinem dürren Leib hineinschlüpfen konnte. Er mußte sich in einen Winkel hinter die Türe setzen und sollte sich da still und ruhig verhalten, damit ihn der Herr, wenn er zurückkäme, nicht bemerkte und zornig würde. Der Schneider gehorchte, als aber der heilige Petrus einmal zur Türe hinaustrat, stand er auf, ging voll Neugierde in allen Winkeln des Himmels herum und besah sich die Gelegenheit. Endlich kam er zu einem Platz, da standen viele schöne und köstliche Stühle und in der Mitte ein ganz goldener Sessel, der mit glänzenden Edelsteinen besetzt war; er war auch viel höher als die übrigen Stühle, und ein goldener Fußschemel stand davor. Es war aber der Sessel, auf welchem der Herr saß, wenn er daheim war, und von welchem er alles sehen konnte, was auf Erden geschah. Der Schneider stand still und sah den Sessel eine gute Weile an, denn er gefiel ihm besser als alles andere. Endlich konnte er den Vorwitz nicht bezähmen, stieg hinauf und setzte sich in den Sessel. Da sah er alles, was auf Erden geschah, und bemerkte eine alte häßliche Frau, die an einem Bach stand und wusch und zwei Schleier heimlich beiseite tat. Der Schneider erzürnte sich bei diesem Anblicke so sehr, daß er den goldenen Fußschemel ergriff und durch den Himmel auf die Erde hinab nach der alten Diebin warf. Da er aber den Schemel nicht wieder heraufholen konnte, so schlich er sich sachte aus dem Sessel weg, setzte sich an seinen Platz hinter der Türe und tat, als ob er kein Wasser getrübt hätte.

Als der Herr und Meister mit dem himmlischen Gefolge wieder zurückkam, ward er zwar den Schneider hinter der Türe nicht gewahr, als er sich aber auf seinen Sessel setzte, mangelte der Schemel. Er fragte den heiligen Petrus, wo der Schemel hingekommen wäre, der wußte es nicht. Da fragte er weiter, ob er jemand hereingelassen hätte. »Ich weiß niemand«, antwortete Petrus, »der dagewesen wäre, als ein lahmer Schneider, der noch hinter der Türe sitzt.« Da ließ der Herr den Schneider vor sich treten und fragte ihn, ob er den Schemel weggenommen und wo er ihn hingetan hätte. »O Herr«, antwortete der Schneider freudig, »ich habe ihn im Zorne hinab auf die Erde nach einem alten Weibe geworfen, das ich bei der Wäsche zwei Schleier stehlen sah.« »O du Schalk«, sprach der Herr, »wollt ich richten, wie du richtest, wie meinst du, daß es dir schon längst ergangen wäre? Ich hätte schon lange keine Stühle, Bänke, Sessel, ja keine Ofengabel mehr hier gehabt, sondern alles nach den Sündern hinabgeworfen. Fortan kannst du nicht mehr im Himmel bleiben, sondern mußt wieder hinaus vor das Tor: da sieh zu, wo du hinkommst. Hier soll niemand strafen denn ich allein, der Herr.«

Petrus mußte den Schneider wieder hinaus vor den Himmel bringen, und weil er zerrissene Schuhe hatte und die Füße voll Blasen, nahm er einen Stock in die Hand und zog nach Warteinweil, wo die frommen Soldaten sitzen und sich lustig machen.

Ein Müller war nach und nach in Armut geraten und hatte nichts mehr als seine Mühle und einen großen Apfelbaum dahinter. Einmal war er in den Wald gegangen, Holz zu holen, da trat ein alter Mann zu ihm, den er noch niemals gesehen hatte und sprach: »Was quälst du dich mit Holzhacken, ich will dich reich machen, wenn du mir versprichst, was hinter deiner Mühle steht.« – Was kann das anderes sein als mein Apfelbaum? dachte der Müller, sagte ja und verschrieb es dem fremden Manne. Der aber lachte höhnisch und sagte: »Nach drei Jahren will ich kommen und abholen, was mir gehört«, und ging fort. Als der Müller nach Hause kam, trat ihm seine Frau entgegen und sprach: »Sage mir, Müller, woher kommt der plötzliche Reichtum in unser Haus? Auf einmal sind alle Kisten und Kasten voll, kein Mensch hat's hereingebracht, und ich weiß nicht, wie es zugegangen ist.« Er antwortete: »Das kommt von einem fremden Manne, der mir im Walde begegnet ist und mir große Schätze verheißen hat; ich habe ihm verschrieben, was hinter der Mühle steht – den großen Apfelbaum können wir wohl dafür geben.« – »Ach Mann«, sagte die Frau erschrocken, »das ist der Teufel gewesen – den Apfelbaum hat er nicht gemeint, sondern unsere Tochter, die stand hinter der Mühle und kehrte den Hof.«

Die Müllerstochter war ein schönes und frommes Mädchen und lebte die drei Jahre in Gottesfurcht und ohne Sünde. Als nun die Zeit herum war und der Tag kam, wo sie der Böse holen wollte, da wusch sie sich rein und machte mit Kreide einen Kranz um sich. Der Teufel erschien ganz frühe, aber er konnte ihr nicht nahe kommen. Zornig sprach er zum Müller: »Tu ihr alles Wasser weg, damit sie sich nicht mehr waschen kann, denn sonst habe ich keine Gewalt über sie.« Der Müller fürchtete sich und tat es. Am anderen Morgen kam der Teufel wieder, aber sie hatte auf ihre Hände geweint, und sie waren ganz rein. Da konnte er ihr wiederum nicht nahen und sprach wütend zu dem Müller: »Hau ihr die Hände ab, sonst kann ich ihr nichts anhaben.« Der Müller entsetzte sich und antwortete: »Wie könnt ich meinem eige-

nen Kind die Hände abhauen!« Da drohte ihm der Böse
und sprach: »Wo du es nicht tust, so bist du mein und ich
hole dich selber.« Dem Vater ward angst, und er versprach, ihm zu gehorchen. Da ging er zu dem Mädchen
und sagte: »Mein Kind, wenn ich dir nicht beide Hände
abhaue, so führt mich der Teufel fort, und in der Angst
hab ich es ihm versprochen. Hilf mir doch in meiner Not
und verzeihe mir, was ich Böses an dir tue.« Sie antwortete: »Lieber Vater, macht mit mir, was Ihr wollt, ich bin
Euer Kind.« Darauf legte sie beide Hände hin und ließ sie
sich abhauen. Der Teufel kam zum dritten Mal, aber sie
hatte so lange und so viel auf die Stümpfe geweint, daß
sie doch ganz rein waren. Da mußte er weichen und hatte
alles Recht auf sie verloren. Der Müller sprach zu ihr:
»Ich habe so großes Gut durch dich gewonnen, ich will
dich zeitleben aufs Köstlichste halten.« Sie antwortete
aber: »Hier kann ich nicht bleiben; ich will fortgehen –
mitleidige Menschen werden mir schon soviel geben, als
ich brauche.« Darauf ließ sie sich die verstümmelten Arme auf den Rücken binden, und mit Sonnenaufgang
machte sie sich auf den Weg und ging den genzen Tag, bis
es Nacht ward. Da kam sie zu einem königlichen Garten,
und beim Mondschimmer sah sie, daß Bäume voll schöner Früchte darin standen; aber sie konnte nicht hinein,
denn es war ein Wasser darum. Und weil sie den ganzen
Tag gegangen war und keinen Bissen genossen hatte und
der Hunger sie quälte, so dachte sie: Ach, wäre ich darin,
damit ich etwas von den Früchten äße, sonst muß ich
verschmachten. Da kniete sie nieder, rief Gott den Herrn
an und betete. Auf einmal kam ein Engel daher, der
machte eine Schleuse in dem Wasser zu, so daß der Graben trocken ward und sie hindurchgehen konnte. Nun
ging sie in den Garten und der Engel ging mit ihr. Sie sah
einen Baum mit Obst, das waren schöne Früchte, aber sie
waren alle gezählt. Da trat sie hinzu und aß eine mit dem
Munde vom Baume ab, ihren Hunger zu stillen, aber
nicht mehr. Der Gärtner sah es mit an, weil aber der
Engel dabeistand, fürchtete er sich und meinte, das Mädchen wäre ein Geist, schwieg still und getraute nicht zu
rufen oder den Geist anzureden. Als sie die Birne gegessen hatte, war sie gesättigt und ging und versteckte sich in
das Gebüsch. Der König, dem der Garten gehörte, kam
am anderen Morgen herab; da zählte er und sah, daß eine
der Birnen fehlte, und fragte den Gärtner, wo sie hinge-

kommen wäre, sie läge nicht unter dem Baume und wäre doch weg. Da antwortete der Gärtner: »Vorige Nacht kam ein Geist herein, der hatte keine Hände und aß eine mit dem Munde ab.« Der König sprach: »Wie ist der Geist über das Wasser herübergekommen? Und wo ist er hingegangen, nachdem er die Birne gegessen hatte?« Der Gärtner antwortete: »Es kam jemand in schneeweißem Kleide vom Himmel, der hat die Schleuse zugemacht und das Wasser gehemmt, damit der Geist durch den Graben gehen konnte. Und weil es ein Engel muß gewesen sein, so habe ich mich gefürchtet, nicht gefragt und nicht gerufen. Als der Geist die Birne gegessen hatte, ist er wieder zurückgegangen.« Der König sprach: »Verhält es sich, wie du sagst, so will ich diese Nacht bei dir wachen.«

Als es dunkel ward, kam der König in den Garten und brachte einen Priester mit, der sollte den Geist anreden. Alle drei setzten sich unter den Baum und gaben acht. Um Mitternacht kam das Mädchen aus dem Gebüsch gekrochen, trat zu dem Baum und aß wieder mit dem Munde eine Birne ab; neben ihr aber stand der Engel im weißen Kleide. Da ging der Priester hervor und sprach: »Bist du von Gott gekommen oder von der Welt? Bist du ein Geist oder ein Mensch?« Sie antwortete: »Ich bin kein Geist, sondern ein armer Mensch, von allen verlassen, nur von Gott nicht.« Der König sprach: »Wenn du von aller Welt verlassen bist, so will ich dich nicht verlassen.« Er nahm sie mit sich in sein königliches Schloß, und weil sie so schön und fromm war, liebte er sie von Herzen, ließ ihr silberne Hände machen und nahm sie zu seiner Gemahlin. Nach einem Jahr mußte der König über Feld ziehen, da befahl er die junge Königin seiner Mutter und sprach: »Wenn sie ins Kindbett kommt, so haltet und verpflegt sie wohl und schreibt mir's gleich in einem Briefe.« Nun gebar sie einen schönen Sohn. Da schrieb es die alte Mutter eilig und meldete ihm die frohe Nachricht. Der Bote aber ruhte unterwegs an einem Bache, und da er von dem langen Weg ermüdet war, schlief er ein. Da kam der Teufel, welcher der frommen Königin immer zu schaden trachtete, und vertauschte den Brief mit einem andern, darin stand, daß die Königin einen Wechselbalg zur Welt gebracht hätte. Als der König den Brief las, erschrak er und betrübte sich sehr, doch schrieb er zur Antwort, sie sollten die Königin wohlhalten und pflegen bis zu seiner Ankunft. Der Bote ging mit dem

Brief zurück, ruhte an der nämlichen Stelle und schlief wieder ein. Da kam der Teufel abermals und legte ihm einen andern Brief in die Tasche, darin stand, sie sollten die Königin mit ihrem Kinde töten. Die alte Mutter erschrak heftig, als sie den Brief erhielt, konnte es nicht glauben und schrieb dem Könige noch einmal, aber sie bekam keine andere Antwort, weil der Teufel dem Boten jedesmal einen falschen Brief unterschob – und in dem letzten Briefe stand noch, sie sollten zum Wahrzeichen Zunge und Augen der Königin aufheben.

Aber die alte Mutter weinte, daß so unschuldiges Blut sollte vergossen werden, ließ in der Nacht eine Hirschkuh holen, schnitt ihr Zunge und Augen aus und hob sie auf. Dann sprach sie zu der Königin: »Ich kann dich nicht töten lassen, wie der König befiehlt, aber länger darfst du hier nicht bleiben: Geh mit deinem Kind in die weite Welt hinein und komm nie wieder zurück.« Sie band ihr das Kind auf den Rücken, und die arme Frau ging weinend fort. Sie kam in einen großen, wilden Wald, da kniete sie nieder und betete zu Gott, und der Engel des Herrn erschien ihr und führte sie zu einem kleinen Haus, daran war ein Schildchen mit den Worten: »Hier wohnt ein jeder frei.« Aus dem Häuschen kam eine schneeweiße Jungfrau, die sprach: »Willkommen, Frau Königin«, und führte sie hinein. Da band sie ihr den kleinen Knaben von dem Rücken und hielt ihn an ihre Brust, damit er trank, und legte ihn dann auf ein schönes, gemachtes Bettchen. Da sprach die arme Frau: »Woher weißt du, daß ich eine Königin war?« Die weiße Jungfrau antwortete: »Ich bin ein Engel, von Gott gesandt, dich und dein Kind zu verpflegen.« Da blieb sie in dem Hause sieben Jahre und war wohl verpflegt, und durch Gottes Gnade wegen ihrer Frömmigkeit wuchsen ihr die abgehauenen Hände wieder.

Der König kam endlich aus dem Felde wieder nach Haus, und sein erstes war, daß er seine Frau mit dem Kinde sehen wollte. Da fing die alte Mutter an zu weinen und sprach: »Du böser Mann, was hast du mir geschrieben, daß ich zwei unschuldige Seelen ums Leben bringen sollte!«, und zeigte ihm die beiden Briefe, die der Böse verfälscht hatte, und sprach weiter: »Ich habe getan, wie du befohlen hast«, und wies ihm die Wahrzeichen, Zunge und Augen. Da fing der König an, noch viel bitterlicher zu weinen über seine Frau und sein Söhnlein, daß es die alte Mutter erbarmte und sie zu ihm sprach: »Gib dich zufrieden, sie lebt noch. Ich habe eine Hirschkuh heimlich schlachten lassen und von dieser die Wahrzeichen genommen, deiner Frau aber habe ich ihr Kind auf den Rücken gebunden und sie geheißen, in die weite Welt zu gehen, und sie hat versprechen müssen, nie wieder hierherzukommen, weil du so zornig über sie wärst.« Da sprach der König: »Ich will gehen, so weit der Himmel blau ist, und nicht essen und trinken, bis ich meine liebe Frau und mein Kind wiedergefunden habe, wenn sie nicht in der Zeit umgekommen oder Hungers gestorben sind.« Darauf zog der König umher, an die sieben Jahre lang, und suchte sie in allen Steinklippen und Felsenhöhlen, aber er fand sie nicht und dachte, sie wären verschmachtet. Er aß nicht und trank nicht während dieser ganzen Zeit, aber Gott erhielt ihn. Endlich kam er in einen großen Wald und fand darin das kleine Häuschen, daran das Schildchen war mit den Worten: »Hier wohnt jeder frei.« Da kam die weiße Jungfrau heraus, nahm ihn bei der Hand, führte ihn hinein und sprach: »Seid willkommen, Herr König«, und fragte ihn, wo er herkäme. Er antwortete: »Ich bin bald sieben Jahre herumgezogen und suche meine Frau mit ihrem Kinde, ich kann sie aber nicht finden.« Der Engel bot ihm Essen und Trinken an, er nahm es aber nicht und wollte nur ein wenig ruhen. Da legte er sich schlafen und deckte ein Tuch über sein Gesicht. Darauf ging der Engel in die Kammer, wo die Königin mit ihrem Sohn saß, den sie gewöhnlich Schmerzenreich nannte, und sprach zu ihr: »Geh hinaus mitsamt deinem Kinde, dein Gemahl ist gekommen.« Da ging sie hin, wo er lag, und das Tuch fiel ihm vom Angesicht. Da sprach sie: »Schmerzenreich, heb deinem Vater das Tuch auf und decke ihm sein Gesicht wieder zu.« Das Kind hob es auf und deckte es wieder über sein Gesicht. Das hörte der König im Schlummer und ließ das Tuch noch einmal gerne fallen. Da ward das Knäblein ungeduldig und sagte: »Liebe Mutter, wie kann ich meinem Vater das Gesicht zudecken, ich habe ja keinen Vater auf der Welt? Ich habe das Beten gelernt, unser Vater, der du bist im Himmel; da hast du gesagt, mein Vater wäre im Himmel und wäre der liebe Gott – wie soll ich einen so wilden Mann kennen? Der ist mein Vater nicht.« Wie der König das hörte, richtete er sich auf und fragte, wer sie wäre. Da sagte sie: »Ich bin deine Frau und das ist dein Sohn

Schmerzenreich.« Und er sah ihre lebendigen Hände und sprach: »Meine Frau hatte silberne Hände.« Sie antwortete: »Die natürlichen Hände hat mir der gnädige Gott wieder wachsen lassen«; und der Engel ging in die Kammer, holte die silbernen Hände und zeigte sie ihm. Da sah er erst gewiß, daß es seine liebe Frau und sein liebes Kind war, und küßte sie und war froh und sagte: »Ein schwerer Stein ist von meinem Herzen gefallen.« Da speiste sie der Engel Gottes noch einmal zusammen, und dann gingen sie nach Haus zu seiner alten Mutter. Da war große Freude überall, und der König und die Königin hielten noch einmal Hochzeit, und sie lebten vergnügt bis an ihr seliges Ende.

Was einst der Mond den Menschen sagen konnte

Selbst in der Welt der Märchen gibt es nicht viele Erzählungen, die von so viel Leid und unbegreiflicher Grausamkeit berichten. Es ist eine Welt, in der keiner der Hauptbeteiligten mit Absicht einem anderen Schmerz zufügen will; und doch gebietet eine tragische Notwendigkeit das Ungeheuerliche: die Verstümmelung des eigenen Kindes; und doch führen verhängnisvolle Verfälschungen der füreinander bestimmten Mitteilungen zu Flucht und Verbannung. Warum, so scheint das Märchen zu fragen, muß derartiges Leid erduldet werden, ehe am Ende wie durch ein Wunder Heil und Glück winken? Warum bedarf es oft so langer Zeiten der Trennung und Verbannung, ehe man zueinander und nach Hause findet?

Es gab eine Zeit, in der man die Lösung dieser Lebensrätsel offenbar an der Gestalt des Mondes glaubte ablesen zu können. Der Mond gilt in der Anschauung der Alten als ein wunderschönes Mädchen, als die Tochter des himmlischen Vaters,[1] die in seinem Garten unter dem Weltenbaum[2] lebt; sie ist sein ein und alles, sein einziges Glück und sein ganzer Reichtum. Aber ein dunkles Schicksal liegt über ihnen, das keiner gewollt hat und das dennoch vollzogen werden muß: Der Himmelsvater muß, um nicht selbst den Mächten der Finsternis preisgegeben zu werden, seine Mondtochter eigenhändig verstümmeln und ihr die »Arme«, die Leuchtkraft der silbernen, weitgreifenden Strahlenhände,[3] abschlagen. Und so verkrüppelt, die Hände auf den Rükken gebunden, in der unförmigen Gestalt des abnehmenden Mondes, auf der Vorderseite verstümmelt und auf der Rückseite bucklig, wandert das Mädchen, immer matter werdend, am Himmel dahin,[4] bis es ganz entkräftet am Weltenbaum im Himmelsgarten neue Nahrung zu sich nimmt und seinem königlichen Prinzgemahl, der Sonne, begegnet.[5]

Dies ist eine erste Antwort auf die Frage nach dem Leid: Die Stunde der äußersten Erschöpfung der heimatlos wandernden Mondgöttin ist zugleich die Stunde ihrer Heiligen Hochzeit mit dem Sonnengott; die Stunde ihres Todes, ihr Untergang im Westen, ist zugleich die Stunde ihrer Vereinigung mit dem himmlischen Bräutigam, dem eigentlichen Herren und Inhaber des Weltenbaumes. Aus der Vereinigung von Sonne und Mond in der Zeit des Neumondes geht als gemeinsame Frucht beider ein neugeborenes Kind, die schmale Sichel des wiedererscheinenden, schnell wachsenden Mondes hervor.[6] Das Leid der schönen Mondgöttin dient also letztlich ihrem eigenen Glück und ihrer eigenen Regeneration.

Aber kein irdisches Glück ist von Dauer. Bald schon sieht man den Mond und die Sonne sich wieder voneinander entfernen. Der Sonnenkönig wird durch kriegerische Pflichten zur Trennung von seiner geliebten Frau veranlaßt. Und nun scheint *er* es zu sein, der nicht nur die Verstümmelung, sondern sogar die Tötung der Mondgöttin und ihres Kindes verlangt. Astronomisch zu Recht, ist doch gerade der Sonne, dem geliebten Gemahl der Mondgöttin, die in drei Phasen sich vollziehende Tötung des Mondes zuzuschreiben. Freilich: der Mond überlebt die heimtückischen und von der Sonne selbst nicht beabsichtigten Anschläge durch die gnädige List der gütigen Himmelskönigin: es ist nicht der Mond selbst, sondern nur seine gehörnte, hirschgleiche Tauschgestalt,[7] die getötet wird, wenn die Sichel des abnehmenden Mondes im Osten ihr Licht verliert und ihr mithin, wie der Sonnenkönig vor seiner Rückkehr verlangt, die Augen ausgestochen werden, daß sie erblindet,[8] und die Zunge herausgeschnitten[9] wird, daß sie im Schweigen der Nacht ohne Klagen versinkt. Erneut gilt es dann Flucht und Wanderschaft zu bestehen, jetzt freilich zur Rettung des bedrohten Mondknäbleins, ehe Sonne und Mond nach langem Irren und Suchen einander in die Arme schließen können.

Diese Hoffnung wider alle Hoffnung bleibt indes in der Mondmythologie bestehen, daß einmal die unglückliche Liebe des Sonnenkönigs und der Mondgöttin ihre Erfüllung am Himmel der Welt finden möge und daß sich beide in ihrer Vollgestalt, mit neugewachsenen Händen, begegnen und untrennbar beieinander bleiben könnten. Es wäre dies die sichtbare Bestätigung dessen, was man gerade nicht sieht und doch als das geheime Ziel all der mühevollen Bewegungen der Himmelsgestirne erkennt: die endgültige Vereinigung des Tag- und Nachtgestirns, das Ende ihres Leids. Und wenngleich am Himmel die wahre Vollendung beider immer nur angedeutet, nie wirklich sichtbar erscheint, so fällt doch ein Abglanz der Hoffnung von Sonne und Mond auch auf das geplagte Erdenleben der Menschenkinder, die selber sonnenhaft und mondgleich sind – in ihren Schmerzen und ihrem unschuldigen Leid, in ihrem rastlosen Bemühen und in ihrer rätselhaften Ausgeliefertheit an ein Schicksal, das zwar augenscheinlich ihr Verderben, in Wahrheit aber ihr unsterbliches Wohl und Leben meint – wie man am Mond erkennen kann. Die Menschen selbst sind mondhaft.[10] Denn der Mond ist wie ein metaphysischer Garant der Menschenhoffnung, ein sichtbarer Beweis, daß es das im Menschenleben Unsichtbare gibt: die Rückkehr des Verlorenen, Verlaufenen, die Auferstehung des Getöteten, die Regeneration des hoffnungslos Verstümmelten, die Rettung durch die Macht der Tränen, die Aussicht dessen, was am Himmel und auf Erden niemals eintrifft:

eine Vereinigung, ein Frieden nicht im Dahinschwinden des Todes, sondern in einer neuen, unvergänglichen Gestalt des Lebens.

Was Menschen tötet und was Menschen leben läßt

Man löst diese kosmische Versicherung, diese naturphilosophische Bestätigung menschlicher Hoffnung auf, wenn man die Motive des Märchens vom Mond weg wieder in die Seele des Menschen zurückverlagert, woher sie ohne Zweifel stammen,[11] und also das Verhältnis umkehrt: Nicht die Menschen seien mondhaft, vielmehr werde der Mond begriffen nach der Art des Menschenschicksals. Man gewinnt indessen durch eine solche psychologische »Reduktion« eine vertiefte und differenziertere Einsicht in die tatsächlichen psychischen Leiden des menschlichen Lebens und eine anthropologische Verifikation der entscheidenden Erlösungshoffnungen und Lebensgesetze, die am Ende Heil und Frieden bringen; nicht die naturmythologische, sondern erst die tiefenpsychologische Deutung des Märchens enthält seine eigentliche Aussage über Heil und Unheil, Weg und Irrweg des menschlichen Lebens.

Der Verlust der Seele

Was Unheil bringt, erklärt das Märchen gleich zu Anfang. Es ist das alte Bild vom Teufelspakt. Ein Müller, äußerlich verarmt, der schweren uneinträglichen Handwerksarbeit müde, verkauft dem Bösen seine Seele: Er sucht den »Wald«, den Ort seines Unbewußten,[12] auf und begegnet dort seinem »Schatten«,[13] seinem habgierigen Hintergänger,[14] der ihn in seinen Bann schlägt und verhext. Es gibt Wege zu äußerem Lebensreichtum und scheinbarem Lebensglück, die wie ein Ausweg aus der Not erscheinen und die doch auf einen folgenschweren Lebensirrtum hinauslaufen: Man bezahlt dafür den Preis des »göttlichen Mädchens«,[15] der eigenen Tochter, die all das symbolisiert, was an innerer Lebenshoffnung und -zukunft, an eigenen verschütteten Seelenkräften und Fähigkeiten leben könnte und möchte; man verliert, so reich man auch äußerlich dabei werden mag, seine Seele, seine »anima«,[16] man verliert sein »Selbst«,[17] man gerät unvermerkt unter einen magischen Zwang fortschreitender Selbstverstümmelung, und schließlich lebt man, um seinen Besitz nicht aufzugeben bzw. um nicht ganz dem Bösen anheimzufallen, weiter in einem Zustand der Seelenlosigkeit und der Unfreiheit.[18] Gewiß: Not nötigt zu einem solchen Schritt des Seelenverkaufs, und in dem Moment, wo er getätigt wird, sieht alles so aus, als gehe es harmlos, nur günstig und vielversprechend zu; man ahnt nicht entfernt den Betrug, man weiß nichts von Seelenverkauf und Sklaverei; man wird erst nachträglich, wenn es zu spät ist, nach langer Zeit der ganzen Wahrheit inne. Aber wenn der »Teufel« schon eine Macht in der eigenen Seele ist,[19] muß man dann nicht sagen, daß man sich eigentlich selbst betrügt, auch wenn man den Selbstbetrug nicht merkt, mit dem man seine Seele »veräußert« – daß man ein Interesse hat, die Wahrheit erst zu spät kennenzulernen, um die Konsequenzen nicht mehr ziehen zu müssen?

Wenn man schon schuldig ist, Hände zu haben

Indessen: das Problem des Märchens ist nicht der Müller;[20] sein Augenmerk gilt nicht *seinem* schuldig-unschuldigen Mißgeschick; vielmehr dient dieses nur zur einleitenden Kulisse der wirklich bedrängenden Frage: wie man im Schatten eines solchen Seelenverkäufers leben – oder eben nicht leben – kann und wie man die Konflikte, ja: *ob* man die Konflikte aufarbeiten kann, die sich aus seiner Nähe, aus seinem prägenden Einfluß ergeben. Erst aus der Sicht der Müllerstochter und aus dem, was *sie* erlebt, versteht man, welch ein mühevoller Weg beschritten werden muß, um zu sich selbst und seinem Glück zu finden.

Das Lebensgefühl der Müllerstochter kann nicht treffender ausgedrückt werden als durch die Verwechslung der Eingangsszene: Hinter der Mühle steht der Apfelbaum, so meint der Müller; in Wahrheit steht dort seine Tochter.[21] Die symbolische Gleichung von Baum und Frau ermöglicht zwar den »Irrtum« des Müllers, aber die Verwechslung reicht doch wohl tiefer. Wenn der Pakt mit dem Teufel nicht so sehr eine Augenblicksentscheidung ist als vielmehr eine Grundeinstellung, die allmählich nur immer sichtbarer wird, so wird auch das Versehen des Müllers auf einen Grundirrtum in seinem Verhältnis zu seiner Tochter hinweisen. Spätestens von dem Zeitpunkt an, da er unter dem Druck der äußeren Not seine Seele verkauft, wird er in die Gefahr geraten, seine Tochter als eine Art Apfelbaum zu betrachten, als ein Wesen, das nur dazu dient, ihm Nutzen zu bringen, und das sich willenlos und restlos abernten und leerplündern läßt. So wenigstens aus der Sicht des Müllers.

Was aber bedeutet es für das Mädchen, unter einer solchen »Verwechslung«, unter einem solchen Erwartungsdruck aufzuwachsen?

Das Mädchen, erzählt die Geschichte, erlebt seinen Vater vollkommen zwiespältig,[22] halb menschlich und halb teuflisch; und je nachdem scheint es an seinem eigenen Verhalten zu liegen, wie der Vater ihm erscheint. Alles, was der Vater von ihm als Tat seines Lebens verlangt, scheint darin zu bestehen, daß es in die Verstümmelung seiner Hände einwilligt. Sein Vater bleibt nur so lange und unter der Bedingung menschlich, als das Mädchen dem Vater gestattet, ihm seine Hände abzuschlagen. Andernfalls, wenn es die Handverstümmelung nicht akzeptiert, erscheint ihm der Vater wie ein Teufel, wie jemand, der von einer ihm fremden unheimlichen Macht besessen ist.[23] Und an dem Mädchen selber liegt es offensichtlich, ob der Vater so ist oder so: ein Mensch oder ein Teufel. Wie in der Philosophie des Deutschen Idealismus Sein und Erscheinen identisch waren, so bedeutet es im subjektiven Erleben des Mädchens keinen Unterschied, ob der Vater nur wie ein Teufel *erscheint* oder wirklich vom Teufel besessen *ist*. Das Mädchen erlebt nur, daß es selbst die ungeheure Macht der Verwandlung und mithin die gesamte Verantwortung dafür trägt, was aus dem Vater wird. Das gesamte Glück des Vaters, die Fortdauer seiner menschenwürdigen, begüterten Existenz hängt davon ab, daß das Mädchen sich die Hände abschlagen läßt. Und umgekehrt: lehnt es die überaus schmerzhafte und traurige Verstümmelung von seiten des Vaters ab, so wird es sich ewig Vorwürfe und Schuldgefühle machen müssen, den Vater zu einem Teufel entstellt zu haben.

Weniger bildlich ausgedrückt und mehr ins reale Erleben übersetzt, hat das Mädchen das Gefühl einer außerordentlichen Verantwortung, aber auch einer ungeheuren persönlichen Wichtigkeit und Bedeutsamkeit. Alles kommt auf sein Verhalten an, auf sein Opfer. Das ist das Entscheidende: Ständig ist das Mädchen zwischen überstarken Verantwortungs- und Schuldgefühlen hin- und hergerissen. Wenn es seine Hände behält, das heißt, wenn es sich gestattet, selber etwas in die Hand zu nehmen und zuzulangen, wenn es sich erlaubt, eigenhändig zuzugreifen, was es möchte, und sich zu holen, was es wünscht, so macht es seinen Vater zu einem wahren Teufel, so verteufelt es im Grunde seine eigene Herkunft, so muß es erfahren, daß alles ringsum in ein Feld von Vorwürfen, Anklagen, Schuldbezichtigungen, Boshaftigkeiten und schicksalhaften Verfluchungen getaucht ist; es ist, wenn es seine eigenen Hände behält, selbst ein »Teufelskind«, eine Ausgeburt der Hölle. Und umgekehrt: verzichtet es unter dem Alptraum dieser Höllen- und Schreckvisionen auf jeden Ansatz zu eigenem »Handeln« und Zugreifen, läßt es sich unter dem Diktat seines Vaters willig verstümmeln, so vermag es den Vater zu retten. Nur durch das Opfer des Verzichts auf eigenes Wünschen und Begehren, nur durch die Einwilligung in schwerste Formen von Gehemmtheit im oral-»kaptativen« Bereich gelingt ihm die Erlösung aus dem Teufelsfluch.[24]

Die Fähigkeit zu der schmerzhaften, tränenreichen und langwierigen Prozedur gewinnt es aus der Liebe zu seinem Vater, der ihm bei

seinem verbietenden, extrem hemmenden Verhalten wie seiner selbst
nicht mächtig, wie unter fremdem Zwang stehend erscheint. »Wenn
ich irgend etwas auf der Welt fordere, wünsche oder anstrebe«, so
muß das Mädchen erleben, »so begehe ich ein Verbrechen an meinem
Vater. Mein Vater meint es mit mir so gut, aber ich ruiniere ihn, wenn
ich auch nur irgend etwas für mich möchte, mir selbst zum Leben
›herausgreife‹ oder selber aktiv fordere. Mein Vater wird dann wie ein
Rasender, wie ein Besessener, er ist dann gar nicht mehr mein Vater.
Ich kann ihn nur liebhaben und auch seine Liebe zu mir nur dadurch
erhalten, daß ich auf nichts mehr zugehe, nichts mehr in Anspruch
nehme und alles Nehmen und Zugreifen mir überhaupt untersage.
Nur als ein ›Mädchen ohne Hände‹ bin ich ein gutes Mädchen und
vermag meiner eigenen Verteufelung zu entkommen. Angesichts der
Not meines Vaters wäre ich selbst ein Teufelskind, wenn ich mich mit
eigenen Wünschen für mein Leben melden würde.«

Nur durch Leid und Traurigkeit, nur durch schwerste Depressionen,[25] nur durch die Reinigung der Tränen kann das Mädchen sich
dem Chaos höllischer Schuldgefühle und Selbstverteufelungen entziehen; die totale Passivität, die vollkommene und willenlose Gefü-
gigkeit (»macht mit mir, was ihr wollt!«) ist die einzige Bedingung,
des Vaters »liebes Kind« zu bleiben. Nur so vermag es sich einen
Rest an »Integrität«, angedeutet durch den magischen Mandala-
Kreis,[26] der es dem Zugriff des Teufels entzieht, zu bewahren. Auf
der anderen Seite erwirbt es sich gerade so eine Stellung einzigartiger
Wertschätzung und Zuneigung seines Vaters.[27] Es ist sein liebstes
Kind, man verdankt seinem Opfer alles, wenn und weil es auf alles
Eigene Verzicht leistet.

Der umgekehrte Sündenfall

Den eigenen Gehemmtheiten stehen dabei, deutlich beschrieben, auf
der Haltungsseite[28] starke passive Wünsche und Erwartungen des
Mädchens gegenüber, es möchte und werde fortan, eben weil es auf
alles eigene »Handeln« zu seinem Glück verzichtet hat, zur Belohnung wie von selbst, ohne bitten und fordern zu müssen, ohne also
durch eigenes Wünschen sich schuldig zu machen, schon geschenkt
erhalten, was es zum Leben brauche.

Und doch, das spürt das Mädchen, ist dieser Zustand kein wirkliches Leben. Es spricht sehr für den inneren Druck und die innere Not,
daß das Opfer der Selbstverstümmelung von so viel Tränen begleitet
wird. Empfände das Mädchen den Schmerz der eigenen Gehemmtheit
nicht so wehmütig, so könnte es versucht sein, in seinen Hemmungen

sich einzurichten. Zum Glück, muß man sagen, ist ihm das unmöglich. Es leidet viel zu sehr unter seiner Daseinsverkrüppelung, als daß es sich in seinen Gehemmtheiten einrichten und »zu Hause« fühlen könnte. All die Beteuerungen väterlicher Liebe und Fürsorge sind kein Ersatz für ein eigenes Leben; und so muß es hinausgehen in die Welt und sich auf die Suche nach einer eigenen Existenz machen. »Hier kann ich nicht bleiben« – dieses Gefühl innerer Widersprüchlichkeit treibt es fort und schickt es auf einen eigenen Weg, in ein eigenes Leben. Es ist von nun an die brennende Frage des Märchens, wie jemand unter der Last so schwerer Schuldgefühle und Behinderungen doch noch zu sich selbst finden kann, welche Hindernisse sich ihm dabei notwendig in den Weg stellen werden und welche Erfahrungen zu seiner inneren Befreiung unerläßlich sind.

Es ist eine gütige Wahrheit und Weisheit des Märchens, anzuerkennen, daß das Kind den Aufbruch ins Leben im Grunde nur uneigentlich, zunächst jedenfalls noch gar nicht wirklich wagt und wagen kann. Es vermag sich von seinem Vater nur zu trennen, indem es die Illusionen, die passiven Sehnsüchte, die dieser zu erfüllen versprach, zwar von seiner Person ablöst, aber nicht in sich selber ändert, vielmehr ausdrücklich bestätigt und mitnimmt. Sein mutiger und äußerst wichtiger Entschluß, sich in die Welt hineinzugetrauen, wird zum Teil mitermöglicht durch die phantastische Hoffnung, in Zukunft vom Mitleid der anderen leben und also seine verstümmelten Hände behalten zu können.[29] So listenreich, scheint das Märchen sagen zu wollen, werden wir oft zu uns selbst geführt: daß wir das Richtige tun kraft falscher Erwartungen und zur Wahrheit gelangen in der Kraft eines Mutes, den wir aus lebensnotwendigen, vorübergehend unerläßlichen Illusionen beziehen. Wir glauben, nach wenigen Metern Weges schon am Ziel zu sein, und würden wir von vornherein die ganze Länge und die ganze Schwierigkeit des Wegs, der vor uns liegt, ermessen, so würden wir uns vermutlich oft nicht einmal auch nur des ersten Schritts getrauen. So gibt es jene heilsamen Lebensirrtümer, die uns die Wahrheit erträglicher machen. So geht das Mädchen ohne Hände in die Welt der Wirklichkeit hinaus und tut es doch, indem es eine Welt betritt, die so unwirklich wie nur möglich ist. Es ist im Grunde ein Weg in das eigene Unbewußte.

Das Kind, indem es seine lebensfeindliche Vaterwelt verläßt, kann gar nicht anders, als zunächst in eine traumhaft anmutende Wunschwelt hineinzugeraten, in eine paradiesisch anmutende Gegenwelt zu seinem Vaterhaus, in die es wie durch Himmelsfügung und durch Wunder eingelassen wird. Deutlich wird diese Welt als Sphäre seines Unbewußten ausgewiesen: Sie ist nur bei Nacht im Mondschein zu betreten, abgetrennt durch einen Wassergraben,[30] der stets zu durchschreiten ist, um von dem vertrauten Ufer des Bewußtseins in die

jenseitigen, bewußtseinstranszendenten Gefilde der Psyche zu gelangen. Garten, Baum und Engel[31] dürften allesamt als mütterlich-weibli-
che Symbole zu verstehen sein. Denn in der Tat ist es gerade diese
Mutterwelt, die das Mädchen innerlich aufsuchen muß, um selber leben
zu können. Wenn man so will, kann man bei dem nächtlichen Garten-
besuch des Mädchens von einer echten Regression,[32] und zwar auf die
orale Stufe der psychischen Entwicklung, sprechen. Man sieht dann
aber zugleich auch, was der Sinn dieser »Regression« ist: es geht darum,
einmal die Bereiche und Erfahrungen wieder aufzusuchen und zu
reaktivieren, die noch der Verstümmelung der Hände vorauslagen, und
an diesen relativ intakten Eindrücken anzuknüpfen.[33] Mag es auch sein,
daß das Mädchen jeden eigenen Gebrauch seiner Hände, jedes eigene
Zulangen unter einem Übermaß an Schuldgefühlen sich hat verbieten
müssen, so gab es doch einmal eine Zeit, in der es gar nicht nötig war,
zuzupacken, in der es genügte, den Mund aufzumachen und zuzubei-
ßen, in der man leben konnte, indem man passiv schluckte, was immer
einem in den Mund gesteckt wurde. Gerade das ist es ja, was das
Mädchen ohne Hände sich als Lebensgrundlage erhofft: eine säuglings-
ähnliche Existenzweise inmitten einer verbotsfremden mütterlichen
Gartenobhut. Freilich: ohne Beklemmungen und zwiespältige Gefühle
geht es nicht ab. So unbeschwert und selbstverständlich gibt es für das
Mädchen nach seinen Erlebnissen schwerster einengender und hem-
mender Verbote keine Rückkehr zu der Phase vorambivalenter Oralität.[34] Vielmehr herrscht überstark das Gefühl, etwas Verbotenes zu
tun. Der erste Schritt zur Gesundung des Mädchens besteht buchstäblich in einer Art umgekehrter Sündenfallerzählung.[35] Sündigten die
ersten Menschen durch das Essen von dem verbotenen Baum in der
Mitte des Gartens, so muß sich dieses Kind, dem alles eigene Wünschen
und Zulangen bisher verboten wurde, gerade zu diesem »Sündenfall«
der Oralität entschließen; es muß den Mut aufbringen, eben dieses
Verbotene zu tun und, wenn schon nicht mit den Händen, so doch mit
dem Munde sich am Leben zu erhalten. Die seelischen Mächte selbst
scheinen diesem Tun günstig. Der Engel, der den Einlaß in den Garten,
anders als in der biblischen Sündenfallerzählung (Gen. 3,24), nicht
verhindert, sondern ermöglicht, ist wie ein Bild der Mutter, die zum
Betreten eines Umraumes von gewährter Liebe und freier Geborgenheit einlädt und, wie die Schlange im Paradies, das orale Begehren
unterstützt; tatsächlich haftet dem Mädchen selbst in diesem Moment,
wie es verstohlen in der Nacht aus dem Gebüsch hervorkriecht, etwas
Schlangenhaft-Animalisches an. Und dieses als schuldhaft Erscheinende, animalisch Notwendige muß geschehen um der Möglichkeit einer
Erlösung willen. Dieses Mädchen, dem die ganze Welt unter der Last
von Schuldgefühlen verboten war, findet den Weg in die Welt hinein
nur dadurch, daß es den Mut zum Schuldigwerden aufbringt.[36]

So jedenfalls muß ihm das nächtlich-geheime Tun erscheinen. Der Verdacht muß sein, entdeckt zu werden: Alle Früchte an dem Baum sind gezählt! Es gibt also fremde, genau festgelegte Besitzansprüche, die den Baum der Verfügungsgewalt des Mädchens entziehen.[37] Es ist eine diebische, unrechtmäßige Handlung, die das Kind begeht. Und wenngleich die Tat selbst merkwürdig vorsichtig und sublim, beinahe »vergeistigt« und unkörperlich, darüber hinaus auch unendlich zögernd und scheu erfolgt, so steht sie doch unter dem unabänderlichen Vorzeichen einer nicht zu verbergenden Schuld. »Ich muß, wenn ich leben will, in dieser Welt ein Dieb sein. Ich muß mich entschließen, um zu leben, anderen etwas von dem wegzunehmen, was ihnen zwar gehört, aber was ich selbst zum Leben brauche.« So ähnlich muß das Kind denken. »Ich habe«, muß es sich sagen, »keine andere Wahl, als mir das Lebensnotwendige vom Baum des Lebens zu nehmen. Und selbst wenn ich kein Recht dazu hätte – diesen Diebstahl muß ich begehen. Ich muß den Mut aufbringen, als ein Dieb zu leben, wenn ich überhaupt leben will.«

Nur so, durch diesen Mut zur Schuld, kann dieses Mädchen ein Stück weit von seinen Gehemmtheiten erlöst werden; nur so kann es inmitten einer total verbotenen Welt überhaupt ein Stück eigenes Leben erwerben. Nur so wird es vor allem in den Stand versetzt, eine Erfahrung zu machen, die alles weitere entscheiden soll: es kann, während es seinen »Diebstahl« begeht, die überaus wichtige Erkenntnis gewinnen, daß sein Diebstahl in Wahrheit, objektiv, nicht als Schuld verstanden wird, daß man ihm gerne gibt, was es zum Leben braucht, und daß es gerade nicht, wenn es sich etwas nimmt, befürchten muß, ein folgenschweres, streng zu strafendes Verbrechen zu begehen. Indem das Mädchen, geleitet von den Kräften seines Inneren, sich zu der Tat im Garten entschließt, macht es erstmals die Erfahrung, daß die Vaterwelt nicht mehr gilt und das subjektiv ihm als schuldhaft Erscheinende objektiv als nicht-schuldhaft betrachtet wird. Es beginnt zum erstenmal umzulernen.

Die Teufelei der Übertragungsliebe

Kann man es dem Mädchen verdenken, daß es sich eine Zeitlang tatsächlich wie im Paradiese fühlt? Soll man ihm vorwerfen, daß es offenbar jahrelang nunmehr die anderen fast wie gnädige Götter sieht, die ihm sein Leben gewähren und schenken und an deren Huld alles zu hängen scheint? Nach all dem, was hinter ihm liegt, kann es ja nur denken, daß es gewissermaßen allein die unbegreifliche Güte der anderen ist, die es leben läßt. So wie es sich bei seinem Weggang aus dem Vaterhause eine Überlebensmöglichkeit nur durch das Mitleid und das

Erbarmen der anderen denken konnte, so müssen ihm jetzt, wo seine Träume und passiven Hoffnungen sogar über alle Erwartung hinaus in Erfüllung zu gehen scheinen, die anderen wie fürstliche und königliche Gönner vorkommen, die es aus reiner Gnade bei sich aufnehmen. So wie sein Vater ihm als jemand erschien, der nur durch das Selbstopfer der Tochter zu eigenem Besitz kam, so erscheint jetzt, antithetisch dazu, der Besitzer des Lebensbaumes wie ein Wesen, das selbst in Überfülle alles durch sich selbst besitzt und von dem daher alle Lebensmöglichkeit ausgeht.[38] Die Königsvorstellung ist also die genaue Umkehrung des Vaterbildes; und gerade sie ist nötig, um im Kontrast, am völlig anderen, die einseitige Härte der ursprünglichen Vaterhauserfahrungen mit ihrer erdrückenden Hypothek an Schuldgefühlen zu korrigieren. Es muß, damit es Erlösung gibt, einmal in dieser Welt der äußersten Einsamkeit und Verlassenheit des Mädchens jemanden geben, der sagt, wie der Königssohn: »Wenn du von aller Welt verlassen bist, so will (doch) ich dich nicht verlassen.«[39]

Es ist keine Frage, daß ein Mensch, der so spricht, für eine Zeitlang göttliche Sehnsüchte und Erwartungen auf sich zieht.[40] Bislang, so gesteht das Mädchen, konnte es nur denken, daß im Himmel und auf Erden kein Mensch, sondern nur Gott es nicht verlassen werde. Zum erstenmal erfährt es jetzt, daß ein Mensch zu ihm steht. Und unvermeidlich verschmelzen jetzt die Erwartungen, die eigentlich Gott gelten, mit diesem einen wesentlichen Menschen; er selbst, ein König und ein absoluter Herrscher, bildet nunmehr die völlig unvermutete und völlig unverdiente Grundlage der eigenen Existenz. Indem er nicht als Schuld betrachtet, was bislang als verboten galt, indem er sogar aktiv gewährt und bereitstellt, was zeitlebens bis dahin durch die Barrieren von Verbot und Schuldgefühl unmöglich war, scheint dieser eine – wie Gott – durch seine übergroße Güte dem Mädchen allererst das Leben zu ermöglichen. So absolut bestimmend die Gestalt des Vaters bisher in verbietender, restriktiver Weise war, so absolut freigebig beherrscht nunmehr die Gestalt des Königs das Leben der armen Müllerstochter.

Das Mädchen kann zu Beginn dieses neuen Verhältnisses noch nicht wissen, daß es im Grunde noch immer in der Welt seines Vaters lebt, nur jetzt gewissermaßen auf der Rückseite der Drehbühne.[41] Es muß vielmehr subjektiv glauben, endlich den Himmel auf Erden zu besitzen und nach all den Mühsalen und Schmerzen ans Ziel seines Lebens gelangt zu sein. Deutlich zeigt sich, daß die Bewegung der »Regression« beim Eintritt in die Phantasiewelt des Paradiesgartens zugleich eine Progression der psychischen Energie mit sich brachte.[42] Eine neue Beziehung ist zustande gekommen, die genau in das Schema der oralen Erwartungshaltung passiven Geschenkbekommens und aktiven Entgegenkommens des anderen hineinpaßt. Gerade die an sich so phantastische Vorstellung von dem geliebten Partner als einem unbegreiflich gütigen, überaus mächtigen und unendlich reich begüterten König ist geeignet, die Welt der oralen Gehemmtheit, der dauernden Schuldgefühle für jedes eigene Begehren, aufzubrechen.

So betrachtet, müßte die Müllerstochter jetzt in unendlichem Glück leben. Und tatsächlich mag ihr das neue Leben, die scheinbare Erfüllung all ihrer geheimen Wünsche ohne jedes eigene Dazutun, wie ein Leben im Himmel vorkommen. Und dennoch kann diese Welt nicht bestehen bleiben. Der König, erfahren wir bald schon, kann mit all seinem Entgegenkommen und all seiner Fürsorge doch nicht mehr tun, als der geliebten Händelosen Silberhände zu geben, kostbare, aber nur äußerliche, künstlich aufgesetzte Prothesen des Zugreifens, in denen kein eigenes Leben und kein eigener Wille wohnt.[43] Ja, seine Bemühungen müssen sogar die Gefahr einer liebevollen, aber auf die Dauer erstickenden Abhängigkeit mit sich bringen. So viele Wünsche er seiner Gattin auch erfüllen mag, so nimmt er ihr doch im Grunde damit die eigentliche Aufgabe ab: selber zu lernen, zuzugreifen und eigenständig sich selbst einmal etwas herauszunehmen. Gerade indem er ihr alles Wünschenswerte von sich aus zur Verfügung stellt, verhindert er, daß die Müllerstochter selber von sich aus auf etwas zugeht. In seiner Liebe erfüllt er die passiven Erwartungen seiner geliebten Gattin, und dies allein schon ist im Leben der Müllerstochter als Erfahrung absolut notwendig und richtig; aber auf der anderen Seite hält er sie damit auch passiv. So schön die silbernen Hände sein mögen, die er ihr anfertigt – sie ersparen der Müllerstochter, eigene Organe zum Zugreifen entwickeln zu müssen. Der königliche Gemahl vermag in seiner gottgleichen Rolle also alles zu wirken und zu erreichen – nur nicht, daß seine Geliebte selbständig und eigenständig wird; sie lebt bei ihm in einem Paradies, und doch bleibt sie subjektiv stets die nur gnädig Aufgenommene und Geduldete.

Es liegt an der Art dieser Beziehung selbst, daß sie in dieser Form keinen Bestand haben kann. Denn indem die Müllerstochter in ihrem Gemahl zunächst nur das Gegenbild ihres Vaters erblickt und sich ihm gegenüber in kindlicher Dankbarkeit und Abhängigkeit verhält, mischen sich notwendig in ihre Liebe die alten Kinderängste und Schuldgefühle ein, die sich wegen ihres eigenen Vaters einstellten.[44] In gewissem Sinne müssen diese Ängste jetzt sogar noch zunehmen. Früher, ihrem alten Vater gegenüber, wußte sie, daß sie ein für allemal keine Wünsche haben und äußern durfte; jetzt aber scheint ihr alles zur Verfügung zu stehen, und es sieht jeden Augenblick so aus, als wenn sie wirklich eigene Bedürfnisse zulassen könnte. Tatsächlich bestünden von seiten ihres »Königs« demgegenüber auch keinerlei Schwierigkeiten. Um so größer aber sind die inneren Hemmnisse dagegen. Die Müllerstochter, die sich eigene Wünsche nie erlauben konnte, befindet sich mit einemmal in einer ständigen Versuchungssituation;[45] ständig wirken jetzt Geschenke, Dinge, neue Möglichkeiten auf sie ein und wecken in ihr die verdrängten, unterdrückten Wünsche; und kaum daß solche Vorstellungen sich melden, treten die alten Verbote in Tätigkeit und überhäufen das »Mädchen ohne Hände« mit den altbekannten Vorwürfen. Der »König« kann noch so großzügig sein – er kommt gegen diese alten Schuldgefühle und Selbstvorwürfe nicht an, die er, ohne es zu wissen, durch sein Verhalten selbst hervorruft und in der Rolle eines königlichen Ersatzvaters unausweichlich auf sich lenken muß. Zwar: er schenkt der Müllerstochter diese oder jene Kostbarkeit; – »aber«, so muß das »Mädchen ohne Hände« argwöhnen, »meint er es auch wirklich so, macht er nicht im Grunde doch Vorwürfe, wenn ich das Geschenk annehme? Zwar, er sagt, er hat mich lieb«, muß das Mädchen denken; »aber meint er das denn auch so? Wie kann er so etwas Unwertes wie mich denn überhaupt liebhaben? Sagt er mit seinen Worten der Anerkennung nicht eigentlich, ich müßte ganz anders sein, damit er mich liebhaben könnte? Sagt er, wenn er sagt: er liebt mich, nicht eigentlich: er liebt mich nicht?« – An solchen überkommenen Selbstanklagen und Selbstbezichtigungen droht die Liebe zwischen dem König und der Müllerstochter jetzt auf tödliche Weise zu scheitern.

Das Märchen drückt diese Mißverständnisse aus alter Angst, diese permanenten Wortverdrehungen aus uraltem Mißtrauen in einem sehr dichten Bilde aus. Es geht, so schildert es, zwischen den beiden so zu, wie wenn der »König« von seiner Geliebten weit entfernt wäre, um in einem unbekannten Lande Krieg zu führen, und als wenn die Depeschen zwischen ihnen jeweils völlig in ihrem Sinngehalt verdreht würden. Die Wortverdrehungen sind, wie eigens hervorgehoben wird, rein geistiger Art; das heißt, es kann der Wortlaut schwarz auf weiß besagen, was er will; es tritt doch immer wieder von Fall zu Fall der böse Geist dazwischen, der seinerzeit den Bund mit dem Vater geschlossen hat und die eigentliche Schuld an der Verstümmelung des Mädchens trägt.[46] Es sind, mit anderen Worten, die alten, von der Vatergestalt herrührenden Schuldgefühle, die jetzt, auf den »König« übertragen, das Verhältnis stören und schließlich unerträglich machen. Ganz korrekt vermerkt das Märchen, daß dem »König« die Vertauschung der Botschaften unterläuft, während sein »Bote«, das Organ kommunikativer Wahrnehmung, »schläft«;[47] die Mißverständnisse ereignen sich also unbewußt, so daß man sie nicht wahrnehmen oder aufklären kann. Im subjektiven Erleben scheint es wirklich so zu sein, als wenn, im Bild gesprochen, bei dem Verhältnis der Müllerstochter zu dem »König« nichts Gutes »herauskommen« könnte, es sei denn ein »Wechselbalg«. Die Müllerstochter kann das Schönste sagen und hervorbringen, und der »König« kann das Liebste tun und antworten – es kommt am Ende durch die Intervention des alten Vaterdämons in einer völlig verzerrten und entstellten Form beim anderen an. Die Lage zwischen beiden spitzt sich derart zu, daß schließlich alles darauf hinauszulaufen scheint, daß der »König« seine Frau umbringen will, und zwar nicht selbst, direkt und persönlich, sondern durch einen von weitem in Auftrag gegebenen, durch seine eigene Mutter ausgeführten Mordanschlag. Es ist, anders ausgedrückt, gerade die mütterlich anmutende Fürsorge des »Königs«, die das »Mädchen ohne Hände« zu töten droht. Als Beweis des Todes sollen die ausgestochenen Augen und die abgeschnittene Zunge gelten.

Man wird das so verstehen können, daß die Augenblendung und die Zungenverstümmelung gerade die Mittel sind, um das »Mädchen ohne Hände« umzubringen. Denn die Wirkung der Teufelsintervention besteht ja immer wieder darin, daß die Müllerstochter all das, was sie mit eigenen Augen an Zuwendung und Liebe sieht und erfährt, nicht gelten lassen kann und nicht sehen darf, daß sie sich zugleich jedes eigene Wort verbieten und jedes eigene Urteil untersagen muß, daß sie also gerade in ihrer paradiesischen Umgebung sich umbringen muß.[48] Das Eigenartige, aber psychologisch vollkommen Zutreffende an dem Märchen von dem »Mädchen ohne Hände« liegt besonders darin, daß die übergroße Härte des Vaters das Kind wohl in seiner Entfaltung hemmen und verstümmeln, aber nicht wirklich umbringen konnte; die Härte allein konnte jedes eigene Handeln bereits so früh im Ansatz ersticken, daß die strafenden Instanzen des Überichs nicht in Erscheinung zu treten brauchten: Es gab keine zu ahndenden Übertretungen. Die eigentliche Krise, die wirklich tödliche Bedrohung, die de facto bis an den Rand des Selbstmords gehen kann, tritt erst jetzt ein, wo ein eigenes Leben beginnen könnte und müßte und wo doch die inneren Zwänge und Verbote in der alten Härte und Strenge auf den Plan treten.[49] Erst jetzt entwickeln die Schuldgefühle seitens des Überichs ihre wahrhaft sadistische Qualität.[50]

Es gibt aus diesem Getto tödlicher Schuldgefühle keinen anderen Ausweg als denjenigen, den das Mädchen ohne Hände tatsächlich wählt: Es muß dieser ganzen Welt, in der es so glücklich hätte sein können, in der äußerlich ihm nichts auf Erden fehlte, den Rücken kehren und allein in sein Leben gehen. Es muß eine Welt, die ihm wie ein Paradies erschien, opfern, um selbst zu leben und sein »Kind«, das Bild seines Selbst, seiner eigenen Zukunft, zu retten. Mag es schon schwer gewesen sein, die Fürsorglichkeit der verbietenden Vaterwelt zu verlassen – noch viel schwerer muß es jetzt sein, einer Welt den Rücken zu kehren, in der ihm die Hände silbern zurückgegeben wurden. Wären die Schuldgefühle nicht so tödlich und unerträglich, so würde – ohne diesen Zwang – das Mädchen wohl schwerlich alles fahrenlassen und sich zu diesem äußersten Schritt entschließen. So

eigenartig es ist: ohne das Dazwischentreten des »Teufels«, ohne das
Übermaß an Schuldgefühlen, das jede Gemeinsamkeit untergräbt und
alle Annäherung bedrohlich macht, würde dies »Mädchen ohne Hände« wohl nicht bereit sein, alles hinter sich zurückzulassen und sich
erneut auf den Weg ins Leben zu begeben. Es ist wie ein endgültiger
Abschied, wie ein Weg ohne Wiederkehr, wie das Preisgeben einer
Glückswelt für nichts anderes als für das bloße Überleben. Aber auf
jeden Fall werden das Mädchen und sein Kind nicht getötet, der Tö-
tungsanschlag trifft ein Ersatzopfer – wie alle Tieropfer nur stellver-
tretende Selbstvernichtungen unter der Last der Schuld sind –,[51] die
Forderung der Selbstzerstörung läßt sich delegieren. Es ist sehr wichtig, daß das Mädchen bei seinem neuerlichen Aufbruch von dem Gefühl begleitet wird, im Grunde unschuldig zu sein; denn, so erklärt die
alte Frau, es ist nicht richtig, »unschuldiges Blut« zu vergießen.[52] Eine
Instanz in dem Mädchen gibt es also, die fortan um die Unschuld der
Müllerstochter weiß und sich gegen ihre unrechtmäßige Liquidierung
zur Wehr setzt. Das »Mädchen ohne Hände« ist nicht mehr bereit zu
glauben, daß es an allem schuld sei, daß es stets nur immer allein im
Unrecht sei, daß all die Vorwürfe, die es spürt, zu Recht bestünden.
Und dieses Gefühl, eigentlich nicht schuldig zu sein, rettet ihm jetzt
das Leben.

Im Haus der Gnade

Allerdings steht ihm nun ein Leben voll äußerer Entbehrungen bevor.
Der Verzicht auf den Königspalast hinterläßt tiefste Traurigkeit und
Wehmut;[53] seinem Kind, diesem Symbol eines eigenen Lebens und
einer eigenen Zukunft, gibt das Mädchen in richtiger Ahnung dessen,
was nun zu durchleiden ist, den Namen »Schmerzenreich«.[54] Wirklich
scheint ja das bisherige und jetzt sogar auch das zukünftige Leben in
nicht endenwollendes Leid gehüllt zu sein. Und doch leitet gerade die
gänzliche Verzweiflung, die vollständige Ausweglosigkeit, die nun
folgt, die letzte und entscheidende Wende im Leben des Mädchens
ein. Erneut von allen Menschen verlassen, betet es zu Gott. In seiner
Armseligkeit, in der es auf nichts und niemanden mehr zählen kann,
wird ihm förmlich ein neuer, wesentlicher Standpunkt, die Hinwendung zu einem absoluten Halt jenseits aller menschlichen Hilfserwar-
tungen geradezu aufgezwungen.[55] Es hat bisher erfahren, daß es nicht
leben kann, solange es einen absoluten Menschen in seinem Leben
gibt, der aus ihm alles herauspreßt und in Wahrheit ein Teufel ist:
seinen Vater; es hat umgekehrt erleben müssen, daß es genausogut
zum Tode verurteilt ist, wenn es einen anderen Menschen in seinem
Leben gibt, der ihm alles schenkt und zur Verfügung stellt und wie ein

König, wie ein Gott zu ihm ist. So gelangt es zu einer Einsicht, die in der Tat nur durch viel Leid und Enttäuschung geboren werden kann und die dennoch gerade so den Anfang wirklichen Glücks und den Beginn wirklicher Befreiung von den erdrückenden Schuldgefühlen, Ängsten, Selbstvorwürfen und ewigen Abhängigkeiten bedeutet. Die Erkenntnis reift, daß es weder im Positiven noch im Negativen, daß es überhaupt nicht angeht, irgendeinen anderen Menschen zur Grundlage des eigenen Lebens zu machen; daß alles Menschliche zwischen Verteufelung und Vergöttlichung hin- und hergerissen wird, wenn ihm eine lebensentscheidende, absolute Bedeutung zukommt; daß man niemals aus dem sadomasochistischen Kreislauf herauskommt, wenn man dem anderen alles sein und geben muß, damit er leben kann, oder wenn umgekehrt der andere einem die ganze Welt zur Verfügung stellen muß, damit man selber von dem Schuldgefühl entlastet wird, selbst zu leben.

Auch psychologisch wird man nur unterstreichen können, was das Märchen behauptet: Ohne den ausdrücklichen Bezug zu Gott, ohne die Gewinnung eines absoluten Haltes bei einer Person, die zu einem steht und kein Mensch ist und sein darf, findet man auch zu einem Leben unter den Menschen nicht zurück.[56] Es geht im wortwörtlichen Sinne an diesem entscheidenden Wendepunkt im Leben des »Mädchens ohne Hände« um die Erfahrung von Gnade. Nach all den Todesängsten und Lebensunmöglichkeiten, nach all den erzwungenen und freiwilligen Selbstopfern bedarf es jetzt einer eminent religiösen Erfahrung: daß man nicht durch das lebt, was man selber tut oder was andere für einen tun, sondern ohne Vorleistungen, gratis. Es ist in Gott und nur in ihm möglich, daß diese Welt zu einem Haus wird, in dem »ein jeder frei wohnt«. Und es geht um nichts anderes, als daß endlich auf diese Weise das Gefühl erwacht, »frei« leben zu können, ohne ständig durch eigene und fremde Forderungen mit Schuld überfrachtet zu sein. Kein Mensch kann einem anderen das sagen; niemand kann dem anderen dieses Gefühl einer absoluten Berechtigung geben, denn im Gegenteil bewirken alle guten Absichten und Werke, wie sich gezeigt hat, nur noch mehr Abhängigkeit und nur noch tödlichere Schuldgefühle. Aber Gott kann durch seinen »Engel«, durch seine Art, in unsere Seele einzutreten, uns in dieser Welt zu einem Haus führen, an dessen Tür die Worte stehen: »Hier wohnt ein jeder frei.« Und es ist möglich, darin ein neues, unschuldiges Leben zu beginnen, für das die Gestalt der weißgekleideten Jungfrau als Symbol gelten kann.[57] Jetzt auch gilt die Anrede wirklich: »Frau Königin«, mit der die jungfräuliche Unschuldsgestalt in dem Haus der Gnade das Mädchen ohne Hände anredet. Denn es ist jetzt ein königliches Selbstgefühl, das in der armen Müllerstochter von einst erwacht oder doch erwachen kann. Ihr »Kind«, ihr Selbst, erstarkt fortan und kommt nach langer Wanderschaft und Heimatlosigkeit zur Ruhe. Der »Engel« hilft ihr jetzt, das »Kind« an ihre Brust zu legen und somit ihre eigenen oralen Wünsche und Bedürfnisse anzuerkennen und zu leben.

Man muß lange nach Erzählungen suchen, die so treffend das eigentliche Wunder unseres Lebens beschreiben, wie diese Geschichte von dem ›Mädchen ohne Hände‹. Was uns leben läßt, was sogar wieder das ersetzt und zurückgibt, was uns an Fähigkeiten genommen und zerstört wurde, ist »Gottes Gnade«. Die »Frau Königin« erlebt jetzt in dem Haus des »freien Wohnens«, wie ihr die Fähigkeit allmählich zuwächst, ohne Schuld etwas in die Hand nehmen zu können, ohne Vorwürfe auch sich selbst einmal etwas herausnehmen zu mögen und selbständig handeln zu dürfen. Was der König, was Menschen überhaupt ihr schenken konnten, waren die Dauerprothesen eines Krüppeldaseins, die ihr Unvermögen von außen ersetzten und damit in Wahrheit als endgültig und unabänderlich festschrieben. Was sie aber von innen her leben und heil werden lassen kann, ist das Gefühl, leben zu dürfen in der absoluten Gnade Gottes. In diesem Umraum der Gnade ist die Welt wie ein Geschenk, und nichts ist von vornherein darin verboten; und also muß es möglich und erlaubt sein, zuzugreifen. Wenn es in der Bibel eine Erzählung davon gibt, wie an einem Teich im »Haus der Gnade«, in »Beth-Chesda«, ein ganz Vereinsamter, Gehunfähiger seine Bahre nach Hause tragen lernte (Joh 5,1 ff.),[58] so erzählt dies Märchen von dem ›Mädchen ohne Hände‹ von keinem geringeren Wunder; es erzählt, wie ein Mensch seine Hände wiedergebrauchen und seine angsterfüllten Gehemmtheiten überwinden lernt durch das Vertrauen in die Gnadenhaftigkeit seines gesamten Daseins. Nur Gott heilt, was Menschen stören und zerstören können. Das Eigentliche, Schöpferische, das Nicht-zu-Machende, dasjenige, was einfach wächst und reift und gut wird durch Gnade, stammt ganz allein von Gott.

Was Menschen tun können und was nur Gott zu tun vermag

Kann also ein Mensch nichts tun? Ist also alles, was Menschen einander als Rettung ersinnen, vergeblich oder gar auf verhängnisvolle Weise schädlich? Eigentlich ja, meint das Märchen. Die »Gnade« von Menschen, wenn sie absolut gelten soll, tötet durch Demütigung, Abhängigkeit und unaufhörliche Selbstbezichtigungen, Zweideutigkeiten und unausrottbare Mißverständnisse. Und doch ist es nicht so, als wenn es letztlich völlig gleichgültig wäre, was Menschen tun oder nicht tun. Der König, den das Mädchen ohne Hände infolge der unüberwindlichen Mißverständnisse und unbewußten Wortverdrehungen verlassen mußte, weiß naturgemäß überhaupt nicht, was sich abgespielt hat und wie all seine Bemühungen und Liebeserklärungen ins Gegenteil gekehrt wurden. Er kann nur erschrocken und verstört im nachhinein, als alles längst zu spät ist, feststellen, was gewesen ist. Es ist ein Punkt erreicht, wie er in Ingmar Bergmans Film ›Szenen einer Ehe‹ am Schluß in dem Traum anklingt, den die Frau ihrem ehemaligen Gatten erzählt: sie träumte sich als eine Frau ohne Hände, außerstande, zuzugreifen und sich selbst angstfrei ihre Wünsche einzugestehen; dunkel ahnt sie, daß in diesem Traumbild eine Erklärung dafür liegen muß, warum ein Zusammenleben damals nicht möglich war und auch heute (noch) nicht möglich ist.[59] Um überhaupt zusammenzukommen, ist es erst einmal nötig, sich voneinander zu trennen und, wie das Märchen sagt, von keines Menschen Gnaden, aber dafür von Gottes Gnaden frei, unabhängig und selbständig zu leben.[60]

Was Menschen füreinander tun können, wird im glücklichsten Falle gerade das sein, was der König für seine verlorene Gattin tut: Er gibt sie nicht verloren; er glaubt an die Chance, sie wiederzufinden; er nimmt wahr, daß sie nur scheinbar tot ist, in Wahrheit aber lebt; tot, so erkennt er, ist nur die rein animalische, hirschgleiche, tierischdankbare Kümmerform ihrer Existenz; sie selbst, als Mensch, lebt, und es wird nun alles darauf ankommen, sie zu finden. Das Märchen rechnet mit einer scheinbar äußerst langen Zeit: sieben Jahre! So lange soll es dauern, bis Menschen nach dem Zerbrechen eines gutgemeinten Scheinverhältnisses unter Umständen wirklich zueinander finden. So viel an Zeit und Geduld, an Mühsal des Suchens und an Warten ohne Antwort wird manchmal nötig sein, um jemandem, der zu seinem Leben im Haus der Gnade erwacht, zu folgen und ihn wiederzufinden. Sehr feinsinnig bemerkt das Märchen, daß der König auf die Begegnung mit seiner verlorenen Gattin durch Erfahrungen vorbereitet wird, die dem sehr ähnlich sehen, was auch das Mädchen ohne Hände erfahren durfte. Er selber muß denken, daß seine geliebte Frau ohne seine Hilfe in der Wildnis der Welt längst verschmachtet und umgekommen sei; aber dabei erlebt er, daß er selbst im Eigentlichen nicht von seiner Hände Werk, sondern von Gott existiert und existieren kann. Die langen Jahre, in denen er keine Nahrung zu sich nimmt, wird man wohl so deuten können, daß er selber für sich an Gewicht verlieren und abnehmen muß, um zu seiner Gemahlin zurückzufinden; er muß lernen, daß er nicht dadurch existiert, daß er gewichtig auftritt und viel, wo nicht alles, zu geben hat, sondern im Gegenteil dadurch, daß alles Wesentliche ihm geschenkt wird.[61] Anders könnte an seiner Seite niemals jemand sich gleichberechtigt und selbständig fühlen. Man findet, meint das Märchen, zueinander, wenn jeder für sich lernt, zu dem Hause hinzufinden, an dessen Eingang steht: »Hier wohnt ein jeder frei«; wenn jeder so viel an Gewicht verliert, daß er *für* die Gnade und *durch* die Gnade frei wird, finden Menschen zueinander.

Die gleiche Weisheit drückt sich denn auch in der Schlußszene aus, wo der König schlafend, mit verdeckten Augen,[62] von seinem Sohne »Schmerzenreich« erkannt wird. Das Kind, das lange Zeit nur wußte, daß es einen Vater hat, der im Himmel wohnt, dieses Kind wird fähig, jetzt einen Menschen als seinen Vater anzuerkennen und lieben zu lernen. Der Vorgang dieser »Entdeckung« wird durch das Bedecken und Wegnehmen des Tüchleins vom Gesicht des schlafenden Königs sehr anschaulich beschrieben. Es hat ja äußerlich sich an den Personen nichts geändert; aber es ist jetzt, wie wenn trennende Vorhänge zwischen ihnen weggenommen würden und sie aus einem tiefen Schlaf, aus einem Leben, das rein unbewußt dahintrieb, zur Wirklichkeit erwachen würden. Der König vermag jetzt nach all den Jahren der Trennung, die doch wie Gottes Fügung sind, wie Schicksalslenkung durch die Hände seines Engels, das »Mädchen ohne Hände« zu vergessen und zu sehen, wer seine Frau jetzt wirklich ist: jemand, der eigene Hände besitzt und seiner künstlichen Prothesen fortan nicht bedarf. Es ist wie eine Auferstehung, wie eine Kommunion, als beide, der König und die arme Müllerstochter, nun von dem Brot des Gottesengels essen[63] und sich hernach gemeinsam auf den Weg zurück begeben.

Es wiederholt sich jetzt, was vordem war, und ist doch völlig anders. Zusammenleben heißt jetzt nicht mehr: der eine lebt auf Gnaden – und auf Kosten – eines anderen, der eine ist der Gönner und der andere der Empfänger, der eine ist besitzend und der andere bleibt armselig, der eine triumphiert in Dankbarkeit, der andere aber kommt buchstäblich um vor Dankbarkeit; Zusammenleben heißt jetzt: zusammen leben aus der gleichen Erfahrung einer gemeinsamen Gnade. Die Gestalt der alten Frau, die schon das Mädchen ohne Hände rettete, taucht jetzt noch einmal auf – die ewige Gestalt der Mutter Erde,[64] des mütterlichen Ur- und Hintergrundes, aus dem wir Menschen leben. Die Hochzeit, die sich nun anschließt, das typische Symbol der Einheit und Synthese aller Lebenswidersprüche,[65] vollzieht sich jetzt in Wahrheit: nicht wie vor mehr als sieben Jahren als rituelle Zeremonie oder als Ausdruck einer neuen Aufgabe bzw. einer erbaulichen, moralischen Verpflichtung, sondern als Anfang eines eigentlichen, frohen Lebens.

Das Märchen von dem ›Mädchen ohne Hände‹ liest sich daher als die Beschreibung des schwierigen, jedoch überaus lohnenden Weges, den ein Mensch gehen muß, dem sein ganzes Leben als Schuld und nur als Schuld erscheinen mußte; vor einem Übermaß an Unbarmherzigkeit und Lebenseinschränkung spricht es von einem Übermaß auch an

Gnade und an engelgleicher Führung. In wenigen Strichen und Bildern, die ursprünglich der Mondmythologie entstammen, zeigt es, wie Menschen der Daseinsschuld, dem Schuldgefühl, überhaupt auf der Welt zu sein, entkommen können und wie das Leid, die Widersprüche, die Enttäuschungen auf diesem langen Weg gerade die Mittel sind, deren das Leben selber sich bedient, um uns voranzutreiben und unter allen Umständen das Schlimmste zu verhüten: Daß wir uns gar zu früh zufriedengäben und uns bei Menschen einzurichten suchen würden, statt zu dem freien Leben in dem Hause einer Gnade hinzufinden, die nicht von Menschen stammt noch stammen kann, weil sie die Menschen allererst zu vollgültigen Menschen macht und miteinander leben läßt – jenseits der Ambivalenzen gegenseitiger Verteufelungen und unmenschlicher Vergöttlichungen.

Marienkind

Vor einem großen Walde lebte ein Holzhacker mit seiner Frau, der hatte nur ein einziges Kind, das war ein Mädchen von drei Jahren. Sie waren aber so arm, daß sie nicht mehr das tägliche Brot hatten und nicht wußten, was sie ihm sollten zu essen geben. Eines Morgens ging der Holzhacker voller Sorgen hinaus in den Wald an seine Arbeit, und wie er da Holz hackte, stand auf einmal eine schöne große Frau vor ihm, die hatte eine Krone von leuchtenden Sternen auf dem Haupt und sprach zu ihm: »Ich bin die Jungfrau Maria, die Mutter des Christkindleins: du bist arm und dürftig, bring mir dein Kind, ich will es mit mir nehmen, seine Mutter sein und für es sorgen.« Der Holzhacker gehorchte, holte sein Kind und übergab es der Jungfrau Maria, die nahm es mit sich hinauf in den Himmel. Da ging es ihm wohl, es aß Zuckerbrot und trank süße Milch, und seine Kleider waren von Gold, und die Englein spielten mit ihm. Als es nun vierzehn Jahre alt geworden war, rief es einmal die Jungfrau Maria zu sich und sprach: »Liebes Kind, ich habe eine große Reise vor, da nimm die Schlüssel zu den dreizehn Türen des Himmelreichs in Verwahrung: zwölf davon darfst du aufschließen und die Herrlichkeiten darin betrachten, aber die dreizehnte, wozu dieser kleine Schlüssel gehört, die ist dir verboten: hüte dich, daß du sie nicht aufschließest, sonst wirst du unglücklich.« Das Mädchen versprach gehorsam zu sein, und als nun die Jungfrau Maria weg war, fing sie an und besah die Wohnungen des Himmelreichs: jeden Tag schloß sie eine auf, bis die zwölfe herum waren. In jeder aber saß ein Apostel und war von großem Glanz umgeben, und es freute sich über all die Pracht und Herrlichkeit, und die Englein, die es immer begleiteten, freuten sich mit ihm. Nun war die verbotene Tür allein noch übrig, da empfand es eine große Lust zu wissen, was dahinter verborgen wäre, und sprach zu den Englein: »Ganz aufmachen will ich sie nicht und will auch nicht hineingehen, aber ich will sie aufschließen, damit wir ein wenig durch den Ritz sehen.« »Ach nein«, sagten die Englein, »das wäre Sünde: die Jungfrau Maria hat's verboten, und es könnte leicht dein Unglück werden.« Da schwieg es still, aber die Begierde

in seinem Herzen schwieg nicht still, sondern nagte und
pickte ordentlich daran und ließ ihm keine Ruhe. Und als
die Englein einmal alle hinausgegangen waren, dachte es:
Nun bin ich ganz allein und könnte hineingucken, es
weiß es ja niemand, wenn ich's tue. Es suchte den Schlüssel heraus, und als es ihn in der Hand hielt, steckte es ihn
auch ins Schloß, und als es ihn hineingesteckt hatte, drehte es auch um. Da sprang die Türe auf, und es sah da die
Dreieinigkeit im Feuer und Glanz sitzen. Es blieb ein
Weilchen stehen und betrachtete alles mit Erstaunen,
dann rührte es ein wenig mit dem Finger an dem Glanz,
da ward der Finger ganz golden. Alsbald empfand es eine
gewaltige Angst, schlug die Türe heftig zu und lief fort.
Die Angst wollte auch nicht wieder weichen, es mochte
anfangen, was es wollte, und das Herz klopfte in einem
fort und wollte nicht ruhig werden: auch das Gold blieb
an dem Finger und ging nicht ab, es mochte waschen und
reiben, soviel es wollte. Gar nicht lange, so kam die Jungfrau Maria von ihrer Reise zurück. Sie rief das Mädchen
zu sich und forderte ihm die Himmelsschlüssel wieder
ab. Als es den Bund hinreichte, blickte ihm die Jungfrau
in die Augen und sprach: »Hast du auch nicht die dreizehnte Türe geöffnet?« »Nein«, antwortete es. Da legte
sie ihre Hand auf sein Herz, fühlte, wie es klopfte und
klopfte, und merkte wohl, daß es ihr Gebot übertreten
und die Türe aufgeschlossen hatte. Da sprach sie noch
einmal: »Hast du es gewiß nicht getan?« »Nein«, sagte
das Mädchen zum zweitenmal. Da erblickte sie den Finger, der von der Berührung des himmlischen Feuers golden geworden war, sah wohl, daß es gesündigt hatte, und
sprach zum drittenmal: »Hast du es nicht getan?«
»Nein«, sagte das Mädchen zum drittenmal. Da sprach
die Jungfrau Maria: »Du hast mir nicht gehorcht und hast
noch dazu gelogen, du bist nicht mehr würdig, im Himmel zu sein.«

Da versank das Mädchen in einen tiefen Schlaf, und als
es erwachte, lag es unten auf der Erde, mitten in einer
Wildnis. Es wollte rufen, aber es konnte keinen Laut
hervorbringen. Es sprang auf und wollte fortlaufen, aber
wo es sich hinwendete, immer ward es von dichten
Dornhecken zurückgehalten, die es nicht durchbrechen
konnte. In der Einöde, in welche es eingeschlossen war,
stand ein alter hohler Baum, das mußte seine Wohnung
sein. Da kroch es hinein, wenn die Nacht kam, und

schlief darin, und wenn es stürmte und regnete, fand es
darin Schutz: aber es war ein jämmerliches Leben, und
wenn es daran dachte, wie es im Himmel so schön gewesen war und die Engel mit ihm gespielt hatten, so weinte
es bitterlich. Wurzeln und Waldbeeren waren seine einzige Nahrung, die suchte es sich, soweit es kommen konnte. Im Herbst sammelte es die herabfallenden Nüsse und
Blätter und trug sie in die Höhle, die Nüsse waren im
Winter seine Speise, und wenn Schnee und Eis kam, so
kroch es wie ein armes Tierchen in die Blätter, daß es
nicht fror. Nicht lange, so zerrissen seine Kleider und fiel
ein Stück nach dem andern vom Leib herab. Sobald die
Sonne wieder warm schien, ging es heraus und setzte sich
vor den Baum, und seine langen Haare bedeckten es von
allen Seiten wie ein Mantel. So saß es ein Jahr nach dem
andern und fühlte den Jammer und das Elend der Welt.

Einmal, als die Bäume wieder in frischem Grün standen, jagte der König des Landes in dem Wald und verfolgte ein Reh, und weil es in das Gebüsch geflohen war,
das den Waldplatz einschloß, stieg er vom Pferd, riß das
Gestrüpp auseinander und hieb sich mit dem Schwert
einen Weg. Als er endlich hindurchgedrungen war, sah er
unter dem Baum ein wunderschönes Mädchen sitzen, das
saß da und war von seinem goldenen Haar bis zu den
Fußzehen bedeckt. Er stand still und betrachtete es voll
Erstaunen, dann redete er es an und sprach: »Wer bist
du? Warum sitzest du hier in der Einöde?« Es gab aber
keine Antwort, denn es konnte seinen Mund nicht auf-
tun. Der König sprach weiter: »Willst du mit mir auf
mein Schloß gehen?« Da nickte es nur ein wenig mit dem
Kopf. Der König nahm es auf seinen Arm und trug es auf
das Pferd und ritt mit ihm heim, und als es auf das königliche Schloß kam, ließ er ihm schöne Kleider anziehen
und gab ihm alles im Überfluß. Und ob es gleich nicht
sprechen konnte, so war es doch schön und holdselig,
daß er es von Herzen liebgewann, und es dauerte nicht
lange, da vermählte er sich mit ihm.

Als etwa ein Jahr verflossen war, brachte die Königin
einen Sohn zur Welt. Darauf in der Nacht, wo sie allein
in ihrem Bette lag, erschien ihr die Jungfrau Maria und
sprach: »Willst du die Wahrheit sagen und gestehen, daß
du die verbotene Tür aufgeschlossen hast, so will ich
deinen Mund öffnen und dir die Sprache wiedergeben:
verharrst du aber in der Sünde und leugnest hartnäckig,

so nehm ich dein neugeborenes Kind mit mir.« Da war
der Königin verliehen zu antworten, sie blieb aber verstockt und sprach: »Nein, ich habe die verbotene Tür
nicht aufgemacht«, und die Jungfrau Maria nahm das
neugeborene Kind ihr aus den Armen und verschwand
damit. Am andern Morgen, als das Kind nicht zu finden
war, ging ein Gemurmel unter den Leuten, die Königin
wäre eine Menschenfresserin und hätte ihr eigenes Kind
umgebracht. Sie hörte alles und konnte nichts dagegen
sagen, der König aber wollte es nicht glauben, weil er sie
so lieb hatte.

Nach einem Jahr gebar die Königin wieder einen Sohn.
In der Nacht trat auch wieder die Jungfrau Maria zu ihr
herein und sprach: »Willst du gestehen, daß du die verbotene Tür geöffnet hast, so will ich dir dein Kind wiedergeben und deine Zunge lösen: verharrst du aber in der
Sünde und leugnest, so nehme ich auch dieses neugeborene mit mir.« Da sprach die Königin wiederum: »Nein,
ich habe die verbotene Tür nicht geöffnet«, und die Jungfrau nahm ihr das Kind aus den Armen weg und mit sich
in den Himmel. Am Morgen, als das Kind abermals verschwunden war, sagten die Leute ganz laut, die Königin
hätte es verschlungen, und des Königs Räte verlangten,
daß sie sollte gerichtet werden. Der König aber hatte sie
so lieb, daß er es nicht glauben wollte, und befahl seinen
Räten, bei Leibes- und Lebensstrafe nichts mehr darüber
zu sprechen.

Im nächsten Jahr gebar die Königin ein schönes Töchterlein, da erschien ihr zum drittenmal nachts die Jungfrau Maria und sprach: »Folge mir.« Sie nahm sie bei der
Hand und führte sie in den Himmel und zeigte ihr da ihre
beiden ältesten Kinder, die lachten sie an und spielten mit
der Weltkugel. Als sich die Königin darüber freute,
sprach die Jungfrau Maria: »Ist dein Herz noch nicht
erweicht? Wenn du eingestehst, daß du die verbotene Tür
geöffnet hast, so will ich dir deine beiden Söhnlein zurückgeben.« Aber die Königin antwortete zum drittenmal: »Nein, ich habe die verbotene Tür nicht geöffnet.«
Da ließ sie die Jungfrau wieder zur Erde herabsinken und
nahm ihr auch das dritte Kind.

Am andern Morgen, als es ruchbar war, riefen alle Leute laut: »Die Königin ist eine Menschenfresserin, sie muß
verurteilt werden«, und der König konnte seine Räte
nicht mehr zurückweisen. Es ward ein Gericht über sie

gehalten, und weil sie nicht antworten und sich nicht
verteidigen konnte, ward sie verurteilt, auf dem Scheiterhaufen zu sterben. Das Holz wurde zusammengetragen,
und als sie an dem Pfahl festgebunden war und das Feuer
ringsherum zu brennen anfing, da schmolz das harte Eis
ihres Stolzes, und ihr Herz ward von Reue bewegt, und
sie dachte: »Könnte ich nur noch vor meinem Tode gestehen, daß ich die Tür geöffnet habe«, da kam ihr die
Stimme, daß sie laut ausrief: »Ja, Maria, ich habe es getan!« Und alsbald fing der Himmel an zu regnen und
löschte die Feuerflammen, und über ihr brach ein Licht
hervor, und die Jungfrau Maria kam herab und hatte die
beiden Söhnlein zu ihren Seiten und das neugeborene
Töchterlein auf dem Arm. Sie sprach freundlich zu ihr:
»Wer seine Sünde bereut und eingesteht, dem ist sie vergeben«, und reichte ihr die drei Kinder, löste ihr die Zunge und gab ihr Glück für das ganze Leben.

Der erste Eindruck dieser Erzählung trügt nicht: Stünde die Geschichte vom ›Marienkind‹ nicht in einer Sammlung von Märchen – man müßte sie eher für eine Legende denn für ein Märchen halten,[1] so sehr drängt sich sein religiöses und ethisches Anliegen in den Vordergrund. »Weh dem, der lügt« – so möchte man mit Grillparzers Drama[2] seine »Moral« wiedergeben, die bis ins Göttliche hinein überhöht ist: Nicht nur die eigenen Eltern, die Mutter Gottes selbst straft Kinder, wenn sie nicht gehorsam sind und nicht die Wahrheit sagen. Ein Märchen, wie geschaffen, möchte man meinen, zur Einschüchterung gegenüber der elterlichen Autorität:[3] Schon der kleinste Frevel wird grausam und auf Jahre hin geahndet, und nur die endgültige Kapitulation bewahrt vor dem Untergang; die himmlischen Mächte aber wissen alles, es hilft keine Lüge; und wer nicht gar als Hexe enden will, der unterwerfe sich bei Zeiten.

Indessen, so ängstigend die Wirkung dieser Erzählung auf Kinder auch sein mag, die intelligenteren unter ihnen werden eine Reihe von Fragen nicht unterdrücken können: Wie kann man in den Himmel zur Mutter Gottes gelangen, ohne vorher gestorben zu sein? Wieso ist es verboten, im Himmel, der doch nach der Meinung des Pfarrers gerade in der seligen Anschauung Gottes besteht,[4] die Gottheit anzuschauen? Wieso verfährt die Mutter Gottes derart streng mit einem kleinen Kind und seinem kleinen bißchen Neugier? Und wieso brennt sie selbst so neugierig darauf, dem Mädchen trotz allem das Geheimnis seiner »Sünde« zu entreißen? Wie ist es schließlich überhaupt möglich, im »Himmel« zu sündigen und noch einmal von dort auf die Erde verbannt zu werden? Vor allem jedoch: warum läßt die Mutter Gottes nicht wenigstens nach ihrer furchtbaren Strafe das arme Mädchen in Ruhe? Warum muß sie der endlich auf Erden glücklich Gewordenen nachts wie eine gemeine Diebin auch noch die Kinder rauben und kann offenbar nicht eher Ruhe geben, als bis ihr Opfer unter Schmerz und Todesangst die Wahrheit eingesteht? Aber auch umgekehrt: wieso sagt das »Marienkind« seine Wahrheit nicht viel eher? Man kann seine Lüge im Himmel verstehen, aber was muß das für eine Wahrheit sein, die man nicht einmal einzugestehen wagt, wenn man infolge der Unwahrheit alles verliert, woran man sein Herz hängt?

Fragen über Fragen, die gleich am Anfang nur eines zeigen: Man hat es in der Geschichte vom ›Marienkind‹ mit stark legendenhaften, »erzieherisch« pointierten, christlich-katholischen Übermalungen von Motiven zu tun, die in ihrer geheimnisvollen Widersprüchlichkeit und

Rätselhaftigkeit, in ihrer ambivalenten Mischung aus Grausamkeit und Güte, aus Angst und Vertrauen, aus Glück und Unglück, aus Wahrhaftigkeit und Verlogenheit ein emotionales Kolorit bilden, wie es für Legenden völlig untypisch, für Märchen hingegen geradezu charakteristisch ist. Alle im engeren Sinne »religiösen« Inhalte des Märchens vom ›Marienkind‹ sind daher als sekundär zu betrachten, und tatsächlich gibt es Varianten der Erzählung, in denen statt von der »Mutter Gottes« von einer wunderschönen schwarzen Jungfrau die Rede ist, die ein junges Mädchen nicht gerade in den »Himmel«, immerhin aber in ihr Schloß entführt und hinter deren verbotenen dreizehnten Tür statt der Dreifaltigkeit Gottes sich »nur« eine Vierheit von Frauen befindet.[5]

Für die Auslegung der Erzählung vom ›Marienkind‹ ergibt sich aus diesen Beobachtungen zweierlei: Auf der einen Seite wird man den Mut aufbringen müssen, selbst das Sprechen von Himmel, Gottesmutter und Dreifaltigkeit in diesem Märchen rein psychologisch zu interpretieren. Es mag sein, daß dieses Vorgehen manch einem Leser zunächst als fremdartig, pietätlos oder zu »psychologistisch« anmuten wird; aber ob ein Text wirklich religiös ist oder nicht, zeigt sich ja nicht daran, wie viele religiöse Vokabeln er verwendet, sondern wie die menschliche Wirklichkeit beschaffen ist, von der er spricht; diese menschliche Wirklichkeit muß man zunächst einmal psychologisch zu beschreiben versuchen; dann aber hat, wie bei jeder tiefenpsychologischen Märchendeutung, auch hier die Regel zu gelten, daß alle in der Erzählung auftretenden Gestalten, gleich ob im Himmel, auf der Erde oder unter der Erde, ob göttlich, menschlich oder tierhaft, als Symbole einer innerpsychischen Wirklichkeit aufzufassen sind; die religiösen Elemente des Märchens müssen mithin auf seelische Inhalte zurückgeführt werden.

Auf der anderen Seite würde man nicht das Märchen vom ›Marienkind‹ interpretieren, wenn man nicht gerade seine legendären Züge eigens würdigen wollte. Auf Schritt und Tritt wird man sich daher die Frage vorlegen müssen, was für einen – freilich rein psychologischen – Sinn es haben mag, wenn in der Erzählung bestimmte psychische Gegebenheiten durchgehend in die Sprache der Religion überhöht werden. Mit anderen Worten: man hat beim Märchen vom ›Marienkind‹ sowohl die Gelegenheit als auch die Pflicht, diejenige Eigenart von Religiosität und Frömmigkeit zu untersuchen, die sich in eben den legendären Ausformungen des Märchens widerspiegelt – eine religionspsychologisch außerordentlich lohnende Aufgabe; und man hat die Art von Psychologie zu untersuchen, die eine derartige religiöse Überhöhung schafft.

Dabei darf freilich nicht vergessen werden, was das Märchen vom ›Marienkind‹ eigentlich erzählt. Wie bei vielen anderen Märchen han-

delt es sich in der Erzählung um die Entwicklungsgeschichte einer
Frau von ihren Kindertagen bis zur Ehe; aber, anders als zumeist,
bleibt dieses Märchen nicht bei dem glückseligen Abschluß der Hochzeit stehen, sondern es berichtet gerade von den Schwierigkeiten, die
sich aufgrund einer bestimmten Jugend in der Ehe später notwendig
ergeben müssen. Eben die weiträumige Geschlossenheit dieser Erzählung, die Kindheit und Erwachsenenalter gleichermaßen umfaßt, läßt
die Beschäftigung mit dem Märchen vom ›Marienkind‹ menschlich als
besonders wertvoll erscheinen. Man mag beim heutigen Stand der
Pädagogik berechtigte Zweifel haben, ob man eine Geschichte wie
diese *Kindern* vorlesen sollte; *Erwachsene* sollten sie lesen, denn um
die Hintergründe ihrer Konflikte, wie sie besonders im Umkreis eines
stark religiös geprägten Milieus von den ersten Eindrücken der Kindheit her entstehen und sich bis in die Ehe hinein fortsetzen können, ist
es diesem Märchen am meisten zu tun. Seine Hauptfrage aber gilt dem
Problem, wie es möglich ist, ein Leben der Verlogenheit zu beenden
und ein vollendetes Getto religiöser Angst zu mehr Wahrhaftigkeit zu
öffnen.

Der arme Vater und die Mutter Gottes

Um den zentralen Konflikt im Leben des »Marienkindes« zu verstehen, muß man das Augenmerk vor allem auf die »Einleitung« des
Märchens richten, die von der Armut und Armseligkeit erzählt, unter
der das »Marienkind« die ersten drei Jahre seines Lebens verbringt.
Das Märchen trifft diese Mitteilungen ohne Kommentar; wir aber
müssen uns fragen, was es für ein Kind bedeutet, Eltern zu haben, die
»arm« sind.

Für unser Erleben heute ist die Vorstellung von Armut meist zu
etwas Relativem, rein Soziologischem geworden: Arm ist, wer weniger besitzt als der Durchschnitt der Gesellschaft. Die Armut hingegen,
von der die Märchen erzählen, ist absolut: Sie kann so schlimm sein,
daß Eltern nicht mehr wissen, wie sie ihre Kinder ernähren sollen, und
unter dem Druck einer solchen Armut ist der tragische Konflikt fast
unvermeidbar, daß selbst die liebsten Kinder ihren Eltern zu viel werden. Nicht wenige Märchen erzählen davon, daß Eltern in ihrer Not
sich nicht anders zu helfen wissen, als ihre Kinder fortzujagen, sie im
Wald auszusetzen oder sie gar zu schlachten und als kannibalische
Speise zu verzehren. Andere Eltern wiederum nehmen auf Kosten
ihrer Kinder zu einem Pakt mit dem Teufel ihre Zuflucht und opfern,
ohne es zu wissen, wie unter einem bösen Fluch, das ihnen Teuerste
dem Bösen.[6] All diese Varianten zeigen, wie Kinder die Armut ihrer
Eltern erleben können, und daß nicht so sehr die materielle Not selbst

als vielmehr die seelische Einstellung der Eltern dazu für das Selbstgefühl der Kinder letztendlich ausschlaggebend ist.

Gewiß gibt es kein schrecklicheres Gefühl für ein Kind als das
Empfinden, seinen Eltern bereits durch sein bloßes Dasein lästig zu
sein, denn es bedeutet, im Grunde unberechtigt auf der Welt zu sein,
und je mehr die Eltern sich aus Liebe, Verantwortungsgefühl oder
Ehrgeiz Mühe geben, die objektive Notlage zu überbrücken, desto
mehr kann dieses Gefühl unter Umständen sogar erst recht dramatische Formen annehmen. Das Märchen vom ›Marienkind‹ stellt, schon
dem Titel nach, kein einzelnes individuelles Schicksal dar,[7] es beschreibt vielmehr einen bestimmten seelischen Typus, einen bestimmten Charakter, und ließe man einmal Frauen sprechen, auf die die
Beschreibung des »Marienkindes« zutrifft, so hätten sie gewiß alle am
Anfang ihres Lebens von schweren äußeren oder inneren Notlagen zu
sprechen, wie das Märchen vom ›Marienkind‹ sie voraussetzt. Viele
müßten erzählen von der Zeit der Bombenangriffe, der Evakuierun-
gen, der Flüchtlingstrecks, der Hungersnot, der Demontage – Millionen Frauen in Deutschland haben als Kinder dieses Schicksal durchlitten. Andere müßten erzählen von der Zeit der Währungsreform, des
Wiederaufbaus, des Einsatzes aller Kräfte für das, was später das
»Wirtschaftswunder« hieß. Andere hätten, nur scheinbar weniger
grausam, davon zu erzählen, wie ihr Vater durch Unfall oder Krankheit seine Stellung verlor, wie er als Kriegsinvalide zurückkehrte oder
wie einfach ein Supermarkt das einst blühende Einzelhandelsgeschäft
der Eltern ruinierte. Andere müßten schildern, wie eine seelische Er-
krankung des Vaters oder der Mutter (Alkoholismus, Depressionen,
Herzphobien, Paranoia, Nervosität oder dergleichen) jeden Freiraum
einengte. Und alle müßten sie davon berichten, wie im Schatten derartiger äußerer und innerer Entbehrungen sie vor allem psychisch zu
einem unerträglichen Maß an Rücksichtnahme auf die Notlage ihrer
Eltern gedrängt wurden.

Es ist der normale Wunsch eines Mädchens, sich ein Püppchen zum
Geburtstag oder einen neuen Ball zu Weihnachten zu wünschen.
Wenn aber die Eltern kein Geld haben, stehen gerade die wohlmeinenden unter ihnen in der Gefahr, den bloßen Wunsch ihres Kindes
wie einen Vorwurf zu empfinden: Indem sie die Bitte des Kindes
eigentlich als gerechtfertigt anerkennen, leiden sie darunter, ihr nicht
entsprechen zu können; sie selbst bekommen Schuldgefühle, als Eltern versagt zu haben, weil sie ihrem Kind etwas so Natürliches versagen müssen wie ein Püppchen oder einen Ball, und womöglich staut
sich dieser Widerspruch von Liebe und Selbstvorwurf so stark, daß sie
zornig ihrerseits dem Kind Vorwürfe machen, solche Wünsche überhaupt auch nur zu haben, geschweige denn zu äußern. In jedem Fall
erlebt das Kind, daß es seinen Eltern bereits mit seinen ganz gewöhnli-

chen Wünschen zur Last und Zumutung wird; unvermeidlich rückt
der bloße Umstand, auf der Welt zu sein, unter diesen Umständen
mehr und mehr in die Zone des Unerwünschten, allenfalls Gedulde-
ten, im Grunde deutlich Überflüssigen und Überzähligen. Auch die
Bemerkung, daß das »Marienkind« das einzige Kind seiner Eltern ist,
kann unter Umständen diesen Eindruck verstärken: Noch vor einem
Jahrhundert war ein Einzelkind etwas sehr Seltenes, und es könnte
sein, daß von vornherein die Eltern des »Marienkindes« glaubten, aus
Not nur ein Kind haben zu dürfen; aber selbst ein solches einzelnes
Kind muß sich dann fühlen wie das zweite oder dritte Kind einer
indischen Familie heute, an deren Hauswand geschrieben steht: »Zwei
Kinder sind genug«, oder: »(Nur) kleine Familien sind gute Familien«: Es muß versuchen, die eigenen Wünsche so weit als möglich zu
unterdrücken und sich dafür um so strenger nach den Erwartungen
der Eltern zu richten. Die Armut der äußeren Verhältnisse wird damit
zur Armseligkeit des eigenen Ich und als solche verinnerlicht; und
wenn es fortan noch eine Chance geben soll, die verlorene Selbstachtung zurückzugewinnen, so nur, indem man sich über die Maßen um
die Wertschätzung der Eltern bemüht: Statt den Eltern lästig zu sein,
muß man versuchen, ihnen durch Fleiß und Entgegenkommen nütz-
lich zu werden; statt ihnen als unerwünscht zu erscheinen, muß man
versuchen, ihnen durch Willfährigkeit und Gehorsam Freude zu bereiten, und um nicht in die Gefahr zu kommen, als schlechthin unerwünscht zu gelten, muß man die Wünsche der Eltern, so prompt es
geht, vorweg zu erfüllen suchen. Aus lauter Angst vor Ablehnung und
Mißachtung entsteht so die Grundhaltung des »guten«, »braven« und
»lieben« Kindes, das mit seinen großen, geweiteten Augen und seinem
kleinen, etwas zusammengepreßten Mund schon rein äußerlich der
Darstellung mancher Heiligenbilder gleicht, auf denen ein solcher Ge-
sichtsausdruck geradezu als die ideale Verkörperung von Rechtschaffenheit und Sittsamkeit zu gelten scheint.

Tatsächlich formen sich unter den Entbehrungen bereits der ersten
Lebensjahre gerade diejenigen Einstellungen, die ein späteres »Marienkind« auch in seiner religiösen Haltung auszeichnen. Kein Kind
wird auf seine eigenen Wünsche ohne schwere Depressionen verzichten können, wenn es nicht trotz allem auf eine gewisse Belohnung
hoffen darf. Je aussichtsloser es sein kann, auf Erden Wertschätzung
und Beachtung zu erringen, desto inniger mag ein solches Kind sich
damit trösten, daß ihm wenigstens im Himmel für sein Wohlverhal-
ten, seine Selbsteinschränkungen und seine ständigen unbemerkten
Opfer ein gerechter Ausgleich zuteil werde. Das Bild der Eltern ver-
doppelt sich auf diese Weise im Erleben des Kindes in ein Bild irdischer Entbehrung und in ein Bild himmlischer Belohnung, und wir
begreifen an dieser Stelle zum erstenmal, daß die religiösen »Überhö-

hungen« im Märchen vom ›Marienkind‹ nicht einfach als äußere legendäre Übermalungen oder Verfremdungen zu verstehen sind, sondern sich aus dem inneren Erleben der »Marienkinder« im Umkreis schwerer Lebensbeeinträchtigungen wie von selbst ergeben können und müssen. Indem die eigene Selbstachtung auf Gedeih und Verderb an die Übereinstimmung mit den eigenen Eltern gebunden wird, umkleidet die Eltern fortan eine göttliche Aura: Jederzeit sind sie imstande, durch ihre Zustimmung oder Zurückweisung das Kind in den Himmel oder in die Hölle zu stoßen, und es sind vor allem die ganz normalen, ganz alltäglichen Reaktionen, an denen dieser ungeheure Pendelschlag zwischen Sein und Nichtsein, zwischen paradiesischem Glück und ewigem Inferno sich einschwingt. Eine bloße Handbewegung der Mutter, die Art ihres Tonfalls, das Schlagen einer Tür, irgendeine pädagogische Phrase – und der Boden bebt unter den Füßen eines so verängstigten »Marienkindes«. »Ich habe einmal zu meiner Mutter gesagt«, erinnert sich eine heute vierzigjährige Frau, »›der Ball gehört doch mir‹, da hat sie ganz energisch zu mir gesagt: ›Dir gehört nicht einmal das Schwarze unterm Nagel‹, und sie hat dabei mit den Fingern geknipst; ›wenn du die Augen zumachst, was du dann siehst, das gehört dir.‹ Ich hätte in diesem Moment endlos weinen können, denn es war, als wenn mir alles genommen wurde: meine ›Bärbel‹ (die Lieblingspuppe), der ›Zotti‹ (der kleine Teddybär), meine zehn Murmeln, und ich wußte, daß ich nie wieder etwas bekommen würde.« Es hilft nicht viel, sich fünfunddreißig Jahre später zu sagen, daß Mutter ihren Ausspruch so ernst gar nicht gemeint, sondern nur gesagt hat, was man seinerzeit ganz allgemein zu sagen pflegte – im Umkreis der angstdurchtönten Verunsicherung des Rechts zum Dasein überhaupt wirken solche Sätze wie endgültige Bestätigungen dessen, was man eigentlich schon immer wußte: Es wäre besser, wenn man nie geboren wäre, und man ist schuldig einfach dadurch, daß man auf der Welt ist.

Wirklich tödlich wirkt die äußere (bzw. innere) Armut der Eltern tatsächlich erst durch diese Verinnerlichung der Angst vor dem jederzeit möglichen »Verstoßen-« oder »Aufgefressenwerden«. Eltern, die so erlebt werden, sind wie Herrgötter, wie absolute Daseinsmächte, und um mit ihnen leben zu können, bedarf es göttlicher Gegenkräfte, die ihren Einfluß neutralisieren helfen. Was Wunder also, daß Kinder, die in einer solchen Umgebung heranwachsen, immer wieder vom Himmel träumen, um die Erde zu vergessen, daß sie an die Mutter Gottes und den himmlischen Vater denken, um sich über die alltägliche Strenge der irdischen Mutter und des irdischen Vaters hinwegzutrösten, und daß sie ständig eine Gegenwelt in der Vorstellung brauchen, um die Unerträglichkeit der realen Erfahrung nicht als endgültig setzen zu müssen? Psychoanalytisch mag man zur Deutung einer solchen seelischen Einstellung von oraler Gehemmtheit, von starker

Identifikation mit den Eltern, von einer entsprechenden Introjektion der Elternimagines und von kompensatorischen Wunschphantasien sprechen, aber man beschreibt mit solchen Begriffen lediglich von außen, was die Bilder des Märchens vom ›Marienkind‹ gerade von innen her mitzuempfinden und einzusehen lehren: wie sehr Menschen der Idee Gottes bedürfen, um inmitten der ganz »normalen« Zumutungen der Welt die Kraft zum Leben zu gewinnen. Nur wenn sich über diese Welt des Leids ein Himmel wölbt, zu dem man wie zu seiner eigentlichen Heimat aufschauen kann, ist dieses Dasein auszuhalten. Ohne eine solche legendenhafte Verklärung des Daseins ist menschliches Leben wohl insgesamt nicht möglich, sobald es die Grenzen tierhafter Wohlversorgtheit verläßt.

Freilich gilt es zu beachten, daß die tröstliche Wahrheit des Religiösen im Leben des »Marienkindes« durch den Faktor der Angst von Anfang an höchst ambivalent wirkt. Vermutlich ist bei der Lektüre dieses Exposés bei manchem Leser bereits die Frage laut geworden, ob der einfache Hinweis des Märchens auf die »Armut« der Eltern nicht an sich alle möglichen, auch ganz andere Begründungen und Bearbeitungsversuche zulasse, weit abweichend von dem, was wir bisher erörtert haben. In der Tat lassen sich 1001 Gründe nennen, die eine Familie finanziell und psychisch in Existenznot bringen können, und gewiß wird es ebenso viele Möglichkeiten geben, auf Armut zu reagieren. Uns aber ist es anhand des vorliegenden Märchens darum zu tun, den »Typus« des »Marienkindes« tiefenpsychologisch zu verstehen, und dabei gilt es, die »Armut« und »Religiosität« des »Marienkindes« in einer wesenhaften Erlebniseinheit zu sehen, wie sie in der vorwiegend oral-depressiv getönten Grundstimmung des Märchens zum Ausdruck kommt. Nur im Umkreis dieser Struktur wird man im Fortgang der Erzählung die weiteren Charaktermerkmale, Verhaltensweisen und Schwierigkeiten des »Marienkindes« als in sich zusammengehörig verstehen können und auch die Ambivalenz des Religiösen in diesem Märchen begreifen. Denn auf der einen Seite vermag die religiöse Überhöhung der Eltern dem heranwachsenden Kind den auf Erden so sehr vermißten Schutz und Halt zu geben, auf der anderen Seite aber verhindert sie jede Art von aktiver und eigenständiger Auseinandersetzung mit den Schwierigkeiten des Lebens. Die Resignation gegenüber den eigenen Ansprüchen an das Leben geht im Märchen vom ›Marienkind‹ so weit, in jedem Konfliktfall auf eine »magische« Hilfe des Himmels zu hoffen; der »Glaube« gerät auf diese Weise sehr in die Gefahr, breite Passivitäts- und »Bequemlichkeitshaltungen« festzuschreiben und die kindliche Abhängigkeit und Auslieferung an den Elternwillen ideologisch zu verfestigen; tatsächlich zeigt das »Marienkind« im ganzen weiteren Leben sich außerstande, irgend etwas von sich selbst her zu tun oder zu planen, und das einzige, was es selber tun wird, trägt augenblicklich das Merkmal einer offenbar unverzeihbaren Sünde an sich.

In gewissem Sinne darf man neben dieser resignativen Passivität auch einen ausgesprochen »narzißtischen« Zug im Charakter des »Marienkindes« nicht übersehen. Jeder, der in einem Klima der Angst und Not aufwächst, wird die Umgebung unablässig daraufhin befragen, ob sie es noch erlaubt, daß man lebt, oder nicht; an die Stelle einer ruhigen Wechselseitigkeit im Umgang miteinander muß daher die Haltung einer dauernden egozentrischen Selbstbewahrung treten. »Hat mich der andere lieb – das heißt: läßt er es zu, daß ich bei ihm lebe?« oder: »Verstößt mich der andere und wirft mich in den Tod« –, das sind die Fragen, die ständig, bei jedem Kontakt, in jedem Gespräch, in jedem Spiel, an der Person des anderen nach einer Antwort suchen. Hinzu kommt die Tatsache, daß das »Marienkind« *allein* bei seinen Eltern aufwächst. Selbst wenn man seiner Rolle als Einzelkind äußerlich keine allzu große Bedeutung beimißt, so ist es doch als sicher anzunehmen, daß seelisch das »Marienkind« sich als vollkommen »vereinzelt« in der Welt seiner Eltern empfindet. Seine Welt besteht ausschließlich in der Beziehung zu seinen Eltern; neben seinen Eltern existiert nichts sonst, und wollte man ein oberstes Gebot für den Umgang mit seinen absolut gesetzten Eltern formulieren, so müßte es wohl lauten: »1. Du sollst keine fremden Götter neben mir haben.« So wie das Mädchen ständig nach der uneingeschränkten Liebe seiner Eltern sucht, so vereinigen auch diese, ob sie es wollen oder nicht, im Felde der Angst alle psychische Energie des Kindes auf sich selbst. Jede andere Beziehung verflüchtigt sich neben der einen einzigen und alles entscheidenden Frage: Sind Vater und Mutter noch bereit, ihr Kind leben zu lassen oder nicht?

Jedoch im Alter von drei Jahren, erzählt das Märchen, tritt für das »Marienkind« eine Änderung ein, die nicht nur sein Verhältnis zu den Eltern, sondern seine gesamte weitere Entwicklung nachhaltig bestimmen wird: Der Vater übergibt seine Tochter der »Jungfrau Maria«. Ein Kenner der Märchen mag an dieser Stelle aufatmen – Gott sei Dank erwartet den armen Vater im Walde nicht, wie sonst üblich, der Teufel, eine Hexe oder sonst ein dämonisches Wesen.[8] Wer aber etwas von den psychischen Zusammenhängen in Märchen versteht, muß sich bei dieser Nachricht sehr beklommen fühlen; denn endgültig ergreift von dem »Marienkind« jetzt eine Macht Besitz, die, so gut zu meinen sie auch vorgibt, durchaus unheimliche, göttlich-dämonische Züge trägt: Erst von diesem Augenblick an wird das Mädchen zu einem eigentlichen »Marienkind«; erst hier beginnt die religiöse Überhöhung aller Lebensvorgänge sich auszuwirken, und alles, was in den ersten drei Lebensjahren bisher angelegt und vorbereitet war, mündet jetzt ein in den einen entscheidenden Vorgang: daß der Vater seine

Tochter der geheimnisvollen »Mutter Gottes« anvertraut. Wer diese
geheimnisvolle Frau ist, die das Leben des Mädchens mit einem Schlag
von seiner Not befreit und es hinüberführt in eine ganz andere himmlische Welt, das ist die erste entscheidende Frage.

Man mag an äußeren Umständen erneut sich ausdenken, was irgend
passend scheint, um den Wechsel im Leben des »Marienkindes« von
der »Vaterwelt« zur »Mutterwelt« glaubhaft zu machen. »Als ich etwa
dreieinhalb Jahre alt war«, müßte manch eine Frau, die der Psychologie des »Marienkindes« nahesteht, mit Rückblick auf diese Zeit sagen,
»da wurde ich von meinen Eltern der Großmutter anvertraut, einer
sehr lieben Frau, die alles nur Erdenkliche für mich tat.« Oder: »Von
einem bestimmten Zeitpunkt an habe ich meinen Vater (fast) gar nicht
mehr gesehen; er muß damals einen neuen Beruf angefangen haben,
der ihn räumlich und zeitlich von der Familie immer weiter entfernte,
der aber finanziell sehr einträglich war. Ich lebte fortan fast nur mit
meiner Mutter zusammen, und es war eine außerordentlich unbe-
schwerte, schöne Zeit.« Oder: »Damals haben meine Eltern mich in
ein Kinderheim getan, das von Ordensschwestern geleitet wurde, die
sehr gut zu mir waren.« – Was auch immer man sich an äußeren
Details im Hintergrund der »Mutter Gottes« vorstellt, wichtig ist
allein, daß das Märchen die Änderung der Lebensverhältnisse des
»Marienkindes« wesentlich als einen quasi religiösen, in jedem Falle
inneren Vorgang darstellt, durch den die Mutter des Kindes durch die
»Mutter Gottes« ersetzt wird.

Im Grunde bedarf es daher eigentlich gar keiner *äußeren* Anlässe
und Umstände, um das Auftreten und die Gestalt der »Mutter Gottes« zu verstehen; es genügt, daß die Gestalt der Mutter in der Sicht
des Kindes sich in eine buchstäblich mythische Person verwandelt
bzw. daß die bisher gehegte Wunschwelt sich auf das engste mit der
Gestalt der irdischen Mutter verbindet; und dazu gehört, daß der
Vater sich (mehr oder weniger) freiwillig aus dem Gesichtsfeld des
Kindes zurückzieht und die Mutter eine absolute Macht über ihr Kind
erhält. Man braucht sich zum Beispiel nur eine Mutter vorzustellen,
die, selber zu Depressionen neigend, es herzensgut mit ihrer Tochter
meint, aber mit ihrer eigenen Lebensangst, mit ihren Selbstmordphan-
tasien, mit ihren Herzattacken oder ihren Asthmaanfällen die ständige
Aufmerksamkeit des Kindes beansprucht: Ständig muß ein solches
Kind seiner Mutter durch Liebe und Aufmerksamkeit ein Motiv
schaffen, weiterzuleben; es muß sich selber opfern für das Leben der
Mutter; aber zugleich wird es unter Umständen erfahren, daß es wirklich von der Mutter als ein opferbereites, gutes Kind geliebt wird und
seelisch eine Art »Himmel auf Erden« als Gegenleistung empfängt. In
jedem Falle beansprucht die Mutter die ganze Zuwendung ihrer Tochter – der Vater spielt seelisch keine Rolle mehr. Erst von daher ver-

steht man, daß der Mann, als er im Wald der »Mutter Gottes« begegnet, mit seiner Frau kein Wort über sein Abkommen zu verlieren
braucht: die Mutter Maria ist im Grunde keine andere Person als die
ursprüngliche Mutter des Kindes, nur fortan in einer absoluten und
ausschließlichen Dominanz über die Tochter.

Auf Jahre hin wird das Leben des »Marienkindes« psychologisch
jetzt von dieser Einheit mit seiner Mutter bestimmt werden. Der Vater
existiert gewissermaßen nur noch in seiner Erinnerung bzw. in der
bleibenden Rolle des »armen Vaters«, und je mehr das Ansehen der
Mutter sich zu überirdischer Größe verklärt, als desto ärmer und
geringer wird das Bild des Vaters im Bewußtsein des Mädchens ausfallen. Welch ein Mann vermag schon an der Seite einer »Gottesmutter«
zu bestehen? Alle Schönheit, aller Adel, alle Macht und Weisheit
umhüllt künftig nur sie, und man braucht sich nur konsequent genug
ihr anzupassen und zu unterwerfen, so wird man selber eine unvergleichliche Ausnahmestellung bekleiden können, ganz so, als wäre
man selber eine Art »Christuskind«, eine ganz und gar einmalige
Erscheinung in und aus einer anderen Welt. Immer aber hängt dieser
unerhörte Vorzug an der zentralen Bedingung, daß man mit der
»Mutter Gottes« völlig übereinstimmt. Der Vater mag ein armer
Wicht, ein kranker und unfähiger Patron, ein »Holzhacker« in be-
drohlichem wie in verächtlichem Sinne sein – an der Seite der »Gottesmutter« wird (für das »Marienkind«) ein neues Leben beginnen, das
durchtränkt ist von Glück und Überfluß, von innerer und äußerer
Verwöhnung und von einer absoluten Hochachtung der »Gottesmutter«.

Das Paradies der »Mutter Gottes« und sein Preis

Dieser Aufstieg der Mutter zur Madonna ist um so erstaunlicher, als
mit etwa vier Jahren ein Mädchen sich für gewöhnlich von seiner
Mutter abzuwenden beginnt, um seine Gunst desto reicher an seinen
Vater zu verschenken. Ein Mädchen, das derart an seine Mutter gebunden bleibt, wie das »Marienkind«, wird entweder zu viel Angst
oder Verachtung für seinen Vater empfinden, um ihn lieben zu können, oder die für den weiblichen Ödipuskomplex notwendige Enttäuschung an der Mutter ist nicht nachhaltig genug gewesen, um sich von
der Mutter weg dem Vater zuzuwenden. Von einer besonderen Angst
oder Verachtung des »Marienkindes« gegenüber seinem Vater hören
wir indes in dem Märchen kein Wort, es sei denn, daß man die Berufs-
angabe des Vaters als eines »Holzhackers« symbolisch nehmen wollte
– tatsächlich gibt es Varianten des Märchens, die von einer Vergewaltigung des »Marienkindes« durch den Vater sprechen.

Um so mehr aber dürfen wir annehmen, daß die Bindung des »Marienkindes« an seine Mutter aus Angst wie aus Zuneigung von vornherein so stark ist, daß sie von Anfang an keine Loslösung erlaubt. Tatsächlich ist diese Annahme nicht unwahrscheinlich, wenn man bedenkt, daß Not und Entbehrung in Kindertagen die Gefühle der Abhängigkeit und der Anhänglichkeit gegenüber der Mutter von Geburt an übergroß anwachsen zu lassen pflegt. Immer ist es ja zunächst die Mutter, bei der ein Kind in seiner Angst Zuflucht suchen wird, während die Belastungen vor allem der wirtschaftlichen Not den Vater eher von seiner Familie entfernen, als ihn mit ihr zu verbinden; selbst wenn ein gewisser beruflicher Erfolg später die Situation der Angehörigen entscheidend verbessern sollte, kann es immer noch geschehen, daß der Vater seelisch unverändert wie fremd oder wie nicht vorhanden empfunden wird. Zu dieser untergeordneten Rolle des Vaters paßt im übrigen auch die Variante einer schwedischen Fassung des ›Marienkind‹-Märchens, in der das Mädchen von einem »Graumantel« entführt wird, den es zuerst im Traum und sehr viel später auch in der Realität als verzauberten König zu erkennen vermag[9] – ein Konflikt offenbar, in dem sich die dunklen Züge des Vaters verdichten.

Das zentrale Problem des »Marienkindes« aber stellt seine Mutter dar, indem die orale Angstbindung der frühen Kindheit jetzt in die extreme *orale Verwöhnung* übergeht, mit der die »Madonna« im »Himmel« das »Marienkind« umgibt. Während der »Holzhacker«-Vater sein Kind endgültig in die Hände der (Großen) Mutter legt, richtet diese ihm ein Leben ein, das sogar die Wonnen der Säuglingszeit bei weitem übertrifft – ein Land buchstäblich, wo (süße!) Milch und Honig fließen. Eine Zeitlang möchte man vielleicht denken, es handle sich hier, wie in anderen Märchen, lediglich um eine kompensatorische Ersatzphantasie des »Marienkindes«, das sich über die Traurigkeit seiner Lage hinwegtrösten wolle; aber die »Mutter des Christuskindes« scheint wirklich die Macht zu haben, in ihrer Nähe ein äußerstes Maß verwöhnenden Glücks zu bieten, und gerade auf diesen Umstand wird sich ihre übermenschliche Macht als »Madonna« gründen.

Um ein solches Gefühl schon rein äußerlich zu verstehen, genügt es, sich auszumalen, was zum Beispiel in der Zeit des sogenannten »Wirtschaftswunders« Millionen Kinder in der Bundesrepublik Deutschland erfahren konnten: daß nach einer langen Zeit oraler Entbehrungen plötzlich eine Zeit des Überflusses und der Maßlosigkeit anhebt, in der alles nur erdenklich Schöne mit einem gewaltigen Nachholbedürfnis gekauft und konsumiert wird. Mütterliche Liebe – das heißt jetzt wesentlich, so viel an Nahrung und Kleidung zu besorgen, wie es irgend geht; und ein Kind, das selber schon sehr früh unter Not und Mangel zu leiden hatte, wird mit Sicherheit sich als ein besonders dankbarer Empfänger solcher Gaben erweisen. Seine strahlenden Augen beim Erhalt eines Geschenkes werden die Mutter für alle Mühen belohnen und womöglich zu noch größeren Anstrengungen ermuntern, während umgekehrt es selber sich scheinbar problemlos in die Erwartungen und Hoffnungen seiner Mutter fügen wird. Keiner von beiden kann unter diesen Umständen merken, daß das »Marienkind« seine ängstliche Passivität vom Anfang seines Lebens unverändert beibehält: Es selber ist voll Freude über den unverhofften Gnadensegen, und die »Madonna« genießt den untertänigen Gehorsam und die prompte Pünktlichkeit ihrer Tochter. Unbemerkt von beiden besteht unter der Decke des glücklichsten Arrangements die alte orale Gehemmtheit des Mädchens uneingeschränkt fort, wenngleich nur ein genauer Beobachter der Wahrheit auf die Spur zu kommen vermöchte. Ein solcher freilich müßte unfehlbar merken, daß etwa die Fröhlichkeit und Umgänglichkeit des Kindes im Kreis seiner »engelgleichen« Gespielinnen stets ein gewisses überdimensioniertes und reflexhaft zuvorkommendes Moment besitzt: kaum daß ein anderer begegnet, sucht ein besonders freundliches Lächeln seine Gutmütigkeit zu erhalten; kaum äußert ein anderer einen Wunsch, setzt augenblicklich das Bemühen ein, ihn zu erfüllen; kaum weicht ein anderer mit seinen Interessen vom eigenen Standpunkt ab, beginnt auch schon die Bereitschaft, ihm Recht zu geben. In allem wird deutlich, daß in dem Verhalten eines solchen »Marienkindes« nicht nur Menschenfreundlichkeit und Anpassungsfähigkeit am Werke sind, sondern stets eine abgründige Angst sich äußert, für die geringsten Abweichungen als ungeliebt, überflüssig und hinderlich verstoßen zu werden. Nach außen hin mag das »Marienkind« wie ein rechter »Sonnenschein« seiner Mutter wirken, und womöglich wird schon sein Anblick bei allen, die es sehen, ein Gefühl von Glück und Freude hinterlassen; aber die tiefere Wahrheit seines Erlebens besteht in einer ständigen Angst, für sich allein ein Nichts zu sein und jederzeit aus der Gunst der anderen heraus ins Nichts fallen zu können. Das »Marienkind« ist in diesem Sinne nicht nur der Name eines charakterlichen Typs, sein Name bezeichnet vor allem eine Lebensform, in der ein Mensch durchaus keine eigene Persönlichkeit entwickeln darf, sondern in der er bedingungslos zu tun, zu sagen und zu denken hat, was sein mütterliches (oder väterliches) Vorbild verkörpert und ihm abverlangt.[10]

Nur durch diese unbewußte Abhängigkeit von der Mutter wird es verständlich, daß das Märchen vom ›Marienkind‹ den außerordentlich großen Zeitraum in der Entwicklung des Mädchens bis zu seinem vierzehnten Lebensjahr ganz pauschal in einem einzigen großen Block zusammenfassen kann. Fragt man ein »Marienkind« Jahre später, wie es gelebt hat, so wird man erstaunt sein zu hören, daß selbst Personen mit einer recht hohen Intelligenz vorgeben, an ihre Kindheit keinerlei

Erinnerung mehr zu besitzen. Bei vorwiegend zwangsneurotischen
Persönlichkeiten begegnet man diesem Phänomen recht oft auf Grund
des zwanghaften Perfektionsideals:[11] Man ist gewissermaßen schon
»fertig«, also mit ca. zwanzig Jahren, vollendet auf die Welt gekommen; die »Marienkinder« hingegen verbringen ihre Jugend gewissermaßen wie in einer traumhaften Welt, die wechselweise im »Himmel«
oder in der »Hölle« spielen kann, in jedem Falle aber auf unheimliche
Weise mit einer allmächtig wirkenden Person verschmolzen bleibt. Es
ist, als wenn die frühkindliche Dualunion mit der Mutter eigentlich
nie ganz aufgehört hätte, und in der Tat wird es für ein »Marienkind«
keine größere Angst geben als die mögliche Katastrophe des Verlas-
sen- und Verstoßenwerdens. Der »Himmel« der »Madonna«, so dürfen wir schon hier vermuten, ist der Ort einer mit strahlendem Glück
überlagerten Angstliebe, und das »himmlische« »Glück« wiederum
besteht in einer Art oraler Überversorgung und Verwöhnung, die, wie
sich später noch zeigen wird, die kindliche Abhängigkeit eher fordert
und fördert, als sie zu mehr Eigenständigkeit und Selbstverantwor-
tung hin zu öffnen.

Vielleicht ist es auch möglich, in dem buchstäblich »himmelweiten«
Abstand zwischen der »Vaterwelt« und der »Mutterwelt« im Leben
des »Marienkindes« noch inhaltlich einige Forderungen herauszuspüren, die zu dem Bereich der »Madonna« gehören. Wer im »Himmel«
lebt, wird nicht nur in »golddurchwirkten Gewändern« spielen dürfen, er wird auch reinlich und säuberlich auf seine Kleidung und sein
gesamtes Äußeres achtgeben müssen; wer gar mit »Engeln« spielt,
wird gewiß niemals Streit und Zank anfangen dürfen, und käme es
denn je zu einem ernsthaften Konflikt, so hätten in den Augen der
»Madonna« bestimmt die »Engel« recht – eben deshalb kommt es
darauf an, ständig so brav zu sein, daß es keine Konflikte gibt; und
wer vollends der ärmlichen Welt des »Holzhacker«-Vaters im wörtlichen Sinne »enthoben« ist, darf sich gewiß nicht nur über die rohe und
ungebildete Welt seiner Herkunft »erhaben« dünken, er muß auch mit
Fleiß und Leidenschaft »höheren« Zielen der Bildung und Kultur
obliegen. Daß das Märchen von all diesen Forderungen der Kindheit
kein Wort überliefert, braucht keineswegs zu bedeuten, daß sie nicht
bestanden hätten; es besagt lediglich, daß ein echtes »Marienkind« mit
derlei Anforderungen für gewöhnlich keine Probleme hat. »Ich habe«,
wird es später sagen, »in der Schule nie Schwierigkeiten gehabt«, oder:
»Beim Spielen war es immer sehr schön, worauf wollen Sie mit Ihren
Fragen hinaus?«, oder: »Ich habe mich immer mit allen vertragen;
nein, Streit hat es nie gegeben – aber ich kann mich an all das nicht
mehr erinnern.« Es ist, als finge das Erleben der »Marienkinder«, so
frühentwickelt sie oft auch sein mögen, tatsächlich erst mit dreizehn,
vierzehn Jahren an und als wären sie wirklich erst in diesem Alter zur

Welt gekommen. Ja, in gewissem Sinne trifft dieser Eindruck vollkommen zu, indem die »Marienkinder« nicht nur ganz früh schon schuldig werden dadurch, überhaupt auf der Welt zu sein, sondern zudem mit ca. vierzehn Jahren tatsächlich durch eine neue Schuld erst wirklich zur Welt kommen; doch diese zweite Schuld wird nicht mehr oraler Natur sein, sie wird darin bestehen, eine Frau (bzw. ein Mann) zu sein und eines Tages das Geheimnis des eigenen Geschlechtes zu entdecken.

Der Sündenfall der dreizehnten Pforte

Bisher erzählte das Märchen die Geschichte vom »Marienkind« auf eine Weise, daß die bestehenden Konflikte mehr zu erraten denn zu beweisen waren; und daß eine solche tiefenpsychologische Rekonstruktion seiner Genese überhaupt gelingen konnte und möglich war, liegt allein daran, daß der spätere Zustand des »Marienkindes« uns all die aufgezeigten oral-depressiven bis zwanghaften Charakterzüge und Verhaltensweisen noch einmal unzweideutig verraten wird, die wir bereits in der frühen Kindheit und Jugendzeit (wenngleich oft gegen den Widerstand der selbstgeschaffenen Kindheitslegende) annehmen müssen. Doch so trügerisch ruhig wenigstens die »Himmelszeit« des »Marienkindes« auch erscheinen mag, der Zeitpunkt läßt nicht auf sich warten, wo das »Marienkind«, vermeintlich gerade auf dem Gipfel seines Glücks, einen jähen »Absturz« erleiden wird.

Die Welt der »Mutter Gottes« galt uns bisher vornehmlich als eine Welt oraler Verwöhnung und als die Sphäre einer unaufgelösten Dualunion von Mutter und Tochter. Aber daß dies allein nicht die ganze Wahrheit sein kann, zeigt sich bereits in der eigentümlichen Art, in der das »Marienkind« gerade in der Zeit der beginnenden »ödipalen Phase« von seinem Vater an die »Mutter Gottes« »abgegeben« wurde. Bislang mochte es genügen, für diesen Wechsel von der Welt des »Vaters« zu der Welt der »Mutter« gewisse äußere oder innere Gründe im Erleben der Eltern anzunehmen; aber auch so konnte nicht verborgen bleiben, daß dieser Wechsel auf eine Unterbrechung der normalen Sexualentwicklung des Mädchens hinauslief, indem die übergroße Bindung an die Mutter mit einer Fixierung bzw. einer Regression auf die orale Stufe der Entwicklung einherging. Die frühkindliche Angst vor dem Vater bzw. eine solche absolute Angstliebe zur Mutter bedeuten von vornherein, daß der Weg zur Liebe im späteren Lebensweg eines »Marienkindes« nicht unproblematisch verlaufen wird; gleichwohl kommt noch ein spezifisches Moment der Erzählung zu dieser oralen Thematik hinzu: die Jungfräulichkeit der »Mutter Gottes«.

Oft genug hat man psychoanalytisch das christliche Dogma von der jungfräulichen Empfängnis und Geburt des Jesuskindes in den Verdacht gesetzt, eine durch und durch ödipale Phantasie zu sein.[12] Aus lauter Sexualangst und aus sublimem Vaterhaß werde die Rolle des Josef bei der Geburt Jesu verschwiegen und das Dogma von der jungfräulichen Geburt ohne das Dazutun eines Mannes an die Stelle der natürlichen Verhältnisse gerückt. Tatsächlich entstammt die Vorstellung von der Jungfrauengeburt indessen der durchaus nicht sexualfeindlichen oder »ödipal« gefärbten Welt des Matriarchats, in deren archaischem Glauben die Große Mutter als eine absolute Macht keines Mannes bedarf, um ein Kind zur Welt zu bringen;[13] außerdem kennt das Ritual der Heiligen Hochzeit, wie es zum Beispiel bei der Geburt des Pharao in Ägypten begangen wurde, die »Jungfräulichkeit« der »Gottesmutter« nicht als eine biologische Aussage über den physischen Zustand der Mutter des späteren Gottkönigs, sondern man spricht von der »Jungfräulichkeit« der Mutter erst von dem Zeitpunkt an, da der neue Pharao festlich seinen Thron bestiegen hat – nicht um die Mutter, einzig um den neuen Herrscher geht es mithin bei der Vorstellung seiner jungfräulichen Geburt.[13a] Trotzdem hat die christliche Dogmatik und vor allem die Moraltheologie in Gestalt der sogenannten Mariologie viel dazu beigetragen, den alten psychoanalytischen Verdacht zu erhärten, die christliche Religiosität basiere auf einem gerüttelt Maß an ödipaler Sexualverdrängung, und es kann jedenfalls ehrlicherweise kein Zweifel daran bestehen, daß es für eine Frau psychologisch ein sehr widersprüchliches Ideal darstellt, religiös einem Vorbild nachstreben zu sollen, das selbst als Mutter »jungfräulich« blieb.

Was das Märchen vom ›Marienkind‹ angeht, so läßt sich der Typ der jungfräulichen »Madonna« als Mutter vom Kontext der bisherigen Erzählung her ein Stück weit präzisieren, und man wird dann noch besser verstehen, wieso eine derart lange und enge Verbindung zwischen Mutter und Tochter, wie das Märchen sie schildert, überhaupt zustande kommen konnte. Man kennt das Schicksal zahlreicher Frauen, die zum Beispiel wegen der Roheit ihres Mannes oder infolge ihrer eigenen Ängste oder auch einfach aufgrund gewisser unüberbrückbarer Gegensätze in der Ehe einer wirklichen Liebe entraten müssen; die Frustrationen einer solchen Ehegemeinschaft ließen sich vielleicht ohne tiefere Zerrüttungen kompensieren, wenn vor allem die Frauen offen genug wären und sein dürften, ihre Erfüllung geistig und seelisch in einer tief erfahrenen Freundschaft anderswo zu finden. Aber gerade das wird meistens von Kirche und Gesellschaft untersagt. Für gewöhnlich liegt es besonders in streng religiösen Kreisen scheinbar immer noch weit näher, gewisse Enttäuschungen am eigenen Ehepartner mit einem Ausweichen in das Ideal der Madonna zu beantworten, als dem Bedürfnis nach Liebe, Verständnis und geistiger Einheit Recht zu geben: der Gatte wird innerhalb einer solchen Zwangsgemeinschaft dann notgedrungen vom »Partner« zum »Versorger«, und an die Stelle des ehemals Geliebten tritt in einer solchen »Josefsehe« nun das Kind. Ihm gilt ersatzweise fortan die ganze Liebe der treusorgenden Mutter – auch ein solcher Rückzug des Vaters von der seelischen Verbundenheit mit der Mutter und seinem Kind verträgt sich gut mit der Bemerkung des Märchens, daß der Vater von sich aus die Verantwortung für das »Marienkind« an die »Mutter Gottes« delegiert. Die Frau aber, die eine solche Rolle als »Madonna«, als Mutter ohne Mann, »erwählt«, muß künftig vor allem ihren Wunsch nach partnerschaftlicher Liebe in sich unterdrücken, und indem sie den Mann durch ihr Kind, besonders ihre Tochter, ersetzt, muß sie von diesem unbewußt die gleiche »Lösung« erwarten, die sie sich selbst zu eigen gemacht hat: niemals darf ihr Kind kennenlernen, was sie in Zukunft am meisten in sich selbst bekämpfen muß: die Sehnsucht nach Liebe; und dieses Ideal der Madonna, der jungfräulichen Mutter, muß für die Tochter um so verführerischer und faszinierender sein, als die Mutter in der Tat womöglich wie eine »Heilige« selbstlos und opferbereit für ihr Kind, ihr einziges zumal, sich einzusetzen bemüht.

Die »Dualunion« von Mutter und Tochter beruht insofern auf einem Ergänzungssyndrom zweier komplementärer Haltungen: Die Mutter wünscht sich ein Mädchen, das es ihr erlaubt, auf mädchenhaft-jungfräuliche Weise die Rolle der »ewigen Mutter«, der »Demeter«, zu übernehmen; und die Tochter wünscht sich eine Mutter, die es ihr erlaubt, die Rolle der »Persephone«, der ewigen Tochter, beizubehalten;[14] und dieses Arrangement, an sich dazu bestimmt, unauflöslich zu währen, hätte in der Tat alle Aussicht auf ewige Dauer, wäre da nicht die fatale Energie der Entwicklung mit der allmächtigen Sprengkraft der Liebe, die es nicht gestattet, auf immer kindlich zu bleiben, nur um die kindliche Regression der Mutter zum Status der »Madonna« aufrechtzuerhalten. Das unbewußte »Abkommen« zwischen Mutter und Tochter scheitert an demselben Faktor, der die meisten homosexuellen Freundschaften zwischen zwei Frauen, wenngleich oft erst nach vielen Jahren, auseinandertreibt: an dem Faktor der seelischen Weiterentwicklung auf seiten der meist Jüngeren durch die Sehnsucht nach einem Partner des anderen Geschlechtes.

Alles beginnt, wie es in den Märchen häufig beginnt: Die Madonna geht auf eine »große Reise«, das heißt, ihr unmittelbarer Einfluß, ihre ständige Gegenwart im Bewußtsein, ihre freundlich-einengende Kontrollaufsicht läßt nach. Der Zeitpunkt dafür ist recht gewählt: das »Marienkind« ist vierzehn Jahre alt, es steht am Anfang der Pubertät, und es muß, koste es, was es wolle, lernen, seine eigene Welt zu entdecken. Dabei verstünde man die himmlische Macht der »Madon-

na« gründlich falsch, wenn man sich darunter das Terrorregime einer
zänkischen Vettel vorstellen wollte; sehr im Gegenteil behauptet die
»Madonna« ihren Einfluß gerade durch ihre objektive Güte und entgegenkommende Großzügigkeit. So auch jetzt: Man sollte annehmen,
daß die »Mutter Gottes« wohl weiß, worauf sie ihre Tochter vorbereitet, wenn sie ihr die »Schlüssel des Himmels« anvertraut und sie mithin förmlich einlädt, in ihrer Abwesenheit sich nur ja recht umzu-
schauen. Dennoch ist es bezeichnend, daß sie mit keinem Wort verrät,
was hinter den Pforten des Himmels im einzelnen auf ihre Tochter
wartet; sie geht einfach fort und überläßt das Mädchen sich selbst –
eine Zeit ungeahnter Freiheiten und Möglichkeiten tut sich auf; eine
Phase unerhörter Entdeckungen und nicht zu bändigender Neugier
beginnt für das vierzehnjährige Mädchen, das sich eine ganze Zeitlang
um die Mutter offensichtlich nicht mehr zu kümmern braucht; die
»Madonna« (bzw. das Vorbildideal des »Marienkindes«) ist buchstäblich »weit weg«, und es geschieht objektiv sogar in voller Duldung
und in vollem Einverständnis mit der »Mutter«, wenn das Mädchen,
im Vollbesitz seiner himmlischen »Schlüsselgewalt«, eine Pforte nach
der anderen für sich »erschließt«.[15] Tatsächlich hebt für das Mädchen
mit dem Weggang der Mutter eine Zeit der ungetrübten *sexuellen*
Neugier an, denn nichts anderes wird man in dem Aufschließen der
zwölf Himmelspforten erblicken müssen. Freilich ist die Szenerie von
Anfang an gespalten genug: Keinesfalls genügt es für ein »Marienkind«, wie sonst unter den Sterblichen, einfach einen jungen Mann
kennenzulernen und sich mit ihm anzufreunden; im »Himmel« der
»Madonna« bedeutet die erste Erfahrung im Umgang mit dem anderen Geschlecht etwas gewissermaßen »Mystisches« und »Heiliges«,
und nur in dieser überirdischen religiösen Verklärung scheint es erlaubt zu sein, an einen Mann auch nur zu denken.

Wohlgemerkt gibt es im Herzen eines Menschen gewiß nichts, das
so heilig, beseligend und göttlich sein könnte wie die Liebe; aber eines
ist es, in der beseligenden Gegenwart eines Menschen, den man von
Herzen liebt, zu Gott getragen zu werden und durch seine Person
hindurch das Tor zum Himmel offen zu sehen, und etwas ganz anderes ist es, wenn man, wie das »Marienkind«, von vornherein den
möglichen Partner der Liebe in ein heiliges Wesen, in einen »Apostel«
verwandeln muß, nur um ihn in einer derart unberührbaren und unerreichbaren Ferne zu halten, daß er vielleicht ein Gegenstand der Verehrung und Bewunderung bleibt, aber sicher nicht der Liebe zugänglich wird. Wohl bedeutet es für das »Marienkind« einen wichtigen
Fortschritt, sich immerhin am Anblick der »Apostel« in ihrer
»Pracht« und »Herrlichkeit« zu erfreuen, aber es ist deutlich, daß es
im Grunde keinen Kontakt, kein Gespräch, keine wirkliche Beziehung zu diesen vergöttlichten Mannesgestalten geben kann noch darf.

Auch die »Englein«, das heißt die geistigen Einstellungen und Wertungen der Kindertage,[16] freuen sich nur so lange mit dem Marienkind, als es den Zustand seiner träumend-sehnsüchtigen Unschuld bewahrt. Es ist eine Zeit, von der manch ein »Marienkind« später berichtet wird, daß es in wörtlichem Sinne vor lauter Sehnsucht und Einsamkeit die Pfeiler der Heiligenstatuen in der Kirche umarmt habe oder daß es jeden Tag in die Messe gegangen sei, um der Person Christi oder des Priesters, der sie verkörpert, nahe zu sein, oder geheime Liebesbriefe an den Kaplan der Mädchengruppe in sein Tagebuch geschrieben habe. Es ist die äußerste Grenze, bis wohin ein »Marienkind« sich vorwagen darf, ohne die Sympathie der »Mutter Gottes« und der »Englein« zu verlieren; es ist der äußerste Versuch eines Kompromisses zwischen Es und Über-Ich, zwischen dem natürlichen Verlangen nach Liebe und der überirdischen Moralität der »Madonna«, und um so furchtbarer ist es, daß selbst dieser Kompromiß von vornherein an der Starrheit der »Mutter Gottes« scheitern muß.

Die grausame Wahrheit nämlich besteht darin, daß die »Mutter Gottes« nur scheinbar die Freiheit und das Glück ihrer Tochter will, im Grunde verlangt sie ein Leben, das frei und ungezwungen und glücklich *scheint*, um es in Wirklichkeit niemals zu werden. Die »Madonna« selbst ist viel zu klug und auch selber wohl in der Tat viel zu verständig und wohlmeinend, als daß sie ihrer Tochter den Weg zur Liebe von vornherein untersagen könnte oder wollte; aber sie kann ihrer Tochter nicht mehr gestatten, als sie sich selbst erlaubt, und unbedingt muß sie ihr daher die Erfüllung der Liebe versagen. Alles ist für sie nur solange noch richtig und gut, als es sich ausschließlich im Bereich von Vorstellung, Traum und Phantasie abspielt und durch entsprechende religiöse Überhöhungen legitimiert scheint; alles hingegen ist verboten und sündhaft, was den Traum in die Wirklichkeit setzen würde: die dreizehnte Pforte, der Abschluß von allem, die »Anschauung Gottes«, der wirkliche Inbegriff des Himmels, muß unter absolutes Tabu gestellt werden.

Gewiß mag man sich fragen, ob es angehen kann, selbst in dem Bild der Heiligsten Dreifaltigkeit noch sexualsymbolische Inhalte aufzufinden, und eine bestimmte Art von Religiosität und Theologie wird unzweifelhaft die Gelegenheit nicht verstreichen lassen, hier von perversen, obszönen, sakrilegischen, pansexualistischen und geradewegs blasphemischen Insinuationen zu reden. Indessen wird man mit solchen Abwehrversuchen doch nicht vergessen machen können, daß es im Menschen nur *eine* Kraft der Liebe gibt, die prinzipiell alles umfaßt, vom Kleinsten bis zum Höchsten, vom Atom bis zum Spiralnebel, vom Regenwurm bis zu den Engeln, vom geliebten Du eines Menschen bis zum Du Gottes und es beleidigt gewiß nicht die Ehre des Allerhöchsten, wenn man seinen Theologen versichert, daß wir

den Ursprung unseres Lebens im Hintergrund der Welt mit der gleichen Intensität und Sehnsucht lieben wie unseren besten Freund.
Wohl aber ist es an dieser Stelle des Märchens nicht zu übersehen, daß
das Märchen von »Gott« auf eine Weise spricht, die keines Theologen
Zustimmung erringen kann, indem die dreizehnte Pforte, die Tür zu
»Gott«, von der »Mutter Gottes« ausdrücklich verboten wird. Ein
solches Verbot muß so lange als geradezu absurd erscheinen, als man
unterstellt, daß es dem Märchen hier wirklich in theologischem Sinne
um Gott zu tun ist. Selbst wenn man religionsgeschichtlich an die alte
Vorstellung erinnert, daß es tödlich sei, die Gottheit anzuschauen,[17]
so weist doch das Verbot der »Mutter Gottes« in völlig andere Richtung. Nicht der Tod, die Vertreibung aus dem Himmel steht als Strafe
auf die Übertretung des mütterlichen Verbotes, die dreizehnte Pforte
zu öffnen, und theologisch gesehen, kann es nie und nimmer ein
Verbot geben, Gott anzuschauen.[18] Gerade die Mutter Gottes ist es,
die man im Gebet der Kirche immer wieder anfleht, sie möge uns
verbannten Kindern Evas nach der Zeit des Exils in diesem Tal der
Tränen ihren Sohn Jesus Christus zeigen.[19] Theologisch betrachtet
kann gerade die Mutter Gottes demnach kein Interesse daran haben,
ihrer Adoptivtochter den Anblick der Dreifaltigkeit zu untersagen,
und folglich ist von »Gott« an dieser Stelle nur in uneigentlichem Sinn
die Rede. Es bleibt mithin nichts übrig, als das Verbot, »Gott« anzuschauen, in der gleichen Weise zu interpretieren wie den Anblick der
»zwölf Apostel«: Auch die »Dreifaltigkeit« dient hier »nur« der Ver-
schleierung für den Wunsch und zugleich für das Verbot der Liebe,
allerdings so, daß sich in ihr als Erfüllung und Ziel verdichtet, wovon
die »Apostel« nur vorbereitend Zeugnis ablegen konnten: die Gestalt
eines Partners der Liebe.[20]

Man braucht, um diese Gleichung von »Dreiheit« und »Männlichkeit« tiefenpsychologisch zu belegen, durchaus nicht nur an die objektalen Deutungen Freuds zu erinnern, der das Symbol der Dreizahl
unmittelbar von der Gestalt des männlichen Genitales ableitete,[21] es
zeigt sich auch subjektal, daß die Dreizahl eine »männliche« Einheit
darstellt,[22] und sie zu »sehen«, ist entwicklungspsychologisch äußerst
wichtig, denn es gibt keinen anderen Weg für ein heranwachsendes
Mädchen, als sich der Neugier am anderen Geschlecht vertrauensvoll
zu überlassen und damit über den anderen zu sich selber hinzufinden.
Recht hat in gewissem Sinne daher die oben bereits erwähnte Mär-
chenvariante von der »schwarzen Frau«, in der hinter der dreizehnten
Tür sich *vier Frauen* verborgen halten: Die Vierzahl steht symbolisch
für die Vollendung der Weiblichkeit,[23] und in der Tat tritt die göttliche Dreiheit an dieser Stelle zur weiblichen Vierheit in ein Verhältnis
von Bedingung und Ergebnis: Einzig der »Anblick« der Männlichkeit
ist es, der das »Marienkind« zu einer vollendeten Frau machen könn-

te, und allein die dreizehnte Pforte führt in die Kammer des eigenen Herzens.

Um so mehr muß dann das Gebaren der »Mutter Gottes« wunder nehmen. Wenn sie ihre Tochter wirklich daran hätte hindern wollen, die dreizehnte Pforte zu öffnen, wäre es ihr bestimmt ein leichtes gewesen, den Schlüssel der Tür bei sich zu behalten. Wieso überreicht sie dem »Marienkind« ausdrücklich den Schlüssel auch zu dieser Tür, nur um seinen Gebrauch unter strengstes Verbot zu stellen? Die Lösung dieses höchst widersprüchlichen Verhaltens kann gewiß nicht darin liegen, daß die »Mutter Gottes« einfach den »Gehorsam« ihrer Tochter auf die Probe stellen möchte; niemals geht es in wirklichen »Sündenfallgeschichten« um rein formale Gehorsamsforderungen, deren Inhalt völlig willkürlich wäre und sein müßte, um desto eindrucksvoller die Machtwillkür eines bestimmten Gesetzgebers zu bestätigen. Selbst in der biblischen Sündenfallerzählung von Gen 3,1–7 trifft die oft geäußerte Ansicht nicht zu, Gott habe sein Gebot nur erlassen, um den »Gehorsam« des Menschen zu prüfen und seine eigene Überlegenheit unter Beweis zu stellen.[24] Wenn die Götter etwas verbieten, so sprechen sie nur aus, was unvermeidbar verboten werden muß, selbst wenn der Sinn des Verbotes oft verborgen und geheimnisvoll bleibt. Von der »Mutter Gottes« in unserem Märchen wissen wir allerdings, daß sie nur allzu menschlich ist; ihr ist es durchaus zuzutrauen, daß sie etwas verbietet, das objektiv gar nicht verboten werden dürfte, das aber von ihrer eigenen Persönlichkeit her unbedingt unter Verbot gestellt werden muß, und es ist deshalb sehr die Frage, welch ein Interesse sie selbst daran haben mag, ihrer Tochter bestimmte »göttliche Einsichten«, symbolisiert im Geheimnis der dreizehnten Pforte, vorzuenthalten.

Deutlich geworden ist bereits, daß der Inhalt dieses Geheimnisses sexueller Natur sein muß, aber sein engerer Sinn, vor allem die Verbindung, die dieses Verbot mit der »Mutter Gottes« unterhält, ist damit noch nicht geklärt. Die Frage läßt sich indessen unschwer beantworten, wenn wir darauf achthaben, daß es im Grunde nur das *Sehen* ist, das die Mutter dem »Marienkind« verbietet; die Frage stellt sich dann, was an der »Mutter Gottes« selber unter Strafe eines totalen Liebesverlustes für das »Marienkind« zu sehen verboten ist.

Tatsächlich läuft das Verbot der »Mutter Gottes« letztlich auf eine Einschränkung des sexuellen Schautriebes hinaus, so wie umgekehrt das gesamte Sexualverhalten des »Marienkindes« sich im wesentlichen auf das »Sehen« beschränkt. Wenn man will, mag man die Einstellung des Mädchens als »voyeuristisch« bezeichnen; aber was bleibt einem Mädchen in seiner Sehnsucht anderes als das Sehen, wenn jeder wirkliche Kontakt zu einem anderen Menschen, den es lieben könnte, durch die verbietende Haltung seiner Mutter blockiert ist? Das

»Schauen« bildet das letzte Refugium seines Verlangens nach Liebe, Freiheit und Unabhängigkeit von seiner Mutter, und in gewissem Umfang wird dieses Streben von seiner Mutter nicht nur toleriert, sondern sogar aktiv unterstützt. Um so mehr muß man sich fragen, was für ein Geheimnis sich hinter der dreizehnten Tür verbirgt.

Die Einschränkung der Schaulust wird psychoanalytisch zumeist auf das Tabu der »Urszene« zurückgeführt, auf das Verbot mithin, die Eltern beim Austausch der Liebe zu belauschen.[25] Fast immer wird dabei angenommen, daß der Vater den Sohn mit der »Kastration« bedroht, weil er den Platz an der Seite seiner Frau gegen jeden männlichen Konkurrenten verteidigen will, und daß umgekehrt die Mutter ihre Tochter daran hindern will, sie von der Seite ihres Mannes zu verdrängen.[26] Dieser ödipale Hintergrund existiert in der Entwicklung des »Marienkindes« unzweifelhaft: Um den Mann als absolut überwertig und unerreichbar in der Rolle eines »Gottes« bzw. in der Position der »Heiligen Dreifaltigkeit« zu »sehen«, bedarf es unbedingt der Sichtweise, mit der ein kleines Mädchen zu seinem Vater aufblickt. Vom Ödipuskomplex her versteht man auch, daß es der »Mutter Gottes« relativ gleichgültig sein kann, wenn das »Marienkind« den »Aposteln«, also allen möglichen Männern nachschaut, aber daß sie mit aller Macht den Blick auf (Gott-)Vater, also ihren Mann, verhindern muß. Indessen geht es jetzt, mitten in der Pubertät, nicht eigentlich mehr um das Verbot des Inzests – es ist mehr als ein Jahrzehnt her, daß der Vater seine Tochter an die Mutter »abgegeben« hat. Was hingegen die »Mutter Gottes« um ihrer selbst willen mit Nachdruck verbieten muß, ist die »Einsicht« in die Göttlichkeit der Liebe: Sie ist die einzige Erkenntnis, die endgültig die Rolle der Mutter als »Madonna« gefährden kann. Die Mutter, die selbst um des jungfräulichen Ideals willen ihre eigene Fähigkeit zur Liebe wie etwas »Unansehnliches« zu bekämpfen sucht, kann unmöglich dulden, daß ihre eigene Tochter, die überwältigende Schönheit der Liebe nicht nur in der Sehnsucht, sondern in der Wirklichkeit kennenlernt – ihr eigenes Ichideal, geprägt von Selbstunterdrückung und Selbstaufopferung, drohte dann endgültig als ein sublimer Betrug entlarvt zu werden; ja, es ließe sich mit Bezug zu der »Urszene« schließlich die Entdeckung doch nicht mehr verhindern, daß zu einer bestimmten Zeit sogar der »Madonna« die Liebe nicht nur in jungfräulicher Gleichgültigkeit widerfahren sein kann. Und eben dies scheint die »Eröffnung« zu sein, die die »Mutter Gottes« jetzt um »Gottes willen« verhindern muß, indem sie ihrer Tochter die Öffnung der dreizehnten Türe rigoros untersagt.

Erst von diesem recht eigennützigen Motiv her versteht man, daß die »Mutter Gottes« absolut unversöhnlich auf die Übertretung ihres Verbotes reagiert.[27] Im Grunde handelt es sich um einen ausgesprochen narzißtischen Beweggrund, und nur er allein erklärt die Unerbittlichkeit der bis dahin so gütigen »Mutter Gottes«: Der Liebesentzug, mit dem sie ihre Tochter verstößt, beantwortet eigentlich das Gefühl, selber gewiß nicht mehr liebenswert zu sein, wenn sie zur Liebe Ja sagen würde; das »Marienkind« ereilt nach seiner Entdeckung an der dreizehnten Pforte somit ein strenges, archaisches jus talionis, das deutlich zeigt, daß die »Mutter Gottes« ihrer Tochter nicht vergeben kann, was sie sich selber nicht vergibt.

Damit scheint der psychologische Sachverhalt objektiv hinreichend beschrieben, aber es kommt, wie stets, darauf an, sich von innen her in die Wirklichkeit eines solchen Erlebens einzufühlen. Welch eine Tragödie für eine Frau, die es ihr Leben lang mit ihrer Tochter, wie man so sagt, »nur gut gemeint« hat, und welch ein Erschrecken für den Leser eines solchen Märchens, erkennen zu müssen, wie wenig im Leben oft die »gute Meinung« genügt! Daß man sich irren kann, ist schlimm; aber welch eine Rechtfertigung bleibt noch, wenn selbst das subjektiv gute Wollen derart in Zweifel gezogen werden kann, wie es bei dieser Betrachtung des Märchens geschieht? Alles gute Bemühen der »Mutter Gottes«, ihrer Tochter ein Paradies auf Erden zu bereiten, scheitert, und statt des erhofften Glücks zeigt sich im Gegenteil, in welchem Umfang das Problem des »Marienkindes« im Ursprung ein Problem der »Mutter Maria« selber ist, indem diese ihre eigenen Ambivalenzkonflikte in vollem Umfang an das »Marienkind« abgibt. Auf ihre Weise liebt die »Mutter Gottes« ihre Tochter, kein Zweifel; aber sie muß sie schließlich hassen, weil sie sich selbst als Frau nicht zu lieben vermag – dies ist die eine Seite des Konfliktes; auf der anderen Seite muß die »Mutter Gottes« ihre Tochter als Frau dazu verführen, eine Frau zu werden; aber sobald diese das Terrain jungfräulicher Empfindungslosigkeit wirklich verläßt, hat sie als »Jungfrau Maria« offenbar die Pflicht, ihre Tochter zu verstoßen. So widersprüchlich die »Mutter Gottes« selbst zwischen Selbsthaß und Selbstaufopferung hin- und hergerissen wird, so ambivalent zwischen Haß und Liebe ist und bleibt auch ihre Tochter notgedrungen an sie gebunden. Diese Ambivalenz der Gefühle ist das eigentliche Problem. – Meisterlich beschreibt das Märchen die entscheidende Versuchungsszene selbst, in der die vermeintliche »Sünde« des »Marienkindes«, das endgültige Erwachen seiner Weiblichkeit, geschildert wird. Vielleicht gibt es keine Zone des menschlichen Erlebens, wo die Magie der Angst, die hilflose Auslieferung an das eigene triebhafte Verlangen im Getto von Verbot, Angst und Unterdrückung, wo die Ohnmacht des moralischen Wollens derart deutlich zutage tritt wie im Umgang mit der eigenen Sexualität. Vorsichtig-tastend, immer noch um einen letzten Kompromiß mit dem schlechthin Unversöhnbaren bemüht, versucht das »Marienkind« das Verbot der »Mutter Gottes« zunächst zu umge-

hen und dabei doch den Anschein aufrecht zu erhalten, es habe der
mütterlichen Weisung Genüge getan.[28] Fast rührend bittet es die
»Englein«, die Stimmen seiner eigenen Kindlichkeit, um Verständnis
und erläutert ihnen seinen Plan, nur »ein wenig durch den Ritz« der
Tür zu schauen; aber vergebens: eindringlich warnen die »Englein«
vor dem verbotenen Tun, und sie sehen ganz richtig voraus, daß das
»Marienkind« beim Öffnen der »Tür« endgültig das Glück seines
»Himmels«, die Einheit mit der »Mutter Maria«, verlieren wird. Doch
was hilft's? Das »Marienkind« wird von dem eigenen Drang der
»Lust« und Neugier unablässig weiter vorangedrängt; deutlich spürt
es, daß all seine bisherigen Entdeckungen an den zwölf Pforten der
»Apostel« vergebens wären ohne die entscheidende »Öffnung« der
dreizehnten Türe. Wohl muß es darauf verzichten, seine Empfindungen und Gedanken den Gefühlsregungen und Geistern der eigenen
Kindlichkeit, den »Englein«, begreifbar zu machen; aber der Zeitpunkt kommt, an dem die kindlichen Gefühle der Angst einen Moment lang ebenso verschwunden sein werden wie die »Mutter Gottes«, und in diesem Augenblick widerfährt dem »Marienkind«, was
der »Jungfrau Maria« zufolge nie und nimmer geschehen dürfte und
was doch menschlich unvermeidbar ist.

Wohl jeder, selbst wenn er vor anderen niemals davon gesprochen
hat, wird sich an den Moment erinnern können, da er das erstemal die
Regung seiner Sexualität bis zur höchsten Empfindung hin gespürt
hat, und so streng er auch erzogen worden sein mag, war das naturhaf-
te Glück dieser Entdeckung in ihm doch so stark, daß im Augenblick
des Tuns es ihn, statt mit Schuldgefühlen, vielmehr mit Staunen, Faszination und Stolz erfüllte, eine Frau bzw. ein Mann zu sein; als ob die
endlosen Versuche der Annäherung sich wie Wassertropfen in einem
Glase gesammelt hätten, das nun in einer letzten Bewegung die Ober-
flächenspannung durchbräche, um endlich sich unaufhaltsam ausgie-
ßen zu können, so verdichten sich jetzt all die vorangegangenen »Einsichten« und »Eröffnungen« beim Anblick der »Heiligen Dreifaltigkeit«. Die Symbolsprache des Märchens ist hier so deutlich, daß sie
unstreitig von einem onanistischen Tun spricht: der »Schlüssel« und
das »Schloß« ist ein geläufiges phallisches und vaginales Symbol,[29] der
»kleine« Schlüssel vor allem, der die dreizehnte Tür öffnet, darf als
Symbol der Klitoris gelten, die »Tür« bzw. die spaltweise »Öffnung«
ist ohne Zweifel als die weibliche Körperöffnung zu verstehen,[30] den
»Anblick« der »Heiligen Dreifaltigkeit« aber wird man gewiß als die
zugehörige unwiderstehliche Sexualphantasie des onanistischen Tuns
deuten müssen.[31] Gewiß: Dem Märchen liegt daran, all diese Erfahrungen als ungeheuerliche Vermessenheit, als Frevel gegenüber der
»Mutter Gottes«, als »Beleidigung Gottes« hinzustellen, und es macht
sich gewissermaßen damit die Sichtweise der »Englein« zu eigen. Aber

kann denn erlaubterweise ein Mädchen dabei stehenbleiben, ein Mädchen zu bleiben? Folgt das »Marienkind« nicht insgeheim der Aufforderung der »Mutter Gottes« selbst, die ihm den »Schlüssel« auch zur »dreizehnten Pforte« übergab? Und war es nicht in eigentlichem Sinne eine echte »Doppelbindung« (double bind),[32] wenn die »Gottesmutter« dem Kind den »Schlüssel« nur gab, um seinen Gebrauch zu untersagen? Jedenfalls spiegelt die Erzählung auf einer tieferen Ebene, unterhalb seiner legendär-moralisierenden Tonlage, außerordentlich einfühlend die innere Zwangsläufigkeit im Tun des »Marienkindes« wider: Das Gesetz der allmählichen quantitativen Steigerung von Empfindung, Neugier und Begierde, den plötzlichen Umschlag zur Erfahrung einer neuen Wirklichkeit, die beseligende Verzauberung bei ihrem ersten Eindruck, die überwältigende Ausgeliefertheit an das übermächtige Glücksgefühl und die zaghaft-mutige, wie hypnotische »Berührung« der göttlichen »Pforte«. Nur schwerlich wird man eine Erzählung finden, die den inneren Zwiespalt der Sexualität, ihre Mystifikation zu einem überirdischen Erlebnis im Umkreis von Verbot und Verleugnung, mit wenigen Sätzen so prägnant und verständnisvoll schildert, wie diese Geschichte des ›Marienkindes‹.

Das unauflösbare Dilemma des »Marienkindes« indessen ergibt sich gerade aus dieser Mystifikation der Sexualität selbst. Durch das apodiktische Verbot überwertig geworden, wird die Sexualität, einmal erlebt, eine wahre Obsession, eine Zwangsvorstellung, die um so weniger abzustreifen ist, je mehr man sie mit Angst und Schuldgefühlen bekämpft. Kaum hat das »Marienkind« mit seinem Finger den »Glanz« der verbotenen »Türe« berührt, als sein Finger sich »vergoldet« und es trotz aller Anstrengung von diesem »Goldglanz« sich nicht mehr »reinzuwaschen« vermag. Zwar schlägt es die verbotene Pforte sogleich »heftig zu« und läuft fort – es will sein Tun auf der Stelle ungeschehen machen,[33] doch seine Flucht hilft nicht mehr: Die Erfahrung des einmal Geschauten und Berührten wird es wie ein unauslöschliches Merkmal begleiten. Von Heroinsüchtigen sagt man, sie hätten einen goldenen Arm, um damit das Organ ihres magischen Glücksfetischs zu bezeichnen; nicht anders wird man auch die Mitteilung des Märchens verstehen können, das »Marienkind« habe von der Berührung der verbotenen »Türe« einen »goldenen Finger« behalten: Das einmalige Tun, gerade weil es wie ein Sündenfall ein absolutes Tabu durchbricht, bleibt im Umkreis von Angst und Verdrängung, von Überwertigkeit und Verlangen, von Glücksgefühl und Schande, als zwanghafte Fixierung erhalten, ja es wird zu einer Erfahrung, die alle anderen Glücksmöglichkeiten absorbiert[34] und sich schließlich zur einzigen und einzig verbotenen Quelle von Freude und Lust verdichtet. Der »goldene Finger« des »Marienkindes« ist fortan das Symbol einer Sucht, bei der das Verbotene nach und nach alles Erlaubte aufsaugt und damit eine Allmacht gewinnt, die das eigene Ich trotz (oder gerade infolge) aller Reue, aller Angst, aller Selbstreinigungsversuche, aller Fluchtbestrebungen wie ein Tier in der Falle gefesselt hält; und die Fangleine zieht sich nur desto unerbittlicher zusammen, je ruckhafter und verzweifelter das Opfer ihr zu entkommen sucht.

Das Kleid aus Tränen und aus Träumen

Eine Zeitlang mag es sein, daß ein heranwachsendes Mädchen (oder ein Junge) sein »Geheimnis« vor sich selbst und anderen erfolgreich verborgen hält. Sollte es wirklich sein, daß eine Tat, durch die man sich derart als »richtige« Frau (oder als Mann) erlebt, die sich aus der gesamten inneren Entwicklung wie folgerichtig ergibt und die aus den Tiefen der Natur wie zwangsläufig aufsteigt, als etwas Ichfremdes, Verbotenes und schlechthin Inakzeptables beiseite geschoben werden muß? Die verzweifelte Hoffnung wird sich anfangs erhalten, vielleicht doch noch einen Ausweg zu finden, der es ermöglicht, mit den neu gewonnenen Energien zu leben. Aber wie?

Gar nicht lange, so kam die Jungfrau Maria von ihrer Reise zurück, erzählt das Märchen und deutet damit an, daß die Verbote und Warnungen vor der Tat unabweisbar nunmehr als Vorwürfe und Schuldgefühle zurückkehren. Ein inquisitorisches Verhör beginnt, das eigentlich nur den Zweck verfolgt, das merkwürdige Wissen der »Mutter Gottes« um die Schuld des »Marienkindes« zu bestätigen. Es geht dabei tatsächlich nicht darum, herauszufinden, ob das Mädchen sich »schuldig« gemacht hat oder nicht – daß dies der Fall ist, scheint der »Mutter Gottes« von vornherein offenbar; allein ob das »Marienkind« seine Schuld einzugestehen vermag, ist ihre Frage. Wie der Gott Jahwe in der biblischen Sündenfallerzählung in das Paradies der Welt kommt, um die Menschen, die sich voller Scheu und Angst vor ihm verkrochen haben, zu einem Geständnis ihrer Schuld zu bewegen,[35] so kehrt die »Mutter Gottes« als verkörpertes schlechtes Gewissen zu dem armen »Marienkind« zurück, und es zeigt sich ebenso wie in der Bibel, daß man eine »Sünde«, die aus Angst begangen wurde, aus Angst auch nicht gestehen kann.[36] Wohl daß alles – die eigene Verlegenheit und Unruhe, die innere Verkrochenheit und Angst – objektiv, wie unter der Registratur eines Lügendetektors, das Gefühl der Schuld mit lauter Zunge ausspricht und verkündet, aber man selber fürchtet die angedrohte Strafe, den absoluten Verlust der mütterlichen bzw. göttlichen Liebe so sehr, daß man sich und dem anderen die Wahrheit nicht einzugestehen vermag. Insbesondere das »Herzklopfen« des »Marienkindes« ist als psychosomatisches Symptom nicht selten ein Hinweis auf verdrängte sexuelle Schuldgefühle im Umkreis der Onanie-Problematik[37] und vermag zusätzlich eine »Herzensangst« zu erzeugen. Aber wann immer es als tödlich empfunden wird, die Wahrheit zu sagen, bleibt kein anderer Weg, als das ganze Leben in eine Lüge zu verwandeln. Und so wie die jahwistische Urgeschichte am Anfang der Bibel die Lüge mit Recht als ein noch schlimmeres Übel darstellt als die »Sünde« selbst, so zeigt auch das Märchen vom ›Marienkind‹ in unheimlicher Weise auf, wie das Gewebe von Angst und Schuld in Gestalt der Lüge sich immer engmaschiger zusammenknotet.

Das Paradox besteht darin, daß das »Marienkind« glaubt, einzig durch die Unwahrheit die Zuneigung seiner Mutter (bzw. der verinnerlichten Mutterimago, des Über-Ichs) sich erhalten zu können – unvorstellbar ist ihm der Gedanke, man könnte der »Mutter Gottes« zutrauen, sie würde für die als so schrecklich dargestellte »Schuld« jemals so etwas wie Verständnis aufbringen oder gar ihrer Tochter womöglich erlauben, in dem vermeintlich »Schuldhaften« eine mitunter unabweisbare Möglichkeit des eigenen Lebens zu erblicken. Aber diese subjektive Gewißheit existiert nur im Bannkreis der Angst des »Marienkindes« – wer weiß, am Ende vertrüge die »Mutter Gottes« die Wahrheit noch eher als die Lüge? Jedenfalls wird das »Marienkind« schließlich darin wirklich schuldig, daß es aus lauter Angst vor seiner »Mutter« eine Tat verlügt und verleugnet, die im Symbol des »vergoldeten Fingers« unabtrennbar zu seinem Ich gehört. Daß es trotz aller Verbote das Wagnis einging, seine eigene Sexualität zu entdecken, mag man unter Umständen als eine mutige Tat anerkennen; aber daß es aus Angst, die Liebe seiner Mutter zu verlieren, nicht mehr wagt, zu seiner eigenen Tat und damit zu sich selbst zu stehen, macht sein ganzes Leben zu einer Lüge, und dieser »Ausweg« der Angst kann, je länger er dauert, sich nur immer mehr als eine Sackgasse erweisen. Die Lüge löst nicht, sondern verewigt den Teufelskreis von Angst und Schuld. Nur: wie sollte ein vierzehnjähriges, achtzehnjähriges Mädchen unter diesen Umständen anders handeln? Es müßte, um wahrhaftig zu sein, die eigene Mutter (bzw. den eigenen Vater) der Lüge und Unwahrhaftigkeit zeihen; es müßte erklären, daß die »Mutter Gottes« mit ihren Idealen sich selbst betrügt und kein Recht hat, ihr eigenes ungelebtes Leben der Tochter als Pflicht aufzuerlegen; daß man Verständnis und Dankbarkeit für die Mühe und das Glück zeigen kann, das die »Mutter Gottes« unter schwierigsten Umständen trotz allem ihrer Tochter geschenkt hat, aber daß es nicht angeht, sich selber moralisch zu opfern, um die moralische Selbsteinschränkung der Mutter zu rechtfertigen oder doch zumindest nicht in Frage zu stellen. Kein Kind, kein Mädchen vermag so zu seiner Mutter zu sprechen, die es verehrt (hat) wie eine Himmelskönigin. Eher wird es selber lügen, als das Leben der geliebten Mutter eine Lüge zu nennen, und so geht

die wechselseitige Ergänzung im Leben von Mutter und Tochter auf
unglückselige Weise weiter; denn fortan muß die Tochter mit dem
Unglück seiner Verlogenheit und Verborgenheit der Mutter beweisen,
daß diese im Recht ist. Mit anderen Worten: die Mutter, die so streng
die Lüge ihrer Tochter straft, hat ein großes Interesse, belogen zu
werden. Gleichwohl braucht die »Mutter Gottes« in ihrer strafenden
Verurteilung nur noch auszusprechen, was das »Marienkind« selbst
am meisten fühlt: daß es gerade infolge seiner Unwahrhaftigkeit die
Einheit mit seiner Mutter bzw. mit seinem Gewissen, den Zustand des
»Himmels«, endgültig verwirkt hat.

Dennoch muß man noch einmal beachten, daß das, was man »Lüge«
nennt, im Leben des »Marienkindes« infolge gerade seiner besten
Kräfte: seines Schamgefühls und seiner Moralität, obschon in Angst,
zustande kommt. Oft genug ist ja die »Lüge« nur das Bekenntnis zu
einem Ideal, das man nicht erreichen kann, das man aber unbedingt
glaubt leben zu müssen, um lebensberechtigt zu sein, bzw. es ist die
Lüge das Ergebnis eines Ideals, das in sich selbst verlogen ist, ohne
daß man die Möglichkeit besäße, es von sich selbst her zu korrigieren;
und statt einem Menschen seine »Lüge« vorzuwerfen, käme es vielmehr darauf an, ihn in seiner Wirklichkeit so lieb zu gewinnen, daß er
den Mut zur Wahrheit findet; gerade das aber vermag die »Mutter
Gottes« nicht, und so zwingt sie ihre Tochter zu einer Lüge, die ein
beredtes Zeugnis ablegt von der Tragik des moralisch guten Willens
im Status der Angst und des Schuldgefühls.[33] Wenn irgend jemand
bisher noch denken mochte, die Haltung der »Mutter Gottes« zu ihrer
Tochter sei an sich harmlos, gutmütig und aller Anerkennung wert, so
wird er spätestens an dieser Stelle angesichts der verheerenden Folgen
chronischer Verlogenheit und schamvoll-peinlicher Verlegenheit im
Leben des »Marienkindes«, unzweifelhaft eines Schlimmeren belehrt
werden. Indessen wird der Kreis der Leser möglicherweise inzwischen
in zwei recht verschiedene Lager gespalten sein.

Die einen werden, nach dem Vorbild der »Mutter Gottes« und der
»Englein«, verschreckt und empört sein, daß das Problem der Onanie
überhaupt in dem vorliegenden Beispiel zum Thema einer Märcheninterpretation erhoben wird, und sie werden, statt sich die Problematik
einzugestehen, insbesondere auf die Gefahr hinweisen, die der Moral
von Kindern und Jugendlichen durch derartige Betrachtungen erwachsen könnte. Ihnen muß man – leider – sagen, daß das Märchen
vom ›Marienkind‹ selbst, entgegen seiner eigenen bewußten Aussageabsicht als einer Legende, in psychologischer Betrachtung auf erschütternde Weise den Schaden dokumentiert, den Kinder davontragen
müssen, wenn man sie voll guten Willens und doch voll eigener Angst
bedingungslos auf ein Ideal der »Jungfräulichkeit« festlegt, das nicht
der Integration, sondern nur der angstvollen Abwehr der eigenen se-

xuellen Triebkräfte dienlich sein kann. Zwar sind wir noch lange nicht am Ende des Leidensweges eines echten »Marienkindes« angelangt, aber es ist doch bereits deutlich, wie das Klima einer bestimmten Form von religiöser Enge, von Bigotterie und Prüderie, das ganze Leben eines heranwachsenden Jungen oder Mädchens in bittere Selbstvorwürfe, suchtartige Fixierungen, ohnmächtige Abwehrkämpfe und schließlich in das Gefühl unentrinnbarer Verlorenheit in Lüge, Angst und Schuld deformieren kann.

Andere wird es geben, die nur schwer verstehen können, daß es derartige sexualfeindliche Einstellungen wie die der »Jungfrau Maria« überhaupt noch geben soll, und sie werden geneigt sein, das Märchen bzw. die Legende vom »Marienkind« als eine restlos verstaubte Stilblüte der viktorianischen Ära beiseitezuschieben. Ihnen muß man entgegenhalten, daß es vor allem im Raum der katholischen Kirche, aber keineswegs nur dort, nach wie vor ungezählte »Marienkinder« gibt, die zu ihrer Rolle als Frau oder Mann, wenn überhaupt, nur durch ein Getto unsäglicher Schuldgefühle finden. Ganz wie in dem Märchen vom »Marienkind« glaubt man immer noch, daß heranwachsende Jungen oder Mädchen an sich »unschuldig« seien und am besten vor den Verlockungen sexueller »Ausschweifungen« bewahrt werden müßten; die ausgesprochene Anpassungsfähigkeit, Gutwilligkeit und entgegenkommende Freundlichkeit der »Marienkinder« vermag auch durchaus den Eindruck einer solchen problemlosen Kindheit und Jugendzeit zu erwecken, und die aus unbewußter Angst geborene Verdrängung jeder sexuellen Regung kann in der Tat so weit gehen, daß die vermeintlich »Begnadeten« unter den »Marienkindern« auch subjektiv anscheinend keinerlei Schwierigkeiten mit ihrer Sexualität verspüren. Zumal wenn die Gestalt des Vaters in der gezeigten Weise als roh, primitiv, ängstigend, unfähig oder schwächlich empfunden wurde, kann die Bindung insbesondere der Mädchen an die Mutter – vor allem, wenn diese zudem noch narzißtisch, gütig-fordernd bzw. fürsorgend-verschlingend genug ist – jede Beziehung zu anderen Männern frühzeitig unterbinden, und innerhalb eines bestimmten geistigen Milieus, das nicht wahrhaben will, welche charakterlichen Schäden schwere sexuelle Verdrängungen anrichten müssen, mögen solche Entwicklungsrichtungen womöglich sogar als wünschenswert begrüßt und gefördert werden. Was aber geschieht, wenn viel später, vielleicht mit dreißig oder fünfunddreißig Jahren, zum Beispiel anläßlich einer zufälligen »Freundschaft«, eine Ordensschwester, ein angesehener Pfarrer oder eine unbescholtene Ehefrau die lang aufgestauten Triebenergien wie einen Katarakt über sich hereinbrechen sieht? Dann werden derartig vehement und plötzlich sich meldende Bedürfnisse, entsprechend der ideologisch vorgefaßten Meinung, gern als bedauerliche Schwäche der menschlichen Natur, keinesfalls aber als Widerlegung einer überspannten und in sich verlogenen Art von Moralität gewertet, und immer wieder findet die »Mutter Gottes« dann ihr Opfer.[39] Unmittelbar in die Rolle des »Marienkindes« werden von Anfang an besonders diejenigen unter ihren »Pflegekindern« gedrängt, die schon in der Pubertät – oder bereits als Kinder im Grundschulalter – den Mut aufbrachten, ihrer Sehnsucht nach Liebe und Leben, wenn auch noch so verborgen, wenigstens »einen Spalt breit« Raum zu gewähren. Über ihr Leben fällt unter der Herrschaft der »Mutter Gottes« der Frost, kaum daß die ersten Blüten sprießen könnten.

Vielleicht machen sich nicht einmal diejenigen, die es offiziell so verkünden, eine Vorstellung davon, was in der Seele eines neun, zwölf oder vierzehn Jahre alten Mädchens vor sich geht, das sich bestimmter heimlicher Blicke, Gedanken oder Berührungen wegen allen Ernstes, wie es die Kirche lehrt und gelehrt hat, als im »Zustand der schweren Sünde« befindlich glauben muß und sensu stricto dazu angeleitet wird zu denken, es werde für ewig in die Hölle kommen, wenn es seine »schlimmen Fehler« künftig nicht bereue und wiedergutmache. Besonders schlimm gestaltet sich die Lage seines solchen »Marienkindes«, wenn es selbst in endlos wiederholten Beichten, wie immer wieder glaubwürdig in der Psychotherapie berichtet wird, nicht einen einzigen Priester, Lehrer oder Vorgesetzten gefunden hat, der ihm die Angst davor hätte nehmen können, einmal eine richtige Frau (bzw. ein richtiger Mann) zu werden. Unter dem Ideal der »Madonna« müssen vor allem die Mädchen infolge des jedermann sichtbaren Gestaltwandels ihre Schönheit, so gut es geht, verleugnen und wegdrücken; sie müssen sich hassen für das, was liebenswert an ihnen ist, sich verachten für das, was beachtenswert, und sich schämen für das, was fraulich an ihnen ist und seiner Vollendung entgegenreifen möchte. Manche von diesen »Marienkindern« findet man später als Nonnen in einem Kloster wieder, wo sie in wörtlichem Sinne ihr Leben der »Mutter Gottes« unterstellen; andere wagen zwar den Sprung in die Ehe, aber nur, um als freudlose Pflicht auferlegt zu finden, was als Freude zuvor pflichtweise verboten war.[40] Wer ahnt das Maß der masochistischen Selbstquälereien, asketischen Peinigungen und büßenden Selbstbestrafungen, die insbesondere den »gefallenen« bzw. »fallengelassenen« »Marienkindern« auferlegt sind? »Als ich im Alter von ca. neun Jahren damit begann, mich selber zu befriedigen«, äußerte in der Therapie zum Beispiel ein solches »Marienkind«, »wußte ich nicht, was ich tat, und kannte auch noch keinen Namen dafür. Es war zu der Zeit, wo es für mich feststand, daß ich eines Tages in einen Orden eintreten würde (das heißt, die Schuldgefühle unbewußt eine ewige Wiedergutmachung durch Verzicht und Buße forderten, d. V.). Ich muß doch wohl gewußt haben, daß die Selbstbefriedigung etwas Schlechtes darstellt, denn ich habe mich gleichzeitig für mein Tun bestraft, indem ich mir zum Beispiel eine Kordel so fest um die Taille schnürte, daß es weh tat; dabei stellte ich mir vor, daß ich diese schönen wie schmerzhaften Gefühle Gott darbrachte. Weil die Tätigkeit keinen Namen für mich hatte, war sie trotzdem für mich wie nicht vorhanden. Überhaupt war ich in dem Punkt, der die Sexualität betraf, so dumm, daß ich die Witze von Gleichaltrigen nicht begriff, und ich fühlte mich von ihnen ausgeschlossen. Man sprach in meiner Gegenwart nicht von solchen Dingen, man lachte nur über mich, ohne daß ich wußte, warum.«

Eine solche sehr ehrliche und aufrichtige Mitteilung, die für unzählige andere stehen mag, beschreibt neben den angstbesetzten Erniedrigungen der Liebe die größte Schwierigkeit im Leben der »Marienkinder«: ihre *Unfähigkeit, von sich zu reden.* Gerade das Erlebnis der »Sprachlosigkeit« stellt das Märchen vom »Marienkind« in das Zentrum der ganzen nachfolgenden Problematik, und es hat absolut recht damit. Man kann aus Angst gegenüber der »Mutter« die Wahrheit nicht äußern – das ist der Hintergrund der *Lüge;* aber die »Mutter«, die den »Himmel« verschließt, begegnet einem in der Folgezeit in jedem anderen Menschen wieder, und am Ende der angstbesetzten Lüge steht stets und unausweichlich der Rückzug in die Doppelbödigkeit des Schweigens und *Verstummens.*[41] Niemandem kann man im Umkreis der Angst in Zukunft mehr zutrauen, daß er verstehen würde, in welch einem Zwiespalt von tödlichem Schuldgefühl und ohnmächtigem guten Willen man lebt. »Seit meinem achten Lebensjahr«, erklärte ein anderes »Marienkind« in einem Rückblick von über fünfunddreißig Jahren, »stand es mir fest, verloren zu sein. Wenn ich des Sonntags mit der Familie zur Kirche ging, wußte ich, daß ich unwürdig die Kommunion empfing; natürlich durfte ich niemandem etwas davon sagen, weder dem Priester noch meiner Mutter, niemandem. Wenn die anderen beim Mittagessen lachten, wenn sie feierten oder wenn ich Geburtstag hatte – immer fühlte ich mich ausgestoßen und eigentlich nicht dazugehörig. Des Nachts, bevor ich einschlief, legte ich mich auf meine Hände, um nichts Böses zu tun; tagsüber bemühte ich mich, freundlich und fleißig zu sein, aber innerlich wich niemals das Gefühl, in die Hölle zu gehören.« Um ihre Schuld wiedergutzumachen, trat diese Frau mit achtzehn Jahren in einen Orden ein, aber obwohl sie dort Hervorragendes leistete, vermochte sie ihr Grundgefühl, verdammt zu sein, niemals wirklich zu korrigieren. Der Grund für die Hartnäckigkeit ihrer Angst- und Schuldgefühle lag in der Unfähigkeit, über ihre vermeintliche Sünde auch nur zu sprechen, und eben diese »Sprachlosigkeit« ist ein wesentliches Kennzeichen der »Marienkinder«. Das Tabu der dreizehnten Pforte, das ursprünglich jedes Betrachten und Berühren sexuellen Inhaltes verbot, wandelte sich nach seiner Übertretung zu einem Sprechtabu; der gesamte Themenbereich, angst- und schuldgeschwängert wie er ist, gilt fortan buchstäblich als etwas »Unaussprechliches«,[42] und dieser Abbruch jeder verbalen Kommunikation, diese Isolation in Verstummen und Schweigen, schafft und bestätigt immer wieder den Eindruck, unter lauter »Engeln« und »Heiligen« das einzige schwarze Schaf zu sein. Wäre es nur ein einziges Mal möglich, ein offenes Gespräch zu führen, so würde man bald mit Erleichterung feststellen können, wie einfach-hin menschlich und normal das nur in der Wertung der »Mutter Maria« so furchtbar erscheinende Tun in Wirklichkeit ist. Wer jedoch sich mit den Augen der »Mutter Gottes« wie ein »gefallener Engel«, wie ein vom Teufel Besessener vorkommt, kann und darf sich nicht mitteilen. Das Dämonische ist das Stumme – diese Erkenntnis Kierke-gaards[43] trifft den Kern dieser entsetzlichen Ichabgeschlossenheit und stummen Einsamkeit der »Marienkinder«.

In ergreifenden Bildsymbolen schildert das Märchen vom »Marien-kind« des näheren den Zustand, in dem das Mädchen sich nach seiner jähen Vertreibung aus dem »Himmel« vorfindet. Aufgrund seines wohlangepaßten Gehorsams bislang auf Händen getragen, muß es jetzt erleben, daß die uralte Angst sich bewahrheitet, im Grunde »ver-stoßen«, ungeliebt und von allen verlassen zu sein. Sein Leben ver-bringt es wortwörtlich wie in einem »langen Schlaf« – eine Zeit des traurigen Verdämmerns inmitten eines Feldes von Unbegreifbarkeiten beginnt, eine Phase bleierner Müdigkeit und Niedergeschlagenheit, die immer wieder um das Gefühl kreist, die Liebe der »Mutter Got-tes«, die Anerkennung seiner eigenen moralischen Persönlichkeit für immer verloren zu haben. Im Grunde wird das Leben des »Marien-kindes« jetzt zu einem einzigen langgezogenen Hilferuf,[44] aber es ist ein Schrei ohne Worte, ein Weinen ohne Tränen, und niemand kann von außen seinen wirklichen Zustand auch nur ahnen, so gut versteckt es sich hinter allen möglichen Masken, von denen die Rolle der Fröh-lichkeit, der Freundlichkeit, der »Spontaneität« und der gesellschaft-lich angepaßten Gewandtheit gewiß nicht die seltenste ist. Die meisten »Marienkinder« findet man im Umkreis derer, die ständig in »fröhli-cher Gesellschaft« sind, und das Leben in ständiger »Gemeinschaft« ist stets die beste Tarnung ihrer Einsamkeit.

In Wahrheit umgibt das »Marienkind« eine »dichte Dornenhecke«, die jede ernstgemeinte Bindung verhindert. Auch dieses Bild ist außer-ordentlich zutreffend. Denn jeder, der einem »Marienkind« näher-kommt, wird erleben, daß er sich von einer bestimmten Grenze der Beziehung an in einem undurchdringlichen und undurchsichtigen Ge-strüpp von Vorwänden und Einwänden verhakt, die keinen tieferen Kontakt zustande kommen lassen. Kontakt – das würde ja für das »Marienkind« bedeuten, in seiner »Schuld« entdeckt zu werden und damit erneut alle Liebe verlieren zu müssen; wohl träumt es in seiner

Einsamkeit von Liebe, aber es flieht sie sogleich, wenn sie sich zu verwirklichen »droht«, und es gibt aus diesem Hin und Her, dieser Flucht in alle Richtungen, kein Entrinnen. Die angstvolle Unaufrichtigkeit moralischer Strenge durchtränkt sein ganzes Leben mit dem Gift der Unwirklichkeit und des Scheinlebens, einer ständig bemühten »Als-ob-Fassade«,[45] hinter der die eigene Armseligkeit sich bis ins Verzweifelte zu tarnen sucht. »Einöde« und »Eingeschlossenheit« kennzeichnen aufs Wort dieses entfremdete Dasein, das unter den anderen sich selbst wie etwas »Wildes«, »Tierisches« und »Asoziales« aussperren zu müssen meint – ein »jämmerliches« »verkrochenes« Leben voller Kälte und Frost, voller Schutzlosigkeit und Ausgesetztheit – ein »armes Tierchen«, wie das Märchen sagt. Selbst sein Äußeres erscheint dem »Marienkind« jetzt offenbar gleichgültig und nichtig: die Kleider fallen ihm vom Leibe, aber es tut nichts zu seiner Pflege und zu seinem Schmuck. Wenn schön zu sein und den Körper einer Frau zu haben Gefahr und Sünde ist, was soll man dann anderes tun, als sich bis in die Körperpflege hinein zu vernachlässigen oder zu verunstalten?[46] Und doch: der Gegensatz im Erleben des »Marienkindes« könnte in der ganzen Folgezeit nicht krasser sein: auf der einen Seite die sehnsüchtige Erinnerung an die Zeit der kindlichen Unschuld vor dem »Sündenfall«, auf der anderen Seite das schmerzhafte Bewußtsein, immer wieder, gemessen an dem Ideal der »Madonna«, zu versagen. Der »Jammer und das Elend der Welt« bilden den einzig gültigen Aspekt dieses Lebensgefühls, und so gehen die besten Jahre der Jugend dahin ohne eine andere Aussicht, als daß alles so bleiben wird. Sommer und Winter mögen einander ablösen – das melancholische Einerlei von idealistisch-wehmütigen Träumen und resignierten Scheinwahrheiten im Leben des »Marienkindes« aber wird sich niemals auflösen. Ein Vegetieren, kein Leben mehr.

Die Hochzeit der Stummen

Lange kann dieses »Höhlendasein«, dieses Dahindämmern auf menschlich primitivem Niveau andauern; denn es ist nirgends ersichtlich, was das »Marienkind« von sich her dazu beitragen könnte, seine Lage zu verbessern. An dieser Stelle erst zeigt sich in ganzem Umfang, wie wichtig es war, daß wir eingangs die oralen Gehemmtheiten und komplementären Verwöhntheiten des »Marienkindes« im Umkreis der »Armut« und des »Himmels« so ausführlich beschrieben haben; denn erst von daher wird die eigentümliche Passivität und traurige Lethargie verstehbar, die das Mädchen in seiner Verlassenheit jetzt ergreift. Das »Marienkind«, so haben wir vorhin gesehen, hat niemals gelernt, seine eigenen Wünsche und Vorstellungen zu verteidigen und durchzusetzen, vielmehr mußte es sich daran gewöhnen, die Ansichten und Ansprüche der anderen bedingungslos zu erfüllen, um akzeptiert und gemocht zu werden; in dem Moment nun, wo es tragischerweise nicht möglich ist, den Schritt vom gehorsam-»unschuldigen« Kind zu einer werdenden Frau rückgängig zu machen, scheitert das einzige Konzept im Umgang mit Konflikten und Schwierigkeiten, das es routiniert beherrscht. Weder hat das »Marienkind« den Mut, der »Mutter Gottes« gegenüber sich offen zu seiner Tat zu bekennen und ihre Verurteilung mindestens zu überprüfen, wo nicht durch eigenes Urteil zu revidieren, noch vermag es, reumütig von seinem geheimen »Laster« Abschied zu nehmen; eingeklemmt zwischen Triebwunsch und moralischem Anspruch, dämmert es resigniert dahin, ohne auch nur irgend etwas zu unternehmen, das seine masochistische Lage als trotzig büßendes Opfer verbessern könnte. Bis an die Grenze der Verwahrlosung vernachlässigt es sich, und wie vordem die »Mutter Gottes«, so muß nun »Mutter Natur« ihm Wohnung und Nahrung bereitstellen.

Will man das Denken des »Marienkindes« in seiner verängstigten Passivität und stummen Vereinsamung sich vorstellen, so wird man erneut die Strukturen des oral-depressiven, zum Teil auch zwanghaften Erlebens zugrunde legen müssen. Ein bestimmter Wunsch regt sich, da bricht sogleich die Angst aus, ob es in den Augen der anderen auch richtig, rücksichtsvoll, verantwortlich und akzeptabel sein kann, sich so zu geben oder zu verhalten, wie man möchte; und kaum erheben sich derartige Zweifel, da werden die Selbsteinwände, statt vom Ich her einer Kompromißlösung zugeführt zu werden, auch schon auf bestimmte Leute der Umgebung projiziert, die sich fortan aus möglichen Freunden in sichere Verfolger verwandeln. – Oder: das Betragen des Vaters, der Mutter, eines Verwandten erregt Kritik, Widerspruch und Empörung; aber statt sich für die eigene Meinung stark zu machen, verformen sich die ursprünglichen Anklagen und Vorwürfe gegen die anderen in endlose Selbstbezichtigungen, so als bestünde geradezu eine Pflicht, sich in jedem Konfliktfall als schuldig, dumm oder unfähig zu betrachten und dem anderen die Initiative zu überlassen. Ständig vergittern und vergattern die eigenen Gedanken sich unter diesen Umständen in eine undurchdringliche »Dornenhekke«, die weder einen eigenen Gedanken noch ein eigenes Wort unverfälscht nach außen dringen läßt. Analytisch betrachtet ist es dabei vor allem die Person der »Mutter Gottes«, die mit ihrem strengen Urteil jede eigene Gedanken- und Gefühlsäußerung verstellt und im Grunde den Weg zu sich selbst genauso untersagt wie den Weg zu anderen. Solange dieser »Madonnenkomplex« mit seinen moralischen Überansprüchen, Ängsten, Verdrängungen und Lügen andauert, wird das »Marienkind« unter dem Mantel der »Mutter Gottes« bzw. im Verhau

der »Dornenhecke« wie eine Gefangene bleiben, und wenn es irgendeine Erlösung aus diesem Zustand geben sollte, so müßte sie schon
von außen kommen. – Um so tragischer mutet es an, daß selbst dieser
vermeintliche Weg einer Lösung von außen, als er im folgenden endlich beschritten wird, die innere Gefangenschaft des »Marienkindes«
in gewissem Sinne noch steigert und erst endgültig zu ihrem sadistischen Höhepunkt führt.

An einem Tag im »Frühling«, erzählt das Märchen vom ›Marienkind‹, geschieht es, daß der »König des Landes« in den Wald kommt,
um ein »Reh« zu »jagen«, und da es ins »Gebüsch« geflohen ist, bahnt
er sich mit seinem »Schwert« einen Weg, findet aber (statt des Rehs)
darin verkrochen das »Marienkind«. Die sexualsymbolische Bedeutung auch dieser für die Märchen typischen Sprachbilder ist nicht zu
übersehen: der »jagende König« steht immer wieder für die »Nachstellungen« des Partners der Liebe, den die eigene Wertschätzung mit
einer Würde, Größe und Machtfülle umkleidet, wie sie für gewöhnlich nur einem königlichen Monarchen zufiele, während das »Reh« als
das anmutig-scheue Opfer der männlichen Verfolgung zu betrachten
ist.[47] Damit die ganze Szene jedoch als ein psychologisch glaubwürdi-
ges Symbol innerhalb der Entwicklungsgeschichte des »Marienkindes« denkbar ist, bedarf das Mädchen einer gewissen Veränderung
seiner seelischen Einstellung. Wohl trifft es nach wie vor nicht die
geringsten Anstalten, sich aus seiner Gefangenschaft zu befreien, aber
es hat doch mit einemmal den Eindruck, von einem bestimmten Mann
umworben zu werden. Seine ängstliche Scheu und verkrochene
Schamhaftigkeit lassen ihm die Annäherungsversuche des anderen
zwar wie eine tödliche Bedrohung, wie eine Verfolgungsjagd auf Leben und Tod, erscheinen; aber man kann nicht übersehen, daß die
Rolle des »Rehs« zu den beliebtesten Traumvorstellungen heranwachsender Mädchen von sich selber zählt: Wie schön wäre es, wenn man,
kaum auf die Lichtung des Lebens getreten, einmal die Aufmerksamkeit solch eines königlichen »Jägers« erringen und ihn schon durch
den bloßen Anblick zu abenteuerlichen Nachstellungen hinreißen
könnte?[48] So schutzlos und ausgesetzt ein Mädchen in der Rolle des
»Rehs« sich auch fühlen mag und so sehr es die Verwundung durch
den Pfeil des »Jägers« an sich auch zu vermeiden trachtet, schließlich
käme die »Jagd« nicht zustande, wenn das »Reh« aus Neugier und
Verlangen nicht seine Angst besiegen und das Risiko wagen würde,
sich ins offene Leben zu getrauen. Freilich geschieht dieser Schritt
nicht bewußt – es ist nur die Tiergestalt des eigenen Ich, das Nagual
gewissermaßen,[49] das sich dem abenteuerlichen Spiel der Liebe zwischen Anziehung und Verfolgung, zwischen Wunsch und Angst auszusetzen wagt; zudem geht es im Falle des »Marienkindes« durchaus
nicht so zu wie etwa im Märchen von ›Brüderchen und Schwester-

chen‹, wo das »Brüderchen« (das alter ego des »Schwesterchens«)
gerade wegen seiner Verzauberung durch die dämonische Mutter gar
nicht genug bekommen kann von Jagd und Jagdgeschrei.[50] Gleichwohl ist dem »Marienkind« bei aller Verkrochenheit, Verschwiegenheit und Einsamkeit die Natur des »Rehs« nicht gänzlich abhanden
gekommen, und glücklicherweise, anscheinend, findet sich denn auch
eines Tages ein Jäger, der seiner Spur nachzusetzen vermag.

Wie aber dringt man durch die »Dornenhecke« des »Marienkindes«?

In dem Märchen von ›Brüderchen und Schwesterchen‹ stellt sich die
Aufgabe relativ leicht: dort bringt ein »Jäger« des »Königs« in Erfahrung, mit welchen Worten das Schwesterchen die Rehgestalt seines
»Brüderchens« in seinem »Hause« empfängt, und indem der »König«
diese Worte nachspricht, öffnet ihm das Schwesterchen zwanglos die
Tür; der Zugang zu der rehscheuen Schönen erschließt sich mit anderen Worten, sobald man die Sprache ihres Herzens vernommen, verstanden und sich zu eigen gemacht hat. Wie aber, wenn die »Stummheit« der Geliebten, wie im Märchen vom ›Marienkind‹, in allen wichtigen Angelegenheiten den Zugang von vornherein versperrt?

Wer einmal genauer betrachtet, wie Menschen »normalerweise« in
der »Ehe« zueinander finden, wird seines Lebens als Menschenfreund
wohl niemals wieder froh. Man mag es als das rechte Zeichen eines
echten Mannes rühmen, daß der »König« mit seinem »Schwert« sich
»einen Weg« durch das »Gestrüpp« bahnt – ein Bild, das tiefenpsychologisch von solcher Direktheit ist,[51] daß man unausweichlich an
eine Art von Vergewaltigung denken muß. Gewiß, nur so scheint der
»König« an das »Mädchen« »heranzukommen«; aber es gäbe auch
einen weniger forsch-»männlichen« Weg, dem »Reh« zu folgen: Man
brauchte nur seine Spur aufzunehmen und würde sicher bald merken,
wo die »Dornenhecke« einen gewaltfreien Einlaß bietet – an non-
verbalen Signalen böte das »Marienkind« gewiß genügend Zugangs-
wege an. Gleichwohl scheint der »König« mit seiner Dragonermenta-
lität zunächst sehr erfolgreich zu sein, und man wird seiner staunenden Bewunderung angesichts der Schönheit des Mädchens eine gewisse Liebe nicht absprechen können. Immerhin ist er offenbar ehrlich
bemüht, das Mädchen in seiner Einsamkeit näher kennenzulernen,
wenngleich er dieses Bemühen schon bei der ersten Schwierigkeit wieder einstellt. »Wer bist du?« – diese Frage sollte als die wichtigste,
beharrlichste, zärtlichste und behutsamste aller Fragen die Liebe zweier Menschen tagaus, tagein begleiten. Hier indessen stellt der »König«
sie nur wie im Vorübergehen; auch seine Verwunderung über den
Kontrast zwischen der Schönheit und der Zurückgezogenheit des
»Marienkindes« bringt ihn keinesfalls auf die Fährte eines tieferen
Nachdenkens über den Angsthintergrund im Erleben der Geliebten.

Die Feststellung, daß das Mädchen »stumm« ist, genügt ihm, um zur »Tat« zu schreiten, indem er das »Marienkind« wegen seiner »holdseligen Schönheit« auf dem Arm in sein Schloß trägt, woselbst er ihm »alles im Überfluß« zur Verfügung stellt und sich kurz danach schon mit ihm vermählt. Wie schön für die arme Holzhackerstochter, soll der Leser des Märchens wohl denken; wer aber bisher aufmerksam dem Gang der Handlung gefolgt ist, wird sich über das weitere Schicksal der jungen Braut keine allzu optimistischen Vorstellungen machen können.

Im Grunde ist *die Motivwahl* des Märchens an dieser Stelle glaubwürdiger als seine verbale Darstellung. Die Bilder von der Jagd auf das »Reh«, von der im Dornenbusch eingeschlossenen Schönen mit den goldenen Haaren sowie von dem späteren Raub der Kinder entstammen allesamt der stets unglücklichen ›Liebesgeschichte des Himmels‹,[52] die in den alten Mythen gern davon erzählt, wie Sonne und Mond in ihrer Liebe einander immer wieder suchen und sich nach einander sehnen, ohne jemals wirklich zueinanderfinden zu können; denn je näher der Sonnengott der Mondgöttin kommt, desto mehr verliert diese an Glanz, bis sie sich mit der goldenen Pracht ihrer Haare endgültig in das dunkle Versteck des Himmels zurückzieht. Gerade nach dem Vorbild einer solchen unglücklichen Liebe wird man sich die eigentliche Wahrheit in der Beziehung zwischen dem »König« und dem »Marienkind« denken müssen. Denn wohl schildert das Märchen den Worten nach ein vollendetes Eheglück, und äußerlich betrachtet mag das Arrangement dieser Ehe auch in der Tat einen sehr zufriedenstellenden Eindruck hinterlassen; aber schon bald werden die Unstimmigkeiten und Widersprüche in dem Verhältnis dieses sonderbaren Liebespaares ihre tragische Wirkung entfalten.

Das schließt nicht aus, daß das »Marienkind« nach der langen Zeit der Einsamkeit und Ausgesetztheit sich subjektiv bei seiner Heirat mit dem »König« zunächst am Ziel seiner kühnsten Wünsche wähnen muß. Endlich darf es hoffen, den verlorenen »Himmel« der »Mutter Gottes« auf Erden wiedergefunden zu haben, und zwar ohne daß sich an seiner passiven Grundeinstellung irgend etwas hätte ändern müssen. Im Gegenteil, es wird dem »König« geradezu schmeicheln, die Rolle des Retters und allmächtigen Mäzens gegenüber seiner Frau so unangefochten und souverän einnehmen zu können: Je abhängiger das »Marienkind« in seiner Armseligkeit sich von dem königlichen Wohlwollen seines Gatten fühlt, desto gönnerhafter und »königlicher« vermag dieser aufzutreten; das »Marienkind« selbst hingegen wird froh sein, ohne aktives Bitten und Wünschen, ganz wie im »Himmel« der »Madonna«, alles nur erdenklich Schöne wie von selbst erhalten zu können, und unbemerkt wiederholt sich zwischen »König« und »Königin« auf diese Weise die gleiche Beziehung, wie sie zwischen dem

»Marienkind« und der »Mutter Gottes« bestand. Unter der »himmlischen« Decke oraler Verwöhnung breitet sich ein Terrain von Ängsten, Schuldgefühlen und Gehemmtheiten aus, das nach wie vor nicht wirklich aufgearbeitet ist. Ein aufmerksamer Beobachter müßte daher erneut feststellen, daß das »Marienkind« seine Liebe sich mit entgegenkommender Unterwürfigkeit und wohlangepaßter »Holdseligkeit« erkauft – seine »Stummheit« hat schließlich auch die Bedeutung, daß es seinem »König« niemals widersprechen wird, und wie bei der »Mutter Gottes« wird es voller Dankbarkeit sein müssen für all die Wohltaten, die es unverdientermaßen Tag für Tag empfängt. In der Tat: je näher der »Sonnenkönig« seiner Gemahlin zu kommen versucht, desto geringer muß diese sich selbst fühlen; aber das bemerkt der sonnengleich entflammte »König« nicht.

Es ist nach all dem Gesagten indessen gewiß nicht nur die Ebene oraler Gehemmtheiten, die das Verhältnis zwischen dem »Marienkind« und dem »König« im Untergrund problematisch gestaltet; überlagert wird die orale Problematik durch die Ambivalenzkonflikte des sexuellen Triebbereiches.

Auf der einen Seite stellt die Heirat mit dem »König« zunächst unter anderem wohl auch eine Art Beruhigung gegenüber der Angst dar, sexuell zu verwahrlosen. Das eigentliche Problem der Onanie, an dem das »Marienkind« chronisch leidet, liegt ja nicht in der sexuellen Betätigung selbst, sondern in der Überwertigkeit und Grenzenlosigkeit der Phantasie, die nicht nur eine enorme Verwöhnung gegenüber der Realität ermöglicht, sondern, nicht ganz zu Unrecht, auch die Angst zu vertiefen vermag, sexuell sich selbst immer mehr zu entgleiten.[53] Insofern mag der Rat des Apostels in solcher Lage wie eine Weisung des Himmels erscheinen, es sei »besser zu heiraten als zu brennen« (1 Kor 7,9). So egozentrisch ein solches Heiratsmotiv auch immer erscheinen mag – man kann die Hoffnung gut verstehen, endlich den inneren Kampf, das ständige Auf und Ab von Widerstand und Vergeblichkeit, hinter sich lassen zu können. Wofern die Onanie es fertigbringt, durch die Totalverurteilungen des Madonnenideals das Vertrauen in die eigene moralische Persönlichkeit gründlich genug zu unterminieren, wird die Flucht in die Ehe einen Moment lang als eine überzeugende Antwort auf das Gefühl einer fortschreitenden sexuellen Verwahrlosung erscheinen können. *Auf der anderen Seite* aber wird man erleben, daß diese Beruhigung nicht wirklich trägt, sondern sich alle Konflikte vor der Ehe auch in der Ehe noch einmal wiederholen müssen.

Gerade in der Überschätzung des königlichen Ehegemahls als eines Garanten oraler und sexueller »Sicherheit« nämlich ist der tragische Konfliktpunkt dieser Angstbindung des »Marienkindes« an den »König« bereits von vornherein angelegt. Ohne Zweifel lebt in dem »König« nicht nur die Gestalt der »Mutter Gottes« wieder auf, sondern es verdichten sich in ihm auch die Erinnerungen an den eigenen Vater. So wie die Mutter mit ihrem »Madonnenideal« sich von ihrem Mann abwandte und zugleich ihre Tochter von ihrem Vater entfremdete, so muß das »Marienkind« seinen Gatten auf höchst widersprüchliche Weise erleben. Wohl kommt ihm unter anderem auch die Aufgabe zu, das »Marienkind« aus seiner sexuellen Bedrängtheit zu befreien, aber kaum daß er diesem Anspruch nachzukommen sucht, wird er, gemessen an dem Vorbild der »Jungfrau Maria«, zu einem Verführer und Unhold bzw. zu einem Nachfahren des »Holzhacker«-Vaters. Die einzige Liebe, die das »Marienkind« bisher erfahren hat, war eben die Liebe der »Mutter Gottes«, und so muß es zwangsläufig der Vorstellung folgen, daß man es nur lieben könne, wenn es mit dem jungfräulichen Ideal der »Madonna« übereinstimme.

Statt also aus der Ambivalenz des sexuellen Erlebens herausgeführt zu werden, gerät das »Marienkind« durch seine Heirat im Gegenteil in eine noch viel widersprüchlichere Lage, als sie zuvor bestand: Es muß dem »König« gegenüber fortan zwei völlig unvereinbare Rollen spielen, indem es sowohl die »Reinheit« der »Madonna« als auch die Vitalität einer verheirateten Frau an den Tag legen muß; wie die »Jungfrau Maria« muß auch das »Marienkind« das Widerspruchsideal der »jungfräulichen Mutter« zu verkörpern suchen, und sein Dilemma ist es, daß keine der beiden Seiten dieses Ideals wirklich stimmt. Wenn der »König« von dem »Marienkind« »Liebe verlangt«, muß es eine Hingabefähigkeit und ein Glück vorspielen, die schon deshalb der Wahrheit nicht entsprechen können, weil sie nur als erzwungene Rollen, auf Kommando von außen, dargestellt werden; umgekehrt darf eine eigene Gefühlsregung gar nicht gezeigt noch zugegeben werden, weil sonst wiederum das Ideal der jungfräulichen Unberührtheit verletzt würde. Beide Rollen müssen gespielt werden, weil nur beide gleichzeitig in der Sicht des »Marienkindes« eine gewisse Liebenswürdigkeit seitens des »Königs« ermöglichen helfen; aber in dem Widerspruch beider findet das »Marienkind« selber sich nicht zurecht, und die kompromißlose Härte dieses Gegensatzes schafft immer neue Frustrationen, Ängste und Schuldgefühle. Da es fiktiv beides zugleich sein muß: Madonna wie Ehefrau, verurteilt das »Marienkind« sich dazu, keins von beidem wirklich zu sein. Mit anderen Worten: die »alte« »Lüge« setzt sich fort.

Das Schlimmste an all dem aber ist die vollkommene »Stummheit«, in der die innere Unwahrhaftigkeit des »Marienkindes« sich niederschlägt. Man kann verstehen, daß der »König« seine Gemahlin äußerlich mit allem nur erdenklichen Komfort ausstattet und versorgt – schließlich bestätigt und bestärkt dieses Gehabe seine monarchische Machtfülle gegenüber dem »Marienkind« außerordentlich und ver-

leiht ihm das narzißtische Gefühl, als »Retter« und »Wohltäter« ein
wirklich guter und treusorgender Gatte zu sein; aber was man
menschlich nicht verstehen kann, ist die Tatsache, daß dieser »König«
von einem Ehemann sich offenbar vollkommen damit zufrieden gibt,
daß seine Gattin »stumm« ist. Allem Anschein nach genügt es ihm, zu
sehen, wie ausnehmend schön seine Gemahlin ist, und wo er noch
spürt, wie entgegenkommend und fügsam sie außerdem sich gibt, gilt
ihm die Sache für ausgemacht: Er »liebt« sie. Nur: was ist das, muß
man sich fragen, für eine Art von Liebe, die sich außerstande zeigt, die
Seele der Geliebten zum Sprechen zu bringen? Und was ist das für
eine »Fürsorge«, die sich so oberflächlich und hohl im Äußerlich-
Alltäglichen vergeudet? Und welch eine Art von Paschatum geriert
sich hier, wenn dieser »Königsgatte« es nicht nötig findet, auch nur
ein Stück weit die Angst herauszuspüren, die den Hintergrund der
»Stummheit« seiner Gattin bildet? Zugegeben: das »Marienkind«
macht es ihm nicht gerade leicht, der Wahrheit seiner Lügen auf die
Spur zu kommen; aber das naßforsche »Jägertum« des »Königs«, die
Art, wie er mit dem »Schwert« das »Gebüsch durchdrang«, und der
rasche Zugriff seines Heiratsentschlusses zeugen allesamt von einer
Ungeduld und Grobheit der Empfindungen, daß man beim besten
Willen nicht absieht, wie dieser Mann das nötige Vertrauen seiner
Gattin erringen könnte oder auch nur wollte.

So bleibt nichts übrig, als daß »König« und »Königin« die »Stummheit« gewissermaßen zur Grundlage ihrer Ehe nehmen:[54] das »Marienkind«, weil es viel zu resigniert und verängstigt ist, um sich auch
nur entfernt vorstellen zu können, man würde es in den »Himmel«
der Liebe (wieder) aufnehmen, wenn man von dem Unheil des »goldenen Fingers« erführe; der »König«, weil er im Grunde gar nichts
anderes will, als eine Frau zum Repräsentieren, zum Kuscheln und
zum Kuschen – auf jeden Fall kein »Problemmädchen«. Das »Marienkind« ist froh, seine Vergangenheit verschweigen zu können, der »König« ist froh, vermeintlich seine Ruhe zu haben; so oder so erleben wir
mithin eine Ehe von Analphabeten, mit allem Pomp und fürstlichem
Gepräge nebst all dem unausgesprochenen Unglück und stummen
Leid, das zu einer solchen »Ehe« gehört. Nur: wo eigentlich reden
Eheleute so miteinander, daß ihr Wort den verschlossenen Mund wieder öffnet und der ängstlich verborgenen Vergangenheit ihre Unschuld zurückgibt? Und wo findet man Formen des Umgangs und der
Liebe, die den anderen nicht in den eigenen Machtbereich einzwän-
gen, sondern sein geheimes Königtum an den Tag bringen? Erst eine
Liebe, die so stark ist, daß sie den anderen gegen alle Angst froh macht
darüber, leben zu dürfen, und gegen alles Schuldgefühl beruhigt darüber, eine Frau (oder ein Mann) zu sein, verdient es, daß man ein
Leben zu zweit darauf gründet. Aber für gewöhnlich ist die Egozen-

trik der Angst und der Narzißmus der Schuldgefühle stärker, und das Portrait einer »Hochzeit der Stummen« besitzt eine Realitätsschärfe von grausamer Prägnanz.

Die Rückkehr der »Madonna« oder: Das erzwungene Geständnis

In der Magie mag die abergläubische Regel gelten, daß man heraufbeschwört, wovon man spricht. Im menschlichen Leben gilt umgekehrt, daß man gewiß heraufbeschwört, wovon man nicht zu sprechen wagt. Alles kommt wieder, was man vergessen will, statt es durch Arbeit zu erledigen, und so bietet das Schweigen des »Marienkindes« gegenüber seiner Vergangenheit die sichere Gewähr dafür, daß alles, was war, sich unvermeidbar wiederholen muß.

Virulent wird die bittere Hypothek des »Marienkindes« bezeichnenderweise nicht eigentlich in seiner Beziehung zu dem »König« – es bleibt in der Tat erstaunlich, wie sehr das Märchen sich die »Ehelegende« selber einzureden versucht, die »Hochzeit der Stummen« eröffne einen Raum vorbildlicher Liebe, verzeihenden Verständnisses und vollendeter Harmonie. Offenbar vermögen das »Marienkind« und der »König« ihre Arrangements des Vordergrundes wirklich bravourös zu spielen, und alles würde wohl tatsächlich auf unabsehbare Zeit so weitergehen können, wenn nicht nach einem Jahr schon die Ankunft eines Sohnes die Lage völlig ändern würde.

In vergangenen Zeiten bedeuteten viele Kinder, vor allem Jungen, den Stolz einer Frau; an sich wäre daher nichts Ungewöhnliches an dem Umstand, daß das »Marienkind« gleich vom Beginn seiner Ehe an Jahr für Jahr ein neues Kind zur Welt bringt. Und dennoch wird man den Verdacht nicht los, als wenn der neuen »Königin« an einer reichen Kinderschar weit mehr gelegen wäre als an der Beziehung zu ihrem Gemahl. Mit ihrem Mann auch nur ein einziges Wort zu reden, ist schlechterdings unmöglich; was Wunder also, wenn das »Marienkind« in seiner glänzend dekorierten Einsamkeit sich nach Kindern sehnt, die es schon wegen ihrer »Unschuld« ungehemmter, weil unbelastet von Schuldgefühlen, lieben kann, während die Beziehung zu dem »König« unter dem Anschein einfachen Glücks sich »unaussprechlich« kompliziert gestaltet; außerdem kann der Kindersegen mit seinen Gefahren, Ängsten und Schmerzen ein Stück weit die Schuldgefühle und Selbstvorwürfe wirksam beruhigen, die das Zusammensein mit einem Mann dem »Marienkind« unweigerlich bereiten muß, soalnge es an dem Ideal der »Madonna« festhält. Ohne es zu merken, wählt die junge Braut mithin bald schon den gleichen Ausweg aus der stillen Krise ihrer Ehe, den wir auch auch bei der »Mutter Maria« vermuten mußten: Sie ersetzt die Liebe zum Gatten durch die Liebe

zu den Kindern, um bei ihnen die Zuneigung und Zärtlichkeit zu
binden und zu finden, die sie bei ihrem Gemahl so sehr vermißt, und
unvermerkt bringt sie damit ihre Kinder in die gleiche Situation, in der
sie selber sich als Mädchen gegenüber der »Mutter Gottes« befand.

Das Hauptproblem jeder Kindererziehung besteht darin, daß alle
Eltern einmal Kinder waren und, ob sie es wollen oder nicht, ihre
eigenen Kinder zunächst genauso behandeln, wie ihre Eltern es getan
haben. Gerade die besonders wohlmeinenden und verantwortlich
denkenden Eltern stehen in der Gefahr, daß sie im Bestreben, das
Beste für ihre Kinder zu tun, unbewußt dieselben Idealvorstellungen,
Lebenserwartungen und Leistungsansprüche ihrer Erziehung zugrunde legen, nach denen auch ihr Charakter sich geprägt hat. Insbesondere unterläuft in der Art des Sprechens, in den Nuancen des Ausdrucks,
in den Details des Verhaltens, wenn es »erzieherisch« wirken soll,
immer wieder der gleiche Habitus und Gestus, den in vergleichbaren
Situationen auch die eigenen Eltern einzunehmen pflegten. Einem
jeden, der mit Kindern umgeht, wird dies so widerfahren, am meisten
aber denjenigen, die selber als Kinder im Umkreis starker Ängste,
Zwänge und Schuldgefühle haben leben müssen. Gerade sie werden
wünschen, daß ihren Kindern erspart bliebe, was sie selber durchzu-
machen hatten, und tragischerweise werden gerade sie mit großer
Wahrscheinlichkeit dieselben Konflikte heraufbeschwören, an denen
sie bereits in den eigenen Kindertagen zu leiden hatten. Vor allem
wenn die gesamte eigene Vergangenheit, wie im Fall des »Marienkindes«, aus Angst und Schamgefühl wie fluchtartig gemieden und wie
etwas Beschämendes verschwiegen werden muß, ist der Zwang zur
Wiederholung der unaufgearbeiteten eigenen Konflikte kaum abzuwenden.

Das Märchen von ›Brüderchen und Schwesterchen‹, auf dessen Parallele zum ›Marienkind‹ wir bereits zu sprechen gekommen sind, erzählt, daß die Person des »Schwesterchens«, ebenfalls unmittelbar
nach der Niederkunft, von der bösen Stiefmutter im Bad erstickt und
gegen die häßliche Tochter der Hexe eingetauscht wird; besser läßt
sich nicht beschreiben, daß in der Begegnung mit dem neugeborenen
Kind das »Schwesterchen« als Mutter offenbar in einer ganz anderen,
von seiner »Stiefmutter« arrangierten Rolle auftritt, die sehr von der
Art abweicht, wie es dem eigenen Ich nach sich verhalten würde. Im
Märchen von ›Brüderchen und Schwesterchen‹ bringt dieser dämo-
nisch wirkende »Rollentausch« für den »König« immerhin gewisse
Veränderungen mit sich, auf die er, endlich aufmerksam geworden,
»wachsam« zu reagieren versteht, bis er hinter der Zauberlarve der
»falschen Braut«[55] seine »richtige« Frau, sein »Schwesterchen«, wiederentdeckt. Das Märchen vom ›Marienkind‹ schildert im Grunde
denselben Sachverhalt, nur mit dem wesentlichen Unterschied, daß

der Ehemann (der »König«) von all den furchtbaren Krisen und Nöten seiner Gattin nicht die geringste Ahnung hat. Für ihn ist das »Marienkind« nach wie vor eine »schöne« Frau, die er »liebt« und auf die er stolz ist, deren Herz er aber nicht im geringsten kennt noch in Wahrheit kennen möchte. Das ganze Debakel spielt sich daher subjektiv zunächst allein zwischen dem »Marienkind« und seinen Kindern ab und wird erlebt als ein Erziehungskonflikt, nicht als ein Beziehungskonflikt. Auch diese Tatsache spricht noch einmal dafür, daß im Märchen vom ›Marienkind‹, anders als zum Beispiel beim ›Brüderchen und Schwesterchen‹, die tragische Beziehung von Mutter und Kind tatsächlich die Folge und den Ersatz eines verschobenen Konfliktes zwischen den Eheleuten darstellt. Wie aber muß man sich die »Rückkehr der Madonna« innerhalb eines solchen »Generationskonfliktes« inhaltlich denken?

Vom eigenen Empfinden her wird das »Marienkind« den Eindruck haben, als ob seine Kinder, Mal um Mal, eigentlich gar nicht seine Kinder wären. Tatsächlich existieren sie für das »Marienkind« nicht als etwas, woran es selber seine Freude haben oder worin es ein Stück von sich selbst verkörpert finden dürfte; sie verkörpern vielmehr eine Erziehungsaufgabe, einen Anspruch auf vollendete Mütterlichkeit; sie sind ein Gegenstand makelloser Pflichterfüllung. Vom ersten Tag an leben die Kinder der »Königin« insofern durchaus nicht mit ihrer Mutter, sondern mit der Pflegemutter ihrer Mutter, mit der »Madonna« zusammen; nicht das Ich, sondern das Über-Ich des »Marienkindes« ist es, das mit ihnen lebt und sich ihnen zuwendet. Aber damit ist nur die psychodynamische Seite dieser eigentümlichen Beziehung von Mutter und Kind erfaßt. Thematisch kristallisiert sich das Problem entscheidend in der Sexualität; sie ist der Punkt der tiefsten Selbstentfremdung des »Marienkindes«, und sie bewirkt zugleich vom ersten Tage an die Entfremdung auch der Kinder von ihrer Mutter; nur um die Frage der Sexualität dreht sich denn auch der Auftritt der »Jungfrau Maria«.

Vornehmlich im kirchlich-religiösen Raum herrscht nach wie vor die Meinung, es sei möglich, das Erleben der Sexualität rein biologisch auf die Zeugung von Nachkommen hin zu interpretieren.[56] Vergebens, daß von Biologen immer wieder entgegengehalten wird, daß schon im Tierreich die »Sexualität« sehr verschiedenen Zielsetzungen, vor allem der Rangdemonstration und der Paarbindung, dient,[57] daß zudem auch im Tierreich ausgeklügelte Mechanismen der Geburtenbeschränkung existieren und schließlich der Mensch das einzige Lebewesen dieses Planeten ist, das überhaupt ein ausgedehntes, auch für die Frauen befriedigendes Liebesleben kennt,[58] das zudem mit Beginn der Pubertät an keine bestimmten Zeiten oder Phasen des Lebens gebunden ist. All diese Argumente setzen sich nur mühsam in der offiziellen Denkweise von Moraltheologie und Kirchenrecht durch. Nirgendwo indessen führt sich die Abrichtung der Liebe auf die Erzeugung von Nachkommen, wie sie von der Kirche jahrhundertelang propagiert wurde, so erschreckend und kraß ad absurdum wie im Erleben einer Frau, die wirklich ein Kind zur Welt bringt. Bereits die letzten Monate der Schwangerschaft führen für die Mutter zu einer äußerst intensiven Körperempfindung, die sehr im Widerspruch zu der sexual- und körperfeindlichen Abwertung und Vernachlässigung des Leibes steht, die man sie gelehrt hat und die daher nicht selten wie eine unaufhaltsame Überwältigung durch eine ichfremde Naturmacht erfahren wird; vollends aber nach der Entbindung zeigt es sich, daß die asketische Unterdrückung jeder sexuellen Empfindung auch den Kontakt des Kindes beim Stillen oder beim Austausch von Zärtlichkeiten nachhaltig stört.[59]

Wieder stimmt die christliche »Marienlegende« auch an dieser Stelle mit der Wirklichkeit nicht überein, wenn auf zahlreichen Heiligenbildern die Madonna gezeigt wird, wie sie als liebevolle Mutter, doch stets in »jungfräulicher Reinheit«, sich dem Christuskind zuwendet, ganz so als sei es möglich, eine Mutter zu sein, ohne eine Frau zu werden.[60] Eben dieses »Wunder« aber muß ein »Marienkind« vollbringen, solange es an seinem Madonnenideal festhält und vor sich selbst und anderen hartnäckig jede sexuelle Gefühlsregung verschweigt. Stets wenn der Körperkontakt zu dem eigenen Kind gefühlsstärker wird und eigentlich die natürliche Symbiose von Mutter und Kind ihre Befriedigung und Erfüllung finden könnte, unterbricht die moralische Zensur den Strom der Empfindung, so daß sich im Kind bereits vom ersten Augenblick des Lebens an der Eindruck verfestigen muß, für seinen Wunsch nach Nähe und Geborgenheit immer wieder mit Liebesentzug bestraft zu werden. Gewiß wird eine Mutter von der Art des »Marienkindes« den moralisch erzwungenen Mangelzustand an affektiver Wärme durch besondere Sorgfalt in allen äußeren Belangen wiedergutzumachen versuchen; aber das Ergebnis kann nicht anders ausfallen, als das Märchen es schildert: Kaum geboren, gehören die Kinder des »Marienkindes« nicht mehr zu ihrer Mutter, sondern sie befinden sich im »Himmel der Madonna«, einer Stätte äußerer Überversorgung und zugleich monströser Schuldgefühle von fast paranoischem Umfang gegenüber allen anderen.

Man erfaßt das oral-depressive Erleben niemals vollständig ohne den Faktor der Fremdenfurcht. Was andere sagen oder, richtiger, was andere sagen *könnten*, schafft einem Depressiven nicht endende Beunruhigungen und Qualen, indem er seinen eigenen Selbsthaß (bzw. den verinnerlichten Haß auf seine Eltern) in die anderen projiziert; um den als wirklich geglaubten Nachstellungen und Vorwürfen der anderen den Wind aus den Segeln zu nehmen, muß er sich daher in jeder nur denkbaren Hinsicht so verhalten, daß jeder Laut einer möglichen Kritik von vornherein erstirbt. Die dadurch geschaffene Überbeanspruchung aber erzeugt im Untergrund eine ständige Abwehr und Rebellion, die sich wiederum in einer passiv-schweigenden Vorwurfshaltung und einer unermüdlichen Kontaktabwehr bemerkbar macht; am Ende entsteht das Paradox, daß der Depressive wirklich vorgeworfen bekommt, was er am meisten fürchtet: daß man mit ihm nicht zurecht kommt, daß er »alles falsch macht«, und vor allem: daß er alles ringsum mit seinen Schuldgefühlen »auffrißt«. Während das »Marienkind« alles unternimmt, um so selbstlos und aufopfernd wie nur möglich dem Wohl seiner Kinder zu dienen, sehen die Außenstehenden, je länger desto klarer, daß die »Madonnenhaltung« des »Marienkindes« die Kinder »verschlingt«, noch ehe sie zum Leben kommen können, und daß die Maßlosigkeit seines eigenen angstbesetzten Vollkommenheitsanspruchs die Kinder buchstäblich »auffrißt«. Es ist, als wenn das »Marienkind« mit seiner Besorgtheit und Fürsorge die Eigenständigkeit seiner Kinder durchaus nicht zu akzeptieren vermöchte, ja, als wenn es in seiner Überidentifikation mit den Kindern wieder in den eigenen Leib zurückholen wollte, was im Geburtsvorgang daraus hervorgekommen ist;[61] denn nur als Teil seiner selbst kann es seiner Kinder wirklich sicher sein. Immer aber erweist sich dabei die »Stummheit« des »Marienkindes« als das furchtbarste moralische Mittel, um die Kinder in die Welt der eigenen Vorstellungen »einzuverleiben«.

Wohl jede Mutter wird besorgt sein, wenn sie sieht, daß eines der Kinder krank ist, nicht essen will, des Nachts schreit oder irgendwelche sonstigen Störungen aufweist. Eine Mutter von der Art des »Marienkindes« aber wird das an sich Normale, wie in den Tagen der »Armut« der eigenen Eltern, als einen Vorwurf empfinden und sich schuldig fühlen; genau besehen geht es dabei nicht eigentlich (nur) um das Wohl des Kindes, sondern vor allem um die eigene Gewissensruhe und moralische »Unschuld«, und so muß das »Marienkind« schon geringfügige Unregelmäßigkeiten mit übermäßiger Angst verfolgen. Nichts darf sich seiner Aufmerksamkeit entziehen, und es gibt im Grunde nur eine Weise, etwas richtig zu machen: die eigene; jede Abweichung von der eigenen Wesensart wirkt erneut wie eine Infragestellung, die nicht geduldet werden darf, und angesichts eigener Aktivitäten der Kinder wird stets die mahnend-warnende Stimme der Mutter ertönen, die vorschreibt, wie es einzig richtig und gut zu machen ist. Die Kinder selbst müssen sich unter diesen Umständen wie von einer unsichtbaren Glocke umschlossen fühlen, einem Mutterleib der Fürsorge, dem sie nie entrinnen können, denn sie dürfen nur sein, wenn sie so sind wie die Mutter selbst, also wenn sie selber nicht sind. Falls sie es dennoch unternehmen, von der Art der Mutter abzuweichen, so müßte sie eigentlich jedesmal ein jähzorniges mütterliches Donnerwetter ereilen, wäre das »Marienkind« in seiner »Stummheit« (bzw. infolge seiner oralen Gehemmtheiten) nicht gänzlich außerstande, sich verbal durchzusetzen. Viele Depressive wissen im Verstande wohl, daß ihre Vorwürfe, die sie eigentlich machen möchten, den anderen als maßlos oder absurd vorkommen würden, und sie fürchten in jedem Falle die Gegenkritik ihrer Umgebung. Ihre Vorzugswaffe ist daher das Schweigen – ein Instrument, das heranwachsende Kinder um den Verstand bringen kann, weil es keinerlei Auseinandersetzung oder Gegenwehr zuläßt. »Bei uns zu Hause«, sagte eine Patientin, »wurde oft tagelang (von seiten der Mutter, d. V.) geschwiegen, und man sprach erst wieder mit uns, wenn wir uns entschuldigten und taten, was gewünscht wurde.« Noch heute, Jahrzehnte später, empfindet diese Frau jedes Nicht-Reden eines anderen als schwersten Vorwurf, und bezeichnenderweise versteckt sie ihre Mutter bei kritischen Bemerkungen immer noch lieber hinter allgemeinen unpersönlichen Wendungen, als sie direkt anzugreifen. Die »verschlingende« Wirkung eines »Marienkindes« auf seine Kinder kann kaum deutlicher zutage treten.

Gleichwohl wird es nur schwerlich eine Erkenntnis geben, die das »Marienkind« mehr fürchtet und zu vermeiden trachtet, als die Einsicht, daß es mit seiner übermenschlichen Anstrengung, den Kindern eine Art Himmel auf Erden zu bereiten, die Kinder nicht zum Leben kommen läßt und sie in Wahrheit für den Narzißmus der eigenen madonnengleichen Fehlerlosigkeit aussaugt wie ein Vampir. Auf furchtbare Weise wiederholt sich in ihm noch einmal die Tragik seiner eigenen Mutter, aber diese Entdeckung mutet um so grausamer an, als das »Marienkind« gewiß alles getan hat, um seinen Kindern so gut zu sein wie irgend möglich. Wie schwer muß es ihm daher fallen zu begreifen, daß es seinen Kindern zur Gefahr wird, gerade weil diese Kinder buchstäblich sein Ein und Alles sind und sein sollen? Daß es gerade mit dem Ideal der »Madonna« seinen Kindern eher zur »Pietà« denn zur »Mutter der Gnade« gerät? Und daß seine »Stummheit«, geboren aus Selbstanklagen, auch andere weit schwerer belasten muß, als es unmittelbare Vorwürfe jemals könnten? Dabei sind die Kinder zweifellos das Hauptmotiv, um die Lebenseinstellung eines »Marienkindes«, wenn überhaupt, trotz allem noch einmal von Grund auf zu ändern – die Rücksichtnahme auf das eigene Glück vermöchte es wohl kaum. Nur, wie soll überhaupt eine Wandlung zum Besseren möglich sein, wo doch alles in dieser Ehe von »König« und »Königin« nach außen hin so gut geregelt und geordnet scheint?

Befragt man das Märchen vom ›Marienkind‹ darauf, was es als »Therapievorschlag« bereithält, so wird man eine teils unbefriedigende, teils entmutigende Auskunft erhalten. *Unbefriedigend* ist die Antwort des Märchens, weil es, entsprechend der erzieherischen Absicht seiner legendären Übermalung, gar nicht an einem psychologisch umfassenden, sondern nur an einem vorwiegend »moralischen« Abschluß interessiert ist; dieses Problem teilt das Märchen indessen mit den meisten Legenden, die von der archetypischen Symbolsprache des Unbewußten gern einen idealtypischen Gebrauch machen und, psychodynamisch betrachtet, nicht die Integration des Unbewußten im Ich, sondern vielmehr die Unterwerfung des Ichs unter bestimmte Dressate des Über-Ichs anstreben. *Entmutigend* hingegen wirkt der Abschluß des Märchens, weil es gegen die Angst des »Marienkindes« als einziges Heilmittel nur den Leidensdruck noch größerer Angst zu setzen weiß. Unter den gegebenen Umständen erscheint gerade eine solche »Katastrophentherapie« indessen als am meisten wahrscheinlich.

Das einzige Mittel, um die Angst des »Marienkindes« zu beruhigen und ihm seine eigene Sprache wiederzugeben, bestünde in einer Liebe, die mütterlicher ist als die »Mutter Gottes« und absichtslos genug, um das sexuelle Dilemma aus Schuldgefühl und Ohnmacht durch das Glück einer tiefen seelischen Verbundenheit und den Einklang innigen Verstehens vergessen zu machen. Aber ein Teil der Ehetragödie des »Marienkindes« besteht gerade darin, daß es offenbar nur einen »König« als Gemahl »erobern« konnte, der für das Lösen seelischer Schwierigkeiten so viel Sinn aufbringt wie etwa Ludwig XVI. für seine Gemahlin Marie Antoinette.[62] Nicht genug, daß er mit der Stummheit seiner Gattin als Grundlage seiner Ehe sich gleich zu Beginn ohne weiteres einverstanden erklärte – jetzt verzichtet er zudem auf seine Kinder ebenso widerspruchslos wie seinerzeit der Vater des »Marienkindes«. Nach wie vor scheint es für ihn im Umgang mit ehelichen Schwierigkeiten nur eine Strategie zu geben, die der »Stummheit« seiner Gemahlin auffallend parallel ist: das Sprechverbot. Längst drängen seine »Ratgeber«, sein eigener Verstand also, darauf, den unheimlichen »Kindesentführungen« seiner Gattin nachzugehen, aber offenbar meint der »König« seine Gemahlin am besten zu schützen, wenn er so tut, als wenn nichts geschehen wäre, und die Ruhe zur obersten Bürgerpflicht erklärt. Jedoch umsonst – der Spielraum wird nur immer enger, und bald schon liefert auch der »König« den Beweis, daß ihm mehr als an allem anderen, mehr auch als an der Liebe zu seiner Frau, ausschließlich an der Gunst der öffentlichen Meinung gelegen ist; ihr beugt er sich mit achselzuckendem Widerstreben, selbst wenn seine Gattin dafür durchs Feuer muß – ein ohnmächtiger »Regent«, dessen Wunsch nach »Ruhe« die wahre Quelle nicht endender Beunruhigungen darstellt.

Aus der Sicht des »Marienkindes« hingegen wird man den »Prozeß« der Volksmeinung nicht anders verstehen können denn als ein ständiges Anwachsen der Schuldgefühle, die es, nach außen projiziert, in allen anderen auf sich zurückkommen sieht. Diese Frau, die ständig in der Gestalt der »Mutter Gottes« auf der Flucht vor ihren eigenen Gewissensqualen lebt, muß sich, je länger desto aussichtsloser, als Opfer fremder Nachstellungen fühlen, und, was das Schlimmste ist, sie muß innerlich mehr und mehr anerkennen, daß die Vorwürfe, die sie allseits zu spüren glaubt, nicht völlig unberechtigt sind: solange sie selbst es nicht wagt, zu ihrem Leben zu stehen, solange wird sie dem Leben ihrer Kinder im Wege stehen. Aber was ist zu tun, wenn die Zuständigkeit für das eigene Leben in dem Eingeständnis einer Schuld besteht, die man mehr denn die Hölle zu fürchten gelernt hat?

Dem Märchen selber scheint es kaum begreifbar zu sein, wie jemand derartig »stolz« und »verstockt« sein kann wie das »Marienkind«, und natürlich soll der Leser diesen Eindruck von ganzem Herzen teilen; unmittelbar muß er sich von daher zu einer geheimen Komplizenschaft all derer eingeladen fühlen, die über das »Marienkind« verurteilend den Stab brechen und sich von ihm als einer »menschenfressenden Hexe« voller Grausen und Verachtung lossagen möchten, nur um sich selber zu bestätigen, daß sie an seiner Stelle gewiß reumütig und zerknirscht der »Madonna« ihre Schuld gebeichtet hätten. Doch gemach! Nur den oberflächlichen Gemütern fällt die Reue leicht, weil sie die unverwüstliche Gabe besitzen, die Sünde nicht so schwer zu nehmen. Wem es indessen in seiner Schuld buchstäblich um Himmel und Hölle geht, kann nicht gestehen ohne die Gewißheit eines gnädigen Erbarmens, und je schwerer seine Schuld ihn dünkt, desto aussichtsloser muß ihm gerade die Vergebung scheinen; ein solcher geht lieber freiwillig in die Hölle, als sich durch fremde Verurteilung in die Hölle stoßen zu lassen. Wohl ist es wahr, daß eine solche Haltung nach außen hin als »Stolz« und »Starrsinn« erscheinen mag; wer aber tiefer hinsieht, wird unter der Maske äußerer Perfektionsroutine und fehlerloser Unangreifbarkeit eine äußerst verwundete Seele entdecken, für die der kleinste menschliche Fehler bereits eine Katastrophe ohnegleichen bedeutet. Wenn hier von »Stolz« die Rede sein kann, so liegt er ganz und gar in den unmenschlichen und überheblichen Anforderungen des Über-Ichs begründet, also er geht nicht zu Lasten des »Marienkindes«, sondern einzig zu Lasten der »Madonna«.[63]

Eben deswegen gäbe es eine menschenwürdige Auflösung der Gewissensnot des »Marienkindes« nur durch ein Verständnis, das es inmitten seiner Schuld die Unschuld wiedersehen lehrte und ihm zu einer Wahrheit verhülfe, deren es sich nicht länger mehr zu schämen brauchte. Wer aber ein menschliches Gegenüber solchen Verstehens nicht an seiner Seite hat, wird wirklich nur die »Reinigung« des »Fegfeuers« auf dem Wege der Erlösung übrigbehalten; in solcher Lage wird die Depression zur Bedingung der Wahrhaftigkeit, und recht hatte vermutlich Sigmund Freud, als er feststellte, daß man in gewissem Sinne immer erst depressiv sein müsse, um zur Wahrheit über sich selbst fähig zu werden.[64]

Es ist am Ende sehr die Frage, ob das Geständnis des »Marienkindes« wirklich, wie es das Märchen glaubhaft machen will, einen Akt der Einsicht und der Buße darstellt. Eher sollte man nach allem, was wir gehört haben, denken, daß es von einem bestimmten Grenzpunkt der Qual und der Vergeblichkeit an dem »Marienkind« sozusagen »egal« wird, was die »Mutter Gottes« sagt und macht. Wenn es übermenschlich schlimm ist, »gesündigt« zu haben, so ist es schließlich nur menschlich, ein Sünder zu sein. Was vorher wie ein Zusammenbruch der eigenen moralischen Persönlichkeit erlebt wurde, führt jetzt zu einem Zusammenbruch des Über-Ich-Standpunktes. Wenn die Heftigkeit des Schuldgefühls einen »Hitzegrad« erreicht, daß darunter das Leben »verbrennt«, so kann sich das Ich nur noch erhalten, indem es »kühler« dem Urteil des Über-Ichs gegenübertritt. Schrecklicher als es ist, kann es für das »Marienkind« gewiß nicht mehr kommen, und es gibt jetzt nur noch einen Ausweg: sich auf Gedeih und Verderb dem Urteil der »Madonna« zu überlassen. In dieser Quintessenz einer Entwicklung des Negativen zeigt sich in äußerster Zuspitzung die Ambivalenz des ganzen Märchens.

Der Zusammenbruch einer starren Über-Ich-Moral kann, als Bilanz der Angst, sehr leicht dazu führen, den latenten Selbsthaß, die Selbstverachtung und den Hang zur Selbstbestrafung lediglich mit andern Mitteln weiterzuführen, um, nach einem genial-richtigen Worte Dostojewskis, fortan »ein Recht auf Schande« für sich in Anspruch zu nehmen.[65] Der ganze hochkompensierte Aufbau der bisherigen Persönlichkeit zerbirst unter solchen Umständen wie in einer Explosion des Unerträglichen, und zurück bleibt ein Leben, das förmlich ein Bedürfnis verrät, sich selber so gemein zu machen, wie man sich fühlt. Die Neurose schlägt dann um in den Genuß des Perversen, und die perverse Unmenschlichkeit der bisherigen Moral reklamiert nun die Unmoral als Attribut des Menschlichen. Neben dieser äußerst gefährlichen Entwicklungsmöglichkeit kann es aber auch sein, daß die endgültige Kapitulation der rigorosen und rigiden Moral des Über-Ichs einen Standpunkt vertiefter Menschlichkeit heraufführt, und eben dies ist es, wovon das Märchen vom ›Marienkind‹ am Ende eigentlich erzählen will, nur daß es gerade an dieser alles entscheidenden Stelle versäumt, deutlicher zu werden.

Berichtet wird, daß die »Mutter Maria«, während der Mob bereits dem »Marienkind« das Feuer schürt, wie eine Retterin erscheint, die nach erfolgtem Geständnis mit dem Regen des Himmels die Flammen löscht und der unglücklichen »Königin« die Kinder zurückgibt. Erst jetzt also, wo es gar nicht anders mehr geht, erweist es sich, daß die

»Mutter Gottes« jene Sünde der dreizehnten Pforte selbst gar nicht so strenge ahnden wollte und daß in ihren Augen einzig die Unwahrhaftigkeit keine Gnade fand. Sie, die vordem in ihrer jungfräulichen Tugend wie ein Racheengel erschien, gewinnt jetzt überraschenderweise ihre mütterlichen Züge zurück, und, paradox genug, es erweist sich nun, daß man nicht so sehr schuldig war durch das »Laster« der »Unkeuschheit« als durch das mangelnde Vertrauen in eine Vergebung, deren man unbedingt bedurft hätte, um die eigentliche Schuld: die Doppelbödigkeit einer ständigen existentiellen Verlogenheit im Umfeld nicht endender Angst, zu vermeiden. »Die Wahrheit wird euch frei machen« (Joh 8,32) – dieser Satz der Bibel enthält die tiefe Wahrheit des Märchens vom ›Marienkind‹. Sich selbst zurückgegeben, fängt das Leben des »Marienkindes« noch einmal von vorne an; der »Spuk« der »Madonna« ist beendet, und es wäre jetzt die Zeit gekommen, wo das »Marienkind« im Wiederbesitz seiner Sprache seinen eigenen Namen zum erstenmal so aussprechen könnte, daß er zum Ort und Erfahrungsraum für eine Liebe würde, die in sich rein und »königlich« ist und ihm die unverdorbene Schönheit des Herzens zurückzugeben vermöchte – tatsächlich deutet das Märchen einen solchen Abschluß an.

Zwischen Angst und Glaube, oder: Welch eine Art von Religion?

Aber kann man nach allem, was vorausgegangen ist, sich mit diesem »Happy-End« des Märchens zufriedengeben? Man kann es weder theologisch noch psychologisch.

Wohl enthält die »Therapie« der Aussichtslosigkeit und der Verzweiflung, die das Märchen vom ›Marienkind‹ am Ende schildert, unzweifelhaft eine tiefe religiöse Wahrheit. Jedes Menschen Leben steht vor der »Wahl« zwischen Angst und Vertrauen, und zunächst wird ein jeder die Angst, unberechtigt auf der Welt zu sein, wie das »Marienkind« mit einer unendlichen Anstrengung beantworten, seinem Dasein den absoluten Charakter von Rechtschaffenheit und Notwendigkeit zu verleihen. Bis zum Zusammenbruch wird er versuchen, im moralischen Sinne so gut wie nur irgend möglich zu sein. Die inneren Abspaltungen, Verdrängungen, Triebdurchbrüche, Verleugnungen und Doppelbödigkeiten, die er mit einer solchen Angstmoral in Kauf nimmt, treiben ihn jedoch notgedrungen nur immer weiter in die Enge, und die Angst, die ursprünglich durch eine kritikfreie Rechtschaffenheit beruhigt werden sollte, zieht in Wahrheit immer unheimlichere Kreise; am Ende muß man entdecken, daß man auf diese Weise nicht nur mit mörderischen Schuldgefühlen sein eigenes Leben ruiniert, man wird auch zum Mörder an allen, die einem anvertraut sind. Ja, man kann schließlich nur wünschen, daß ein solches Unleben der Angst, des verinnerlichten Todes, möglichst bald zusammenbricht; denn erst jenseits der Katastrophe kann sich der Freiraum öffnen, in dem sich das Dasein als bedingungslos berechtigt und bejaht und als von Grund auf »königlich« entdecken kann. Theologisch ist diese Erfahrung unnachahmlich klar in der jahwistischen Urgeschichte ausgesprochen worden, die auch der christlichen Erbsündenlehre zugrunde liegt,[66] auch was im Neuen Testament der hl. Paulus zur Deutung seines Damaskus-Erlebnisses zu sagen weiß, ist getragen von dieser grundlegenden Alternative einer tödlichen Moralität der Angst oder einer lebenspendenden Güte des Vertrauens. In gewisser Weise schließt sich ebenso das Märchen (bzw. die Legende) vom ›Marienkind‹ dieser großen Perspektive christlicher Daseinsdeutung an; es verdirbt aber die Klarheit seiner möglichen Botschaft durch Beimischungen der Angst und des moralischen Rigorismus, die eine Reihe von Nachfragen unvermeidbar machen.

Es ist gewiß nicht die Schuld des Märchens, daß es auf Erden ein unsägliches Maß an Angst und Leid gibt, und es zählt zu dem Realitätssinn vieler Märchen, daß sie, wie die Erzählung vom ›Marienkind‹, die Schilderung seelischer Not mit hoher Sensibilität in allen möglichen Nuancen zu variieren suchen. Es ist auch als wahr zu erachten, wenn die christliche Legende die Meinung durchblicken läßt, daß die Abgründe menschlicher Angst nur in einem Vertrauen zu dem Urgrund allen Daseins jenseits der grausam zerrissenen Menschenwelt überbrückt werden können.

Die Ansicht mancher Religionspsychologen, daß die Religion aus Angst und Hilflosigkeit des Menschen entstanden und deshalb als haltlose Illusion zu betrachten sei, verkennt, daß es zum Menschen *wesentlich* gehört, Ängste zu haben, die unendlich sind und im Endlichen nie eine Antwort finden, und daß es zudem auf eine Verwechslung von Ursache und Wirkung hinausläuft, das Heilmittel einer Krankheit als Produkt der Krankheit zu interpretieren. So wie der Durst eines Menschen in gewissem Sinne ein Beweis für die Existenz des Wassers ist, oder wie etwa die Flugunruhe der Vögel um Anfang Oktober beweist, daß es wärmere Länder im Süden der Erde geben *muß*, so ist die Sehnsucht des Menschen nach Gott ein Beweis für die Existenz des Göttlichen. »Du würdest mich nicht suchen, wenn du mich nicht schon gefunden hättest«, läßt Blaise Pascal in den ›Pensées‹ Christus zum Menschen sprechen.[67] Wir Menschen sind auf dieser Welt die einzigen Lebewesen, die sich ängstigen können und müssen vor der Nichtigkeit und Zufälligkeit alles Existierenden; wir sind die einzigen, denen die Welt erscheint wie ein Meer, über das sie nur zu schreiten vermögen mit dem Blick auf eine Gestalt, die vom anderen Ufer uns entgegenkommt.[68]

All diese Aussagen haben ihre Gültigkeit indessen nur innerhalb eines *wesentlichen* Sprechens vom Menschen. Die Gefahr ist groß, die philosophische, transzendentale Ebene der Reflexion mit der Ebene der psychologischen, kategorialen Erfahrung zu verwechseln. Die Masse ist nicht Philosoph, und es besteht immer eine starke Versuchung, das Wesentliche mit dem Unwesentlichen zu vermengen, indem man die Inhalte von Angst und Vertrauen im Sprechen von Gott mit innerweltlichen Gegebenheiten identifiziert. Gerade die Literaturform der Legende als einer frommen Erzählung fürs Volk ist dieser Gefahr ausgesetzt, und das Märchen vom ›Marienkind‹ ist ihr unzweifelhaft erlegen.

Es mag im Leben eines Menschen unter Umständen einen großen Vorteil darstellen, wenn er die Angst und die Bedrohtheit des Daseins bereits in Kindertagen intensiv zu spüren bekommt; aber wie bei allem, was neurotisch macht, liegt das Übel im Übermaß. Ein Zuviel an Angst, von den eigenen Eltern verursacht, kann die wesentlichen Fragen des Daseins eher verdecken als lösen, und leicht entsteht dann eine Art von Frömmigkeit, die bei einem Höchstmaß an subjektiv gutem Willen objektiv doch einer Travestie des Religiösen gleichkommt. Immer wo Eltern ihr Kind mit einer Angst überziehen, die es auf Sein oder Nichtsein bedroht, absorbieren sie selbst die archetypische Macht des Göttlichen im Herzen ihres Kindes. Statt in ihrer Rolle als Eltern den Archetypus des Vaters und der Mutter für eine weitere Entwicklung offenzuhalten und schließlich an die Transzendenz des Weltenhintergrundes zu delegieren, zwingen sie im Bannkreis der Angst ihr Kind dazu, sich in absoluter Weise an seine Eltern zu klammern, als wenn sie Götter wären. Das Bild von Vater und Mutter spaltet sich auf diese Weise in einen (un)menschlichen Vordergrund realer Erfahrung und einen göttlichen Erwartungshorizont irrealer Sehnsucht auf, und eben diese Vergöttlichung des Menschlichen bzw. diese Absolutsetzung menschlicher Ambivalenzgefühle im Umkreis einer als absolut erfahrenen Menschenfurcht bildet den eigentlichen Kern jeder Neurose. Anders als Freud meinte, entsteht die Religion nicht aus dem Ödipuskomplex, aus der Verewigung von Mutterliebe und Vaterhaß, sondern umgekehrt: wenn ein Kind in seiner Angst die Eltern wie Herrgötter erlebt, wird es ihnen und all ihren Nachfolgern eine Macht zuschreiben, die sie nicht besitzen, indem es alle religiösen Sehnsüchte nach absoluter Liebe und Geborgenheit in sie hineinprojiziert.[69] Erst so beginnt die Dämonisierung des Menschlichen und die Mythisierung des Göttlichen in der Unentrinnbarkeit der Angst.

Alle archetypischen Symbole, die von der Religion zur Beschreibung einer Welt ohne Angst als Chiffren der Erlösung verwendet werden, geraten im Umkreis neurotischer Erlebnisstrukturen in die

Gefahr, von dem Bild der eigenen Eltern her sich ihrerseits mit Angst aufzuladen; was als Wegmarke seelischer Integration Kraft und Weisheit besitzen könnte, verwandelt sich dann in ein moralisches Ideal, das dem Ich wie etwas Fremde und Entfremdendes gegenübertritt. Statt von Angst zu erlösen, wird aus der Religion dann selbst eine Stätte der Angstverbreitung. Wenn unter diesen Umständen von Gott als Vater die Rede ist, verstellt das ängstigende Bild des eigenen Vaters die göttliche Wirklichkeit, und indem das Vaterbild fortan den Namen »Gott« erhält, rechtfertigt es jeden Zwang, jede Entwürdigung, jede Unterwerfung; wenn von der Jungfrau Maria bzw. der Mutter Gottes die Rede ist, verschmilzt der Archetyp der Madonna sogleich mit den Erinnerungen an die eigene Mutter und an ihre moralischen Bemühungen um ein »jungfräuliches Leben«. Während so aus den Menschen Götter werden, verwandelt sich das Göttliche in ein Ensemble von Spukgestalten, gerade so, wie wir es im Märchen vom ›Marienkind‹ erlebt haben; und eben weil man der Märchen-Legende vom ›Marienkind‹ das subjektive Bemühen um Frömmigkeit und Wahrhaftigkeit bei alles Skepsis schlechthin glauben muß, erscheint eine bestimmte Art von Angstfrömmigkeit bei der Lektüre dieser Erzählung in einem um so gespenstischeren Licht.

Denn es muß zutiefst beunruhigen, wenn man in dem Märchen mitansehen muß, wie das Sprechen von Gott, von den Engeln, den Aposteln, der Mutter Gottes, vom Himmel und der Dreifaltigkeit lediglich dazu mißbraucht wird, ein kleines Kind, ein Mädchen noch, seiner natürlichsten Regungen wegen mit lebenslangen Schuldgefühlen zu martern, es in Einsamkeit und Traurigkeit gefangenzuhalten, seine Schönheit und Würde zu zerstören, seine Sehnsucht nach Leben und Liebe als etwas Widerrechtliches zu unterdrücken und am Ende sein Herz in ein Verlies von Depressionen, Zwängen, Ängsten, vergeblichen Idealen und unaussprechlichen Schuldgefühlen zu verwandeln. Es ist zutiefst empörend, mitzuerleben, wie aus der Liebe zweier Menschen ein stummes Nebeneinander vordergründiger Äußerlichkeiten wird, wie das Glück sich zur Pflicht, die Freude zum Opfer deformiert, wie die Fürsorge in verschlingenden Zwang, die Mutterliebe in fressenden Anspruch sich verkehrt und wie im ganzen das Feld des Religiösen bis hinein in seine mütterlichsten und wärmsten Symbole zu einem mörderischen Alptraum pervertiert, indem »Gott« oder die »Mutter Gottes« zum Inbegriff einer rigiden Über-Ich-Moral erstarrt. Man mag abwiegelnd entgegnen, es handle sich in der Erzählung vom ›Marienkind‹ doch »nur« um ein Märchen; aber ein solcher »Trost« verfängt nicht. »Wenn wir Schatten euch beleidigt, / O so glaubt – und wohl verteidigt / Sind wir dann: ihr alle schier / Habt nur geschlummert hier / Und geschaut in Nachtgesichten / Eures eignen Hirnes Dichten.« So einfach wird bereits Shakespeares ›Ein

Sommernachtstraum‹[70] nicht los, wer zuvor erlebt hat, wie in der Welt
des Tages die äußeren Rücksichtnahmen auf die Konstellationen von
Macht, Geld und Geltung den Menschen um sein Glück bringen und
wie hilflos er des Nachts den Mächten des Unbewußten preisgegeben
ist. Wer das Märchen vom ›Marienkind‹ recht verstanden hat, wird die
quälende Möglichkeit nie wieder vergessen, daß alles Sprechen von
Gott unter Umständen lediglich die verinnerlichten Ängste aus Kindertagen widerspiegelt und ein Leben in Schuldgefühlen verstrickt, die
sehr viel mit Menschenfurcht und kindlichen Abhängigkeiten, wenig
aber mit Gott zu tun haben. »Nicht jeder, der den Namen Gottes
(›Jahwe Gott‹) in den Mund nimmt, ist Gott wirklich nahe, sondern
nur, wer tut, was Gott will, im Vertrauen darauf, daß er unser wahrer
Vater sei«, so möchte man ein Wort Jesu (Mt 7,21) in diesem Zusammenhang paraphrasieren. Ein für allemal kann man von einem Märchen wie dem ›Marienkind‹ lernen, daß man die menschliche Wirklichkeit verstehen muß, um zu einem wahren Sprechen von Gott zu
gelangen oder, besser, um zu verstehen, was Gott uns in Wahrheit zu
sagen hat. Wenn irgend die Psychoanalyse für die Theologie einen
Wert besitzt, dann vor allem dadurch, daß sie den komplexbedingten
Anteil aus der Gottesbeziehung zu entfernen vermag. Wie die Natur-
wissenschaft die dämonischen Identifikationen des Göttlichen mit
dem (aus menschlicher Sicht) willkürlichen Wirken der Kräfte der
äußeren Natur zu überwinden vermochte, so vermag die Psychoanalyse wirksam voneinander zu unterscheiden, was angstvoll ins Absolute gesteigerte Menschenfurcht und was wirkliche Ehrfurcht vor dem
Göttlichen ist.

Der Maßstab für diese Unterscheidung ist im Grunde leicht zu
gewinnen. Nur in der *Angst* fühlen Menschen sich so sehr an den
Abgrund gedrängt, daß sie sich in absoluter Weise an andere Menschen gebunden fühlen, die über sie eine göttliche oder dämonische
Macht erlangen können; alles Religiöse im Umkreis der Angst also ist
ambivalent und kann sowohl Heil wie grausame Zerstörung bewirken, je nachdem, ob es die Angst in einem größeren Vertrauen besiegt
oder selbst von der Angst in Richtung unendlicher moralischer Anstrengungen zur Selbstvervollkommnung und Selbstrechtfertigung
benutzt wird. Umgekehrt ist es allein die Liebe, durch die das Sprechen von Gott seine Zweideutigkeit verlieren kann. Nur die Liebe
führt vom Abgrund weg ins Herz der Dinge, und Menschen verfügen
über diese wunderbarste aller Fähigkeiten, einander so zu begegnen,
daß sie nicht länger mehr dem Göttlichen im Wege stehen, sondern
einander wechselseitig in ihrer Liebe ein Weg sind ins Unendliche.
Nur die Liebe entdeckt den anderen in seiner königlichen Würde
wieder, erlöst ihn ohne Gewalt von seinen Beengtheiten und schenkt
den Stummen die Sprache zurück; sie ermöglicht es, die Doppelbödig-

keit von Angst und Schuld mit ihren ständigen Selbstüberforderungen und Verleugnungen aufzugeben und zur Wahrheit hinzufinden. Nur in der Liebe können Menschen darauf verzichten, sich selbst als Götter zu entwerfen oder sich anderen als Göttern zu unterwerfen, weil es in dem Vertrauen, das die Liebe lehrt, endgültig genügen kann, ein Mensch zu sein. Die Religion verfügt über so wunderbare Bilder wie die Gestalt der Madonna, diesen Archetyp der Ewigen Frau; doch erst wenn das Göttliche nicht länger mehr als ein moralisches Ideal, sondern, weit ursprünglicher, als Hintergrund eines nicht endenden mütterlichen Erbarmens verstanden wird, gewinnt das Bild der ewig jungfräulichen Mutter Gottes seine Wahrheit wieder und öffnet sich zu Gott, der uns als seine Kinder, nicht aber als »Marienkinder« wollte.

Der Trommler

Eines Abends ging ein junger Trommler ganz allein auf dem Feld und kam an einen See, da sah er an dem Ufer drei Stückchen weiße Leinewand liegen. »Was für feines Leinen«, sprach er und steckte eines davon in die Tasche. Er ging heim, dachte nicht weiter an seinen Fund und legte sich zu Bett. Als er eben einschlafen wollte, war es ihm, als nennte jemand seinen Namen. Er horchte und vernahm eine leise Stimme, die ihm zurief: »Trommeler, Trommeler, wach auf.« Er konnte, da es finstere Nacht war, niemand sehen, aber es kam ihm vor, als schwebte eine Gestalt vor seinem Bett auf und ab. »Was willst du?« fragte er. »Gib mir mein Hemdchen zurück«, antwortete die Stimme, »das du mir gestern abend am See weggenommen hast.« »Du sollst es wieder haben«, sprach der Trommler, »wenn du mir sagst, wer du bist.« »Ach«, erwiderte die Stimme, »ich bin die Tochter eines mächtigen Königs, aber ich bin in die Gewalt einer Hexe geraten und bin auf den Glasberg gebannt. Jeden Tag muß ich mich mit meinen zwei Schwestern im See baden, aber ohne mein Hemdchen kann ich nicht wieder fortfliegen. Meine Schwestern haben sich fortgemacht, ich aber habe zurückbleiben müssen. Ich bitte dich, gib mir mein Hemdchen wieder.« »Sei ruhig, armes Kind«, sprach der Trommler, »ich will dir's gerne zurückgeben.« Er holte es aus seiner Tasche und reichte es ihr in der Dunkelheit hin. Sie erfaßte es hastig und wollte damit fort. »Weile einen Augenblick«, sagte er, »vielleicht kann ich dir helfen.« »Helfen kannst du mir nur, wenn du auf den Glasberg steigst und mich aus der Gewalt der Hexe befreist. Aber zu dem Glasberg kommst du nicht, und wenn du auch ganz nahe daran wärst, so kannst du nicht hinauf.« »Was ich will, das kann ich«, sagte der Trommler, »ich habe Mitleid mit dir, und ich fürchte mich vor nichts. Aber ich weiß den Weg nicht, der nach dem Glasberge führt.« »Der Weg geht durch den großen Wald, in dem die Menschenfresser hausen«, antwortete sie, »mehr darf ich dir nicht sagen.« Darauf hörte er, wie sie fortschwirrte.

Bei Anbruch des Tages machte sich der Trommler auf, hing seine Trommel um und ging ohne Furcht geradezu

in den Wald hinein. Als er ein Weilchen gegangen war
und keinen Riesen erblickte, so dachte er: »Ich muß die
Langeschläfer aufwecken«, hing die Trommel vor und
schlug einen Wirbel, daß die Vögel aus den Bäumen mit
Geschrei aufflogen. Nicht lange, so erhob sich auch ein
Riese in die Höhe, der im Gras gelegen und geschlafen
hatte, und war so groß wie eine Tanne. »Du Wicht«, rief
er ihm zu, »was trommelst du hier und weckst mich aus
dem besten Schlaf?« »Ich trommle«, antwortete er, »weil
viele Tausende hinter mir herkommen, damit sie den
Weg wissen.« »Was wollen die hier in meinem Wald?«
fragte der Riese. »Sie wollen dir den Garaus machen und
den Wald von einem Ungetüm, wie du bist, säubern.«
»Oho«, sagte der Riese, »ich trete euch wie Ameisen tot.«
»Meinst du, du könntest gegen sie etwas ausrichten?«
sprach der Trommler. »Wenn du dich bückst, um einen
zu packen, so springt er fort und versteckt sich; wie du
dich aber niederlegst und schläfst, so kommen sie aus
allen Gebüschen herbei und kriechen an dir hinauf. Jeder
hat einen Hammer von Stahl am Gürtel stecken, damit
schlagen sie dir den Schädel ein.« Der Riese ward ver-
drießlich und dachte: »Wenn ich mich mit dem listigen
Volk befasse, so könnte es doch zu meinem Schaden aus-
schlagen. Wölfen und Bären drücke ich die Gurgel zusammen, aber vor den Erdwürmern kann ich mich nicht
schützen.« »Hör, kleiner Kerl«, sprach er, »zieh wieder
ab, ich verspreche dir, daß ich dich und deine Gesellen in
Zukunft in Ruhe lassen will, und hast du noch einen
Wunsch, so sag's mir, ich will dir wohl etwas zu Gefallen
tun.« »Du hast lange Beine«, sprach der Trommler, »und
kannst schneller laufen als ich, trag mich zum Glasberge,
so will ich den Meinigen ein Zeichen zum Rückzug geben, und sie sollen dich diesmal in Ruhe lassen.« »Komm
her, Wurm«, sprach der Riese, »setz dich auf meine
Schulter, ich will dich tragen, wohin du verlangst.« Der
Riese hob ihn hinauf, und der Trommler fing oben an,
nach Herzenslust auf der Trommel zu wirbeln. Der Riese
dachte: »Das wird das Zeichen sein, daß das andere Volk
zurückgehen soll.« Nach einer Weile stand ein zweiter
Riese am Weg, der nahm den Trommler dem ersten ab
und steckte ihn in sein Knopfloch. Der Trommler faßte
den Knopf, der wie eine Schüssel groß war, hielt sich
daran und schaute ganz lustig umher. Dann kamen sie zu
einem dritten, der nahm ihn aus dem Knopfloch und

setzte ihn auf den Rand seines Hutes; da ging der Trommler oben auf und ab und sah über die Bäume hinaus, und als er in blauer Ferne einen Berg erblickte, so dachte er: »Das ist gewiß der Glasberg«, und er war es auch. Der Riese tat nur noch ein paar Schritte, so waren sie an dem Fuß des Bergs angelangt, wo ihn der Riese absetzte. Der Trommler verlangte, er sollte ihn auch auf die Spitze des Glasberges tragen, aber der Riese schüttelte mit dem Kopf, brummte etwas in den Bart und ging in den Wald zurück.

Nun stand der arme Trommler vor dem Berg, der so hoch war, als wenn drei Berge aufeinandergesetzt wären, und dabei so glatt wie ein Spiegel, und wußte keinen Rat, um hinaufzukommen. Er fing an zu klettern, aber vergeblich, er rutschte immer wieder herab. »Wer jetzt ein Vogel wäre«, dachte er, aber was half das Wünschen, es wuchsen ihm keine Flügel. Indem er so stand und sich nicht zu helfen wußte, erblickte er nicht weit von sich zwei Männer, die heftig miteinander stritten. Er ging auf sie zu und sah, daß sie wegen eines Sattels uneins waren, der vor ihnen auf der Erde lag und den jeder von ihnen haben wollte. »Was seid ihr für Narren«, sprach er, »zankt euch um einen Sattel und habt kein Pferd dazu.« »Der Sattel ist wert, daß man darum streitet«, antwortete der eine von den Männern, »wer darauf sitzt und wünscht sich irgendwohin, und wär's am Ende der Welt, der ist im Augenblick angelangt, wie er den Wunsch ausgesprochen hat. Der Sattel gehört uns gemeinschaftlich, die Reihe, darauf zu reiten, ist an mir, aber der andere will es nicht zulassen.« »Den Streit will ich bald austragen«, sagte der Trommler, ging eine Strecke weit und steckte einen weißen Stab in die Erde. Dann kam er zurück und sprach: »Jetzt lauft nach dem Ziel, wer zuerst dort ist, der reitet zuerst.« Beide setzten sich in Trab, aber kaum waren sie ein paar Schritte weg, so schwang sich der Trommler auf den Sattel, wünschte sich auf den Glasberg, und ehe man die Hand umdrehte, war er dort.

Auf dem Berg oben war eine Ebene, da stand ein altes steinernes Haus, und vor dem Haus lag ein großer Fischteich, dahinter aber ein finsterer Wald. Menschen und Tiere sah er nicht, es war alles still, nur der Wind raschelte in den Bäumen, und die Wolken zogen ganz nah über seinem Haupt weg. Er trat an die Türe und klopfte an. Als er zum drittenmal geklopft hatte, öffnete eine Alte

mit braunem Gesicht und roten Augen die Türe; sie hatte
eine Brille auf ihrer langen Nase und sah ihn scharf an,
dann fragte sie, was sein Begehren wäre. »Einlaß, Kost
und Nachtlager«, antwortete der Trommler. »Das sollst
du haben«, sagte die Alte, »wenn du dafür drei Arbeiten
verrichten willst.« »Warum nicht?« antwortete er. »Ich
scheue keine Arbeit, und wenn sie noch so schwer ist.«
Die Alte ließ ihn ein, gab ihm Essen und abends ein gutes
Bett. Am Morgen, als er ausgeschlafen hatte, nahm die
Alte einen Fingerhut von ihrem dürren Finger, reichte
ihn dem Trommler hin und sagte: »Jetzt geh an die Arbeit und schöpfe den Teich draußen mit diesem Fingerhut aus; aber ehe es Nacht wird, mußt du fertig sein, und
alle Fische, die in dem Wasser sind, müssen nach ihrer
Art und Größe ausgesucht und nebeneinandergelegt
sein.« »Das ist eine seltsame Arbeit«, sagte der Trommler, ging aber zu dem Teich und fing an zu schöpfen. Er
schöpfte den ganzen Morgen, aber was kann man mit
einem Fingerhut bei einem großen Wasser ausrichten,
und wenn man tausend Jahre schöpft? Als es Mittag war,
dachte er: »Es ist alles umsonst und ist einerlei, ob ich
arbeite oder nicht«, hielt ein und setzte sich nieder. Da
kam ein Mädchen aus dem Haus gegangen, stellte ihm ein
Körbchen mit Essen hin und sprach: »Du sitzest da so
traurig, was fehlt dir?« Er blickte es an und sah, daß es
wunderschön war. »Ach«, sagte er, »ich kann die erste
Arbeit nicht vollbringen, wie wird es mit den andern
werden? Ich bin ausgegangen, eine Königstochter zu suchen, die hier wohnen soll, aber ich habe sie nicht gefunden; ich will weitergehen.« »Bleib hier«, sagte das Mädchen, »ich will dir aus deiner Not helfen. Du bist müde,
lege deinen Kopf in meinen Schoß und schlaf. Wenn du
wieder aufwachst, so ist die Arbeit getan.« Der Trommler ließ sich das nicht zweimal sagen. Sobald ihm die
Augen zufielen, drehte sie einen Wunschring und sprach:
»Wasser herauf, Fische heraus.« Alsbald stieg das Wasser
wie ein weißer Nebel in die Höhe und zog mit den andern Wolken fort, und die Fische schnalzten, sprangen
ans Ufer und legten sich nebeneinander, jeder nach seiner
Größe und Art. Als der Trommler erwachte, sah er mit
Erstaunen, daß alles vollbracht war. Aber das Mädchen
sprach: »Einer von den Fischen liegt nicht bei seinesglei-
chen, sondern ganz allein. Wenn die Alte heute abend
kommt und sieht, daß alles geschehen ist, was sie verlangt

hat, so wird sie fragen: ›Was soll dieser Fisch allein?‹
Dann wirf ihr den Fisch ins Angesicht und sprich: ›Der
soll für dich sein, alte Hexe.‹« Abends kam die Alte, und
als sie die Frage getan hatte, so warf er ihr den Fisch in
Gesicht. Sie stellte sich, als merkte sie es nicht, und
schwieg still, aber sie blickte ihn mit boshaften Augen an.

Am andern Morgen sprach sie: «Gestern hast du es zu
leicht gehabt, ich muß dir schwerere Arbeit geben. Heute
mußt du den ganzen Wald umhauen, das Holz in Scheite
spalten und in Klaftern legen, und am Abend muß alles
fertig sein.« Sie gab ihm eine Axt, einen Schläger und
zwei Keile. Aber die Axt war von Blei, der Schläger und
die Keile waren von Blech. Als er anfing zu hauen, so
legte sich die Axt um, und Schläger und Keile drückten
sich zusammen. Er wußte sich nicht zu helfen, aber mittags kam das Mädchen wieder mit dem Essen und tröste-
te ihn. »Lege deinen Kopf in meinen Schoß«, sagte sie,
»und schlaf, wenn du aufwachst, so ist die Arbeit getan.«
Sie drehte ihren Wunschring, in dem Augenblick sank
der ganze Wald mit Krachen zusammen, das Holz spalte-
te sich von selbst und legte sich in Klaftern zusammen; es
war, als ob unsichtbare Riesen die Arbeit vollbrächten.
Als er aufwachte, sagte das Mädchen: »Siehst du, das
Holz ist geklaftert und gelegt: nur ein einziger Ast ist
übrig, aber wenn die Alte heute abend kommt und fragt,
was der Ast solle, so gib ihr damit einen Schlag und
sprich: ›Der soll für dich sein, du Hexe.‹« Die Alte kam.
»Siehst du«, sprach sie, »wie leicht die Arbeit war: aber
für wen liegt der Ast noch da?« »Für dich, du Hexe«,
antwortete er und gab ihr einen Schlag damit. Aber sie
tat, als fühlte sie es nicht, lachte höhnisch und sprach:
»Morgen früh sollst du alles Holz auf einen Haufen legen, es anzünden und verbrennen.«

Er stand mit Anbruch des Tages auf und fing an, das
Holz herbeizuholen, aber wie kann ein einziger Mensch
einen ganzen Wald zusammentragen? Die Arbeit rückte
nicht fort. Doch das Mädchen verließ ihn nicht in der
Not: es brachte ihm mittags seine Speise, und als er gegessen hatte, legte er seinen Kopf in den Schoß und
schlief ein. Bei seinem Erwachen brannte der ganze
Holzstoß in einer ungeheuern Flamme, die ihre Zungen
bis in den Himmel ausstreckte. »Hör mich an«, sprach
das Mädchen, »wenn die Hexe kommt, wird sie dir aller-
lei auftragen: tust du ohne Furcht, was sie verlangt, so

kann sie dir nichts anhaben; fürchtest du dich aber, so
packt dich das Feuer und verzehrt dich. Zuletzt, wenn du
alles getan hast, so packe sie mit beiden Händen und wirf
sie mitten in die Glut.« Das Mädchen ging fort, und die
Alte kam herangeschlichen. »Hu! Mich friert«, sagte sie,
»aber das ist ein Feuer, das brennt, das wärmt mir die
alten Knochen, da wird mir wohl. Aber dort liegt ein
Klotz, der will nicht brennen, den hol mir heraus. Hast
du das noch getan, so bist du frei und kannst ziehen,
wohin du willst. Nur munter hinein.« Der Trommler
besann sich nicht lange, sprang mitten in die Flammen,
aber sie taten ihm nichts, nicht einmal die Haare konnten
sie ihm versengen. Er trug den Klotz heraus und legte ihn
hin. Kaum aber hatte das Holz die Erde berührt, so verwandelte es sich, und das schöne Mädchen stand vor ihm,
das ihm in der Not geholfen hatte; und an den seidenen,
goldglänzenden Kleidern, die es anhatte, merkte er wohl,
daß es die Königstochter war. Aber die Alte lachte giftig
und sprach: »Du meinst, du hättest sie, aber du hast sie
noch nicht.« Eben wollte sie auf das Mädchen losgehen
und es fortziehen, da packte er die Alte mit beiden Händen, hob sie in die Höhe und warf sie den Flammen in
den Rachen, die über ihr zusammenschlugen, als freuten
sie sich, daß sie eine Hexe verzehren sollten.

Die Königstochter blickte darauf den Trommler an,
und als sie sah, daß es ein schöner Jüngling war, und
bedachte, daß er sein Leben darangesetzt hatte, um sie zu
erlösen, so reichte sie ihm die Hand und sprach: »Du hast
alles für mich gewagt, aber ich will auch für dich alles
tun. Versprichst du mir deine Treue, so sollst du mein
Gemahl werden. An Reichtümern fehlt es uns nicht, wir
haben genug an dem, was die Hexe hier zusammengetragen hat.« Sie führte ihn in das Haus, da standen Kisten
und Kasten, die mit ihren Schätzen angefüllt waren. Sie
ließen Gold und Silber liegen und nahmen nur die Edelsteine. Sie wollte nicht länger auf dem Glasberg bleiben,
da sprach er zu ihr: »Setze dich zu mir auf meinen Sattel,
so fliegen wir hinab wie Vögel.« »Der alte Sattel gefällt
mir nicht«, sagte sie, »ich brauche nur an meinem
Wunschring zu drehen, so sind wir zu Haus.« »Wohlan«,
antwortete der Trommler, »so wünsch uns vor das Stadttor.« Im Nu waren sie dort, der Trommler aber sprach:
»Ich will erst zu meinen Eltern gehen und ihnen Nachricht geben, harre mein hier auf dem Feld, ich will bald

zurück sein.« »Ach«, sagte die Königstochter, »ich bitte
dich, nimm dich in acht, küsse deine Eltern bei deiner
Ankunft nicht auf die rechte Wange, denn sonst wirst du
alles vergessen, und ich bleibe hier allein und verlassen
auf dem Feld zurück.« »Wie kann ich dich vergessen?«
sagte er und versprach ihr in die Hand, recht bald wiederzukommen.

Als er in sein väterliches Haus trat, wußte niemand,
wer er war, so hatte er sich verändert, denn die drei Tage,
die er auf dem Glasberg zugebracht hatte, waren drei
lange Jahre gewesen. Da gab er sich zu erkennen, und
seine Eltern fielen ihm vor Freude um den Hals, und er
war so bewegt in seinem Herzen, daß er sie auf beide
Wangen küßte und an die Worte des Mädchens nicht
dachte. Wie er ihnen aber den Kuß auf die rechte Wange
gegeben hatte, verschwand ihm jeder Gedanke an die Königstochter. Er leerte seine Taschen aus und legte Hände-
voll der größten Edelsteine auf den Tisch. Die Eltern
wußten gar nicht, was sie mit dem Reichtum anfangen
sollten. Da baute der Vater ein prächtiges Schloß, von
Gärten, Wäldern und Wiesen umgeben, als wenn ein
Fürst darin wohnen sollte. Und als es fertig war, sagte die
Mutter: »Ich habe ein Mädchen für dich ausgesucht, in
drei Tagen soll die Hochzeit sein.« Der Sohn war mit
allem zufrieden, was die Eltern wollten.

Die arme Königstochter hatte lange vor der Stadt gestanden und auf die Rückkehr des Jünglings gewartet. Als
es Abend ward, sprach sie: »Gewiß hat er seine Eltern auf
die rechte Wange geküßt und hat mich vergessen.« Ihr
Herz war voll Trauer, sie wünschte sich in ein einsames
Waldhäuschen und wollte nicht wieder an den Hof ihres
Vaters zurück. Jeden Abend ging sie in die Stadt und ging
an seinem Haus vorüber; er sah sie manchmal, aber er
kannte sie nicht mehr. Endlich hörte sie, wie die Leute
sagten: »Morgen wird seine Hochzeit gefeiert.« Da
sprach sie: »Ich will versuchen, ob ich sein Herz wieder-
gewinne.« Als der erste Hochzeitstag gefeiert ward, da
drehte sie ihren Wunschring und sprach: »Ein Kleid, so
glänzend wie die Sonne.« Alsbald lag das Kleid vor ihr
und war so glänzend, als wenn es aus lauter Sonnenstrahlen gewebt wäre. Als alle Gäste sich versammelt hatten,
so trat sie in den Saal. Jedermann wunderte sich über das
schöne Kleid, am meisten die Braut, und da schöne Kleider ihre größte Lust waren, so ging sie zu der Fremden

und fragte, ob sie es ihr verkaufen wollte. »Für Geld
nicht«, antwortete sie, »aber wenn ich die erste Nacht vor
der Türe verweilen darf, wo der Bräutigam schläft, so
will ich es hingeben.« Die Braut konnte ihr Verlangen
nicht bezwingen und willigte ein, aber sie mischte dem
Bräutigam einen Schlaftrunk in seinen Nachtwein, wovon er in tiefen Schlaf verfiel. Als nun alles still geworden
war, so kauerte sich die Königstochter vor die Türe der
Schlafkammer, öffnete sie ein wenig und rief hinein:

> »Trommler, Trommler, hör mich an,
> hast du mich denn ganz vergessen?
> Hast du auf dem Glasberg nicht bei mir gesessen?
> Habe ich vor der Hexe nicht bewahrt dein Leben?
> Hast du mir auf Treue nicht die Hand gegeben?
> Trommler, Trommler, hör mich an.«

Aber es war alles vergeblich, der Trommler wachte nicht
auf, und als der Morgen anbrach, mußte die Königstochter unverrichteter Dinge wieder fortgehen. Am zweiten
Abend drehte sie ihren Wunschring und sprach: »Ein
Kleid, so silbern als der Mond.« Als sie mit dem Kleid,
das so zart war wie der Mondschein, bei dem Fest erschien, erregte sie wieder das Verlangen der Braut und
gab es ihr für die Erlaubnis, auch die zweite Nacht vor
der Türe der Schlafkammer zubringen zu dürfen. Da rief
sie in nächtlicher Stille:

> »Trommler, Trommler, hör mich an,
> hast du mich denn ganz vergessen?
> Hast du auf dem Glasberg nicht bei mir gesessen?
> Habe ich vor der Hexe nicht bewahrt dein Leben?
> Hast du mir auf Treue nicht die Hand gegeben?
> Trommler, Trommler, hör mich an.«

Aber der Trommler, von dem Schlaftrunk betäubt, war
nicht zu erwecken. Traurig ging sie den Morgen wieder
zurück in ihr Waldhaus. Aber die Leute im Haus hatten
die Klage des fremden Mädchens gehört und erzählten
dem Bräutigam davon; sie sagten ihm auch, daß es ihm
nicht möglich gewesen wäre, etwas davon zu vernehmen,
weil sie ihm einen Schlaftrunk in den Wein geschüttet
hätten. Am dritten Abend drehte die Königstochter den
Wunschring und sprach: »Ein Kleid, flimmernd wie Ster-

ne.« Als sie sich darin auf dem Fest zeigte, war die Braut
über die Pracht des Kleides, das die andern weit übertraf,
ganz außer sich und sprach: »Ich soll und muß es haben.«
Das Mädchen gab es, wie die andern, für die Erlaubnis,
die Nacht vor der Türe des Bräutigams zuzubringen. Der
Bräutigam aber trank den Wein nicht, der ihm vor dem
Schlafengehen gereicht wurde, sondern goß ihn hinter
das Bett. Und als alles im Haus still geworden war, so
hörte er eine sanfte Stimme, die ihn anrief:

> »Trommler, Trommler, hör mich an,
> hast du mich denn ganz vergessen?
> Hast du auf dem Glasberg nicht bei mir gesessen?
> Habe ich vor der Hexe nicht bewahrt dein Leben?
> Hast du mir auf Treue nicht die Hand gegeben?
> Trommler, Trommler, hör mich an.«

Plötzlich kam ihm das Gedächtnis wieder. »Ach«, rief er,
»wie habe ich so treulos handeln können, aber der Kuß,
den ich meinen Eltern in der Freude meines Herzens auf
die rechte Wange gegeben habe, der ist schuld daran, der
hat mich betäubt.« Er sprang auf, nahm die Königstochter bei der Hand und führte sie zu dem Bett seiner Eltern.
»Das ist meine rechte Braut«, sprach er, »wenn ich die
andere heirate, so tue ich großes Unrecht.« Die Eltern,
als sie hörten, wie alles sich zugetragen hatte, willigten
ein. Da wurden die Lichter im Saal wieder angezündet,
Pauken und Trompeten herbeigeholt, die Freunde und
Verwandten eingeladen wiederzukommen, und die wahre Hochzeit ward mit großer Freude gefeiert. Die erste
Braut behielt die schönen Kleider zur Entschädigung und
gab sich zufrieden.

>»Du, meine Taube in Felsenklüften,
>laß mich schauen deine Gestalt«
>(Hld 2,14)

Von Sonne und Mond als ewigen Bildern der Liebe

Alle Liebe auf Erden besitzt für die Mythen und Märchen der Völker ihr tragisches Vorbild und Urbild im Himmel, und auch die Erzählung vom ›Trommler‹ folgt den Spuren dieser Erinnerung. Die verzauberte Geliebte auf dem »Gläsernen Berg«, die allnächtlich mit ihren Schwestern im »See« »badet« und dabei ihr Fluggewand ablegen muß, vereinigt alle Aspekte in sich, die der *Göttin des Mondes* zugeschrieben werden: Als den »Gläsernen Berg« darf man das Himmelsgewölbe betrachten,[2] als den »See« den Himmelsozean;[3] das geheimnisvolle Bad aber muß die Mondgöttin nehmen, um sich von allen »Flecken« und Dunkelheiten zu reinigen[4] und sich damit immer wieder in der ursprünglichen Schönheit ihrer wahren Gestalt zu erneuern. Das »Gewand« kann dabei, je nachdem, als ein Kleid aus Licht verstanden werden, mit dem die Mondgöttin in der Zeit des Vollmondes sich schmückt, es kann aber auch umgekehrt gerade das Aufleuchten des Lichtgestirns der Nacht als ein Abstreifen aller Umhüllungen verstanden werden.[5] In dem Märchen vom ›Trommler‹ herrscht offenbar die Vorstellung, daß der Mondgöttin in der Neumondzeit das Gewand während ihres allnächtlichen Bades »gestohlen« wird, so daß sie eine Zeitlang (im Grunde drei Tage lang) nach ihrem Lichtkleid suchen muß, um an den Himmel, zu dem »Gläsernen Berg« der Mythen und Märchen, zurückfliegen zu können. Es sind aber eigentlich *drei* Schwestern, die als lunare Trinität die Phasen des Mondgestirns verkörpern,[6] und nur *einer* von ihnen wird das Lichtgewand »geraubt«. Alle drei Schwestern besitzen an sich einen eigenen Namen; in der griechischen Mythologie etwa heißen sie *Arsinoe* (als der zunehmende Mond), *Hilaeira* (als der Vollmond) und *Phoibe* (als der abnehmende Mond).[7] Stets ist es dabei diese dritte, *Phoibe*, die in ihrer Abwesenheit am Himmel in gewisse Liebschaften verwickelt wird, denn es ist das Geheimnis der schönen Mondgöttin, daß sie in ihren wechselvollen Gestalten einem verhängnisvollen Zauber unterliegt, von dem sie nur erlöst werden kann, wenn eine Person ihrer Liebe sie auf dem »Gläsernen Berg«, in ihrer Gefangenschaft, aufsucht.

Der eigentliche Geliebte der Mondgöttin ist naturgemäß die Sonne.

Nur zur Sonne paßt in dem Märchen vom ›Trommler‹ denn auch das Motiv vom »Fischefangen« und »Holzfällen« – Verrichtungen, die offenbar die Vorbedingung sind, um die schöne Mondgeliebte von dem Fluch der bösen Hexe zu befreien;[8] vor allem das »Feuer«, in dem »die Alte« verbrennt, erscheint als das rechte Element des Sonnengemahls. Doch auch die scheinbare »Untreue« des geliebten Erlösers, der die Verlobte unter dem Kuß seiner »Eltern« vergißt und sein Herz einer anderen schöngewandeten Frau schenkt, fügt sich in das typische Bild der Mythen und Märchen von der unglückseligen »Liebesgeschichte des Himmels« ein.[9] Neben der Dreifaltigkeit des Mondes in Gestalt dreier Schwestern kennt die antike Überlieferung nämlich mit großer Regelmäßigkeit auch das berühmte Motiv der »vertauschten Braut«,[10] wie es das Märchen vom ›Trommler‹ beschreibt: immer sehnt der träumerisch liebende (Sonnen-)Gemahl sich nach einer wunderschönen Frau (am Himmel), aber es ist nicht so sehr ihre wahre Gestalt, es ist (zunächst) nur der (Gold-)Glanz ihres Lichtgewandes, das ihn entzückt. Übertragen auf die Ebene der naturnahen Poesie der Mythen muß man sagen: Solange die Mondgöttin in der Majestät ihres Vollmondscheines am Himmel steht, ist die Sonne wie entflammt nach ihr – die ganze Bahn zwischen Osten und Westen, zwischen Sonnenaufgang und -untergang, legt der Vollmond am Himmel zurück, gefolgt von der liebeglühenden Sonne; doch dann geht der Mond in abnehmender Gestalt des Nachts immer später im Osten auf und legt ein immer kleineres Stück am Himmel nach Westen hin zurück, bis daß er schließlich nur noch als abnehmende Mondsichel in den letzten Stunden der Nacht am östlichen Himmel erscheint, um in den Tagen des Neumondes gänzlich zu verschwinden. Für die alte Mythologie bedeutete dies, daß gerade in den Tagen der größten Unansehnlichkeit, ohne ihr Lichtgewand, die schöne Mondgöttin sich mit der Sonne vermählt, so daß die Sonne zwar nach der schönen Gestalt der Mondgöttin sich immer wieder von neuem sehnt und nach ihrem Liebreiz Verlangen trägt, dann aber, bei der wahren Begegnung mit ihr, von der Dunkelgestalt der Geliebten stets aufs neue enttäuscht wird. Ja, in Wirklichkeit scheint es zwei Mondgestalten zu geben, die zueinander wie (Stief-) Geschwister sich verhalten und sich voneinander unterscheiden wie Schön und Häßlich, Gut und Böse, Faul und Fleißig;[11] es ist aber nicht möglich, nur eine von beiden zu freien, sondern wer die eine liebt, muß die andere in Kauf nehmen. Doch auch der (Sonnen-)Gemahl ist nicht ohne trügerische Doppelnatur. Denn wenn nach der Neumondzeit in den ersten Abendstunden die Sichel des zunehmenden Mondes im Westen hervortritt, um immer größer und schöner auf länger werdender Bahn dem Sonnenaufgang entgegenzueilen, so scheint es, als strebe die Sonne nunmehr nach der Enttäuschung der Brautnacht sogleich wieder dieser neuen, schöngewandeten Frau nach und »vergesse« seiner vormals Geliebten in ihrer armseligen Gestalt. – Auch dieses Wechselspiel zwischen der wahren und der falschen (Mond-)Braut, zwischen dem werbenden Streben und dem ungetreuen Umherwandern des (Sonnen-)Gemahls erklärt sich aus den eigentümlichen Liebesbeziehungen zwischen Sonne(ngott) und Mond(göttin).

Einzig daß es im Märchen vom ›Trommler‹ »Riesen« sind, die den Brautgemahl der Mondgöttin durch den Wald bis an den Himmel tragen, ist ein ungewöhnliches Motiv. Wohl kennen wir aus der Antike die Vorstellung, daß Riesen das Himmelsgewölbe tragen;[12] aber daß sie die (winzige!) Sonne zum (Himmels-)Berg bringen, will nur zu der vielfach belegten Anschauung passen, daß es (walfischartige) Ungeheuer sind, die, ähnlich der Legende vom hl. Christopherus,[13] das (neu zu gebärende) Sonnenkind durch den (Unterwelt-)Ozean geleiten; der »Wald« und die »Riesen« in dem Märchen vom ›Trommler‹ ersetzen, wenn diese Annahme zutrifft, das küstengebundene Mythem von der Nachtmeerfahrt[14] der Sonne und ihrer Wiedergeburt aus dem Schoß einer (mütterlichen!) Gottheit der Nacht[15] durch Vorstellungen des Binnenlandes. Das Motiv von dem »Flug« des »Trommlers« auf dem »Sattel« hingegen erinnert entfernt an den Wagen des Sonnengottes[16] und scheint darüber hinaus an die (neueren) Verhältnisse eines *Reitervolkes* angepaßt worden zu sein.

Natürlich könnte man nun versucht sein, gemäß diesen Anhaltspunkten den Entstehungsort der einzelnen Motive des Märchens vom ›Trommler‹ kulturhistorisch einzukreisen; man müßte dann nach einem (steppenbewohnenden?) Reitervolk suchen, dessen Welt an undurchdringlichen Wäldern und »gläsernen« (schneebedeckten?) Bergen (im Osten?) endet und dessen Religion von schamanistischen Elementen geprägt ist – die Skythen zum Beispiel kämen für solche Mutmaßungen in Frage.[17] Indessen würden solche Überlegungen eher die Fragwürdigkeit und die Überflüssigkeit der kulturhistorischen Märchenforschung aufzeigen, als daß sie durch tiefere Einsichten zu belehren wüßten. Denn nicht nur, daß die einzelnen Zuordnungen stets unsicher bleiben müssen und es niemals möglich sein wird, mit den Mitteln historischer Forschung eine Art Urmythos oder Urmärchen hinter der Vielfalt der Märchenüberlieferung zu rekonstruieren, man darf vor allem nicht vergessen, daß die Märchen, auch wenn sie noch so alte Motive und Mytheme kulturhistorischer Traditionen verwenden, niemals etwas Vergangenes aussagen wollen, sondern auf völlig eigentümliche Weise die überkommen Bilder und Vorstellungen zu einer jeweils einzigartigen neuen Aussage kombinieren und komponieren. Um den tiefenpsychologischen Gehalt eines Märchens zu verstehen, ist es gewiß von Vorteil, wenn man die (natur-)mythologische Bedeutung bestimmter Symbole im Hintergrund eines Märchens in etwa kennt; aber ein Märchen wie ›Der Trommler‹ erzählt nicht mehr eine Geschichte, die in kosmischem Sinne am »Himmel« spielt, sie erzählt die ewige Geschichte von Sonne und Mond als das, was sie von Anfang an war: als eine Geschichte des menschlichen Herzens, das in der Liebe bis zum Himmel sich erhoben fühlt und über alle Verwirrungen und Irrungen hinweg zur Einheit seines Wesens finden will und soll.

Von daher ist es für die Märchen ein und dasselbe, das Wesen des Himmels im Vorbild der Sonne als menschlich zu schildern und das menschliche Wesen als durchflutet vom Lichtglanz des Himmels zu malen; denn wie die Liebe – das ewige Thema der Märchen – im Rausch des Erlebens die Menschen zum Himmel erhebt, so ist sie selber als Zustand des Glücks der Himmel auf Erden. Nie sind die Götter menschlicher und die Menschen göttlicher als in dem seligen Gefühl der Liebe, und selbst wer das Weltbild des Mythos mit seinen allzu fließenden Entgrenzungen nicht teilt,[18] wird gleichwohl anerkennen müssen, daß es in der Liebe, in der Verschmelzung der Seelen zweier Menschen, so ist, wie wenn der Himmel und die Erde selbst miteinander sich vermählen, bis daß es keinen grundlegenden Unterschied mehr gibt zwischen Diesseits und Jenseits, zwischen Zeit und Ewigkeit, zwischen Sehnsucht und Erfüllung, und einem jeden Menschen, der liebt, wird die Person der Geliebten, wie dem »Trommler« im Märchen, erscheinen wie ein überirdisches Wesen, das – sei es durch gnädige Fügung, sei es durch glücklichen »Zufall« – gerade zu ihm auf die Erde herabgestiegen ist oder herabgesandt wurde. Nur um die buchstäblich »himmlische« Poesie nachzuträumen, in welcher die Märchen die Liebe nach himmlischen Vorbildern schildern, muß man den naturmythologischen Hintergrund ihrer Überlieferungen so genau wie möglich zu Rate ziehen.

Doch wenn auch die Liebe das Thema vieler, ja, fast aller Märchen darstellt, so sind doch die einzelnen Märchenerzählungen untereinander so verschieden, wie die Menschen sich auf ihren unterschiedlichen Wegen und Umwegen zur Liebe voneinander unterscheiden mögen: allenfalls daß die Märchen in einer gewissen Typisierung die jeweiligen Möglichkeiten des Scheiterns und Gelingens sowohl konkretisieren als auch generalisieren. Die Frage jeder tiefenpsychologischen Auslegung eines Märchens lautet daher immer wieder, mit welchen ebenso typischen wie spezifischen Konflikten die jeweils vorliegende Erzählung es zu tun hat und welche Wege zur Lösung sie beschreitet.

»Weil der Schlag der Trommel das Herz ist, das in der Mitte des Weltalls pocht«

Ein Konflikt im Märchen vom ›Trommler‹ liegt zweifellos in dem Kontrast von Traum und Tag, von Phantasie und Wahrheit, von Dichterexistenz und Lebenswirklichkeit. Von wem sollte man mehr über die Liebe lernen können als von den Dichtern, Musikern und Malern – von all den Menschen also, denen Menschen zu Gedichten, zu Gesängen, zu Gemälden wurden? Nicht nur, daß sie für sensibler als alle anderen Menschen gelten dürfen, sie sind zugleich sublimer und subtiler im Umgang mit Gefühlen und Empfindungen. Noch gilt, zehntausend Jahre seit der letzten Eiszeit, die Liebe als »Funktion« der »Sexualität«, und diese wiederum gilt als ein »Trieb«, der »periodisch« »abgeführt« sein will; zudem gilt uns, fünftausend Jahre seit der Steinzeit, die Liebe immer noch als Monopol von Macht, Institution, Familie, Erbfolge und Besitzansprüchen aller Art. Daran muß es wohl liegen, daß die Dichter, jedenfalls die abendländischen, die Liebe stets als tragische Verstrickung begriffen und beschrieben haben. Von ›Tristan und Isolde‹[19] über ›Lancelot du Lac und Ginevra‹[20] über ›Romeo und Julia‹[21] bis hin zum »bürgerlichen Trauerspiel« des 19. Jahrhunderts ist die Liebe der Dichter stets von Unglück und Scheitern gezeichnet: der »gute Gott von Manhattan«[22] erlaubt und »dissimuliert« gut und gern die scheinbar folgenlosen Abschweifungen und Ausschweifungen der Nächte, aber die ebenso folgsamen wie folgenschweren Leidenschaften der Liebe am hellen Tage verfolgt er augenblicklich und unnachsichtig mit eichhörnchenhafter Emsigkeit; und wo es wirklich einmal auch im Leben so zugeht, wie – anstelle der Dichter – die Märchen es schildern: es erscheint ein Fürstensohn und freit gegen alle Dreinrede doch seine schöne Geliebte aus einfachem Stande, erhebt sie aus Armut und führt sie zum Glück –, da erinnert man sich gleich des unsterblichen Sterbens der armen Agnes Bernauer, die 1345 aus politischen Gründen in der Donau ertränkt wurde, weil sie ihrer ehelichen, doch unstandesgemäßen Liebe zu Albrecht, dem Sohn des Herzogs Ernst von Bayern, nicht entsagen wollte – für Friedrich Hebbel bot ihr Schicksal gerade den rechten Stoff, um seine Theorie von der tragischen Schuld, ein Individuum zu werden, unter Beweis zu stellen.[23]

Gemessen daran, stellen die Märchen die einzige Form von Dichtung dar, in der die Liebe Leben, Glück und Segen schenkt, nicht Tod, Not und Verurteilung. Man kann diesen Tatbestand nicht einfach damit »erklären«, daß die Märchen halt Geschichten des bloßen Wunschdenkens seien – kein Mensch wird sich all die Schwierigkeiten, Mühen und Gefahren »wünschen«, von denen die Märchen gerade den Weg der Liebe in unheimlicher Weise auf Schritt und Tritt umlagert sehen. Eher sollte man sagen, daß die Märchen den ursprünglichen Quellen von Poesie und Dichtung, den bildernden Schichten der Träume im Unbewußten der menschlichen Psyche, noch näher stehen als die weit stärker vom Bewußtsein gestalteten Werke der Literaturgeschichte der Völker, und so schildern sie in ihren symbolischen Verschlüsselungen die eigentlichen Hoffnungen und Ängste des Menschen auf den Suchwanderungen der Liebe in gewissem Sinne spontaner, unmittelbarer und unverfälschter als alle Dichtung sonst. Freilich sind die Märchen in ihrer rigorosen Reduktion der Liebe auf die Erfahrungen des Herzens in fast sträflicher Weise unbekümmert um die möglichen Anfeindungen und Einwendungen der Außenwelt; stets ist für die Märchen die Liebe im Recht, schon deshalb, weil allein *sie* den Menschen gänzlich umgreift und mit der ganzen Welt verbindet; aber diese absolute Parteilichkeit für die unbedingte Berechtigung der Wahrheit des Herzens, die nach keiner Bestätigung von außen fragt – ist sie es nicht, die das Wesen *aller* Dichtung ausmacht, selbst wenn diese eher den tragischen Brechungen der Liebe an den Wänden der Außenwelt gewidmet ist als der Reinheit des ursprünglichen Gefühls? Die Märchen jedenfalls besitzen diesen extremen Mut zu extremen Gefühlen und dieses grenzenlose Vertrauen, daß ein Mensch in seinem Leben nichts Wichtigeres zu tun habe, als den stärksten Antrieben seines Herzens zu folgen, bis er in dem Partner der Liebe sich selbst, seine eigene Seele, wiederfindet. Diese im Grunde *religiöse* Überzeugung verbindet die Märchen immer wieder zentral mit der religiösen Botschaft der Mythen, und so nimmt es nicht wunder, wenn etwa das Märchen vom ›Trommler‹ die Gestalt seines »Helden« wie selbstverständlich und nahezu beiläufig nach dem Vorbild alten Schamanentums zeichnet, in dem die Liebe selber ein himmelwärts sich steigernder Gesang aus Religion und Dichtung war (und ist).

Wenn wir in unserer Kultur von Trommeln hören, denken die einen unwillkürlich an bestimmte schauervolle Rituale militärischer Aufmärsche und Appelle, an Szenen von Exekutionen und Hinrichtungen, an Zeremonien verblasener Romantik und Mystik, während andere bei dem Wort »Trommel« eher an das Schlagzeug der Jazz- und Rock-Konzerte denken; niemand aber denkt daran, in der Trommel ein heiliges Instrument zu sehen. Es ist aus dem (christlichen) Kult verbannt, und nur weniges kann bezeichnender für den Zustand unserer Geistesart sein als die Beobachtung, die sich auch sonst an jeder Stelle treffen läßt: daß ein ehemals heiliges Symbol, ein zentrales Kultgerät alter Religiosität, sich im Bewußtsein vieler zu nichts anderem mehr eignet als zur kaltblütigen Betäubung der Nerven im Angesicht des Todes und zur heißblütigen Aufpeitschung der Nerven bis hin zu quasi orgiastischen Leerlaufhandlungen und seelenlosen Konvulsionen im Angesicht eines Scheinhimmels aus Trockeneiswolken.

Ursprünglich dürfte die Trommel das buchstäblich »erste« Musikinstrument überhaupt darstellen. Man kann psychoanalytisch die begründete Meinung vertreten, daß alle Musik der ausgeprägten Sehnsucht nach einer Ureinheit und Geborgenheit entstammt, wie sie ein jeder als Kind im Schoß seiner Mutter erfahren hat;[24] allein schon diese Sehnsucht verleiht der Musik einen wesentlich *religiösen* Ausdruckswert. Dabei ist das musikalische Erleben zunächst nicht so sehr an die Tonfolge, als vielmehr an den Rhythmus gebunden – der Herzschlag der Mutter, den das Kind Wochen vor seiner Geburt unablässig vernimmt, scheint das rhythmische Grunderleben eines jeden Menschen darzustellen. Insofern kommt speziell der Trommel die Aufgabe zu, Erinnerungen an die Zeit einer noch ungetrennten Verbundenheit mit der Mutter zu wecken und die Sehnsucht nach einem Zustand paradiesähnlicher Harmonie wachzurufen. Eine Mythe auf Neuguinea zum Beispiel erzählt von dem tricksterähnlichen Uri, der vorgibt, seine Handtrommel aus der Haut vom Bauch seiner Mutter gemacht zu haben;[25] – die Herstellungsart der Trommel beschreibt natürlich das Wesen und die Funktion dieses Instrumentes: die Sehnsucht nach der Rückkehr in den Leib der Mutter wachzurufen.

Die wohl schönste Erklärung, was eine Trommel in der Hand eines Schamanen bedeutet, hat der indianische Medizinmann »Schwarzer Hirsch« uns hinterlassen. Bezeichnenderweise stellen die Ogalallas die Trommeln, die sie beim Sonnentanz verwenden, aus Büffelhaut her; das Fell des Büffels, das an die himmlische Weiße-Büffelkuh-Frau erinnert, der die Sioux auch ihren kostbarsten Besitz, die heilige Pfeife, verdanken, bedeutet sinnbildlich das ganze Weltall; von daher ruft der Klang der Trommel durch sich selbst zu einer geistigen Verschmelzung mit der (mütterlichen) Ganzheit der Welt auf. Zusätzlich zu dem Material ihrer Verarbeitung stellt insbesondere die runde Form einer Trommel »das ganze Weltall« dar; »und ihr beharrlicher, starker Schlag«, erklärt »Schwarzer Hirsch«, »ist der Puls, das Herz, das in der Mitte des Weltalls pocht. Es ist wie die Stimme des Großen Geistes, und dieser Ton erregt uns, er hilft uns, das Geheimnis und die Macht aller Dinge zu verstehen.«[26] Der Klang der Trommel vermittelt nach diesen Worten ein Welterleben, das in seiner Wärme, Geborgenheit und universellen Einheit auf das genaueste der Situation eines Kindes vor der Geburt ähnelt; es ist ein Ruf buchstäblich zu einer mystischen Kindschaft im Schoße der Mutter Natur; und demgemäß kann »Schwarzer Hirsch« auch von der Erde, dem Tanz und dem Gebet zum Klang der Trommel sagen: »Sie (die Erde, d. V.) ist heilig, denn auf sie setzen wir unsere Füße und von ihr aus schicken wir unsere Stimmen zu Uakan-Tanka (dem Großen Geheimnis, d. V.). Sie ist mit uns verwandt, und dessen sollten wir eingedenk sein, wenn wir sie Altmutter und Mutter nennen. Beim Beten erheben wir unsere

Hände zu den Himmeln, und nachher berühren wir die Erde; denn ist nicht unser Geist von Uakan-Tanka, und sind nicht unsere Leiber von der Erde? Wir sind allen Dingen verwandt, der Erde und den Sternen, jeglichem Ding, und mit allen diesen erheben wir unsere Hände zu Uakan-Tanka und beten zu Ihm allein.«[27] »Beim Tanzen hebt ihr Kopf und Hände zu den Himmeln und schaut an ihnen auf, denn euer Altvater wird euch sehen, wenn ihr das tut. Er ist es, dem alles zu eigen ist; es gibt nichts, das nicht Ihm gehört, und darum sollt ihr zu Ihm allein beten.«[28]

Ein »Trommler« ist in diesem Sinne der Priester und Verkünder einer solchen religiösen Einheit mit dem Ganzen der Welt, und der Schlag seiner Trommel ist wie der Herzschlag der Mutter Erde selbst; um die heilige Trommel zu spielen, gilt es demnach, mit der eigenen Existenz in den Rhythmus der Welt auf vollkommene Weise einzuschwingen – erst von daher läßt sich verstehen, daß in vielen Kulturen die Trommel zu bestimmten Verrichtungen »ruft«, deren rechter Augenblick im Stundenmaß der Zeit heraufgekommen ist: »Alles«, sagt die Bibel, »hat seine bestimmte Stunde, jedes Ding unter dem Himmel hat seine Zeit« (Koh 3,1); es kommt aber darauf an, den richtigen Zeitpunkt für jedes Ding aus dem Rhythmus der Welt herauszuspüren und entsprechend anzusagen. Ein Mensch, der dies vermag, ist ein Trommler; er ist ein Mensch, dessen Herz den Herzschlag der Welt fühlt und der aus der Einheit der Welt kommt, um das ewige Lied der Urmelodie aller Dinge zu spielen; er ist ein Mensch »am Puls der Zeit«, könnte man sagen, wenn diese neudeutsche Redewendung bezeichnenderweise nicht viel zu sehr mit dem Hauch eines modischen Pragmatismus besetzt wäre, um jene »impressionistische« Sensibilität zu bezeichnen, mit der ein Trommler den inneren Rhythmus des Lebens in sich spürt.

»Wann aber sind wir?« oder: Die Liebe als Einheit von Dichtung und Wahrheit

Erst auf dem Hintergrund einer solchen Einheit des Erlebens, in der Musik und Religion zu einer einzigartigen Form der Wahrnehmung miteinander verschmelzen, versteht man die »Ouvertüre«, die Themenstellung, in der Einleitung des Märchens vom ›Trommler‹. Es mag eine Liebe geben, die der ganzen Welt und der Menschheit gilt, aber auch sie wird erst lebendig und wahr in der Liebe zu einem einzelnen Menschen, in dem die ganze Welt, die ganze Menschheit wie in magischer Verzauberung sich verdichtet. Anhand der Motive, die im Bild des Trommlers zu den Erfahrungen alter Schamanenreligion zurückführen, versucht das Märchen der Brüder Grimm eine bestimmte

Form *individueller* Liebe darzustellen, und es hat in gewisser Weise recht, wenn es so tut. Die Liebe der Religion zur Welt im ganzen und die Religion der Liebe zu einem einzelnen Menschen bedingen sich wechselseitig; denn nur ein vorgängiges Vertrauen in den unsichtbaren Hintergrund der Welt erlaubt ein unbedingtes Vertrauen auch zu der Liebe eines einzelnen Menschen, und umgekehrt wird man das Dasein im ganzen niemals so intensiv und so dankbar als ein Geschenk des Himmels erfahren wie in der Liebe eines Menschen, der uns den Himmel nahebringt.

Träume von einer solchen »überirdischen« Liebe pflegt man im Jargon der Tiefenpsychologie als Projektionen der »anima« zu deuten;[29] aber um zu verstehen, wovon die Märchen sprechen, wird man eher umgekehrt sagen müssen, daß sie eine Art von Liebe schildern, in der zwei Menschen sich und ihre Seele, einer im anderen, wechselseitig wiederfinden; nicht um »Projektionen« geht es, sondern um eine Verschmelzung des Wesens. Wenn man einen anderen Menschen erlebt wie eine Erscheinung, die einem sagt, wer man wirklich ist, was in einem schlummert und wozu man fähig ist, wenn man den anderen braucht, um in ihm noch einmal zur Welt zu kommen, um noch einmal mit ihm jung zu sein und um durch ihn für immer zu wissen, daß es keinen Tod mehr gibt, wenn man den anderen fühlen, denken und ersehnen muß, um ein Gefühl für sich selbst zu bekommen, um einen verborgenen Sinn im Weg des eigenen Lebens zu erkennen und um die Grenzen der äußeren Welt wie etwas Vorläufiges hinter sich zu lassen, dann steht man in dem Bann dieser schamanischen Magie und Poesie der Liebe, die in den Märchen ihr wohl leidenschaftlichstes und wahrstes Ausdrucksmedium erhalten hat, das auch in die Moderne noch hineinragt und hineinspricht.

Die Mythen der Völker, besonders aber die Erzählungen von ›Hassan aus Bassora‹[30] in den ›Märchen aus 1001 Nacht‹, überliefern in vergleichbaren Bildern den nämlichen Wachtraum der Liebe, daß eines Nachts eine Frau, an Schönheit und Zartheit dem schimmernden Mondlicht gleich, vom Himmel herabgestiegen sei, um in unverhüllter Reinheit den Augen des Liebenden sichtbar zu werden. Doch zum Verständnis dieses Symbols genügt es jetzt nicht mehr, auf gewisse religionsgeschichtliche und literarhistorische Parallelen und Quellen, eben der Mondmythologie und der arabischen Märchen, zu verweisen. Die Frage stellt sich vielmehr, was in einem Menschen vor sich geht, wenn er seine traumhaft Geliebte so durchgeistigt dem Himmel nahe sieht, als ob sie seiner Seele Flügel verleihen würde, um ihn über alle Welt hinauszuheben an den Ort, wo die Welt ihr Zentrum hat. Das Bild der »Taubenfrauen« oder der »Vogelmaiden« umschreibt in den Märchen denselben Erfahrungsbereich, den die Sprache der Religion mit dem Wort »Engel« bezeichnet,[31] und es scheint in den Kosenamen der Liebe ein und dieselbe Erfahrung auszudrücken, wenn jemand den anderen, den er liebt, seinen Engel nennt oder ihn als sein »Täubchen« bezeichnet.

Man muß schon Rainer Maria Rilkes ›Duineser Elegien‹ lesen, um diese Metaphern aus Sehnsucht, Traum und Hoffnung zu würdigen:

> Engel!: Es wäre ein Platz, den wir nicht wissen, und dorten,
> auf unsäglichem Teppich, zeigten die Liebenden, die's hier
> bis zum Können nie bringen, ihre kühnen
> hohen Figuren des Herzschwungs,
> ihre Türme aus Lust, ihre
> längst, wo Boden nie war, nur an einander
> lehnenden Leitern bebend, – und *könnten's* . . .[32]

Im Bild des »Engels« in der Religion bzw. im Bild der »Vogelmaid« im Märchen lebt die Vorstellung einer Seelenfreiheit der Liebe ohne die Grenzen von Raum und Zeit, ohne die Begrenzungen von Tradition und Konvention, ohne die Abgrenzungen von moralischer Institution und rechtlicher Konstitution. In der Liebe formt das irdische Leben selber sich zu einem Weltenberg, an dem die Seelen der Liebenden wie an den Stufen eines Altares zum Himmel emporsteigen, oder, schöner noch, es wandelt das Leben sich zur Erfüllung des alten schamanistischen Traums von der Himmelsreise, indem die Seelen der Liebenden auf den seligen Flügeln der Andacht, des Gebetes und der Dankbarkeit dem Himmel entgegensteigen. Solche »Flügel« einer Beschwingtheit des Herzens sind es eigentlich, in welche die Gestalt der Geliebten sich hüllt; stets erscheint sie wie vom Himmel herabgestiegen, und stets umgibt sie ein unsichtbarer Schleier aus dem Schein des Mondes und dem Schimmer der Sterne.

Die griechische (bzw. die ursprünglich thrakische) Mythe von ›Orpheus und Eurydike‹[33] bietet ein solches Bild von dem »Mondhintergrund« und der Traumpoesie aller Liebe im »Geiste der Musik«[34] – ein Spiel zwischen Zeit und Ewigkeit, zwischen Diesseits und Jenseits, zwischen Tod und Leben, zwischen Bewußtsein und Unbewußtem. Immer ist es ja die *Seele*, die der Liebende der Geliebten schenken muß, weil er sie einzig in ihr findet; doch stets muß er sie zunächst aus der Unterwelt zurückgewinnen und von Angst, Verzauberung und Tod erlösen, um selber dann, wie zur Belohnung seiner Mühen, in ein Leben einzutreten, in dem sich der Traum der Sehnsucht nicht mehr unterscheiden läßt von der Tageshelligkeit des Glücks seiner Erfüllung. Noch einmal verdienen zu diesem Mythem die Worte Rilkes Gehör, wenn er in den ›Sonetten an Orpheus‹ von der Liebe zu Eurydike, dieser Mondgeliebten des Gottes und Heros Orpheus, der den Tod überwindet durch den Zauber der Musik, die sieghaften Worte formte:

Und fast ein Mädchen wars und ging hervor
aus diesem einigen Glück von Sang und Leier
und glänzte klar durch ihre Frühlingsschleier
und machte sich ein Bett in meinem Ohr.

Und schlief in mir. Und alles war ihr Schlaf.
Die Bäume, die ich je bewundert, diese
fühlbare Ferne, die gefühlte Wiese
und jedes Staunen, das mich selbst betraf.

Sie schlief die Welt. Singender Gott, wie hast
du sie vollendet, daß sie nicht begehrte,
erst wach zu sein? Sieh, sie erstand und schlief.

Wo ist ihr Tod? ...
...
Wo sinkt sie hin aus mir? ... Ein Mädchen fast ...[35]

Wenn die gesamte Welt zum Traumgesang, zum inneren Ohr der
Geliebten wird und alles »Fühlbare« nur dieses eine Gefühl der Liebe
zu der Geliebten ausdrückt, dann sind wir dem Erleben der »Schama-
nenliebe« eines solchen Märchens wie des ›Trommlers‹ nahe.

Und doch: in entscheidendem Unterschied zu der elegischen Lyrik
Rilkes dienen die Träume der Schamanen gerade *nicht* dem »Schlaf der
Welt«, dem Wünschen jenseits der Wahrheit, dem Schlummern des
Geistes, getrennt vom Schmerz der Bewußtheit, unerfahren mit den
Rätseln des Todes. Im Gegenteil: die Träume der Schamanen, auf
welche die Märchen in gleicher Erfahrungstiefe zurückgreifen, sind in
strengem Sinn »lucide Träume«[36] – Bilder nicht zum Einschlafen,
sondern zum Aufwachen. Gerade diese Wahrheit der möglichen Einheit von Traum und Wirklichkeit bringt das Märchen vom ›Trommler‹ besonders sprechend zum Ausdruck, und alles kommt darauf an,
diesen Gehalt der Grimmschen Erzählung so intensiv wie möglich
aufzunehmen, indem wir vor allem auf das Verhältnis von *Sublimation* und *Erfahrung* in dieser Geschichte achten und von daher zugleich die Frage aufgreifen, wie Kunst und Leben in der Ergriffenheit
und Umgriffenheit der Liebe in eine heilsame Synthese gebracht werden können.

Am Ufer eines »Sees«, am Rande des Unbewußten also, erzählt das
Märchen in seiner Einleitung, findet »ein junger Trommler« eines
Abends »drei Stückchen weiße Leinewand liegen«, und er nimmt eines davon fort. Die »weiße Leinwand« entspricht gewiß dem soeben
erwähnten »Federgewand« der »Taubenfrauen« in den orientalischen
Märchen. Es fällt dann aber auf, daß in der Grimmschen Erzählung
ein an sich typisches Motiv dieses Erzählkomplexes fehlt bzw. ganz in

die Ebene eines traumhaften Erwachens verschoben wird: *der Anblick der geliebten Mondschönen beim Bad.*[37] Wo immer sonst das Motiv von den »Vogelmaiden« auftaucht, liefert es das Stichwort eines oft recht frivolen Voyeurismus, der sich nicht genug tun kann, die sinnlichen Reize des betrachtenswerten Schauspiels in allen Details auszumalen. In Märchen dieses Typs gilt vornehmlich die sinnliche Ebene der Erfahrung als eigentlicher Grund der Liebe, und eine triebhafte Begehrlichkeit ist es denn auch, die in derartigen Geschichten das Geschehen zu Heil oder Unheil der Betroffenen in Gang setzt. Das Märchen vom ›Trommler‹ hingegen mutet, gemessen daran, von Anfang an ungleich sublimer und traumnaher an; es ist im ganzen künstlerischer, und ohne Zweifel liegt darin schon ein recht wesentlicher Teil seiner Aussage verborgen.

Es gibt gute Gründe für die psychoanalytische Meinung, daß alle Kunst aus einer Sublimation gewisser sexueller Triebstrebungen hervorgehe,[38] und so fällt an der Gestalt des Trommlers gewiß auf, daß er am Ufer des Sees mit keinem Blick danach Ausschau hält, *wem* die drei Hemden wohl gehören möchten; immerhin scheint er zu spüren, daß er die Hemdchen nicht einfach als eine wohlfeile Fundsache betrachten kann, sonst hätte er sie doch wohl alle drei des »feinen Leinens« wegen in seine Tasche stecken können. Die ganze Szene macht eigentlich nur Sinn, wenn man voraussetzt, was die Märchen sonst erzählen: daß der Trommler die (drei) Mädchen im Wasser sieht und das Kleid der Schönsten entwendet, um sie auf Erden festzuhalten. In der Tat muß man annehmen, daß der Trommler *unbewußt* sehr wohl wahrnimmt, was er im Bewußtsein wie etwas Beiläufiges behandelt, und daß die »Gedankenlosigkeit«, mit welcher er den Schleier in seinen Besitz bringt, nicht einer einfachen Unkonzentriertheit, sondern einem unbewußten Gedankenentzug der Aufmerksamkeit entstammt.

Es gehört offenbar zur Existenz eines solchen Trommlers, daß er in sinnlich direkter Weise nicht erleben kann noch mag. Alles Anzügliche, das selbst die berühmten Bilder Renoirs[39] von schönen Frauen im Bad nur schwer vermeiden können – von Malern wie Rubens[40] ganz zu schweigen –, scheint deshalb aus dem Eingangsbild des Märchens vom ›Trommler‹ verbannt, und darin kann man gewiß, entsprechend der psychoanalytischen Theoriebildung, ein Stück »Verdrängung« erblicken; man muß dann aber betonen, daß ein solcher »Verdrängungs-Vorgang« in der Tat zum Wesen aller Kunst und aller Religion, ja, aller kulturellen Leistung überhaupt gehört.

Es gibt in der Sammlung der Grimmschen Märchen eine fast unbekannte Erzählung, die den Unterschied zwischen Neurose und Kunst, zwischen Verdrängung und Sublimation recht gut beleuchten kann. In dem Märchen vom ›Wunderlichen Spielmann‹ (KHM 8) tritt ein Musikant, ein Verwandter also des Trommlers, auf, der alle Arten von

Tieren in seine Nähe lockt, nur um sie von sich wegzuschicken. Das
Wesen dieses »Spielmanns« besteht anscheinend darin, seine ursprünglichen Triebregungen vollständig zu verleugnen, möglicherweise, um dadurch einen noch reineren, »menschlicheren« »Ton« hervorzubringen. Aber eine solche Abstraktion von Gefühl und Empfinden
kann nur die Zerrissenheit von Kunst und Leben vertiefen und muß
über kurz oder lang den Künstler selber immer unlebendiger und
unfruchtbarer machen. In Wahrheit besteht die Kunst gerade in der
Vergeistigung der sinnlichen Erfahrung und in der Verwandlung aller
Dinge in Symbole von Sinn.[41] – In dem Märchen vom ›Trommler‹
jedenfalls geht es in der Szene am See durchaus nicht um eine »Blen-
dung der Schaulust«,[42] um eine Ausblendung der Wirklichkeit, sondern viel eher um ein Sehen mit den Augen des Herzens.

Man sagt vom *fetischistischen* Erleben, es bestehe in dem Versuch,
die Liebe zu materialisieren, um den anderen in Teilen seiner Körperlichkeit, seiner Außenseite, seiner entäußerten Lebensformen in Besitz
zu nehmen.[43] Demgegenüber verwandelt sich in dem künstlerischen
Erleben der Schamanen, der Trommler, ein jedes Ding im Umkreis
der Liebe in einen »manageladenen« Gegenstand träumender Verzauberung; ein *Fetisch* reduziert auf magische Weise die Person der Geliebten auf einen Gegenstand; in der *Kunst,* in der *Religion,* in jeder
träumenden Liebe hingegen setzt ein beliebiger Gegenstand die Geliebte auf fast sakramentale Weise gegenwärtig, und alles, was Dichter
sagen, Musiker besingen und Maler darstellen können, wird immer
wieder darin bestehen, anhand eines wie zufällig daliegenden Gegen-
standes derart ins Träumen zu geraten, daß darin ein geheimnisvolles
Wort, ein verborgener Klang, eine verhüllte Gestalt vernehmbar, hörbar, sichtbar wird. Nicht das äußere Ding – seine durch die Liebe
geheiligte, durch den Traum verwandelte, durch eine bestimmte Melodie hervorgerufene wahre Wirklichkeit bildet den »Gegenstand« einer solchen Anbetung und Erhebung des Herzens.

Gerade so verwandelt sich dem Trommler der wie zufällig daliegen-
de Schleier der Geliebten in einen Gegenstand luciden Träumens.
Wohl wird man sich vorstellen dürfen, daß der einsame Gang des
Trommlers über das abendliche Feld zu dem Ufer des Sees seinen
gesamten bisherigen Lebensweg beschreibt, über den bereits die länger werdenden Schatten des beginnenden Alters sich breiten, und daß
all seine Jahre bislang nichts anderes waren als ein derartiges Wandern
in Einsamkeit an den Gestaden des (Himmels-)Ozeans, an den Küsten
der Unendlichkeit. Doch um so mehr stellt sich damit die entscheidende Frage: Wie gelangt ein solcher Mensch der Sehnsucht, ein solcher Trommler dahin, Kunst und Glück, Gestaltung und Gestalt,
Hülle und Person, »Hemdchen« und Wesen der Geliebten miteinander zu verschmelzen?

Bekanntlich hat die (christliche) Religion gegenüber der Kunst von altersher ein zwiespältiges Verhältnis eingenommen. Der Grund dafür lag nicht allein in der Bilderfeindlichkeit der biblischen Frömmigkeit bzw. in der Transzendenz der Gottesvorstellung, er ergab sich vor allem durch den Anspruch der Religion, die Wahrheit der eigenen Existenz nicht durch ein Ausweichen in die Schilderung möglicher Existenzformen anderer zu verfälschen. So verbot die Kirche im Mittelalter den *Beruf* des Schauspielers[44] – sie verlangte, das Leben zu leben, statt es an fremde Rollen zu deligieren, und ein dichterisch so begabter und religiös so engagierter Mann wie Sören Kierkegaard litt sein Leben lang unter dem Widerspruch zwischen seiner Neigung, sich das Leben in Gedanken vorzustellen und in endlosen Reflexionen darzustellen, und der Verpflichtung, die er gleichermaßen spürte, die eigene Existenz ohne alle ästhetischen Schnörkel in unbedingter Entschiedenheit zu leben. »... ich tanze nicht«, erklärte er,[45] um das Leben als Ernstfall, nicht als Spiel hinzustellen. Auf der anderen Seite scheint indessen auch die Kunst von der unversöhnlichen Widersprüchlichkeit von Dichtung und Leben zutiefst überzeugt, etwa wenn Rilke an der soeben zitierten Stelle der ›Sonette an Orpheus‹ allein den Göttern, nicht aber den Menschen die Fähigkeit zutrauen mochte, Wunsch und Wirklichkeit, Dichtung und Wahrheit, Traum und Leben miteinander zu versöhnen:

Ein Gott (wie Orpheus, d. V.) vermags. Wie aber, sag mir, soll
ein Mann ihm folgen durch die schmale Leier?
Sein Sinn ist Zwiespalt. An der Kreuzung zweier
Herzwege steht kein Tempel für Apoll.

Gesang, wie du ihn lehrst, ist nicht Begehr,
nicht Werbung um ein endlich noch Erreichtes;
Gesang ist Dasein. Für den Gott ein Leichtes.
Wann aber *sind* wir? Und wann wendet *er*

an unser Sein die Erde und die Sterne?
Dies *ists* nicht, Jüngling, daß du liebst, wenn auch
die Stimme dann den Mund dir aufstößt, – lerne

vergessen, daß du aufsangst. Das verrinnt.
In Wahrheit singen, ist ein andrer Hauch.
Ein Hauch um nichts. Ein Wehn im Gott. Ein Wind.

Träfen diese Worte Rilkes zu, so bliebe die Mythe von Orpheus auf ewig ein göttlicher Traum, jenseits der Leiden der Menschen; denn diese sehnen sich zwar nach der Liebe, aber die Liebe diente, so verstanden, dem Dichter nicht zum Leben, sondern stets nur zur

Inspiration des Gestaltens; ihre prinzipielle Unerfüllbarkeit zu akzeptieren müßte unter solchen Umständen sogar die unerläßliche Voraussetzung darstellen, um zu dem absoluten, reinen Gesang der Dichtung befähigt zu sein; und niemals könnte dem Menschen, Rilke zufolge, die Verbindung von Ideal und Wirklichkeit, die Synthese der »Erde« und der »Sterne«, gelingen.

Wohl verdankt alle Dichtung auch nach Rilke sich dem Werben der Liebe, aber ihr Ziel liegt nicht in dem Glück menschlicher Nähe – ihr reiner Gesang allein soll Zweck in sich selbst sein; unerläßlich scheint es daher, daß der Dichtende der Geliebten als des bloßen Anlasses seines künstlerischen Schaffens vergesse, um nur die Liebe selbst noch zu besingen. Der Gegensatz zwischen Dichtung und Leben wäre, stünde es so, nicht nur unauflösbar, man müßte sogar denken, daß dieser »Zwiespalt« zum Wesen des Menschen gehörte, ja, den »Sinn« des menschlichen Daseins ausmachte. Die Religion hätte unter diesen Umständen die Dichtung der Liebe ebenso abzulehnen wie die Dichtung die Religion der Liebe als irdische Möglichkeit verneinen müßte, und statt die Liebe zu segnen und zu verklären, müßten beide sie je für sich einem unerreichbaren Ideal opfern. Indessen: Solange Religion und Dichtung in der Liebe auseinanderfallen, bleiben wir unausweichlich dazu verurteilt, einer Dichtung zu huldigen, die das Leben vermeidet, und umgekehrt das Leben so zu führen, daß es flach und prosaisch, die Dichtung fast fürchtet. Am Ende entsteht, anstelle einer wahren Synthese von Dichtung und Leben in der Liebe, eine neurotisch zu nennende falsche Vermischung beider Ebenen, indem wir alles, statt es zu sein, *nur* noch spielen – das Leben als Theater, virtuoser als jede Bühne, besser bezahlt als jedes Ensemble – und wir spielten *alles:* die Liebe, die Generosität, die Würde; und wir *ver*spielten das Leben; wir blieben ständig unglücklich und hätten Angst vor allem.

In Wahrheit sollte die Liebe gerade den Ort im Leben bilden, an dem der höchste Ernst der Existenz, wie die Religion ihn fordert, und die reinste Form einer absichtslosen Poesie, wie die Dichtung sie verlangt, miteinander identisch werden. Nichts scheint für die innere Zerrissenheit unserer Zeit so charakteristisch wie die erklärte Unfähigkeit, an die Möglichkeit des Glücks der Liebe auch nur entfernt zu glauben. In der Welt der Schamanen hingegen sowie in der Welt der Märchen ist die Liebe untrennbar verbunden mit der Poesie und der Religion, und schon deshalb ist eine Geschichte wie das Märchen vom ›Trommler‹ so bedeutungsvoll und notwendig für uns.

Man vermutet in einem scheinbar so einfachen Kindermärchen wie der Erzählung vom ›Trommler‹ nicht gerade die Lösung der vielleicht wichtigsten Frage unserer Zeit: wie es eine Einheit geben kann zwischen Schein und Sein, zwischen Dichten und Leben, zwischen Traum und Wirklichkeit, und ineins damit, eine Lösung der Frage, wie es möglich ist, die Liebe als *glücklich* vorzustellen; doch gerade dieser Frage ist das Märchen vom ›Trommler‹ wesentlich gewidmet: es möchte erzählen, wie ein »schamanischer« Mensch, ein »Musikant«, die Liebe zu leben lernt, als Vorbild aller Suchenden, als Trost aller Unglücklichen, als Wegbegleiter aller Einsamen.

Alles beginnt damit, daß bestimmte Träume sich bis zur Grenze der Wirklichkeit hin verdichten und uns einen anderen Menschen so wahrzunehmen lehren, wie er in der Wirklichkeit seines Wesens ist. Sorglos scheinbar, erzählt das Märchen, begibt der Trommler an jenem Abend sich zu Bett; doch wie er eben sich schlafen gelegt hat, dringt eine leise Stimme an sein Ohr, die ihn aufweckt, und obwohl er im Dunkel der Nacht nichts zu erkennen vermag, vermeint er gleichwohl eine Gestalt vor seinem Bett auf und nieder schweben zu sehen, die das Hemdchen von ihm zurückerbittet. Unbewußt also wirkt das Symbol des gefundenen Schleiers in dem Trommler weiter und bewirkt eine Art zweiten Erwachens. Was bisher nur leere Sehnsucht war, erhebt sich jetzt zu Phantasie und Vorstellung, und was bislang wie schlafend dalag, ersteht nunmehr zu einer Wachheit, die den aufgeweckten Trommler in die größten Abenteuer und Gefahren seines Lebens rufen wird. Hinter der Wirklichkeit, die man mit den Augen sieht, taucht vor ihm eine Wirklichkeit auf, die den äußeren Sinnen noch verhüllt ist und doch mit dem Herzen bereits wahrgenommen werden kann. Was der Trommler bisher in Händen hielt, war in dem Bild des »Hemdchens« buchstäblich nur die Außenseite, die Hülle des Seins, und auch die ihm (vor-)»schwebende« Gestalt der Nacht ist mehr noch ein Schemen als ein wirkliches Wesen. Aber was »kennen« wir von einem Menschen wirklich, den wir lieben? Wir sehen seine buchstäblich »abgelegten« Gewänder, die Außenseite der Rollen, denen er entschlüpft ist, und wir glauben, sie wie etwas Festes in Händen zu halten – wer aber ist er selber? Und wie verhält sich die äußere Hülle seiner Person zu der Traumwirklichkeit seiner Wahrheit, die unserem inneren Auge bereits sichtbar entgegentritt? Zwischen Darstellung und Vorstellung liegt der Bereich des eigentlichen Geheimnisses seiner Person, die Sphäre, zu der wir nur als vorsichtig Fragende Zugang gewinnen: »... wenn du mir sagst, wer du bist« – anders als mit diesen Worten des Märchens werden wir einen anderen Menschen niemals verstehen können. Wir können, im Besitz der Außenseite seiner Person, einen anderen Menschen wohl wortwörtlich eine Zeitlang »festhalten«, aber um die Wahrheit seines Wesens zu verstehen, muß er sich uns erschließen und erklären.

In dieser einfachen Tatsache liegt bereits die erste und wichtigste Antwort auf das Problem einer möglichen Vereinbarkeit von Leben und Kunst in der Liebe verborgen. Stets muß die »Hülle« eines Menschen wie ein leeres Besitzstück in unserer Hand zurückbleiben, wenn es uns nicht auf den geheimen Traumpfad der Seele zur Wahrnehmung eines Vorstellungsbildes der Liebe hinübergeleitet; Außenwahrnehmung und Innenschau, äußere Wirklichkeit und inneres Wesen, »Leben« und »Dichten« müssen solange zwischen sinnlosem »Haben« und phantasieerfülltem »Hoffen« aufgespalten bleiben, als wir es nicht wagen, die aufweckende Anrede und erweckende Anregung jener Traumgestalt der Liebe in uns aufzunehmen und in ein wirkliches Gespräch mit der Seele des anderen einzutreten. Der entscheidende Ort, an dem eine Synthese aus Dichtung und Wahrheit, Kunst und Religion, Poesie und Leben sich ermöglicht, liegt in dem weiten Feld solch eines wechselseitig fragenden, nach und nach mutiger werdenden, prinzipiell endlosen Dialogs der Liebe.

Immer strebt die Liebe danach, die Wesensgestalt des anderen zu erkennen, und je mehr sie erkennt, desto mehr noch steigert die Stärke der Liebe sich – ein nicht endender Kreislauf aus Annäherung und Geheimnis, aus Erschlossenheit und Entschlossenheit, aus Begriffenhaben und Ergriffensein. Das sonst unerreichbare Ideal, das der Philosophie des *Deutschen Idealismus* zugrunde lag: es möge eine »Kunstanschauung« der Welt geben, in der alle Gestalten der Schöpfung als Gestaltungen eines künstlerischen Schaffens »eingesehen« und mitvollzogen würden – alles Wirken als Dichten, alle Wirklichkeit als Dichtung –, läßt sich allein durch das fragende und antwortende Gespräch der Liebenden verwirklichen. Nur in dem Dialog der Liebe kann es geschehen, daß die Kunst Leben und das Leben Kunst sei, daß es zwischen Wahrheit und Schönheit keinen Gegensatz mehr gebe, daß die Liebe glücklich, weil versöhnt mit der Wirklichkeit, und die Wirklichkeit liebenswert, weil versöhnt mit der Schönheit sei –, daß, im Bilde des Märchens vom ›Trommler‹, das »Leinenhemdchen« und die »schwebende Gestalt« sich durch die Liebe vereinen in der Person eines Menschen, der uns in den Himmel versetzt, damit wir ihn auf die Erde holen. Noch ahnt der Trommler ohne Zweifel mehr vom Wesen der Geliebten, als er wirklich von ihr weiß, und doch genügt ihm diese Ahnung, um ein für allemal zu wissen, daß in ihr all seine Wünsche sich erfüllen und all seine Träume sich verwirklichen werden, und umgekehrt: daß seine traumhaft Geliebte den Inbegriff all seiner Sehnsucht, den Inhalt all seines Glücks und das Ziel all seiner Hoffnung verkörpert, verheißt und verdichtet. *Sie* muß er kennenlernen in ihrer Wahrheit hinter den Schleiern. Und, was er jetzt noch nicht weiß: *sie* muß er verstehen, um sich in ihr selber zu finden. Nur die Liebenden *sind wirklich:* in ihrer Schönheit, in ihrem Glück und in ihrer Dankbarkeit.

»In einer wahren Liebe hüllt die Seele den Körper ein«

Das Märchen vom ›Trommler‹ schildert – dezenterweise – zwar nicht mit Worten, es setzt aber als selbstverständlich voraus, daß von der Schönheit der nächtlich »schwebenden« Traumgestalt ein unwiderstehlicher Liebreiz und eine beseligende Faszination ausgeht. Wirklich vis-à-vis *sehen* kann der Trommler seine Geliebte erst auf dem Gläsernen Berg, und dort erst wird er bewußt erkennen, wie »wunderschön« sie ist. Aber bereits im Dunkel der Nacht, als er von ihrer leisen Stimme »geweckt« wird und ihre Gestalt mehr ahnt als wahrnimmt, muß er doch von ihr wie zu einem neuen Leben gerufen worden sein.

Man wird wohl niemals sagen können, worin dieser »Auslöser« eigentlich liegt, der die Liebe in der Seele eines Menschen weckt. »Irgendwie« hat dieses Erleben gewiß etwas mit dem Eindruck zu tun, den anderen unbeschreiblich und unvergleichlich *schön* zu finden, aber wir müssen den anderen bereits sehr lieben, um ihn so zu sehen, und das Märchen vom ›Trommler‹ hat insofern ganz recht, wenn es erzählt, daß in der Liebe das *Hören* auf den anderen, das Ahnen seiner Wesensgestalt, der Wahrnehmung seiner Schönheit noch vorausgeht. Vielleicht kann man die Liebe überhaupt als eine Erfahrung beschreiben, die das Gefühl erzeugt, gemeinsam und unwiderruflich in eine neue Daseinsform einzutauchen, in der es kein Empfinden, keinen Gedanken, keinen Wunsch mehr gibt, der nicht aus diesem übergreifenden Erfahrungsraum einer wesenhaften Einheit und Verwiesenheit aufeinander entspringen würde – eine Art neuer Geburt, ähnlich der Verschmelzung zweier Zellen am Anfang des individuellen Lebens. In jedem Falle besteht die Liebe darin, das Wesen des anderen *als ganzes,* weit mehr als im einzelnen schon erkennbar, zu mögen und zu wollen: der andere *darf* gewissermaßen gar nicht anders sein, als er ist; er ist in sich ein vollendetes Kunstwerk, an dem nichts hinzuzufügen oder wegzunehmen ist – *diese* Erfahrung bewirkt offenbar immer wieder, daß alles in der Seele eines Liebenden auf die Schönheit der Geliebten auch von sich her in der Weise von Poesie und Dichtung antworten möchte, und sie ist es auch, die aus der Liebe stets ein religiöses Erlebnis absoluter Dankbarkeit für das Dasein und die Wesensart des anderen macht. »Oh, wie er sie liebte!« schreibt dementsprechend Boris Pasternak in seinem Roman ›Doktor Schiwago‹ von der Liebe Jurijs zu Lara. »Wie war sie doch schön! Genauso, wie er es sich immer gedacht und erträumt hatte, und wie er sie brauchte! Was war es mit ihrer Schönheit? War sie etwas, das man mit einem Namen hätte bezeichnen können? O nein! O nein! Es war diese einfache und sichere unnachahmliche Linie, mit der sie Gott, der Schöpfer, in einem einzigen Zug hingestellt hatte, dieser Umriß, in dem sie seiner Seele anvertraut worden war ...«[47]

Gerade so wird man sich das Erleben des Trommlers vorstellen
müssen, als er der Geliebten in seinem »Traum zum Aufwachen«
ansichtig wird: Es ist ein Erleben, der Erfüllung aller bisherigen Sehnsucht ganz nahe zu sein, und zugleich eine unendliche Neugier, den
anderen immer tiefer, in jedem seiner Worte und in jedem seiner
Lebensaugenblicke, verstehen zu wollen – und es ist zugleich der Ort,
an dem die Bilder der Kunst heilsam werden für das Leben.

Entscheidend für die Wirksamkeit und Lebenswirklichkeit der Poesie ist die Frage, inwieweit sie imstande ist, mit Hilfe ihrer Bilder und
Beschwörungen die Seele eines Menschen in der Weise eines solchen
Dialogs der Liebe ins Freie zu führen. Jeder Mensch verfügt in seinen
Träumen über die Fähigkeit, sein Leben in dichterischen Bildern so zu
beschreiben, daß darin Symbole der Lebenserneuerung und der Heilung aufscheinen; desgleichen verfügt *die Religion* in ihren Riten und
Glaubensvorstellungen über einen menschheitlich aufbewahrten und
durch Erfahrung bewährten Schatz an Angst vermindernden, Vertrau-
en schaffenden, Wege zeigenden Bildern, und vor allem die Schamanen und Priesterärzte der Stammesreligionen wissen immer wieder aus
ihrem eigenen Traumerleben den Vorrat tradierter Symbole von Heil
und Erlösung zu erneuern und zu bereichern.[48] Auch *die Dichtung,*
statt allein die Schatten des Orkus zu beschwören, sollte sich dieser
ihrer quasi therapeutischen Funktion in der Gegenwart wieder stärker
bewußt werden. Denn wohl bedeutet es in sich bereits eine große
Erleichterung, auch die grausesten und krausesten Verirrungen und
Verwirrungen in einem Kunstwerk ausgesprochen und angemessen
dargestellt zu finden; aber damit die Dichtung wahr sei, muß sie, wie
die Träume im Leben eines einzelnen, nicht nur »diagnostisch«, sondern auch »prognostisch« sein. Der Unterschied zwischen einer psychoanalytischen Traumbehandlung und der Lektüre eines Romans
besteht nicht so sehr in einer sachlichen Differenz, sondern vornehmlich in der Wahl des Ausgangspunktes: während in der Psychoanalyse
der Arzt, der Therapeut, sich selbst zum »Leser« fremder Träume
macht, bietet der Dichter seinem Publikum die eigenen Träume an;
aber alle Dichtung enthält in sich selber auch die Aufforderung, die
Wirkung des Dargestellten mitträumend an sich selber zu erproben;
und es war die Weisheit der Schamanen, daß es möglich sei, Träume
zu empfangen, die andere nachträumen sollten, um selber an Leib und
Seele zu gesunden. Erst wenn die Dichtung sich mit den heilenden
Bildern der Religion und den Träumen der einzelnen berührt, entsteht
jene Einheit des Erlebens, von der ein Märchen wie die Geschichte
vom ›Trommler‹ erzählt. Denn der Trommler ist nach altem Schama-
nenvorbild nicht nur fähig zum Empfang lucider Träume, er lernt und
begreift vor allem von Anfang an, daß der Traum der Liebe sich in der
Wirklichkeit nur erfüllen kann um den Preis einer langen Suchwande-

rung und eines gefahrvollen Weges zur Erlösung der Geliebten und, ineins damit, zur Erlösung auch der eigenen Seele. Wie aber läßt sich in der Wirklichkeit in ein Gespräch mit dieser Seelengestalt aus Traum und Sehnsucht eintreten, und wie läßt sich ein Weg finden, ihr näherzukommen?

Noch ist eigentlich an dieser Stelle des Märchens von Liebe nicht die Rede, da ist dem Leser bereits unzweideutig klar, daß der Trommler auf immer mit jener Gestalt zutiefst verbunden sein wird, deren Bild in seinem wachen Traum während des »Dunkels« der »Nacht« ihm so deutlich *»vorschwebt«*. Obgleich den Märchen geläufig, ist die »Botschaft« der Geliebten an den Trommler, übersetzt in das wirkliche Leben, indessen vollkommen ungewöhnlich. Es gibt in der Liebe keine Frage, die wichtiger wäre als die Frage des Trommlers: »Wer bist du?« Doch die Antwort der Geliebten ist noch geheimnisvoller als der Fund ihres »Hemdchens« am See, als das Rätsel ihrer äußeren Hülle: Es handelt sich in ihrem Leben um nichts Geringeres als um das Mysterium einer Behexung, um die Verlockung zu einem fast unbegehbaren Weg, um die schier unlösbare Aufgabe einer Erlösung von Unglück und Gefangenschaft; und schon daß die geliebte Vogelmaid dieses Geheimnis ihrer Person dem Trommler überhaupt anvertraut, erscheint paradox: sie wird ihr Flügelkleid nur durch ihre rückhaltlose Selbstmitteilung zurückerhalten; aber wenn sie ihr »Hemdchen« zurückbekommt, wird sie den Trommler verlassen und zu dem Glasberg zurückkehren müssen. Keiner, weder der Trommler noch die verzauberte Königstocher scheint an dieser Stelle so handeln zu können, wie es »vernünftig« wäre; aber man muß den Sinn dieses scheinbaren Widersinns unbedingt verstehen, denn er enthält den Schlüssel zu der ganzen weiteren Erzählung.

Es gibt Mythen und Märchen, in denen die »Vogelmaiden«, die vom Himmel auf die Erde kommen, durch den Raub ihres Fluggewandes nicht mehr zum Himmel zurückgelangen können und fortan in der Gewalt des Gewandräubers festgehalten werden;[49] immer sind solche erzwungenen »Ehen« in den Märchen von der Gefahr der Auflösung bedroht, denn fast immer findet die eingesperrte Geliebte eines Tages ihr Fluggewand wieder, und alsbald erhebt sie sich wieder in das Reich ihrer vormaligen Freiheit. Es ist nicht möglich, scheinen diese Märchen und Mythen zu besagen, das Zusammenleben von Menschen auf eine einseitige »Bindung« bzw. auf eine Form erzwungener Abhängigkeit zu gründen – man *kann* einem Menschen das Gewand seiner Freiheit nicht endgültig rauben, nur um seiner ganz »sicher« zu sein; man muß bei solchem Vorgehen im Gegenteil jederzeit fürchten, daß der andere sich irgendwann wieder auf sich selbst besinnen und sich zu seiner eigentlichen Größe »aufschwingen« wird, um dem Kerker einer besitzergreifenden »Liebe« zu entkommen. Genau vom anderen

Ende her muß man indessen das Märchen vom ›Trommler‹ verstehen. *Hier* dient das Fluggewand durchaus nicht der »Erhebung« zur Freiheit, sondern gerade umgekehrt, der Rückkehr zu der Tyrannei der »Hexe«, und von daher stellen sich jetzt eine ganze Reihe von Fragen, auf die man nur deshalb nicht sofort kommt, weil sie so simpel scheinen: Warum bittet die »Vogelmaid« nicht einfach darum, ihr »Hemdchen« zu verbrennen, um für immer bei dem Trommler bleiben zu können und nicht mehr dem Fluch der Hexe folgen zu müssen? Warum nützt der Trommler nicht seinerseits die Gunst der Stunde, um der »Vogelmaid« ansichtig zu werden und ihrer »habhaft« zu bleiben? Warum verspricht er, ihr das »Hemdchen« zurückzugeben, wenn sie ihm nur sagt, wer sie ist?

Man wird in dem Verhalten des Trommlers gewiß nicht einen Ausdruck uninteressierter Gleichgültigkeit erblicken dürfen; eher, daß der Trommler auch hier zunächst durch eine charakteristische Scheu und Schamhaftigkeit gekennzeichnet ist, die nicht den anderen »bloßstellen« und »besitzen«, sondern »erkennen« und »bedecken« will. »Dans le véritable amour c'est l'âme, qui enveloppe le corps«, sagt ein französisches Sprichwort: »In einer wahren Liebe ist es die Seele, die den Körper einhüllt«, und gerade so verschränkt sich in dem Märchen vom ›Trommler‹ das Erkennen der Geliebten mit der Rückgabe ihres Gewandes. Vielleicht die größte Kunst der Liebe besteht darin, einen Menschen so wahrzunehmen und zu verstehen, daß es, biblisch gesprochen, »Nackte bekleidet« (Mt 25,36) statt beschämt, und wer verdiente eher eine solche Bereitschaft des Respektes und Reverenz als die Geliebte des Trommlers? Sie ist die Tochter eines Königs, und um so schwerer wiegt ihr Unglück, von der bösen Hexe dazu verflucht zu sein, auf dem Gläsernen Berg leben zu müssen. Die Frage aber stellt sich jetzt natürlich, was mit diesem Fluch gemeint ist, der auch den Trommler nötigt, der Königstochter das Gewand zurückzugeben, das vorerst ihre Unfreiheit und »gläserne« Gefangenschaft besiegelt.

In dem »König« und der »Hexe« dürfen wir gewiß die Gestalten von Vater und Mutter der Prinzessin erkennen; es handelt sich jedoch wohl nicht um den »wirklichen« Vater oder die »wirkliche« Mutter der »Königstochter«, sondern um die geistigen Bilder der Eltern, die in ihrer Überschätzung wie in ihrer Verteufelung als König oder Hexe eine geradezu dämonische Macht über die Seele der Geliebten beanspruchen. Beide haben ihren Aufenthalt auf dem »Gläsernen Berg«, an dem die Wolken entstehen und der so glatt ist, daß er für menschliche Begriffe als unbesteigbar gelten muß – ein Ort, an den man nur mit »magischen«, geistigen Mitteln gelangen kann und der ohne Zweifel die »Geisteswelt« des seelischen Erlebens »beheimatet«. Von daher läßt sich an dieser Stelle schon die Art der unheilvollen Verzauberung der Königstochter in etwa bestimmen. Bisher haben wir den Gläser-

nen Berg als ein Symbol des Himmels gedeutet; es zeigt sich aber jetzt,
wie unterschiedlich dieselben Bilder in unterschiedlichen Märchen
verwandt werden können. Denn was für ein Leben soll es sein, in der
Gefangenschaft einer hexenartigen Mutter stets nur in den »Wolken«,
auf dem »Berge«, im »Himmel« existieren zu dürfen – enthoben allem
Irdischen, weit entfernt von allen Niederungen der Menschen, beheimatet allein im Wolkenkuckucksheim der Idealität? Wenn es schon
das Problem des Trommlers zu sein scheint, von der Welt des Traumes in die Welt der Wirklichkeit zu finden, so scheint es den Fluch
dieser Königstochter darzustellen, unter der Herrschaft ihrer Mutter
niemals wirklich »auf die Erde kommen« zu dürfen. – Märchen wie
›Rapunzel‹[50] oder ›Marienkind‹[51] können ein Stück weit diese außerordentliche Problematik einer Lebenseinsamkeit im Getto angstbe-
dingter mütterlicher Idealbildungen sowie der Verurteilung zu einem
Leben nurmehr als »Geist«, als »Schemen«, als lebende »Spukgestalt«,
verdeutlichen. – Wir aber beginnen bereits ein Stück weit zu ahnen,
warum die Prinzessin und der Trommler einander bedürfen, um sich
wechselseitig zu erlösen, wenngleich der Prozeß ihrer Erlösung zunächst höchst paradox anmuten muß.

Paradox ist vor allem, daß die Prinzessin einerseits den Trommler
förmlich um ihre Erlösung aus der Macht der Zauberin anfleht, während sie auf der anderen Seite jedes Bemühen darum von vornherein
für zwecklos, ja, für lebensgefährlich erklärt. Von *dem* großen Wald
und *den* Menschenfressern (die tatsächlich sogar »Riesen« sind)
spricht sie wie von bekannten Allerweltstatsachen; daß indessen jemand zu ihr auf den Gläsernen Berg steigen könnte, dünkt sie ganz
und gar unmöglich. In einer merkwürdigen Mischung aus Sehnsucht
und Angst wagt sie weder Wunsch noch Hoffnung, und eher warnt als
mahnt sie den Trommler, sich auf den Weg ihrer Befreiung zu begeben. Dennoch scheint es gerade diese überdeutliche Hilf- und Wehrlosigkeit der Prinzessin zu sein, die in der Psyche eines »Retters« und
»Helden« von der Art des Trommlers den größten Eindruck hinterläßt: ein tiefes Mitleid mit dem »armen Kind«, wie er sich ausdrückt,
erfaßt ihn, und so will er seiner Geliebten beistehen, koste es, was es
wolle. Mit Nachdruck schiebt er die Bedenken und Einwände der
Prinzessin beiseite, denn, wie er erklärt: er *will*, und also *kann* er – ein
stolzes Wort fürwahr, doch eines Trommlers würdig.

Für uns wird im Charakter dieses Mannes jetzt eine Eigentümlichkeit bemerkbar, auf die wir im folgenden immer wieder werden zurückkommen müssen: sein sonderbar furchtloses, scheinbar völlig
angstfreies Wesen, seine vermeintlich unerschrockene Kühnheit, seine
Fähigkeit zu unbedingten Entschlüssen sowie seine merkwürdig sichere Auffassung, daß sein Leben einzig von der Art seiner Entscheidungen bestimmt werde. Wo ein Wille, da ein Weg – nach dieser

Devise scheint es zwischen Wollen und Handeln für diesen Trommler keinen Unterschied zu geben, und das Maß des Möglichen wird seiner Vorstellung nach einzig von dem Maß seiner Entschlußkraft und Entschlossenheit bestimmt. In dem Weltbild eines solchen Trommlers scheint es mithin keine Hindernisse, aber auch keine Ausreden zu geben, jedenfalls nicht, wenn es um die Liebe geht. Es ist sehr wichtig zu sehen, daß derselbe Mann, den wir uns bisher in der Nachfolge der Schamanen als einen sensiblen Träumer, als einen Mann der Poesie und Dichtung, als einen empfindsamen und rücksichtsvollen Feingeist vorgestellt haben, die Liebe keinesfalls nur als Seligkeit des Gefühls und als Überschwang des Augenblicks betrachtet, sondern daß er die Liebe *will*, inklusive aller sich daraus ergebenden Konsequenzen, und daß er bereit ist, jeden Weg zu gehen, wenn er zu der geliebten Königstochter führt und zu ihrer Rettung beiträgt.

Andererseits wird man diesen »Mut« des Trommlers nicht ohne eine erhebliche Ambivalenz betrachten können. Es scheint gerade zu der Entschlußfreudigkeit und Risikobereitschaft dieses Trommlers zu gehören, daß er die Liebe – zumindest noch zu diesem Zeitpunkt – wesentlich als eine Art Aufgabe für heroische Charaktere und als eine Mutprobe für ritterliche Existenzen versteht. Ja, es ist am Anfang dieses dramatischen Suchweges der Liebe durchaus zweifelhaft, ob ein Mensch wie der Trommler die Prinzessin vom »Gläsernen Berg« so tief in sein Herz schließen und überhaupt so etwas wie Liebe zu ihr empfinden könnte *ohne* die hehre Notwendigkeit und die edle Verpflichtung, sie zu erlösen. Die Aufgabe, das »arme Kind« zu retten, verschafft dem Trommler nicht nur eine gewisse Überlegenheit und Dominanz gegenüber der Prinzessin – sie scheint es in seinen Augen überhaupt erst zu rechtfertigen, daß er die Königstochter liebt;[52] ohne eine solche Legitimation, den anderen von einem schlimmen Fluch »erlösen« zu müssen, dürfte ein Mensch wie der Trommler sich womöglich gar nicht eingestehen, daß ihm unendlich viel an der Prinzessin gelegen ist, daß er sie auch und wesentlich sogar um seinetwillen liebt und daß er keinesfalls rein selbstlos ihr nur helfen will. Überhaupt kann der Trommler an dieser Stelle wohl durchaus noch nicht wissen, wie sehr er die Prinzessin (wieder-)finden muß, um sich in ihrer Liebe selbst zu finden, und wir werden bald noch sehen, wie sehr er sich über sich selbst, sein eigenes Wesen und seine eigenen Motive, im unklaren ist.

Indessen verfügt der Trommler auch hier schon über eine tapfere Hochherzigkeit, wie man sie im wirklichen Leben nur recht selten antreffen wird. Daß er sich das Leben nicht leicht macht und daß bequem zu leben für ihn kein Anliegen darstellt, läßt sich ingesamt gewiß nur positiv bewerten; am höchsten aber wird man seine Fähigkeit einschätzen dürfen, den anderen nicht festzuhalten und ihm seine

Freiheit zu lassen. In absolutem Unterschied zu den zahllosen anderen Märchen von Taubenfrauen und Vogelmaiden sperrt der Trommler die Königstochter mit seiner Liebe gerade nicht ein, so sehr diese ihn auch »gefangennimmt«, und er weiß offenbar sehr deutlich, daß seine Liebe weder darin bestehen kann noch darin bestehen darf, die Abhängigkeit von der Hexe durch eine Abhängigkeit von sich selber zu ersetzen. Es gibt durchaus keinen anderen Weg zu der Wahrheit und Wirklichkeit der Geliebten, als dem langen Weg ihrer »Verzauberung« nachzugehen und sie zunächst bis in die Höhen ihrer Angst »fortschwirren« zu lassen. Einen »einfacheren« Weg zur Seele eines Menschen gibt es jedenfalls gar nicht, als zunächst einmal die ganze Entfernung seiner, wenngleich verhängnisvollen, Fluchtdistanz anzuerkennen und schrittweise »durchzugehen«, bis zu einem Wiedersehen, das aus dem Gefängnis des »Gläsernen Berges« einen Fundort (inneren) Reichtums werden läßt. Freilich, wie hart kommt dies einem Liebenden an! Es mag schon schwer genug sein, die Seele der Geliebten in ihr Glück zu entlassen und seine Freude daran zu finden, wenn sie, gleich einer Taube, die vom sicheren Schlag aus ihre Kreise am Himmel zieht, der Weite und der Höhe ihres Wesens sich bewußt wird; aber fast unerträglich schwer mutet es an, die Geliebte »freizulassen« zum Rückflug in ihre Unfreiheit, und man ist dazu wohl überhaupt nur in der Lage, wenn man, wie der Trommler, sich ziemlich sicher fühlt, die Geliebte über die »Entfernung« der Angst hinweg doch noch »erreichen« und gegen alle Mächte der Angst aus ihrer geistigen Gefangenschaft befreien zu können.

Nur: woher schöpft der Trommler seine Zuversicht? Er steht mit seiner Liebe vollkommen am Anfang; noch darf und kann die Geliebte ihm allenfalls in Andeutungen die Art ihrer Schwierigkeiten auf dem Weg zur Liebe schildern, und der Trommler besitzt im Grunde noch nicht einmal gewisse Anhaltspunkte, wie er »vorgehen« soll, um seine Geliebte auf dem »Gläsernen Berg« wiederzufinden. Gleichwohl liegt vielleicht gerade in dieser Unwissenheit auch ein Stück Unbekümmertheit. Man darf annehmen, daß der Trommler wirklich gänzlich entmutigt sein würde, erführe er zu früh das wahre Ausmaß all der künftigen Schwierigkeiten und Verwicklungen auf dem Weg der Liebe; in den Fragen des Lebens gibt es womöglich glücklicherweise kein »Vorherwissen«, und man erfährt die wirklichen Gefährdungen, Aufgaben und Krisen des Lebens wohl immer wieder erst dadurch, daß man es wagt, sich auf das Leben einzulassen. Insofern *darf* der Trommler wirklich nur andeutungsweise in die Schwierigkeiten eingeweiht werden, die ihm auf dem Weg zur Erlösung der geliebten Prinzessin bevorstehen.

Hinzu kommt die Energie, die jeden wahrhaft Verliebten kennzeichnet. Was wäre das für eine Liebe, die wie ein Kommerzienrat

»vernünftig« zwischen dem Für und Wider eines solchen Weges zur Erlösung der Geliebten »abwägen« und »klug« die Chancen des Gelingens oder Mißlingens »einschätzen« und »berechnen« wollte – und wie würde sie zu einem Trommler passen? Genug, zu wissen und zu fühlen, daß es eine Königstochter zu erlösen gilt, und sollte es das Leben kosten! Stefan Zweig hat in der Biographie der ›Marie Antoinette‹ in der Person des schwedischen Botschafters Axel von Fersen einmal das Portrait eines solchen bedingungslos Liebenden gezeichnet,[53] dem kein Abenteuer zu groß ist, um die Königin, nicht seines Landes, wohl aber seines Herzens, gegen alle Anfeindungen, Verleumdungen und Einkerkerungen zu retten – ohne Erfolg, wie die Geschichte der französischen Revolution lehrt, und doch, wer weiß, im Einzelfall das Wagnis lohnend. Der Trommler jedenfalls muß und will das Unbegehbare begehen, um seine Geliebte wiederzufinden; er muß und will das Unbesteigbare ersteigen, um seine Königstochter zu erreichen; er muß und will die Angst, man könnte ihn für seine Liebe »fressen« wollen, schlechtweg verleugnen, um die verzauberte Prinzessin zu gewinnen, und während *sie* im Dunkeln »fortschwirrt«, wird *er* bei Sonnenaufgang sich entschlossen auf den Weg machen – zu ihr und zu sich selber, wie sich zeigen wird.

Lieben – das heißt »aus nichts bestehn als Phantasie«

Jeder, der das Märchen vom ›Trommler‹ zum erstenmal liest oder hört, wird daran sein größtes Vergnügen finden, wie keck dieser Wicht von Trommler in den Wald der Riesen Einzug hält. Man sollte »vernünftigerweise« erwarten dürfen, daß er sich auf leisen Sohlen an den bedrohlichen »Menschenfressern« vorbeischleichen würde; doch weit gefehlt! Nicht allein, daß er »ohne Furcht geradezu in den Wald hinein« geht, er findet es ausgesprochen schicklich, die offenbar schmerzhaft vermißten Riesen mit dröhnendem Trommelschlag aus ihrem Schlaf zu reißen. Was, muß man sich fragen, ficht dieses Kerlchen an, in solcher Weise auf sich aufmerksam zu machen? Es gibt den Mut des kleinen Jungen, der im dunklen Keller ganz laut pfeift, und nach diesem Vorbild scheint auch der Trommler zunächst seine Trommel zu rühren; seine zur Schau getragene Furchtlosigkeit, sein »Mut«, wirkt so mutwillig überzogen, daß man deutlich die verdrängte Angst dahinter spürt. Aber im Unterschied zu der subjektiv verständlichen Selbstermutigung der pfeifenden Jungen im Keller wirkt das Vorgehen des Trommlers in Anbetracht der »Riesen« objektiv tolldreist, lebensgefährlich und provokativ. So deutlich und eindringlich hat die geliebte Königstochter den Trommler vor den »Menschenfressern« gewarnt, daß man auf alle möglichen Vorsichtsmaßnahmen gefaßt wäre, nicht aber auf solch einen Über-Mut und Für-Witz. Es scheint, als wolle der Trommler die drohende Gefahr förmlich herbeirufen, statt sich von ihr überraschen zu lassen, und als bilde es für ihn geradezu eine Erleichterung, sich aus der ständigen Angstspannung der »schlafenden« Bedrohung zu befreien und direkt auf den angekündigten Gegner loszumarschieren. Aber handelt er damit auch klug? Was vermag er schon gegen die »Riesen«, und wie entrinnt er dem Maul dieser »Menschenfresser«? Einen Moment lang könnte man meinen, der »Trommler« vertraue selbstbewußt ganz einfach auf seinen listigen Verstand und auf die ausgemachte Dummheit seiner Gegner; doch die entscheidende Frage bleibt selbst dann bestehen: warum überhaupt begibt er sich derartig in Gefahr?

Nichts in Träumen, Mythen oder Märchen ereignet sich zufällig, und so muß man annehmen, daß es durchaus keinen anderen Weg zu dem Gläsernen Berg und der geliebten Königstochter gibt, als sich zunächst mit den »Riesen« zu arrangieren. Die Lage ist in der Tat höchst widersprüchlich: Während der gesunde Menschenverstand der resignierten Warnung der verzauberten Prinzessin wohl unbedingt zustimmen möchte und überhaupt geneigt sein dürfte, das gefahrvolle Abenteuer als aussichtslos abzublasen, existiert daneben eine »Logik« der Liebe, die partout darauf aus zu sein scheint, die »schlafenden Riesen« zu wecken und ihre gewaltige, wenngleich höchst bedrohliche Kraft auf listenreiche Weise sich zunutze zu machen. Ohne eine solche geistvolle Auseinandersetzung mit den »Menschenfressern«, ohne eine derartige Indienstnahme der »Riesen«, würde der Trommler offenbar niemals zu dem geheimnisvollen Zauberberg der Geliebten gelangen: allein der Weg dorthin schon wäre unerträglich weit, und trügen nicht die »Riesen« selbst den Trommler an sein Ziel, so vermöchte er den undurchdringlichen Wald aus eigener Kraft gewiß nicht zu passieren. Mit anderen Worten: der Trommler darf gerade nicht auf die Stimme der Angst hören, wenn es um die Liebe geht, und wenn er zu der Geliebten Zugang finden will, so darf er weder den »Urwald« seiner Gefühle »umgehen« noch die »Riesen-Energien« seiner unbewußten Antriebe »schlafend« daliegen lassen. Um dem Traumbild seiner Liebe zu folgen und um die Prinzessin vom Gläsernen Berg zu einem Leben auf Erden zu erlösen, muß er als erstes sich der Auseinandersetzung mit den eigenen Triebkräften stellen. Insofern *muß* der Trommler sich bei »Tagesanbruch« auf den Weg machen, um seine Geliebte zu erlösen, und der erste Schritt dahin besteht in der Beendigung des angstbesetzten Dahindämmerns, in einem *Wachwerden* all seiner Lebenskräfte, in der unerläßlichen Bewußtwerdung seiner selbst. Dann aber stellt die Frage sich noch einmal und jetzt noch weit nachdrücklicher: was vermag das kleine Ich des Menschen gegen die »riesigen« Kräfte der Natur in der eigenen Seele? Und was richtet die geringe Kraft des Denkens gegen die scheinbare Allmacht der Triebgewalten aus? Immer wieder erzählen die Mythen und die Märchen der Völker von dem Kampf der Götter und der Menschen gegen ein Heer titanenhafter Ungeheuer,[54] und immer wieder schildern sie die Auseinandersetzung zwischen Trieb und Geist, zwischen Es und Ich, zwischen Natur und Kultur. Offenbar handelt es sich dabei um einen Konflikt, der wesenhaft in einem jeden Menschen liegt und von jedem Menschen gelöst sein will. Die »Riesen« indessen stellen nicht einfach tierhafte Monstren dar – sie besitzen bereits eine menschliche Gestalt, und daß diese ihre äußere Form offenbar auch etwas über ihren »Stellenwert« in der menschlichen Psyche aussagt, läßt sich allein schon daran erkennen, daß nicht selten in den Märchen erst gefährliche Tiere und feuerspeiende Drachen niedergerungen werden müssen, ehe man diesen »Riesen« begegnet.[55] Kein Zweifel: in ihnen erscheinen die Triebmächte der menschlichen Psyche nicht mehr als etwas vollkommen Fremdes und Unmenschliches; sie repräsentieren etwas, das unabweisbar zum Menschen gehört, wenngleich es immer noch buchstäblich als »ungeheuer«, verschlingend und wüst dem zwergenhaften Ich des Menschen gegenübertritt. Doch gerade in der dumpfen Roheit der titanischen Antriebe in der Psyche des Menschen liegt offenbar eine Chance für den Sieg von Geist und Bewußtsein.

Das Märchen vom ›Trommler‹ verleiht diesem Sachverhalt in meisterhaften, bleibend gültigen Symbolen Ausdruck, wenn es berichtet, wie der ›Trommler‹ die »Riesen« *ohne Kampf dienstbar* zu machen vermag. Anders als zahlreiche Heldensagen und auch manche Märchen wie ›Der gelernte Jäger‹ (KHM 111), in denen die »Riesen« geblendet oder erschlagen werden müssen, um sich, wie Odysseus aus der Höhle des Polyphem,[56] vor ihnen in Sicherheit zu bringen, wissen Erzählungen wie ›Der Trommler‹ oder eine verwandte Erzählung wie ›Die Rabe‹ (KHM 93) nur zu gut, daß eine direkte Konfrontation des Ichs mit diesen menschenförmigen Ungeheuern nicht nur gefährlich, sondern selbst im Falle eines »Sieges« geradezu schädlich wäre: Ohne die »Riesen«, wie gesagt, gäbe es kein »Fortkommen« für den Trommler, und es ist eine sehr weise und gütige Einsicht des Märchens, daß es dafür plädiert, sich mit den »Riesen« zu verbünden, statt sie zu bekriegen.

Wohl ähneln die Mittel, durch die der Trommler im folgenden sich die »Riesen« gefügig macht, auf den ersten Blick einer echten Gaunerkomödie, und doch stellen sie eine tiefe Wahrheit unter Beweis: ein »Riese« vermag »Wölfen« und »Bären« die Gurgel zusammenzudrükken, aber er ist ohnmächtig gegenüber dem »listigen Volk« der »Erdwürmer«. Wenn der Trommler lauthals mit den vielen »Tausenden« droht, die er mit seiner Trommel herbeirufen könne, um dem »Riesen« mit stählernen Hämmern den Schädel einzuschlagen, so ist seine Überlegenheit gegenüber dem »Riesen« doch nicht so großsprecherisch und eingebildet, wie es zunächst scheinen will. Denn in der Tat verfügt das Bewußtsein über die einzigartige Möglichkeit einer endlosen Vervielfältigung seiner selbst infolge seiner »Reflektiertheit«. Während die Triebbedürfnisse einfach »da« sind und danach verlangen, befriedigt zu werden, besteht das Bewußtsein darin, zu wissen, daß etwas da ist, und zu wissen, daß es weiß, daß etwas da ist – gerade in diesem Wissen vom Wissen seiner selbst liegt seine Macht und Größe.[57] Alle Geistestätigkeit, so winzig und unscheinbar, gemessen an den Elementargewalten, sie sich auch ausnehmen mag, besitzt diese überragende Fähigkeit, in endloser Reflektiertheit und Analyse die »Natur« buchstäblich mit kleinen harten »Hämmern« in tausend Einzelteile zu zerschlagen, und es ist nur die Frage, ob es zu einem solchen Gegeneinander von Geist und Trieb wirklich kommen muß oder ob sich nicht doch so etwas wie eine sinnvolle Zusammenarbeit zwischen beiden Bereichen denken und ermöglichen läßt.

Eines jedenfalls ist sicher: nachdem der Trommler auf dem Weg zu seiner Geliebten die »schlafenden Riesen« aufgeweckt hat, wird es für diese nie wieder eine »Ruhe« ohne »Kopfschmerzen« geben. Denn selbst wenn die »Riesen« dem Ich ihre Mitarbeit verweigern sollten, so werden sie damit die Macht des Bewußtseins nicht mehr aus dem »Wald« vertreiben können; sie werden damit lediglich das Bewußtsein nötigen, die ursprünglichen Triebregungen mit einer schmerzhaften Dauergrübelei zu traktieren. Das subjektive Gefühl eines solchen Zustandes seelischer Zerspaltenheit drückt der Volksmund ganz treffend mit der Redewendung aus, man fühle sich (wortwörtlich:) »behämmert«, was heißen soll: man sehe keinen Weg, trete endlos auf der Stelle, fühle sich allseits blockiert, könne keinen einzigen klaren Gedanken mehr fassen und alles brumme und dröhne im Kopf vor sich hin, als schlüge jemand darinnen unablässig die Pauke. In dem Märchen vom ›Trommler‹ bedeutet es in der Tat einen entscheidenden »Schritt nach vorn«, daß es, statt eines solchen Gegeneinanders, immerhin zu einem freiwillig-unfreiwilligen Arrangement zwischen Geist und Trieb, zwischen dem Trommler und den »Riesen« kommt. Selbst *das groteske Moment*, das in dem Pakt zwischen ihnen enthalten ist, verdient an dieser Stelle die größte Beachtung: Es ist nicht vorstellbar, daß eine solche Synthese zwischen den beiden so unterschiedlichen Daseinsbereichen im Menschen, zwischen Geist und Natur, zwischen Ich und Es, wirklich gelingen könnte bei weniger *Witz* und *Humor,* als das Märchen sie an dieser Stelle schildert.

Noch einmal läßt sich diesbezüglich das *künstlerische* Element in der Gestalt des Trommlers würdigen, indem die Aufgabe der Kunst auf dem Wege menschlicher Selbstfindung sich jetzt noch ein Stück weit präziser darstellt. Offenbar ist wahre Kunst nicht denkbar ohne eine gewisse Freiheit sich selbst gegenüber. Der »tierische« Ernst, die quälerische Verbissenheit und Zerrissenheit mögen im heutigen Kunstschaffen fast pflichtgemäß, ja, unerläßlich scheinen; doch welch einem Menschen ist mit der bloßen Artikulation von Schmerz und Widerspruch gedient? Und welch ein Mensch, wenn er nicht irgendwo auch über eine gewisse Gelassenheit, über eine innere Heiterkeit und vor allem: über eine starke Vision der Liebe und des Glücks verfügt, vermöchte Schmerz und Widerspruch so zu gestalten, wie es zu einem künstlerischen Ausdruck nötig ist? Wenn wir vorhin auf die »therapeutische«, ja, religiöse Dimension der Kunst aufmerksam geworden sind, so können wir jetzt in etwa die Gefühlslage kennzeichnen, die gerade angesichts drohender Lebensangst, fortschreitender Seelenzerstörung und resignativer Ohnmacht buchstäblich »tragend« sein kann. Folgt man dem Märchen vom ›Trommler‹, so ist es möglich, mutig der Traumberufung der Liebe zu folgen und die Furcht vor sich selbst gewissermaßen »musikalisch« zu besiegen. Keinesfalls sind die »Riesen« so »verschlingend« und »menschenfresserisch«, wenn man ihnen nur den richtigen »Takt« vorgibt. Es ist ein wunderbares Symbol, wenn wir sehen, wie der Trommler von den Riesen durch den Wald zum Gläsernen Berg getragen wird, zeigt doch dieses Bild der alten Sonnenmythologie, psychologisch betrachtet, daß auch in der Seele des Menschen immer wieder das Licht die Finsternis besiegt und die Kräfte zuverlässig sind, deren der Geist sich bedienen muß, um an sein Ziel zu gelangen. Bei aller Gewitztheit und Verschmitztheit ist es eine helle, warme Atmosphäre, die das Märchen vom ›Trommler‹ mit seinem Schalk und Charme zu verbreiten versteht: die Riesen sind dienstbare Mächte des Geistes.

Um was für »Kräfte« aber handelt es sich eigentlich in der Gestalt dieser »Ungeheuer«?

Wir hören, daß es drei verschiedene Riesen sind, die den Trommler in der Art eines Staffellaufes einer an den anderen weiterreichen, bis der letzte ihn am Fuße des Gläsernen Berges absetzt; jeder von ihnen trägt indessen den Trommler auf eine andere Weise: der erste Riese setzt ihn auf seine Schulter, der zweite steckt ihn in sein Knopfloch, der dritte setzt ihn auf den Rand seines Hutes; jeder von ihnen scheint damit symbolisch anzudeuten, daß er einen bestimmten Ort, eine bestimmte »Position« innerhalb der psychischen Grundkräfte verkörpert.

Die »Schulter« des ersten Riesen, seine Muskelkraft, dürfte man wohl am ehesten mit der Vitalität bzw. der physischen Energie assoziieren; das »Knopfloch«, in dem der zweite Riese den Trommler transportiert, könnte den Bereich des Herzens bezeichnen, während der »Hut« des dritten Riesen offenbar die Sphäre des Verstandes vertritt. Es geht demnach für den Trommler bei seinem sonderbaren »Ritt auf den Riesen« durchaus nicht einfach um eine exorbitante und extravagante Form räumlicher Beförderung; es geht im Grunde darum, daß es ihm gelingen muß, alle drei Ebenen der menschlichen Psyche für die Inanspruchnahme des Ichs »tragfähig« zu machen; es gilt, auf dem Weg zur Liebe den Drang der Triebe ebenso in Dienst zu nehmen wie den Ansturm der Gefühle und die Forderungen des »Kopfes«; denn nur wenn alle drei Bereiche der Seele dem Ich unterstellt werden, vermag der Trommler dem Gläsernen Berg, dem Ziel seiner Sehnsucht, näherzukommen. Dabei könnte der schüsselgroße »Knopf«, an dem der Trommler bei seiner Reise mit dem zweiten Riesen sich so munter festhält, in seiner kreisrunden, mandalaähnlichen Form zusätzlich so viel bedeuten wie eine gewisse »Abrundung« der Gefühle, während es mit dem »Hut« des dritten Riesen, auf dessen Rand der Trommler auf und ab geht, eine besondere Bewandtnis haben dürfte.

In anderen Märchen, in der ›Kristallkugel‹ zum Beispiel, stellt der »Hut«, der zu dem Zauberberg trägt, ein Symbol für all die Gedanken dar, die sich um den Wunsch nach der Geliebten »drehen«;[58] hier aber läßt der »Hut« sich am sprechendsten als ein Symbol des *Überichs* verstehen: auch das moralische Gedankengut, das man Menschen, sozusagen à la mode, über den Kopf gestülpt hat, besitzt eine ungeheure Kraft. Nur wenige Aufgaben im Leben eines Menschen sind auf dem Weg der Reifung zur Liebe schwerer zu lösen, als nach einer gewissen Kontrolle über die Macht der Triebe und Gefühle auch die Ansprüche der sittlichen Vorschriften unter die Botmäßigkeit des Ichs zu bringen. Bliebe der »Hutriese« dem Einfluß des Trommlers entzogen, so müßten die Inhalte der moralischen Impulse, statt das Ich auf dem Weg der Liebe voranzubringen, sich entsprechend dem Bild des kreisrunden »Hutes« in endlosen Wiederholungen im Kreise drehen, und das eigene Denken bliebe unter diesen Umständen auf immer außerstande, die innere Ausrichtung des Lebens selber zu bestimmen und zu verantworten. Auch der »Hutriese«, gerade er, muß also der Dienstbarkeit des Ichs unterstellt werden.

Der Weg zur Liebe, scheint das Märchen vom ›Trommler‹ in diesen Bildsequenzen von den drei »Riesen« insgesamt sagen zu wollen, läßt sich überhaupt nicht anders beschreiten, als indem man *alle* Kräfte der eigenen Seele auf den Plan ruft, um sich von ihnen gemeinsam ans Ziel tragen zu lassen. Ohne eine solche Reifung der *ganzen* Persönlichkeit würde ein Mensch niemals zur Liebe imstande sein. Denn was ist die Liebe, wenn nicht eine Ergriffenheit *aller*

Kräfte der Seele? »Sag, guter Schäfer .../ Was lieben heißt«, fragt
Phöbe in Shakespeares ›Wie es euch gefällt‹, und Silvius antwortet für
alle Zeiten wahr der fragenden Geliebten:

> Es heißt, aus Seufzern ganz bestehn und Tränen
> ...
> Es heißt, aus nichts bestehn als Phantasie,
> Aus nichts als Leidenschaft, aus nichts als Wünschen,
> Ganz Anbetung, Erhebung und Gehorsam,
> Ganz Demut, ganz Geduld und Ungeduld,
> Ganz Reinheit, ganz Bewährung, ganz Gehorsam
> ...[59]

Gerade in dieser Weise, getragen von allen Kräften der Sehnsucht und
vereinigt in allen Teilen der Psyche, sehen wir den Trommler an den
Gläsernen Berg der Geliebten gelangen.

Und doch hilft auch in den Märchen das Wünschen und Sehnen
allein nicht weiter. Das Thema der Spannung zwischen Traum und
Wirklichkeit, Hülle und Gestalt, Dichtung und Wahrheit, Kunst und
Leben setzt sich jetzt in der Tatsache fort, daß die Liebe zwar ein
überaus starkes Motiv dazu bildet, alle Kräfte der Seele zu »wecken«
und zur Zusammenarbeit aufzurufen, daß aber umgekehrt die Begegnung mit sich selbst nicht identisch ist noch sein kann mit der Lebensaufgabe und dem Lebensglück der Liebe. Wenn irgend es möglich und unerläßlich ist, das alte Vorurteil zu revidieren, wonach die
Psychologie und mithin die Bedeutung von Märchen sich auf den
Umkreis bloßen Wunschdenkens beschränke, so bietet das Märchen
vom ›Trommler‹ dafür das beste Beispiel. Immer wieder stellt sich
dem Trommler das Problem, wie er von der Idealität in der Vorstellung zur Realität im Leben hinfinden kann, und der Gegensatz von
Wunsch und Wirklichkeit durchzieht Stufe für Stufe die gesamte
Handlungsabfolge dieses Märchens. Wohl ist es äußerst wichtig,
durch ein Zusammenwirken aller seelischen Energien in Gestalt der
»Riesen« sich an den »Ort« tragen zu lassen bzw. einen »Standpunkt« im Leben zu gewinnen, an dem die Liebe möglich ist. Andererseits aber ist alle Selbsterkenntnis und Selbstfindung nicht imstande, das Gemüt eines Menschen wirklich zur Höhe des Traumbildes
der Geliebten zu »erheben«. Weder die Kontrolle der Triebwünsche
noch die Konzentrierung der Gefühle, nicht einmal die Konfrontation mit den Ansprüchen des Überichs vermag für sich allein oder
gemeinsam die Seele des Trommlers von ihrer Erdenschwere zu befreien und sie in den Himmel der Träume, in die »gläserne« Sphäre
der reinen Idealität zu versetzen, wo das nächtliche Bild der »Königstochter« darauf wartet, zur Erde, zur Wirklichkeit, erlöst zu wer-

den. Es kann von daher gar nicht sein, daß einer der drei »Riesen« den Trommler auf den »Gläsernen Berg« hinaufbringt. Woher aber soll dann die Kraft stammen, die den Trommler trotz allem der Gestalt seiner Geliebten entgegenträgt?

Ein uraltes Motiv schamanistischer Erfahrung ist das Erlebnis der Flugreise zum Himmel, die traumhafte Vision des Entschwebens zum Mittelpunkt der Welt.[60] Der Trommler mag sich noch so sehr anstrengen, den Gläsernen Berg zu besteigen – es zeigt sich nur um so mehr, daß der entscheidende »Schritt« zur Liebe durch kein noch so gut gemeintes Wollen und Mühen zustandekommen kann. Die »Annäherung« an die Geliebte geschieht ganz im Gegenteil durch ein Erleben wie wenn die ganze Welt grenzenlos weit und das Dasein unsäglich leicht wäre – nichts Niederziehendes, Einengendes, Bedrückendes mehr, als schwebte man über allem dem Zentrum der Welt entgegen. Wohl jeder hat in seinem Leben schon derartige Träume empfangen, in denen er über Städte, Bäume und Berge hinwegzufliegen oder dahinzuschweben meinte, wie wenn die Schwerkraft aufgehoben wäre und allein das Wünschen und das Wollen die Höhe und die Richtung seines Ichs zu bestimmen vermöchten. In der Psychoanalyse gelten solche Flugträume als (verdrängte) Sexualphantasien,[61] und gewiß ist es richtig, vor allem der Liebe jene Energie zuzutrauen, die der Seele Flügel verleiht und sie in einer unbegreiflichen Magie der Verzückung und Beglückung zum Himmel entrückt; aber ineins mit dieser Entgrenzung der Liebe von allen irdischen Beengtheiten geht es wesentlich um eine beseligende *Erhebung des Ichs* in jene geistige Welt, die hinter der äußeren Wirklichkeit steht. Was in der alten Mythologie als Bild eines leuchtenden Sonnenaufgangs vorgestellt wurde, erscheint jetzt psychologisch als eine Durchflutung der Seele im Licht, als eine Durchwärmung der gesamten Existenz, als Beginn eines Tages der Liebe, der keinen Sonnenuntergang mehr kennt. Wohl ist das Bild von dem magischen Sattel freudianisch belegt; aber man würde auch Freud mißverstehen, wenn man den Begriff der Sexualität in der Psychoanalyse nicht selbst als Chiffre, als Symbol einer Wirklichkeit der Seele, eben nicht der Physiologie, verstehen würde.[62] Der Flug des Trommlers auf dem magischen Sattel läßt sich deshalb wohl am besten wiedergeben mit den Worten aus Joseph von Eichendorffs wundervollem Gedicht ›Mondnacht‹:

> Es war, als hätt' der Himmel
> Die Erde still geküßt,
> Daß sie im Blütenschimmer
> Von ihm nun träumen müßt.

Die Luft ging durch die Felder,
Die Ähren wogten sacht,
Es rauschten leis die Wälder,
So sternklar war die Nacht.

Und meine Seele spannte
Weit ihre Flügel aus,
Flog durch die stillen Lande,
Als flöge sie nach Haus.[63]

So, als ein sich erfüllendes Heimweh der Seele nach 'dem Ort ihrer
himmlischen Heimat, ist der Sinn des »magischen Fluges«, der Seelen-
reise der Schamanen, zu deuten.[64]

Von daher läßt sich nun auch der Auftritt der beiden Männer verstehen, die um den Wunschsattel streiten. Die Szene ähnelt aufs genaueste dem Bild in dem Märchen von der ›Kristallkugel‹, in dem zwei
Riesen um einen Wunschhut mit den nämlichen Eigenschaften miteinander in Streit liegen; doch gerade anhand dieser Gleichheit der Bilder
läßt sich erneut zeigen, welch unterschiedliche Bedeutung dieselben
Symbole in verschiedenen Märchen annehmen können. In der Erzählung von der ›Kristallkugel‹ lassen die beiden Riesen sich als Verkörperungen von Trieb und Geist, als Wiederverkörperungen von »Wal-
fisch« und »Adler« verstehen[65] – ein Bedeutungsspektrum, das in dem
Märchen vom ›Trommler‹ soeben bereits durch die drei Riesen abge-
golten wurde. Die beiden Männer, die *hier* um den Sattel streiten,
halten in ihrer Gegensätzlichkeit *gemeinsam* das Mittel in den Händen, um sich über alle Welt hinaus in die Sphäre des Himmels zu
erheben, und so handelt es sich anscheinend um einen neuen symbolischen Ausdruck für eben den Kontrast, der uns im Charakter des
Trommlers bisher schon auf Schritt und Tritt begegnete: um den
Gegensatz von Dichtung und Wahrheit, von Liebe und Glück, von
Traum und Erfüllung, von Religion und Leben, von Himmel und
Erde. Worin, so muß man sich fragen, besteht aber dann die Energie,
die als Synthese dieser beiden oft so schmerzlich zerstrittenen Erfah-
rungsebenen die Erhebung der Seele zum Himmel ermöglicht? Worin,
so lautet dieselbe Frage, besteht die Kraft, die den Künstler befähigt,
Idealität und Realität in Gestalt der Schönheit identisch zu setzen?
Was befähigt ihn mit anderen Worten, *wahr* zu sein in seiner *Ein*stellung zum Leben, wahr zu sein in seiner *Vor*stellung vom Leben und
wahr zu sein in seiner *Dar*stellung des Lebens?

Man nennt diese wunderbare, zauberhaft verzaubernde Befähigung
Intuition[66] – die Schau des Wesens der Dinge hinter dem Schleier der
Erscheinungen, die Wahrnehmung der Wahrheit hinter den Verstel-
lungen der Sinne, die poetische Phantasie der Wirklichkeit hinter den

Phantomen der Oberflächeneindrücke. Allein in einer solchen Innenschau der Schönheit und der Wahrheit eines Menschen verwirklicht sich die Liebe, und mit ihr vermittelt sich der Gegensatz von Innen und Außen, Hoch und Niedrig, Seele und Körper, Gefühl und Ausdruck, Ziel und Weg, Erwartung und Bewahrheitung; allein die Intuition erzeugt jene geistige Erhebung und Verschmelzung, in der die Poesie besteht und in der die Liebe beständig ist. Intuition, kann man auch sagen, ist die Wahrnehmungsfähigkeit des Herzens, und sie allein »erhebt« den »Standpunkt« eines Menschen bis zum Himmel. Als Kraft der Intuition wird man daher wohl die magische Befähigung des Zaubersattels in den Händen der beiden streitenden Männer verstehen müssen, und man wird den Trommler glücklich preisen dürfen, daß es ihm gelingt, sich dieses Sattels zu bemächtigen.

Bedenklich allerdings mutet jetzt doch die durchaus betrügerische Art und Weise an, in welcher der Trommler sich in den Besitz des Wünschesattels setzt. Auch dieses Motiv hat seine Parallele und seinen bemerkenswerten Unterschied gegenüber dem Märchen von der ›Kristallkugel‹: auch dort wird das magische Fluggerät seinen Besitzern durch den Vorschlag eines fiktiven Wettlaufs fortgenommen; und hier wie dort geschieht objektiv ein *Betrug;* aber während der dritte Sohn in der ›Kristallkugel‹ von sich aus die Riesen nicht betrügen will und nur wie gedankenverloren sich zu der Prinzessin vom Schloß der goldenen Sonne hinsehnt und hinwünscht,[67] kalkuliert der pfiffige Trommler von vornherein das Mittel der List und der Lüge mit ein. Er ist damit offenbar augenblicks erfolgreich und buchstäblich im Handumdrehen am Ziel seiner Wünsche; und doch scheint es an diesem Moment der Unaufrichtigkeit und Doppelbödigkeit zu liegen, daß, ganz anders als gedacht, das Märchen vom Trommler später durchaus noch nicht dort wird enden können, wo Hunderte anderer Märchen ihren glücklichen Abschluß finden: in der Erlösung der verzauberten Geliebten.

Immer scheint es den *listigen* Helden in den Sagen zu gelingen, ihre gestellte Aufgabe wirklich zu lösen; es scheint aber typisch für das Motiv dieser *Helden der List,* daß sie sich äußerst schwertun, ihren »Erfolg« auch »nach Hause« zu bringen bzw. bei sich selber anzukommen. Die Errungenschaften ihrer »List« führen sie regelmäßig von ihrem ursprünglichen Ausgangspunkt zunächst weit weg in die Fremde, und stets, wenn sie glauben, bereits am Ziel zu sein, stellen sich ihnen auf dem Weg ihrer Heimkehr außerordentliche Schwierigkeiten und Gefahren entgegen.[68] So gelingt es etwa dem listenreichen Odysseus, die Stadt Troja einzunehmen, in welcher die schöne Helena von dem jungen Paris nach dem widersprüchlichen Ratschluß der Götter geraubt und entführt wurde; dann aber sucht der Gott der Meere, Poseidon, ihn in den Wellen des Meeres zu verschlingen, während schöne Nymphen ihn mit ihrer Liebe die Heimat gänzlich ver-

gessen machen möchten und ruchlose Freier die treue Gattin Penelope
in Ithaka umlauern. Ähnlich muß in der Bibel der listige Jakob, der
»Fersenschleicher« seines Namens, erleben, wie er gerade in dem Augenblick, da er die geliebte Rachel aus den Händen ihres Vaters Laban
befreit, mit deren Schwester Lea betrogen wird, und als er schließlich
nach Jahren in seine Heimat zurückkehren will, muß er in jener unheimlichen Nacht an der Furt des Jakob gegen den Engel Gottes bis
zum Aufzug des Frührots kämpfen; an der Hüfte hinkend verläßt er
schließlich unter dem neuen Namen »Israel« (»Gottesstreiter«) den
Ort seiner Läuterung, um anderen Tags sich mit seinem feindlichen
Schattenbruder Esau zu versöhnen.[69]

Es gehört demnach zu dem *Typ* des *listigen Helden*, daß er auf dem
Gipfel seines äußeren Triumphes den wahren Schwierigkeiten seines
Lebens allererst begegnen wird, und wir werden bald diese Regel des
unbewußten Erlebens am Beispiel des Märchens vom ›Trommler‹ bestätigen und präzisieren müssen. Es gibt jenes Heimweh, von dem
Joseph Roth sprach, das den Trommler zum Gläsernen Berg trägt: das
»Heimweh nach der Liebe, das ewige männliche Heimweh nach der
Vergötterten, der Göttlichen, der Göttin, der Einzigen«;[70] doch man
kann die erlöste Geliebte nur heimführen, wenn man bei sich selber
heimisch ist. Die Selbstüberlister aber sind niemals weiter von sich
entfernt, als wenn sie sich bereits am Ziel all ihrer Wünsche wähnen.

»In der Liebe ist keine Furcht« (I Joh 4,17)

». . . schloß ich die Augen schnell, gepackt von kaltem Grauen«

Zunächst jedoch trifft der Trommler auf dem Gläsernen Berg nicht die
Geliebte an, sondern er gelangt an einem »finsteren Wald« zu einem
Haus, dessen Tür »eine Alte mit braunem Gesicht und roten Augen«
öffnet. Das Märchen sagt nicht, aber der Trommler scheint von Anfang an zu wissen, daß diese Alte die gesuchte Hexe ist; jedenfalls muß
er als erstes dieser Frau begegnen, um, gewissermaßen »nach« oder
»hinter« ihr, endlich die Geliebte seiner Träume wiederzufinden. Ungeniert quartiert er sich denn auch bei ihr ein, soll aber für Verpfle-
gung und Übernachtung drei Arbeiten erledigen. Wohlgemut nimmt
er die Aufgabe an, ohne freilich auch nur im entferntesten ahnen zu
können, worin sie besteht und auf was er sich damit in Wirklichkeit
einläßt. Nun ist uns die naßforsche Unbekümmertheit dieses Mannes
inzwischen nicht neu; überraschen aber muß, daß der Trommler seine
sonderbaren Arbeiten nicht, wie sonst in Märchen üblich, in der Ab-

sicht verrichtet, die verzauberte Prinzessin als Lohn seiner Mühen
zur Gemahlin zu erhalten, sondern daß er sie scheinbar nur als Entgelt für seinen Aufenthalt im Hause der Hexe ableistet.

Immer wieder taucht in den Märchen das Motiv von der »Preisjungfrau« auf:[71] ein Vater, eine Mutter, möchten den Worten nach ihre
Tochter in die Ehe geben, aber sie – oder die Tochter selbst – setzen
für den Brautwerber Bedingungen fest, an denen er im Grunde tödlich
scheitern muß. Psychologisch gesehen wollen die Eltern (oder, unter
ihrem »verhexenden« Einfluß, die Tochter) offenbar nicht wirklich,
daß die ödipalen Bindungen sich lösen, und so gerät die erwachende
Regung der Liebe und der Freiheit im Herzen der jungen Frau immer
tiefer in den Bann unheimlicher, subjektiv unerklärlicher, wie allmächtig wirkender Ängste und Schuldgefühle. Erst jemand, der mit
seiner Liebe und mit seinem Einsatz das Zaubergewebe der Elternbin-
dungen zu zerreißen vermag, darf der Liebe einer solchen »Preisjungfrau« sicher sein. Es gehört aber dazu nicht selten ein Kampf auf Leben
und Tod gegen schnaubende Untiere, wie zum Beispiel in dem Märchen von der ›Kristallkugel‹ berichtet wird, oder es muß zunächst ein
mörderischer Wettkampf unmittelbar mit dem Vater der Geliebten
selbst bestanden werden, wie es die griechische Sage von dem Wagen-
rennen überliefert, das zwischen Pelops und Önomaos, dem König von
Elis, um die Gunst der geliebten Hippodameia stattfand.[72]

In all diesen Fällen möchte der Vater (oder die Mutter) mit Zauber
oder Gewalt, mit psychischen oder physischen Mitteln, in eifersüch-
tiger Liebe die Heirat der Tochter verhindern, so sehr er (sie) auch
nach außen hin das Wohl und das Glück der »Preisjungfrau« zu be-
treiben vorgibt.

Demgegenüber fällt in dem Märchen vom ›Trommler‹ auf, daß der
»Held« zwar auszieht, um die verzauberte Jungfrau auf dem Gläsernen Berg zu erlösen, aber mit ihr selbst keinerlei weitere Absprachen
trifft. In den Märchen sonst treten der »Held« und seine Geliebte
zunächst als Verbündete auf, die sich in irgendeiner Form *gemeinsam*
gegen die inneren und äußeren Widerstände der Liebe durchzusetzen
suchen. Wohl gestaltet sich der »Beistand« der Geliebten auch in anderen Märchen nur sehr zögernd – sie liegt etwa, wie im Märchen
von den ›Zwei Brüdern‹ (KHM 60), während des Kampfes mit dem
Drachenuntier in todesähnlichem Schlaf, oder sie gibt, wie in dem
auf weiten Strecken vergleichbaren Märchen von der ›Kristallkugel‹,
lediglich die Kenntnisse mit auf den Weg, um der drohenden Gefahren Herr zu werden. In dem Märchen vom ›Trommler‹ hingegen
scheint es bei den entsprechenden »Arbeiten« zunächst gar nicht um
die Erlösung der verzauberten Jungfrau zu gehen, sondern lediglich
darum, bei der »alten Frau« in Logis ziehen zu dürfen; und man
muß diese Bilder offenbar in ihrer Eigenart betrachten und darf sie

keinesfalls mit den gewohnten Märchenmotiven verwechseln, wenn
man den Sinn dieser eigentümlichen »Arbeiten« verstehen will.

Wir haben schon gesehen, wie der Trommler voller Begeisterung
und Wagemut sich auf den Weg machte, um die Geliebte seiner Träume von der zauberischen Hexe zu erlösen; aber schon zu Beginn der
gefahrvollen Ausreise des Trommlers drängte sich uns der Eindruck
auf, womöglich stelle es förmlich eine Liebesbedingung für ihn dar,
die Königstochter erlösen zu können und zu müssen. Zusätzlich zu
diesem »Retterkomplex« hören wir jetzt, daß es für den Trommler
zunächst einmal darauf ankommt, bei der alten Frau buchstäblich
»wohnhaft« bzw. »zuhause« zu werden. In dem Bestreben, die Geliebte vom Fluch der Hexe zu erlösen, wird der Trommler mithin als
erstes in die Lage versetzt, selber im Umraum des Weiblichen »häuslich« zu werden; indem er, völlig altruistisch scheinbar, sich in das
größte Abenteuer seines Lebens stürzt, gelangt er somit gerade auf
diesem Wege dahin, für sich selbst *die Angst vor der Frau zu verlieren;*
und indem er die Königstochter auf dem Gläsernen Berge zu befreien
sucht, führt er mindestens in gleichem Maße sich selbst in die Freiheit.
Das leidenschaftliche Interesse an der verzauberten Prinzessin ist
demnach so selbstlos nicht, wie es dem Trommler selbst wohl scheinen mag, und wir werden im Gegenteil denken müssen, daß gerade ein
Mensch, der es wagt, sein Leben für die Freiheit seiner Geliebten zu
riskieren, auch selber so fühlen wird: daß in gewissem Sinne sein
eigenes Leben davon abhängt, eine bestimmte Liebe zum Leben zuzulassen. Die Idee, einen anderen Menschen zu erlösen, wird wohl niemals in der Seele eines Menschen tiefe Wurzeln fassen, wenn es nicht
in ihm selber ganze Bereiche gibt, die er um seiner selbst willen aus der
Angst *vor der* Frau und aus der Abhängigkeit *von der* Frau befreien
muß, um wenigstens einmal in seinem Leben *eine* Frau von Herzen
lieben zu können.

Die Angst des Trommlers vor der Frau bzw. die Angst des Mannes
vor der Liebe spielt sich dabei auf mindestens zwei Ebenen ab: einer
gewissermaßen ontologischen und einer psychologischen.

Ontologisch gehört es wohl zur Grunderfahrung jedes Menschen,
von Schönheit und Jugend fasziniert und umgekehrt von Alter und
Häßlichkeit zutiefst abgestoßen zu werden. Zahlreiche Mythen der
Völker schildern, wie das Märchen vom ›Trommler‹, das Dämonische
in der Personifikation einer *alten Frau*,[73] und ebenso taucht in der
Malerei, etwa in den Bildern von Edvard Munch,[74] immer wieder der
Kontrast von Liebe und Tod auf, dargestellt in einer alten, vampirhaf-
ten Frau oder in einem zum Skelett verfallenen Mann. In der Literatur
hat vor allem Charles Baudelaire diese widersprüchliche Einheit von
Liebe und Tod, Jugend und Alter, Schönheit und Schrecken in dem
Gedicht ›Die Verwandlungen des Vampir‹[75] zu beschreiben versucht,

indem er unmittelbar nach einem üppigen Gemälde sinnlicher Hingegebenheit und Lust mit den Worten fortfährt:

> Ich schloß die Augen schnell, gepackt von kaltem Grauen,
> Und öffnete sie dann, beim hellen Licht zu schauen
> An jener Puppe Statt, die neben mir geruht,
> Und die zu strotzen schien von Leben, Kraft und Blut,
> Ein zitterndes Skelett, verwirrter Knochen Trümmer,
> Daraus ein Stöhnen klang wie Wetterhahns Gewimmer,
> Wie eines Schildes Schrei, das in den Angeln kracht,
> Wenn es der Windstoß dreht in stürmischer Winternacht.

Stets umlauert in solchen Erfahrungen das Schreckbild von Alter und Tod die Liebe, und es bildet umgekehrt eine Lebensaufgabe im Dasein eines jeden Menschen, die Angst vor der Vergänglichkeit durch ein Vetrauen zu besiegen, wie nur die Liebe es zu schenken vermag.

Für diesen Gedanken gibt es in den Grimmschen Märchen wohl keine tiefsinnigere Symbolerzählung als die Geschichte vom ›Fundevogel‹ (KHM 51).[76] *Die Frau,* die Mutter, die Quelle des Lebens, wird dort als eine »alte Köchin« geschildert, die den »Fundevogel« töten und kochen will. Die Gestalt des »Fundevogels« selbst wirkt dabei wie eine Verkörperung des menschlichen Wesens: Ein *Raubvogel* hatte ihn als Kind aus dem Schoß seiner schlafenden Mutter geraubt und auf einen *Baum* getragen, wo ein Förster ihn fand und mit sich nach Hause nahm. Wir Menschen, scheint dieses Motiv von Vogelraub und Baumgeburt zu besagen, sind grundsätzlich Zwischenwesen, eingespannt in den Gegensatz von Erde und Luft, Materie und Geist, Stofflichkeit und Spiritualität; einzig wir Menschen sterben nicht nur, sondern wissen um den Tod, und es ist die gleiche Mutter (Erde), die uns hervorbringt, aus sich entläßt und uns wieder in ihren Schoß zurücknimmt, ein gebärendes, verschlingendes, stets sich erneuerndes Ungeheuer, demgegenüber Worte wie Freude und Leid, Hoffnung und Verzweiflung, Gier und Grauen fast ihren Sinn verlieren. Zahlreiche Mythen zu allen Zeiten und Zonen der menschlichen Geschichte haben es deshalb unternommen, diesen Urgegensatz des Weiblichen, dieses *ontologische* Paradox der Sexualität, zu thematisieren, und ihre Frage lautete immer wieder, wie ein Mensch leben kann im Getto einer solchen Erlebniseinheit von Liebe und Tod. Im Märchen vom ›Fundevogel‹ warnt Lenchen, die Tochter des Försters, ihren Stiefbruder vor den mörderischen Plänen der Köchin, und wirklich gelingt es den beiden, rechtzeitig vor der Bedrohung des Todes zu fliehen. Das ganze menschliche Dasein ist, so besehen, eine einzige Flucht vor dem Tod. Doch wir mögen so schnell laufen, wie wir wollen – die »Köchin« sendet immer wieder ihre »Boten« aus, die uns an bestimmten

Stellen des Lebensweges einzuholen drohen. Dreimal antworten Lenchen und Fundevogel in dem Grimmschen Märchen auf diese Gefahr, indem sie sich zunächst in einen Rosenstrauch und in ein Röschen verwandeln, dann aber, erneut verfolgt und eingeholt von den Häschern des Todes, die Gestalt einer Kirche und einer Krone annehmen, um schließlich sich in einen Teich und eine Ente zu verwandeln; als dann beim drittenmal die Köchin selber kommt, um den See auszutrinken und die Ente zu greifen, wird sie von dieser ins Wasser hinabgezogen und ertrinkt.

Stufe für Stufe gilt es demnach, in der inneren Entwicklung die Flucht vor dem Tod aufzugeben und *innezuhalten.* Dem sicheren Ende des Lebens können wir, entsprechend den Bildern vom ›Fundevogel‹, nicht entlaufen, und statt immer hektischer vor der Wirklichkeit zu fliehen, kommt es vielmehr darauf an, ihr in einer dreimaligen Verwandlung des Wesens »standzuhalten«: In der Jugend setzen wir gegen die Macht des Todes die Kraft von Schönheit und Vitalität – im Symbol von »Rosenstrauch« und »Röschen«; doch ein paar Schritte weiter schon reicht diese Antwort nicht mehr aus, und es bedarf eines Innehaltens des Lebens in der Entdeckung der Heiligkeit der Erde (im Bild des »Kirchenraumes«) und der Würde des Daseins (im Bild der »Krone«); schließlich aber, wenn nicht mehr nur die (Vor-)Boten des Todes, sondern die Köchin selbst uns einzuholen droht, wenn das Alter naht und unwiderruflich der dritte und letzte Lebensabschnitt beginnt, gilt es, das Leben weit zu machen wie das Meer und die Seele (im Bild der »Ente«) darauf »schwimmen« zu lassen als eine Macht, die den verschlingenden Tod eintaucht in das Element der Lebenserneuerung und der Unsterblichkeit. Schritt für Schritt ist es indes die Liebe, die zu einer solchen Entwicklung und Verwandlung im Schatten des Todes, angesichts der wesenhaften Ambivalenz des Weiblichen, drängt und befähigt, und umgekehrt wird es die entscheidende Frage im Leben eines jeden Menschen sein, wie er die Angst vor dem Tod, das Grauen vor der »alten Frau«, durch das Vertrauen der Liebe überwindet. Natürlich läßt die Antwort darauf sich nicht rein »philosophisch« geben; wie sie aber im Leben eines einzelnen wirklich ausfällt, wird davon abhängen, welche konkreten Erfahrungen er mit *»dem«* Weiblichen in seiner eigenen Biographie, vor allem also mit seiner *Mutter,* gemacht hat.

Die Angst vor der Frau – anscheinend ein Grundzug der geistigen Verfassung der Neuzeit[77] und eine Konstante im Erleben jeder patriarchalischen Gesellschaft[78] – stellt in *psychoanalytischer* Sicht eine Folge der Angst vor der Mutter dar; und so darf man annehmen, was wir nachher noch ausführlicher zeigen werden, daß der Trommler in dem Grimmschen Märchen nicht nur, wie er meint, die Geliebte von dem Einfluß *ihrer* Mutter zu erlösen sucht, sondern de facto sich selbst von dem Lastgewicht seiner *eigenen* Mutter befreien muß. Dementsprechend erfahren wir wohl an dieser Stelle zum erstenmal etwas über die Psychogenese und den biographischen Erlebnishintergrund des Trommlers; denn wir brauchen uns die jetzt an entscheidender Stelle auftretenden Strukturmerkmale der Erzählung nur als Erlebnisweisen zu denken, die das ganze Leben des Trommlers begleitet haben, so gewinnen wir bereits hier einen gewissen Einblick in das Grundgefühl, das ihn seit Kindertagen erfüllt haben wird; und auch das bisherige Verhalten des Trommlers, vor allem seinen »Übermut«, können wir jetzt schon ein Stück weit tiefer verstehen.

Zu dem Grundgefühl des Trommlers gehört offenbar der Zwiespalt, auf der einen Seite mütterlich im Hause der »alten Frau« umsorgt und behütet zu werden und auf der anderen Seite für die häusliche »Unterbringung« in Form von »unmöglich« scheinenden Aufgaben »bezahlen« zu müssen. In der Erlebniswelt eines solchen Mannes gibt es sozusagen nichts geschenkt – alles muß er sich zunächst verdienen; das eingeforderte Entgelt seines Daseinsaufenthaltes indessen muß er sich auf eine Weise erarbeiten, die ihn absolut überfordert. Offenbar um dieses Problem zu lösen, *verleugnet* er immer wieder die bestehenden Schwierigkeiten in der Wirklichkeit. Statt sich etwa zunächst einmal nach der Beschaffenheit und nach dem Umfang der Verpflichtungen zu erkundigen, die er im Hause der »Alten« eingeht, sagt er ihr jede Art von Arbeit zu, ganz, als sei ein Tausendsassa wie er gewiß der rechte Mann zu jeglichem Begehr. Wie früher seine Angst vor den Riesen, sucht er mit dieser Scheinsicherheit wohl auch jetzt das Gefühl der Unsicherheit gegenüber seinem wirklichen Leistungsvermögen bis zur Grenze des Wahnhaften zu überspielen, das heißt, sein Selbstvertrauen gründet sich auf dem überhöhten Anspruch, alles nur Denkbare und Wünschbare zu gegebener Zeit schon bewerkstelligen zu können – ein irreales Ideal von Omnipotenz und Einsatzbereitschaft, das zwar die Angst im jeweiligen Augenblick zu beruhigen vermag, wenig später aber die Angst vor den eigenen Ansprüchen unvermeidbar immer wieder dramatisch vergrößern muß.

Setzen wir diese Ambivalenz der Gefühle speziell im Leistungsbereich für das Leben des Trommlers als gegeben voraus, so gewinnt der bisherige *künstlerisch* vermittelte Gegensatz von Traum und Wirklichkeit eine neue, quasi psychopathologische Zuspitzung. Insbesondere die drei Aufgaben, an denen der Trommler die Zaubermacht der »alten Frau« abarbeiten muß, erlauben in ihrer symbolischen Verschlüsselung jetzt einhellig die Feststellung einer ausgedehnten *Impotenzproblematik* als des Kernproblems dieses »Helden« auf dem Weg zur Erlösung der geliebten Königstochter.[79] Der bisherige Konflikt von Dichtung und Wahrheit, von Phantasie und Wirklichkeit bekommt mithin sein psychologisches Pendant in der konfliktreichen Spannung von Sehnsucht und Vermögen im Erleben der Liebe.

»Durch das Nicht-Machen ist alles gemacht«

Bereits die erste *Aufgabe,* die darin besteht, mit einem Fingerhut einen Teich leerzuschöpfen und alle darin enthaltenen Fische nebeneinander nach Größe und Anzahl zu sortieren, spricht für eine solche »Diagnose« der Impotenzproblematik. Entsymbolisiert könnte es sich bei dem See um ein weibliches Symbol handeln,[80] und die Aufgabe bestünde dann darin, herauszufinden, ob man als Mann von der »alten Frau« (der Mutter) ein »Gefäß« (oder Organ) mitbekommen hat, mittels dessen der »See« sich »ausschöpfen« läßt. Offenbar dreht die entsprechende Phantasie sich um bestimmte koitale Vorstellungen und Wünsche; die entscheidende Angst aber besteht augenscheinlich in der Sorge, dieser Aufgabe nicht »gewachsen« zu sein bzw. viel zu »winzig« ausgerüstet zu sein, um die geforderte »Leistung« erbringen zu können. Vollends das Symbol der Fische, eine häufige phallische Chiffre,[81] verweist auf erhebliche Kastrationsängste, denn die Bilanz des ganzen Unternehmens soll darin bestehen, wie viele solcher »Fische« nach dem (sexuell zu deutenden) »Ausschöpfen« des »Sees« an Land zu sortieren sind. Man weiß aus der Traumpsychologie, daß gerade eine gehäufte Zahl phallischer Symbole dazu dient, erhebliche kastrative (Straf-)Ängste als Folge sexueller Phantasien und Erlebnisse durch die tröstliche Präsentation des Gegenteils zu beruhigen.[82] Das Sortieren der Fische soll also wohl soviel besagen wie: »Habe keine Furcht – du bist und bleibst ein ganzer Mann, auch wenn, ja, obwohl du dich in der Vorstellung oder in der Wirklichkeit mit einer Frau eingelassen hast.«

Indessen darf man die »sexuelle« Ebene des symbolischen Ausdrucks auch hier nicht als etwas Letztes und gewissermaßen Irreduzierbares verstehen. Die Problematik der Impotenz drückt lediglich in der Sprache des Körpers aus, was zunächst ganz und gar ein seelisches Problem darstellt.[83] Während des ganzen Märchens bisher haben wir den Trommler als einen Mann der Sehnsucht und der nächtlichen Gesichte, als einen Poeten und Traumwandler der Liebe kennengelernt und es dabei lediglich seinem »Retterkomplex« zugeschrieben, daß er aus »Mitleid« mit der verzauberten Königstochter jedes Wagnis eingeht und jedes Abenteuer auf sich nimmt. Nun aber erblicken wir hinter dieser so sympathischen und heiteren Vorderseite das ganze Ausmaß auch von Angst und Not, von Minderwertigkeitsgefühlen und Selbstzweifeln, von Selbstüberforderungen und Überkompensationen im Erleben dieses Trommlers. Er, dem die Liebe die ganze Welt, den Himmel auf Erden, zu bedeuten scheint, ist doch zugleich ein Mensch, dem sich die Liebe in eine »unermeßliche« Leistung verwandelt, die sein »fingerhutgroßes Maß« bei weitem übersteigt; er, der von Liebe getrieben auszog, eine verzauberte Prinzessin zu erlösen, ist doch zugleich ein Mensch, der allenfalls aufgrund bestimmter »riesiger«, phallisch imponierender Heldentaten der Liebe wert zu sein glaubt; er, der sich nicht scheute, die »Riesen«-Kräfte seiner Psyche aufzuwecken und in Dienst zu nehmen, ist doch zugleich ein Mensch, der von sich selber riesengroß zu sein verlangt, um an seiner Winzigkeit nicht so stark zu leiden. Die Tragödie jeder Impotenzproblematik ergibt sich immer wieder aus eben diesem Teufelskreis, daß, aus lauter Angst, nicht »groß«, »stark«, »eindrucksvoll« und »tüchtig« genug zu sein, die Liebe, statt eines Geschenks, sich in eine überdimensionale Pflicht und Anstrengung verwandelt, die nach der notwendigen Zerstörung jedes unmittelbaren Gefühls gerade dasjenige Versagen heraufbeschwören muß, das man unter allen Umständen und mit allen Kräften zu vermeiden trachtete. Die Hauptschwierigkeit besteht dabei durchaus nicht in einem objektiven, womöglich physischen Mangel oder Unvermögen zur Liebe, sondern in dem Mangel an Vertrauen bzw. in der eklatanten Unfähigkeit glauben zu können, daß nicht die besonders »herausragende« Leistung, sondern die eigene Person, »umsonst«, wie absichtslos, geliebt werde. Dieses Unvermögen des Vertrauens, diese Unfähigkeit, Liebe als Geschenk *empfangen* zu können, erzwingt reaktiv allererst den fast suchtartigen Hang, sich die Liebe des anderen erarbeiten und durch Leistung erobern zu müssen. Aber so erfolgreich jemand, äußerlich gesehen, mit dieser Einstellung auch werden mag – zur Liebe wird er dabei wirklich immer unfähiger werden. Selbst mit noch so lauten Redensarten läßt sich das mangelnde Durchsetzungsvermögen, die schleichende Angst und das verheerende Minderwertigkeitsgefühl nicht ständig übertünchen, und über kurz oder lang wird der innere oder äußere Zusammenbruch bei einer solchen Lebenseinstellung stets unvermeidbar sein.

In dem Grimmschen Märchen währt es einen Vormittag, bis der Trommler sich resigniert und erschöpft an das Ufer des Sees setzt und ein für allemal weiß, daß er für die gestellte Aufgabe zu »klein« ist. *Im wirklichen Leben* zieht sich das verzweifelte Bemühen, die »unmöglichen« Arbeiten der »alten Frau« abzuleisten, je nach der Spannkraft des Einzelnen, oft über Jahre hin, und fast immer erst in einer solchen Phase völliger Erschöpfung und endgültiger Resignation findet es sein Ende. Und doch hat das Märchen recht, wenn es gerade diesen Augenblick der Resignation als Chance versteht, die gesamte Lebenseinstellung zu ändern. Fest steht dem Trommler nunmehr, daß er mit all

seinem Fleiß und all seiner Anstrengung nicht das Geringste ausrichten wird – ein Resultat, zu dem er bei ehrlichem Nachdenken wohl
schon gleich zu Beginn seines unsinnigen Bemühens hätte gelangen
können. Gleichwohl würde ohne sein blindfleißiges »Wasserschöp-
fen« der Eindruck der Vergeblichkeit und das Gefühl der Erschöpfung jetzt nicht so groß ausfallen – und dadurch überhaupt erst wirklich heilsam sein können! Endgültig kann der Trommler der Erkenntnis nicht mehr ausweichen, daß er niemals, nicht nur in der festgesetz-
ten Zeit, sondern überhaupt *niemals* aus eigenen Anstrengungen mit
seinem Auftrag zu Ende kommen wird. Es ist definitiv nicht möglich,
sich den Aufenthalt im Hause der »alten Frau«, die Daseinsberechtigung auf Erden mit anderen Worten, *»verdienen«* zu wollen. Vor
allem das Bild von der »Frau«, von dem Partner der Liebe, müßte dem
»Trommler« solange von der Zerrgestalt der stets (über-)fordernden
»Alten« verstellt bleiben, als er die Rolle des »Helden« und des »starken Mannes« unverändert weiterzuspielen gedächte. Dabei läuft in
dem Märchen die festgesetzte Frist für die Arbeit des Trommlers ab,
und es dürfte auch im wirklichen Leben zumeist die »Mittagsstunde«
sein, da die Sinnlosigkeit des bisherigen Vorgehens in grausamer und
ermattender Deutlichkeit vor Augen tritt.

Die ganze Zeit über erwähnt das Märchen die Anwesenheit der
geliebten Königstochter auf dem Gläsernen Berg bezeichnenderweise
mit keinem Wort; die ganze Zeit über ging es dem Trommler eigentlich nur um sich selber. Er wollte ausziehen, um die verzauberte Prinzessin zu befreien; doch jetzt, an Ort und Stelle, sehen wir unzweideutig, wie egozentrisch und narzißtisch dieser Mann einzig um die
Frage kreist, wieviel er »schaffen kann«, um nicht als »Versager dazu-
stehen«. Und so *muß* er scheitern – die Liebe taugt durchaus nicht
zum Beweis der eigenen »Größe«. Aber wieweit erst muß man in die
falsche Richtung gegangen sein, um zu dieser wichtigen Einsicht zu
gelangen! Oder auch anders gefragt: könnte ein Mensch denn jemals
auf den Gläsernen Berg geritten kommen *ohne* die hohen, gewiß überkompensierten Zielsetzungen und Erwartungen eines Trommlers?
Sein Weg war bisher nicht nur äußerst erfolgreich und gradlinig – es
ist durchaus nicht vorstellbar, wie sein Leben überhaupt anders hätte
verlaufen können als in einer solchen Mischung aus Traum und Phantasie, aus Unbedenklichkeit und Riesenanspruch an sich selbst, aus
Über-Mut und Angstverleugnung. Um so schmerzlicher freilich muß
es den Trommler jetzt ankommen, daß gerade die Haltung, mit der er
allererst das scheinbar Unmögliche erreicht hat, nunmehr alles verun-
möglicht und ihn in dem Zustand resignierter Mutlosigkeit zurück-
läßt. Immer wieder jedoch sind gerade die Augen der Traurigkeit für
das Licht der Liebe am empfänglichsten, und erst in dem Selbstver-
zicht auf das eigene »Vermögen« vermag eine Haltung zu wachsen, in

der die Liebe erscheint als das, was sie ist: als ein reines Geschenk, als etwas schlechterdings Unverdientes und Unverdienbares, als etwas, das gerade deshalb beglückt, weil es niemals darauf ein Anrecht oder einen Anspruch gibt. Und außerdem: wer »verdiente« am Ende die Liebe mehr als dieser an den Träumen von der Erlösung des Lebens durch die Liebe Gescheiterte, als dieser verstiegene Trommler auf dem Gläsernen Berg, als dieser Phantast der Wirklichkeit hinter den »Schleiern« der Realität?

Während der Trommler, erschöpft von seiner Schöpfarbeit, ermüdet vor Traurigkeit und Ohnmacht, sich an dem Ufer des Sees niederlegt, kommt zu ihm ein wunderschönes Mädchen, das ihn auffordert, gar nichts zu tun, sondern nur den Kopf in seinen Schoß zu legen und auszuruhen; während der Zeit seines Schlummers werde die bei aller Anstrengung unlösbare Aufgabe sich schon von selber lösen. Und das Erstaunliche geschieht: Der Trommler geht auf diesen Ratschlag ein! Gewiß, man kann denken, es bleibe ihm schließlich auch gar nichts anderes übrig, als der Aufforderung des Mädchens zu folgen, aber wann eigentlich findet ein Mensch zu einem solchen bedingungslosen Vertrauen, *außer* es bleibt ihm gar nichts anderes übrig? Der Trommler jedenfalls, der sonst so witzigen Gemüts zu sein schien, spöttelt und witzelt über diesen grotesk, ja geradezu absurd anmutenden Vorschlag des Mädchens gar nicht. Irgendwann einmal muß es im Leben eines jeden Menschen offenbar glaubhaft und erlebbar werden, daß das Wichtigste auf Erden, die Liebe, *gratis* geschenkt wird, und daß allein dieses Vertrauen in die Liebe auch objektiv weit mehr an Kräften freisetzt und an »Erfolgen« bewirkt als alle noch so gewaltigen Anstrengungen und Bemühungen. Gerade auf dem Hintergrund der »Impotenzproblematik« möchte man bezüglich des Bildes von den »Riesen« und vom »Fingerhut« die saloppe, aber sehr prägnante Redewendung aufgreifen: »Mach Dich nicht so klein, so groß bist Du gar nicht«, oder auch umgekehrt: »Mach Dich nicht so groß, so klein bist Du auch nicht.« Statt den Gefährten der Liebe als Forderung oder gar als Bedrohung zu erleben, verwandelt sich für den »Trommler« das Bild der »alten Frau« in die Vorstellung eines jungen Mädchens, in dessen Gegenwart und Nähe ein Raum unbedrohter Geborgenheit und eine Zone erlaubten Nicht-Tun-Müssens entsteht. Die Szene selbst erinnert sehr stark an das Märchen vom ›Goldenen Vogel‹, wo ein Königssohn nur freikommen und die geliebte Königstochter mit sich heimführen kann, wenn er binnen einer Woche einen großen Berg vor dem Fenster des königlichen Palastes abträgt; auch in diesem Märchen wird das entscheidende Lebenshindernis nicht durch Fleiß und Anstrengung beseitigt, sondern es verschwindet durch eine Haltung vertrauensvoller Ruhe.[84] Während aber in dem Märchen vom ›Goldenen Vogel‹ der rettende Gedanke von einem Fuchs eingegeben

wird, legt das Märchen vom ›Trommler‹ offenbar einen viel größeren
Wert auf das *personale* Moment des Vertrauens. Nicht allein durch die
instinktive Vernunft der eigenen Seele, wie sie im Bild des sprechen-
den »Hilfstieres« erscheint,[85] sondern wesentlich durch das Gegenüber eines anderen Menschen verringert sich die Angst ehrgeiziger
Selbstüberforderungen und überkompensierter Minderwertigkeitsgefühle.

Insofern kehrt sich spätestens jetzt das Verhältnis auf paradoxe
Weise um: Der Trommler, der auszog, die Prinzessin zu erlösen,
bedarf nunmehr von sich aus unbedingt der Liebe und Geborgenheit
der Königstochter, um sich und die Geliebte von dem Fluch der »alten
Frau« zu befreien; der »Erlöser« selbst wird zum »Erlösten«, der
»Retter« selber zum »Geretteten«. Aus der Mythologie der Gnosis ist
diese religionspsychologisch außerordentlich wichtige Chiffre von
dem »erlösten Erlöser« wohlbekannt;[86] doch was in der historischen
Forschung nur als geistesgeschichtliche Merkwürdigkeit imponiert,
gewinnt durch ein unscheinbares Kindermärchen wie die Geschichte
vom ›Trommler‹ einen höchst bemerkenswerten Kommentar, der eines der tiefsten Rätsel des menschlichen Daseins aufzulösen vermag:
wie es möglich ist, Ideal und Wirklichkeit, Dichtung und Wahrheit,
Kunst und Leben miteinander zu verbinden. Ohne den *Traum* der
Liebe, meint dieses Märchen, gelangte ein Mensch niemals dahin, sich
bedingungslos auf einen anderen Menschen und mithin auf das Abenteuer der ganzen Welt einzulassen; die größten Träumer aber sind
diejenigen, die an die eigene Liebenswürdigkeit am wenigsten zu glauben vermögen und die sich gar nicht vorstellen können, daß sie geliebt
werden könnten, ohne sich die Liebe durch die Rettung eines anderen
Menschen allererst zu verdienen; und doch bedürfen gerade sie, die
Retter und Erlöser, vor allen anderen der *Erfahrung* einer bedingungslosen Liebe, um aus den Gefühlen der Ohnmacht und Selbstüberforderung befreit zu werden.

Wie absolut diese Erfahrung in dem Märchen vom ›Trommler‹ gilt
und gemeint ist, läßt sich daran erkennen, daß das hilfreiche und
wunderschöne Mädchen an keiner Stelle des Textes mit der Vogelmaid
am Anfang der Geschichte identifiziert wird. Dem Leser ist klar (und
der Trommler »weiß« natürlich unbewußt), daß dieses Mädchen, seine Retterin jetzt, keine andere als die erlösungsbedürftige Schöne des
»Berufungstraumes« sein kann; aber man gewinnt fast den Eindruck,
als werde das Wiedererkennen der Traumgeliebten wie etwas Peinli-
ches oder Beschämendes vermieden und als solle der Kontrast nicht
gar so deutlich ausfallen, wonach der machtvolle Retter von einst
nunmehr selber in seiner Ohnmacht der Rettung bedarf. In der Tat
geht es ganz entscheidend darum, daß es einmal *nicht* beschämend sein
darf, schwach zu sein, und *nicht* peinigend sein muß, sich überfordert

zu fühlen. Wesentlich besteht die Liebe in diesem wunderbaren Erleben einer *wechselseitigen* Erlösung, und die Befreiung von aller Angst, von dem Bild der fordernden »alten Frau«, geschieht durch keine Erfahrung nachhaltiger als durch das Gefühl, ausruhen zu dürfen und angenommen zu sein in der Nähe des Menschen, den wir am meisten lieben und für den zu tun wir alles bereit wären, wenn wir nur könnten.

Deutlich ist dabei, daß die Szene jetzt einer vollständigen Umkehrung der Eingangsvision gleichkommt und die Rollen des Trommlers und des Mädchens gänzlich vertauscht sind. Am Anfang des Märchens erschien die verzauberte Prinzessin dem Trommler, um wie ein mitternächtliches Traumbild ihn aus dem Schlaf zu reißen; der Trommler hernach ging seinerseits daran, die Riesen aufzuwecken und ihnen zu drohen, sie würden nie wieder Ruhe finden, wenn sie ihm bei seinem Vorhaben nicht »förderlich« sein sollten; doch jetzt, im Mittagshöchststand der Sonne, erscheint die Prinzessin erneut, diesmal mit der paradoxen Aufforderung, in Ruhe die Augen zu schließen und zu schlafen, dieweil der See von selber sich entleeren werde. Es gibt mithin einen Schlaf, aus dem man geweckt werden muß durch Träume, die ins Leben und zur Liebe rufen, und es gibt einen Schlaf, in den man sich geben darf, weil in ihm das Leben und die Liebe selber als geschenkt gegeben und erfahren werden, und diese Beruhigung im Sein ist wichtiger und »erfolgreicher« als alles, was man »tun« und »machen« könnte. Denn so wie die Vision der Liebe das Gewebe der Lethargie zerreißt, so hüllt sie auch zugleich in das Gewand der Ruhe und vermittelt ein sicheres Gefühl, daß das Entscheidende im eigenen Leben nicht noch getan oder »an Land gezogen« werden muß, sondern bereits »vorliegt« – ähnlich den Bildern vom »reichen Fischfang« im Neuen Testament (Joh 21, 1–12).[87] »Durch das Nicht-Machen ist alles gemacht«, diese Weisheit des chinesischen Weisen Laotse[88] ist das Ende der Angst vor der »alten Frau« und der Beginn einer vertrauensvollen Geborgenheit im Schoß der Liebe.

Dennoch endet der Konflikt zwischen dem Trommler und der Alten, zwischen Überforderung und Selbstvertrauen, nicht einfach in einer traumversunkenen Idylle, sondern notwendigerweise in der Courage, gegen die alte Hexe vorzugehen und ihr das derart prompt, korrekt und ordentlich erzielte Arbeitsresultat buchstäblich »an den Kopf zu werfen«. Offenbar hängt beides miteinander zusammen: die Hingabefähigkeit der Liebe und die »Rückgabefähigkeit« der Aggression. Der Eindruck muß unter allen Umständen vermieden werden, als ob der Trommler einfach weiter in der alten Weise gehorsam und dienstbeflissen »seines Amtes walten« könnte und sich nicht eine ganze Welt in ihm verändert hätte. In Wahrheit hat er nicht nur eine bestimmte Form von Vertrauen gelernt, er hat auch an Selbstvertrauen

und Durchsetzungsfähigkeit gewonnen, und so wie er offenbar weit
entschiedener als bisher auf das wunderschöne Mädchen »eingehen«
kann, so kann er zugleich auch entschlossener an die alte Hexe aggres-
siv »herangehen«. Freilich: deutet man das »Werfen« des »Fisches« als
»Freudsches« Symbol, wie man wohl muß, so bleibt festzustellen, daß
im Erleben des Trommlers Sexualität und Aggressivität noch wie zwei
voneinander getrennte Handlungen erscheinen, die sich zwar bereits
wechselseitig bedingen, aber noch nicht wirklich miteinander verbunden sind. Es bedarf offensichtlich noch einer längeren Zeit, ehe der
Trommler seine Geliebte und sich selbst aus den Händen der Hexe
befreit hat – und es bedarf dazu offensichtlich auch noch etlicher
neuer Erfahrungen von Angst, Vergeblichkeit und Scheitern.

Wie oft eigentlich muß ein Mensch in Ausweglosigkeit sich verwik-
keln, ehe er Einsicht aus seiner Ohnmacht und Zuversicht aus seinem
Unglück gewinnt? Vor allem in der Sprache der (christlichen) Religion
herrscht die Vorstellung von der »Bekehrung« oder »Umkehr« als
einem durchbruchartigen Erlebnis, durch welches in einem einzigen
Augenblick das gesamte Leben sich verwandle.[89] So mechanisch die
Typik der Dreizahl auch anmutet, scheint die Darstellung des Märchens vom Trommler demgegenüber doch weit realistischer, wenn sie
voraussetzt, daß Menschen für gewöhnlich wohl mehrfach erst dieselben Fehler begehen und in dieselben Engpässe förmlich hineingetrieben werden *müssen,* ehe ihre Grundeinstellung in der Tiefe sich wirklich zu ändern vermag. Ja, es wird meistens sogar überhaupt keine
bestimmten, eng umschriebenen Momente geben, in denen eine bestimmte »Entscheidung« »gefällt« oder »vollzogen« wird, und selbst
wo der Eindruck eines solchen Katarakts sich überstürzender »Entscheidungen« entsteht, handelt es sich doch zumeist nur um das Strö-
mungsgefälle eines Flusses, dessen Quellen tief im Verborgenen der
Erde an ganz anderer Stelle aus längst zurückliegenden Niederschlä-
gen gespeist werden. Das hindert freilich nicht, daß es *immer wieder*
um die gleiche Grundentscheidung zwischen Angst und Vertrauen,
zwischen Minderwertigkeitsgefühl und Selbstannahme, zwischen
Überkompensation und Wahrheit geht; aber von Fall zu Fall, von
Stufe zu Stufe, verändert sich die Thematik der inneren Auseinandersetzung – das Wasser am sechsten Nilkatarakt im Norden von Khar-
tum ist durchaus nicht dasselbe wie beim ersten Katarakt in der Nähe
von Assuan, und es ist nicht völlig gleichgültig, an welch einer Stelle in
der Kette der »Irrungen« jemand gerade steht, ehe er zu sich selber
findet.

Ging es bei der *ersten* Aufgabe der alten Frau symbolisch im Bild
der »Fische« um die Frage des männlichen Leistungs*vermögens* bzw.
der männlichen Integrität, so enthält die *zweite* »Arbeit« des Trommlers jetzt deutliche Hinweise auf die eigentliche Form der Impotenz-

problematik; bestand das Thema der ersten »Arbeit« in der Angst, »kastriert«, also für die Liebe zu minderwertig *zu sein*, so verrät die zweite »Arbeit« die Angst, »kastriert« *zu werden* bzw. (infolgedessen) eine Frau nicht wirklich erobern und ausfüllen zu können. »Baum« und »Holz« sind bevorzugt weibliche Symbole, und die »Äxte« und »Keile« stellen unzweifelhaft phallische Instrumente dar; das »Holzfällen« und »Spalten« der »Bäume« verrät demnach, welch gewaltige und gewalttätige Vorstellungen über die näheren Beziehungen zwischen Mann und Frau sich im Unbewußten des Trommlers geltend machen.[90] Derselbe Mann, dessen Sensibilität und Musikalität uns bisher außer Frage stand, erlebt in den tieferen Schichten seiner Persönlichkeit die Liebe offenbar wie eine fremde Forderung, als »Axt im Walde« sich betätigen und alles ringsum »flachlegen« zu müssen – als eine so ungeheure Demonstration seiner Männlichkeit also, daß dabei in der Tat jede »Axt« zu »Blei« und jeder »Keil« zu »Blech« werden muß.

Scheinbar hat der Trommler demnach gegenüber der ersten »Arbeit« wirklich nichts dazugelernt; denn wir finden ihn unverändert ausgeliefert an dieselben gigantischen Ansprüche und Überforderungen, an dieselben Unbedachtheiten und Unvorsichtigkeiten, an dieselben Umwandlungen von Lust in Leistung, von Hingabe in Aufgabe, von eindringlicher Sanftheit in zudringliche Steifheit. Aber es ist sehr wichtig, sich klarzumachen, daß es gar nicht der Trommler selbst ist, der diese Verkehrung der Liebe zu einer rein männlichen Machtdemonstration von sich aus will – er folgt darin wirklich »nur« dem Willen der alten Frau, bei der zu wohnen er sich auf solch maßlose Weise »verdienen« muß.

Insofern spricht sich in dem kläglichen Scheitern beim Fischfang und Holzfällen wohl auch zum erstenmal so etwas wie ein unbewußter Protest gegen das Macho-Ideal des »großen« Mannes aus, selbst wenn der Trommler erst aus dem Gefühl innerer Ohnmacht zu der Erkenntnis förmlich gezwungen wird, daß in der Liebe so lange nichts »richtig funktionieren« kann noch wird, als er unter allen Umständen den »schlagenden« Beweis seiner Funktionstüchtigkeit als »Angler« oder »Holzfäller« liefern will und muß; in Wahrheit ist es ein Wissen, das er selber in sich trägt und das besagt, daß nur ein Mensch, der in der Liebe sich vollkommen angenommen fühlt, damit aufhören kann, sich selber stets zu »übernehmen«. Vor allem muß der Trommler nunmehr endgültig die Erfahrung machen, daß die Vorstellung der »Hexe«, wie man als Mann zu sein und zu handeln habe, um im Hause einer Frau geduldet zu werden, buchstäblich ins »Unmögliche« führt. Daß er mit solchen Erwartungen sich selber Unrecht tut, lehrt ihn inzwischen schmerzlich genug das eigene Unvermögen; daß er aber auch der Geliebten mit solchen Verhaltenszwängen nicht gerecht wird, zeigt ihm die Königstochter jetzt aufs neue selber; und von beiden Seiten her lernt er, der »Hexe« ihre unsinnigen Aufgaben »vorzuwerfen« und die Angst vor den Überforderungen einer Frau abzuwerfen. Erst das wachsende Vertrauen und das erstarkende Selbstvertrauen, das sich aus solchen Erfahrungen ergibt, bewirken eine Haltung, in der das ganze Impotenzproblem mitsamt dem zugehörigen Imponiergehabe verschwindet. – Man braucht diese diskreten, aber unüberhörbaren Hinweise in der Geschichte vom ›Trommler‹ in ihrer tiefen menschlichen Weisheit übrigens nur einmal mit den absurden Turn- und Fitneßübungen mancher Verhaltenstherapeuten gerade in dem umschriebenen Symptomkomplex zu vergleichen,[91] um die psychologische Einsicht eines so einfachen Märchens wie der Grimmschen Erzählung hoch zu rühmen, das all jene entwürdigenden Peinlichkeiten und geistlosen Gewalttätigkeiten wie selbstverständlich vermeidet, die sich aus jeder Reduktion menschlicher Anliegen in mechanische Angelegenheiten wie notwendig ergeben.

»... *und alles andere wird euch hinzugegeben werden« (Mt 6,33)*

Gleichwohl ist das Problem des Trommlers damit noch keinesfalls gelöst. Neben der Angst vor sich selbst und dem eigenen Unvermögen, neben der Angst vor der »undurchdringlichen« Forderung der Frau und dem eigenen »Gebrechen«, steht die Angst vor der Liebe selbst, und sie verkörpert die *dritte* Aufgabe der Hexe: alles Holz des Waldes solle der Trommler zu einem riesigen Scheiterhaufen zusammentragen und verbrennen; das gesamte »Material« der Seele muß mit anderen Worten von der Glut der Liebe ergriffen werden, und was bisher nur als eine mehr physische Tatsache und Tätigkeit einem ersten Einüben der Liebe gleichkam, muß sich jetzt endgültig der Glut leidenschaftlicher Gefühle ausliefern. Es ist klar, daß auch hier zunächst wieder die gleiche Dialektik von Angst und Überforderung herrschen muß, die wir bisher bei dem Trommler beobachten konnten.

Sie spricht sich zum einen in der Angst aus, mitten im Feuer selber zu verbrennen. Gerade die bisher so intensiv vorgestellten, in Sehnsucht erwarteten und überdimensional gesteigerten Wunschträume der Liebe können zu Alpträumen der Angst geraten, sobald sie aus der Vorstellung zur Wirklichkeit vordringen und das eigene Erleben tiefer berühren. Was soll werden, wenn das Lied der Liebe den Partner der Liebe nicht nur anruft, sondern auch aufruft, wenn aus den bisher heroischen Anforderungen zärtliche Aufforderungen werden und wenn das Suchen und Sehnen einmündet in ein Sammeln und Entflammen aller Antriebskräfte? Das Paradox ist immer wieder das gleiche, daß man aus der Ferne am meisten herbeiwünscht, was man in der Nähe am meisten fürchtet, und daß man wiederum am meisten ersehnt, was man aus Angst am meisten flieht. Man kann diese Gegensätzlichkeit mit der Angst eines Verhungernden vor dem Bäckerladen vergleichen, der sich fürchtet, den Laden zu betreten, um nicht Gefahr zu laufen, aus Heißhunger in einen reißenden Wolf verwandelt zu werden, der aber von einem solch gierigen Hunger nur deshalb gequält wird, weil er sich scheut, in den Laden zu gehen und das Nötige zu erbitten; es handelt sich um einen Zwiespalt, der nur aus der Abspaltung der Vorstellung von der Wirklichkeit zu verstehen ist: zwei wirkliche Brötchen würden dem Hungernden genügen!

Was aber den Trommler hindert, sich in die Flamme der Liebe zu getrauen, ist zum anderen, neben dieser Angst vor sich selbst, gewiß auch das Bild von der »frierenden Frau«, deren unersättlicher Kälte er vermeintlich mit einem Riesenfeuer »einheizen« muß. Im Umkreis der gestellten Problematik männlicher Impotenz taucht immer wieder die Klage auf, der Partner der Liebe liege ganz so da, wie das Märchen es an dieser Stelle schildert: wie ein unentflammbarer Klotz bzw. wie ein Stück Holz, das gegen alle Natur sich weigere, Feuer fangen zu wollen. Die Angst entsteht unvermeidbar, man müsse sich gewissermaßen selber im Feuer verzehren, um die erfrierende Geliebte zu erwärmen. Ganz deutlich werden mit solchen Ängsten die eigenen (männlichen) Schwierigkeiten in die Wahrnehmung der Frau hineinprojiziert, deren Frigidität als Korrelat der eigenen Impotenz teils befürchtet, teils erwünscht wird. Andererseits ist es jedoch zusätzlich der weibliche Einfluß der »alten Hexe«, der das Bild maßloser »Kälte« ursächlich prägt, und solange dieses Horrorgemälde der Frau nicht aus der Phantasie des Trommlers verschwindet, wird er weder sich selbst noch die Königstochter von der Dämonie der Angst erlösen können. Dabei besteht die Forderung der alten Frau inhaltlich ganz zu Recht: der Trommler *muß* sich dem »Feuer« aussetzen, und es wäre in der Tat fatal, wenn er aus lauter Angst die »Durchglühung« der Liebe vermeiden wollte. – In gleicher Weise ließen sich auch die bisherigen zwei »Aufgaben« der »Alten« an sich durchaus nicht vermeiden: jeder Mann (und jede Frau) muß es von einem gewissen Alter an lernen, die eigene Rolle gegenüber dem anderen Geschlecht zu definieren. Nicht die einzelnen Themenstellungen selbst also, sondern nur ihre angstverzerrte Überdimensionalität ließ aus normalen Aufgaben des Lebens unerfüllbare Leistungsanforderungen entstehen. Auch die Hilfe des Mädchens bestand deshalb bislang nicht darin, die jeweiligen Aufgabenstellungen selbst zu verleugnen, sondern dem Trommler von Fall zu Fall zu zeigen, daß er sie *ohne* Angst, in »Ruhe« und mit Vertrauen angehen müsse, damit sie sich buchstäblich wie von selbst erledigten.

Auch jetzt, beim drittenmal, kommt alles darauf an, eine bestimmte Form von Angst, diesmal die Angst vor dem »Feuer« (der Liebe), in dem Trommler zu überwinden. Doch die Situation jetzt hat sich in einem entscheidenden Punkt grundlegend gewandelt. Bislang war es dem begütigenden Einfluß des Mädchens zu danken, wenn der Trommler wie traumhaft über den Abgrund der Angst hinweggetragen wurde; jetzt ist es an der Zeit, daß er selber, in vollem Bewußtsein dessen, was er will und tut, die Angst in sich besiegt. Was ihm bisher als ein Geschenk der Liebe buchstäblich in den Schoß fiel, gilt es jetzt als eine innere Überzeugung und Befähigung selber zu leben. Die Alternative formuliert das Mädchen äußerst treffend: »Tust du ohne Furcht, was sie (die Hexe, d. V.) verlangt, so kann sie dir nichts anhaben; fürchtest du dich aber, so packt dich das Feuer und verzehrt dich.« »Gefährlich« ist demnach nicht das »Feuer« der Liebe, wohl aber ist es die Angst, die aus der Liebe eine in der Tat versengende und verbrennende Kraft zu machen imstande ist; denn dieselben Energien, die von sich her das menschliche Leben mit Licht und Wärme erfüllen könnten, vermögen im Zustand ihrer »Verhexung« und »Verteufelung« aus lauter Angst wirklich »höllische« Qualitäten zu entfalten und zu entfachen. Nur wenn der Trommler daher tut, was die Hexe sagt, und in die entscheidende »Pflicht« seines Lebens, in das Feuer der Liebe, *selber* hineingeht, wird er die Liebe erlösen; aber er wird die Liebe nur dann als Energie des Lebens erfahren, wenn er die Angst verliert, mit der die Alte die allfälligen Lebensaufgaben vermischt. »In der Liebe ist keine Furcht«, dieses Wort der Bibel (I Joh 4,17) bewirkt jetzt das entscheidende Wunder des Vertrauens: den Sieg über die Angst, die Verwandlung des Feuers der Liebe von einer verzehrenden Gefahr in eine durchwärmende Glut, und vor allem: die endgültige Vernichtung der Hexengestalt der Frau.

Eine Legende des Alten Testaments (Dan 3,1–30) berichtet davon, daß in der Zeit des babylonischen Exils der König Nebukadnezar in einem glühenden Ofen drei Jünglinge habe verbrennen wollen, die entgegen seinen Befehlen und trotz seiner Einschüchterungen von ihrem Glauben an Gott nicht hätten lassen wollen; diese Männer, erzählt die Legende, habe ein Engel Gottes vor den versengenden Flammen beschützt, so daß sie wohlbehalten aus dem Glutofen hervorgegangen seien. Dieselbe Macht, die zufolge der alttestamentlichen Legende der Glaube verleiht, besitzt zufolge des Märchens vom ›Trommler‹ die Liebe. Sie allererst schenkt und ermöglicht jenes Vertrauen, das die Angst besiegt. Während es bisher für den Trommler genügte, sich im Schoß des Mädchens auszuruhen, muß er jetzt, allein im Vertrauen auf das Wort der Geliebten, sein Leben wagen, ehe er merkt, daß das Wagnis der Liebe das Leben befreit, nicht vernichtet; und selbst die Hexe erklärt an dieser Stelle, er werde endgültig frei sein, wenn er es wage, den unverbrannten Holzscheit »aus dem Feuer zu holen«. Der Trommler tut's, und augenblicklich verwandelt sich das unversehrte Holz in das wunderschöne Mädchen, das schon zweimal den Trommler aus seiner Not errettet hat.

Erst an dieser Stelle wird deutlich, warum das Mädchen, über das Moment einer gewissen Selbständigkeit des Trommlers hinaus, nicht noch einmal in der fast schon gewohnten Weise ihrem Geliebten beistehen kann. Es geht jetzt offenbar darum, daß der Trommler das »Feuer« der Liebe in ein wirklich personales Verhältnis umwandelt. Die Frage lautet nicht länger mehr, ob und wie das Mädchen durch die (männliche) Glut zu »entflammen« bzw. in ein »Stück Holz«, das »brennt«, zu verwandeln ist; indem der Trommler sich dem Feuer der Liebe *ohne Angst* aussetzt, muß es ihm vielmehr gelingen, in oder hinter dem »Material« und »Zündstoff« der Liebesglut einen wirklichen Menschen, ein wirkliches Gegenüber, zu entdecken; und gleichzeitig damit muß er selber dahin gelangen, die Frau, die ihm bisher Geborgenheit schenkte und Erfolg verlieh, als dieselbe zu erkennen, die er immer schon in Traum und Vorstellung geliebt hat. In einer äußerst dramatischen Szene tritt der ganze bisherige Zwiespalt in dem Bild der Frau jetzt erneut und ein letztes Mal dem Trommler entgegen: *Entweder* es wird die Gestalt der »alten Frau« das »Mädchen« dem »Trommler« entreißen und mit sich entführen – dann wird das »Feuer« endlos weiterbrennen, und es wird nie ein Gegenüber der Liebe geben; *oder* das »Feuer« der Liebe ist imstande, die hexenhafte »Alte« zu verbrennen – dann endlich und endgültig wird man merken, daß der Partner der Liebe kein anderer ist als gerade derjenige, den man von jeher ersehnte und der in allen möglichen Verhüllungen den gesamten Lebensweg wie ein unsichtbarer Schutzengel mitbegleitet und mitgestaltet hat.

Doch hat der Trommler, wenn es so steht, noch wirklich eine Wahl? In aller Entschiedenheit *kann* der Trommler jetzt gar nicht mehr anders, als die »Hexe« zu nehmen und ins Feuer zu stoßen. So schrecklich und wahnwitzig die Hexenverbrennung in vielen Jahrhunderten in Europa auch praktiziert wurde[92] – *symbolisch* gesehen war ihre psychische »Logik« unbezweifelbar; denn einzig die Verteufelung der Liebe ist es, die Frauen in »Hexen« zu verwandeln vermag und die sich wiederum in der Gestalt der Hexe am deutlichsten ausspricht; nur sie allein auch macht aus der Liebe selbst ein Feuer, das verzehrt, aber nicht wärmt, das von außen verbrennt, aber nicht von innen durchglüht, und es entspricht deshalb symbolisch einem echten »ius talionis«, die Gestalt der »Hexe« im Feuer *der Liebe* (!) zu »verbrennen«. Der »Hexenwahn« besteht nicht darin, derartige Symbole ersonnen zu haben, er bestand in dem keinesfalls nur mittelalterlichen Irrglauben, Probleme der Seele gewissermaßen »chemisch« lösen zu können.

Einzig in einer äußersten Steigerung seelischer Energie verschwindet die »Verhexung« der Liebe, vergeht ihre Angst, verfliegt ihre »Unheimlichkeit«, und zurück bleibt die Wahrheit der Träume, die Erfüllbarkeit der Sehnsucht, das Wiedererkennen der ewig Geliebten in der Gegenwart jetzt, am Ende des langen Weges zur Erlösung.

Wer aber hat nun wen erlöst?

Eines der Geheimnisse der Liebe besteht darin, daß sie dem einzelnen alles, jedes Opfer, jeden Einsatz, jedes Risiko zu wagen abverlangt und ihm gleichzeitig doch weit mehr als Lohn zurückgibt. Nicht nur, daß die Liebe der Seele allererst die Kraft verleiht, bis zum Gläsernen Berg zu gehen und sich hinaufzuschwingen zu seinem Gipfel, sie verbindet vor allem die Seelen der Liebenden in Angst und Vertrauen, in Leid und Glück, in Suchen und Finden so untrennbar miteinander, daß sie, zwei elektrischen Magneten gleich, in einem ständig sich verstärkenden Kraftfeld und Schwingkreis aufeinander verwiesen sind. Die tiefe Wahrheit des Mythos vom *erlösten Erlöser* scheint es zu sein, daß der Trommler zwar die Königstochter erlöst, indem er die Hexe ins Feuer stößt, daß aber er selber bereits durch die Königstochter von aller Angst erlöst sein muß, um zu dieser Tat imstande zu sein. Die Autarkie der Helden taugt nicht zur Wechselseitigkeit der Liebe, und so bitter das zweimalige Scheitern des Trommlers auf dem Gläsernen Berg auch gewesen sein mag, als so segensreich erweist es sich jetzt: Es lehrt den »Trommler« ein Glück der Dankbarkeit, das den Schenkenden zum Beschenkten, den Sehnenden zum Ersehnten, den Rettenden zum selbst Geretteten macht, und so kann man den Vorgang nicht trennen, durch den die Königstochter von der Verzauberung der Hexe befreit und der Trommler zur Liebe befähigt wird.

Es sind wunderbare, nur den Märchen geläufige Bilder, wenn die Geschichte vom ›Trommler‹ des weiteren erzählt, die Liebe sei wie der Eintritt in ein verborgenes Königreich, wie der Antritt einer kostbaren Erbschaft, und wie der Erwerb von unermeßlich reichen Schätzen. Man würde dem Wesen der Märchen gewiß nicht gerecht, wollte man in diesen Chiffren rein äußerlich zu verstehende, konventionelle Typen erkennen, die lediglich den kindlichen Traum von materiellem Besitz widerspiegeln würden. Oft erzählen die Märchen von dem Gold oder den Perlen, die am Ende eines langen Weges unverhofft den Suchenden belohnen, und niemals kann ein Zweifel darüber entstehen, daß die Märchen dabei von dem Reichtum des Herzens und der Auszeichnung der Seele sprechen wollen. Bemerkenswert ist in diesem Zusammenhang freilich, daß es in den Märchen regelmäßig als unmöglich erscheint, um diese »Schätze« im voraus zu wissen; sie lassen sich nicht »anstreben«, und wenn man ans Ziel gelangt ist und die Liebe gelernt hat, nimmt man sie schließlich ebenso unverhofft wie im Grunde selbstverständlich in Empfang.

Will man ein Wort der Bibel mit dieser Erfahrung vergleichen, so wird man nicht zögern, das zentrale Wort der ganzen Verkündigung Jesu im Neuen Testament dieser Entdeckung der Märchen vom Reichtum der Liebe zur Seite zu stellen: »Sucht zuerst das Reich Gottes..., und alles andere wird euch hinzugegeben werden.« (Mt 6,33) Es ist der Erfahrungsraum der Liebe, in dem man alle Worte der Religion von innen her wie etwas ganz Natürliches begreifen lernt, und es ist umgekehrt ein Vertrauen, wie die Religion es schenkt, das die Chiffren und Wegweisungen der Märchen freisetzt und befolgen lehrt.

»Wohin ist dein Geliebter gegangen, du Schönste unter den Frauen?« (Hld 6,1)

Die meisten Märchen enden an dieser Stelle und können es tun, denn sie spielen »auf Erden«; alles aber, was das Märchen vom ›Trommler‹ bisher erzählt hat, trug sich in einer idealen Sphäre, auf dem Gläsernen Berg, zu. Wohl »erkennt« jetzt der Trommler seine Traumgeliebte als die schöne Königstochter wieder; wohl anerkennt die Prinzessin den Trommler als ihren Retter und will künftig »alles für ihn tun«, so wie »er sein Leben daran gesetzt« hat, sie zu erlösen; aber es handelt sich um ein Versprechen noch sehr »in den Wolken«, hoch über der Alltagsrealität. Was immer wieder als zentraler Konflikt in dem ›Trommler‹-Märchen erschien: der Widerspruch von Traum und Wirklichkeit, von Idealität und Realität, von »Dichtung« und »Wahrheit«, stellt sich jetzt als ein gewissermaßen räumlicher Kontrast von Höhe und Tiefe dar. Der Fluch der Hexe bestand darin, daß die Königstochter in unerreichbaren »Höhen« leben mußte, wo sich ihr eigentlich kein Sterblicher nähern konnte, und der Gläserne Berg selbst dürfte in diesem Kontext als ein Symbol abweisender Schroffheit und »glatter Unbesteigbarkeit« verstanden werden – als ein Ideal weiblicher Sittsamkeit, wie es die alte Frau verkörperte und wie es als Schicksal beinahe das ganze Leben der schönen Prinzessin in einen Fluch hätte verwandeln können. Dieses Ideal ist im »Feuer« der Liebe für den Trommler ebenso wie für die Königstochter endlich verbrannt, und insofern dürfte der Liebe zwischen den beiden jetzt *an sich* nichts mehr im Wege stehen. Doch dieses *an sich* hat es in sich. Ist es nicht immer wieder die nur allzu berechtigte Sorge der Liebenden, daß der Lebensalltag alles »alltäglich« mache, daß die Gewöhnung aneinander alles Kostbare als gewöhnlich erscheinen lasse und daß die ständige Gemeinschaft miteinander selbst das Vornehmste am Ende noch in

etwas »Gemeines« verwandle? Ehen, so sagt man, werden im Himmel
geschlossen, aber sie müssen auf Erden gelebt werden. Ist das »wirkliche« Leben zu zweit immer nur ein Sturz aus allen Wolken, ein Abstieg in erniedrigende Niederungen, ein Verlust an Höhe, an Freiheit
und an wechselseitiger »Hochachtung«? Das Leben auf dem Gläsernen Berg, das unter dem Bann der Hexe für die Königstochter wie ein
Fluch wirken mußte, verwandelt sich jetzt in die Frage, auf welch ein
Lebens-»Niveau« sie von sich her Anspruch machen will. Die Angst
vor dem »Abstieg« vom »Himmel« auf die »Erde«, die Angst vor dem
Verlust des Goldglanzhintergrundes aller Lebensäußerungen, die
Angst vor der Enttäuschung eines Lebens und Klebens am »Boden«
kann so groß sein, daß viele Menschen den Glauben an ein »alltägli-
ches« Glück der Liebe so wenig aufbringen wie die vorhin genannten
Philosophen und Dichter eine Einheit von Poesie und Leben für möglich halten mochten.

Von daher kommt jetzt alles darauf an, in welcher Weise der
Trommler und die Prinzessin »auf die Erde kommen«, und es ist
bereits außerordentlich wichtig, daß sie diesen Wechsel des »Standor-
tes«, der inneren Einstellung und Lebensform, selber von sich aus
wollen. In der Tat »ringen« sie sich dazu durch, den »Wunschring«
am eigenen Finger in Richtung eines Lebens hier auf Erden zu drehen
und ein Dasein unter den Begrenzungen der irdischen Existenz wirklich zu *wünschen*. Wieviel gehört dazu, daß Menschen sich entschließen, ihre hohen Ideale, ihre reinen Träume, ihre himmlische Liebe den
drohenden Tiefen, vermeintlichen Unreinheiten und möglichen Unse-
ligkeiten des sogenannten »wirklichen« Lebens auszusetzen! Die
Prinzessin und der Trommler *haben* den Mut dazu, und trotz aller
neuerlichen Gefahren, die sie damit, ohne es zu ahnen, für sich und
ihre Beziehung heraufbeschwören, werden sie doch einzig durch diesen ihren »Entschluß zur Wirklichkeit« an das Ziel ihres Weges gelangen.

Gleichwohl scheint es immer wieder weise und gütig, daß die Natur
es uns verwehrt, die Zukunft unseres Lebens im voraus zu kennen.
Wüßten die Prinzessin und der Trommler von all dem Leid, das ihnen
gerade jetzt, wo sie einander endgültig gefunden zu haben glauben,
trotz allem noch bevorsteht – sie würden vermutlich den Schritt auf
die Erde nicht wagen. Und doch sind sie im Unterschied zu unzähligen Mythen und Märchen nicht Menschen, die vom »Himmel«, aus
dem »Paradies«, »vertrieben« werden; in Wahrheit sind sie *Erlöste*,
und sie wollen es bleiben, nur daß sie in gewissem Sinne gerade an
diesem hochgespannten Ziel zunächst beinahe zu scheitern drohen.

Der unvermeidbare Weg in die sich anbahnende Krise beginnt bereits mit der anfangs geringfügig scheinenden Differenz über die rechte Methode des »Heimflugs« vom Gläsernen Berg. Der Trommler

bietet an, den Sattel zu benutzen, mit dem er auf den Berg gelangt ist – wir haben diesen »Sattel« vorhin als ein Symbol der *Intuition* zu deuten versucht, als Beschreibung einer psychischen Kraft, die der Seele Flügel verleiht und imstande ist, den Gegensatz von erschauter Idealität und überschaubarer Realität in eine Einheit zu setzen. Wenn die Königstochter jetzt erklärt, ihr mißfalle dieser »alte Sattel« des Trommlers, so wird man darin gewiß keine Ablehnung der intuitiven Befähigung selbst erkennen können, wohl aber eine Differenz in der Ausrichtung des Daseins. In irgendeiner Weise scheint der Gegensatz »Sattel« und »Ring« mit den »Flugrichtungen« nach »oben«, in die Welt der Idealität, und nach »unten«, in die Welt der »Realität«, zusammenzuhängen, und insofern ist das Prinzip des »Sattels«, immer höher hinaus zu wollen, jetzt in der Tat »veraltet«. Zudem deutet sich mit dem Besitz des Zauberringes so etwas wie eine geheime Dominanz der Königstochter an, die überraschen muß. Warum hat sie dem Trommler den wunderbaren Ring nicht gleich zu Beginn ihrer Begegnung gegeben? Warum hat sie ihm statt dessen einen Weg unabsehbarer Gefahren zugemutet, ungewiß, wie das Abenteuer seines Erlösungsversuches ausgehen werde? Die Antwort kann erneut nur lauten: weil es anscheinend nicht anders möglich war. Offenbar wirklich erst jetzt, wo es darum geht, vom Gläsernen Berg auf die Erde herabzufliegen, ist die Königstochter imstande, frei ihre Wünsche in die Wirklichkeit übersetzen zu können – in der Sprache des Märchens müßte man sagen, daß es wohl erst jetzt, nach der Verbrennung der Hexe, der Königstochter erlaubt ist, den Wunschring an ihrem Finger zu entdecken bzw. seine Fähigkeiten zu »realisieren«. Dabei wird allerdings deutlich, daß die Königstochter auch von sich her über die Gabe zum »magischen Flug« der Seele, zu einer Traumreise in die Wirklichkeit, verfügt; keinesfalls ist sie nur eine Beschenkte, sie ist gerade als Erlöste wesentlich eine Schenkende, die das ganze Leben des Trommlers in der Wirklichkeit verschönern und bereichern kann und möchte, *wenn* der Trommler sich von ihren Vorstellungen »tragen« und »mitnehmen« läßt.

Was aber sind diese »tragenden« Vorstellungen der Königstochter? Man sollte denken, daß der Trommler als »Erdenbewohner« die Königstochter vom Gläsernen Berge an die Hand nähme und vorsichtig in die »Welt« einführen würde, daß er die Gefahren und Chancen der »irdischen Existenz« ihr ausführlich schildern und vor allem die Erwartungen der Prinzessin mit seinen eigenen Erfahrungen und Möglichkeiten vergleichen würde. Tatsächlich aber findet ein solcher Austausch über den wichtigsten »Schritt« im Leben dieser beiden Liebenden gerade nicht statt. Statt dessen scheint die Königstochter zu spüren, daß ihre Liebe durchaus nicht von seiten der äußeren Realität, wohl aber geistig von seiten der Eltern des Trommlers eine schlimme

Bedrohung erwachsen muß, und so warnt sie ihren geliebten Erlöser vor seinen eigenen Eltern, vor der Macht seiner eigenen Vergangenheit. Freilich: wovor kann man einen anderen Menschen ernstlich warnen? *Warnen* im Angesicht von Gefahren, die in seinem eigenen Wesen als Möglichkeit angelegt sind? Immer wieder sieht man Menschen heilige Eide schwören, bestimmte Dinge gewiß nicht zu tun, nur um sie dann wie schicksalhaft als allererstes in ihr Handeln aufzunehmen, und offenbar bedarf es stets einer langen Lehrzeit aus Leid und Entfremdung, ehe das ursprünglich gesetzte Ziel wieder aus der Erinnerung im Bewußtsein auftaucht. Nicht einmal, daß die Königstochter sich außerstande zeigt, ihre Sorgen dem Trommler näher zu erklären, darf uns an dieser Stelle wundernehmen; denn auch wenn sie selber über mehr als bloße Ahnungen bzgl. der drohenden Gefahr verfügen würde, so vermöchte sie sich damit doch dem ahnungslosen Trommler durchaus nicht begreifbar zu machen. Gewiß, vom Drehen des Wunschringes am Finger der Prinzessin an ist es der Trommler, der von der Königstochter mit in die Welt genommen wird – nach *ihrer* Art, die Welt zu sehen, sollte der Trommler eigentlich sich richten. Aber statt um einzelne Erlebnis- oder Wunschinhalte geht es dabei allem Anschein nach um eine prinzipielle Alternative zwischen der Liebe des Trommlers zu der »Königin« seiner Träume und der Liebe zu seinen Eltern; in *diesem* Punkt konzentrieren sich jetzt alle Schwierigkeiten: daß die Liebe der Königstochter unbedingt verlangt, der alten Elternliebe abzuschwören. Der Prinzessin ist dieser Sachverhalt als unvermeidbar evident, dem Trommler aber ist er auf keinerlei Weise verständlich zu machen – *er* wüßte vermutlich überhaupt nicht, wovon die Rede ist. In einem Akt äußeren Gehorsams allenfalls kann er geloben, den Wünschen der Prinzessin, wenn es denn sein muß, zu entsprechen, aber eine solche Anpassungsfügsamkeit, so gut gemeint sie auch subjektiv sein mag, muß doch ohne Auswirkung auf die tieferen Schichten des Unbewußten in der Seele des Trommlers bleiben.

Ein zutiefst erschreckender Gedanke liegt darin, daß Menschen unter Umständen füreinander alles nur Erdenkliche einsetzen und unternehmen können und schließlich doch Gefahr laufen, einander zu verlieren, weil sie bei allem Bemühen um den anderen sich selber niemals wirklich kennenlernen konnten. Wie oberflächlich müssen im Rahmen der konventionellen Ehemoral all die guten Ratschläge, Mahnungen und Vorschriften wirken, einander die Treue zu halten, zu dem einmal gegebenen Ja-Wort zu stehen und eine in Freiheit getroffene Entscheidung konsequent zu Ende zu führen, wenn man demgegenüber schon durch ein so einfaches Märchen wie die Geschichte vom ›Trommler‹ belehrt werden kann, daß oft nicht einmal die Bitte des liebsten Menschen auf Erden, mit dem man sich wie im Himmel gefühlt hat und mit dem, allen Absichtserklärungen nach, man gemeinsam durch das ganze Leben gehen möchte, wirklich zu erfüllen ist! Und im Falle des Trommlers handelt es sich wahrlich nicht um irgendeine, sondern um *die* zentrale Bitte des Zusammenlebens überhaupt – wie verzweifelt fleht die geliebte Königstochter darum, der Trommler möge eine bestimmte Handlung unterlassen, von der *sie* sicher weiß, daß sie den Zusammenhalt ihrer Liebe aufs Äußerste gefährden muß! Doch auch die Königstochter kann nur versuchen, an das Bewußtsein des Trommlers zu appellieren, und das Bewußtsein des Menschen allein scheint ohnmächtig, die Triebkräfte seiner Tiefenseele von sich aus zu steuern. Was soll man tun, wenn guter Wille und Vernunft nicht einmal ausreichend sind, die menschliche Verbundenheit der Liebe einigermaßen sicher zu garantieren? »Bewußtmachung«, lautet die Zauberformel der Psychoanalyse. Aber wenn erst das Stranden des Schiffes die Sandbank anzeigt, die, dem Lotsen unbekannt, bei wandernder Drift der Tiefenströmung des Meeres auf der Seekarte nicht eingezeichnet war?

Worum es bei dem »Kontaktverbot« der Königstochter eigentlich geht, wird man erst verstehen, wenn man den existentiellen »Ort« begreift, an den der Trommler jetzt gelangt ist. All die Arbeiten auf dem Gläsernen Berg dienten im Grunde der Antwort auf die Frage nach seiner eigenen Identität als Mann; sie zeigten ihm, daß er seiner physischen und seelischen Integrität, seiner Liebenswürdigkeit und Liebesfähigkeit mit einigem Vertrauen gegenübertreten kann, und sie lehrten ihm, die Liebe nicht mehr aus Angst vor der Heftigkeit der eigenen Triebimpulse zu fliehen. Wie aber ist mit diesem Wissen jetzt zu *leben*? Was *muß* man, was *kann* man aus dem eigenen Leben machen? Was ist im Leben wirklich erstrebenswert? Das alles sind Fragen, die sich dem Trommler in dieser Weise noch niemals gestellt haben; sie ergeben sich aber wie zwangsläufig jetzt, bei seiner Rückkehr zur irdischen Wirklichkeit. Unter allen Umständen möchte die Königstochter, daß diese nunmehr entscheidenden Fragen wesentlich im Umkreis ihrer Liebe, im »Zauberring« ihrer bereits gemeinsam erfahrenen, himmlischen Verbundenheit, eine Antwort finden würden, und das aus ihrer Sicht zu Recht. Sie hat den Trommler mit den »Schätzen« der Liebe förmlich überhäuft, und sie möchte durchaus nicht erleben, was sie bald schon erleben muß: daß alles »Gut« ihr wie unter der Zaubermacht einer unwiderstehlichen Gegengewalt entzogen und entfremdet wird. Aber was unter Menschen läßt sich wirklich »verhindern«? So wie der Trommler seine geliebte Taube zunächst in den Zauberbann der Hexe zurückfliegen lassen mußte, um ihr dann bis zum Gläsernen Berg, bis zum scheinbar Unerreichbaren, nachzufolgen, so muß jetzt die Königstochter ihren Geliebten ziehen lassen, ohne ihn vor der Gefahr *seiner* Verzauberung bewahren zu können. –

Es gibt offenbar einen solchen Respekt der Liebe vor der Freiheit des anderen selbst in der Unfreiheit, und nie gibt es eine Wahrheit des Lebens ohne derartige Formen von Wagnis und Vertrauen.

Kaum ist der Trommler mit beiden Beinen auf die Erde zurückgekehrt, als er sich denn auch geradewegs in sein Elternhaus begibt und von Stund an wie willenlos dem Einfluß seiner Eltern verfällt. Oder sollte man besser sagen, daß er erst jetzt wirklich merkt, welch eine Macht seine Eltern über ihn besitzen? Leider muß man feststellen, daß der Trommler die Abhängigkeit von seinen Eltern trotz aller Warnungen der Königstochter auf lange Zeit hin gar nicht wahrnimmt – wohl nur deshalb ist er ihnen so willfährig preisgegeben. Vollends unheimlich aber wirkt die Selbstverständlichkeit, mit der die Eltern die Gefühle des Trommlers, selbst seine wichtigsten: die Gefühle der Liebe, zu dirigieren und zu manipulieren vermögen. Allem Anschein nach rächt sich jetzt, was wir früher »die List des Helden« auf dem Weg zur Erlösung der verzauberten (bzw. gefangenen) Jungfrau genannt haben: daß die Kräfte des Unbewußten in dem Trommler zwar durch alle möglichen »Höhenflüge« überspielt, aber nicht wirklich integriert wurden. Vor allem der Konflikt, der sich seinerzeit in Gestalt der zwei Besitzer des Sattels aussprach: der Widerspruch von Vision und Wirklichkeit, von Idealität und Realität, konnte damals offenbar noch nicht hinreichend durchgearbeitet werden und macht sich jetzt mit einer verheerenden Dynamik geltend.

Wie relativ das Erleben der Zeit sein kann![93] Immer scheinen Augenblicke intensiven Erlebens auf ein Winziges zusammenzuschrumpfen, während innerlich weniger gefüllte Zeiten sich unerträglich in die Länge ziehen können. Niemals aber »verfliegt« die Zeit so rasch, als wenn die Liebe der Seele Flügel verleiht, wie in dem Flug des Trommlers zum Gläsernen Berg. Erst jetzt, als »Zurückgekehrter«, tritt er wieder in das Zeitmaß seiner Eltern ein, und wie soll man nun sagen: daß im Haus seiner Eltern sich ihm die Tage zu Jahren hindehnen, oder daß ihm die Zeit auf dem Gläsernen Berg in der Liebe zu der Königstochter ganz und gar stehenzubleiben schien, weil er mit ihr buchstäblich »zeitlos« glücklich war? Beides mag zutreffen, denn beides zeigt, daß für den Trommler, getrennt von seiner Geliebten, nunmehr ein neuer Rhythmus der Zeit begonnen hat, ein neuer Pulsschlag der Stundenuhr, ein anderer Herzschlag des Erlebens.

Offenbar hatte die Prinzessin ganz recht, als sie ihre Liebe zum Trommler als völligen Kontrast zu seinem Elternhaus erfühlte; denn auch den eigenen Eltern erscheint ihr Sohn durch die Nähe der Königstochter jetzt wie ein seit Jahren fremd Gewordener, wie ein nicht mehr Wieder-zu-Erkennender. Und dennoch gibt der Trommler sich alsbald den Eltern zu erkennen, zeigt er sich ihnen »erkenntlich«, wird er mit anderen Worten »ganz wieder der Alte« – *ihr* Sohn. Was kann dies inhaltlich anderes bedeuten, als daß er ihnen zusichert, all ihre Erwartungen und Vorstellungen fortan wieder uneingeschränkt zu akzeptieren und zu teilen? Er ist wieder das liebe Kind, bereit, die Freude seiner Eltern zu sein und seinen Eltern Freude zu bereiten. Wohlgemerkt, daß er von einem Kind zu einem Mann geworden ist, verdankt er einzig der Geliebten, die inzwischen »draußen«, »vor der Stadt«, sehnsüchtig auf ihn wartet; von all den Schwierigkeiten auf dem Weg zu sich selbst und auf dem Weg zur Liebe hatten seine Eltern keine Ahnung – sie wußten buchstäblich nicht, wohin (es mit) ihr(em) Sohn gekommen war; all die inneren Kämpfe und Auseinandersetzungen fanden gänzlich in Abwesenheit der Eltern statt. Jetzt aber, an der Schwelle zum »wirklichen« Leben, stehen erneut diese »Eltern« und suchen das Glück »ihres« »Sohnes« zu fördern. Wer der Trommler selber ist, darüber haben sie allerdings kaum noch zu entscheiden; wer aber seine Braut sein soll, darüber scheinen sie durchaus sich eines Urteils zu getrauen. »Sie meinen es ja so gut«, »sie wollen nur das Beste für ihr Kind«, »ihr Kind soll es im Leben einmal besser haben« – so oder ähnlich lauten regelmäßig die Redensarten zur Rechtfertigung einer solchen Fürsorglichkeitsvereinnahme, denn »einvernehmlich« mit den Eltern muß der Trommler eingestehen, daß er, wörtlich, »mit allem zufrieden« ist, »was die Eltern wollten« – ein ungeheuerlicher Satz, um so mehr, als er sich in fast »normaler« Harmlosigkeit präsentiert.

In Wahrheit führt die »Zufriedenheit« des Trommlers mit seinen Eltern zu einem Totalverlust jeglichen Gefühls, zu einer völligen Amnesie der ursprünglichen Empfindungen, zu einer gänzlichen Umwertung aller Werte. Es sieht in dem Märchen ganz so aus, als bilde der Kuß auf die rechte Wange der Eltern (also auf ihre bewußte, willentliche Gesichtshälfte) unmittelbar den Grund für die »Entleerung« all der »Schätze«, die der »Trommler« vom Gläsernen Berg der Prinzessin mitgebracht hat. Was soeben noch ein geheimnisvoller Besitz in den Händen einer Königstochter, was ein kostbares Vermächtnis ihrer Eltern war, muß der Trommler augenblicklich unter den Augen seiner Eltern in etwas veräußern, das er als fertiges »Vermögen« »in der Tasche« hat. Wie selbstvergessen muß der Zwang zu großspuriger Selbstdarstellung sein, wenn der Trommler im Umkreis einer solchen »Elternliebe« die Gestalt seiner Geliebten sogleich vollständig »vergessen« kann, nur um den Reichtum ihrer Belohnung, das Geschenk ihrer Liebe, für ein lohnendes Geschäft ausgeben zu können! In der Nähe seiner Eltern hat für den Trommler offenbar all das nicht mehr zu gelten, was er gerade noch auf dem Gläsernen Berg an »unbezahlbaren« Einsichten hat lernen müssen: daß es eine Erlösung sein kann, schwach sein zu dürfen, daß es ein »Wissen« gibt, das nicht aus »Werken« stammt, sondern in Stille sich vollzieht, und daß das Wichtigste

im Leben: das Glück der Liebe und der inneren Wahrhaftigkeit, in
dem Getto ständiger Minderwertigkeitsgefühle und demonstrativer
Formen der Überkompensation eher *ver*tan als *ge*tan werden kann.
Wenn es der Fluch der »Königstochter« war, nur in der idealen Welt
des Gläsernen Berges leben zu dürfen, so scheint es jetzt, daß all ihre
Lehren für den Trommler in der Gegenwart seiner Eltern dazu verdammt sind, pure Theorie zu bleiben. Denn wenn er schon etliche
»Lehrjahre des Gefühls«[94] in der Ferne zugebracht hat, so ist es jetzt
offensichtlich seine erste Sohnespflicht, »vorzuzeigen«, was er »mitgebracht«, und vorzuweisen, was ihm die Zeit »eingebracht« hat. Nicht
die Erweiterung des Herzens – *wie weit* er es »gebracht« hat, ist die
Frage dieser Eltern, und es ist ein grotesker Widerspruch, wenn der
Trommler, der sich gerade unter der Ägide seiner Eltern als ein allver-
mögender, weltgewandter, »gestandener Mann« zu präsentieren hat,
sich gleichzeitig wie ein hilfloser kleiner Junge ihren grandiosen und
grenzenlosen Erwartungen ausgeliefert sieht. Verrat an der Liebe
durch kleinkindhafte Geltungssucht und infantile Abhängigkeit von
den Eltern – so müßte man das Verhalten des Trommlers nennen,
wenn er unter dem Einfluß seiner Eltern überhaupt noch wissen und
entscheiden könnte, was sich in ihm und um ihn her begibt.

»Ich weiß selbst nicht«, sagte ein junger Student zu mir vor einer
Weile, »was in den letzten Ferien mit mir geschehen ist. Ich war nur
zwei Wochen lang mit meinen Eltern zu einem Badeurlaub nach Süd-
europa gefahren; alles war wohlgeregelt und eher von einer behäbigen
Langeweile – äußerlich hat sich überhaupt nichts Erwähnenswertes
zugetragen. Nur ich selber war in dieser Zeit vollkommen verändert.
Es war, als wenn ständig fremde Stimmen unhörbar auf mich einrede-
ten und alle bisherigen Wertungen vertauschten: als wenn sie ver-
höhnten, was mir wichtig, herabminderten, was mir wertvoll, ablehn-
ten, was mir kostbar erschien. Als ich zu Hause meine Freundin wie-
dersah, fing ich fast an, mich für sie zu schämen, und schaute mich
verstohlen nach Mädchen um, die irgendwie wohlhabender und schöner aussahen, so daß ich sie meinen Eltern leichter hätte vorzeigen
können. Dabei verdanke ich meiner Freundin so viel – sie hat mich ein
ganz anderes Leben gelehrt, und ich mag sie sehr. Seit meiner Kindheit
mußte ich besonders für meinen Vater die Hoffnung der Familie sein –
der Beste in der Schule, der Klügste schon im Kindergarten; ich war
noch nicht fünf Jahre alt, als man mir auseinandersetzte, welche Le-
bensansprüche dem Generaldirektor einer Autofirma zuständen.« –
Dieser junge Student, dessen Beispiel das Grimmsche Märchen an
dieser Stelle auf das genaueste verdeutlicht, wirkte äußerst sensibel,
eher dünnhäutig, feinnervig, ein Mann, der zum Trost in depressiven
Phasen Gedichte von Nikolaus Lenau und Friedrich Hölderlin aus-
wendig lernte – ein echter Trommler, der sich sein Leben lang vor die

Wahl gestellt sah, mit seiner Begabung ein »Musikant« oder ein »Paukant« zu werden, bzw., was auf dasselbe hinauslief, seinem eigenen Wesen aus Traum und Poesie oder dem leistungsbesessenen Anpassungsdruck seiner Eltern zu folgen.

Das Märchen vom ›Trommler‹ schildert die lenkbare Fügsamkeit des »heimgekehrten« Sohnes als so selbstverständlich, daß es sich wohl lohnt, einen Augenblick lang zu überlegen, was denn passieren würde, wenn der Trommler auf die Erwartungen seiner Eltern nicht derart bereitwillig eingänge. Friedrich Nietzsche, selber der wohl größte »Trommler« des vergangenen Jahrhunderts, hat an vielen Stellen seines Werkes geschildert, welche Schuldgefühle es hervorruft, die überkommenen Rollenvorschriften der Gesellschaft in Frage zu stellen – wie als Verbrecher gilt, wer mit den alten Tafeln des Gesetzes bricht,[95] wie als unsittlich verachtet wird, wer die Sitte nicht achtet, und wie in Verruf kommt, wer gegen die Meinung der Menge auf sein eigenes Ich sich beruft. Gerade den an sich hoch moralischen, in der Tradition tief verwurzelten Menschen fällt es fast übermenschlich schwer, den gesicherten Hafen zwischen den Deichen zu verlassen und sich auf die Grenzenlosigkeit der hohen See hinauszuwagen, abseits der wohlmarkierten Routen. Begriffen wie Treue und Verantwortung kann man nicht widersprechen, ohne selbst das Gefühl zu bekommen, untreu und verantwortungslos zu sein. Um wieviel einfacher erscheint es da, in den Bahnen der Alten alles beim alten zu belassen und lieber, wie der Trommler im Märchen, die eigene Vergangenheit zu zerstören, als den Frieden mit der Vergangenheit der Gesellschaft, mit dem ewig Gestrigen, zu stören!

Und doch muß ein solcher »Kompromiß« über kurz oder lang in Selbstzerstörung enden. Nachdem es den Eltern des Trommlers bereits gelungen ist, die Schätze der Liebe in zählbares Kapital umzumünzen, gehen sie als nächstes daran, von dem Geld ihres Sohnes ein Haus zu kaufen, ganz als wollten sie die Vorstellungen der »alten Hexe« an Absurdität nach Möglichkeit noch übertreffen. Verlangte die Hexe »nur«, daß man für Aufenthalt und Unterkunft in ihrem Hause sozusagen ein Unmögliches an Vorleistungen zu verrichten habe, so halten die Eltern des Trommlers es, wie im Tierreich, für unerläßlich, zunächst einmal den »Nestbau« sicherzustellen und dann um die Hand einer Braut ihrer Wahl anzuhalten. »Hast Du was, so bist Du was«, nach dieser Faustregel will die Liebe *verdient* sein – sie als Geschenk aus der Hand einer Königstochter zu empfangen, ist in der Tat auch nur schon als Gedanke dem Trommler mittlerweile wie abhanden gekommen. Aber ist er damit nicht selbst buchstäblich ein Abhandengekommener – für die Königstochter ebenso wie für die eigene Existenz? Ein Mensch, der zu sich selber findet, indem er nach langem Suchen die Geliebte seiner Träume wiederfindet, ein solcher Mensch kann nicht »vergessen«, ohne sich selber zu verlieren.

In welchem Umfang diese Selbstpreisgabe gleichwohl erfolgt, zeigt sich besonders an der widerspruchslosen Lethargie, mit der es der Trommler hinnimmt, daß seine Mutter in großartiger Nonchalance ihm mitteilt, für ihn bereits eine Braut ausgesucht zu haben, die er in drei Tagen heiraten solle. Schlimmer kann Fremdbestimmung gewiß nicht empfunden werden, als wenn sogar die Liebe der Bestimmung anderer anheimfällt. Aber empfindet der Trommler seinen Zustand überhaupt noch? In einer unerhörten Weite der Seele und des Herzens hat die Liebe ihn zu »Höhenflügen« befähigt, wie sie nicht häufig Menschen vergönnt sein dürften; all die Abenteuer und Gefahren, die Auseinandersetzungen und Einsichten, die Erlebnisse von Verbundenheit und Gemeinsamkeit – all das scheint unter dem Diktat der Eltern nichts mehr zu bedeuten, es ist buchstäblich wie nie gewesen – vergeudet, abgebrochen und vertan. Doch das ist jetzt die Frage, die sein ganzes weiteres Leben bestimmen wird: Kann ein Mensch, der die Liebe entdeckt hat als die Urmusik all seiner Sehnsucht und als die Erhebung seines Daseins zum Mittelpunkt der Welt, einfach so weiterexistieren, als wenn nichts gewesen wäre – eingerichtet, abgerichtet, zugerichtet einzig für die Oberfläche des *comme il faut,* des *comme on dit,* des *cosi fan tutte?* Wieviel Kraft besitzt die Liebe, mit der Konvention und Tradition zu brechen und sich durchzusetzen gegen den Gewohnheitsdruck der Umwelt?

Alles hängt von der Antwort auf diese Frage ab. Was bislang als ein Problem von Dichtung und Wahrheit, von Idealität und Realität, von Traum und Wirklichkeit erschien, gibt sich jetzt als das zu erkennen, was es im Grunde ist: als die alles entscheidende Frage an die Existenz eines jeden Menschen, wofür er leben will: für die eindimensionale Wohlversorgtheit des Spießers und Speckhöckers, der schon aus lauter Angst verleugnen muß, eine jenseitige Welt jemals gesehen zu haben, oder für die nie endende Sorge, einem Daseinsruf, einer Traumberufung folgen zu müssen, die gebieterisch verlangt, die »Schwimmbewegungen der Unendlichkeit« im Endlichen zu »wiederholen«?[96]

»Gäbe einer auch all sein Gut um die Liebe, würde man ihn verachten?« (Hld 8,7)

Man kommt der Wahrheit des Märchens vom ›Trommler‹ gewiß recht nahe, wenn man sich die Wahl der »anderen« Braut nicht so sehr als Austausch oder »Vertauschung« zweier real verschiedener Menschen vorstellt – was im Einzelfall natürlich auch geschehen mag –, sondern als eine Verfälschung im Wesen und Erscheinungsbild ein und derselben Person. Kaum beginnt der Ehealltag, so beginnt oft genug ein Leben, das in allen Teilen dem elterlichen Vorbild gleicht – das Ende der Träume, der Anfang der »Pflicht«. Statt des Reichtums der Liebe installiert man ein Programm der »notwendigen Aufgaben« und »vernünftigen Zwecke«, und alles, was das Märchen bisher als Machenschaften der Eltern des Trommlers schilderte, muß man in der äußeren Wirklichkeit wohl am richtigsten als Beginn einer ganz »normalen« Ehe betrachten: »man« »muß« als erstes, gleich nach der Hochzeit, Geld beschaffen, »man« »muß« des weiteren ein Haus bauen, »man« »muß« – überträgt man das Märchen in die Alltagsgegenwart – an dem Haus eine Garage bauen, »man« »muß« für die Garage alsbald ein Auto kaufen, »man« »muß« für das Interieur des neuen Hauses Sorge tragen, »man« »muß« sodann für die Zinsen zur Abzahlung der Schulden bzw. der »Verbindlichkeiten« all dieser »Sachzwänge« noch viel mehr Geld beschaffen – und so geht es immer weiter.

Geht es so immer weiter? – Nach der Auffassung des Trommlers scheinbar unbedingt, denn er versucht den Widerspruch zwischen dem »Ideal« seiner Eltern und dem Ideal seiner Liebe durch einen Trick zu lösen: Er erklärt ganz einfach seine Vorstellungen von einem »richtigen« Leben als den eigentlichen Wunsch auch der »Königstochter«. »Als ich meinen Mann heiratete«, schildert eine heute dreißig Jahre alte Frau ganz analog die Tragödie ihrer Ehe, »bestanden meine Schwiegereltern unnachgiebig darauf, daß wir uns ein Haus kaufen sollten. Ich hatte meinen Mann schon sehr früh, mit sechzehn Jahren kennengelernt, und bis auf eine kurze Unterbrechung mit einem entfernten Bekannten bin ich nie einem anderen Mann begegnet. Wir hätten bestimmt eine echte Chance gehabt, uns zu lieben, wenn wir nicht ständig hätten abgelenkt sein müssen. Ich war gewöhnt, zu arbeiten und mich einzuschränken; mit Beginn der Ehe mußten wir Überstunden machen, und an allem, was hätte Freude machen können, mußten wir sparen, weil uns das Haus über den Kopf wuchs. Es ist an sich ein sehr schönes Haus, und ich wollte es anfangs auch, aber es übersteigt unsere Verhältnisse, und jetzt droht es sich in ein lebenslängliches Gefängnis zu verwandeln. Wir können so wie bisher nicht weiterleben, wir können das Haus aber auch nicht abstoßen. Wenn wir es verkaufen würden, bekämen wir noch nicht einmal sechzig Prozent seines ursprünglichen Wertes, und davon könnten wir die Hypotheken nicht abzahlen. Mit anderen Worten: wir sitzen in der Falle, und unsere Geldnot erdrückt alle Liebe. Die Folge ist: wir streiten uns wie Katz und Hund.« – Natürlich hatte der Mann im Gehorsam zu seinen Eltern auf seine Weise wieder »nur das Beste gewollt«, und er hatte sich dabei katastrophal übernommen; ganz wie das Märchen vom ›Trommler‹ es ausdrückt, mußte auch er auf Weisung seiner Eltern »ein prächtiges Schloß« bauen, »als wenn ein Fürst darin wohnen sollte«, und auch bei ihm war es eigentlich *die Mutter,* die ihn dazu bestimmte.

Wir haben diese Mitteilung des Märchens bislang noch zu wenig beachtet, daß die Wahl der Braut nicht einfach von den Eltern, sondern speziell von der Mutter des Trommlers getroffen wird. Sie, die erst jetzt genannt wird, muß in der Tat, wie wir bereits bei der Analyse der Hexe und der drei Aufgaben auf dem Gläsernen Berg vermutet haben, als die entscheidende Person im ganzen Leben des Trommlers betrachtet werden. Alles, was wir von der »Musikalität« und »Sehnsucht«, von den Minderwertigkeitsgefühlen und Selbstüberforderungen, von den Retterphantasien und Impotenzängsten des Trommlers gesagt haben, ordnet sich mit dem Auftreten dieser Frau um ein einziges dynamisches Zentrum. Denn gerade aus dem ödipalen Kontext entsteht zumeist das Gefühl, den Gefährten der Liebe (die Mutter) »retten« zu müssen, bzw. umgekehrt das Empfinden, erst liebenswert zu sein, wenn es gelungen ist, sich selbst als Lebensstütze und Lebensinhalt der eigenen Mutter zu erweisen.[97]

Dabei kommt es freilich darauf an, ein mögliches Mißverständnis zu vermeiden. Die Macht, gegen die es die Mutter zu beschützen gilt, ist im ödipalen Erleben zunächst der Vater, dessen Rolle in dem Märchen vom ›Trommler‹ jedoch mit keinem Wort erwähnt wird. Psychoanalytisch macht das Ungenannte natürlich am meisten Verdacht, aus Angst im Bewußtsein verdrängt worden zu sein, und man könnte deshalb geneigt sein, die väterliche Rolle in der Biographie des Trommlers für das untergründige Hauptthema zu erklären. Tatsächlich aber ist die ganze Erlöserphantasie in dem Grimmschen Märchen so sehr mit der Gestalt der »bösen Hexe« verschmolzen, daß wir die Bindung des Trommlers an die Ansprüche der Mutter nicht erst aus einem (reaktiven) Vaterhaß erklären können, sondern für den eigentlichen Kern der ganzen Erzählung halten müssen.

Vorstellen müssen wir uns dann in der Kindheit eines Mannes von der Art des Trommlers einen Vater, der so schwach ist, daß er von seiner Frau in wesentlichen Lebensbereichen als «Versager» empfunden wird. Der eigentliche Geliebte einer solchen Frau wird bald schon ihr Sohn sein, und man versteht, warum später der »Retterkomplex« die Grundbedingung jeder Liebesbeziehung im Leben eines solchen Trommlers darstellt. *Auf der einen Seite* muß er als der »Erlöser« seiner unglücklichen Mutter fungieren und darin einen Hauptauftrag seines Lebens erblicken – das Gefühl des Trommlers bei der Hexe, sich den Aufenthalt in ihrem Hause zunächst durch Ableistung von an sich unerfüllbaren Aufgaben »verdienen« zu müssen, wird unmittelbar auf die Erfahrung einer solchen Mutter zurückzuführen sein. Desgleichen lassen sich die schweren Selbstwertzweifel des Trommlers aus der Erfahrung verstehen, der entscheidenden Rolle seines Lebens, die Mutter ohne (bzw. gegen!) ihren Mann glücklich zu machen, möglicherweise nicht gewachsen zu sein. Sehr bald wird auf diesem Hintergrund gerade dasjenige Verhalten sich herausbilden, das wir bei dem Trommler denn auch tatsächlich beobachten mußten: eine triumphale Scheinsicherheit nach außen, die innerlich jedoch aus Angst vor dem drohenden Mißerfolg in ein solches Übermaß von Erwartungen an sich selbst hineingetrieben wird, daß, gemessen daran, selbst die größten Anstrengungen von vornherein zum Scheitern verurteilt sind. *Auf der anderen Seite* dürfte sich, in Reaktion auf diese Aporien des »Retterkomplexes«, sehr extrem die Sehnsucht nach einer Frau herausbilden, die »mütterlich« genug ist, um die fundamentale Daseinsangst der gnadenlosen Selbstüberforderung, statt durch Überkompensation, durch Akzeptation zu überwinden – die Gestalt einer Frau, wie sie zum Beispiel Søren Kierkegaard vollkommen fehlte,[98] wie aber etwa Rainer Maria Rilke sie glücklicherweise in der unvergleichlichen Lou Andreas-Salomé[99] oder Honoré Balzac in der wunderbaren Madame de Berny[100] fand – eine Frau, die selbst an der Seite eines ungeliebten Mannes erlöst sein will und die doch diese Erlösung für ihren »Retter« durch ihr Dasein selbst bewirkt.

Nun sollte man meinen, daß ein Mann wie der Trommler ein für allemal »geheilt« sein müßte, wo er doch durch die Begegnung mit der Frau seiner Träume zu einem Selbstbewußtsein und zu einer Einheit der Seele hat gelangen können, die ihn das verhängnisvolle Problem der Impotenzangst in weitestem Sinne wenigstens für Stunden vergessen ließ. Und doch hörte ein Mann wie Balzac zum Beispiel nicht auf, von einer Fürstin zu phantasieren,[101] die ihm in ihrer Liebe Schönheit, Ruhm und Geld zugleich verehren würde, und doch sah Rilke etwa sich zeitlebens von einer wachsenden Schar Verehrerinnen umringt.[102] Wie kommt dieser rätselhafte Widerspruch zwischen möglicher Erfüllung und tatsächlichem Unglück im Leben so vieler Künstler zustande? Was bewirkt diese immerwährende Aufspaltung zwischen Poesie und Wirklichkeit, die wir geradezu als Rilkes Manifest bezeichnen mußten?

Wenn es in der individuellen Existenz dafür einen psychologischen Grund gibt, so liegt er gewiß darin, daß die widersprüchlichen Erfahrungen der Kindheit mit der eigenen Mutter späterhin in *jede* Beziehung zu einer anderen Frau hineinprojiziert werden und somit das uralte Dilemma der Mutterbindung im weiteren Leben sich immer neu an wechselnden Personen zu wiederholen pflegt. Sobald eine Beziehung »dichter« wird und an Wirklichkeit gewinnt, sobald sie mithin die Sphäre der Phantasie zur Realität hin überschreitet, beginnen

unbewußt immer wieder die gleichen Zwänge und Ängste, Überforderungen und Übererwartungen, Überkompensationen und Resignationen, die schon in Kindertagen an der Seite der Mutter eingeübt
wurden. Man muß dabei vor allem bedenken, daß es im Gefälle der
ödipalen Ambivalenzgefühle gegenüber der Mutter auch späterhin nie
dazu kommen darf, eine Frau *anders* als in Traum und Phantasie zu
lieben. Abgespalten von einer außerordentlich lebhaften Vorstellung
von der Liebe, gestaltet sich folglich daneben eine absolut traumlose,
aufgezwungene, pflichtgemäße, rein leistungsorientierte Alltagswirk-
lichkeit, und diese beginnt zumeist, wie im Märchen vom ›Trommler‹,
vom Tage der Hochzeit an in Kraft zu treten. Alles, was vorher an
Sehnsucht und Hoffnung in Erfüllung zu gehen schien, verwandelt
sich demnach jetzt in Angst und Schuldgefühl, ganz so, als müßte es
strafweise durch ein Pogramm kompletter Selbstverleugnung abgearbeitet werden. Das Paradox besteht, daß gerade die Frau, die an sich
imstande ist, in dem Partner ihrer Liebe die Sehnsucht eines ganzen
aufgesparten Lebens auf sich zu versammeln, notwendigerweise zunächst dieselbe sein wird, die auch all seine Ängste aus Kindertagen
auf den Plan rufen muß. Denn auch ihr gegenüber wird der gleiche
Zwiespalt eintreten, dessen ersten Teil wir bereits im Verhalten des
Trommlers gegenüber der Königstochter kennengelernt haben und als
dessen Fortsetzung wir jetzt das Motiv von der »vertauschten Braut«
betrachten müssen. Ging es zunächst darum, die Königstochter nach
dem Vorbild der Mutter zu »erlösen«, so ist es gerade ihre erlösende
Mütterlichkeit, die sie für den Trommler in voller Ambivalenz der
Gefühle zu einer Art »Ersatzmutter« werden läßt: als Ersehnte und
Gefürchtete, als Mutter und Gemahlin, als Quelle des Lebens wie des
Todes. Statt zu sagen, die Mutter des Trommlers »wähle« für ihn die
Braut, kann man deshalb auch sagen, daß ihr Bild sich in der Realität
als absolut dominant erweist und die Gestalt der »wahren« Braut
weitgehend überlagert. Mit anderen Worten: die »Königstochter«
wird vom Trommler (unbewußt) ganz und gar so betrachtet wie seine
eigene Mutter; sie hat vollkommen so zu sein und sich so zu verhalten
wie ihre Schwiegermutter, und in jedem Falle muß es dem Trommler
gelingen, sich selbst und seiner Mutter den Eindruck zu vermitteln, als
sei seine Geliebte ganz so gearbeitet, wie es dem mütterlichen Ideal-
bild entspricht.

Gerade mit dem Eintritt in den Alltag der äußeren Lebenswirklichkeit beginnt für viele Verliebte mithin ein solch entfremdendes
Programm der elterlichen Außenlenkung. »Als wir heirateten«, werden viele Ehepaare rückblickend sagen müssen, »wollten wir im
Grunde alles anders machen, als wir es bei unseren Eltern kennengelernt hatten.« Gleichwohl ist es immer wieder gerade ein Vorsatz
dieser Art, der mit aller Wahrscheinlichkeit die alten Ambivalenzen

aus Kindertagen hervorholt und auf den Partner überträgt. Insbesondere bei Menschen von der Art des Trommlers müssen wir annehmen, daß die »Rettung« der Mutter im Umfeld der ödipalen Bindungen mit einem gänzlichen Ausfall an wirklichen Gefühlen bezahlt werden muß(te) und daß infolgedessen gerade der »Erfolg« bei der »Königstochter« dazu nötigt, alle tieferen Empfindungen ihr gegenüber auszublenden und zu »vergessen«. Gerade das »Alltagsleben« wird deshalb nur um so sicherer von den alten Widersprüchen und Gehemmtheiten heimgesucht werden, als zunächst das vollkommen gegenläufige Bild aus Traum und Sehnsucht gelebt zu werden schien. So entsteht das recht häufige Paradox, daß Menschen von der Liebe zwar sehr intensiv träumen dürfen und können, daß sie es aber geradezu angstvoll vermeiden müssen, diese Träume auch wirklich zu leben.

Ein Mensch wie der Trommler jedenfalls hat geradezu die Pflicht, sich nur mit der »Außenseite« seiner Geliebten zu vermählen und ihr, statt einer Begegnung in tieferen Gefühlen der Verbundenheit, einen prachtvoll erscheinenden »Umhang« äußerer Nichtigkeiten zuzumuten. Unvermeidlich kehrt somit das »Kleiderproblem« vom Anfang des Märchens auf einer höheren Stufe zurück, nur daß der Trommler, der damals von dem »Äußeren« der Königstochter zu seiner Traumreise zum Gläsernen Berg inspiriert wurde, jetzt als Zurückgekehrter in der »Wirklichkeit« anscheinend nur noch auf das Äußere hält.

Offenbar hat der Trommler in Wiederholung der alten Beziehung zu seiner Mutter nach wie vor den Eindruck, er müsse rundum das Glück seiner Braut »besorgen« und bereitstellen, wobei gerade die (ödipale) Angst vor jedem tieferen Gefühl diese Flucht in die pure Äußerlichkeit geradezu erzwingt und zu der Vorstellung nötigt, so etwas wie »wirkliches« Glück bestehe allein in den demonstrierbaren und demonstrativen »Hab-Seligkeiten« äußeren Besitzes. Erst von daher versteht man die zwangsweise Vordergründigkeit der Geldgewinn- und Häuserbaumentalität des Trommlers in seiner gehorsamen Abhängigkeit von seinen Eltern. Wenn wir am Anfang des Märchens noch denken konnten, das »Hemdchen der Königstochter« besitze für den Trommler gerade nicht den Wert eines Fetischs, es diene vielmehr lediglich als »Stoff, aus dem die Träume« sind,[103] so können wir jetzt, nach der Rückkehr vom Gläsernen Berg, nicht umhin, die Einstellung des Trommlers in der Realität in der Tat für eine Art Fetischideal zu erklären. Denn fortan soll es allem Anschein nach wirklich nur darum gehen, welche Kleider die Geliebte trägt, ob sie schön aussieht, wie sie sich am vorteilhaftesten anzieht, welche Bälle sie besucht und wie der Dekor der Innenausstattung des Saales einzurichten ist. Aus einer Königin des Herzens ist somit eine Königin der Eitelkeit geworden

und aus dem Gläsernen Berg ein Spiegelkabinett buchstäblich der
»Schalheit«. Objektiv geschieht der Königstochter damit unzweifelhaft schreiendes Unrecht, und man muß dem Trommler schon zugute
halten, daß er durchaus nicht mit seiner eigenen Person, sondern nur
in seiner Rolle als Sohn seiner Mutter in die Ehe geht. Nur: wann
eigentlich hört ein Mann auf, sich als Mutters Liebling an der Seite
seiner Frau aufzuspielen, bzw. umgekehrt gefragt: Was eigentlich
kann die Königstochter, nachdem sie scheinbar bereits alles Erdenkliche zur Erlösung des Trommlers getan hat, jetzt noch unternehmen,
um ihren Gemahl aus dem Zwang seiner Eltern zu befreien und
gleichzeitig damit sich selbst aus dem Widerspruch zwischen Schein
und Sein, zwischen Sollen und Wollen, zwischen Beruf und Berufung
zu erlösen?

Die Antwort kann, mit der Adresse an die Königstochter selber,
nur so ähnlich lauten wie die Erfahrung, die vorhin der Trommler
machen mußte: daß es gilt, alle äußerlich aufgesetzten und angemaßten Rollenzwänge und Erwartungen abzustreifen und abzuge-
ben. Paradoxer als an dieser Stelle des Märchens kann es im Leben
eigentlich kaum zugehen: Während der Trommler eine großartige
dreitägige Hochzeit für seine Braut vorbereiten zu müssen glaubt,
befindet diese sich in Wirklichkeit wortwörtlich »außerhalb der
Mauern« in Armut und Einsamkeit. Der ganze Aufwand gilt ihr
selber überhaupt gar nicht – das ist die reine Wahrheit; ja, man
kann solchen Staat und Pomp offensichtlich überhaupt nur treiben,
wenn man ihr wirkliches Wesen gänzlich »vergißt«. Möglicherweise
vermag sie auch auf einer solchen Hochzeit »mitzutanzen«, aber die
Frage wird nur um so mehr lauten, wie sie sich mit ihrer unverfälschten Wesensart »in Erinnerung« bringen kann, und es ist eine
Frage, die sich im Leben vieler Menschen immer wieder stellt.
Nicht drei Tage, sondern Jahre müssen Frauen im wirklichen Leben
oft in den »Vertauschungen« ihres Wesens zubringen, angepaßt bis
zur Bewußtlosigkeit an ein Leben äußerer »Erfolge« und außerstande, sich in ihren wirklichen Gefühlen bemerkbar zu machen. Äußerlich mögen sie dabei mit Erfolg die Rolle der Wahlfrau ihrer
Schwiegermutter spielen, aber innerlich fühlen sie sich immer ärmer
und armseliger, bis daß die innere Spannung schier unerträglich
wird. Spätestens dann lassen sich die Überlegungen nicht mehr auf-
schieben: Warum eigentlich hat man einander seinerzeit liebgewon-
nen? Waren es damals nicht ganz andere, im Grunde gegenteilige
Erfahrungen, auf die sich die Liebe zueinander ursprünglich grün-
dete? Was aber kann man tun, um die Erlebnisspuren aus den An-
fangstagen der Liebe wieder freizulegen.

Das Leben der »rechten Braut« teilt sich im folgenden vollständig in
zwei Hälften, wie um die innere Zerspaltenheit bis zum äußersten zu

treiben und sie gerade dadurch zu überwinden. Tagsüber führt sie sich vor wie auf einem Maskenball, angetan mit den Kleidern von Sonne, Mond und Sternen, die Wirklichkeit damit in einen Traum verwandelnd und den eigenen Wunschring, mit dessen Hilfe sie auf die Erde kam, nach den scheinbaren Wünschen ihrer Schwiegermutter drehend; in den Nächten aber bettelt sie förmlich um Zugang zum Trommler und fleht um sein Gehör; mit ihren überschwenglichen Darbietungen am Tage schläfert sie selber den Trommler ein, des Nachts aber, verstohlen wie eine Spukgestalt, sucht sie ihn aufzuwecken und an die Augenblicke ihrer reinen Liebe und wechselseitigen Erlösung auf dem Gläsernen Berg zu erinnern.

Ganz und gar ähnelt das Bild in umgekehrter Symmetrie mithin der Eingangsszene des Märchens, denn alles, was sich jetzt zwischen der Königstochter und dem Trommler zuträgt, ist wirklich wie ein Neuanfang – eine Wiederholung des Anfangs auf einer zweiten Ebene des Erlebens. *Damals* kam die Königstochter in der Nacht, um den Trommler aufzuwecken und um die Rückgabe ihres Fluggewandes zu bitten; *jetzt* erscheint sie in den Wunschkleidern einer Frau, die der Himmel selbst bekleidet mit den Gewändern von Sonne, Mond und Sternen; *damals* bat sie den Trommler, hinter dem entwendeten Kleid ihre wahre Gestalt zu erkennen; *jetzt* bittet sie ihn im Grunde darum, hinter den prachtvollen Kleidern ihre wahre Nacktheit und Armut zu erkennen und anzuerkennen. Wie der Trommler auf dem Gläsernen Berg sich in seiner Ohnmacht bloßstellen mußte, um von der Königstochter gerettet zu werden, so muß jetzt die Königstochter ihre »himmlischen« Kleider wie toten Plunder und leeren Flitter weggeben, um den Trommler an die eigentliche Wahrheit ihrer Liebe zu gemahnen. Weder vermag sie in den Palast ihres Vaters zurückzukehren und sich wie früher der Welt aus Traum und Sehnsucht hinzugeben, noch kann sie in das Haus des Trommlers gelangen und sich dem Arrangement der Äußerlichkeit fügen; – das einsame »Waldhaus« ist nunmehr ihr Aufenthalt, denn da, wo sie »zu Hause« ist, darf fortan nichts mehr gelten als die Wahrheit dessen, was sie wirklich ist. Endgültig kann sie nicht länger mehr die Wunschkleider äußerer Schönheit und Gefälligkeit anziehen, nur um dahinter die Gestalt ihrer wahren Person zu verbergen, wenn irgend sie mit ihrem eigentlichen Wesen beim Trommler Zugang und Gehör erlangen will. Wie aber überwindet sie die »Einschlafwirkung« ihrer eigenen Anpassung? Und wie kann sie noch einmal den »Trommler« aufwecken und ihn von den fiktiven Erwartungen seiner Mutter, von dem Scheinleben der puren Äußerlichkeit und von seinen frustrierenden Selbstüberforderungen befreien? Wieviel Geduld, kann man allgemeiner auch fragen, benötigen Menschen, die gegen die Macht uralter Verfälschungen auf die Macht ih-

rer Liebe vertrauen und die in dieser Zuversicht, oft scheinbar gegen
alle Hoffnung, aufeinander warten? Wie oft müssen sie einander die
immer gleichen Worte sagen, ehe der andere aus seinem Tiefschlaf
erwacht? Und an welche Erfahrungen können sie anknüpfen, um nach
den verlorenen Jahren eines sinnentleerten Lebens eine Form neuer
Einheit und klarer Bewußtheit zu begründen?

In dem Grimmschen Märchen sind es drei Motive, an welche die
Königstochter mit ihrem wehmütigen Klagelied in drei aufeinander
folgenden Nächten den Trommler zu erinnern versucht. Wie wenn
der Gesang ihrer Traurigkeit eine späte Antwort auf den Trommelruf
ihres Geliebten geben wollte, ruft sie dreimal beschwörend die Stunden vom Gläsernen Berg in Erinnerung und zählt dabei auf: die Nähe
und Vertrautheit, die zwischen ihr und dem Trommler bestand, als er,
müde von den unerfüllbaren Aufgaben der »alten Hexe«, sein Haupt
in ihrem Schoß barg; ferner die gelungene Rettung, mit der sie beide
einander von der Tyrannei und dem Bann der »Alten« sich zu befreien
vermochten; und schließlich die gegenseitige Versicherung ewiger
Treue. Es sind »Erinnerungen«, die nicht mehr als moralische Appelle
mißverstanden werden können, sondern die allein schon in ihrer lied-
haften Versform so etwas wie eine poetische Resonanz im Trommler
erzeugen wollen. Solche »Anrufe«, in denen die eigene Vergangenheit
in Schwingung gerät, erlebt man wie eine längst vergessene und doch
vertraute Melodie, die man nur mit Erschütterung und Dankbarkeit,
mit unerklärlichem Weinen oft, gemischt aus Sehnsucht und Glück,
von neuem jetzt wieder vernehmen kann. Eine Saite der eigenen Seele
beginnt zu klingen, und man weiß, daß in ihr der Grundton des
ganzen Daseins vernehmbar wird – als wenn man ihn fortan endlos
mitsingen, mitspielen, nachsummen müßte und möchte –, etwas lang
Überhörtes und wehmütig Erinnertes, das sich jetzt endlich zu Wort
meldet.

Und doch scheint es so schwer, diese Stimme der Erinnerung wirklich zu vernehmen. Ähnlich wie im Märchen vom ›Brüderchen und
Schwesterchen‹ (KHM 11)[104] erscheint auch im Märchen vom
›Trommler‹ die »rechte Braut« zunächst wie ein nächtlicher Schemen,
wie eine Art Ruhestörung für ihren Geliebten, und entspricht dieses
Bild nicht vollkommen der Wirklichkeit? Wie oft werden Menschen
das Wesen ihres Partners zunächst geradeso erleben: als etwas, das den
Schlaf der »himmlischen« Glitzerwelt täglicher Festlichkeiten jäh unterbricht, dafür aber in penetranter Weise Angst und Peinlichkeiten
bereitet und den Erwartungen von dem »Himmel auf Erden«, von
dem Traum der mütterlichen Ansprüche, von der allseits großartigen
»Fürstenhochzeit« diametral widerspricht?

Aber möchte denn der Trommler wirklich mit einer derart *äußeren*
Entfaltung von Pracht und »Sternenflimmer« sich »beruhigen« und

»zufrieden« geben? Soll wirklich in diesen Attitüden der Oberflächlichkeit der Rest seines Lebens dahindämmern? Und wenn schon dies,
merkt er denn gar nicht, daß seine Verlobte an seiner Seite ein vollendetes Doppelleben führen muß – zwischen »Palast« und »Waldhaus«,
zwischen Scheinmunterkeit und Traurigkeit, zwischen leerer Gemeinsamkeit und sehnsuchtsvoller Einsamkeit? Wie von außen zunächst,
wie durch ein Gemurmel vieler Stimmen, wird der Trommler darauf
aufmerksam, daß er in der Tat für ganze Bereiche »nächtlicher« Wahrnehmung wie »betäubt« worden ist, und er muß als erstes wohl auf
diesen »Rausch« zum »Einschlafen« verzichten lernen, um die hintergründige Wahrheit in seinem Leben und im Leben der Königstochter
kennenzulernen. Offenbar ist es gerade in dieser entscheidenden Frage
nicht möglich, sich direkt dem anderen mitzuteilen, und die »Königstochter« kann sozusagen nur durch die Vermittlungen des »Hausper-
sonals« auf ihre Person aufmerksam machen. Wirklich oft erst durch
die Sprache der Symptome, durch die Hinweise der indirekten Äußerungen, gelingt es im Zusammenleben von Menschen, dem anderen
die Ohren (und die Augen) für Wahrheiten zu öffnen, die in ihm
selber »schlummern« und deren Verleugnung gerade den Partner der
Liebe von einem innerlich reichen und menschlich erfüllten Leben
ausschließen muß; ehe der Trommler jedenfalls nicht von sich selbst
her ein Stück »wacher« und »hellhöriger« wird, läßt sich das gepflegte
Aneinander-vorbei-Leben zwischen ihm und der Königstochter gewiß nicht beseitigen.

Auf der anderen Seite muß und kann jetzt auch die Königstochter
auf ihre Doppelrolle als »Gewandfrau« und »Waldfrau« ein für allemal verzichten; sie muß es wagen, sich in ihrer Armut und Seelenein-
samkeit dem Trommler mitzuteilen; und sie muß vor allem davon
lassen, die Idealgestalt der Mutter des Trommlers verkörpern zu wollen. So wie sie auf dem Gläsernen Berg es dem Trommler erlaubte,
trotz seiner Ohnmacht sich in ihrer Liebe »auszuruhen«, so muß sie
selber jetzt ihren Geliebten dazu aufwecken, daß er ihre Gestalt so
wahrnimmt, wie sie wirklich ist. Sie braucht fortan nicht mehr in ihren
Kleidern die Frau zu *spielen*, die vom Himmel auf die Welt gekommen
ist – sie muß künftig darauf vertrauen können, daß sie dem Trommler
in ihrer Liebe wirklich den Himmel auf die Erde bringt und daß sie für
ihn *in ihrer Wahrheit* glänzend ist wie die Sonne am Tage, silbern wie
der Mond in der Nacht und flimmernd an Schönheit wie Sternenlicht.
Nicht den Verkleidungen des »Wunschringes«, sondern ihrem eigentlichen Wesen darf und muß sie zutrauen können, daß sie dem Trommler zu erscheinen vermag als ein Stück vom Himmel, als der Ort, an
dem der Himmel die Erde berührt, als die Stelle, an der die Welt ihr
Zentrum besitzt. Endgültig dürfen und müssen mithin die Gegensätze
zwischen Innen und Außen, zwischen Ideal und Wirklichkeit, zwi-

schen Traum und Realität verschwinden, und die Aufspaltungen der
(ödipalen) Angst und der (reaktiven) Selbstüberforderungen können
einem dankbaren Realismus weichen. Ohne Zögern darf die Königstochter jetzt all ihre Gewänder »abgeben«, denn sie darf jetzt endgültig wissen: niemals wird sie in den Augen des Trommlers schöner,
beseligender und liebenswerter dastehen als in der unverfälschten
Wirklichkeit ihres Wesens.

Der Unterschied ist eklatant: Am Anfang des Märchens mochte es
noch wie ein Werk des Anstandes erscheinen, die hüllenlose Traumgestalt der Königstochter *nicht* anzuschauen; damals konnte es noch als
ein Akt des Mitleids gelten, den anderen so anzublicken, daß es seine
Nacktheit bekleidete; jetzt aber gilt es gerade umgekehrt, möglichst
genau hinzusehen und den anderen ganz und gar in seiner Wahrheit
zu erkennen. Alles, was jetzt noch nach »Verkleidung« aussähe, könnte nur noch wirken wie ein Fastnachtskostüm am Aschermittwoch –
wie etwas durchaus Überlebtes, Unnötiges und schlechterdings Un-
zeitgemäßes. Denn es gibt jetzt ein Lied, und die Königstochter singt
es, das in der Vergangenheit begonnen hat und das jetzt mit verzau-
bernder Kraft hineindringt in die Gegenwart; in seinem Klang schließt
sich der Kreis des Daseins und der Liebe.

Was ist geschehen? – Ausgehend von seinem Traumerwachen, das
zu dem Glasberg einer Königstochter rief, weckt jetzt ein zweites
Aufwachen den Trommler dazu, die Wirklichkeit des Himmels auf
der Erde zu entdecken und die Geliebte der Träume in der »unge-
schminkten« Wirklichkeit des irdischen Lebens wiederzufinden. Der
Kern aller Lebenserfahrung besteht in dieser Synthese, in dieser
Doppelbewegung der Unendlichkeit, und es ist einzig die Liebe, die
die Kraft dazu verleiht. Die Erde ist gewiß kein Paradies, auch in der
Liebe nicht; und doch ist die Liebe nach dem Zeugnis aller Märchen,
nach der Erfahrung aller Religionen, die Macht, die uns den Himmel
offen zeigt, und wir müssen im Leben den Himmel geschaut haben,
um die Erde zu ertragen; und auch umgekehrt: Wir müssen einander
auf Erden in einer Weise begegnet sein, die uns zum Himmel erhebt,
um keiner Wahrheit im Leben mehr ausweichen zu müssen und einander auf ewig zu lieben gerade in der wahren Schönheit unseres
Wesens. Man darf sicher sein, daß an diesem lebendigen Realismus
des Glücks in der Liebe auch der bis dahin so gefürchtete Widerspruch der »Eltern«, die »Zensur« und die »Kritik« der tradierten
Ideale, sich »aufheben« und womöglich, wie im Märchen vom
›Trommler‹, einer freundlichen Bestätigung und Anerkennung Platz
machen werden. Denn auch im Interesse der konventionellen Moral-
begriffe kann es nicht liegen, Menschen zu einer ständigen Heuchelei
des Gefühls, zu einer permanenten Doppelbödigkeit der Existenz
und zu einer unheilbaren Zerrissenheit ihres Verhaltens zu nötigen,

vielmehr muß die Aufgabe des menschlichen Daseins darin liegen, sich zu seiner eigentlichen Wahrheit zu entwickeln. Immer wieder aber ist es, ganz wie die Märchen es schildern, allein die Liebe, die uns zu jener konkreten Poesie hindrängt und trägt, in der wir ein Unendliches an Glück, Lebendigkeit und Hoffnung schon ahnen in den engen Grenzen unseres Erdendaseins. Unser ganzes Leben erscheint in der Liebe als eine Fahrt vom Gestade der Unendlichkeit aus quer durch das Meer der Zeit hinüber zum Ufer der Ewigkeit, und wir dürfen und müssen einander auf dieser Fahrt des Lebens Gefährten sein – Begleiter, Beschützer und Bewahrer der Wahrheit des Menschen, den unser Herz sich als Freund und Geliebten erwählt und erwählen muß, weil er uns bereits nahe war, als wir ihn erst nur ahnen und ersehnen konnten, weil er uns bereits zu sich rief, als wir uns selber noch nicht kannten, weil er uns schließlich aufweckte, als wir mit ihm uns selber zu vergessen drohten und das Leben in »Zufriedenheit« beinahe schon verschlafen hätten. Mag sein, wir haben am Ende im Vertrauen der Liebe uns all unserer scheinbaren Prachtgewänder aus dem Schimmer der Sonne, des Monds und der Sterne entledigt; doch gerade dann wird dieser Gefährte unserer innigsten Liebe in unseren Augen den Himmel sich spiegeln sehen und unsere Seele durchflutet finden vom träumenden Licht des Mondes; er wird unser Dasein an jedem Morgen entdecken wie die Verheißung eines strahlenden Sonnenaufgangs und, wenn der Tag sich neigt, wie die Erfüllung aller Mühen in der reifenden Stille des Abends; er wird unsere Gedanken, Gefühle und Gestimmtheiten für so rätselhaft und schön, für so verlockend und hoch, für so unschätzbar und reich halten wie das flimmernde Licht der unübersehbaren, ewigen Sterne; auf unser Herz aber wird er lauschen wie auf den Pulsschlag der Welt.

Was irgend *Kunst* sein mag und was sie zu schenken vermag, besteht in dieser Wirklichkeit des Lebens der Liebe, nimmt dort seinen Anfang und führt dorthin zurück. Denn einzig in der Liebe ist kein Gegensatz mehr zwischen Himmel und Erde, zwischen Traum und Wirklichkeit, zwischen Dichtung und Wahrheit, sondern die Wirklichkeit selbst wird in ihr durchtönt von dem unhörbaren Lied der Liebe, durchflutet von dem goldenen Licht der Schönheit und besungen von den Gedichten und Gebeten des Rühmens, der Dankbarkeit und der Verehrung. »Da wurden die Lichter im Saal wieder angezündet«, endet das Märchen vom ›Trommler‹, »und die wahre Hochzeit ward mit großer Freude gefeiert.« Eine Hochzeit des Lichts, ein Königreich der Liebe, ein Ende der Angst, ein Anfang des wirklichen Lebens – es liegt nur an uns, die Wahrheit der Märchen zu leben. Auch Märchen wie die Geschichte vom ›Trommler‹ wissen, daß das bloße Wünschen nicht hilft und daß Träume nicht schon Wirklichkeit sind. Aber der Liebe trauen sie zu, im wirklichen Leben einen Zustand zu schaffen, in dem zwischen Sehnsucht und Erfüllung, zwischen Kunst und Religion, zwischen Dichtung und Wahrheit kein Unterschied mehr ist.

Eben deshalb bedürfen wir der Märchen mit ihrem Idealrealismus des Glaubens, mit ihrer sakramentalen Magie der Hoffnung und mit ihrer unsterblichen Traumpoesie einer ewigen Liebe.

Brüderchen nahm sein Schwesterchen an der Hand und sprach: »Seit die Mutter tot ist, haben wir keine gute Stunde mehr; die Stiefmutter schlägt uns alle Tage, und wenn wir zu ihr kommen, stößt sie uns mit den Füßen fort. Die harten Brotkrusten, die übrigbleiben, sind unsere Speise, und dem Hündlein unter dem Tisch geht's besser: dem wirft sie doch manchmal einen guten Bissen zu. Daß Gott erbarm, wenn das unsere Mutter wüßte! Komm, wir wollen miteinander in die weite Welt gehen.« Sie gingen den ganzen Tag über Wiesen, Felder und Steine, und wenn es regnete, sprach das Schwesterchen: »Gott und unsere Herzen, die weinen zusammen!« Abends kamen sie in einen großen Wald und waren so müde von Jammer, Hunger und dem langen Weg, daß sie sich in einen hohlen Baum setzten und einschliefen.

Am andern Morgen, als sie aufwachten, stand die Sonne schon hoch am Himmel und schien heiß in den Baum hinein. Da sprach das Brüderchen: »Schwesterchen, mich dürstet, wenn ich ein Brünnlein wüßte, ich ging' und tränk' einmal; ich mein, ich hört eins rauschen.« Brüderchen stand auf, nahm Schwesterchen an der Hand, und sie wollten das Brünnlein suchen. Die böse Stiefmutter aber war ein Hexe und hatte wohl gesehen, wie die beiden Kinder fortgegangen waren, war ihnen nachgeschlichen, heimlich, wie die Hexen schleichen, und hatte alle Brunnen im Walde verwünscht. Als sie nun ein Brünnlein fanden, das so glitzerig über die Steine sprang, wollte das Brüderchen daraus trinken; aber das Schwesterchen hörte, wie es im Rauschen sprach: »Wer aus mir trinkt, wird ein Tiger; wer aus mir trinkt, wird ein Tiger.« Da rief das Schwesterchen: »Ich bitte dich, Brüderchen, trinke nicht, sonst wirst du ein wildes Tier und zerreißest mich.« Das Brüderchen trank nicht, ob es gleich so großen Durst hatte, und sprach: »Ich will warten bis zur nächsten Quelle.« Als sie zum zweiten Brünnlein kamen, hörte das Schwesterchen, wie auch dieses sprach: »Wer aus mir trinkt, wird ein Wolf; wer aus mir trinkt, wird ein Wolf.« Da rief das Schwesterchen: »Brüderchen, ich bitte dich, trink nicht, sonst wirst du ein Wolf und frissest mich.« Das Brüderchen trank nicht und sprach: »Ich will warten, bis wir zur nächsten Quelle kommen, aber dann muß ich trinken, du magst sagen, was du willst: mein Durst ist gar zu groß.« Und als sie zum dritten Brünnlein kamen, hörte das Schwesterlein, wie es im Rauschen sprach: »Wer aus mir trinkt, wird ein Reh; wer aus mir trinkt, wird ein Reh.« Das Schwesterchen sprach: »Ach Brüderchen, ich bitte dich, trink nicht, sonst wirst du ein Reh und läufst mir fort.« Aber das Brüderchen hatte sich gleich beim Brünnlein niedergekniet, hinabgebeugt und von dem Wasser getrunken, und wie die ersten Tropfen auf seine Lippen gekommen waren, lag es da als ein Rehkälbchen.

Nun weinte das Schwesterchen über das arme, verwünschte Brüderchen, und das Rehchen weinte auch und saß so traurig neben ihm. Da sprach das Mädchen endlich: »Sei still, liebes Rehchen, ich will dich ja nimmermehr verlassen.« Dann band es sein goldenes Strumpfband ab und tat es dem Rehchen um den Hals, und rupfte Binsen und flocht ein weiches Seil daraus. Daran band es das Tierchen und führte es weiter und ging immer tiefer in den Wald hinein. Und als sie lange, lange gegangen waren, kamen sie endlich an ein kleines Haus, und das Mädchen schaute hinein, und weil es leer war, dachte es: »Hier können wir bleiben und wohnen.« Da suchte es dem Rehchen Laub und Moos zu einem weichen Lager, und jeden Morgen ging es aus und sammelte sich Wurzeln, Beeren und Nüsse, und für das Rehchen brachte es zartes Gras mit, das fraß es ihm aus der Hand, war vergnügt und spielte vor ihm herum. Abends, wenn Schwesterchen müde war und sein Gebet gesagt hatte, legte es seinen Kopf auf den Rücken des Rehkälbchens, das war sein Kissen, darauf es sanft einschlief. Und hätte das Brüderchen nur seine menschliche Gestalt gehabt, es wäre ein herrliches Leben gewesen.

Das dauerte eine Zeitlang, daß sie so allein in der Wildnis waren. Es trug sich aber zu, daß der König des Landes eine große Jagd in dem Wald hielt. Da schallte das Hörnerblasen, Hundegebell und das lustige Geschrei der Jäger durch die Bäume, und das Rehlein hörte es und wäre gar zu gerne dabeigewesen. »Ach«, sprach es zum Schwesterlein, »laß mich hinaus in die Jagd, ich kann's nicht länger mehr aushalten«, und bat so lange, bis es einwilligte. »Aber«, sprach es zu ihm, »komm mir ja abends wieder, vor den wilden Jägern schließ ich mein Türlein; und

damit ich dich kenne, so klopf und sprich: Mein Schwesterlein, laß mich herein; und wenn du nicht so sprichst,
so schließ ich mein Türlein nicht auf.« Nun sprang das
Rehchen hinaus und war ihm so wohl und war so lustig
in freier Luft. Der König und seine Jäger sahen das schöne Tier und setzten ihm nach, aber sie konnten es nicht
einholen, und wenn sie meinten, sie hätten es gewiß, da
sprang es über das Gebüsch weg und war verschwunden.
Als es dunkel ward, lief es zu dem Häuschen, klopfte und
sprach: »Mein Schwesterlein, laß mich herein.« Da ward
ihm die kleine Tür aufgetan, es sprang hinein und ruhete
sich die ganze Nacht auf seinem weichen Lager aus. Am
andern Morgen ging die Jagd von neuem an, und als das
Rehlein wieder das Hüfthorn hörte und das Hoho! der
Jäger, da hatte es keine Ruhe und sprach: »Schwesterchen, mach mir auf, ich muß hinaus!« Das Schwesterchen
öffnete ihm die Türe und sprach: »Aber zu Abend mußt
du wieder da sein und dein Sprüchlein sagen.« Als der
König und seine Jäger das Rehlein mit dem goldenen
Halsband wieder sahen, jagten sie ihm alle nach, aber es
war ihnen zu schnell und behend. Das währte den ganzen
Tag, endlich aber hatten es die Jäger abends umzingelt,
und einer verwundete es ein wenig am Fuß, so daß es
hinken mußte und langsam fortlief. Da schlich ihm ein
Jäger nach bis zu dem Häuschen und hörte, wie es rief:
»Mein Schwesterlein, laß mich herein«, und sah, daß die
Tür ihm aufgetan und alsbald wieder zugeschlossen
ward. Der Jäger behielt das alles wohl im Sinn, ging zum
König und erzählte ihm, was er gesehen und gehört hatte.
Da sprach der König: »Morgen soll noch einmal gejagt
werden.«

Das Schwesterchen aber erschrak gewaltig, als es sah,
daß sein Rehkälbchen verwundet war. Es wusch ihm das
Blut ab, legte Kräuter auf und sprach: »Geh auf dein
Lager, lieb Rehchen, daß du wieder heil wirst.« Die
Wunde aber war so gering, daß das Rehchen am Morgen
nichts mehr davon spürte. Und als es die Jagdlust wieder
draußen hörte, sprach es: »Ich kann's nicht aushalten, ich
muß dabei sein; so bald soll mich keiner kriegen.« Das
Schwesterchen weinte und sprach: »Nun werden sie dich
töten, und ich bin hier allein im Wald und bin verlassen
von aller Welt: ich laß dich nicht hinaus.« »So sterb ich
dir hier vor Betrübnis«, antwortete das Rehchen, »wenn
ich das Hüfthorn höre, so mein ich, ich müßt aus den

Schuhen springen!« Da konnte das Schwesterchen nicht anders und schloß ihm mit schwerem Herzen die Tür auf, und das Rehchen sprang gesund und fröhlich in den Wald. Als es der König erblickte, sprach er zu seinen Jägern: »Nun jagt ihm nach den ganzen Tag bis in die Nacht, aber daß ihm keiner etwas zuleide tut.« Sobald die Sonne untergegangen war, sprach der König zum Jäger: »Nun komm und zeige mir das Waldhäuschen.« Und als er vor dem Türlein war, klopfte er an und rief: »Lieb Schwesterlein, laß mich herein.« Da ging die Tür auf, und der König trat herein, und da stand ein Mädchen, das war so schön, wie er noch keins gesehen hatte. Das Mädchen erschrak, als es sah, daß nicht sein Rehlein, sondern ein Mann hereinkam, der eine goldene Krone auf dem Haupt hatte. Aber der König sah es freundlich an, reichte ihm die Hand und sprach: »Willst du mit mir gehen auf mein Schloß und meine liebe Frau sein?« »Ach, ja«, antwortete das Mädchen, »aber das Rehchen muß auch mit, das verlaß ich nicht.« Sprach der König: »Es soll bei dir bleiben, solange du lebst, und soll ihm an nichts fehlen.« Indem kam es hereingesprungen, da band es das Schwesterchen wieder an das Binsenseil, nahm es selbst in die Hand und ging mit ihm aus dem Waldhäuschen fort.

Der König nahm das schöne Mädchen auf sein Pferd und führte es in sein Schloß, wo die Hochzeit mit großer Pracht gefeiert wurde, und war es nun die Frau Königin und lebten sie lange Zeit vergnügt zusammen; das Rehlein ward gehegt und gepflegt und sprang in dem Schloßgarten herum. Die böse Stiefmutter aber, um derentwillen die Kinder in die Welt hineingegangen waren, die meinte nicht anders, als Schwesterchen wäre von den wilden Tieren im Walde zerrissen worden und Brüderchen als ein Rehkalb von den Jägern totgeschossen. Als sie nun hörte, daß sie so glücklich waren und es ihnen so wohl ging, da wurden Neid und Mißgunst in ihrem Herzen rege und ließen ihr keine Ruhe, und sie hatte keinen andern Gedanken, als wie sie die beiden doch noch ins Unglück bringen könnte. Ihre rechte Tochter, die häßlich war wie die Nacht und nur ein Auge hatte, die machte ihr Vorwürfe und sprach: »Eine Königin zu werden, das Glück hätte mir gebührt.« »Sei nur still«, sagte die Alte und sprach sie zufrieden: »Wenn's Zeit ist, will ich schon bei der Hand sein.« Als nun die Zeit herangerückt war und die Königin ein schönes Knäblein zur Welt gebracht

hatte und der König gerade auf der Jagd war, nahm die
alte Hexe die Gestalt der Kammerfrau an, trat in die
Stube, wo die Königin lag, und sprach zu der Kranken:
»Kommt, das Bad ist fertig, das wird Euch wohltun und
frische Kräfte geben: geschwind, eh es kalt wird.« Ihre
Tochter war auch bei der Hand, sie trugen die schwache
Königin in die Badstube und legten sie in die Wanne;
dann schlossen sie die Tür ab und liefen davon. In der
Badstube aber hatten sie ein rechtes Höllenfeuer an-
gemacht, daß die schöne junge Königin bald ersticken
mußte.

Als das vollbracht war, nahm die Alte ihre Tochter,
setzte ihr eine Haube auf und legte sie ins Bett an der
Königin Stelle. Sie gab ihr auch die Gestalt und das Ansehen der Königin, nur das verlorene Auge konnte sie ihr
nicht wiedergeben. Damit es aber der König nicht merkte, mußte sie sich auf die Seite legen, wo sie kein Auge
hatte. Am Abend, als er heimkam und hörte, daß ihm ein
Söhnlein geboren war, freute er sich herzlich und wollte
ans Bett seiner lieben Frau gehen und sehen, was sie
machte. Da rief die Alte geschwind: »Beileibe, laßt die
Vorhänge zu, die Königin darf noch nicht ins Licht sehen
und muß Ruhe haben.« Der König ging zurück und
wußte nicht, daß eine falsche Königin im Bette lag.

Als es aber Mitternacht war und alles schlief, da sah die
Kinderfrau, die in der Kinderstube neben der Wiege saß
und allein noch wachte, wie die Türe aufging und die
rechte Königin hereintrat. Sie nahm das Kind aus der
Wiege, legte es in ihren Arm und gab ihm zu trinken.
Dann schüttelte sie ihm sein Kißchen, legte es wieder
hinein und deckte es mit dem Deckbettchen zu. Sie ver-
gaß aber auch das Rehchen nicht, ging in die Ecke, wo es
lag, und streichelte ihm über den Rücken. Darauf ging sie
ganz stillschweigend wieder zur Türe hinaus, und die
Kinderfrau fragte am andern Morgen die Wächter, ob
jemand während der Nacht ins Schloß gegangen wäre,
aber sie antworteten: »Nein, wir haben niemand gesehen.« So kam sie viele Nächte und sprach niemals ein
Wort dabei; die Kinderfrau sah sie immer, aber sie getraute sich nicht, jemand etwas davon zu sagen.

Als nun so eine Zeit verflossen war, da hub die Königin
in der Nacht an zu reden und sprach:

>Was macht mein Kind? Was macht mein Reh?
Nun komm ich noch zweimal und dann nimmermehr.«

Die Kinderfrau antwortete ihr nicht, aber als sie wieder
verschwunden war, ging sie zum König und erzählte ihm
alles. Sprach der König: »Ach Gott, was ist das! Ich will
in der nächsten Nacht bei dem Kinde wachen.« Abends
ging er in die Kinderstube, aber um Mitternacht erschien
die Königin wieder und sprach:

>Was macht mein Kind? Was macht mein Reh?
Nun komm ich noch einmal und dann nimmermehr.«

Und pflegte dann des Kindes, wie sie gewöhnlich tat, ehe
sie verschwand. Der König getraute sich nicht, sie anzureden, aber er wachte auch in der folgenden Nacht. Sie
sprach abermals:

>Was macht mein Kind? Was macht mein Reh?
Nun komm ich noch diesmal und dann nimmermehr.«

Da konnte sich der König nicht zurückhalten, sprang zu
ihr und sprach: »Du kannst niemand anders sein als meine liebe Frau.« Da antwortete sie: »Ja, ich bin deine liebe
Frau«, und hatte in dem Augenblick durch Gottes Gnade
das Leben wiedererhalten, war frisch, rot und gesund.
Darauf erzählte sie dem König den Frevel, den die böse
Hexe und ihre Tochter an ihr verübt hatten. Der König
ließ beide vor Gericht führen und es ward ihnen das
Urteil gesprochen. Die Tochter ward in den Wald geführt, wo sie die wilden Tiere zerrissen, die Hexe aber
ward ins Feuer gelegt und mußte jammervoll verbrennen.
Und wie sie zu Asche verbrannt war, verwandelte sich
das Rehkälbchen und erhielt seine menschliche Gestalt
wieder; Schwesterchen und Brüderchen aber lebten
glücklich zusammen bis an ihr Ende.

Modulation der Gefühle oder: Zur Einstimmung

»Ein Märchen ist eigentlich wie ein Traumbild – ohne Zusammenhang – ein Ensemble wunderbarer Dinge und Begebenheiten, zum Beispiel eine musikalische Phantasie – die harmonischen Folgen einer Äolsharfe ... Sonderbar, daß eine absolute, wunderbare Synthesis oft die Achse des Märchens – oder das Ziel desselben ist.« Diese Worte von Novalis[1] über das Märchen stimmen nicht ganz: Die Märchen *sind* eine »wunderbare Synthesis« und sie *bestehen* aus wunderbaren Begebenheiten, doch gerade darin liegt ein innerer Zusammenhang, der wie das Thema einer musikalischen Variation in immer neuen Sequenzen bearbeitet und aufgelöst wird.

Zu den am schönsten, zu den am meisten »musikalisch« erzählten Märchen der Brüder Grimm zählt ohne Zweifel die bewegende Begebenheit von ›Brüderchen und Schwesterchen‹. Eine eigenartige Melodik der Gefühle durchtönt in fein abgestimmten Kadenzen dieses Ringen zweier Kinder um ihre Vermenschlichung und Einheit, die sie nach Meinung des Märchens nur finden können im Wagnis der Liebe. Wenn je eine solche Musik der Sehnsucht im Herzen eines Menschen zu Worten wird, die zu ihm sprechen im Rinnen des Regens und im Rauschen der Bäche, dann lauscht er dieser zauberhaft gefährlichen Welt von ›Brüderchen und Schwesterchen‹, in der die Grenzen zwischen Mensch und Tier, zwischen Königen und Bettlern, zwischen Engeln und Dämonen wie aufgehoben scheinen, als verfügte alles über die Kraft, sich aus sich selber in sein Gegenteil zu wandeln, um in verwandelter Gestalt es selbst zu sein. Was ist Traum, und was ist Wirklichkeit in diesem Fließen der Gefühle und Gestalten? Eine melancholische Melodie angsterfüllter Leidenschaft, unterlegt von dem Hörnergeschmetter der Lebenslust und Kühnheit, dringt zu uns, wenn wir diese Geschichte hören, doch wenn sie verklungen ist, war es, als wären wir selber just eben ihr Instrument gewesen und sie hätte unser bedurft, um eine Weile in uns und durch uns sich selbst hörbar zu werden. Waren es unsere eigenen Stimmungen, die ihr die Stimmen des Zaubers verliehen, oder stimmte ihr Zauber uns ein aufgrund einer merkwürdigen Vertrautheit, die jenseits der Zeit die Spuren verweht, bis daß wir selber kaum wissen, was wir als Erwachsene, was wir als Kinder sind oder waren oder sein durften? Wie sind wir *geworden*, als »Schwesterchen«, als »Brüderchen«, damals, als es keine Mutter mehr gab, bei der wir hätten Kinder sein dürfen, und wir in das Leben fliehen mußten wie heimatlos Vertriebene, den Bäumen und den Tieren vertrauter als der Nähe von Menschen? Und wie war es, als wir erwachsen sein mußten, nur weil man uns nahm und zur Ehe entführte, und die Kindheit kam hinterdrein wie ein verschüchtertes Reh an grasgeflochtenem Halsband? Was wollten wir selbst, und was wurde uns nur, und wo war die Grenze zwischen drinnen und draußen? Es gibt die festgefügten Charaktere – die distinguierten Leute mit ihren distinkten Begriffen vom Leben; die wissen genau, wer sie sind: wann sie wachen und wann sie träumen, wann sie frei sind in ihrem Anstand und wann ihrer Zuständigkeit ledig. Doch auch diese anderen gibt es, von denen die Märchen erzählen; die träumen am hellichten Tage und können nicht klar unterscheiden zwischen Verlangen und Fieber, zwischen Gnade und Fall, zwischen Erhöhung und Abgrund. *Sie* folgten so gern auf die Schlösser der Liebe; doch wo ist ihr wahres Zuhause: verkrochen *im Walde*, halb Mensch und halb Tier, oder *am Königshofe*, vertauscht und verhuscht, wie ein Schattenbild nur ihres wirklichen Wesens? Und wo wartet jemand, der *wach* wird, wenn es dreimal ruft gegen Mitternacht? Nur *er* in aufgeweckter Geduld vermöchte hinter den Schemen deutlich die Wahrheit zu sehen, nur er vermöchte die Wirklichkeit jenseits der Zwittergestalten der Angst eindeutig zu machen. Aber selbst Könige können schlafen, dahingegeben dem Traum einer wohlverwalteten, wohlgestalteten Welt, und sie merken fast immer erst, wenn es zu spät ist, daß gerade sie durch Einäugigkeit Betrogene sind. »Man darf«, meinte Caspar David Friedrich, »als Maler nicht malen, was man vor sich sieht, man muß malen, was man in sich sieht. Wenn man aber nichts in sich sieht, so soll man auch nicht malen, was man vor sich sieht.«[2] Nach dieser Anweisung malte K.F. Schinkel, wie zum Kommentar dieses Märchens, ein abendliches, menschenleeres Schloß,[3] in das ein Reh getreten ist, als hätte es eben erst, im Lichte der Dämmerung, sich aus dem Dickicht hervorgewagt auf den Freiplatz des Lebens und bestaunte nun neugierig witternd mit zögerndem, leis hallendem Tritt all diese Treppen und Türme, die ihm weder Schutz sind noch Hilfe, verirrt und verwirrt, und doch anscheinend gerufen und berufen von dem geheimnisvollen, unsichtbaren Herrn der Burg. Es ist ein wehmütiges Traumbild wildscheuer Liebe, die sich erst hervortraut im Längerwerden der Schatten. Doch wie oft hat ein Mensch sich wohl der Jagd und dem Abenteuer der Liebe aussetzen müssen, ehe er, waidwund und verwildert, hinüberfand in den Frieden seiner Seelenburg?

Jedem rein rechtlich und moralisch Denkenden muß bei der Erzählung von ›Brüderchen und Schwesterchen‹ auffallen, wie stark hier, was immer geschieht, scheinbar vom *Zufall* gestaltet wird, wie hilflos die Akteure geistigen Mächten ausgesetzt sind, denen sie von Augenblick zu Augenblick zu erliegen drohen. Es irritiert und beleidigt unser Selbstwertgefühl, Menschen zu begegnen, die in einer derart unheimlichen, verwunschenen Welt zu leben gezwungen sind, als wären sie nichts als Gliederpuppen an Drähten eines unbegreiflichen Fluchs von Not und Verfolgung, ein Drama, dessen Drehbuch sie bis gegen Ende niemals verstehen werden. Insbesondere das *christliche* Bewußtsein sträubt sich dagegen, in dieser Weise von Schicksal und Zwang, von Fluch und Verhängnis zu hören.[4] Und doch scheint dieses kleine Kindermärchen der Brüder Grimm mehr von der Hilflosigkeit und Hilfsbedürftigkeit von Menschen zu ahnen, als wir es selber in unseren alltäglichen Denkgewohnheiten wahrhaben möchten. Wir hören ganz richtig: Diese Geschichte erzählt auf eine fast intime Weise von dem quasi privaten Schicksal einer Jugend, die beinahe geendet wäre, noch ehe sie hätte beginnen können, und von einer Ehe, die mit großen Hoffnungen begann und die dann doch beinahe gescheitert wäre, in dem Moment, da aus der Gattin und Geliebten die Mutter eines Kindes wurde. An jeder Stelle beherrscht dieses bange *»beinahe«* die Geschichte und droht, den Weg ins Glück der Liebe immer wieder zu blockieren oder in die Gegenrichtung umzulenken. Rein literarisch-ästhetisch betrachtet, mag man geneigt sein, in solcher Dramaturgie nichts weiter zu sehen als eine volkstümliche, naive Erzählkunst, die derlei Effekte einer Steigerung bis zur Beinahe-Katastrophe als Stilmittel bevorzugt, um desto wirkungsvoller die plötzliche Rettung und die beseligende Befreiung aus den Fesseln des Unheils schildern zu können.[5] *Psychologisch* betrachtet aber verdichtet sich in dieser Darstellungsweise die Erfahrung eines Lebens, das immer wieder von den Gefühlen der Angst und der Abhängigkeit verformt, verlangsamt und vorangetrieben wird.

Merkwürdig schleppend, wie mit bleierner Schwermut belastet, erlebt insbesondere das *Schwesterchen* jeden Schritt nach vorn als eine entsetzliche Nötigung – als die Vertreibung aus einem kindlichen Paradies, das es nie gekannt hat, bzw. umgekehrt: als einen ängstigenden Einbruch, den es mit allen Kräften zu hindern suchen muß. Einzig wenn es anders gar nicht mehr geht, allein unter dem Druck äußeren Zwangs, lernt das Schwesterchen, die jeweils neue Situation zu akzeptieren, als Teil einer Entwicklung, die es aus Angst am liebsten unterbinden würde. Sein wirklicher Wunschtraum aber geht nach einem Ort der Stille und Verschwiegenheit, wo niemand zu stören vermöchte.

Offenbar ist es dieses Motiv, das vor allem zu Beginn der Geschichte den Leser gefangennimmt und die anfängliche Grundstimmung von Angst und Traurigkeit auf das angenehmste überstrahlt: es ist so schön, sich vorzustellen, man könnte irgendwo als Mann und als Frau in einer *geschwisterlichen Harmonie* zusammenleben, und es gäbe niemanden sonst auf der Welt; man wäre in einer entlegenen Hütte gänz-

lich allein und bewohnte eine solche Insel des Glücks in abgeschiede-
ner Ruhe; es gingen die Tage dahin in ewigem Gleichmaß, und es
verträumte sich die Zeit in einem Fest der Anspruchslosigkeit. Wie
viele Menschen sind, die auf der Welt nichts weiter suchen als den Ort
einer solchen Geborgenheit zu zweit? – Sie würden bescheiden und
zurückgezogen in dem kleinen Raum ihrer vier Wände leben, sie würden nie auch nur von weitem einem anderen etwas zu Leide tun, und
sie erwarteten als Gegenleistung dafür nur, auch selber unbehelligt
gelassen zu werden; sie würden ein paar Tiere halten, denen sie von
Herzen zugetan wären und die sie ganz lieb streicheln und verwöhnen
würden, als wären sie ein Teil von ihnen selbst, ihre »Hilfstiere« oder
ihre *Naguals*[6] gewissermaßen; sie könnnten dabei ruhig wissen, daß es
sich bei all dem offensichtlich um kindliche Träume und Phantasien
handelt – sie würden darauf beharren, in einer gewissen zärtlichen
Unschuld so sein und bleiben zu dürfen, in dem Bewußtsein, es doch
nur gut zu meinen.

Wie viele solcher »Schwesterchen« gibt es, die selbst als Frauen
solche liebenswürdigen »Mädchen« geblieben sind – ständig in Furcht
vor der verwunschenen, gefährlichen Welt draußen und hinüberge-
flüchtet in Zonen der Einsamkeit, die sie in den Augen der anderen so
gut wie unauffindbar machen, in ständiger Fluchtdistanz vor jeder
dichteren Annäherung und immer umschattet von einer verschüchter-
ten Schwermut, mit großen sichernden Augen, mit einer stets wachen
Aufmerksamkeit und mit einer Beobachtungsgabe, wie nur die Angst
sie verleiht?

Das Geheimnis all dieser »Schwesterchen«, erklärt uns das Märchen, liegt in der Gestalt ihrer *Mutter*. Doch wie wird eine Mutter zur
»Stiefmutter«, und wie eine »Stiefmutter« zur »Hexe«, und worin
eigentlich besteht die Zauberkraft dieser Frau, daß sie das »Brüderchen« in ein wildes Tier zu verwandeln vermag? Wer überhaupt ist
dieses »Brüderchen«, das mit seinem Lebensdurst und mit seiner
Abenteuerlust immer von neuem sein »Schwesterchen« in Verlegenheit, ja in Todesgefahr bringt? Gerade unter dem Einfluß der Hexe
wandelt es sich zunehmend von dem Geschwister des Mädchens in
eine Art Gegenkraft, die nur mühsam zu zähmen sein wird, in ein
tierhaftes Gegenbild, das erst ganz zuletzt seine menschliche Gestalt
wiedererlangt. An dieser Stelle täuscht der Titel der Grimmschen Erzählung: er verführt leicht dazu, in ›Brüderchen und Schwesterchen‹
die Familiengeschichte eines realen Geschwisterpaares zu sehen;[7]
doch gerade darum handelt es sich nicht. Die Hauptperson,[8] aus deren
Sicht die gesamte Geschichte auch des »Rehleins« erzählt werden will,
ist unzweideutig das *Schwesterchen* bzw. die Gestalt des Mädchens,
dessen Seele sich in das »Schwesterchen« und das »Brüderchen« teilt:
Wie es von einem flüchtenden Bettelkind zu einer Königin, von einem

verängstigten Mädchen zu einer liebenswürdigen, liebesfähigen Frau wird – *das* ist der eigentliche Inhalt dieser Erzählung; das »Brüderchen« hingegen ist, subjektal gelesen, ein Teil der Seele dieses Kindes, der jene Kraft verkörpert, die das Ich des »Schwesterchens« trotz all seiner rückwärts gewandten Ängste und Sorgen vorwärtsdrängt und es unaufhaltsam hineinzieht in das Abenteuer des Lebens. In dem »Brüderchen«, anders gesagt, lebt die instinktive Liebe zum Leben im Herzen des »Schwesterchens«, die unaufgebbare Sehnsucht seines Lebens nach Liebe und sein unstillbares Verlangen nach der Geborgenheit eines wechselseitigen, fast wortlosen Verstehens. Nicht ein Geschwisterdrama, sondern die gefahrvolle Reifung eines Mädchens zur Liebe, *ein Entwicklungsdrama*, ist das eigentliche Thema der Geschichte von ›Brüderchen und Schwesterchen‹.[9] Die Form der Erzählung aber ist in der Tat gleich einer Symphonie in drei Sätzen, deren erster lautet wie folgt:

1. Satz: Exposition: Lösung und Einsamkeit oder:
Sehnsucht und Flucht im Schatten der Stiefmutter

Als ich vor Jahren einen Vortrag über dieses Märchen hielt, kam in der Pause eine Frau zu mir, die mich mit Tränen in den Augen bat, das Wort von der ›bösen Stiefmutter‹ entweder zurückzunehmen oder näher zu erläutern, am besten aber es überhaupt nicht mehr zu gebrauchen – sie selbst sei eine »Stiefmutter«, und sie leide sehr darunter, trotz allen guten Willens zu der Tochter ihres Mannes aus erster Ehe nie ein wirklich herzliches Verhältnis aufgebaut zu haben; »Stiefmutter« – das bedeute für sie den schlimmsten Vorwurf gegenüber all ihrem Bemühen als Mutter: »Ich wollte doch nie eine Stiefmutter sein.« Damals versprach ich dieser Frau, zukünftig bei der Auslegung der Grimmschen Märchen alles zu vermeiden, was dazu geeignet sein könnte, im Rahmen des Klischees der »Stiefmutter« (oder des »Stiefvaters«) Schuldgefühle zu wecken bzw. entsprechende Vorwürfe zu rechtfertigen. Allerdings: diese Versicherung zu geben, war damals leichter als sie nunmehr einzulösen. Das Grimmsche Märchen selber unterliegt vollständig dem stereotypen Bild der »Stiefmutter«, und man kann als Interpret einen Text nicht ändern, man kann nur versuchen, sich in ihn hineinzufühlen. Dann aber ist zur Deutung der vorliegenden Geschichte von ›Brüderchen und Schwesterchen‹ gleich zweierlei vorweg zu bemerken.

Zum einen: Märchen sind wesentlich *symbolische* Erzählungen, und man mißversteht sie im Prinzip, wenn man sie in äußerer Weise

»wörtlich« nimmt. Wenn sie von Wald und Baum, Sonne und Mond, Wasser und Haus sprechen, so gelten ihnen die Gegenstände und Orte der Natur als Kräfte und Zustände der menschlichen Seele, nicht der äußeren Realität, und nicht anders verhält es sich in ihrem Sprechen von Königen und Kammerfrauen, von Jägern und Bediensteten – oder eben von Stiefmüttern und Stiefkindern: Nicht die soziale Stellung, allein die psychische Einstellung entscheidet darüber, was im Erleben eines Kindes als »stiefmütterlich« empfunden wird.[10] Mit anderen Worten: wenn die Märchen von einer Stiefmutter sprechen, so kann damit an sich jede Frau gemeint sein, die sich außerstande fühlt, ihr Kind wirklich zu lieben; der Grund dafür aber kann buchstäblich in allem möglichen auch außerhalb der Frage der Blutsverwandtschaft liegen. Und umgekehrt: eine wirklich »mütterliche« Beziehung hängt keinesfalls von der biologischen Abstammung ab – Guy de Maupassant etwa hat bereits vor über hundert Jahren in einer ergreifenden Kurzgeschichte beschrieben, wie ein Kind sich seinen Pflegeeltern, seinen »Stiefeltern« mithin, weit inniger verbunden zu fühlen vermag als seinen »wahren« Eltern im Sinne der Blutsverwandtschaft.[11] Niemand, wenn er in einem Märchen von bösen Stiefmüttern hört, hat also Grund, eine solche Rede auf sich selbst zu beziehen, nur weil er in der Rolle einer »Stiefmutter« sich befindet.

Jedoch dies zugestanden: Wächst damit das Problem nicht eher noch, als daß wir es verschwinden sähen? Wenn man zur »Stiefmutter« eigentlich erst durch das eigene Betragen wird, wäre es dann nicht geradewegs die Pflicht zum Beispiel jener Mutter gewesen, ihre »Stieftochter« liebzugewinnen wie ihr eigenes Kind? Je mehr wir die biologische Seite der »Stiefmutter« vergleichgültigen, desto mehr verstärkt sich scheinbar notwendig der Eindruck moralischer Schuld, wenn jemand in das archetypische Bild der »Stiefmutter« einrückt, und was im ersten Anlauf als Trost gemeint war, kehrt sogleich als verschlimmerter Vorwurf zurück.

Ein zweites hängt damit zusammen: Man kann den bestehenden Konflikt der »bösen Stiefmutter« nicht ohne weiteres mit Hilfe der »Jungschen« Interpretationsmethode »subjektal« lösen, indem man in dem Bild der verfolgenden Hexenmutter einfachhin das generelle Problem von Abschied und Reifung symbolisiert sieht.[12] An sich ist der Gedanke dieses Ansatzes nicht falsch: *Jedes* Kind muß sich irgendwann von seiner Mutter lösen, und je inniger es sich mit seiner Mutter verbunden fühlt, desto schwerer wird ihm innerlich die notwendige Trennung fallen; der Schmerz des Abschieds, das Herausfallen aus der mütterlichen Obhut kann subjektiv erlebt werden wie ein liebloses Fallengelassenwerden von seiten der Mutter, und so mag es unter Umständen gerade einer besonders wohlmeinenden Mutter widerfahren, daß sie mit all ihrer Fürsorge und Güte eines Tages in den Augen ihres Kindes wie »gestorben« erscheint, indem die ursprünglich freundliche Beziehung zwischen Mutter und Tochter sich in ein unauflösliches Geflecht von Vorwürfen und Verlassenheitsängsten verwandelt. Bis ins Detail kann es sich dabei ganz so verhalten, wie das Märchen es schildert: Was möchte man in einem solchen Augenblick der Trennung von der eigenen Mutter als Kind wohl darum geben, dürfte man an der Stelle wenigstens des eigenen *Haushündchens* sein![13] *Ein Tier* genießt ein Vorrecht, das uns Menschen seelisch völlig abgeht: Es darf einfachhin *sein*, es nimmt unverrückbar einen bestimmten zugewiesenen Platz wie selbstverständlich ein, es ist in gewissem Sinne ein »fertiges«, in sich vollendetes Wesen; der Mensch indessen ist nach einem Wort Friedrich Nietzsches das niemals »festgestellte Tier«,[14] er ist ein ewig Heimatloser, ein immer wieder neu zu seiner Freiheit Verurteilter, ein nur im Aufbruch Wirklicher; immer wieder deshalb, am schmerzhaftesten aber unzweifelhaft am Beginn der Pubertät, muß er sich lossagen von allem, was ihm als Hof- und Heimstatt galt,[15] so zögernd auch immer, muß er sich hinübergetrauen in eine fremde, feindselig scheinende, von Schleiern der Trauer verhangene Welt, die unentdeckt seiner wartet, ohne daß er es ahnt. Es gehört so viel an Forschheit und Unbändigkeit, ja, in gewissem Sinne auch an Frechheit und Ungebärdigkeit dazu, die Fesseln des eigenen Elternhauses zu zersprengen, daß es in solchen Phasen des Umbruchs und des Aufbruchs an Mißverständnissen und Mißhelligkeiten aller Art selten zu mangeln pflegt. Was die Mutter als Undankbarkeit, wird ihre Tochter als Ungerechtigkeit erleben, und es scheint besonders bei empfindsamen Gemütern den Abschied fast zu erleichtern, wenn man dem anderen, der eigenen Mutter zum Beispiel, die Schuld daran geben kann, daß man sich zunehmend von ihr glaubt entfernen zu müssen.[16] Hat sie nicht durch ihre Lieblosigkeit und Unleidlichkeit ihr Kind selber vertrieben, bis diesem inmitten der Not und Entbehrung des Bleibens nicht länger mehr sein konnte? Was sonst erscheinen möchte wie der Anfang eines persönlichen Lebens in Eigenständigkeit und Freiheit, enthüllt sich unter solchen Umständen weit eher als Flucht in einem Feld von Zwang, Notwendigkeit und Schmerz.

All diese Momente lassen sich bei dem »Schwesterchen« der Grimmschen Erzählung deutlich beobachten: Ihnen eignet ersichtlich eine gewisse Berechtigung zur Beschreibung *jedes* menschlich schwierigen Abschieds.

Doch eben deshalb ist die Typologie dieses Jungschen Schemas zu allgemein, um das Besondere speziell der Eingangsszene des Märchens von ›Brüderchen und Schwesterchen‹ zu erfassen. Wenn man die eigentliche Spannung dieser Geschichte verstehen will, darf man das Motiv der »Stiefmütterlichkeit« nicht einfach als einen subjektiven Reflex in den Augen des »Schwesterchens« interpretieren, man muß vielmehr all der Mütter gedenken, die objektiv von ihrem Kind als »stiefmütterlich« erlebt wurden, obwohl (oder indem) sie alles nur Erdenkliche taten, um gerade diesen Eindruck zu vermeiden.

Warum insbesondere fällt es dem Schwesterchen so schwer, sich von seiner Mutter zu trennen? Die Antwort kann nicht länger lauten, *aller* Abschied sei schwer. Ein Kind vermag sich relativ leicht und rasch von seiner Mutter zu lösen, wenn es auf den einzelnen Stufen seiner Ichentwicklung den Herausforderungen der jeweils neuen Schwierigkeiten durch einen entsprechenden Grad innerer Reifung buchstäblich sich »gewachsen« fühlt,[17] bzw. wenn es nicht durch äußere Faktoren aus dem Schutzbereich seiner Mutter weggedrängt wird, noch ehe es gelernt hat, sich hinlänglich selbst zu beschützen. Ein Kind hingegen, das zu früh der Geborgenheit seiner Mutter entbehren muß,[18] wird keinen Schritt seiner eigenen Entfaltung freiwillig tun, sondern es wird sich in seiner Unsicherheit und Angst wie verzweifelt an den so schmerzlich entbehrten mütterlichen Rückhalt zu klammern suchen; indes: der liebsten Mutter auf Erden bleibt, wenn es so steht, schließlich nichts anderes übrig, als immer von neuem ihr Kind die Stufen des Lebens, wenn schon nicht hinaufzutragen, so förmlich hinaufzuschubsen. Zwischen Mutter und Kind entsteht auf diese Weise beizeiten ein Teufelskreis, indem die heftigen Ansprüche des Kindes, sich bei der Mutter anzuklammern, die Mutter ihrerseits zu einer ebenso heftigen Abwehr veranlassen, die von sich her wieder die Verlassenheitsängste des Kindes verstärken muß, aus denen heraus das Bedürfnis nach Anklammerung allererst seine oft dramatische Kraft entfaltet. Bei allem, was die Mutter unter diesen Umständen tut, überschreitet sie niemals den verborgenen Kordon einer Urangst, die sie selbst im Schatten ihrer eigenen Persönlichkeit erzeugt und die sie Zug um Zug im Abwehrkampf gegen ihre Symptome in ihrer Wurzel geradewegs verstärkt. Fragt man freilich, worin diese Wurzel gründet, so liegt sie zumeist wohl in der inneren *Widersprüchlichkeit der Mutter selbst*, die in ihrem Wesen beides zugleich dem Kinde zu sein scheint: Mutter *und* Hexe, verstorbene Güte *und* dämonischer Anspruch, abweisende »Stiefmutter« *und* verfolgende Kindesräuberin – eine »unheimliche« Frau, die über die Macht verfügt, aus allen Quellen des Lebens die Sprache der Angst hervorzulocken, und dies wohl nicht erst bei Eintritt der Tochter in die Pubertät.

Die wirkliche Dramatik einer »zauberischen« »Stiefmutter« tritt zutage, wenn man sich zum Beispiel eine Mutter vorstellt, die es eigentlich herzensgut meint, die aber bereits durch die bloße Existenz ihres Kindes hoffnungslos überfordert ist. Wäre des Schwesterchens (Stief-)-Mutter einfach eine bösartige Hexe, so wäre sie niemals imstande, in gewissem Sinne die gesamte Welt ihrer Tochter zu beeinflussen und zu gestalten. Eine lediglich kalte, kinderabweisende Mutter würde niemals diesen Schmerz der Trennung, diese Trauer der Sehnsucht nach der vergangenen, nach der »verstorbenen« Mutter auslösen können, wie wir sie an Brüderchen und Schwesterchen bei ihrer Flucht aus dem Elternhaus beobachten. Nur ein Kind, das im Grunde wohl weiß, wie sehr seine Mutter ihm gut will, mag später die »gute Mutter« vermissen. Was indessen die gute Mutter in die böse Mutter verwandelt, was, anders gesagt, den Tod der »alten«, der »richtigen« Mutter herbeigeführt hat, beschreibt das Märchen nicht näher. Es fällt freilich auf, daß in der Geschichte *kein Vater* erwähnt wird – man muß also annehmen, daß diese Frau ihre Tochter ganz allein aufziehen muß;[19] erwähnt immerhin wird *der Mangel an Nahrung*[20] sowie die Tatsache, daß die »Stiefmutter« die Krusten an den Broträndern abschneidet, um sie den Kindern zu geben:[21] So taten es jahrhundertelang die »älteren«, das heißt die zirka vierzig Jahre alten Leute, als es noch keine Dentisten gab, die in den Labors millimetergenau künstliche Zähne herstellen konnten; man wird also annehmen dürfen, daß die »Stiefmutter« bereits selber eine relativ alte Frau ist.

Wie aber, das ist jetzt die Frage, wird für ein Kind aus der liebenden Mutter von einst eine »böse Hexe« und »Stiefmutter«? – Schon den wenigen Angaben des Märchens zufolge genügt zur Erklärung das folgende Bild: Da ist eine Frau, die mit ihrem Kind im großen und ganzen wohl zurechtkommt, solange nicht von außen noch schwere Belastungen hinzutreten. Doch genau das scheint in der Kindheit des Schwesterchens der Fall gewesen zu sein. Nehmen wir beispielsweise an, was den Frauen, die heute zirka vierzig bis fünfzig Jahre alt sind, millionenweise geschah: Der Krieg brach aus, und der Vater mußte fort; er fiel an der Front, er geriet in Gefangenschaft, er wurde vermißt – jäh und plötzlich stand die Mutter allein. Auch wirtschaftlich verschlechterte sich die Lage – es hieß mit einemmal haushalten. Existenznot und Sorgen prägten die Tage, und der ohnehin schon beengte Spielraum an freien Gefühlen wurde von Stund an noch schmaler. Oder einfacher noch: der Vater stirbt an einem Unfall, an einer Krankheit, oder er geht fort aufgrund einer Scheidung – gleichgültig wie, es genügt, daß *die Mutter* sich seelisch von einem bestimmten Zeitpunkt an in der Erziehung ihrer Tochter *allein gelassen* fühlt, um die Lage einer »Stiefmutter« wider Willen entstehen zu lassen.

Am einfachsten daher, man denkt sich als Vater des Schwesterchens einen Mann, der in der Erziehung des Kindes einfach keine Rolle spielt – er ist im Geschäft, er ist beruflich überbeansprucht, er hat für sein Kind keine Zeit; in jedem Fall ist es die Mutter, die für ihre Tochter als einzige da ist – da zu sein *hat*. Und nun unterstellen wir einmal, daß diese Mutter mit einem noch kleinen Kind recht gut umgehen kann, ja daß sie den Bedürfnissen der ersten Lebensjahre sogar in einer fast verwöhnenden Haltung entgegenkommt; dann genügt es,

sich vorzustellen, daß einfach das Älterwerden des Kindes, verbunden
womöglich mit dem Schwächerwerden der Kräfte im Vorrücken des
eigenen Alters, eine solche Frau *überfordert:* Sie hat unter Umständen
wohl gelernt, für ihr Kind alles zu tun und ihm alles zu geben, wessen
es bedarf, aber sie hat niemals gelernt, mit ihm wie mit einem heranrei-
fenden Erwachsenen wirklich zu reden; sie hat vielleicht wohl gelernt,
durch Gefälligkeit und Zuvorkommen Konflikte zu vermeiden, doch
sie verfügt gerade deshalb nicht im geringsten über die Fähigkeit, ihre
eigenen Interessen offensiv zu vertreten und offen die anfallenden
Konflikte mit verbalen Mitteln auszutragen – genug, es langt aus, eine
Frau sich zu denken, die aufgrund ihrer ganzen Persönlichkeit wie
notwendig einfach daran scheitert, daß ihre Tochter eines Tages größer wird, und man begreift mit einemmal, wie wenig an moralischer
Schuld darin liegt, wenn eine Frau als Mutter in den Augen ihres
Kindes »stirbt« und in ihr selber eine scheinbar ganz andere, hexenartige Persönlichkeit die Oberhand gewinnt; und rechnen wir nun noch
die Möglichkeit hinzu, daß äußere Belastungen der genannten Art im
Leben dieser Frau den Bogen einfach überspannen, so hat man in etwa
den möglichen Erfahrungshintergrund der Geschichte von ›Brüderchen und Schwesterchen‹ vor Augen. – Als Anschauungsmaterial mag
eine kleine Episode der Tierpsychologie dienen. Vor Jahren beobach-
teten Verhaltensforscher eine Schimpansenmutter, die offenbar zu alt
und zu schwach war, um ihr Junges zu ernähren und mit sich zu
tragen; das Jungtier aber lief der Alten ständig hinterher, klammerte
sich an sie und schlug sogar auf sie ein – es war neurotisch aus Angst,
die Mutter zu verlieren. Als das Muttertier schließlich starb, lag das
Junge tagelang neben ihm – es war außerstande, selber zu leben. Diese
Angst ist es, die den Anfang der Geschichte von ›Brüderchen und
Schwesterchen‹ bildet.

Doch wozu, wird jemand vielleicht fragen, sollen derartige Hypothesen gut sein – das Märchen sagt halt von all dem nicht viel. Nun,
der Nutzen, ja die Notwendigkeit solcher Überlegungen liegt auf der
Hand. Wer einen anderen Menschen wirklich verstehen will, darf sich
niemals damit begnügen, ihn gewissermaßen nur als Zeitgenossen, in
der Gegenwart, kennenzulernen; der andere hat immer eine eigene
Geschichte durchlaufen, aus welcher allein sich sein Charakter erklärt
– in diesem Sinne ist insbesondere die Psychoanalyse nichts anderes
gewesen als der Versuch, das historische Denken des 19. Jahrhunderts
bis in die Betrachtung der Biographie einzelner Menschen voranzutreiben;[22] das Problem aber besteht regelmäßig darin, daß kein
Mensch die entscheidenden Jahre seiner frühen Kindheit auch nur
einigermaßen korrekt zu erinnern vermag, allenfalls verfügt er über
ein paar konfus erscheinende Erinnerungsreste und ein Bündel traum-
ähnlich verdichteter Szenen der Vergangenheit. Wer hinter Schilde-

rungen dieser Art nicht in groben Zügen die Schwierigkeiten und Notlagen *der Eltern damals* herauszulesen vermag, der wird auch zu dem Menschen an seiner Seite nicht wirklich Zugang gewinnen – gewiß die meisten Ehestreitigkeiten haben darin ihren Grund. Und, was in unserem Zusammenhang noch wichtiger ist: wir verstehen endlich, *wie wenig an Vorwurf und Schuld* für eine Frau darin liegt, von ihrer Tochter als »Stiefmutter« empfunden zu werden.

Speziell im landläufigen christlichen Bewußtsein scheint unausrottbar der oberflächliche, feuchtfröhliche Optimismus einer bestimmten Ideologie von »Freiheit« und »Verantwortung« zu herrschen, wonach Menschen gut sind, einfach, wenn sie gut sein wollen, und schuldig werden, wenn sie es nicht wollen. Worauf Moraltheologen und -dozenten dieser Art »freiwillig« niemals kommen, ist die simple Feststellung, daß Menschen bereits durch die Eigentümlichkeit ihres Charakters bzw. ihrer Persönlichkeit oder Lebensumstände in bezug zu bestimmten Aufgabenstellungen schlechterdings überfordert sein können.[23] »Dann sind sie in moralischem Sinne auch nicht schuldig«, lautet das Unisono solcher Moralerklärer; aber solche Erklärungen entfernen sich weit von dem Erleben all derer, die sehr deutlich spüren, daß sie in wesentlichen Fragen des Lebens buchstäblich versagt haben, und zwar nicht, weil sie sich versagen wollten, sondern weil sie so waren, wie sie sind, und schon von daher nicht *mehr* zu geben hatten, als sie gegeben haben. Solchen Menschen hilft es nicht weiter, wenn man sie für »unschuldig« erklärt – sie *fühlen* sich schuldig, und es hilft ihnen noch viel weniger weiter, wenn man sie für »schuldig« erklärt, denn das tut ihnen unrecht. Das einzige, was hier weiterführt, ist eine Haltung, wie die Psychoanalyse sie zu vermitteln sucht: Es kommt entschieden darauf an, die Moralisiererei insgesamt einzustellen und die Frage nach »Schuld« oder »Unschuld« ganz auszuklammern;[24] statt dessen gilt es, sich um ein möglichst konkretes Verständnis für die Situation damals zu bemühen, um aus den Fehlern, Verwicklungen und Begrenztheiten der Vergangenheit für die Zukunft zu lernen. Nicht was man *gewollt* hat, sondern wie man *gewesen* ist und was daraus sich ergeben mußte, ist die entscheidende Frage, und erst in einem solchen Raum vorurteilsfreien und verurteilungsfreien Begreifens und Akzeptierens erwächst das Kostbarste, was unter Menschen möglich ist: ein reifendes Einverständnis auch mit den Zuständen von Schwäche und Versagen gegenüber denjenigen Menschen, die uns am meisten anvertraut bzw. ausgeliefert waren: den eigenen Kindern.

Man muß in der Psychotherapie insbesondere von Frauen nur immer wieder die verzweifelten Selbstvorwürfe so mancher Mutter mitanhören, die sich schuldig spricht für all das, was sie ihrem Sohn, ihrer Tochter »schuldig« blieb, und man wird bald mit Händen greifen

können, daß allein ein Denken jenseits der Bewertungsschablonen der
Moral das Getto solcher ebenso quälenden wie nutzlosen Selbstbeschuldigungen zu öffnen vermag. Die wirkliche Einsicht lautet zumeist, daß man die schlimmsten Fehler gerade aus einem *Übermaß an
gutem Willen* begangen hat und daß man eigentlich schon damals über
Fähigkeiten hätte verfügen müssen, die speziell in der christlichen
Moral bis heute kein Thema darstellen: wie man sich *wehrt* gegen
Überbeanspruchungen, wie man ohne Schuldgefühle es wagt, nein zu
sagen und sich gegenüber fremden Wünschen zu verweigern, und wie
man sich ein Recht nimmt, *selber* zu sein und *selber* zu leben, statt sich
unter dem Lastdruck von Pflicht und Verantwortung tagaus, tagein zu
»opfern« und »hinzugeben«.

Und dann verbleibt noch das häufig schier unabsehbare Ausmaß an
Hilflosigkeit, *Tragik* und Scheitern. Wenn es, um eine an sich gute
Mutter in den Augen ihres Kindes in eine Hexe zu verwandeln, bereits
genügt, daß der Vater krank wird oder stirbt, bzw. daß in eine ohnehin schon angespannte Lage von außen her noch eine unvorhersehbare
zusätzliche Belastung hinzukommt, wer will dann noch von »Schuld«
sprechen? Für Frauen, die sich mit dem Vorwurf ihrer Tochter her-
umquälen, eine »Stiefmutter« (gewesen) zu sein, gibt es rückblickend
jedenfalls gar keinen anderen Weg, als sich selber Gerechtigkeit widerfahren zu lassen und sich in vollem Umfang zu vergegenwärtigen, wie
sehr sie selber seinerzeit gelitten haben, als sie ihr Kind leiden machten.

Am allermeisten trifft dies auf den Vorwurf zu, *jähzornig* (gewesen)
zu sein,[25] denn in nur wenigen Fragen des menschlichen Verhaltens
zeigt sich die ganze Ohnmacht einer moralisierenden Bewertungswei-
se so sehr wie in dem vergeblichen Abwehrkampf gegen die aufgestau-
te Wut ungezügelter Triebdurchbrüche. Es scheint in der Klage der
Kinder am Anfang des Märchens von ›Brüderchen und Schwesterchen‹ nur wie ein weiterer Belastungspunkt unter anderen zu sein,
wenn wir von den grausamen *Schlägen und Strafen* hören, die von der
(Stief-)Mutter verhängt werden – zu dem Klischee der bösen Hexe
gehört offenbar auch *die Maßlosigkeit ihres Zorns.* Aber noch einmal:
damit eine Mutter zur »Zauberin« wird, die das gesamte Leben ihres
Kindes in Bann schlägt, bedarf es seiner spezifischen Mischung aus
Liebe *und* Haß, oder anders gesagt, so schrecklich die Mutter in ihren
Strafen auch erscheinen mag, so darf das Bild der guten, wohlmeinenden Mutter im Hintergrund doch niemals gänzlich in Vergessenheit
geraten; und zwar gilt dies nicht nur für die Sicht des Kindes, es bietet
im Grunde bereits so etwas wie eine Erklärung des *Jähzorns* der Mutter selbst.

Moralisch betrachtet, stellt der Jähzorn eine Form der Unbeherrschtheit dar, sich besser zu beherrschen heißt denn auch die einzi-

ge Empfehlung, die in moralischer Absicht gegen die Neigung zum Zorn zu ergehen pflegt. Und doch wirken solche Ratschläge so, wie wenn man einen spritzenden Wasserhahn durch Zudrücken mit der Hand am Überlaufen hindern wollte. Nicht an einem Mangel an Selbstbeherrschung, eher an einem erzwungenen Übermaß an Beherrschung leidet der Jähzornige. Statt seine Aggressionen beizeiten in der jeweiligen Situation auf angemessene Weise zu äußern, frißt er die Gefühle der Antipathie und des Aufbegehrens so lange in sich hinein, bis daß sie sich gewaltsam entladen,[26] und so sehr er sich in solchen Momenten des Durchbruchs der Sache nach auch im Recht fühlen mag, so leid tut ihm doch das Laster seiner vermeintlichen Schwäche. Allein, der gute Vorsatz, künftig sich besser im Griff behalten zu wollen, faßt das Problem gerade am falschen Ende an. Nicht noch mehr Kontrolle, sondern der Mut, sich früh genug von Fall zu Fall mit den eigenen Anliegen zu Wort zu melden, könnte den inneren Stau ein Stück weit entlasten. Doch gerade ein Mensch, der sich zwingt, immer wieder auf andere Rücksicht zu nehmen, wird zu einer solchen Entlastung des eigenen Drucks schwerlich imstande sein.

In moralischer Sicht wird stets unterstellt, daß unsere Handlungen vom eigenen Ich aus, in Freiheit, gesteuert würden, und so scheint es natürlich ein leichtes, den erkannten Fehler in Zukunft zu meiden.[27] Leider sieht die Wirklichkeit anders aus: Der Jähzorn entstammt nicht einer Fehleinstellung oder Schwäche des Ichs gegenüber seinen aggressiven Triebregungen, sondern der *Ohnmacht gegenüber dem* drakonischen Befehl seines *Überichs*. Solange jemand die eigenen Belange zugunsten eines anderen zurückstellt, weil er in seinem Ich davon überzeugt ist, ihm nur auf diese Weise nützen und helfen zu können, wird ihn keinerlei Gefühl von Zorn und Ärger heimsuchen. Zum Vorbau des jähzornigen Erlebens hingegen gehört, daß die Selbsteinschränkung nicht vom Ich beschlossen, sondern vom Überich diktiert wird: Es geschieht aus Pflichtgefühl, wenn die Mutter »nur für ihr Kind da sein« will, es entstammt nicht ihrer inneren Freiheit, sondern ihrer zwanghaften Icheinschränkung und Selbstunterdrückung, wenn sie dem Kind »sich ganz aufopfert«, und so läßt sich bei aller Sorgfalt und moralischen Korrektheit das Gefühl nicht ausschalten, das dem Ich sagt, es werde nur immer wieder ausgebeutet und um sein Leben betrogen. Irgendwann, bei einem scheinbar nichtigen Anlaß, bevorzugt aber in Augenblicken, da irgendein Detail sich nicht so fügt, wie es das überstrapazierte Pflichtgefühl verlangt, bricht dieser angestaute Unmut sich Bahn und überschüttet mit der Eruptivkraft eines Vulkans wahllos die Nächststehenden – das eigene Kind mit Wahrscheinlichkeit am häufigsten und heftigsten. Eine Mutter, die in der Erziehung ihres Kindes gerade infolge ihres subjektiv überbemühten guten Willens immer wieder zu unkontrollierten Jähzornsattacken neigt, erlebt die eigene Aggressivität nicht als ein Mittel, um sich durchzusetzen, sondern als einen Durchbruch von Affekten, die eine Stärke demonstrieren, die sie selber nicht besitzt: Jeder der Anfälle ist so etwas wie *eine persönliche Niederlage.* Denn so wenig der Rückstau der eigenen Interessen vom Ich ausgeht, so wenig steht das Ich der Mutter hinter ihren Strafaktionen; ihre eigene Persönlichkeit ist vielmehr eingekeilt zwischen der Zwangsunterdrückung des Überichs und der aufgestauten Triebdynamik des Es, die durch sinnvolle Kompromisse miteinander zu verbinden sie sich außerstande zeigt. Gleichwohl kann es *post festum* zu einer Art nachgereichter Rechtfertigung kommen, die subjektiv sogar recht glaubhaft scheinen mag. Genau besehen, ergeben sich die Anlässe zu geharnischten Schimpfkanonaden nämlich nicht allein aus einer sozusagen privaten Wut, sondern sie greifen an den Stellen und Inhalten ein, an denen es *in der Kindheit der Mutter selber bereits* Strafen regnete, und zwar so heftig, daß sich das kleine Ich des Kindes dagegen nicht zu wehren vermochte; es konnte die erlittene Gewalt nur als einen in sich nicht weiter verstehbaren Teil der Realität hinnehmen und in sich aufnehmen: So und nicht anders hatte man sich zu verhalten! Insofern tritt gerade bei besonders heftigen Jähzornausbrüchen im Grunde weder das eigene Ich noch das eigene Es in Erscheinung, sondern es fährt lediglich *die Strafgewalt des eigenen Überichs,* wie eine drohend lastende Gewitterwolke, mit der Kraft eines Blitzstrahls auf diejenigen »Untaten« des Kindes hernieder, die am nachhaltigsten der eigenen elterlichen Zensur anheimfielen. Mit anderen Worten: der Jähzorn der Mutter bildet nichts weiter als die Nachhallwirkung des Donnergrollens der eigenen Kindheit, und so entsteht das Paradox, daß ein Kind womöglich gerade dort, wo es buchstäblich am fühlbarsten und am meisten »handgreiflich« seiner Mutter zu begegnen meint, in Wahrheit gar nicht auf seine Mutter, sondern auf eine automatisierte, an sich unpersönliche Strafinstanz in seiner Mutter trifft.

Nur wenn man von derlei Brechungen ausgeht, kann man eine Merkwürdigkeit im Leben vieler Menschen verstehen, die sonst als ein unlösbares Rätsel erscheinen müßte: den eigentümlichen Kontrast zwischen den oft äußerst kultivierten Strafzielen und den ausgesprochen unkultivierten Strafmethoden. »Meine Mutter«, erzählte mir vor einer Weile eine Frau aus ihrer Kindheit, »konnte beim Essen im Restaurant oder bei Familienfeiern in größerem Rahmen vollkommen außer sich geraten, wenn ich mit Messer und Gabel zu ungeschickt verfuhr. Sie tobte dann wie wild, beschimpfte und erniedrigte mich und schien überhaupt nicht zu merken, wie sehr sie sich in den Augen der anderen mit ihren Unbeherrschtheiten blamierte.« Diese Frau schien tatsächlich nicht wahrzunehmen, daß sie den Worten nach eine Vornehmheit und Gebildetheit in ihre Tochter einpflanzen wollte, die sie in gewissem Sinne durch ihr eigenes Betragen widerlegte. Eine der unheimlichsten Tatsachen der menschlichen Kulturgeschichte besteht darin, daß alle Inhalte von Humanität und Zivilisation in einer Form tradiert und »angeeignet« werden können, die in ihrer unpersönlichen Äußerlichkeit bzw. in ihrer im Überich verinnerlichten Außenlenkung gerade das Gegenteil dessen bewirken müssen, was sie den Worten nach an Werten zu vermitteln oder zu schützen vorgeben.[28] »Du hast es kaputt gemacht – du bekommst nichts«, fährt eine Mutter ihr Kind an; und als dieses leise zu weinen beginnt, erklärt sie noch zusätzlich: »Du weißt doch: wenn du weinst, bekommst du gar nichts.« Zwei solcher Sätze können ein ganzes Menschenleben erdrosseln, belehren sie doch schon ein kleines Kind, daß eine Unachtsamkeit, ein vermeidbarer Fehler oder ganz einfach schon ein Malheur nicht wiedergutzumachende Folgen zeitigen kann und, schlimmer noch, daß jede Gefühlsäußerung, die keine Zustimmung gegenüber der elterlichen Autorität enthält, *unterdrückt* werden muß: Selbst das Weinen läßt sich verbieten oder umgekehrt: es läßt sich erlernen, daß nur derjenige zu etwas kommt, der all seine Gefühle, insbesondere seine Traurigkeit, wie etwas Strafwürdiges verdrängt. Am Ende ist die gesamte Moral nichts weiter als ein erzwungenes System der Außenanpassung, der Überlebensstrategie – ein Haufen toter Regeln, in denen es kein Ich gibt, das ihnen Sinn und Wert verleihen könnte.[29]

Der *Jähzorn* insbesondere besteht förmlich aus diesem *Widerspruch zwischen Inhalt und Form*, zwischen Ich und Überich, analytisch gesprochen; er ergibt sich aus dem Konflikt zwischen einem pflichtbewußten, terroristischen Überich und einem an sich schwachen, kaum durchsetzungsfähigen Ich; und eben in dieser Widersprüchlichkeit bietet die Problematik des Jähzorns sich geradewegs als Exemplarfall für unsere These dar, daß die Moral, weit davon entfernt, die menschlichen Konflikte zu lösen, so lange nur als ein strukturelles Teilmoment innerhalb der psychischen Zerrissenheit existiert, als es kein Ich gibt, das imstande wäre, von sich her die Inhalte des kulturellen Zusammenlebens mitzutragen und mitzugestalten.[30]

Am meisten bei jedem »pädagogischen« Jähzornsanfall imponiert dem Außenstehenden zweifellos der extrem *regressive* Zug, mit dem hier absolut arachaische Verhaltensweisen in den Dienst moralischer Unterweisungen gestellt werden. Der Jähzornige *schreit und brüllt*, ganz so als seien seine Worte erst von einer bestimmten Lautstärke an verstehbar; es geht aber gar nicht um das, *was* er sagt, er agiert im Grunde so primitiv wie im Tierreich, wo das lautstarke Knurren und Fauchen in sich bereits Argument genug ist, um zu zeigen, wer als Herr des »Hauses« (des Reviers) das Sagen hat.[31] Der Jähzornige *stampft mit dem Fuß*, schäumt mit dem Mund, er *schlägt* wahllos auf einen Wehrlosen ein, und er verteidigt in all dem wie ein Platzhirsch

seinen »Standpunkt«, indem er möchte, daß der andere sich augenblicklich vor ihm aus dem Staube macht.[32] Der Jähzornige ist, so
besehen, *wie ein Tier mit menschlichem Anspruch;* aber wenn man
verstehen will, warum er so handelt, so muß man in ihm einen Menschen erkennen, der selber als Kind schon kaum leben konnte, ein
verschüchtertes Wesen, das wie ein gehorsamer, bissiger Hund gegenüber seinem (inneren) Herrn nur alles ganz richtig machen möchte.

Einzig so erklärt sich, daß eine Frau (oder ein Mann) als Mutter
(oder als Vater) persönlich die Güte und Fürsorge selber sein kann,
während sie (oder er) gleichzeitig mit unglaublicher Härte auf ihre
(seine) Tochter einprügelt und die schlimmsten Strafen über sie verhängt; es sind buchstäblich *zwei* Seiten, *zwei Instanzen* in ein und
demselben Menschen tätig, die nur mittelbar miteinander zu tun haben und die sich nicht selten sogar gegenseitig bekämpfen und behin-
dern. Dieselbe Frau, die *als Person,* in ihrem Ich, gütig, bescheiden
und verständnisvoll sein kann, vermag doch in ihrer Rolle *als Mutter,*
in Dienst genommen von der Pflicht der Erziehung, von grausamer
Strenge und despotischer Unduldsamkeit zu sein, und erst ein Blick in
die eigene Kindheit kann zeigen, wie beides zusammenhängt: Man
sieht dann ein Kind vor sich, das selber mit drakonischen Strafen dazu
gezwungen wurde, ganz »lieb« und »brav«, »fügsam« und »aufmerksam«, »fleißig« und »hilfsbereit« usw. zu werden, während es all dies
doch nur lernen konnte um den Preis schwerer Ängste, die sich sogleich wiedermelden, wenn irgend etwas in dem Bereich der eigenen
Verantwortung eintreten sollte, das sich von der gesetzten Norm zu
entfernen droht.

Und all das steht in dem einen Satz: »Die Stiefmutter schlägt uns
alle Tage, und wenn wir zu ihr kommen, stößt sie uns mit den Füßen
fort«? Allerdings, wenn wir dem weiteren Gang des Märchens folgen:
Nichts in dieser Geschichte läßt sich verstehen ohne den Hintergrund
eines solchen Urwiderspruchs im Wesen der »Mutter« und »Stiefmutter« selbst, und wir werden noch sehen, wie vor allem gegen Ende des
Märchens die Mutterschaft des Schwesterchens selber auf das deut-
lichste die angenommenen Konflikte der Stiefmutter wiederholen
wird. Allerdings wird es nun wirklich die höchste Zeit, das Augenmerk endlich von der »Alten« weg dem Schwesterchen zuzuwenden.
Sein Schicksal, nicht das seiner Mutter, ist ohne Zweifel das eigentliche Thema des Märchens, wenngleich sich bereits gezeigt haben dürfte, daß nichts im Leben dieses Kindes sich ohne den »dämonischen«
Einfluß seiner wahrhaft hexenartigen »Stiefmutter« zu gestalten vermag.

Wie wird ein Kind, ein Mädchen zumal, auf die Gestalt einer Mutter
antworten, die sich derart widersprüchlich darbietet wie die Stiefmutter in dem Märchen von ›Brüderchen und Schwesterchen‹? Das ist

jetzt die Frage, zu deren Beantwortung wir einer Ergänzung bedürfen. Wir haben in der Schilderung des mütterlichen Jähzorns ein Problem noch außer acht gelassen, das den abstrakten Begriff der Verantwortung mit den konkreten Inhalten der einzelnen Aggressionsanlässe gefühlsmäßig verbindet: *das Problem der spezifischen Angst*. Die Mutter würde nicht immer wieder mit ihrem Verantwortungsgefühl sich auf den Plan gerufen wähnen, wenn sie nicht von Fall zu Fall *in Angst* um ihre Tochter versetzt würde. Es beunruhigt und bedrückt sie, daß sie ihre Tochter vor den Gefährdungen des Lebens niemals endgültig zu schützen vermag, denn sie empfindet es als die Pflicht einer guten Mutter, unter allen Umständen dafür zu sorgen, daß dem Kind kein vermeidbares Unheil zustößt; und so kommt es, daß sie auf jede drohende Gefährdung ihres Kindes mit einer geradezu panischen Angst reagiert. Diese Angst, wohlgemerkt, gilt nicht eigentlich dem Wohl der Tochter, sie richtet sich vielmehr auf das Bemühen, *den drohenden Vorwürfen des eigenen Überichs* mit allen Kräften zuvorzukommen. Es ist *der narzißtische Zug* dieser Angst, der das Bemühen, nur ja eine gute Mutter zu sein, schließlich in das Gehabe der »Stiefmutter« deformiert: Am Ende steht eine Frau vor uns, die in dem Bestreben, gegenüber ihrer Tochter *niemals* schuldig zu werden, in Wahrheit ihrem Kinde *alles* schuldig bleibt, und es ist *die Angst vor den Strafen des eigenen Gewissens,* die eine an sich über die Maßen gewissenhafte Mutter so gewissen- und bedenkenlos in ihren Strafaktionen auftreten lassen kann.

An sich, wenn es so steht, vermag natürlich alles mögliche die Pflichtangst einer solchen Mutter zu erzeugen: Das Kind ist krank, es ißt nicht genug, es bleibt in der Schule zurück, es geht draußen auf der Straße spielen, es drängt sich in die Nähe zweifelhafter Freunde – im Grunde genügt es, daß die Mutter die jeweilige Situation nicht genau genug zu *kontrollieren* vermag, um die entsprechenden Angst- und Zornreaktionen in ihr wachzurufen. Und doch mag das mühsam zusammengehaltene Geflecht von Aufsicht und Vorsorge in der frühen Kindheit und Jugend noch einigermaßen zuverlässig und zusammenhängend funktionieren; an sein gewaltsames *Ende* gelangt dieses Arrangement unfehlbar bei Eintritt der Tochter in die Pubertät, und dieser Augenblick ist es denn auch, an dem unser Märchen mit seiner Erzählung beginnt.

Glücklich möchte man manchmal *die Tiere* preisen, schon deshalb, weil viele von ihnen rein instinktiv über bestimmte Verfahren verfügen, um nach einer gewissen Zeit die Jungtiere von den Eltern zu trennen.[33] Von den nordamerikanischen *Grizzlys* weiß man, daß sie ihre Jungen mit Bärengeduld aufziehen. In Augenblicken der Gefahr schicken sie die Jungtiere auf die Bäume und lassen sie dort oben so lange warten, bis die Luft wieder rein ist; es kommt aber der Tag, an dem die Elterntiere ihre Kleinen ohne Not in die Baumwipfel treiben und einfach fortgehen; die Jungtiere warten einen Tag, eine Nacht lang auf die Rückkehr der Alten – umsonst; der Hunger schließlich holt sie auf die Erde herunter, auf daß sie selber sich ihre Nahrung suchen und zeigen, ob aus ihnen erwachsene Bären geworden sind. Die *Schwäne* tragen ihre graubraunen Jungen voll Stolz wochenlang auf dem Rücken umher; sie sind schier entsetzt, wenn diese winzigen Federbälge unter ihren Augen einfach im Wasser untertauchen und für Sekunden verschwinden; sie geben ihnen Geleit und Schutz gegen reißende Strömungen, und sie verteidigen sie mit ihren mächtigen Flügeln gegen allzu neugierige Spaziergänger im Stadtpark. Doch eines Tages werden die alten Schwäne mit kräftigen Flügelschlägen die Jungen von ihrem See vertreiben, daß sie selbst auf die Suche gehen, wo sie Brutplätze finden für die Aufzucht eigener Jungen. Ganz anders in dem Märchen von ›Brüderchen und Schwesterchen‹.

Gerade wer in gewissem Sinne ein wirkliches Zuhause nie kennengelernt hat, wird sich doch immer wieder am heftigsten dahin zurücksehnen; die Angst vor den eigenen Eltern weitet sich in seinen Augen zur Angst vor der ganzen Welt, und so wird er gerade dort seine Zuflucht suchen, wo objektiv am wenigsten Zuflucht bestand.[34] Man hat in grausamen, leider immer noch nicht gesetzlich verbotenen Versuchen mit Mäusen durch Stromstöße Tiere dressiert, die ihren eigentlichen Schutzraum, *das Dunkel*, zu fürchten begannen und schließlich aus lauter Angst dort Unterschlupf suchten, wo objektiv wirklich Gefahr für sie lauert: in den *hellen* Flächen, auf denen sie jedem Beutegreifer weithin sichtbar sind.[35] Eine solche *Umkehrung der Fluchtrichtung* aus Angst gerade in die Zonen der objektiv größten Gefahr bestimmt die Psychodynamik fast aller seelisch Leidenden: Sie hängen sich mit allen Kräften an das, was sie unweigerlich immer von neuem enttäuschen und quälen wird, und sie meiden aus Angst vor Enttäuschung gerade diejenigen Beziehungen und Möglichkeiten, an denen sich ihre unglückseligen Erfahrungen endlich zum Guten wenden könnten. – Insofern ist es unendlich viel wert, daß in dem Grimmschen Märchen das Brüderchen sein Schwesterchen davon überzeugt, dem unerträglich gewordenen Leben im Hause der Stiefmutter den Rücken zu kehren und buchstäblich das Weite zu suchen.

Alles, was Märchen als Entscheidungen im Verlauf von Stunden und Tagen berichten, wird man im wirklichen Leben sich *zeitzerdehnt,* als einen Prozeß von Monaten und Jahren vorstellen müssen.[36] Es ist offenbar jetzt, zu Beginn der Pubertät, für das Schwesterchen eine Lage entstanden, in der es seine Mutter endgültig nur noch als »Stiefmutter« erlebt – als chronisch zurückweisend, schimpfend, schlagend, tretend, verbietend. Das Schwesterchen selber scheint dabei durchaus nicht zu ahnen, daß der »Tod« seiner Mutter bzw. deren Verwandlung in die »Stiefmutter« einfach damit zusammenhängt, daß es jetzt deutlich vom

Mädchen zur Frau zu reifen beginnt, ja, daß es dieser Wandel des eigenen Wesens ist, der die Mutter selber derart verwandelt.

Kein Kind wird jemals begreifen, daß es schon Strafe dafür verdient, erwachsen zu werden und als Frau heranzureifen; und doch kann es unter bestimmten Voraussetzungen bereits wie ein Vergehen erscheinen, insbesondere in der sexuellen Entwicklung auf der Stufe kindlicher Unschuld *nicht* stehengeblieben zu sein. Mehr oder minder ausgesprochen, kann ein Mädchen, kaum zwölf oder dreizehn Jahre alt geworden, in aller Schärfe zu spüren bekommen, daß die Mutter es ablehnt und haßt einfach dafür, kein Kind mehr zu sein. Noch nach vielen Jahren wissen sich Frauen daran zu erinnern, wie es ihnen damals erging – beim Einkauf der Wäsche und Kleidung, beim Zurechtmachen im Bad, beim Ausgehen zum Tanzen, ins Kino, zur Einladung einer Freundin: Stets stand die Mutter dahinter und bekämpfte ihre Tochter wegen ihres vermeintlich liederlichen, häßlichen, hochmütigen, aufreizenden und herausfordernden Äußeren. Vielen Frauen, vor allem solchen, die wirklich sehr schön sind, steht es noch heute fest, daß sie seit eh und je dreinschauen wie Vogelscheuchen. Sie merken kaum, wie sehr die massiven Gefühle von Selbsthaß und Selbstablehnung ihren Grund in den jahrelangen Verurteilungen und Totalabwertungen ihrer Mutter haben,[37] die in ihrer Tochter zwei ganz verschiedene, einander vollkommen entgegengesetzte Ziele durchzusetzen suchte. Die »gute« Mutter wäre eigentlich erfreut gewesen über die aufblühende, zusehend auffallende Schönheit und Weiblichkeit ihrer Tochter, und sie persönlich hätte gerne alles getan, diese Seite nach Möglichkeit zu fördern; in ihrem Überich aber, entsprechend ihren Vorstellungen von Sittsamkeit und Anstand, brach, je erfolgreicher sie in ihren Bemühungen wurde, jetzt um so mehr die Befürchtung aus, die Tochter könnte den Gefahren der eigenen Anmut sowie dem Andrang der eigenen Antriebe wehrlos erliegen, und so begann sie, zu tadeln, was sie loben und zu bestrafen, was sie stärken hätte mögen.

Wäre der Konflikt *vom Ich her* zu formulieren gewesen, so hätte die Mutter sagen müssen: »Ich bewundere Dich und bin richtig glücklich, Maria, wie schön Du bist. Aber ich bin mir sicher, daß ich nicht die einzige bin, die das sehen wird. Paß auf Dich auf und sei nicht gar so leichtsinnig.« Eine solche Warnung hätte die Tochter als Kompliment verstehen können, und sie hätte gelernt, daß sie mit ihrem Wesen etwas Kostbares und Schützenswertes darstellt, das es nicht leichtfertig zu vertun gilt. In der Sprache des Überichs aber mußte ein solcher mütterlich gemeinter Ratschlag in eine stiefmütterliche Verhexung sich wandeln, die darauf abzielte, der Tochter durch den Ruin ihres Selbstvertrauens *sicher* zu bleiben, und als das geeignete Mittel dazu durfte die doppelte Verschiebung: von ästhetischer Wertschätzung in

moralischen Vorwurf und dann wieder vom moralischen Vorwurf zur
ästhetischen Abwertung gelten.[38] Im Originalton hörte sich das etwa
so an: »Wie du schon wieder aussiehst! Wirf Deine Haare nicht so
wild in den Nacken. Guck nicht so herausfordernd drein! In dem
Pullover hält Dich jeder für eine Schlampe. Wie Du nur gehst –
schlimmer als auf dem Laufsteg.« Es gibt am Ende kein Kleidungs-
stück, keine Bewegungsart, keine Geste, die von der »Stiefmutter«
nicht als ganz »unmöglich«, als »unerträglich« und »einfach schrecklich« hingestellt würde, mit dem Ergebnis, daß die Tochter in ihrem
Urteilsvermögen sich selbst gegenüber sich zunehmend irritiert und
verunsichert fühlt und sie sich erneut um so verzweifelter an gerade
die Instanz um Bestätigung und Anerkennung wenden wird, von der
die Erschütterung jeglichen Selbstwertgefühls ihren Anfang nahm: an
die eigene Mutter. Unvermeidbar kommt es so auf seiten der Tochter
wie der Mutter zur *Ausbildung eines doppelten Teufelskreises*, den wir
wie folgt kennzeichnen können.

Zum einen: Um die quälenden Minderwertigkeitsgefühle auszugleichen, die sie sich selber als heranwachsender Frau entgegenbringt,
wird die Tochter geneigt sein, ihren Einsatz an Koketterie und Kon-
taktsuche, an Werbeverhalten und äußerem Charme nach Möglichkeit
noch zu steigern; an Verehrern und Bewerbern wird sie vermutlich
keinen Mangel leiden, und doch wird ein jeder mit seinen Annähe-
rungsversuchen auf eine unsichtbare Trennwand abwehrender Angst
treffen: Es steht trotz allen Bemühens einem solchen Mädchen eigentlich doch bereits fest, daß niemand es wirklich mögen könnte, und so
nimmt es aus *Angst vor Enttäuschung* den Mißerfolg stets schon vorweg, indem es sich ihn selbst bereitet, ganz so als sei es immer noch
leichter erträglich, sich selbst zu enttäuschen, als von einem anderen
enttäuscht zu werden. Es ist die ständige Angst vor dem für unmöglich gehaltenen »Erfolg«, die jeden wirklichen Erfolg verhindert.[39]
Hernach freilich hebt jedesmal der melancholische Kampf gegen die
drohende Verzweiflung an, und es beginnt wieder das Betteln und
Flehen um Anerkennung mit allen nur denkbaren Mitteln einer sich
entfaltenden Weiblichkeit; statt sich selber zu mögen, hat ein solches
Mädchen gelernt, auf Sein oder Nicht-Sein alle anderen ringsum zu
fragen, was es in ihren Augen wert ist, und auf der anderen Seite hat es
gelernt, jedes Lob, jedes aufmunternde Angeblicktwerden, jeden Zu-
ruf eines Jungen gerade nicht als Bestätigung, sondern als Beweis der
Verachtung, ja als Bestätigung seiner *Verächtlichkeit* zu verbuchen. In
all dem aber wird ihm nur selten bewußt werden, daß es mit diesem
Programm der Zerstörung von Nähe und Zärtlichkeit im Grunde die
aufsässig-brave Tochter seiner (Stief-)Mutter bleibt und in Wirklichkeit auf das genaueste dem mütterlichen Verbot jedes näheren Kontaktes mit einem Jungen oder einem Manne nachkommt.

Zum anderen kann jedoch auch die Mutter über ihren Erfolg nicht glücklich sein. Zwar hat sie die entschwindende Macht über ihre Tochter durch die erzwungene Ohnmacht des Kindes scheinbar zurückgewonnen, aber auch sie wird nur sehr begrenzt bemerken, daß sie mit ihren pflichtgemäßen Verfälschungen und Verbiegungen selber die Ursache für die immer wieder überschießenden mädchenhaften Kompensationsversuche der Tochter darstellt; weit eher wird sie geneigt sein, in den Ausbruchsversuchen des Mädchens den manifesten Beleg für seinen schlechten Charakter und sein obstinates Wesen zu erkennen, dem es mit Nachdruck zu steuern und entgegenzuwirken gilt. Je verzweifelter daher das Mädchen versuchen wird, die (stief-)mütterlichen Abwertungen zu widerlegen, desto sicherer wird es diese provozieren, und beide, Mutter und Tochter, werden keine Chance haben, diese »Verhextheit« aller Beziehungen zu durchbrechen. Die entscheidende Erkenntnis müßte lauten, daß das »Schwesterchen« ganz zu Recht nach einer Liebe sucht, die es auch als heranreifende Frau meinen und gelten lassen würde, denn erst wenn es eine solche umfassende, in gewissem Sinne vorbehaltlose Akzeptation erleben könnte, vermöchte es seine Bemühungen um die Gunst eines anderen entkrampft und entängstigt genug zu gestalten, um auch den erwachenden *sexuellen* Anteil seiner Beziehungen in einer relativ harmonischen Form anzunehmen und zuzulassen; so aber ist es gerade die Sexualität, um derentwillen die (Stief-)Mutter ihre Tochter in Ungeduld und Heftigkeit mit Liebesentzug, ja mit aggressiver Lieblosigkeit bestraft, und gerade das wieder muß dazu führen, daß besonders die Sexualität von der Heranwachsenden als das Hauptmittel eingesetzt wird, um die schmerzlich vermißte Liebe der Mutter *anderweitig* zu suchen – ein Kreislauf des Scheiterns zwischen Mutter und Tochter, der beide wechselseitig in einer *Beziehungsfalle* gefangenhält, die sich schematisch in etwa auf diese Weise darstellen läßt:

Mutter → Tochter

Ich liebe dich nicht, weil du schön bist.
Du bist nicht schön, und niemand hat dich lieb.
Ich hasse dich (denn du machst mir Angst, ich könnte auf dich nicht genügend aufgepaßt haben).

Tochter → Mutter

Ich möchte schön sein, um geliebt zu werden.
Ich muß mich besonders schön machen, um doch noch geliebt zu werden.

Ich möchte geliebt werden, aber ich kann doch niemandem glauben, daß er mich lieben könnte (deshalb suche ich ständig nach einer Nähe, die ich zugleich fliehe, um nicht enttäuscht zu werden).

(Stief-)Mutter und Tochter richten sich auf diese Weise in einem unglückseligen Gemisch aus wechselseitig unverständlichen Strafaktionen und Frustrationen ein, wobei die Tochter die Mutter und die Mutter die Tochter für buchstäblich *böse* hält: Die Tochter versteht nicht, daß die »böse« Mutter im Grunde aus angstbesetzter Fürsorge und Hilflosigkeit so verzweifelt und willkürlich um sich schlägt, und die Mutter versteht nicht, daß ihre Tochter nur deshalb so liebeheischend und anlehnungsbedürftig sich gibt, weil sie im Grunde jegliches Selbstvertrauen verloren hat, und beide leiden, ohne es zu wissen, an einer ständigen Widersprüchlichkeit infolge einer *Angstmoral*, die insbesondere das Wesen der Mutter zwischen Ich und Überich, zwischen Mutter und Stiefmutter, zwischen Fürsorge und Verstörung zerspaltet. Unter diesen Umständen kann es nicht ausbleiben, daß *die innere Zerrissenheit der Mutter* sich in der *Zwiespältigkeit der Tochter* fortsetzt, und damit eigentlich beginnt das merkwürdige *Zwiegespräch* zwischen dem »Schwesterchen« und seinem »Brüderchen«.

Bisher könnte ein Einwand gegen unsere Deutung des Märchens lauten, daß wir die Gestalt der Stiefmutter ganz entgegen dem Wortlaut des Märchens durch Einführung von phantastischen Hypothesen viel zu positiv gezeichnet hätten; vor allem von den ursprünglich wohlmeinenden Zügen der Stiefmutter erzähle das Märchen gar nichts. Ein solcher Einwand träfe formal wohl zu, er griffe psychologisch aber ins Leere. Psychologisch gesehen, hängt alles davon ab, den »Tod« der »guten« Mutter in der Einleitung des Märchens *als eine Erinnerung* oder, besser, *als ein verborgenes Wissen* um die andere Seite ein und derselben Frau zu verstehen, die beides gleichzeitig und in eins ist: Mutter *und* Hexe bzw. Mutter *als* Hexe und Hexe als Mutter; und dieser Gegensatz ist nicht anders begründbar als durch das angegebene Gegenspiel zweier psychischer Instanzen in ein und derselben Person – als durch den *Kontrast zwischen Ich und Überich*, zwischen persönlich gutem Willen und moralisch diktierter Starre, zwischen liebevoller Sorge und einer oft genug grausamen Strenge. Ohne diese Voraussetzung wäre vor allem *die Spaltung der Persönlichkeit* nicht verständlich, die in der Gestalt des Schwesterchens und des Brüderchens dem Märchen den Titel geliehen hat. Um es so zu sagen: Im Schatten einer Mutter, die nur »böse«: verbietend und strafend, schimpfend und schlagend auf ihre Tochter einzuwirken sucht, könnte allenfalls ein Kind heranwachsen, wie wir es in dem Wesen des »Schwesterchens« antreffen, ein verschüchtertes, scheues, selbstunsicheres, haltsuchendes, angsterfülltes, von unsäglicher Traurigkeit und Einsamkeit gezeichnetes Mädchen, das jeden Tag mehrmals vor den Spiegel treten muß, um sich die Tränen aus den Augen zu wischen und um zu vermeiden, daß jemand bemerken könnte, wie es unter dem Schleier äußerer Wohlangepaßtheit und Heiterkeit innerlich leidet. Ein solches »Schwesterchen« wird unter dem Druck der Jähzornsattacken seiner (Stief-)Mutter sich selber immer wieder den heftigsten Anfällen von Gefühlen einer abgrundtiefen Verlassenheit ausgesetzt sehen; doch zu wem könnte oder dürfte es von seinen Erlebnissen *sprechen?* Allen anderen wird die »Stiefmutter« nicht zu Unrecht als eine vorbildliche Frau erscheinen, die auf mustergültige Weise ihre Tochter erzieht, und alle Leute werden sie loben, daß es ihr vergönnt ist, eine derart *liebe und schöne Tochter* zu haben. Niemand will wissen und niemand wird jemals wissen, was für eine Tragödie sich in Wirklichkeit in der Seele eines solchen »Schwesterchens« abspielt. Doch das Mädchen, dessen Geschichte das Grimmsche Märchen uns schildert, ist niemals nur einfach das »Schwesterchen«; es ist, spätestens vom Einbruch der Pubertät an, zugleich stets auch sein eigenes Gegenbild in der Gestalt seines »Brüderchens«, und dessen so grundverschiedenes Wesen hätte niemals den Mut, sich selbst zu vollziehen, gäbe es inmitten des Ozeans der Tränen im Erleben des »Schwesterchens« nicht immer wieder korallene Inseln des Glücks in den üppigen Gestalten einer exotischen Fülle und Schönheit, versteckte Lagunen traumnaher Nächte, in denen das *mildere* Dasein der Mutter die bizarren Gebilde verborgenen Lebens wie in Meerestiefen geformt hat. In dem »Brüderchen« spricht jene Seite des Mädchens sich aus, in welcher die Ahnung von Liebe und Leben nie gänzlich erloschen ist, und sie *kann* nur gewachsen sein im Gedenken an die »verstorbene« »*gute*« Mutter, die trotz allem *auch* existiert – existiert haben *muß.* Allerdings trifft es zu, daß diese »gute«, nicht nur wohl*meinende*, sondern auch wohl*tuende* Weise der Mutter mit Beginn der Pubertät vollkommen zurückgetreten ist, und so begibt sich jetzt die entscheidende Wende, daß in dem heranwachsenden Mädchen gerade diejenigen Kräfte, die den Erfahrungen mit der »guten« Mutter entstammen, am heftigsten in den Widerspruch zu der »Stiefmutter« treten und endgültig zu Aufbruch und Abschied mahnen. Denn dies scheint ganz sicher: an der Seite der (Stief-)Mutter ist auf die Dauer kein Leben mehr möglich.

In dem »Brüderchen« verkörpert sich mithin der Bereich, den man in der Sprache C. G. Jungs als »animus«[40] bezeichnen könnte: In ihm tritt derjenige Anteil in der Seele einer Frau zutage, der nach außen drängt und erobern will, der zupacken möchte und auf die Bewältigung der äußeren Realität gerichtet ist, der in gewissem Sinne die »männliche«, aktive Seite umschließt. Man darf jedoch im

Kontext des Grimmschen Märchens sich nicht einfach mit der Verwendung einer bestimmten Terminologie beruhigen; man muß vielmehr sehen, daß die Gestalt des »Brüderchens« selber das Ergebnis einer Ichspaltung darstellt, mit welcher das »Schwesterchen« auf die Zerspaltenheit und Widersprüchlichkeit im Erleben seiner Mutter bzw. Stiefmutter zu antworten sucht. Wohl lebt in dem »Brüderchen« noch so etwas fort wie ein Lebensmut, der trotz allem nicht gänzlich zerstört ist; doch klingt es weit eher nach dem Mut der Verzweiflung als nach Aufbruch und Eroberung, wenn wir das »Brüderchen« zur *Flucht* aus dem Hause der »Stiefmutter« mahnen hören.

Was soll auch das »Schwesterchen« anderes tun? – Es ist endgültig ein Lebensabschnitt zu Ende, in welchem die Suche nach der (verlorenen) Mutter noch irgendwie sinnvoll erscheinen konnte; was von der »Mutter« in den Augen der Heranwachsenden übriggeblieben ist, kommt inzwischen einer dämonischen Travestie der »Mutter« gleich, und bereits die Unerträglichkeit des Zusammenlebens erzwingt die zögernde, trauerverschattete Flucht in die Welt; und diese Gefühlslage gilt es, genauer zu beschreiben.

Solange wir von dem »Brüderchen« als von dem »animus« des »Schwesterchens« sprechen, müssen wir eigentlich eine Abspaltung annehmen, die sich »lediglich« im Hintergrund der »persona«, der Form der Außenanpassung, aus dem verdrängten bzw. als unbrauchbar liegengebliebenen psychischen Material aufbaut;[41] die Dynamik, die sich aus solchen Abspaltungsvorgängen in der Tiefe des Unbewußten ergibt, kann so energiereich, gefährlich und furchtbar sein wie die Bewegungen des glutflüssigen Magmas im oberen Erdmantel, aber sie wird nicht in einer derart bewußtseinsnahen Zwiespältigkeit und Traurigkeit erlebt, wie wir es bei dem »Schwesterchen« antreffen. – Das heißt, genaugenommen dürfen wir fortan eigentlich auch nicht mehr von dem »Schwesterchen« sprechen, sondern es handelt sich offenbar bei dem »Brüderchen« *und* dem »Schwesterchen« um die zwei gegensätzlichen Seiten des Ichs ein und desselben Mädchens, das auf dem Weg, eine Frau zu werden, zwischen Angst und Aufbruch, zwischen Klammern und Klettern, zwischen den regressiven und den progressiven Strebungen in seiner Seele hin- und hergerissen wird. Und selbst diese Darstellung trifft noch nicht wirklich den Kern; denn es geht in der Grimmschen Erzählung nicht um ein Mädchen, das gewissermaßen zwischen zwei gleich starken Antrieben zu wählen hätte und lediglich nicht wüßte, wohin es sich wenden sollte, es geht weit eher um die Beschreibung eines vollendeten Dilemmas: Zwischen der Angst vor der (Stief-)Mutter und der Angst vor der Welt draußen weiß dieses Mädchen nicht ein noch aus – *das* ist die bittere Tragödie, mit der dieses Märchen beginnt; und was das »Brüderchen« spricht, ist nicht der Ratschlag einer höheren Einsicht als vielmehr die unausweichliche Folgerung aus einer unhaltbar gewordenen Lage. Auch das »Brüderchen« weiß eigentlich nicht weiter, es weist als Ausweg nur in die Richtung einer *Flucht ohne Ziel,* eines planlosen Exodus, eines Weggangs, ohne zu wissen, wohin. Und die einzigen Wegbegleiter sind dementsprechend der »Jammer« und der »Hunger« sowie die betrübliche Erinnerung an die »gute Mutter«, die von alledem nichts weiß, da sie »tot« ist. Selbst wenn hier die Rede von *Gott* geht, so nur mit dem hörbaren Unterton einer wehklagenden Hoffnungslosigkeit, als wäre dort droben, in einer anderen Welt, doch jemand, der alles versteht, der aber zu fern scheint, um helfend zur Seite zu stehen. Eine Religiosität dieser Art ist wie ein Versuch, im Himmel zu finden, was sich auf Erden verweigert, ein »Glauben ohne Hoffnung«, wie William Faulkner es einmal genannt hat,[42] ein Warten auf nichts, nur ein stummes Gebet.

Nicht selten im Verlauf einer Psychotherapie erzählen Frauen, wie sie die Phase der Loslösung von ihrer Mutter in den entscheidenden Jahren der Jugend auf eine Weise erlebten, die ganz dem Märchen von ›Brüderchen und Schwesterchen‹ entspricht. Sie hingen im Grunde sehr an ihrer Mutter, die sie immer wieder zwischen einer bestimmten Art von Überfürsorge und Einschüchterung hin- und herriß; auf der anderen Seite aber spürten sie auch deutlich, daß in ihrem Elternhause auf die Dauer kein »Auskommen« möglich war. Kein Entwicklungsschritt im Leben solcher Mädchen gelang im Grunde »freiwillig«, sondern er vollzog sich jeweils nur unter dem massiven Druck von mütterlichem Zorn und Unwillen – gegen eine Angst, die immer wieder rückwärts haltsuchend ihre Arme ausstreckte. Manche dieser Mädchen flohen schließlich von den Eltern weg an einen Studienort, andere versuchten, sich in ihrem Beruf freizuschwimmen, andere warfen sich in die Arme eines Jungen, und schon aus lauter Ärger über die Wesensart der eigenen (Stief-)Mutter würden die meisten von ihnen es heute noch für ganz unsinnig halten, wenn man ihnen sagte, sie seien in gewissem Sinne nach wie vor von gerade dieser Frau, der ihre größte Fluchtanstrengung galt, niemals recht losgekommen. Tatsächlich haben viele Frauen, besonders solche, die unter großen Anstrengungen sich finanziell durch Ausbildung und Arbeit vom Elternhaus unabhängig zu machen suchten, subjektiv damals den Eindruck gewonnen, endlich »alles«, die ganze Kindheit, hinter sich gelassen und ein ganz neues Leben begonnen zu haben; sie würden gereizt und verdrossen antworten, wollte man ihnen erklären, daß sie innerlich im Grunde unverändert von ihrer Mutter abhängig geblieben seien, haben sie doch wirklich in ihrem Bewußtsein alles getan, um sich aus der Bindung an ihre Mutter zu lösen. Und doch gibt es ein deutliches Indiz, das damals wie heute eine ganz eindeutige Sprache redet: die schier unendliche Traurigkeit, die das »Schwesterchen« und das »Brüderchen« (das heißt *das heranwachsende Mädchen in diesen beiden auseinanderfallenden Seiten*) auf ihrem Weg in die Welt begleitet.

Nicht viele Menschen werden verstehen, wie es den »Schwesterchen« unter den Frauen, den »Brüderchen« unter den Männern ergeht, wenn sie auf ihrer Flucht in die Welt, unter einem regenverhangenen Himmel, das Gefühl haben müssen: »Gott und unsere Herzen, die weinen zusammen!« Für die meisten Menschen wird Traurigkeit nicht *mehr* zu bedeuten haben als ein momentanes, situativ bedingtes Erleben, das durch bestimmte Gründe verursacht ist und mit dem Verschwinden dieser Gründe selbst sein Ende nimmt, oder, noch einfacher, sie nehmen »Traurigkeit« für eine Art vorübergehender Wetterfühligkeit oder für eine Erschöpfungsreaktion auf zuviel Streß und Arbeit. Frauen (und Männer) aber, wie sie das Grimmsche Märchen beschreibt, erleben die Traurigkeit durchaus nicht mehr nur als einen sich wandelnden Zustand, sondern als eine endgültige Schicksalsbestimmung, als ein »Verhängnis« im wörtlichen Sinne; für sie hat sich die »Traurigkeit« in ein Weltgefühl verwandelt, das von jedem Detail des irdischen Lebens bestätigend und belastend auf sie zurückkommt.[43] Es ist, als sei die Schwermut zu einer objektiven Qualität der Dinge selbst geworden, als sei sie ihre Seele und innere Wirklichkeit, die nur darauf warte, von entsprechend sensiblen Menschen endlich als ihre verborgene Wahrheit entdeckt zu werden. In solchen Zuständen fühlt ein Mensch gewissermaßen nicht mehr sich selber, sondern er fühlt nur die Allmacht der Umstände und Gegenstände ringsum, die von seiner Ohnmacht Besitz zu ergreifen drohen, und er lebt in ihnen, ohne noch merken zu können, daß er es selber ist, der sie mit seinem Empfinden begabt und belebt. Der Hauptinhalt einer solchen Trauer entstammt dem, was die Psychoanalyse als »Objektverlust« bezeichnet:[44] Es ist ein Gefühl, als sei das eigene Innere wie leergeräumt; man weiß nicht mehr, *wer* man selber ist und *woran* man mit sich selber ist, jetzt, nachdem diejenige Person sich entfernt hat, die bisher den ganzen Halt und Inhalt des eigenen Lebens »ausmachte«. Lediglich ein Erinnerungsnachbild der alten Muttersehnsucht scheint noch in Gestalt »Gottes« zu existieren, der wie ein Gefährte des Unglücks das eigene Weinen begleitet, in ihm lebt offenbar die Sehnsucht bzw. die Erfahrung jener »guten« Mutter fort, die es einmal im Leben des Kindes gab, ehe die »Stiefmutter« die Oberhand gewann.[45]

Es bliebe tiefenpsychologisch nun freilich zu kurz gedacht, den bitteren Verlust der »guten« Mutter für die *einzige* Quelle der Traurigkeit des »Schwesterchens« zu halten. Mindestens ebenso stark wie *der Inhalt* des Gefühls dieser weltweit sich dehnenden Melancholie muß *die Verarbeitungsweise der bestehenden Konflikte* selbst sich auswirken. Wir hören, wie sehr das »Brüderchen« sich von der »Stiefmutter« mißhandelt und drangsaliert fühlt, als wie ungerecht es ihre Behandlung empfindet und wie hilflos es sich diesem Gebaren ausgeliefert sieht; mit keinem Wort aber hören wir etwas von wirklichen »Auseinandersetzungen« – von Rede und Widerrede, von dem Versuch wenigstens einer Verteidigung und Rechtfertigung. In der Biographie eines Mädchens, dessen Seele am Anfang der Pubertät nach dem Vorbild der Grimmschen Erzählung in die Gestalt eines »Brüderchens« und eines »Schwesterchens« zerfällt, muß man sich vorstellen, daß die »Mutter« mit ihrer strafgewaltigen, jähzornigen Autorität jede Entwicklung eines eigenen, »egoistischen« Wollens oder gar der Ichstärke einer einigermaßen resoluten Widerstandsfähigkeit sehr früh schon im Keim erdrückt hat. Ein Mädchen im Umkreis einer solchen Erziehung wird einem äußeren Beobachter vermutlich als ungewöhnlich »brav« erscheinen. Tatsächlich aber verbirgt sich hinter dieser Bravheit eine schwere Erschütterung des Selbstbewußtseins und des Selbstvertrauens eines solchen Kindes.[46] »Jähzorn« der »Mutter« – das bedeutet ja nicht nur, daß die Mutter ab und zu aus der Haut fährt und danach »alles« wieder gut ist; es bedeutet ganz im Gegenteil, daß einem Kind die Erde, auf der es lebt, nach und nach unheimlich wird: Nie kann es wissen, wann das Erdbeben des gestrigen Tages wiederkehren wird![47] Vor allem: es muß unentwegt mit gepannter Aufmerksamkeit herauszufinden suchen, inwieweit es selbst an dem »Erdbeben« schuldig war, wie es also womöglich beim nächsten Mal durch besondere »Bravheit« eine neuerliche Katastrophe vermeiden könnte. Es gab in der Antike Völker, die den Göttern der Erde, um sie zu versöhnen, blutige Opfer darbrachten;[48] nicht anders wird ein Mädchen, das unter den unvorhersehbaren »Erdstößen« seiner Mutter immer wieder in Angst und Schrecken versetzt wird, bereit sein, alles nur Erdenkliche zu tun und vor allem: alles nur Erdenkliche *zu opfern,* wenn sich dadurch nur ein neuerlicher Wutausbruch der Mutter verhindern läßt. Zum Wesen eines solchen »Schwesterchens« gehört eine Gehorsamsbereitschaft gleich einem Blatt, das gelernt hat, sich in jeden Windhauch zu fügen, um dem drohenden Sturm keine Angriffsfläche zu bieten; es gehört dazu eine Aufmerksamkeitslenkung, die immer mehr von den eigenen Interessen weg auf die Frage gerichtet wird, was *in der Mutter* vor sich geht, was *sie* meint und will, und wie es sich ergründen läßt, am besten, noch ehe die Mutter es selber mitteilen muß. Insofern gehört zu der Erlebnisweise eines »Schwesterchens« die fast selbstverständliche Grundhaltung, daß es so gut wie ausgeschlossen ist, mit eigener Kraft für sich selbst, für das eigene Glück etwas tun zu dürfen, ja, daß es vollkommen unmöglich ist, so etwas wie ein eigenes Recht zu beanspruchen oder auch nur zu glauben, daß man über eigene Rechte und Bedürfnisse gegenüber dem

Leben verfüge – verfügen *dürfe*. Doch eben diese *prinzipielle Rechtlo-sigkeit*, dieses Gefühl, daß es am besten sei, niemals etwas als sein eigen zu betrachten, weil es einem ohnedies plötzlich und unverhofft wieder weggenommen werden könnte, diese *Schutzarmut aus Angst* vor der jederzeit drohenden Enttäuschung wird immer wieder auch in späteren Jahren einbruchartig, in heftigen depressiven Anfällen (paral-lel zu den Jähzornsattacken der Mutter in der frühen Kindheit) erlebt werden, in Form von Weinkrämpfen und plötzlichen Trauerphasen, die nicht selten tagelang anhalten können, bis sich der Alltag mit seinen Themen scheinbar lindernd darüberschiebt.[49] Es ist dem Ich dabei zumeist nicht bewußt, wie nichtig in der *heutigen*, erwachsenen Realität die jeweiligen Anlässe eines solchen »weltweiten« Weinens zu sein pflegen, und es *kann* nicht sehen, daß sich hinter den Ausbrüchen einer abgrundtiefen Traurigkeit zumeist uralte Szenen dramatischer Zornesausbrüche der eigenen Mutter *damals* verbergen.

Am allerwenigsten aber ahnt es, daß mit Hilfe der traurigen Brav-heit *starke eigene Aggressionen niedergehalten* werden sollen; den-noch verhält es sich so. – Ein Kind, das in einem Jähzornanfall von seiner Mutter geschlagen wird,[50] lernt nicht nur, die eigene Rechtlo-sigkeit und Ausgeliefertheit wie selbstverständlich hinzunehmen, es sieht sich vor allem gezwungen, jede aufkommende Regung zur Ge-genwehr in sich zu ersticken. Aus der spontanen Neigung, sich kämp-ferisch für sein Recht einzusetzen, wird die Haltung, sich wie in Schauern zusammenzukrümmen, den Kopf zwischen die Hände bzw. zwischen die angehockten Knie zu bergen und immer wieder, selbst Jahrzehnte danach noch, die Schläge zu spüren, die damals blindwütig auf Rücken und Gesäß niedergingen. Traurigkeit – das ist unter den gegebenen Bedingungen wesentlich auch *diese erzwungene Wehrlosig-keit aufgrund einer vollkommenen Verdrängung eigener Aggressio-nen*. Ein »Schwesterchen« dieser Art wird auf seiner Flucht in die Welt seine Mutter schon deshalb mitnehmen, weil es vor ihr *auf der Flucht ist* – weil es mit anderen Worten niemals gelernt hat, einen bestehenden Konflikt anders zu lösen als durch Ausweichen, Rück-zug, Nachgeben – durch »Fliehen«. Es ist diese Fluchthaltung selbst als die einzig verbleibende Lösungsform bestehender Konflikte, die all die Erfahrungen mit dem Jähzorn der Mutter als eine schwere Hypo-thek dem weiteren Weg ins Leben aufbürden wird. Wenn es etwas gibt, das insgeheim trotz allem ein solches Dasein mit einem gewissen Wert ausstatten kann, so ist es der ausgeprägte Wille, *anders* zu sein als die (Stief-)Mutter. Einzig diese Negativität des Andersseins, einzig der Abstand von dem gefürchteten, gehaßten, geliebten und ersehnten Vorbild der Mutter kann unter Umständen doch noch dazu führen, von sich ein wenig positiv zu denken; ja, es erlaubt womöglich sogar eine Art indirekter Kritik an der Wesensart der Mutter. »Ich verstehe nicht, wie man so sein kann.« »Ich würde doch niemals...« »Wie kann man nur zu einem Menschen sagen: ...« Solche und ähnliche Redewendungen moralischer Fassungslosigkeit hört man nicht selten im Munde eines »Schwesterchens«, wenn es von seiner Mutter redet oder von Menschen, die ihr gleichen. Daß man die eigene Mutter *auch* mit sich nimmt, wenn man rein negativ an sie gebunden bleibt, stellt eine Dialektik des Unbewußten dar, die sich für lange Zeit der Wahrnehmung entzieht und die erst sehr viel später, im Umgang mit anderen Menschen, insbesondere im Umgang mit den eigenen Kindern, wiederentdeckt werden muß – wir werden noch sehen!

Einstweilen müssen das »Brüderchen« und das »Schwesterchen« sich notgedrungen auf »eines langen Tages Reise durch die Nacht« begeben.[51] Was in den Märchen ein Tag, stellt in der Wirklichkeit des Lebens, wie gesagt, sich oft als ein Prozeß von Monaten und Jahren dar, und so kann man auch diese Wanderung durch das »Tal der Tränen« sich gar nicht lang genug vorstellen. Das Gefühl einer nicht endenden Melancholie und Müdigkeit überschattet diese Zeit der »Flucht«, und so sehr sie die Kinder auch von der »wirklichen« Mutter wegzuführen scheint, so führt sie innerlich doch zu ihr zurück. »Ich warte immer darauf, daß endlich jemand kommt, um mich abzuholen – ein UFO, das vom Himmel niederschwebt, oder ich träume am hellichten Tage davon, wie eine Wolke mich umfängt und zu den Sternen trägt, oder ich phantasiere, ich stürbe langsam an Leukämie: Ich liege auf einem weißblauen Bett, mit feinen Blümchen gemustert, und fühle mich ganz schwach, aber meine Augen sind weit geöffnet und schimmern leuchtend, wie manchmal bei Fieberkranken, Sie verstehen: so ausdrucksvoll; und alle Leute kämen, um von mir Abschied zu nehmen; alle wären zum erstenmal in meinem Leben gut zu mir, und es täte ihnen leid, daß ich jetzt fortgehen muß.« Die Frau, die vor Jahren so zu mir sprach, weinte und schluchzte bei diesen Worten wie ausgegossen. »Mitunter wünsche ich mir, ich fiele einfach auf offener Straße tot um«, fügte sie stockend hinzu; »ich bin oft so müde, mein Herz schlägt so matt, bestimmt ist mein Blutdruck viel zu niedrig. Ein Mensch kann doch nicht immerzu alles ertragen.« So ähnlich wird man die Mitteilung des Grimmschen Märchens sich übersetzen müssen, daß am Abend jenes ersten »Tages« ihrer Flucht das »Brüderchen« und das »Schwesterchen« »sich in einen hohlen Baum setzten und einschliefen«. Der »hohle Baum« ist ein deutliches Symbol für den Schoß der Mutter,[52] in den – fernab von der »wirklichen« Mutter! – sich zu verkriechen die ganze Sehnsucht eines solchen Mädchens ausmacht. Wer nie eine Geborgenheit ähnlich dem Mutterschoß in seiner Kindheit erlebt hat, den wird sein Leben lang diese Sehnsucht nicht loslassen, sich endgültig und für immer *verkriechen* zu können, und alle Gefahr und Mühsal wäre vorüber; doch da es sich für dieses

Leben, so wie man es kennengelernt hat, durchaus nicht vorstellen läßt, wo und wie es einen solchen Ort mütterlicher Geborgenheit geben könnte, so formt sich das Verlangen nach einem befriedeten Leben in das *Verlangen nach einem friedlichen Tod;* jeder Mutterschoß wird zum Grab für ein Kind, das er *ausstieß* in ein Leben endloser Daseinsangst; und aus einer Stätte von Nahrung und Halt, wie sie sich darstellt im »Baum«, wird auf diese Weise ein lebendiger Sarg, ein Wartesaal des Todes.[53]

Und doch geht dieses Leben im Warten unmerklich weiter. Der Maler Fritz von Uhde hat auf seinem Bild ›Schwerer Gang‹ einmal die Fluchtwanderung eines Mannes und einer Frau dargestellt,[54] die, wie zum Trost dicht aneinandergeschmiegt, mit ihren Habseligkeiten, ein Bündel in der Rechten *sie,* eine Zimmermannssäge über dem Rücken *er,* sich in eine nebel- und regenverhangene Welt begeben, auf einem morastigen Weg, in den tief die Rillen der Karrenspuren sich eingeprägt haben; blattlose Trauerweiden am Bachlauf weisen die Richtung dieses Wegs ohne Ende, der sich in einem graugelben Nichts zu verlaufen scheint. Die schleppenden Schritte der Wandernden wirken entkräftet und müde, und stützten sie sich nicht gegenseitig, so vermöchte vor allem die Frau kaum noch einen Schritt vor den andern zu tun. Wohl zeigen sich niedrig geduckte Häuser am Wege, doch scheinen sie zu arm, um gastlich zu sein; in diesen Hütten läßt sich nicht hoffen, Einkehr zu finden. Trostloser, heimatloser, erschöpfter und ausgesetzter hat eine solche »Wanderung« in das Niemandsland des Lebens niemand gemalt als auf diesem Bild Fritz von Uhde. Gerade er aber nannte sein Bild nicht nur ›Schwerer Gang‹, sondern auch ›Der Gang nach Bethlehem‹. Unvermerkt, wollte er sagen, begibt sich auf diesen Wegen ins scheinbare Nichts vielleicht doch das Wichtigste: die Geburt unserer wahren Gestalt, der Anfang unseres wirklichen Menschseins. Vielleicht am unsichtbaren Ende des Weges wartet ein Licht, das die Nächte erhellt. Tatsächlich geht das Grimmsche Märchen in diese Richtung weiter. Doch so weit sind wir noch nicht; und vor allem, ob es ein »Bethlehem« gibt, ist dem »Brüderchen« und dem »Schwesterchen« durchaus nicht verheißen. Ein Mädchen, wie es die Grimmsche Erzählung uns schildert, ist innerlich in dieser Zeit der Verzweiflung wirklich nicht »unterwegs«; es kann nur die Schwermut selbst zur Heimat erwählen, und auch wenn es »weitergeht«, kann es sich nur in die eigene Wehmut zusammenkrümmen, als wäre in jener Verkehrung der Antriebsrichtung fortan einzig das Dunkel ihm Höhle und Schutz.

2. Satz: Durchführung: Verwandlung und Vermählung

a) Die innere Zerspaltenheit

Niemand kann sagen, wie lange ein solches Höhlendasein im Leben einer heranwachsenden Frau de facto währen mag; es ist ein Gefühlszustand, der subjektiv dauert wie ohne Anfang und Ende, und im Leben einer Frau, wie das Grimmsche Märchen sie schildert, wird er nicht nur rein zeitlich die gesamte Pubertät über anhalten, sondern vor allem die Form von Begegnung, Liebe und Heirat entscheidend mitbestimmen. Allerdings wäre es gewiß ein Fehler, ein Mädchen von der Art des »Schwesterchens« in seinem Erscheinungsbild sich als ein demonstriert depressives Wesen vorzustellen. Gerade ein »Schwesterchen« wird alles tun, um hinter dem Anschein heiterer Fröhlichkeit und munterer Geselligkeit die Schleier der Schwermut und die Schatten der Angst mit äußerster Sorgfalt vor den Augen anderer zu verbergen: Man darf nicht dem anderen mit seiner Traurigkeit zur Last fallen – *das* hat als eine der obersten Verhaltensregeln zu gelten. Und so kann von einem bestimmten Augenblick an, je stärker die Traurigkeit im Inneren sich eingräbt, nach außen hin die Zeit des »Brüderchens« beginnen. Von dem Lebensdurst dieses »Brüderchens« hängt im folgenden alles weitere ab.

Da ist zunächst der Moment des *Erwachens* selbst. Die Gefahr bestünde durchaus, daß der »Schlaf« in der Höhlung des »Baumes« nie oder, wenn, dann mit einem »*bösen* Erwachen« an sein Ende gelangte. Nicht wenige Frauen, schon dreißig und älter geworden, entdecken voller Entsetzen, daß ihnen das Leben entgleitet wie der Schemen eines gespenstischen Traums, und wohin sie auch greifen – nichts bleibt in ihren Händen zurück. Glücklicherweise wachen »Brüderchen« und »Schwesterchen« *früh genug* auf, zu einem Zeitpunkt, da die Sonne bereits »heiß« herniederscheint. – Jedes Detail dieser Darstellung ist ein Symbol, und so wie vorhin noch der »Regen« als Bild für die Schwermut des heranwachsenden Mädchens in den beiden Gestalten des »Brüderchens« und des »Schwesterchens« gelten durfte, so wird man jetzt in der »Mittagshitze der Sonne« jene Zeit symbolisiert finden, in welcher die Sehnsucht nach Leben einen Höhepunkt an Vitalität erreicht, wie er in allen späteren Jahren nie mehr auch nur entfernt zu erklimmen sein wird.

Zu den Geheimnissen der Jugend zählt die unerhörte Fähigkeit, mit einer Leichtigkeit, als wäre der eigene Körper den Gesetzen der Schwerkraft nicht unterworfen, Hindernisse aller Art überspringen oder aus dem Wege räumen zu können. Mit einer noch unverbrauchten Antriebsstärke und in fast noch kindlicher Unbekümmertheit gibt es kein Ziel, das zu weit, kein Ideal, das zu hoch, keine Gefahr, die zu tief erscheinen könnte, um als Schranke der eigenen Entschlußkraft gelten gelassen zu werden. Gerade deswegen erscheinen die Jahre der Jugend den Erwachsenen regelmäßig als eine Verwegenheit, die es zu zügeln gelte; und doch gibt es für die Augen eines Lehrers oder Erziehers kaum ein großartigeres Schauspiel menschlicher Reife und Entwicklung, als miterleben zu dürfen, wie ein Junge, ein Mädchen, die Fesseln und Einschnürungen einer teils bestärkenden, teils erstickenden Kindheit zersprengt und zu seinem eigenen Wesen emporwächst. Kein Wunder, daß gerade diese am meisten kontrastreiche Phase des Lebens in den Riten und Mythen der Völker immer wieder thematisiert und dramatisiert wurde und bis heute in Märchen und Liedern erzählt und besungen wird.[1] Es ist, als wenn (in Abwandlung des Bildes der Grimmschen Erzählung) über eine tiefgefrorene Tundrenlandschaft die ersten Strahlen der wärmeren Sonne hereinbrächen und nach den Monaten der Dunkelheit und der Kälte der arktische Sommer mit der drängenden Heftigkeit eines allzulang aufgesparten Lebens unter dem jähen und üppigen Blühen der Moose und Sträucher überraschenden Einzug hielte und allerorten, selbst wo man es niemals vermuten durfte, das Leben seinen Siegeslauf anträte. Und doch bleibt unten im Boden das Eis metertief gefroren; es hindert die Schmelzwasser am Abfluß und bildet Sümpfe und Moore. – Ganz so »erwacht« jetzt im Höchststand der »Sonne« das Leben von »Brüderchen« und »Schwesterchen« als ein in sich zweigeteiltes: ebenso mutiges wie verschüchtertes Dasein.

Nicht selten, wenn man die Märchen liest, gewinnt man den Eindruck, als ob hier alle Konflikte und Widersprüche der Psyche wie mit Absicht auf ein Maximum ihrer Intensität getrieben würden, so zum Beispiel hier *das Auseinanderfallen* in die zwei Gegensatzgestalten des »Brüderchens« und des »Schwesterchens«. In der Psychiatrie kennt man den Begriff der »multiplen« bzw. der »dissoziativen Persönlichkeit«,[2] man bezeichnet damit einen Menschen, der gewissermaßen in mehreren Existenzformen, die voneinander unabhängig agieren, so gegensätzlich sein kann wie R. L. Stevensons ›Dr. Jekyll und Mr. Hyde‹.[3] Bei einer »multiplen Persönlichkeit« handelt es sich meist um mehr als zwei verschiedene Lebensweisen, indem zum Beispiel jemand gleichzeitig als Ehemann, als Sozialarbeiter, als Frauenmörder und als Bigamist sein Leben führt, es geht aber nicht darum, daß er etwa nur verschiedene gesellschaftliche *Rollen* spielen oder extrem unterschiedliche Handlungsweisen begehen würde, sondern daß seine Persönlichkeit in die verschiedenen in sich selbständig organisierten Teile auseinanderfällt, wobei der eine Teil von dem anderen im Wachzustand nichts weiß. Ein Modell dieses Typs tritt etwa auf in dem berühmten ›Brüdermärchen‹[4] der Brüder Grimm (KHM 60), wo der

eine der Brüder sich vom anderen trennt und beide über lange Zeit hin
voneinander unabhängig in ganz verschiedenen Welten auftreten. In
dem Märchen von ›Brüderchen und Schwesterchen‹ hingegen wird
von Anfang an zwar eine gewisse Aufspaltung der Persönlichkeit in
zwei »Personen« vorausgesetzt, doch treten die beiden Gestalten niemals beziehungslos auseinander; es kommt im Gegenteil dem Märchen sehr darauf an, die unverbrüchliche *Einheit* und Zusammengehö-
rigkeit von »Brüderchen« und »Schwesterchen« zu betonen. Insofern
kann man wohl von einer erheblichen *Gefahr* der Doppelbödigkeit
und der inneren Zwiespältigkeit sprechen, die sich in dem Auftreten
der beiden Kindergestalten äußert, aber man hat es ganz sicher nicht
mit dem Syndrom einer »multiplen Persönlichkeit« zu tun.

Wer von »Doppelbödigkeit« und »Zwiegespaltenheit« im Leben
eines Menschen hört, könnte des weiteren geneigt sein, eine andere
»Diagnose« für das Auseinandertreten von »Brüderchen« und
»Schwesterchen« zu stellen, die wir indessen gleichermaßen von vornherein ausschalten können: die Annahme einer »psychopathischen«
Persönlichkeit.[5] Der Begriff der »Psychopathie« war von Anfang an
rein deskriptiv gemeint, das heißt, er beschreibt mehr oder minder
gewisse Typen und Charaktere der Psychologie, er gibt aber keinerlei
Aufschluß über das Zustandekommen der jeweiligen Eigenarten; da
das Reden von »Psychopathie« bzw. von »Psychopathen« im allgemeinen Sprachgebrauch heute eher ein Schimpfwort denn ein Wort
der Seelenheilkunde bezeichnet, ist es im Grunde nur zu begrüßen,
daß die »Psychopathologie« alter Schule heute weitgehend durch die
Neurosenlehre der Psychoanalyse abgelöst worden ist. Andererseits
kann das Denken in bestimmten Gestalten und Typen gerade für das
Verständnis der »Volkspsychologie« des »Märchens« mitunter recht
gute Dienste tun, und so lohnt es sich schon, einen Augenblick lang
die Verdachtsdiagnose der Psychopathie auf das Märchen von ›Brüderchen und Schwesterchen‹ anzuwenden. »Psychopathisch« könnte
man meines Erachtens einen Menschen nennen, der chronisch vor
seinen Mitmenschen in mehreren widersprüchlichen Rollen auftritt,
um sich vor ihnen zu schützen bzw. um aus der Vervielfältigung der
Formen seiner Selbstdarstellung Vorteil zu ziehen. In gewissem Sinne
ist jeder »Psychopath« ein notorischer *Lügner*:[6] In einem dramatischen Wechselspiel von Angsterlebnissen und Sicherungsphantasien,
von Minderwertigkeitsgefühlen und überkompensierten Hochstape-
leien ist der »Psychopath« in einem selbstgeschaffenen Netz der ver-
schiedenartigsten Lebensformen gefangen, die er allesamt glaubt ausfüllen und ausführen zu müssen, um wenigstens *etwas* an Schutz,
Geborgenheit, Wertschätzung und Liebe zu erlangen. – Gemessen an
diesem Vorbild, kann man von einem Mädchen, wie wir es uns im
Hintergrund des »Brüderchens« und des »Schwesterchens« vorstellen

müssen, differentialdiagnostisch nur sagen, daß es mit einer »psychopathischen« Persönlichkeit durchaus *nichts* gemein hat. Die »Spaltung« in der Psyche eines solchen Mädchens ist nicht die einer Vervielfältigung von Rollen gegenüber der Umwelt, sondern eine ganz und gar absichtslose unkalkulierte Widersprüchlichkeit zwischen der Sehnsucht nach Leben und der Angst vor dem Leben – eine klar erkennbare Fortsetzung der inneren Widersprüchlichkeit der »toten« Mutter und der lebenden »Stiefmutter« bzw. eine Brechung der an sich einheitlichen Persönlichkeit des Mädchens an dem verinnerlichten Widerstand der in sich widersprüchlichen Mutter.

Vielen Frauen, die unter vergleichbaren Bedingungen aufwachsen mußten, steht noch deutlich vor Augen, wie widersprüchlich jenes »Aufwachen« in der »Hitze« der »Sonne« sich in der Zeit ihrer Jugend gestaltete. Ausnahmslos muß es in der Lebensgeschichte eines »Schwesterchens« zu einer extremen Spannung zunächst im Gefühl, dann aber auch im Verhalten gekommen sein. »Sie müssen wissen«, erklärte mir eine Frau, »daß ich noch niemals mit meiner Mutter über ›so etwas‹ hätte sprechen können. Sie brauchte es mir gar nicht zu verbieten; ich wußte einfach, daß sie es nicht wollte. Um so mehr schämte ich mich dafür, eine Frau zu werden. Ich empfand es schlechtweg als eine Zumutung. Als ich die Tage bekam, sagte meine Mutter bloß: ›Du fängst aber früh damit an.‹ Das war alles. Ich wußte anfangs gar nicht damit umzugehen, ich wußte nicht, wann es kam, ich fühlte mich nur immer so elend dabei, daß ich am liebsten die Vorhänge zugezogen hätte und gar nicht mehr vor die Tür gegangen wäre. Eines Tages sagte meine Mutter: So kannst Du nicht mehr gehen, und befahl mir, einen BH zu kaufen. Ich erinnere mich noch genau daran, wie ich im Kaufhaus vor dem Spiegel stand und mich betrachtete. So ist das also, dachte ich. Jetzt bin ich wirklich eine Frau. Für einen Augenblick war ich richtig stolz; doch dann überfiel mich ein brennendes Schamgefühl, und ich hätte am liebsten alles wegmachen mögen. Vielleicht war es meine eigene Unsicherheit, die mit dazu beitrug, jedenfalls empfand ich es seit jener Zeit als äußerst peinlich, daß die Jungen hinter mir herschauten und ihre Bemerkungen machten. Ich wußte nie, was ich darauf sagen sollte. Ich hatte nur Angst. Wir hatten damals zu Hause ein paar Kaninchen, für die wir einen kleinen Stall aus Lattenholz angefertigt hatten. Immer wenn ich sie füttern ging, dachte ich: So bist du selbst – so verkrochen und nach innen gezogen vor Angst. Auf der anderen Seite war ich eine heillose Träumerin. Mein Paradies war die Welt der Bücher und, wenn ich irgend Gelegenheit fand, das Kino. Mein Lieblingsfilm damals war ›Mädchenjahre einer Königin‹ mit Romy Schneider. Ich spürte eine solche Sehnsucht nach Liebe in mir, daß ich oft gar nicht aufhören konnte, die Kaninchen zu streicheln oder die Bäume oder auch nur einen kleinen Käfer. Richtig schlimm wurde es erst, als ich einmal, mit dreizehn vielleicht, im Bad entdeckte, wie es sich anfühlte, wenn ich mich berührte. Ich bekam eine furchtbare Angst, meine Mutter könnte etwas davon bemerken, wenn sie des Morgens das Bett machte. Ich wollte es nicht tun. Aber manchmal passierte es. Ich hatte nicht eigentlich Schuldgefühle, ich fühlte mich nur wie verfolgt, als wenn man mir durch die Wände hindurch zuschauen könnte. Ich schämte mich immer sehr. Dabei ging es mir bestimmt nicht eigentlich um Sexualität, ich hätte nur so gerne gewollt, daß jemand mich in den Arm genommen und ganz sanft gestreichelt hätte, und oft wußte ich einfach nicht wohin mit mir selber. Ich spürte ein solches Verlangen, meine Brust irgendwogegen zu drücken... Ich haßte mich, und ich suchte nach Liebe, aber aus lauter Angst saß ich oft nur abends am Fenster und schaute den Mond an. Verrückt, nicht?«

Ebenso widersprüchlich und zerrissen zwischen Angst und Erwartung wie in diesem Beispiel müssen wir uns die Jugend eines Mädchens vorstellen, dessen Seele in der Gestalt eines »Schwesterchens« und seines »Brüderchens« auseinandertritt. »Hitze« und »Durst« sind die starken Gefühle, die das »Brüderchen« nach dem »Erwachen« endgültig veranlassen, das »Schwesterchen« bei der Hand zu nehmen und mit ihm noch tiefer im »Wald«, in der Welt des Unbewußten, nach dem »Brünnlein« zu suchen. Das »Rauschen« des Wassers darf gewiß zunächst als das Rauschen und Drängen des eigenen Blutes verstanden werden und als ein Verlangen, aus der Quelle des Lebens zu »trinken«, wobei das »Brüderchen« jetzt unzweideutig den zögernden Wunsch des Mädchens nach einem männlichen Gegenüber verkörpert. Allerdings: von einem »Gegenüber« kann zunächst noch nicht die Rede sein. Die Form, in welcher die Triebmacht des sexuellen Begehrens *als erstes* erfahren wird, wird von dem »Brüderchen« offenbar erlebt als ein »Bedürfnis an sich«, und schon diese einfache Feststellung scheint erneut geeignet, eine bestimmte Art von Moralvorstellung über den Haufen zu werfen. Insbesondere in der katholischen Moraltheologie gilt nach wie vor offiziös die Lehre, jede Erfahrung sexueller Lust sei Sünde, wenn sie außerhalb der ehelichen Bindung an den Partner freiwillig gesucht oder auch nur in Gedanken vorgestellt werde.[7] Nach dieser Anschauung bildet die »personale Begegnung« den *Grund,* und jedenfalls schafft sie allererst die *Erlaubnis* herbei, daß auch sexuelle Gefühlsregungen im Umgang mit sich selbst und mit anderen ins Spiel kommen dürfen. In Wahrheit stellt dieses Konzept die einfachen Tatsachen der Antriebspsychologie schlicht auf den Kopf. *Antriebspsychologisch* gesehen hat die Natur im Verlauf der Evolution ein kompliziertes Geflecht von Beziehungen bereitgestellt, um zwischen der Innenwelt und der Außenwelt eines Lebewesens zu vermitteln. Im Sinne der *Verhaltensforschung* ist ein »primärer Trieb«,

wie Hunger und Sexualität, dadurch gekennzeichnet, daß im eigenen
Körperinneren (im zentralen Nervensystem) angeborenermaßen eine
bestimmte spezifische Energie zur Ausführung bestimmter Verhaltensweisen hervorgebracht wird; auf diese Weise entsteht eine Hand-
lungsbereitschaft, die bei entsprechendem Triebstau ein zugehöriges
Such- bzw. Appetenzverhalten einleitet, das auf immer niedrigere
Reizschwellen, ja sogar auf immer unspezifischere Reize reagiert, bis
hin zu reinen Leerlaufhandlungen.[8] Mit anderen Worten: das Problem
speziell der sexuellen Entwicklung liegt gerade darin, daß sich als
erstes nicht, wie die christliche Moral es verlangt, eine »personale
Beziehung« ergibt, die am Ende auch die Sexualität »heiligen« bzw.
legitimieren würde, sondern daß umgekehrt die Sexualität sich mit der
Wucht eines Triebbedürfnisses meldet, das allererst dazu nötigt, sich
auf die Suche nach einem geeigneten Partner zu begeben; eben dies
aber: ein Verlangen – man weiß kaum, wonach, ist das Beunruhigende
und Ängstigende »erwachender« Sexualität in der »Hitze« der Ge-
fühlssehnsucht und im »Durst« ungestillten Verlangens.

Wie wenig der »Lebensdurst« des »Brüderchens« auf eine fremde
»Person« gerichtet ist, bzw. umgekehrt: wie stark die beginnende
Begierde zunächst der bloßen Befriedigung des Triebbedürfnisses
selbst gilt, zeigt die Suche der beiden Kinder nach dem »Brünnlein«.
Eine Form der Sexualität, die so stark *als reines Verlangen* erlebt wird,
daß sie am Ende ihr Genügen auch ohne einen anderen Partner findet,
kann man kaum anders verstehen denn als eine narzißtische oder
»onanistische« Art der Triebbefriedigung. Mit den Augen der Freudschen Psychoanalyse gelesen, stellt das »Brünnlein« unzweifelhaft ein
Bild für das weibliche Genitale dar, und das »Trinken« daraus bezeichnet demnach das entsprechende Verhalten.[9] Es ist ein Tun tief im
»Wald«,[10] ein *einsames* Geschehen, das gleichwohl dem Zweck dient,
sich selbst tiefer kennenzulernen, den »Durst« zu stillen und schließlich sogar den späteren Rückweg ins Leben kennenzulernen.[11]

Es ist an dieser Stelle erstaunlich, was Kinder- und Hausmärchen
alles zu sagen vermögen, wenn man ihre Symbolsprache beachtet. Im
Sinne wiederum einer bestimmten Moral müßte man den Gang des
»Brüderchens« und des »Schwesterchens« zum »Brünnlein«, wenn
»das« darunter zu verstehen ist, ganz energisch verbieten; man müßte
als moralischer Reinheitsfanatiker bereits das bloße Auftauchen derartiger Bilder und Symbole in Träumen und Märchen untersagen – es
gehört sich vor allem nicht, Kindern und Jugendlichen, wenn es so
steht, derartige Geschichten nahezubringen. Aber die Kinder und Jugendlichen sind *unbefangen;* sie träumen *von* und *in* solchen Bildern,
und sie hätten von sich her gewiß zunächst keine Scheu, dem eigenen
Verlangen, dem »Rauschen« der »Quellen«, buchstäblich »nachzugehen«, würden sie nicht von Ängsten gehindert, die sehr viel früher

bereits grundgelegt wurden, jetzt aber, am Beginn der Pubertät, in aller Heftigkeit aufbrechen.

b) Die Tierverwandlung

Wie kann eine Frau ihrem Kind gegenüber gleichzeitig als Mutter und als Hexe erscheinen? – So unsere bisherige Frage. »Indem sie selber aufgrund ihrer eigenen Überforderungen zwischen Güte und Strenge, Fürsorge und Jähzorn, Erschöpfung und aggressiver Wut ihr eigenes Verhalten extrem aufspaltet«, – so unsere bisherige Antwort. *Jetzt* müssen wir genauer fragen: Wie kann eine »Stiefmutter« die Gestalt einer dämonischen Zauberin, einer Schwarzkünstlerin, einer »Hexe« annehmen?

Zweierlei ist dazu vonnöten, und das Grimmsche Märchen schildert es bravourös: *Zum einen* muß die Person der Mutter sich in eine unsichtbare und ungreifbare, in eine allerorten herumschleichende, auf unheimliche Weise »heimlich« allgegenwärtige Macht verwandelt haben. Es ist mit anderen Worten nicht die »wirkliche« Mutter, die das Zeug hat, eine ganze Welt zu verhexen, es ist das verinnerlichte Erinnerungsnachbild der Mutter, die Negativseite ihrer *»imago«*, von dem das Gefühl einer im vorhinein beschlagnahmten, verbotenen, gefährlichen Welt ausgeht,[12] es ist das im Bild der eigenen Mutter verfestigte eigene schlechte Gewissen, da sich bei jedem eigenständigen Kontakt mit der Welt ringsum zu Wort meldet. *Zum anderen* gehört zur Thematik der »Hexe« unabdingbar die angstbesetzte Dämonisierung der Sexualität.[13] Nicht das Triebbedürfnis selbst, erst die böse »Hexe« verwandelt die Quellen des Lebens in ein Gift, das aus lebenden Menschen reißende Raubtiere zu machen droht, indem all die Wünsche eines heranwachsenden Mädchens buchstäblich »verwunschen« werden. Man darf weder etwas Eigenes wünschen, noch darf man überhaupt eigene Wünsche haben – diese Lektion der frühen Kindheit gewinnt ihre äußerste Aktualität *jetzt,* beim Verlassen der Kindheit, beim Eintritt in ein eigenes Leben, und sie weitet sich nunmehr zu einem Totalverbot jeder warmen Gefühlsregung, die sich einem anderen Menschen mitteilen könnte, sie okkupiert fortan jedes freie Sich-Verströmen und Ausfließen, ja, sie infiziert bereits das Gefühl der Sehnsucht nach Leben und Liebe mit dem Empfinden, verfolgt und »gesehen« zu werden.

Es zählt zu den Ängsten, die biographisch wie empfindungsmäßig am tiefsten reichen, von einer strafenden, jedenfalls kontrollierenden Macht *gesehen* zu werden, ohne sich von ihr verbergen oder ihr ausweichen zu können;[14] ein solches Gefühl ist identisch mit dem Empfinden vollständiger Ohnmacht und Ausgeliefertheit; wir müssen aber, was jetzt, am Anfang der Pubertät, *innerlich* erlebt wird, noch einmal rückschließend als die *äußere* Realität der Kinderjahre annehmen: als »Stiefmutter« verhielt die Mutter von »Brüderchen« und »Schwesterchen« sich mithin wirklich so, wie wir es bisher unterstellt haben: als eine ständig beobachtende und hinterrücks lauernde, als eine aus Angst unablässig Angst verbreitende Strafinstanz, nur daß jetzt mit dem »Erwachen« der Sexualität die Art der verinnerlichten mütterlichen »Aufsicht« noch intensiver, noch quälender, noch spezifischer erfahren wird.

Wichtig ist dabei, daß dem »Brüderchen« und dem »Schwesterchen« subjektiv wohl bewußt zu sein scheint, *wem* sie die »Verhexung« der »Quellen« zu verdanken haben – es scheint nicht nur eine Mitteilung für den Leser, sondern auch ein Teil der Wahrnehmung der Kinder selbst zu sein, wenn wir hören, wie die »Hexe« ihren Kindern zu schaden trachtet; ein solches Wissen um die Machenschaften der »Stiefmutter« ist mehr, als was den meisten Frauen zu wissen vergönnt ist, bzw. mehr, als sie in der Regel auch späterhin sich einzugestehen wagen. Im Leben eines heranwachsenden »Schwesterchens« besteht offenbar keine Chance, die einbrechenden sexuellen Schuldgefühle und Ängste am Anfang der Pubertät mit der Mutter zu erörtern oder sogar in Widerspruch zu ihrem Einfluß aufzulösen. Theoretisch könnte man denken, daß jemand, der um die Herkunft seiner Gefühle in etwa weiß, auch über sie Macht gewinnt und sie zumindest relativieren kann. Im Leben von »Brüderchen« und »Schwesterchen« scheint die Angst (vor) der Hexe jedoch so groß zu sein, daß demgegenüber das Ich des heranwachsenden Mädchens zur Gegenwehr sich außerstande fühlt – eine Situation ist eingetreten, wie man sie in der psychoanalytischen Behandlung nicht selten antrifft: daß jemand in Gedanken zwar bestimmte Zusammenhänge seines derzeitigen Erlebens mit bestimmten Gegebenheiten der Kindheit zu erkennen vermag, daß er aber von der Energie seiner Gefühle vollkommen überschwemmt wird.

Was die Lage von »Brüderchen« und »Schwesterchen« zudem noch erheblich erschweren muß, ist der Abwehrvorgang der *Projektion:*[15] Es ist eben nicht so, als ob die beiden fliehenden Kinder (das heißt die Person des Mädchens, das in diesen beiden Kindern verkörpert ist) in ihren Ängsten die Worte der »Stiefmutter« wiedererkennen könnten, vielmehr erleben sie die Warnungen der Mutter wie etwas, das von außen als die Sprache der Dinge selber ihnen entgegenschallt, und so sehr wir vorhin noch die Diagnose einer »multiplen Persönlichkeit« zurückweisen mochten, so deutlich herrscht jetzt doch geradewegs ein quasi *paranoisches* Lebensgefühl.[16] Aus der Angst vor sich selbst, vor der eigenen Triebmacht, ist jetzt eine Angst vor bestimmten Teilen der Welt geworden; auf diese Weise ist das Angsterleben besser *lokalisier-*

bar, und darin liegt denn auch der Hauptvorteil der projektiven Angstverarbeitung; zugleich aber ist die Angstproblematik selbst eben deswegen nicht mehr zu lösen, da sie dem eigenen Ich jetzt nicht mehr als eine neurotische Triebangst, sondern wie eine ganz berechtigte Realangst vorkommen muß. Allein das Wissen um den *symbolischen* Charakter märchenhafter Erzählweise befähigt uns, *als Leser,* zu einer Distanz, die dem Ausbruch einer echten Paranoia entgegensteht; für ein heranwachsendes Mädchen hingegen, das mitten in der geschilderten Problematik steht, ist ein solcher innerer Abstand nur sehr schwer zu gewinnen, und so kann man leichthin verstehen, wie stark es einfach von dem quantitativen Grad der Angst selbst abhängt, ob die entsprechenden Erlebnisse zu »schizophrenen«, »psychopathischen«, »paranoischen« oder zu »ganz normalen« Gefühlszuständen führen. Ja, man kann speziell die »paranoische« Erlebnisweise unter diesem Aspekt auch als *Verlust des symbolischen Denkens* beschreiben *bzw.* als *projektive Verselbständigung der Symbolisierung in der Realität:*[17] Einem Paranoiker kann es subjektiv durchaus als evident erscheinen, daß gewisse Veränderungen seines Gemütszustandes auf *das Wasser* zurückzuführen sind, das er soeben getrunken hat – es enthält seiner unwiderleglichen Überzeugung nach eine chemische Substanz, die von einer anderen ihm feindlich gesonnenen Person dem Wasser beigemischt worden ist.

So betrachtet, besitzen Märchen einen außerordentlichen therapeutischen Wert; denn indem sie uns immer wieder dazu anleiten, den Gefühlsbedeutungen bzw. der Erlebnisinnenseite symbolischer Darstellungsweisen nachzuspüren, bilden sie in uns gerade die Fähigkeit aus, die äußere Wirklichkeit nach der Art der Dichter, der Musiker und der Maler in ihren poetischen Worten, in ihrer inneren Musikalität, in ihrer wahren Gestalt zu vernehmen und wahrzunehmen; erst wenn das Wissen um den Ursprungsort aller Bilder in der eigenen Seele sich auflöst, kann es dahin kommen, daß die psychischen Inhalte wie physikalische oder chemische Gegebenheiten der Dinge selbst von außen an uns herantreten und uns in eine Welt voller Angst einschließen, aus der es von selbst für uns kein Entrinnen mehr gibt. Die Beschäftigung mit der bloßen Erzählform der Märchen bereits kann, wie wir sehen, vor einer solchen Gefahr nachhaltig schützen; noch mehr freilich ist es *der Inhalt,* die Botschaft der Märchen, die einhellig lautet: *Die Triebkraft der Liebe verdient nicht die Furcht, die eine bestimmte Art von Moral bis zum Paranoischen, bis zum Wahnhaften hin erzeugen kann;* die Liebe ist vielmehr die einzige Energie, die uns über alle Barrieren der Angst hinweg schließlich doch noch ins Leben trägt.

Eben ein solches *Wunder der Überwindung der Angst* durch die elementare Kraft der Liebe ereignet sich im Leben von »Brüderchen«

und »Schwesterchen«. *An sich* befinden die beiden Kinder sich in einem unentrinnbaren Dilemma, dessen Zwiespältigkeit sie in ihren eigenen Gestalten verkörpern: auf der einen Seite steht das »Brüderchen« mit seinem unstillbaren »Durst« nach Leben, auf der anderen Seite das »Schwesterchen« mit seiner Angst vor der Verwandlung des »Brüderchens« in ein reißendes Tier. Was soll ein Kind tun, das sich ebenso vor dem Leben fürchtet wie es sich nach dem Leben sehnt und das nur die Wahl zu haben scheint zwischen dem Tod des »Verdurstens« und dem Tod des »Gefressenwerdens«? Man glaubt unmittelbar die warnenden Worte der »Stiefmutter« zu hören, wenn das so munter zwischen den Steinen dahinfließende Wasser in seinem »Rauschen« die drohende Gefahr der Tierverwandlung »anklingen« läßt. Zu hören vermag diese geheime Warnung bezeichnenderweise allerdings nur das »Schwesterchen«; zu *ihm*, dem Mädchen, muß die Mutter mit ihrer eigenen Angst immer wieder in ähnlicher Weise gesprochen haben, wie es jetzt buchstäblich elementar dem Kind entgegenschallt – ein weiteres Indiz dafür, daß die Grimmsche Erzählung wesentlich *aus der Sicht des Mädchens* zu verstehen ist (und nicht etwa als eine reale Geschwistergeschichte interpretiert werden darf).[18] Andererseits verkörpert das »Schwesterchen« eigentlich nur *die Hälfte* der Gesamtpersönlichkeit des Kindes; seine andere Hälfte, das »Brüderchen«, kommt um vor »Durst«, und so wird es, je länger desto unabweisbarer, diesem Drängen nachgeben.

Ein Wort wie *»nachgeben«* klingt nun freilich im Sinne einer asketischen Moral sogleich nach Schwäche, Haltlosigkeit und mangelndem Rückgrat, nach einem Zusammenbruch der Tugend vollkommener »Enthaltsamkeit«, und in gewissem Sinne trifft das auch zu. Es gibt Märchen wie ›Schneeweißchen und Rosenrot‹, die davon erzählen, wie es einem heranwachsenden Mädchen gelingt, *schrittweise* die Ansprüche des Es (des »Brüderchens«) mit den Ansprüchen des geängsteten Überichs (des »Schwesterchens«) zu versöhnen,[19] und man möchte natürlich einem jeden Kind wünschen, daß ihm eine solch harmonische Entwicklung vergönnt sei. In der Geschichte von ›Brüderchen und Schwesterchen‹ indessen kann von einer solchen Harmonie und Versöhnung keine Rede sein; was sie verhindert, ist die unwandelbare Angst des »Schwesterchens«. Die Quellen des Lebens zu genießen gilt ihm als eine tödliche Gefahr, *von einem wilden Tier zerrissen zu werden.* Es ist der Alptraum so vieler Mädchen und Frauen, denen die Sexualität wie ein tierischer Überfall, wie eine blutrünstige Orgie, wie ein Gefressenwerden von Ogern erscheint und die aus Angst vor sich selbst und vor der unheimlichen Welt des Mannes sich in ständiger Fluchtbereitschaft halten.[20] Mit dem Bild des »Tigers«, in den das »Brüderchen« sich zu verwandeln droht, falls es aus dem »Brünnlein« trinken sollte, verbindet sich der Gedanke an tropische

Schwüle und urwaldartiges Dickicht – eine Assoziation, die noch die ganze Exotik der neu hereinbrechenden Antriebe widerspiegelt; das Bild des »Wolfes« hingegen verweist eher in die Einsamkeit der Tundren und Steppen, eine Verknüpfung bereits nicht mehr mit üppigem, wenn auch gefahrvoll blühendem Leben, sondern mit drohender Kälte und Leere. Beide aber, der »Tiger« wie der »Wolf«, imponieren durch ihre *fressenden Zähne*. In solchen Angstvisionen ist die sexuelle Thematik gänzlich in das *oral-sadistische Erleben* verschoben worden, so als sei es gewissermaßen immer noch besser, von fleischgierigen Bestien zerrissen als von einem Manne geliebt zu werden.[21]

Natürlich sprechen sich in solchen Bildern die Ängste eines Ichs aus, das sich noch zu schwach fühlt, um der Auseinandersetzung mit der eigenen Triebmacht standzuhalten. Entscheidend für die konkrete Symbolsprache des Märchens ist jedoch nicht allein dieser »dynamische« Gesichtspunkt, sondern mehr noch eine strukturelle Eigentümlichkeit im Charakter eines solchen »Schwesterchens«: Wir haben einleitend bereits den stark *depressiven* Zug im Wesen des »Schwesterchens« hervorgehoben und auf das Gefühl hingewiesen, im Schatten des Jähzorns sowie der Übermühtheit der eigenen Mutter prinzipiell unberechtigt auf der Welt zu sein; ein Kind, das mit einem solchen Selbstgefühl aufwächst, wird nach dem Gesagten von vornherein die größten Schwierigkeiten im Umgang mit den eigenen Wünschen haben; sie *auszusprechen* wäre gleichbedeutend mit dem Vorwurf, lästig zu sein, und schon einen bestimmten Wunsch, so verborgen auch immer, zu hegen, hat als etwas Ungehöriges zu gelten.

Was wir indessen noch nicht genügend betont haben, ist *die Selbstvergrößerung*, das Voluminöswerden der unterdrückten Wünsche. Jemand, der allzulange an Hunger und Durst leiden muß, wird schließlich an nichts anderes mehr denken können als an ganze Güterwagen voll Getränken und Nahrungsmitteln; von einem bestimmten Punkt an aber erzeugt gerade diese »Maßlosigkeit« der eigenen Wunschvorstellungen in der Phantasie aufgrund der tatsächlichen Entbehrungen in der Realität neuerliche Ängste und erzwingt einen noch stärkeren Rückstau der jeweiligen Wunschregungen – ein Teufelskreis, wie er speziell für die *oralen* Gehemmtheiten im *depressiven* Charakterbild kennzeichnend ist.[22] Gerade eine solche depressive Frustrationsschleife im Umgang mit den eigenen Wünschen aber bildet in der Erzählung von ›Brüderchen und Schwesterchen‹ den Hintergrund, vor dem nun auch die sexuellen Triebregungen die Bühne des Lebens betreten. Ein Mädchen, das als Kind schon gelernt hat, alle eigenen Wünsche zu unterdrücken, wird mit Eintritt der Pubertät natürlich erst recht seinen Wünschen als einer heranwachsenden Frau gehemmt und verschüchtert gegenüberstehen – auch *dies* ist eine Form, in welcher der Einfluß der (Stief)Mutter sich als eine hexenartige Verwünschung geltend machen kann, indem nicht erst die Unterdrückung bestimmter sexueller Wünsche, sondern bereits die Verdrängung der oralen Wunschwelt jetzt die Angst vor der maßlosen Raubtierhaftigkeit aller Wünsche, speziell der Sehnsucht nach Liebe, hervortreibt. Der Mechanismus der »Tiger«- und »Wolfs«phantasien ist vor diesem Hintergrund psychoanalytisch relativ leicht zu erklären, wenngleich zumeist äußerst schwer aufzuklären: Ein Kind, das von sich aus keinen eigenen Wunsch über die Lippen bringen darf noch kann, wird von vornherein alle anderen als »frech«, »vorlaut«, »unverschämt« und »gewalttätig« erleben; es weiß nicht, daß es die anderen nur deshalb als so schlimm und bösartig erlebt, weil es selber aus Angst viel zu rücksichtsvoll, brav, bescheiden und »lieb« sein muß; und noch weniger weiß es – ganz entsprechend der schon erwähnten Verdrängung der eigenen Jähzornsreaktion – von dem latenten Wunsch, auch selber einmal in ähnlicher Weise fordernd und »verschlingend« sein zu dürfen. Selbst in der analytischen Therapie später wird es nicht leichtfallen, die Einsicht heraufzuführen, daß die Angst vor den »Tigern« und »Wölfen« im Grund eine Angst vor sich selbst: vor der Verwandlung des eigenen »Brüderchens«, vor dem maßlos erscheinenden Anspruch der eigenen (sexuellen) Wunschwelt darstellt.

Näher betrachtet, erscheinen die Tiger- und Wolfängste in der klassischen Phantasiegestalt der Vampire und Werwölfe.[25] Gerade Menschen, die von klein auf niemals unbeschwert haben leben dürfen und denen selber schon als Kindern mit steten Appellen und Opferverpflichtungen buchstäblich alles Blut aus den Adern gesogen wurde, leiden nicht selten bis in ihre Tagträumereien hinein unter der Angst, von blutsaugerischen Wesen angefallen zu werden oder sich selber in derlei Ungeheuer verwandeln zu können. Weit im Vorbau der eigentlichen sexuellen Problematik stehen dabei regelmäßig Einstellungen, die in der Tat Gefahr machen, jede Art von menschlicher Beziehung und Nähe in ein wechselseitiges »Fressen« und »Gefressenwerden« zu verwandeln.

Erneut bietet sich hier Gelegenheit, unsere zunächst stark hypothetische Rekonstruktion der »Stief«-Mutter zu verifizieren: gerade die stark *oral-sadistisch* besetzten Tiger- und Wolfsphantasien des »Schwesterchens« sind entwicklungspsychologisch nur unter dem Einfluß einer Mutter verstehbar, die in ihrem eigenen Beispiel zumindest teilweise als ein Vorbild von Selbsthingabe und Selbstaufopferung empfunden wurde, während sie zugleich durch eben diese Haltung selber als fordernd und aussaugend erlebt werden mußte. Stets im Schatten schwerer oraler Gehemmtheiten lauern eine Vielzahl unausgesprochener, nie gelebter, wohlgehüteter, wegen ihrer Maßlosigkeit gefürchteter eigener Wünsche nach Nähe und Liebe, und sie machen sich zumeist in einer chronischen Angst geltend, von dem anderen (ähnlich wie von der eigenen Mutter) nicht genügend geliebt zu werden bzw. umgekehrt: lieblos und willkürlich verstoßen zu werden; hinwiederum wird diese Angst ganz erheblich durch die *weitgehende Sprachlosigkeit* verstärkt, die ein Hauptkennzeichen oraler Gehemmtheit darstellt:[24] es ist nicht möglich, auch nur entfernt über die eigenen Zweifel, Befürchtungen, Sorgen und Schrecknisse zu reden – man darf dem anderen nicht durch aufdringliche Fragen zur Last fallen, man darf ihn nicht durch die wüsten Unterstellungen und Vermutungen der Angst beleidigen, man darf ihn nicht mit dem ganzen Ausmaß an Hilfsbedürftigkeit und Ohnmacht verängstigen. Statt dessen drängen sich nicht selten Phantasien vor, in denen die oralen und die sexuellen Wünsche eine merkwürdige Fusion eingehen. Hört man genau zu bzw. erwirbt man sich ein hinreichendes Maß an Vertrauen, so führt eine Psychoanalyse depressiver Frauen nicht selten zu ausgedehnten *Fellatio-Phantasien,* bei denen das männliche Genitale die Brust der Mutter zu ersetzen pflegt.[25] Was sich in solchen Darstellungen nahezu »obszön« anhört, gibt in Wahrheit ein gut verstehbares Bedürfnis wieder: Um überhaupt zu einer »erwachsenen« Form von Liebe imstande zu sein, müßte als erstes eine generelle, ja gewissermaßen *totale* Erlaubnis gegeben sein, sich an den anderen anlehnen, anklammern, »festsaugen« zu dürfen, wie man es bereits als kleines Kind gemocht und gemußt hätte, es aber niemals durfte.

Die Frage stellt sich natürlich, ob und wie eine solche Liebe vom »Anlehnungstyp« (eine »anaklitische Objektbeziehung« in der Sprache Freuds[26]) bei einem derartigen Ausmaß oraler Gehemmtheiten jemals gelingen kann. Sie könnte gelingen, ließe sich jemand finden, der selber um die unausgesprochenen Nöte und Ängste eines solchen Mädchens wüßte und es bei der Hand nehmen könnte, um es ganz allmählich an der Stelle der drohenden »Hexenmutter« ins Leben zu geleiten; doch auf dem Wege dahin müßte er vor allem »die Welt draußen« entängstigen; er müßte gegen die »hausgemachte« Angst versuchen, das Mädchen nach und nach ins Leben zu locken bzw. zum Leben »zu verführen«, indem er all die Angstinhalte: eigenes Wünschen, eigenes Begehren, die Sehnsucht nach Liebe etc. aus ihren Verknüpfungen mit den mütterlichen Strafdrohungen zu lösen vermöchte. Zur Befreiung eines Mädchens jedenfalls, wie das Grimmsche Märchen es in den Gestalten von »Brüderchen« und »Schwesterchen« schildert, bedürfte es unbedingt eines gewissermaßen väterlichen Freundes, der durch seine Gegenwart alles das einübte, was bisher als »verboten« oder als »verwunschen« galt: an erster Stelle das offene Sprechen, dann: das Äußern eigener Gefühle und Interessen, dann: die Fähigkeit, sich selber zu wehren und abzugrenzen sowie, damit verbunden, den Mut, an unklaren Stellen nachzufragen und Konflikte zu lösen statt, wie bisher, sie zu fliehen, und schließlich: ein Selbstvertrauen in die erwachenden Kräfte des eigenen Körpers und der eigenen Seele, ein freudiges Entdecken der neuen Möglichkeiten an Gefühl und Empfindung und vor allem: eine allmähliche *Drehung der Aufmerksamkeitslenkung* von dem Starren nach rückwärts in ein erwartungsvolles Schauen in die Zukunft. Es müßten in all dem gerade diejenigen Kräfte entfaltet werden, die in dem »Brüderchen« ihre Ausprägung finden. Doch all das erscheint zunächst aus einem einfachen Grund als unmöglich: es gibt ersichtlich in der Grimmschen Erzählung kein Gegenüber, an dessen Person das »Schwesterchen« inmitten der Pubertät die *andere* Seite seines Wesens integrieren könnte. – Manchmal hört man vor allem von Theologen die Meinung vertreten, die Psychoanalyse sei ein Verfahren der »Selbsterlösung«.[27] Nun wohl: an einer kleinen Kindergeschichte wie dem Märchen von ›Brüderchen und Schwesterchen‹ läßt sich ganz gut erkennen, welche Probleme bestehen und entstehen, wenn ein heranwachsendes Mädchen zwischen Angst und Hoffnung gezwungen ist, »sich selbst zu erlösen«, und zwar nicht, wie meist unterstellt wird, in einer Haltung von Hochmut und Stolz, sondern weil aufgrund einer grenzenlosen Einsamkeit und Traurigkeit gar kein anderer Weg besteht, als *allein* mit den Widersprüchen der eigenen Seele wie des Lebens draußen fertigzuwerden.

In ganz dramatischer Weise zeigt die Grimmsche Erzählung denn auch, wie hilflos das »Schwesterchen«, allein auf sich gestellt, dem Zwiespalt von Todesfurcht und »Verdursten« ausgeliefert ist: Es gibt in dem Dilemma von Triebangst und drohendem Triebdurchbruch keine Chance zu Ausgleich und Kompromiß, es ist zwischen Überich und Es keine Relativierung der Ansprüche möglich, und was wir früher als die Grundsituation im Hause der (Stief-)Mutter angenommen haben, das hat sich jetzt in der Psyche des Mädchens strukturell verfestigt: der Ausfall eines klärenden Dialogs. Bereits die Gestalt der (Stief-)Mutter haben wir uns als wesentlich überichgeleitet vorgestellt und gerade darin das Hauptproblem ihrer Ambivalenz erblickt; wir sehen jetzt aber, wie schwer es einem Mädchen, das im Schatten einer solchen (Stief-)Mutter aufwächst, naturgemäß fallen muß, im Umgang mit sich selbst der Zwickmühle seiner Kindheit zu entkommen. Wie soll es, dem niemals freiwillig etwas erlaubt wurde, sich selbst *jetzt,* bei Eintritt in ein erwachendes, erwachsener werdendes Leben, so etwas wie eine Generalerlaubnis zum Sein geben können? Es steht nicht anders zu erwarten, als wir es hier kommen sehen: daß die Mahn- und Warnworte der Mutter *an jeder Stelle* sich wieder melden und den Weg in ein größeres Leben versperren. Das einzige, was dem »Schwesterchen« in seiner Angst gerade noch gelingen kann, ist so etwas wie ein flehentlich erwirkter, fast gnädiger *Aufschub* der Triebbefriedigung[28] von seiten des »Brüderchens«. Immerhin, das ist anzumerken, bedeutet allein dieser Aufschub schon viel: Er trägt dazu bei, Angst zu verringern.

Bei der Lektüre des Märchens von ›Brüderchen und Schwesterchen‹ sollte man an dieser Stelle denken, die Brüder Grimm erzählten nicht richtig, sie vertauschten gewissermaßen die logische Reihenfolge der Ereignisse: Wenn »Tiger« und »Wolf«, woran nicht zu zweifeln ist, das drohende Aufbrechen oder Durchbrechen der eigenen (sexuellen) Triebstrebungen symbolisieren, so sollte bei wachsendem »Durst«, allein schon aufgrund der höheren Triebspannung, die Raubtiergefahr eigentlich in gleichem Maße zunehmen; es sollte, mit anderen Worten, die Schilderung tunlichst mit dem »Reh« beginnen und über die Wolfsgefahr mit dem »Tiger« endigen. Doch gerade das ist – zu Recht! – nicht der Fall; vielmehr, daß in einer Antiklimax – in der für Volkserzählungen typischen Dreierstaffelung – die Angst des »Schwesterchens« geradewegs *abnimmt,* während der »Durst« des »Brüderchens« Schritt für Schritt *zunimmt.* Es ist allem Anschein nach *der Aufschub selbst,* der in der Entwicklung des Mädchens die drohende Triebgefahr verringert. Was, rein energetisch betrachtet, als ein vollendetes Paradox anmutet: die Abnahme der Triebangst bei wachsender Triebspannung, erscheint als so widersinnig nicht, wenn wir es *entwicklungspsychologisch* betrachten: Für die innere Reifung eines Mädchens (bzw. eines Jungen) ist es in der Tat nicht unwichtig, wie lange es (oder er) imstande ist, eine bestimmte Triebspannung durch Verzicht bzw. durch Aufschub der Befriedigung auszuhalten oder überhaupt erst aufzubauen. Zur Stärkung des Ichs trägt es nicht unerheblich bei, vor den Kräften des Es nicht wie wehrlos zu kapitulieren, und es ist gerade die sogenannte »Pubertätsaskese«, es ist dieser über Jahre hin geführte Abwehrkampf gegen die als so drängend gefühlten Triebregungen, der dem Ich nach und nach eine Kraft verleiht, die am Ende die Forderungen des Es als weniger »gefährlich« vernimmt.

In psychoanalytischer Betrachtung bleibt gleichwohl in der Erzählung von ›Brüderchen und Schwesterchen‹ *ein Mangel* bestehen, der von innen heraus, aus der Kraft des heranwachsenden Mädchens allein, nicht überwunden werden kann. Wenn wir von »Verzicht« oder von »Aufschub« sprechen, so herrscht die gewiß zu harmlose Vorstellung, als sei es das Ich des Mädchens selber, das sich der Bedürfnisse seines eigenen Lebensdurstes in freier Entscheidung und innerer Überzeugung zu erwehren suche. Wir wissen bereits, daß es sich so nicht verhalten kann. Es ist, wie wir sehen, durchaus nicht das Ich, es ist allein das Überich bzw. es ist die Angst, die das Ich unter dem Druck seines Überichs vor den Forderungen des Es empfindet, durch welche das »Brüderchen« sich immer von neuem zu »Verzicht« und »Aufschub« gedrängt sieht. Zwar gewinnt das Ich durch die Atempause des Aufschubs an eigener Stärke, aber es ist ihm nach wie vor nicht möglich, nach irgendeiner Alternative für die scheinbar so gefährlichen Wünsche des »Brüderchens« Ausschau zu halten. Es sind, wie das Märchen versichert, buchstäblich *alle* Quellen und Wasserstellen, die von der »Hexe« verwunschen wurden, und so ist es schließlich der Totalitarismus und der Rigorismus des Überichs selbst, der über kurz oder lang unvermeidbar den Triebdurchbruch erzwingt. Am Ende scheint alles auf eine moralische »Schwäche« und »Haltlosigkeit« im Leben eines Mädchens hinauszulaufen, von dem wir inzwischen wissen, daß sein Hauptproblem ganz und gar nicht in einer Charakterschwäche besteht, sondern im Gegenteil darin, daß es seit Kindertagen einer letztlich unerfüllbaren Übermoral Folge leisten muß und mußte.

Manch ein Leser mag an dieser Stelle sich fragen, ob eine solche Betrachtung der strukturellen Konflikte und ihrer psychodynamischen Verarbeitungsformen im Leben eines heranwachsenden Mädchens, wie wir sie hier vorschlagen, bei der Interpretation eines Märchens nicht eine zu große und sozusagen unangemessene Mühe darstelle. Man kann nur sagen: keinesfalls! Schon jetzt dürfte deutlich sein, daß es keinen großen Unterschied macht, einem Märchen zuzuhören oder einem Menschen, der vertrauensvoll genug ist, uns seine Träume, sein Erleben, seinen Werdegang mitzuteilen. Was wir aber gerade dabei sind, zu lernen, ist die Tatsache, daß es nicht wenige Menschen gibt, die aufgrund ihrer seelischen Konstitution sich selbst ständig Unrecht tun und denen auch von anderen Menschen infolge zahlreicher Mißverständnisse immer wieder Unrecht getan wird. Es handelt sich bei Licht besehen um eine Art *falscher Buchführung im Umgang mit sich selbst,* die sich notwendig aus einem ununterbrochenen *Diebstahl des Überichs* ergibt: kein Mensch kann eine gewisse Selbstachtung gewinnen, solange er die richtigsten und vernünftigsten Dinge *nur wie auf fremden Befehl* hin tun kann; Achtung für sich selbst – das ist zumindest daran gebunden, daß es so etwas wie ein Selbst überhaupt gibt. Alle Mühen, die das Ich aufbringt, und alle Erfolge, die es erringt, um nach dem Diktat des Überichs alles ganz richtig zu machen, treten ihm in der Abhängigkeit des Überichs nicht als seine Verdienste, sondern lediglich als erfüllte Pflichten in fremdem Auftrag gegenüber – es ist so, wie wenn in der Antike ein Sklave als Goldschmied Tag um Tag die kostbarsten Kleinodien herstellen würde, nur um zu erleben, daß er an jedem Abend wie ein Bettler in seine Hütte vor der Stadt zurückkehren muß; ihm gehört nichts – daran ändert sich auch durch noch so viel Fleiß und Tüchtigkeit nicht das geringste. So bereits in den eigenen Augen. Aber auch von außen her betrachtet fällt es schwer, das Verhalten eines Menschen wirklich zu würdigen, der aus lauter gutem Willen schließlich doch immer wieder anders handelt, als er will oder soll. In unserem Falle sehen

wir, wie trotz allen Flehens des »Schwesterchens« aus lauter »Durst«
das »Brüderchen« schließlich doch von dem »Brünnlein« trinken
muß. Angst und Versagen, Zögern und Zusammenbruch, Unbeherrschtheit und Strafe – *das* sind die Kategorien, in denen ein Kind
wie das Mädchen der Grimmschen Erzählung im Hintergrund des
»Brüderchens« und des »Schwesterchens« sich selbst wahrnehmen
muß: Es kann nicht darauf stolz sein, daß es zumindest zweimal der
»Versuchung« *widerstanden* hat; denn nicht aus Überzeugung, sondern nur aus angstvoller Unterwürfigkeit hat es sich so lange gegen
den Triebanspruch zur Wehr gesetzt. Es kann aber auch die letztlich
unvermeidbare *Triebbefriedigung* nicht genießen – sie »passiert« eigentlich nur gezwungenermaßen, und sie bewirkt eine Veränderung,
die nach Meinung des »Schwesterchens« im Grunde niemals sich hätte
ereignen dürfen: Es ist, mit anderen Worten, für ein Zeichen der
Schwäche zu halten, daß beim dritten Mal das »Brüderchen« alle Warnungen in den Wind schlägt und dem Zwang seines »Durstes« folgt.

Dabei wäre mit Händen zu greifen, wie die Jugend eines Mädchens
sich gestalten könnte, das *nicht* durch den Faktor der Angst in den
unseligen Konflikt von »Brüderchen« und »Schwesterchen« hineingetrieben würde. Stünde im Hintergrund des Mädchens eine Mutter, die
durch ihr eigenes Vorbild einen Raum des Vertrauens und der Akzeptation zu schaffen verstünde, so wäre die Entdeckung der »Quellen«
der eigenen Weiblichkeit wie ein Fest stolzer Freude und erwartungs-
vollen Glücks zu begehen. Statt dessen jedoch findet in dem Mädchen
der Grimmschen Erzählung bei der »Berührung« der Sexualität durch
das »Brüderchen« eine Verwandlung statt, die der gesamten Vitalität
auf lange Zeit hin etwas Ichfremdes, Tierisches, nur mühsam zu Zäh-
mendes aufprägt. Einzig, daß die Gefahr der *Raubtierverwandlung*
gebannt werden konnte, scheint einen gewissen Gewinn dieser Szene
darzustellen: Wenn schon der Durst des »Brüderchens« unabweisbar
gestillt werden mußte, so bildet *die Rehverwandlung* jetzt allem Anschein nach noch das kleinste Übel. Aber auch darüber bricht das
»Schwesterchen« in hilfloses Weinen aus, und es wird in der Fassungslosigkeit seiner Trauer noch bestärkt von den Tränen der Reue des
»Brüderchens«.

Und doch fällt es schwer, die Dinge *nur* so zu sehen, wie das
»Schwesterchen« sie in diesem Moment erlebt. Gewiß, das »Brüderchen« verliert beim Berühren der »Quelle« seine menschliche Gestalt;
aber welch ein *Symbol* liegt in dem Bild des »Rehleins« verborgen!
Fragt man heranwachsende Mädchen oder auch späterhin Frauen, in
welch ein Tier ihrer Wahl sie am liebsten sich verwandelt sehen würden,[29] so werden mit Vorliebe nicht wenige sagen: »In ein Reh«, und
sie verbinden mit dieser Auskunft die Attribute von Anmut und Adel,
von Grazilität und Grazie, von Schönheit und scheuer Zurückhaltung,

von zärtlicher Annäherung und sensibler Distanz. Die Phantasie, ein
»Reh« zu sein, steht am Übergang zwischen der Unreife der Jugend
und der vollendeten Weiblichkeit; sie markiert einen Schwebezustand
all jener Gefühle, die ahnungsweise schon eine Witterung aufnehmen
von der Weite der Welt, während sie doch noch nicht sich getrauen,
aus dem schützenden Dickicht hervorzutreten. Vieles wäre in diesem
Zustand bereits vorstellbar und möglich, aber nichts an Beziehung ist
bislang wirklich geschehen, und über allem liegt noch etwas vom
schimmernden Tau eines unberührten Morgens. Bei einem *geringeren*
Quantum an *Angst* könnte ein solcher Zustand durchaus mit einer
gewissen Freude und Aufbruchsstimmung erlebt werden; doch es gehört zum Leben und Erleben eines Mädchens, wie die Geschichte von
›Brüderchen und Schwesterchen‹ es beschreibt, jeden Fortschritt der
seelischen Entwicklung als eine beklagenswerte Tragödie, ja, als eine
schiere Katastrophe zu empfinden; die mit allen Mitteln hätte verhindert werden müssen; und tatsächlich gibt es auch psychoanalytisch
einen Punkt, der für den Gang des Weiteren bedenklich stimmen
muß.

Wir sagten soeben, daß die allmähliche Abnahme der pubertären
Sexualangst im Erleben des »Schwesterchens« von der »Tigerfurcht«
weg zu der Befürchtung der »Rehverwandlung« am besten mit einem
schrittweisen Wachsen der Ichstärke in der Zwischenphase des Aufschubs der Triebbefriedigung zu erklären sei: Das mag wohl zutreffen, ist aber erst nur die halbe Wahrheit; denn offenbar erkauft sich
die relative Stärkung der Ichstruktur mit einer entsprechenden *Schwächung des Es.* Aus dem drängenden, »fressenden« Verlangen, das sich
in den Bildern von »Tiger« und »Wolf« aussprach, ist jetzt eine Trieb-
gestalt geworden, die jegliche Aggressivität, jeglichen »Biß« in der
Durchsetzung der eigenen Bedürfnisse vermissen läßt. Aus dem gefahrvollen Wunsch, *selbst* auf die Jagd zu gehen und seine Beute »auf-
zureißen«, ist nun ein Wesen entstanden, das selber nur noch als das
Opfer fremder Jagd in Erscheinung tritt. Es hat sich, wenn man so
will, die ursprünglich sadistische Komponente des sexuellen Erlebens
nunmehr in eine deutlich *masochistische* Form gewandelt.[30] Diese
Umformung scheint nach außen hin weniger gefährlich zu sein, doch
führt auch sie eine Reihe von Problemen herauf, deren Auflösung alle
Kraft und Phantasie – und eine gehörige Portion *Glück* beanspruchen
wird.

c) Die Schöne und das Tier

Das erste Problem ergibt sich gleich auf der Stelle. Zum Wesen des »Rehleins« gehört eine sonderbare Mischung aus Scheu und Keckheit, die es für das »Schwesterchen« unkontrollierbar zu machen droht. Die Angst, es könnte ihm *fortlaufen,* ist offensichtlich auch der Hauptgrund für die neuerliche Traurigkeit des »Schwesterchens«. *Dennoch* kommt es jetzt trotz allem zum erstenmal zu einem echten *Ausgleich* des bestehenden Konfliktes. Auch das »Rehlein«, erzählt uns das Märchen, ist *traurig* über das »Unglück« seiner Tierverwandlung, und es will gar nicht von dem »Schwesterchen« fortlaufen. Vor allem aber erklärt jetzt das »Schwesterchen« selber, daß es sein »Brüderchen« in Gestalt des »Rehchens« »nimmermehr verlassen« werde. Anscheinend wäre *diese* Gefahr durchaus gegeben, ja, sie scheint größer zu sein als ein möglicher Ausbruchsversuch des »Rehleins«. Gewiß, es wäre denkbar, daß die jetzt endgültig erwachte Sexualität, die in dem »Reh« verkörpert ist, sich auf eine Weise abspalten und isolieren würde, die sie jeglichem Einfluß des »Schwesterchens« entziehen würde. Doch es zeigt sich jetzt, daß eine solche Gefahr unkontrollierten »Grasens« und »Jagens« von dem Triebbedürfnis selbst her gar nicht zu befürchten steht. Entscheidend wird nunmehr, daß das »Schwesterchen« selbst sein »Brüderchen«, das heißt *sich selbst* auch in der »Rehgestalt«, als etwas ihm Zugehöriges anerkennt und *bejaht* und daß somit an die Stelle der ständigen Angst eine vertrauensvolle *Verbrüderung* tritt: Das »Schwesterchen« nimmt sogar sein *goldenes Strumpfband* und legt es dem »Rehchen« um den Hals.

Woher bei einem so armen Kind, wie »Brüderchen« und »Schwesterchen« zu Beginn des Grimmschen Märchens geschildert werden, plötzlich ein Strumpfband *aus Gold* stammt? Wieder läßt die Antwort sich nur *symbolisch* finden, indem gerade die offensichtlichen Ungereimtheiten der Geschichte in äußerem Verständnis als Hinweisschilder dafür fungieren, daß es gilt, den an der Oberfläche fehlenden Zusammenhang auf einer *tieferen* Ebene wiederzufinden.[31] Dann steht das »Strumpfband« selbst gewiß für eine deutlich *erotische Bereitschaft* – man muß bedenken, daß die Grimmschen Märchen zu einer Zeit aufgezeichnet wurden, in der es als schamlos gelten konnte, auch nur die Beine eines Konzertflügels unbedeckt zu lassen, und nun geht die Rede gar von einem »Strumpfband«! Es ist, als wenn das »Schwesterchen« bewußt die Signale seiner eigenen Weiblichkeit auf das »Rehlein« übertragen würde, in der Hoffnung, auf diese Weise in eine »goldene« Zukunft geführt zu werden.[32] Ohne Zweifel kommt in der runden Form des »Strumpfbandes«, das dem »Rehlein« um den »Hals« gelegt wird, auch bereits eine deutliche *Paarungssymbolik* von Männlichem und Weiblichem zum Ausdruck und verweist schon an

dieser Stelle auf die geheime Wunschwelt des Mädchens; das »Gold«
aber dürfte darauf verweisen, daß als ein möglicher Partner der Liebe
nur ein »königlicher« Gemahl für das »Schwesterchen« in Frage kommen wird. Wie hochfliegend und kühn können doch gerade die Träume derer sein, die wie an den Boden gedrückt ihr Dasein verbringen
müssen! Es ist aber, als wenn das »Schwesterchen« seine eigenen
Hoffnungen und Wünsche hier noch vor sich selber durch die Sprache
der Symbole *verhüllen* müßte: Eines Tages wird es seinem Prinzen,
seinem König, seinem Erlöser und Retter begegnen, wenn es nur bis
dahin das »Rehlein« an einem *Binsenband* anleinen kann, auf daß es
ihm nicht zu früh in die Wildnis enteile.

Merkwürdig ist, wie sehr Märchen imstande sind, Schicksal zu spielen oder zu weissagen. Ein Kind, das genügend viele Märchen erzählt
bekommt, um unter ihnen ein bestimmtes »Lieblingsmärchen« aus-
wählen zu können,[33] wird, ohne es zu wissen, nicht allein über die
Hauptkonflikte seiner Kindheit Aufschluß geben, der Symbolismus
der Märchenerzählung selbst wird zugleich auch die Tendenzen und
Faktoren der weiteren Entwicklung vorgreifend andeuten, so daß man
oft mit Erstaunen feststellen wird, wie sehr die spätere Biographie
eines erwachsenen Menschen der Erzählung jenes »Lieblingsmärchens« der Kindheit entspricht – »Lieblingsmärchen« nicht als das
»liebste« und sympathischste, wohl aber als das interessanteste, span-
nendste, fesselndste, *wichtigste* Märchen der Kindheit. Vor Jahren
erzählte mir eine Frau, deren »Lieblingsmärchen« unsere Geschichte
von ›Brüderchen und Schwesterchen‹ war, wie sie als Kind an der Seite
ihrer Mutter und ihres um vier Jahre jüngeren Bruders hatte leben
müssen: Sie war gerade sechs Jahre alt, als die Rote Armee im Winter
1944–45 die Bevölkerung der deutschen Ostgebiete in langen Flücht-
lingskolonnen vor sich hertrieb. Diese Frau hatte erleben müssen, wie
ihre Mutter unter erschütternden Weinkrämpfen sie und das Brüderchen nahm und buchstäblich ohne alles, ein paar Nahrungsmittel und
ein paar Kleidungsstücke ausgenommen, sich mit ihnen auf den langen
Weg nach Westen machte; sie mußte mit anhören, wie ihre Mutter des
Nachts bis in den Schlaf hinein nach ihrem Gatten rief, der irgendwo
an der Ostfront als vermißt galt; sie mußte das Brüderchen tragen,
wenn die Mutter nicht mehr weiterkonnte, und sie mußte später tagaus, tagein auf das Kind aufpassen, wenn die Mutter auf dem Feld
eines Bauern arbeitete, in dessen Nähe sie in einem kleinen Zimmer
Unterschlupf gefunden hatte. »Wenn die Mutter des Abends nach
Hause kam«, berichtete diese Frau, »genügte irgendeine Kleinigkeit,
und sie konnte vor Zorn aus der Haut fahren – sie war eben so
erschöpft und verzweifelt. Ich hatte zum Beispiel einmal unsere einzige Tischdecke aufgelegt, Kartoffeln gebraten und das Besteck zurecht-
gelegt, als meine Mutter zu riechen meinte, es sei etwas angebrannt:

Wir hätten kein Holz, wir hätten kein Essen, um es sinnlos zu verfeuern, schrie sie und schlug unablässig auf mich ein. Und so ging es oft. Ich konnte versuchen, alles so richtig wie möglich zu machen, ich wußte nie, wie meine Mutter abends reagieren würde.« Diese Frau war noch nicht vierzehn Jahre alt, als sie bereits dreimal ernsthaft sich hatte das Leben nehmen wollen – man mußte von Glück sagen, daß sie niemals mit Drogen in Berührung gekommen war. Ihr Hauptproblem *heute* waren Anfälle von Haarausreißen[34] und Gesichtzerkratzen – Momente, in denen sie in maßlosem Selbsthaß auf winzige Verfehlungen hin oder auch bloß infolge bestimmter peinlicher Erinnerungen wie rasend über sich herfallen mochte, nicht anders als ihre Mutter damals. Diese Frau empfand die Geschichte von ›Brüderchen und Schwesterchen‹ schon als Kind als ihr »Lieblingsmärchen«, und wirklich erinnerte sie sich, wie sie mit etwa zwölf Jahren mit ihrem Bruder sich eines Vormittags auf den Weg gemacht hatte, um einfach fortzugehen; die beiden Kinder hatten stundenlang an der Zonengrenze gesessen, »dahinter lag so ein weites, offenes Feld, ich hätte nur immer laufen und laufen mögen, als begänne dort drüben eine andere, bessere Welt, von der ich selber nur leider ausgesperrt war«; dann waren Grenzsoldaten gekommen und hatten die beiden nach Hause zurückgeschleppt. Die geheime Hoffnung dieser Frau aber ging fortan in eine Richtung, die sich in gewissem Sinne symbolisch auch in den Hoffnungen des »Schwesterchens« der Grimmschen Erzählung ausspricht: Eines Tages würde ein »König« in ihr Leben treten – der Vater würde zurückkehren, ein Bruder der Mutter würde aus der DDR in den Westen kommen, oder es würde eine hochgestellte Person, ein Lehrer oder der Pfarrer des Ortes, sich in sie verlieben und sie bei sich aufnehmen; und da aus all diesen Träumen nichts wurde, verlegte diese Frau ihre Hoffnungen schließlich auf *Gott:* sie studierte Theologie, sie wurde Gemeindeassistentin, und sie merkte schon fast nicht mehr, daß sie im Dienst gegenüber dem »jagenden König« »jenes Landes« bei allem Sprechen von den »lieben Schwestern und Brüdern« in kirchlichem Sprachgebrauch mit ihren Hoffnungen wie mit ihren Ängsten immer noch dem uralten Skript ihres Lieblingsmärchens aus Kindertagen, der Geschichte von ›Brüderchen und Schwesterchen‹, Folge leistete.

Man kann freilich bei dem Stand der Dinge jetzt noch nicht von großen »Hoffnungen« und »Erwartungen« des »Schwesterchens« sprechen – es widerspräche seinem ganzen Wesen, wenn ihm irgendein Teil der Zukunft als etwas erscheinen würde, das es selber zu planen oder zu gestalten vermöchte. Im Gegenteil: kennzeichnend für die Haltung dieses Mädchens ist die ausgedehnte Bereitschaft, sich mit dem status quo zufriedenzugeben. Es *bedarf* allem Anschein nach zunächst eine ganze Zeit über einer solchen *Zurückgezogenheit* und Abgeschiedenheit, um die inneren Kräfte zusammenzuhalten und miteinander an wenn auch noch so dünnem »Faden« verbunden sein zu lassen. Bis in *die Handschrift* hinein läßt sich diese Neigung zur Abkapselung und Zurückgezogenheit im Leben vieler heranwachsender Mädchen dokumentieren, indem sie während dieses Abschnitts ihrer Entwicklung mit Vorliebe in eigenartig eingerollten, schleppend zähflüssigen, fast auf der Stelle sich drehenden Schnörkeln ihre Tagebücher, Poesiealben und oft fiktiven Liebesbriefe auszumalen pflegen. Zustande kommt in dem Märchen von ›Brüderchen und Schwesterchen‹ allerdings auf diese Weise eine hochsymbolische Szene, die in den Erzählungen der Völker immer wieder auftaucht: Es handelt sich um das Motiv von der »Schönen und dem Tier«,[35] bei dem die weibliche »Reinheit« und »Anmut« mit dem scheinbar wüsten und niedrigen Ansinnen männlicher Leidenschaft kontrastiert; dabei erscheint die tierhafte Gestalt der Männlichkeit indessen deutlich genug bereits nicht mehr als ein unabänderlicher Widerspruch zum Wesen des Weiblichen, sondern inzwischen als eine Aufgabe, die ihrer Lösung harrt: das »Tier« im Manne bzw. das als tierisch empfundene sexuelle Verlangen *nach* einem Mann wartet darauf, vermenschlicht zu werden und als ein dem Ich zugehöriger Teil der Psyche akzeptiert zu werden. Freilich: diese »Aufgabe« der seelischen Entwicklung zu definieren ist leichter, als sie zu lösen; und so ist es von großem Wert, wenn das Märchen an dieser Stelle im Umgang mit sich selbst ein allmähliches »Zähmen« des »Rehleins« anempfiehlt. Um die Gefahr zu überwinden, daß sich das »Rehlein« buchstäblich »verselbständigen« könnte, lernt das »Schwesterchen« jetzt die Kunst, in gewissem Sinne mitten im »Walde« »häuslich« zu werden und eine sehr sanfte Art der Zärtlichkeit gegenüber seinem so friedfertigen und ungefährlichen »Tiergefährten« einzuüben.

Was das Märchen an dieser Stelle uns nahelegt, ist um so bewunderungswürdiger, als es vor dem Hintergrund uralter quälender Angst sich nunmehr wie eine idyllische Insel der Innigkeit ausnimmt. Wo gibt es schon eine Form der Pädagogik bzw. der moralischen Erziehung, die ein heranwachsendes Mädchen (einen Jungen) in der Kunst unterweisen würde, das »Rehchen« »aus der Hand fressen« zu lassen, ja sogar ein Vertrauen zu schaffen, das es ermöglicht, auf dem »Rükken« der Triebkraft sich auszuruhen und ruhig mit ihr einzuschlafen! Hat man uns nicht gelehrt, daß selbst die Träume der Nacht noch gefährlich sein können – erfüllt von den Schwaden schwül lüsterner Phantome und den Alpträumen der Angst unserer eigenen abgespaltenen Begierden? Was das »Schwesterchen« in diesem Moment lernt, ist menschlich etwas Wunderbares: hinabzusinken bis tief in das Unbewußte und keine Gefahr mehr zu spüren, die den neugewonnenen Zustand der Ruhe verheeren oder zerstören könnte.

Selbst die Anspielungen auf das *Abendgebet,* mit dem das »Schwesterchen« schlafen geht, sind sicherlich mehr als ein Zeichen der Biedermeierei der Brüder Grimm, die es scheinbar nicht lassen können, den kleinen Kindern immer wieder mit erhobenem Zeigefinger Tugend und Anstand beizubringen. Es geht vielmehr darum, mit den eigenen neu erwachten Triebwünschen sich gewissermaßen bis in die Nächte, bis in die Träume hinein von der Macht im Hintergrund des Daseins, die wir Gott nennen, als berechtigt, umfangen und getragen zu fühlen, so daß es nichts mehr an seelischen Regungen gibt, das als gefährlich und fremd abgespalten werden müßte.[36] Gegen die Unruhe und Angst, gegen die Alpträume verdrängter Triebwünsche setzt dieses Märchen das Bild eines Mädchens, das es zunehmend lernt, jeden Abend »seinen Kopf auf den Rücken des Rehkälbchens« zu legen und darauf zu schlafen wie auf einem Kissen. Wer, wenn die Nacht ihn in ihre Arme schließt, könnte so vertrauensvoll auf den Morgen hoffen? Daß dieses bisher von Trauer und Angst erfüllte »Schwesterchen« mitten in der Entwicklung zu sich selber als Frau für einen Moment lang eine solche innere Ruhe zu finden vermag, indem es »einschläft« auf dem »Rücken« der personifizierten Gestalt seiner eigenen Wünsche, ja daß es den Inhalt seiner eigenen Wünsche ans Leben zu empfinden vermag wie ein sich erfüllendes, stilles Gebet, weist einen Weg in die Zukunft weiterer Reifung, der in sich selbst zu Mut und Erwartung berechtigt.

Tatsächlich ist das Bild von der »Schönen mit dem Tier« in sich selbst von einer eigentümlichen Faszinationskraft. Die wohl berühmteste künstlerische Darstellung dieses Motivs findet sich im Musée de Cluny in Paris in der Szenenfolge von der ›Dame mit dem Einhorn‹, einer Sammlung von Gobelins aus dem 15. Jahrhundert,[37] die vor allem in Rainer Maria Rilke[38] ihren adäquaten Interpreten gefunden hat. In Rilkes Augen verkörpern diese Teppichbilder eine besitzlose »verhaltene« Liebe, einen »Eros der Ferne«.[39] Es handelt sich um die sechs Bilder, mit denen der Adlige Jean de Chabannes in Gestalt eines Löwen um die schöne verwitwete Claude Le Viste zu werben suchte – die Teppiche waren seine Verlobungsgeschenke, die er, offenbar in Brüssel, herstellen ließ. Wie A. F. Kendrick 1921 herausfand, stellen diese Bilder in allegorischer Weise die fünf Sinne dar, wobei das sechste Bild sie alle zusammenfaßt, indem es gewidmet ist »à mon seul désir« – »meinem einzigen Verlangen«, der schönen Claude Le Viste. Die Liebe, wenn diese Deutung zutrifft, *ist die Zusammenfassung* und *Einheit* aller Gefühle und Empfindungen, sie ist das Ende der Zerspaltenheit, und diese Erfahrung und Gewißheit setzt sich bis in die Details der Symbolsprache durch. Auf allen Teppichbildern tummeln sich kleine Tiere – Häschen und Hunde; ein angebundenes Schimpansenäffchen hockt im Hintergrund; Vögel bevölkern die Zweige der

Sträucher und Bäume – wo die Liebe wohnt, soll man offenbar denken, kehren die Menschen zurück in ein verlorenes Paradies. Das am meisten »erotische« Bild indessen ist an fünfter Stelle dem »Fühlen« selbst gewidmet: Man sieht die Dame, diesmal ohne Dienerin, wie sie selber die Standarte hält, »mit der rechten Hand die lange Stange kräftig umgreifend, während ihre linke Hand das steil aufgerichtete Einhorn des Tieres zärtlich umfaßt«.[40]

Eine solche Symbolsprache geht allem Anschein nach auf *indische* Überlieferungen zurück, in denen das *Einhorn* eine ithyphallische Bedeutung gewann. Ursprünglich aber galt das Einhorn wohl als ein Symbol des zunehmenden Mondes. Auf den Reliefs von Persepolis zum Beispiel finden sich Darstellungen des Kampfes zwischen Löwen und Einhorn, zwischen den Machtbereichen von Sonne und Mond, von Sommer und Winter, von Trockenheit und Regen.[41] Einzig die Liebe, wie sie in dem Bild der Dame mit dem Einhorn sichtbar wird, ermöglicht demnach die sich wechselseitig bedingende, wechselseitig befruchtende Widerspruchseinheit der menschlichen Psyche, und alles kommt darauf an, die Furcht vor dem fremden, dem scheinbar so unkontrollierbar gefährlichen Teil der eigenen Psyche zu überwinden. Insbesondere *die versonnene Geduld der Frauen* fand Rilke in diesen Bildern vom »inneren« Mädchen, wie er sich ausdrückte, vom »nie noch geliebten Geschöpf«, wie er auch sagte, vorbildlich ausgesprochen. Wohlgemerkt galten solche wartenden Frauengestalten, deren Wesen nach innen hin zu sich selber reift, diesem Lyriker orphischer Gesänge stets mehr als die Männer. »Die Männer sind mir fremd«, äußerte er einmal zu Katharina Kippenberg, »ich sehe sie nur mir unverständliche Aktionen machen. Die Frauen rühren mich.«[42] Gerade von der Verhaltenheit der »Dame mit dem Einhorn«, wie sie stolz für sich selber steht und doch inmitten spielender Tiere mit ihren Händen das Banner hält und das »Horn« der Liebe streichelt – das heißt den Mond und die Nacht, den Traum und die Sehnsucht, den fruchtbaren Regen und den dunklen Tod –: von all dem wurde Rilke zutiefst angesprochen. Ja, es überkam ihn beim Anblick der Wandteppiche im Musée de Cluny ein fast nostalgisches Gefühl, als er von den »jungen Mädchen« schrieb: »Sie sind ganz nahe daran, sich aufzugeben und so von sich zu denken, wie Männer etwa von ihnen reden könnten, wenn sie nicht da sind. Das scheint ihnen ihr Fortschritt. Sie sind fast schon überzeugt, daß man einen Genuß sucht und wieder einen und einen noch stärkeren Genuß: daß darin das Leben besteht, wenn man es nicht auf eine alberne Weise verlieren will. Sie haben schon angefangen, sich umzusehen, zu suchen; sie, deren Stärke immer darin bestanden hat, gefunden zu werden. – Das kommt, glaube ich, weil sie müde sind. Sie haben jahrhundertelang die ganze Liebe geleistet, sie haben immer den vollen Dialog gespielt, beide Teile.

Denn der Mann hat nur nachgesprochen und schlecht. Und hat ihnen das Erlernen schwer gemacht mit seiner Zerstreutheit, mit seiner Nachlässigkeit, mit seiner Eifersucht, die auch eine Art Nachlässigkeit war. Und sie haben trotzdem ausgeharrt Tag und Nacht und haben zugenommen an Liebe und Elend. Und aus ihnen sind, unter dem Druck endloser Nöte, die gewaltigen Liebenden hervorgegangen, die, während sie ihn riefen, den Mann überstanden; die über ihn hinauswuchsen, wenn er nicht wiederkam..., die nicht abließen, bis ihre Qual umschlug in eine herbe, eisige Herrlichkeit, die nicht mehr zu halten war... Es sind ihrer zahllos mehr gewesen; solche, die ihre Briefe verbrannt haben, und andere, die keine Kraft mehr hatten, sie zu schreiben. Greisinnen, die verhärtet waren, mit einem Kern von Köstlichkeit in sich, den sie verbargen. Formlose, stark gewordene Frauen, die stark geworden aus Erschöpfung sich ihren Männern ähnlich werden ließen und die doch innen ganz anders waren, dort, wo ihre Liebe gearbeitet hatte, im Dunkel. Gebärende, die nie gebären wollten, und wenn sie endlich starben an der achten Geburt, so hatten sie die Gesten und das Leichte von Mädchen, die sich auf die Liebe freuen. Und die, die blieben neben Tobenden und Trinkern, weil sie das Mittel gefunden hatten, in sich so weit von ihnen zu sein wie irgend sonst; und kamen sie unter die Leute, so konnten sie's nicht verhalten und schimmerten, als gingen sie immer mit Seligen um. Wer kann sagen, wie viele es waren und welche. Es ist, als hätten sie im voraus die Worte vernichtet, mit denen man sie fassen könnte.«[43]

Diese »Unfaßbarkeit« im Wesen eines Mädchens, das zur Liebe heranreift, bzw. einer Frau, die durch die Liebe zu ihrem Wesen gefunden hat, macht die traumhaft-rätselhafte Faszination dieser Szene von der »Schönen mit dem Tier« aus. Es ist der Kontrast zwischen weiblicher Anmut und sinnlicher Animalität, von kindlicher Unschuld und ahnungsvoller Erwartung, der dieses Bild durchzieht. Die gesamte Spannung des Lebens einer Frau liegt darin: zwischen Hoffnung und Enttäuschung, zwischen Leidenschaft und Leid, zwischen Erwartung und Erfahrung: Glück und Unglück, Begehren und Entbehren, Verlangen und Versagen – alles, was das Märchen von ›Brüderchen und Schwesterchen‹ an Überraschungen und Fügungen für den Lebensweg dieses Mädchens noch bereithalten wird, ist in diesem Bild in nuce enthalten, unter der Bedingung freilich, daß die harmonische Idylle des »Schwesterchens« mit seinem »Reh-Brüderchen« sich aus der angstbesetzten Reserviertheit nach außen hin öffnet.

d) Die Jagd auf das »Rehlein«

Tatsächlich betont das Märchen selbst, daß es »eine Zeitlang« dauert, die »Brüderchen« und »Schwesterchen« »allein in der Wildnis« zubringen. Wie lang diese »Zeitlang« im Leben eines Mädchens währt, kann jeweils ganz verschieden sein; zu dem Leben eines »Schwesterchens« hingegen gehört es, daß irgendwann die »Jagd auf das Rehlein« beginnt und eine äußerst stürmische, beseligende und bedrohliche Entwicklung anhebt; die Notwendigkeit dazu ergibt sich aus dem Gefühl der Sehnsucht selbst.

Aus der indischen Mythologie kennen wir die Überlieferung, wie Ushas, die Göttin der Morgenröte, sich in eine Gazelle verwandelte, als ihr Vater Prajapati (Brahma) sie verfolgte. Dieses Motiv von der »Hindin Morgenröte« zeigte Ushas als »die Kraft, durch die die anderen Götter veranlaßt werden, aufzuwachen, zu handeln und sich zu entwickeln«. »Die Dichter vergleichen sie bald mit einem bezaubernden... Mädchen, bald mit einer juwelengeschmückten Tänzerin. Oder sie ist eine schöne Jungfrau, die dem Bad entsteigt, ein andermal eine prächtig gekleidete Gattin, die vor ihrem Gatten erscheint. – Immer lächelnd und der unwiderstehlichen Macht ihrer Reize sicher, schreitet sie vorwärts, ihren Schleier lüftend. Sie verscheucht die Dunkelheit und enthüllt die Schätze, die sich in ihren Falten verbergen. Sie erleuchtet die Welt bis zum fernsten Horizont. Sie ist das Leben und die Gesundheit aller Dinge. Dank ihr machen die Vögel ihren Morgenflug. – Wie eine junge Hausherrin weckt sie alle Kreaturen und schickt sie zu ihren verschiedenen Verrichtungen. Sie dient den Göttern, indem sie diejenigen weckt, die sie anbeten und die Feuer des Opfers anzünden wollen. Man bittet sie, nur diejenigen zu wecken, die gut und edel sind, und die Bösen schlafen zu lassen.«[44]

Vorstellungen dieser Art haben auch auf die griechische Mythe der Göttin Eos eingewirkt, der Gattin des Morgens, der Schwester des Sonnengottes Helios, die vor allem durch ihre stürmischen Liebesgeschichten berühmt wurde.[45] Insbesondere ihre Liebe zu Tithonos wurde von Homer formelhaft besungen: an jedem Morgen, wenn sie den Menschen das Licht bringt, erhebt sie sich nach Homers Worten rosenfingrig vom Lager des Tithonos[46] – eine Maskulinform von Tito, einem Wort nichtgriechischer Sprache, das die Femininform von »Titan« darstellt.[47] »Als Gott und als sterblicher Jüngling war er (sc. Tithonos, d. V.) in Kleinasien heimisch und stand wohl dem Adonis und dem Phaeton nahe.«[48] »Es wurde erzählt: Eos, die Göttin mit dem goldenen Thron, hatte den göttergleichen Tithonos, einen Jüngling aus dem Geschlecht der Könige von Troja, geraubt. Sie ging darauf zu Zeus und bat für den Geliebten um ewiges Leben. Die Bitte wurde ihr gewährt. Sie hatte aber nicht bedacht, daß es besser gewesen

wäre, Jugend für ihn zu erbeten und die Fähigkeit, das Alter abzustreifen. Solange also Tithonos jung war, lebte er in Freude mit Eos
am Okeanos, am östlichen Rand der Erde. Nachdem aber weiße
Strähnen auf seinem schönen Kopf erschienen und in seinem Bart sich
mischten, teilte die Göttin sein Lager nicht mehr, sondern sie pflegte
ihn wie ein kleines Kind, gab ihm die Speise der Götter und schöne
Kleider. Und als das Greisenalter ihm schließlich die Bewegungen
nahm, verbarg die Göttin ihn in einer Kammer und schloß die Türe.
Nur die Stimme des Tithonos drang von dort heraus, keine Kraft ist
sonst in seinen Gliedern geblieben. Was diese Erzählung nicht sagt,
erfahren wir von anderen Erzählern: Tithonos hatte sich in eine Zika-
de verwandelt.«[49] Insgesamt erscheint Eos in den griechischen Mythen mit ihrer unersättlichen Liebe »zu schönen Jünglingen, die sie
entraffte«, als »eine zweite, unersättliche Aphrodite« oder aber als
eine, die mit ihren fortwährenden Leidenschaften von der Göttin der
Liebe geradewegs gestraft ist.[50] Das scheinbar stille Motiv von der
»Schönen und dem Tier« weitet sich in solchen Erzählungen wie von
selbst zu dem indischen Bild von der »Liebegejagten« bzw. zu dem
griechischen Bild von der »Liebejagenden«.

Für unser Märchen von ›Brüderchen und Schwesterchen‹ lernen wir
aus solchen entlegenen Vorlagen zweierlei: Da ist einmal die hellstrah-
lende Ambivalenz der Verführungskraft weiblicher Jugend und
Schönheit, zum anderen aber, vor allem in der indischen Fassung, das
Motiv der *Verfolgung durch den eigenen Vater*, wodurch ein wichtiges *zusätzliches* Detail der Tierverwandlung des »Brüderchens« be-
leuchtet wird. Wir haben die Aufspaltung in die Gestalten von »Brüderchen« und »Schwesterchen« bzw. die Tierverwandlung des »Brüderchens« bislang allein aus den Widersprüchen im Bild der »Mutter«
und »Stiefmutter« mitsamt den dadurch bedingten Ängsten, Frustrationen und Verdrängungen abzuleiten versucht; insbesondere die ausgeprägte Sexualangst des heranwachsenden Mädchens im Hintergrund
von »Brüderchen« und »Schwesterchen« erschien uns als eine direkte
Folge der mütterlichen Angsterziehung. Daran wird sich auch im folgenden nichts ändern; es tritt aber jetzt ein Faktor hinzu, der ohne
eine Mythe wie die von der »Hindin Morgenröte«, die von ihrem
»Vater«, der Nacht, verfolgt wird, in der Psychodynamik der Grimmschen Erzählung nicht leicht zu erkennen wäre: *der außerordentliche
Einfluß des fehlenden Vaters.*

Im allgemeinen genügt es in der Psychologie, zu beobachten, wie
Menschen miteinander agieren und aufeinander reagieren, die es
»wirklich« gibt; eine Psychologie imaginärer Personen scheint demgegenüber den Bereich des Seriösen in Richtung des Phantastischen zu
verlassen. Doch was die Märchen aller Völker zu ihrer Grundannah-
me erklären, bestätigt sich auch in der »seriösen« »Realität« immer

wieder: die Menschen *sind* psychisch »phantastische« Wesen, und sie leben keineswegs nur mit den Menschen, die sie in ihrer Umgebung tatsächlich antreffen, sondern oft genug und weit intensiver noch mit den Menschen, die sie dort *nicht* antreffen – die ihnen *fehlen* und die sie ersehnen, weil sie ihrer im Grunde dringend bedürften.

Selbst psychoanalytisch kann man darüber streiten, welch eine Rolle *der Vater* vor allem in den ersten Monaten und Jahren im Leben seines Kindes spielt. So viel steht fest: überragend in der Entwicklung der frühen Kindheit ist ohne Zweifel *der Einfluß der Mutter.* Es ist ihr Herzschlag, ihr Atem, ihre Stimme, es ist die Art ihrer Bewegung, an die ein Kind sich gewöhnt, längst ehe es das Licht der Welt erblickt; um die Stimme jenes Wesens zu identifizieren, das sich später als sein Vater zu erkennen gibt, braucht ein Kind selbst im günstigsten Falle mindestens vierzehn Tage nach seiner Geburt.[51] Daran liegt es, daß die Sprache, die ein Kind, ganz gleich in welcher Kultur, als seine eigene lernt, zu Recht als »Muttersprache« bezeichnet wird. Eine Vielzahl instinktiver Koppelungen verbindet zudem ein Neugeborenes mit seiner Mutter – vom Klammerreflex über den Blickkontakt, dem Saugreflex bis hin zu dem fabelhaften, aber ganz und gar »realen« Phänomen des »Ammenschlafs«:[52] es sind als erstes die Augen der Mutter, die das Kind sucht, es ist ihr Körper, bei dem es Schutz findet, und es ist ihre Nähe, in der es ruhig wird und einschläft. Der Vater hingegen tritt in das Erleben eines Kindes erst relativ spät ein, und so könnte man meinen, er spiele für das Kind überhaupt keine Rolle. Gleichwohl trifft diese Ansicht nicht zu. Im Gegenteil. Wie eine Frau als Mutter sich selber erlebt, hängt gewiß zu einem ganz erheblichen Teil von dem Verhältnis zu ihrem Mann ab, und so wirkt der Vater indirekt auf dem Weg über die Mutter von Anfang an auch auf die Seele seines Kindes ein.

Bekanntlich lassen sich Beobachtungen an Tieren nicht ohne weiteres auf Menschen übertragen; aber wie stark der Einfluß eines männlichen Tieres auf ein Junges sein kann, mit dem es äußerlich scheinbar gar nichts zu tun hat, zeigt auf dramatische Weise das Verhalten der Mitglieder eines Löwenharems:[53] mitunter geschieht es, daß der männliche Besitzer eines »Harems« wechselt, während eine der Löwinnen schwanger ist; dann kann es sein, daß die Frucht im Leibe des Muttertiers abstirbt aus Furcht vor dem Männchen, das nur den eigenen Nachwuchs duldet und anerkennt. So stark also, bis auf den Tod, kann die Feindseligkeit eines Männchens sich auf dem Weg über das Muttertier bereits auf ein noch ungeborenes Kind auswirken. Freilich: dieses Beispiel setzt die *Anwesenheit* des (Stief-)Vaters voraus. Aber man muß in diese Richtung nur einen Schritt weiter denken, und man wird leicht bemerken, wie stark es das Verhalten auch einer Menschenmutter gegenüber ihrem Kind verändern muß, je nachdem, ob sie sich bei ihrem Manne geborgen fühlt oder nicht, und ein *abwesender* Mann hinterläßt in aller Regel eine ganz empfindliche, kaum zu schließende Geborgenheitslücke im Erleben einer Alleinstehenden. Selbst eine Frau, die unter »normalen« Umständen mit sich selbst und ihrem Kind ganz gut zurechtkommt, kann sich durch das Fehlen ihres Mannes sehr bald überfordert fühlen, und von einer solchen Situation sind wir bei der Interpretation unseres Märchens bisher denn auch ausgegangen, um die Widersprüchlichkeit im Wesen der »Mutter« bzw. »Stiefmutter« von »Brüderchen« und »Schwesterchen« besser verstehen zu können. Noch nicht untersucht aber haben wir die Folgen, die sich für ein Kind *unmittelbar aus dem Fehlen des Vaters bzw. in bezug zu seinem fehlenden Vater* ergeben werden.

Durch Sigmund Freud ist die psychoanalytische Vorstellung aufgekommen, ein jedes Mädchen werde notgedrungen schon aufgrund des anatomischen Geschlechtsunterschiedes von seiner Mutter »enttäuscht«: von einem bestimmten Zeitpunkt an beginne es schmerzlich bei sich selbst und bei seiner Mutter das Fehlen der Männlichkeit zu entdecken, und so wende es sich unter dem Vorwurf, von der Mutter benachteiligt, das heißt »kastriert« auf die Welt geboren zu sein, mit desto größerer Intensität seinem Vater zu, um von ihm zu bekommen, was es bei sich selber so schmerzlich vermisse.[54] Freuds Theorie der weiblichen Sexualität mutet, in dieser Form vorgetragen, vor allem durch ihre organgebundene, »biologische« Sprache heute fast schon bizarr an, und nicht wenige Autor(inn)en erblicken denn auch darin ganz einfach einen Beweis für die Selbstgefälligkeit und für den Machismo des Begründers der Psychoanalyse: so sähen die Männer sich nur allzugern – als so beneidenswert schon von Natur aus! Doch so einfach ist es nicht, einem Genie wie Freud zu widersprechen; was er seelisch an Konflikten vor Augen hatte, existiert sehr wohl, wenn wir nur die somatisierende bzw. symptomatisierende Diktion Freuds als Ausdruck ursprünglicher Beziehungsverhältnisse statt als Beschreibung biologischer Sachverhalte zu lesen versuchen. Nicht das Fehlen »des Männlichen« (des Penis), wohl aber das Fehlen des Mannes, seines Vaters, an der Seite seiner Mutter kann zu einer erheblichen Quelle von Angst und Frustration für ein heranwachsendes Mädchen geraten.[55] Die mangelnde Festigkeit bzw. die innere Haltlosigkeit der Mutter führt nicht nur in der angegebenen Weise zu einer Fülle von Einschränkungen und Entbehrungen für das Kind, es bildet sich unter solchen Bedingungen vor allem eine überstarke *Sehnsucht nach dem fehlenden Vater* aus: Wenn *er* wiederkäme, wenn *er* da wäre, könnte die ganze so angstdurchsetzte Welt doch noch in Ordnung kommen. Es kann sein, daß die Mutter manchmal selber seufzend so spricht oder daß die Tochter aus der Traurigkeit und Gereiztheit der Mutter sehr deutlich herausspürt, welch ein Loch in ihrem Leben die Abwesenheit ihres Mannes hinterlassen hat,[56] und wenn *das* mit »Kastrationskomplex« bezeichnet wird, so enthält Freuds Theorie gewiß eine bleibend gültige Einsicht.

Insbesondere aber kann es dahin kommen, daß die Tochter, in der Tat aus »Enttäuschung« an der mangelnden »Männlichkeit« ihrer Mutter, sich voller Sehnsucht ihrem fehlenden Vater zuwendet, den es sich gar nicht vortrefflich genug ausdenken mag. »Immer wenn die Tür aufging«, erinnert eine Frau sich an ihre Kindheit, »dachte ich: Vater tritt herein. Aber er kam nie.« Diese Frau hatte als Mädchen wohl gesagt bekommen, daß der Vater vor Jahren schon verstorben war – das änderte nichts an ihren lebhaften Wunschphantasien, die ihrerseits wieder immer neue Enttäuschungen nach sich ziehen mußten. »Der Vater tritt herein« – das bedeutete, es würde endlich jemand kommen, der die verzweifelte Gereiztheit der Mutter abfinge und auflöste; allein schon durch seine Anwesenheit vermöchte er seine Tochter zu behüten und zu beschützen; er würde sie auf seine Arme nehmen und ganz hoch in die Luft halten, und wenn er sie fallen ließe, so nur, um im übermütigen Spiel ihr zu bedeuten, daß er immer, wann irgend es sei, für sie bereitstehe, um sie aufzufangen und bei der Hand zu nehmen; der Vater, wenn er zurückkehrte, würde vor allem so etwas wie Kontinuität und Solidität in die so zerrissene und angstgejagte Erlebniswelt der alleinstehenden Mutter und ihrer Tochter bringen. »Ich entsinne mich noch«, erklärte jene Frau weiter, »wie es bei uns zu Weihnachten war: Mutter schenkte mir einmal eine kleine, aber wunderschöne Puppe mit zwei langen geflochtenen Zöpfen; ich fand die Puppe so lieb – bis Mutter sagte, sie habe alles, was sie noch besaß, dafür ausgegeben. Ich habe wohl den ganzen Abend nur noch geweint. Ich mußte mit Mutter vor das Bild meines Vaters hinknien, und wir haben gemeinsam für ihn gebetet. Diese Augenblicke zählen zu den schlimmsten in meinem Leben, so daß ich später eine ungeheure Angst bekam, mich überhaupt auf irgend etwas zu freuen. Geschenke oder Lob wurden für mich zu einer regelrechten Bedrohung, die ich schon von weitem abwehrte. Dabei nach außen hin hielten alle mich für ein fröhliches Kind, und es war auch ganz ehrlich, wenn ich mit ihnen lachte und scherzte. Aber in Wahrheit war ich schüchtern und scheu und irgendwie immer sprungbereit, um innerlich oder äußerlich wegzulaufen.«

Was in unserem Zusammenhang an dieser Schilderung besonders wichtig scheint, bezieht sich auf die unbewußte Fluchtrichtung, in welche ein solches Mädchen durch die Angst und Widersprüchlichkeit seiner Mutter getrieben wird. Bisher haben wir den Aufbruch von »Brüderchen« und »Schwesterchen« als eine Flucht ins Nirgendwo beschrieben, und im subjektiven Erleben trifft dies wohl auch zu; und doch, so sehen wir jetzt, wartet am Ende des Fluchtweges auf das

fliehende Mädchen so etwas wie eine unbewußte väterliche Sehnsuchtsgestalt, die all die Wünsche nach Geborgenheit, Liebe, Bestätigung und Halt in sich vereinigt, welche an der Person der eigenen
Mutter auf so bittere Weise widerlegt wurden. Der Vater, gerade weil
er in der Wirklichkeit niemals erlebt wurde, erscheint wie ein verborgener Retter, der am Ende der Welt schon bereitsteht und wartet.

Es gibt in dem Märchen von ›Brüderchen und Schwesterchen‹ einen
sehr deutlichen Hinweis darauf, daß es sich so und nicht anders in
dem Erleben des »Schwesterchens« verhält – das ist *die dreitägige Jagd
des Königs jenes Landes,* in dessen »Wald« das »Schwesterchen« und
sein »Rehlein« leben. Stets wenn die Märchen von »Königen« sprechen, meinen sie nicht die Herrscher und Machthaber in Geschichte
und Politik,[57] sondern Menschen, die durch die Sehnsucht und Liebe
im Herzen eines Menschen zu einer absoluten Bedeutung aufsteigen,
indem sich mit ihnen aller »Reichtum«, alle Schönheit und Wertschätzung auch der eigenen Person verbindet. Ein »König« im Sinne der
Märchen ist stets ein »Regent« in den Regungen des Herzens, und
seine uneingeschränkte Vollmacht beruht allein auf der grenzenlosen
Verehrung und Hingabe der Liebe. In *allen* Märchen verhält es sich
so; in unserem Falle aber scheint es ein verstärkendes Moment zu
geben, das den möglichen Partner der Liebe zu der Würde eines Königs erhebt: *das Sehnsuchtsbild des eigenen Vaters.* In psychoanalytischer Terminologie müßte man sagen: es ist die kompensatorische
Wunschphantasie, es ist die Idealisierung des Fehlenden, die für ein
Mädchen, das unter so vielen Ängsten, zerstörten Wünschen und zerbrochenen Träumen aufwachsen muß, jeden möglichen männlichen
Partner der Liebe in einen Prinzen und Königsgemahl, in eine väterliche Ersatzgestalt verwandelt und ihn mit einer Machtfülle begabt, als
hinge in jedem Moment von der Geste seiner Hand, von dem Blick
seiner Augen, von dem Tonfall seiner Stimme Leben oder Tod, Rettung oder Vernichtung, Heil oder Unheil ab. Gerade der Ausfall einer
wirklichen Vaterbeziehung kann ein Mädchen im Getto von Angst,
Traurigkeit und Sehnsucht dahin bringen, in »ödipaler« Fixierung von
dem verlorenen Vater niemals mehr loszukommen, sondern ihn, den
buchstäblich »Vermißten« oder »Verschollenen«, in jeder Begegnung,
in jeder Annäherung wiederzusuchen und wiederzuvermuten, jedoch
gerade nicht so, daß es dabei zu einer ruhigen Haltung von Vertrauen
und Geborgenheit kommen könnte, vielmehr drohen an jeder Stelle
eines möglichen Gelingens der uralten Wünsche und Erwartungen
zugleich auch die schmerzlichen Erinnerungen an all die Enttäuschungen und Entbehrungen sich wieder zu melden, die bereits die frühe
Kindheit so tragisch überschatteten.

Immer von neuem kommt es somit zu einem charakteristischen
Schwanken: zwischen dem *Wunsch nach Anlehnung,* der Angst, *lästig*

zu sein bzw. zurückgewiesen zu werden, und der *Bereitschaft,* der vermuteten Enttäuschung *durch eigene Flucht* zuvorzukommen. Das alles, wohlgemerkt, spielt sich im Grunde noch weit unterhalb der eigentlichen »ödipalen«, sexuell bedingten Thematik ab, die ihrerseits freilich spätestens mit Anbruch der Pubertät alle bereits bestehenden Konflikte noch einmal dramatisch zu steigern pflegt.

Folgt man dem Wortlaut des Märchens, so hebt eines Tages, zum Schrecken des »Schwesterchens«, jedoch zur leidenschaftlichen Freude des »Rehleins«, eine ausgedehnte »königliche Jagd« an, deren einziges Ziel alsbald darin besteht, des »Rehleins« als Beute habhaft zu werden. Das Paradox ereignet sich, daß gerade das innerlich so scheue und zurückgezogene »Schwesterchen« in der anderen Seite seines Erlebens förmlich von einer Art »Jagdfieber« gepackt wird; dasselbe Mädchen also, das ursprünglich nichts *mehr* auf Erden fürchtete als die »Tiger« und »Wölfe« der Leidenschaft und Begierde, vermag jetzt in der Gestalt des »Rehleins« kaum noch zu leben ohne den *Genuß des Gejagtwerdens.* Aber es handelt sich inzwischen auch nicht mehr um den Drang bloßer Vitalität und Animalität; auf dem Spiel steht die Begegnung mit keinem Geringeren als mit dem absoluten Souverän und Herrscher jenes Landes; auf dem Spiel steht mit anderen Worten die phantastische (Wiederbegegnung) mit dem fehlenden Vater. Kann es da wundernehmen, daß der Konflikt zwischen Faszination und Flucht, zwischen Sehnsucht und Scheu, zwischen Verlangen und Verlorenheit sich nunmehr zu seinem eigentlichen Höhepunkt steigert?

Da ist zum ersten der »Jagdgenuß« selbst: Gerade ein Mädchen, das alles eigene Wünschen und Begehren in sich selber zu unterdrücken gelernt hat, kann von einem bestimmten Zeitpunkt an von ganzem Herzen sich danach sehnen, um so mehr *von den anderen* gewünscht und begehrt zu werden; gerade die Qual ständiger Selbstwertzweifel und Selbstablehnungen vermag es dahin zu treiben, wie *verzweifelt* an jeden seiner Mitmenschen die bittende Frage zu richten: »Kannst du mich lieben – so wie meine Mutter mich niemals zu lieben imstande war und wie mein Vater (vielleicht!) mich geliebt hätte, wenn ich ihm jemals begegnet wäre?« Aus der inneren Unsicherheit, aus der tief verwurzelten Selbstablehnung ergibt sich auf diese Weise ein ständiges Verlangen nach Liebe und Verständnis, ein werbendes, zuvorkommendes, wie leichthin schwebendes Suchen nach Einheit und Verschmelzung, eine »fordernde Abhängigkeit« (demanding dependency), die mitunter hysterieforme Züge gewinnen kann, während sie in Wahrheit ganz und gar depressiv strukturiert ist. Auf der anderen Seite steht dem Suchen nach Halt und Geborgenheit die uralte Angst vor Enttäuschung, Zurückweisung und Verlassenwerden im Wege, und beides führt jetzt zu einer Art Strategie des »Suchens, um es nicht zu finden«.[58] »Immer wenn ich mit jemandem spreche, den ich eigentlich sehr gerne habe«, erklärte jene Frau mit dem Püppchen, »mache ich insgeheim ihm gegenüber bestimmte Andeutungen, ob er wohl versteht, was ich eigentlich sagen möchte, und dann bin ich wie erleichtert, wenn ich merke: er versteht es nicht. Dann gehe ich rasch und oft lachend darüber hinweg, nur hinterher bin ich traurig. Oder ich höre dem anderen zu, wie wenn ich mit ihm einen geheimen Test veranstalte: Ich probiere herauszufinden, wie er in vergleichbaren Situationen handeln oder reagieren würde; oft bin ich dann enttäuscht oder ganz entsetzt, denn so würde ich nie sein; ich kann ihm aber im Gespräch nicht mitteilen, was in mir vor sich geht; ich entferne mich nur einfach innerlich von ihm. Wir reden an der Oberfläche scheinbar munter weiter, ich aber nehme die fast beruhigende Gewißheit mit nach Hause: mit dem wird es auch nichts.«

Ganz ähnlich wird man sich die »Flucht« des »Rehleins« vor seinen Häschern vorstellen müssen: Da ist ein Mädchen, eine erwachsene Frau, die sich nach nichts auf Erden so sehr sehnt wie nach jener Liebe und Gemeinsamkeit, die sie ihr ganzes Leben lang so notvoll vermißt hat; doch bereits diesen Wunsch, irgendwo, und sei es am Ende der Welt, die Gestalt des verlorenen Vaters wiederzufinden, darf sie sich selber kaum eingestehen. Es gilt daher, das Verlangen nach Liebe *in den anderen* wachzurufen und sie gewissermaßen *passiv* dahin zu verlocken, daß sie von sich aus das »Hüfthorn« zur »Jagd« blasen. Das männliche Gegenüber soll durchaus merken, daß hier jemand darauf wartet, »erobert«, »gefangen« und »verwundet« zu werden in den Netzen und Banden der Liebe; er soll geradewegs den Eindruck gewinnen, daß die beginnende »Jagd« höchst erwünscht sei; doch sobald jemand seinen Ehrgeiz darein setzt, die rehscheue Schöne für sich zu gewinnen, wird sie halb spaßig, halb schreckhaft das Weite suchen.

Möglicherweise kommen bei diesem Gebaren zwei Verhaltensweisen der *Tierpsychologie* zusammen. Von alters her hat die Evolution es so eingerichtet, daß im Tierreich das Männchen in der Paarungszeit Jagd macht auf das Weibchen – selbst die plump wirkenden Schildkröten sieht man im Balzspiel in die eigentümlichsten Verfolgungsrennen eintreten, bei denen freilich mit Regelmäßigkeit am Ende das Männchen das Weibchen einholt;[59] es ist, wie wenn die »Jagd« lediglich das sexuelle Verlangen nacheinander noch steigern und dabei die lahmen und müden Verfolger von ihrem möglichen Erfolg abhängen sollte. Umgekehrt besteht offenbar im Erleben der »Männchen« so etwas wie ein Eroberungswille, der durchaus verschieden von dem Willen sein kann, das »Eroberte« auch für sich festzuhalten und mit ihm zu leben. Nicht wenige Mißverständnisse in den Beziehungen zwischen Mann und Frau ergeben sich unter uns Menschen aus eben diesen instinktiven Verhaltensrelikten der Tierreihe: Wann ist etwas wirkliche Flucht und wann nicht lediglich ein Spiel, um die Spannung zu steigern? Und wann gilt das männliche Werbeverhalten wirklich einer ernsthaften Bindung, und wann ist es nur eine Form narzißtischer Selbstbestätigung? Arthur Schnitzler hat in seinen Dramen und Novellen immer wieder dieses Verwirrspiel der Liebe geschildert.[60] In dem Märchen von ›Brüderchen und Schwesterchen‹ aber sind all die gewissermaßen »normalen«, »spielerischen« Irritationen in dem Verhältnis der Geschlechter zueinander durch die Ängste und Widersprüche des rehscheuen Mädchens in charakteristischer Weise verwirrt.

Wie man sich eine rechte Vorstellung von einem Mädchen in dem Widerspruch von »Brüderchen« und »Schwesterchen« machen kann, erläuterte vor einer Weile eine Frau, die über die Jahre ihrer verlorenen Jugend nachsann. »Ich konnte damals tagelang zu Hause herumsitzen«, sagte sie. »Schon als Kind war ich gewohnt, mich in die Dachkammer zurückzuziehen, wenn Mutter ungenießbar wurde. Es erfüllte mich dann jedesmal eine furchtbare Traurigkeit – ich wußte einfach ganz genau und endgültig, daß ich am besten gar nicht auf der Welt hätte sein sollen. Ich hätte in solchen Momenten wirklich nicht mehr leben wollen, und ich lebte nur weiter infolge einer Schwäche, für die ich mich verachtete. Irgendwann kam ich dann wieder herunter, und das Leben ging weiter, aber es wälzte sich gewissermaßen nur wie das Geröll in einem Gletscher übereinander. Meine einzige Freude damals war das Tanzen. Nie hätte ich gewagt, von mir aus auf einen Jungen zuzugehen; ich wartete einfach, und es dauerte niemals lange, bis jemand mich aufforderte.« – Nebenbei hütete diese Frau sich auch jetzt noch, sich einzugestehen oder sogar mit einem gewissen Stolz zu vermerken, daß sie ganz offensichtlich eine auffallend schöne Frau war, die auch damals schon die Aufmerksamkeit aller Anwesenden erregte. Sie fuhr aber fort: »Wenn jemand mich mochte, so gab mir das die Erlaubnis, bei ihm zu sein. In Wirklichkeit wollte ich gar nichts von den Männern. Es war nur sehr schön, in der Menge unterzugehen, sich von der Musik tragen zu lassen und irgendwo ganz aufgehoben zu sein. Zudem brauchte ich ja nur mich so zu bewegen, wie der Partner es wollte, und die Schritte zu machen, die vorgesehen waren – ich konnte einfach nichts falsch machen, ich war meiner Rolle ganz sicher.«

Tatsächlich muß diese Frau nach außen hin stets recht munter und kontaktfreudig gewirkt haben – niemand bemerkte ihre geheime Angst, die sich in ihrem Anlehnungsbedürfnis aussprach; der Tanz als eine vorweg ritualisierte Kontaktform wurde wirklich für sie zu dem Hauptkontaktmittel, zu einer Art zweiten Berufs, in dem sie sich bis zum Virtuosen steigern konnte. Es begann ihr Freude zu machen, wenn sie mit wippenden Haaren, mit wiegenden Hüften und mit wehendem Rock wie schwerelos über die Tanzfläche glitt und die bewundernden Blicke der Männer auf sich zog; es war ihre »Jagd«

bzw. ihr Gejagtwerden, es war der Klang der Musik, der ihr Blut durchströmte, ein Rausch der Verwandlung, der aus ihr als einem unscheinbaren »Schwesterchen« ein begehrenswertes »Rehlein« machte, das alle Häscher des »Königs« durch die »Büsche« zu hetzen suchten. Und doch blieb bei allen Formen der Annäherung eine un-überschreitbare *Fluchtdistanz* bestehen. »Die Männer mißverstanden mich ständig«, erklärte diese Frau. »Sie sahen mich und dachten sich wohl, daß ich leicht für sie zu haben sei; vermutlich habe ich auf sie auch so gewirkt. In Wahrheit aber war ich ganz anders. Manchmal beim Tanzen spürte ich, wie ein Junge sich enger an mich drückte; vor allem wenn ich ihn dabei als Mann spürte, überfiel mich ein wahnsin-niger Schrecken. Ich war dann ganz starr; der Junge aber mußte wohl denken, ich mochte das gern, und tat es noch viel stärker, bis daß ich mich von ihm ruckartig losriß und buchstäblich vor ihm Reißaus nahm. Mitunter hörte ich noch, wie er dann hinter mir blöde Bemer-kungen herrief, etwa derart, erst machte ich alle Leute an und dann ließe ich sie sitzen; und ganz so war das auch. Aber ich hatte dabei eigentlich kein Schuldgefühl. Schuldig hätte ich mich gefühlt, wenn ich mich wirklich an einen Jungen verloren hätte. Ich sehe erst heute, wie egozentrisch ich damals war. Was aus den Jungen wurde, war mir wirklich egal. In deren Augen galt ich wohl als ein toller Feger, aber wenn es darauf ankam, bestand ich nur aus Angst und konnte sie ganz schön abblitzen lassen.«

In der Sprache des Grimmschen Märchens drückt sich diese zwie-spältige Form von Werbeverhalten und Selbstbewahrung in den mah-nenden Worten des »Schwesterchens« aus, mit denen es von seinem »Brüderchen« verlangt, an jedem Abend, am Ende der »Jagd«, an die Türe des »Hüttchens« zu klopfen und in feierlich-ritualisierter Form um Einlaß zu bitten. Es ist offensichtlich das Ritual selbst, von dessen Vertrautheit eine deutlich angstlindernde Wirkung ausgeht:[61] wäh-rend nach draußen hin eine Phase heftiger Turbulenzen und abenteu-erlicher Neuentdeckungen beginnt, erscheint es im Umgang mit sich selbst als um so wichtiger, eine gewisse *festgelegte Ordnung,* gewisser-maßen als Erkennungsmarke des Eigenen, einzuführen und durchzu-halten; entscheidend aber ist, daß das »Schwesterchen« ausdrücklich allem *Fremden* gegenüber sein »Türlein« nicht auftut.[62] Die »Jagd«, mit anderen Worten, soll und muß als ein Genuß *an* sich selbst *auf* sich selbst beschränkt bleiben; es darf buchstäblich ein gewisser Ge-heimnisbereich nicht überschritten werden, und es gibt eine Zudring-lichkeit, die grundsätzlich auf die heftigste »Verschlossenheit« des »Schwesterchens« treffen wird. – Ein Stück weit innerlicher gelesen, wird man die »Aussperrung des Rehleins«, solange es sich nicht als das »Brüderchen« zu erkennen gibt, als eine Abwehr all derjenigen Ge-fühle verstehen müssen, die dem Ich des Mädchens noch nicht ver-

traut und bekannt sind; es handelt sich um eine Verzögerung der
Entwicklung aus Angst, die indessen als notwendig erscheint, um das
seelische Gleichgewicht des »Schwesterchens« nicht in Gefahr zu
bringen.

Und doch geht die Entwicklung Schritt für Schritt weiter. Die *dreitägige Jagd* ist erneut als ein typisches Schema zu werten,[63] das einen
Zeitraum umgreift, der im wirklichen Leben *Jahre* in Anspruch nehmen kann. Es ist *am ersten Tag,* daß die »Jäger« des »Königs« der
auffallenden Schönheit des »Rehleins« gewahr werden; es geschieht
am zweiten Tag bereits, daß sie achthaben auf das güldene *Halsband*
des »Rehleins«, von dem wir wissen, daß es ursprünglich des »Schwesterchens« Strumpfband war und wohl auch jetzt, bei der »Jagd«,
dafür gehalten werden muß; und so verwundert es uns nicht, wenn
wir hören, wie am Abend dieses Tages das »Rehlein« sich von allen
Seiten umzingelt sieht und von den »Jägern« »ein wenig am Fuß«
»verwundet« wird, »so daß es hinken mußte und langsam fortlief«.
Die *»Verwundung«* kann sich an dieser Stelle gewiß nicht mehr auf die
erste Erfahrung der Menstruation beziehen, sondern symbolisiert allem Anschein nach die wie einen Schock erfahrene *Defloration.* Für
diese Deutung spricht neben den durchaus nicht mehr so »unschuldigen« Bildern von »Jagd« und »Strumpf-« bzw. »Halsband« nicht zuletzt auch das Symbol des *»Fußes«,* mit dem bereits in der Bibel gerne
das (weibliche) Genital bezeichnet wird.[64] Der Grund für diese Verschlüsselung der eigentlich gemeinten Bedeutung liegt einmal in der
ängstlichen »Verschiebung nach unten«,[65] dann aber auch in der läng-
lichen Form des Fußes sowie seines Pendants: des Schuhes.[66] Tatsächlich erklärt denn auch das »Rehlein«, das sich erstaunlich schnell von
seiner »Verwundung« erholt, daß es *am dritten Tag* beim Erschallen
des »Hüfthorns« (eines deutlich männlichen Symbols[67]) vermeint,
»ich müßt' aus den Schuhen springen«. Wie ein »Rehlein« zu »Schuhen« kommt, aus denen es springen könnte, ist wohl nicht so sehr ein
Geheimnis der Brüder Grimm, es erinnert vielmehr an die ekstatische
Lust des Mädchens, endlich aufs Ganze zu gehen; und so fügt es sich
nach so vielen symbolischen Hinweisen eigentlich nur folgerichtig in
den Gang der Dinge, daß am Abend des dritten Tages der »König«
selber an des »Schwesterchens« »*Türlein«* klopft und das erschrocke-
ne Mädchen ihm Einlaß gewährt.

Immer wieder ist es erstaunlich, in welcher Feinheit Märchen über
die intimsten Vorgänge und Seelenzustände zu sprechen vermögen,
ohne den Kreis respektvollen Anstands und vornehmer Zurückhaltung zu überschreiten. Ein Hauptvorteil der Beschäftigung mit Märchen liegt eben deswegen in der symbolischen Poesie dieser Geschichten selbst verborgen: der Leser lernt bei ihrer Lektüre wie von selbst
die Kunst, über Fragen der Liebe so verbindlich und offen, aber auch

so behutsam und sensibel zu sprechen, daß das Thema seine Peinlichkeit ebenso wie seine Heimlichkeit verliert. Nimmt man die Grimmsche Erzählung von ›Brüderchen und Schwesterchen‹ beim Wort, so erzählt sie den Entwicklungsweg eines Mädchens, das sich mit äußerstem Zögern trotz aller moralisierenden Einschüchterungen durch seine (Stief-)Mutter ins Leben getraut und dabei, wie so oft, in gewissem Sinne von dem Gang der Ereignisse überrollt wird. Von außen betrachtet, in einer rein *moralisierenden* Bewertung, müßte man dem Mädchen vorwerfen, daß es in einer Zwiespältigkeit zwischen Angst und Sehnsucht am Ende doch gerade das tut, wovor die Mutter als »Hexe« es am meisten gewarnt hat: Sogar ohne in bürgerlichem Sinne durch eine Heirat dazu legitimiert zu sein, läßt es sich auf den Kontakt mit einem Manne ein und bestätigt damit offenbar die schlimmsten Befürchtungen und Vorhaltungen seiner Mutter. *Psychologisch* aber kann man es kaum genug rühmen, daß das »Schwesterchen« in diesem Moment all seine Vorsicht fahren läßt und sein »Türlein« öffnet. Gewiß: *psychoanalytisch* muß es bedenklich stimmen, und es wird für den Fortgang der Erzählung ein erhebliches Problem aufwerfen, daß auch jetzt das »Schwesterchen« mehr aus Ichschwäche als aus Überzeugung handelt; gleichwohl folgt es im Grunde seiner *eigenen* Sehnsucht, wenn es als seinen Geliebten *»den König des Landes«* in den Armen hält. Zwar »passiert« ihm in diesem Moment alles, mehr als daß es geplant oder auch nur gewollt wäre; indessen endet an dieser Stelle doch das selbstbezogene Leben des »Schwesterchens« mit seinem »Rehlein«; es ist das erstemal, daß das Motiv von der »Schönen und dem Tier« sich öffnet in das Bild von dem »Mädchen und dem König«, einem sehnsuchtsvoll überhöhten, idealisierten, traumhaft schönen, aber doch auch bereits vermenschlichten Sehnsuchtsbild. Für alles Weitere bildet diese *Verschiebung der Symbolsprache* in Richtung einer bei aller Verträumtheit doch ersichtlich größeren Realitätsnähe die unerläßliche Voraussetzung.

Ehe wir betrachten, wie die Begegnung zwischen dem »König und dem Mädchen« zustande kommt und welche Chancen zu ihrer Entfaltung darin angelegt sind, erscheint es einen Augenblick lang ganz natürlich, sich einmal vorzustellen, wie das Leben einer Frau aussähe, die auf der Stufe der »Jagd« und des »Tierfriedens« der »Schönen mit dem Rehlein« stehenzubleiben gezwungen wäre. Nicht selten ist die sogenannte »Wirklichkeit« noch weit phantastischer als die Phantasie der Märchen, und immer wieder gibt es Menschen, die schon zu ihren Lebzeiten sich mit einer mythischen Aura umgeben. Eine Frau, die sowohl durch ihre *Schönheit* als auch durch ihre *Tierliebe,* durch ihre Scheu ebenso wie durch das voyeuristische Interesse, das ihr Erscheinen bei den Männern aller Welt erweckte, dem märchenhaften Kontrast der »Schönen und dem Tier« am nächsten kam, ja dieses Motiv in

ihrem Leben zu einem unerreichten Format steigerte, war und ist die
französische Filmschauspielerin und Tierschützerin Brigitte Bardot.
Am 28. November 1934 geboren, war sie 27 Jahre alt, als Louis Malle
mit ihr den Film ›Vie privée‹ (Privatleben) drehte, der sich so sehr dem
wirklichen Leben der Hauptdarstellerin annähert, daß er für das Verständnis eines Daseins im Zwiespalt zwischen öffentlicher Preisgege-
benheit und inständiger Sehnsucht nach wahrer Beziehung eine ebenso tragische wie zeitlose Gültigkeit besitzt.[68] Erzählt wird die Geschichte des Fotomodells Jill, das aufgrund seiner Schönheit in »kür-
zester Zeit zum begehrtesten Cover-Girl« aufsteigt. »Der Film meldet
sich, Jill wird ein berühmter Leinwandstar, das Idol der Massen. Bedenkenlos gibt sich Jill dem Leben hin, wechselt ihre Partner, wie es
ihr in den Sinn kommt, und gerät mit ihren Affären alsbald in den
Brennpunkt der Kritik, die sie als unmoralisch verwirft. – Der Rum-
mel um Jill verstärkt sich, Tausende ihrer Verehrer bedrängen sie, die
Angst vor den Massen läßt Jill nicht mehr los. Sie sieht ihr Privatleben
gefährdet, und um Ruhe zu finden, flieht sie nach Genf, wo das Haus
ihrer Eltern leer ist.« Ihr Freund Fabio (Marcello Mastroianni) bietet
ihr »Schutz, Sicherheit und eine jähe Leidenschaft«, doch während er
mit der Inszenierung eines Theaterstücks in Spoleto beschäftigt ist,
begeht sie einen Selbstmordversuch; Fabio rettet sie und führt sie ins
Dasein zurück. Da sie aber in der Öffentlichkeit, wo immer sie auftaucht, einen Schwarm von Journalisten und Paparazzi um sich versammelt, bittet Fabio sie, sich nicht mehr zu zeigen. Doch am »Pre-
mierenabend kann Jill ihre Neugier nicht mehr zügeln. Sie tritt hinaus
auf ihren Balkon. Im gleichen Augenblick zuckt in der Dunkelheit das
Blitzlicht eines Reporters auf – Jill taumelt und stürzt über den Balkon
in die Tiefe. Durch ein Blitzlicht, das am Anfang ihrer Karriere stand,
findet Jill, ironischerweise, den Tod.«[69]

Es war damals eine Zeit, in der Brigitte Bardot in ›L'Express‹ gegenüber dem Romancier Jean Cau ihre Situation mit den folgenden Worten erläuterte: »Man hat mir alles gegeben, aber ich kann nichts damit
anfangen. Und die Zeit verfliegt, und ich bin gefesselt, eine Gefangene
hinter meinem Äußeren.« »Ich hatte viele Liebhaber in meinem Leben. Man hat gesagt, ich sei verdorben. Aber es ist keine Angelegen-
heit von Verworfenheit, es ist eine Zuneigung und Zärtlichkeit.« »Ich
wollte nie etwas erreichen ... es ergab sich einfach. Ich wurde nach
oben geschwemmt. Es ist nur Geschäftemacherei. Beim erstenmal ist
es ein erfreuliches Ereignis, den ersten Preis zu gewinnen. Jetzt ...«
»Ich habe in keinem Film Röcke gehoben oder Strumpfbänder oder
schwarze Strümpfe getragen ... Das ist heuchlerisch und obszön.«
»Es ist nichts Anstößiges daran. Schmutzig wird es in den Köpfen der
Leute, die es so sehen wollen.« »Die Leute halten mich für das Siebte
Weltwunder, aber wenn ich keinen Nerz und Hut trage, was glauben

Sie, was ich zu hören kriege? Das deprimiert mich. Ich habe ohnehin kein Selbstvertrauen.«[70] Schon ein Jahr zuvor, im September 1960, während der Dreharbeiten zu ›La vérité‹ (Die Wahrheit), gestand Brigitte: »Ich bin eine Frau wie jede andere ... Ich habe zwei Ohren, zwei Augen, eine Nase und einen Mund. Ich fühle und denke und bin in erster Linie Frau und Mutter. Aber ich kann kaum noch leben. Ich habe keine eigene Seele mehr. Es erschreckt mich, ein Star zu sein; es ist wie der Fluch des Zauberlehrlings. Ich kann nicht leben, wie ich will. Ich lebe nur im Verborgenen. Wenn ich meine Wohnung lüften will, kann ich nicht das Fenster aufmachen, weil ein Fotograf mit Teleobjektiv auf dem Dach sitzt. Ich möchte die Filmerei aufgeben, wenn das so weitergeht ...«[71]

Was an der Gestalt und dem Wesen der französischen Schauspielerin in jener Zeit als so faszinierend empfunden wurde und was umgekehrt ihr Leben in eine Art ständiger *Jagd* verwandelte, brachte Simone de Beauvoir (die Lebensgefährtin des Philosophen Jean Paul Sartre) in einem eigenen Beitrag im August 1960 auf die Formel, die Bardot sei »das gelungenste Musterbeispiel einer ›zweideutigen Nymphe‹. Von hinten gesehen wirke ihr zierlicher, durchtrainierter Tänzerinnenkörper fast androgyn; ›ihre Weiblichkeit‹ dokumentiere sich ›in ihrem hinreißenden Busen‹.« »Ihr Haar frisiert sie mit der Nachlässigkeit eines Naturkindes, ihr kindlicher Schmollmund lädt zum Küssen ein. Sie läuft barfuß umher, sie kümmert sich nicht um elegante Kleider, Schmuck, Wäsche, Parfums, Schminke und alle anderen Hilfsmittel einer Frau, und doch ist ihr Gang lasziv, und ein Heiliger würde in Versuchung geraten nur dadurch, daß er sie tanzen sieht.«[72]

Gleichzeitig konnte die so von den Augen aller Männer Verfolgte »einsame, unglückliche Stunden vor dem Spiegel im Schlafzimmer ihres Pariser Appartements« verbringen und »sich entgegen aller Vernunft und Offensichtlichkeit« einreden, »sie sei häßlich. Absolut häßlich.« »Brigitte«, schrieb Herbert Kretzmer in ›Cahiers du Cinéma‹, »ist davon überzeugt, sie sei häßlich ... Es erstaunt sie, daß es überhaupt Männer gibt, die ihr Gesicht attraktiv finden können. Der Komplex wurde kürzlich durch einen Hautausschlag vertieft. Brigitte hält ihren Körper für einen Ausgleich für ihr Gesicht. Sie glaubt, daß ihr Gesicht nicht beachtet werde, wenn sie ihren Körper im Film und privat frei zur Schau stellt. Ihr Körper ist ihre Geheimwaffe.«[73] – So stand es bereits Ende 1957. Es ist schwer vorstellbar, daß es einen größeren Gegensatz zwischen der Selbstwahrnehmung und der Außenwahrnehmung im Leben einer Frau geben kann, als man ihn in dieser Episode antrifft. Man hat den Eindruck, als wenn *die Mißachtung des eigenen Gesichtes* im Grunde der Suche nach der eigenen verlorenen Seele gelte. In der Tat sorgte der Film ›Vie privée‹ vier Jahre später »dafür«, daß sich der »Mythos BB« langsam zersetzte.

Die bereits mit fünfundzwanzig Jahren zur Legende gewordene Frau, der Super-Sex-Star, das Idol der Massen, der Busen-Star, die Skandalheldin der Zeitschriften, Magazine, Zeitungen und Hausfrauenblätter, dieses erotisch-verführerisch-amoralische Wesen von dreißig Filmen in acht Jahren war für Presse, Kritiker, Filmverleiher und Produzenten lange nicht mehr eine so heiße Ware wie ein paar Jahre zuvor, als ihr Konterfei von den Titelseiten nicht mehr wegzudenken war und Brigitte den Zenit ihrer Leinwandkarriere erreicht hatte. Der Mythos war ausgeschlachtet worden; die Produzenten und Verleiher hatten das an Brigitte verdiente Geld gezählt und in andere, lohnendere Filmobjekte gesteckt.

›Vie privée‹ brachte aber einen neuen Mythos hervor: Der Film erklärte den Mensch gewordenen Star zum Opfer der Gesellschaft, er verkündete Brigittes volle persönliche Unschuld an allem, was mit ihr, durch sie, gegen und für sie an Erfundenem, Hinzugedichtetem und tatsächlichem Geschehen in die Welt gesetzt worden war. »Die Nymphe mit dem hinreißenden Busen, dem über die Schulter fallenden langen blonden Haar, dem Kußmund, der Einladendes und Abstoßendes sagen kann, das Teufelsweib mit dem erotischen Gang, von Gott erschaffen, von Vadim oder dem Satan (?), ... dieses bezaubernde, sensitive und zugleich alles zerstörende Kindweib war den Weg alles Irdischen gegangen: Es existierte nicht mehr.«[74] Jedoch trat jetzt, am Rande des Ruhms, ein anderes Wesen hervor, das ganz dem Motiv der »Schönen mit dem Tier« entsprach. Bereits in der Zeit, da die Welt dem Mythos der *Kindfrau* Bardot nachjagte und eine Liebesaffäre die andere ablöste, wurde im Hintergrund immer stärker das *Mädchen* sichtbar, das sich eigentlich nur *im Umkreis von Tieren* sicher und glücklich fühlte. »Ich sehe meine Zukunft bei den Tieren«, sagte Brigitte Bardot schon vor Jahren, »denn ich werde immer so gut wie möglich versuchen, sie zu beschützen und zu lieben. Ich habe die Unabhängigkeit und die Sanftheit einer Katze, aber ich liebe ihren falschen Charakter nicht. Ich mag nicht kratzen. Ich schätze das anhängliche Gemüt eines Hundes, aber weder seine Unterwürfigkeit noch die Art, wie er Sklave seines Herrn wird. Wer weiß, vielleicht bin ich ein Zwitter, eine Hund-Katze oder ein Katze-Hund! Meine Hunde bedeuten mir sehr viel ... Ich muß nicht immer mit ihnen reden, damit sie mich verstehen, das macht den Unterschied zu den Menschen aus.«[75]

Von 1962 an machte Brigitte Bardot denn auch zunehmend als Tierschützerin von sich reden; seither geht sie konsequent gegen offensichtliche Tierquälereien gerichtlich vor, schreibt Artikel gegen die Mißhandlung von Haustieren, und sie hielt 1975 bereits in ihrem Anwesen bei Saint-Tropez dreiundzwanzig Katzen, sechs Hunde, zehn Schafe, sechs Ziegen, einen Esel und Dutzende von Enten, Hüh-

nern und Tauben.[76] Es sind ganz offensichtlich *die Tiere,* die sie vor
schweren Depressionen bewahren und ihr an manchen Tagen buchstäblich das Leben retten. Es ist dabei nicht nur das einfache, wie
selbstverständliche Gefühl des Mitleids, das »die Schöne mit den Tieren« verbindet, es ist vor allem das Gefühl, von den Tieren, anders als
von den Menschen, nicht länger verfolgt zu werden; im Sinne des
Märchens von ›Brüderchen und Schwesterchen‹ müßte man sagen: Es
ist der eigene »animalische« Anteil der Seele, der, müde gehetzt, in den
befriedeten und zufriedenen Tieren seinen eigenen Frieden zu finden
hofft, aus einem einfachen Grund: Die Augen der Tiere blicken nur
dankbar und gut; sie lauern nicht auf, sie suchen nichts im verborgenen zu erhaschen, und sie stellen mit ihren Blicken nicht kritisch in
Frage. Gerade für eine Frau, die mit ihrer Schönheit so exzessiv dem
Exhibitionismus der Öffentlichkeit preisgegeben ist, kann sehr bald
der Teufelskreis entstehen, den wir auch in dem Widerspruch des
»Schwesterchens« und des »Rehleins« in dem Grimmschen Märchen
beobachten konnten: daß man immer wieder auf Leben und Tod das
zu *fliehen* versuchen muß, wonach man eigentlich am meisten sich
sehnt, und es ist gerade diese Abspaltung der eigenen Sinnlichkeit von
den eigenen Gefühlen, die unablässig eine unersättliche Mischung aus
Angst und Verlangen erzeugt, ein ständiges Gejagtwerden und Auf-
die-Jagd-Gehen bis hin zu dem traurigen Rückzug in die Einsamkeit,
verbunden mit der *Gefahr des* allmählichen *Älterwerdens.*

Wie kann man Abschied nehmen von einer Phase des Lebens, in der
es möglich war, mit der unverbrauchten Frische der Körperlichkeit
und dem herausfordernden Charme der Jugend buchstäblich die ganze Welt zu erobern? »Für eine Frau ist es sehr schwierig, älter zu
werden«, erklärte Brigitte Bardot zu Weihnachten 1982 auf Antenne
2. »Es ist sehr schwer, sich selbst zu sagen, daß man einmal schön war,
daß man einmal einigermaßen gut aussah und daß man nun wie eine
alte Landkarte ausschauen wird, total zerknittert und mit kleinen Falten an allen möglichen Stellen ... Letztendlich ist das Gesicht wie ein
Buch, es ist das Buch des Lebens jedes einzelnen ...« – »Ich habe eine
Riesenangst vor dem Tod. Die Sache mit der Seele, das ist so wie die
Wette von Pascal: Es ist schon besser, daran zu glauben, was kann
man dabei schon riskieren? Auf jeden Fall werde ich sterben, ich
denke jeden Tag daran. Es vergeht kein Tag, an dem ich nicht an den
Tod denke. Und ich bin der Meinung, daß die Menschen vielleicht
besser, weniger boshaft und weniger egoistisch wären, wenn sie häufiger daran denken würden ... Jeder glaubt, unsterblich zu sein; jeder
denkt, daß er für Tausende und Abertausende von Jahren auf der Welt
ist. Das stimmt nicht. Ich, ich kann morgen sterben.«[77]

In gewissem Sinne ist es wie ein Trost, zu wissen, daß auch die
Tiere, die man liebt, ganz sicher sterben werden. Sie haben teil an einer

Gemeinsamkeit des Lebens, die stärker ist als der Tod. Wer weiß, vielleicht hat Pythagoras recht,[78] und auch die Tiere haben eine unsterbliche Seele. Die Frau in ›La Madrague‹, der lebende Mythos der »BB« von einst, lebt heute einzig den Tieren; ihrem Schutz gilt ihr Kampf; und sie machen ihr Mut, seit Mai 1989 sich sogar wieder vor die Kamera einer privaten Fernsehanstalt (TF 1) zu getrauen und einzutreten für die Rechte der Tiere. Die ›Ciné Revue‹ schon vom 22. April 1982 erklärte Frau Bardot für eine gute Fee der Tiere, die sich mit der Jugend Frankreichs verbünde, um das Leid unschuldiger Kreaturen zu lindern.[79] Es sind heute die einzigen Freuden und Erfolge, die diese bemerkenswerte Frau am Leben erhalten und ihr ein neues Gefühl für ihren Wert und ihre Bedeutung schenken. »Meine Schönheit und Jugend gab ich den Menschen, meine Weisheit und Erfahrung gehören den Tieren«, erklärte sie im Juni 1987, als sie ihre wertvollsten Schmuckstücke und die persönlichen Erinnerungen an ihre Jugend für über 1 Million Mark zugunsten einer weltweiten Tierschutz-Stiftung verkaufte.[80] »Geld bedeutet mir nichts mehr. Auch das Leben nicht, nebenbei. Sehen Sie, der Tod ist wie die Liebe. Eine romantische Episode. Und ich dachte, mein Leben sei zu Ende, als die Kirche mich anprangerte. Sie stellten Fotos von mir aus und stellten mich als das Böse in Person dar. Aber ich bin nicht böse.«[81] Wahrhaftig nicht! Der Mythos von der »Schönen mit den Tieren« wirkt weiter, und er besitzt eine ungebrochene Wirkung. Immer wieder gibt es im Kampf gegen das Unrecht, das Menschen an den unschuldigen Kreaturen verüben, kleine Siege zu erringen. »Es gibt Laborarbeiter, die ihr Verhalten ändern. Es sind ganz wenige, aber es gibt sie. Sie schämen sich zunehmend ihrer Arbeit, denn in ihren Familien und bei Freunden wird darüber geredet. Ich kenne einige Kinder, deren Mutter in einem Labor an Tierexperimenten arbeitete. Sie fragten sie danach, und sie schämte sich zu antworten. Sie hörte ihnen zu und versprach ihnen, keine Experimente mit Kaninchen mehr zu machen. Nur noch mit Ratten! Das klingt ein bißchen dumm, ich weiß, denn der Erfolg ist minimal – aber es zeigt, daß sich Einstellungen ändern lassen. Über dergleichen denke ich nach, wenn ich mutlos bin. Es sind Kleinigkeiten, aber es ist viel für die Tiere. Den Menschen dieses Leiden klarzumachen, ist ein großer Schritt vorwärts in Richtung auf einen verstärkten Kampf gegen die Not der Tiere. Aber ich lasse nicht nach, danach zu fragen, warum Regierungen weiterhin die Schreie von Millionen von Tieren im Todeskampf überhören.«[82]

Es ist, als ob in solchen Worten Frankreichs heute zweifellos prominenteste Tierschützerin nicht nur für die Tiere sich zu Wort meldete, sondern auch für sich selbst. Buchstäblich *wie ein Tier* hat man sie gejagt, als sie jung war, und man kann nicht sagen, daß sie diese Jagd nicht gewollt, genossen und mitgemacht hätte. *Mais voilà:* auch Tiere haben eine Seele! Das Leben der Brigitte Bardot ist das wohl berühmteste Beispiel dafür, wie ein Leben sich gestaltet, wenn es *keinen* »König« gibt, der den Spuren des verwundeten »Rehleins« nachgeht, um das »Schwesterchen« aus seinem Versteck in die Freiheit zu führen, bis die verängstigte Seele seiner Rehgestalt sich zu wandeln vermag. Doch soweit sind wir auch in dem Märchen der Brüder Grimm von ›Brüderchen und Schwesterchen‹ in diesem Moment noch nicht. Die entscheidende Frage an der Stelle, da wir stehen, lautet: wie gegen so viel Angst und demonstrierte Hysterie überhaupt eine wahre Begegnung zwischen dem »König« und dem »Schwesterchen« gelingen kann.

e) Heimsuchung und Heirat oder: Der König und das Mädchen

Sogar und besonders bei einer Frau, die über Jahre hin den Glanz und den Glamour der Scheinwerfer auf sich zieht wie die französische Filmschauspielerin Brigitte Bardot, findet man mithin dieses verwirrende Wechselspiel wider Willen zwischen Hingabe und Verweigerung, zwischen tänzelnder Kühnheit und trauernder Kühle, zwischen stürmischer Sehnsucht nach Gemeinsamkeit und einer fast starr gewordenen Flucht in die Einsamkeit. Dabei ist diese extreme Aufspaltung der Antriebsrichtungen der Angst zwischen der Flucht nach vorn und der Flucht nach rückwärts zu einem Gutteil auch als *eine sich selbst erfüllende Prophezeiung* zu lesen. Aus dem Leben der Brigitte Bardot weiß man, wie ihr Vater noch am Tag ihrer Hochzeit mit Roger Vadim, der ihren Mythos begründete, daneben stand und auf der Sittenstrenge eines getrennten Schlafzimmers bestand.[83] Es ist am Ende diese förmliche Pflicht, immer wieder verstoßen und zurückweisen zu müssen, was man eigentlich liebt und begehrt, die in ihrer wachsenden Unerträglichkeit vor allem bei den Mutigeren und Temperamentvolleren zu gerade dem entgegengesetzten Verhalten anleitet, indem das ewige »Du weißt ja, wie weit du gehen darfst« als ein unsinniger Zwang empfunden wird. Endlich einmal tun und lassen zu können, was man will, sich gehenlassen zu dürfen ohne ständige Tabus, frei zu sein ohne ständige Gewissensbisse – wie sollte das nicht zu einem unwiderstehlichen Verlangen geraten, in einer Welt, in der unter dem Bann der Stiefmutter-Hexe alle »Quellen« verwunschen sind und alles »Trinken« gefährlich ist? Andererseits zeigt gerade das Beispiel der Brigitte Bardot, daß auch die Flucht in den Wagemut, der Sturz in den Taumel und Trubel von Jagd und Verfolgung die im Hintergrund verborgene Gestalt des »Schwesterchens« nicht wirklich zu befreien vermag. Es bedeutet für die weitere Entwicklung sehr viel, daß ein solches Mädchen sich zumindest mit der einen Hälfte seines

Wesens dem Abenteuer des Lebens aussetzt; aber man muß damit rechnen, daß die andere Hälfte in ihrer Scheu und Zurückgezogenheit von all dem Tumult nur noch mehr erschreckt wird und sich nur noch empfindsamer nach innen zusammenschließt.

Erschwerend tritt zu dieser Situation noch der unverändert *projektive* Umgang mit den eigenen Ängsten hinzu. Wenn eine Frau wie Brigitte Bardot von ihren Katzen und Hunden spricht, spricht sie erkennbar zugleich von sich; es ist nicht nur, daß sie sich selbst oder andere Menschen mit den Tieren vergleicht, es sind die Augen von Menschen, die sie in den Augen der Tiere anschauen, so wie es umgekehrt früher die Augen von Tieren sein mochten, die sie in den Augen von Menschen anblickten. Die Zärtlichkeit gegenüber den Tieren ist wie ein ersatzweises spontanes Bitten um Fürsorge und Schutz auch für sich selbst; aber es ist unendlich schwer für die Angst eines solchen »Schwesterleins«, aus der Selbstbezogenheit eines derartigen *symbolischen Lebens* einen Ausweg zu finden. Immer wieder möchte man dem »Schwesterchen« sagen: »Tu doch auch für dich selbst, was du so lieb den Tieren ermöglichst. Auch du hast ein Recht dazusein, und du bist nicht weniger wert als sie.« Doch immer wieder wird man gerade an dieser Stelle auf eine eigentümliche Passivität aus verborgenen Ängsten und uralten Schuldgefühlen treffen: wenn es noch so etwas wie Glück geben sollte, so müßte es von jemandem ausgehen, der in die Fußstapfen des eigenen Vaters träte. All das Suchen und Jagen, das Anziehen und sich Verweigern hat ja einzig den Sinn, *den eigenen Vater im anderen wiederzufinden.* Nur *ihm* gilt ja das werbende Verlangen, und wo nicht der andere selbst zum Format eines väterlichen Gegenübers aufwächst, hat er von vornherein keine Chance, sich einer Frau von der Art eines »Schwesterchens« zu nahen.

»Väterlich«, das heißt hier vertrauenerweckend, beschirmend, überwältigend, unanfechtbar, sicher – in gewissem Sinne vollkommen und absolut. Natürlich gibt es solche Männer (oder Frauen) nicht in der Wirklichkeit, und so scheint auf die Länge der Zeit eine unabsehbare Kette von Enttäuschungen, neuen Versuchen und neuerlichen Frustrationen, ähnlich dem stürmischen Leben der Brigitte Bardot, fast mit Sicherheit auf dem Plan zu stehen. Es kann aber wirklich das erhoffte Wunder sich ereignen, auf das die französische Filmschauspielerin bis heute offenbar mit solcher Bitterkeit vergeblich wartet: daß sich in der Tat ein Mann findet, der durch sein ganzes Wesen darauf vorbereitet und fähig scheint, den Spuren des »Rehleins« nachzugehen, bis er zum Häuschen des »Schwesterleins« gelangt, um die Sprache seiner Angst zu erlauschen und zu erlernen, auf daß ihm von dem verängstigten Mädchen das »Türlein« aufgetan wird. Ohne Zweifel muß man auch hier, was das Mädchen als einen Vorgang von nur wenigen Minuten schildert, sich zeitzerdehnt[84] als einen Prozeß vorstellen, der im wirklichen Leben Jahre in Anspruch nehmen kann; dann aber beschreibt der Gang des »Königs« zu dem Haus des »Schwesterchens«, übersetzt in die Realität, eine höchst sensible und vorsichtige Form der Annäherung, die um so erstaunlicher wirkt, als sie erst jetzt, wie etwas Nachgeholtes, zustandekommt.

Um sich die Bedeutung der Szene zu verdeutlichen, müßte man sich die Geschichte einmal in der sozusagen »richtigen«, das heißt in einer möglichst angstfreien Reihenfolge vor Augen stellen. Dann sollte, statt von Jagd und Verwundung, doch wohl von einem allmählichen Einüben der Liebe die Rede sein, und um im Bild zu bleiben: es müßte das »Rehlein« nicht mit lautem »Ho Ho« »gefangen«, sondern mit den Worten einer sehr leisen, fast wortlosen Sprache »gezähmt« werden, ganz ähnlich wie es der Fuchs in Antoine de Saint-Exupérys Erzählung ›Der kleine Prinz‹ vorschlägt: »Du mußt sehr geduldig sein ... Du setzt dich zuerst ein wenig abseits von mir ins Gras. Ich werde dich so verstohlen, so aus dem Augenwinkel anschauen, und du wirst nichts sagen. Die Sprache ist die Quelle der Mißverständnisse. Aber jeden Tag wirst du dich ein bißchen näher setzen können.« Denn dann, »gezähmt« durch die Liebe, »wird mein Leben wie durchsonnt sein. Ich werde den Klang deines Schrittes kennen, der sich von allen anderen unterscheidet. Die anderen Schritte jagen mich unter die Erde. Der deine wird mich wie Musik aus dem Bau locken. Und dann schau! Du siehst da drüben die Weizenfelder? Ich esse kein Brot. Für mich ist der Weizen zwecklos. Die Weizenfelder erinnern mich an nichts. Und das ist traurig. Aber du hast weizenblondes Haar. Oh, es wird wunderbar sein, wenn du mich einmal gezähmt hast! Das Gold der Weizenfelder wird mich an dich erinnern. Ich werde das Rauschen des Windes im Getreide liebgewinnen.«[85] Eigentlich nur so: im allmählichen Auflösen all der »Wildheitsmerkmale« der Angst könnte die »väterliche«, das heißt eine wahrhaft »königliche« Liebe in der Seele eines heranwachsenden Mädchens bzw. einer erwachsenen Frau Einzug halten. – Ganz anders hingegen in der Geschichte von ›Brüderchen und Schwesterchen‹, und schmerzhaft anders auch im Leben so vieler, die zu Frauen »gemacht« wurden, noch ehe sie überhaupt wissen konnten, wer sie eigentlich als Mädchen waren.

Gerade wenn wir die Prüderie der beginnenden Biedermeierzeit im Hintergrund der ›Kinder- und Hausmärchen‹ der Brüder Grimm voraussetzen, wird die Spannung erkennbar, die zwischen der scheinbaren Harmlosigkeit und fröhlich-munteren Lieblichkeit der »manifesten« Erzählung und der symbolisch angedeuteten, »latenten« Wirklichkeit besteht: Während an der Oberfläche von heiteren Jagdabenteuern dahergeschwatzt wird, erleidet ein Mädchen, als »Rehlein« verkleidet, eine »Verletzung«, mit der es sich nur mühsam »nach Hause« zurückschleppt, und so keck es auch anderentags, von der »Wunde«

genesen, sich bereits von neuem zur »Jagd« stellt, so kehrt dieser Gang
der Handlung, hebt man den symbolischen Schleier beiseite, doch jede
Art von Zartgefühl und von Behutsamkeit, wie man sie einem Mädchen auf seinem Weg zum Frausein wünschen sollte, ins bittere Gegenteil. Gewiß, es ist das »Rehlein« selbst, das sich förmlich dazu
drängt, »gejagt« und »verwundet« zu werden; psychoanalytisch aber
muß man doch sehen, daß die »Rehgestalt« des »Brüderchens« selbst
nur aus der (stief)mütterlichen Angst hervorgegangen ist: Es sind
nicht die ruhigen, »normalen«, die »wirklichen« Wünsche, die in dem
hysterieformen »Jagdfieber« des »Rehleins« zum Ausdruck kommen,
es handelt sich klar erkennbar vielmehr um ein Verhalten, das in seiner
Flucht nach außen lediglich die enorm gesteigerte Menschenscheu und
Männerfurcht zu kompensieren sucht. Allerdings ist es kaum ver-
meidbar, daß immer wieder Männer, die in diesen Wirbel und Taumel
der »Jagd« hineingezogen werden, schließlich dem Wunsch des »Rehleins« nachzukommen glauben, indem sie im Überschwang des Gefühls schließlich tun, was sie in dieser Form, bei Lichte besehen, mit
Rücksicht auf das »Schwesterchen« um keinen Preis tun sollten; und
doch leitet überhaupt erst die »Verwundung« des »Rehleins« dazu
über, merken zu können, daß es im Hintergrund des »Rehleins« noch
ein »Schwesterchen« gibt, das voller Angst allabendlich auf seine
Heimkehr wartet.

Auf der Suche nach einem kleinen Beispiel, was konkret mit den
Bildern des Grimmschen Märchens gemeint ist, tritt mir eine Frau vor
Augen, die der unerhörten Widersprüchlichkeit und quälenden Zerrissenheit ihrer Jugend mit einem Gewaltstreich ein Ende hatte bereiten wollen. Jahrelang hatte ihre früh verwitwete Mutter ihr in den
Ohren gelegen, wie sie sich kleiden müsse, um schön und auffallend,
aber nicht aufreizend und billig zu wirken, und es hatte in ihrem
Leben keinen Schritt vor die Tür dieser »Hexenalten« gegeben, der
nicht von mütterlicher Vorsicht und Angst um die »Unversehrtheit«
der Tochter begleitet worden wäre. In Ermangelung ihres Vaters hatte
diese Frau sich nicht nur sehr bald der Aufgabe gegenüber gesehen,
der Mutter den Mann zu ersetzen, also selber nach außen hin »die
Hosen anzuziehen« und eine eher männliche Attitüde an den Tag zu
legen, sie war vor allem in der Rolle ihrer Weiblichkeit zutiefst verunsichert. Um so mehr sehnte sie sich freilich nach einem Mann, der sie
an Stelle des vermißten Vaters als Frau ernst genommen hätte, und
tatsächlich fand sie einen solchen beizeiten in ihrem Nachhilfelehrer.
Diese junge Frau hatte sich mit all dem Schwarm von Hoffnung und
Jugend Hals über Kopf in ihn verliebt, und ihr ganzes Gebaren war
unbewußt darauf berechnet, ihn als Mann zu einer entschiedenen
Handlung zu drängen. Tatsächlich zeigte sich dieser Lehrer trotz des
beträchtlichen Altersunterschieds gegenüber den Avancen seiner

Schülerin denn auch nicht prinzipiell abgeneigt, nur daß er hinter dem Vorwand sich zu verstecken suchte, er könne die Verantwortung nicht dafür übernehmen, daß es bei ihr das erste Mal sein würde. Für diese Frau bedeutete eine solche Auskunft allerdings nicht – wie es vermutlich gemeint war – eine verschleierte Absage, sondern im Gegenteil: eine gezielte Aufforderung. Wähnend, jener Mann werde sich ohne weiteres zu ihr als Frau bekennen, wenn sie nur erst wirklich zur Frau geworden sei, reiste sie für ein paar Tage in den Ferien ins Ausland, um, im Vertrauen auf ihre Verführungskünste, einen dortigen Gastwirt zu dem entscheidenden Schritt zu überreden. Der Versuch gelang; doch wie erschrak jene Frau, als ihr wirklich Geliebter, voller Schrecken über den Ernst seiner Schülerin, die Beziehung aufkündigte und der Mutter Mitteilung zu machen drohte, falls sie ihm auch weiterhin nachstellen sollte. »Ich kam damals beinahe um vor Beschämung und Schuldgefühlen. Ich fragte mich ununterbrochen, ob ich wirklich so schlimm sei, wie meine Mutter mich immer schon in ihren Schimpfreden hingestellt hatte. Aber ich war damals viel zu stolz, um mir meine Niederlage einzugestehen. Wenn er mich nicht will, so wird mich schon ein anderer finden, sagte ich mir. Doch es war, als wenn ich mich hätte durchs Fenster werfen wollen, um ins Leben zu kommen.«

Was an der Schilderung dieser Frau in unserem Zusammenhang besonders bemerkenswert ist, läßt sich an der gewissermaßen rücksichtslosen Art im Umgang mit sich selbst wohl am besten verdeutlichen. Im großen und ganzen scheint diese Frau bereits als Mädchen weit aktiver, männlicher und angriffslustiger gewesen zu sein, als es zu dem eher depressiven Bild eines »Schwesterchens« und seines »Rehleins« in unserem Märchen passen will – das »totemistische« Charakterbild dieser Frau hätte in Jugendtagen wohl wirklich eher einem schwarzen Panther oder einem Puma als einem halbzahmen »Reh« geglichen. Gleichwohl war die Bedingungslosigkeit, mit der sie die eigenen »Verletzungen« und »Verwundungen« aus jenem Erlebnis als bloße Bagatelle, als einen geringfügigen »Jagdunfall« sozusagen, zu »überspringen« suchte, der Weise des »Rehleins« in der Grimmschen Erzählung durchaus kongenial. Augenblicklich, buchstäblich bereits am nächsten Morgen, ging für sie die »Jagd« nach dem »König« bzw. die Aufforderung zur Jagd durch den »König« mit noch vermehrtem Einsatz weiter. Die entscheidende Frage war und blieb allerdings: Wer von den Männern im Fieber der »Jagd« bemerkte im Hintergrund die Gestalt des verängstigten, notvoll weinenden »Schwesterchens«? Wer überhaupt würde die »Verwundung« wahrnehmen, die er dem Mädchen zugefügt hatte, als er dessen Wunsch zu entsprechen vermeinte? Und wer besäße Augen dafür, daß jenes »Rehlein« an jedem Abend einen weiten Weg zurücklegen würde, um »nach Hause« zu seinem »Schwesterlein« zu gelangen?

Das einzige Erlösende, das wirbelnde Durcheinander Beendende in solcher Lage bestünde wohl darin, daß der »König«, dessen »Jäger« das »Rehlein« »verwundet« haben, derselbe wäre, der am »Abend« kommt, um das »Schwesterchen« aufzusuchen. Im wirklichen Leben ist dies vermutlich eine absolute Seltenheit. Manche Bräuche der »Primitivkulturen« stellen die Angst und die Verletztheit eines jungen Mädchens, das durch die Beiwohnung eines Mannes zur Frau wird, sogar als etwas ganz Normales offen heraus in Rechnung, indem sie nicht ganz zu Unrecht die möglichen Gefühle von schreckhafter Angst, verletztem Stolz und ressentimentgeladenem Rachebedürfnis durch die Zwischenschaltung eines anderen, an sich unbekannten Mannes von dem späteren Ehegatten abzulenken suchen; in diametralem Widerspruch etwa zu der Sexualmoral des Christentums soll derjenige, der ein Mädchen zur Frau »macht«, in diesen Kulturen gerade nicht derselbe sein wie derjenige, der die Frau hernach heiratet. Das »Tabu der Virginität« zu brechen,[87] wird im archaischen Erleben allemal als eine Art Sakrileg erlebt, von dem die Alltagsnormalität der Liebe ausgespart bleiben sollte. *Psychologisch* muß man zugeben, daß solche Einrichtungen und Vorstellungen nicht einer gewissen Weisheit entbehren; andererseits scheint es einen unschätzbaren Vorteil oder doch zumindest eine außerordentliche Chance zu bieten, wenn es *ein und dieselbe Person* ist, die das »Trauma« des ersten Sexualkontaktes in der Seele der Geliebten selber aufzuarbeiten sucht; *diese* vielleicht recht selten realisierte, gewiß aber schönste Möglichkeit jedenfalls ist es, die das Grimmsche Märchen symbolisch darzustellen sucht: Es erzählt, wie der »König« nicht nur seinen »Jägern« befiehlt, dem »Rehlein« nur ja nichts zuleide zu tun, es schildert vor allem, wie am Abend des »dritten Tages« der »Jagd« der »König« sich selber auf den Weg macht, um in den Fußspuren des »Rehleins« zu dem Häuschen des »Schwesterchens« zu gelangen; ja es gelingt ihm, sich an die Stelle des »Rehleins« zu versetzen und seine »Sprache« so getreulich nachzuahmen, daß das geängstigte »Schwesterchen« ihm zwanglos sein »Türlein« öffnet.

Überträgt man, was sich in diesem Bild symbolisch begibt, erneut in die Sprache der äußeren Realität, so wird man zum Zeugen des vielleicht Kostbarsten, was in einer reifenden Liebe zwischen zwei Menschen jemals sich begeben kann: der Linderung der Angst durch eine wachsende Vertrautheit vermittels einer sehr sensiblen Zärtlichkeit der Worte und Gebärden.

Für gewöhnlich, wenn ein Junge und ein Mädchen einander kennenlernen, werden sie herauszufinden suchen, wie gut sie miteinander auskommen; so gut wie niemals verfügen sie aber über die genügende Distanz zu sich selbst, um auf die seelischen Konflikte des anderen in größerem Umfang einzugehen. Günstiger scheinen die Bedingungen gestellt, wenn sich, entsprechend der Grimmschen Erzählung, wirklich ein »König« findet, der das »Schwesterchen« aufsucht. Freilich ist auch diese Situation nicht ohne Fallen und Gefahren. Als der »König« im Sinne eines Nachbildes des früh vermißten Vaters wird im Leben eines Mädchens zumeist ein älterer, mit Vorliebe gut und gerne zwanzig Jahre älterer Herr erscheinen, der seinerseits wähnt, eine besonders reizende Partie mit einem gut aussehenden, munteren Ding von Mädchen machen zu können. Äußerlich betrachtet, scheinen die Voraussetzungen ehelichen Glücks in der Tat damit hervorragend zu sein: Das Mädchen fühlt sich in den Armen seines älteren Geliebten wirklich zum erstenmal als Frau angenommen und bestätigt; es bereitet ihr ein stolzes Vergnügen, daß sie imstande ist, sogar einen solch erfahrenen, wie sie meint, reifen Mann für sich zu gewinnen. Ihm wiederum schmeichelt der Umstand, selbst noch in relativ vorgerücktem Alter von einem so schönen jungen Mädchen begehrt zu werden, und auch *er* erblickt in dieser Beziehung so etwas wie ein Kompliment für seine Männlichkeit. Im unbewußten Erleben stellt sich diese scheinbar so vorteilhafte Beziehung indessen womöglich sehr anders dar: Das Mädchen, das in der Rolle des »Rehleins« die Aufmerksamkeit jenes Mannes zu erringen vermochte, ist doch in der Rolle des »Schwesterchens« außerordentlich scheu und allein; es würde zum Beispiel kaum wagen, von sich aus im Wettstreit mit den Kameradinnen der eigenen Schulklasse um die Gunst eines gleichaltrigen Jungen anzuhalten; vor lauter Angst bedarf es unbedingt der werbenden Aktivität eines älteren, vertrauenerweckenden Kavaliers von Mann, um in seine Rolle als Frau hineinzuwachsen. Ein außerordentlich ernstes, aber durchaus verbreitetes Problem einer derartigen »Königsbeziehung« kann bereits darin liegen, daß ein solches Mädchen schon aus Dankbarkeit glaubt, seinem »Königsgemahl« in allen Punkten zu Willen sein zu müssen: statt von seinen eigenen Ängsten, Wünschen und Neigungen zu sprechen, wird es eher dahin tendieren, nur ja dem jugendlichen Wunschbild seines Gemahls zu entsprechen. Auf gar keinen Fall wird es, sagen wir: mit achtzehn oder zwanzig Jahren, zu sehen vermögen, was dieser »König« vermutlich sogar vor sich selber am liebsten verborgen hält: daß auch er, der so mächtig Erscheinende, der Übervater und Souverän, in Wahrheit ein selbstunsicherer Mensch ist, der trotz seiner vierzig Jahre noch immer so gehemmt und verschüchtert ist wie ein Fünfzehnjähriger. Nie würde er einer ebenbürtigen, gleichaltrigen Frau sich getrauen; und so muß er schon auf ein wesentlich jüngeres Mädchen zugehen, um in der Beziehung selber sich einigermaßen sicher zu fühlen: *er* ist es, der durch den Vorsprung an Erfahrung und Bildung, durch den Besitz von Ansehen und Macht, von Einkommen und Einfluß so gut wie alle Trümpfe in der Hand hält, und von seiner jugendlichen Geliebten, von seinem »Schwesterlein« und »Rehlein«

erwartet er eigentlich nur, daß es ihm als Frau zu gefallen vermag und nach außen hin gefällig sich gibt. Es bedarf keines Kommentars, daß ein solches Geflecht von unbewußten Ängsten und Erwartungen eine jede wenn auch noch so gut gemeinte Beziehung auf die Länge der Zeit hin gefährden muß, und zwar allein schon dadurch, daß beide Partner geneigt sein werden, die Bedingungen, unter denen sie sich kennengelernt haben, festzuschreiben statt sie durchzuarbeiten. An möglichen Konflikten besteht bei einer solchen »Königshochzeit« jedenfalls kein Mangel; es seien nur die wichtigsten genannt: Wann je soll das »Schwesterchen« innerlich zu einer wirklichen Frau, zu einer ernstzunehmenden Partnerin jenes »Königs« heranwachsen dürfen? Wie läßt sich das Machtgefälle des »Königs« gegenüber seiner Gattin abbauen? Was ist zu tun, wenn der »König« selbst durch ein Erstarken seiner Frau der latenten Unsicherheit seines Wesens sich bewußt werden muß? Was wird, wenn, er sechzigjährig, sie vierzigjährig, sie ihre unterschiedlichen Bedürfnisse als Frau und als Mann entdecken? Fragen über Fragen, und keine einzige läßt sich im voraus, ein für allemal gewissermaßen, lösen. Und doch gibt es in der Grimmschen Erzählung ein Moment, das zunächst ungemein hoffnungsvoll stimmt: das ist die Bereitschaft des »Königs«, durch seine »Jäger« zu erkunden, in welcher Weise das »Rehlein« allabendlich bei seinem »Schwesterchen« *um Einlaß bittet.*

Für gewöhnlich ist es schon schwer, des anderen »Muttersprache« zu erlernen, ja, es scheint schon schwierig genug, überhaupt zu bemerken, daß der andere eine eigene, von uns selber verschiedene Sprache redet. Wenn *er* von Vater, Mutter, Baum oder Haus, Kirche oder Schule, Bruder oder Schwester, Lehrer oder Meister, Gott oder Teufel, Madonna oder Engel, Tier oder Pflanze, Stern oder Gebirge, Fluß oder Wald spricht, so glauben wird zunächst von Dingen und Gegebenheiten zu hören, die wir bereits hinlänglich kennen; irgendwie sind wir überzeugt, daß der andere in den uns bekannten Wörtern ebenfalls nur das uns Bekannte sagen und meinen könne. In Wirklichkeit aber verbinden sich mit allen Begriffen im Munde des anderen Erfahrungen, Erinnerungen und Assoziationen, die unvertauschbar *seiner* Biographie zugehören; wer sie kennenlernen will, der muß ein jedes gefühlsbesetzte, persönlich bedeutsame Wort in der Rede eines Menschen, den er liebt, wie ein Hinweisschild in ein noch unentdecktes Land betrachten; es ist gerade nicht die Bestätigung des immer schon Gewußten, sondern eine Einladung zu Bewußtseinsabenteuern, die es gemeinsam zu bestehen gilt: wie viele verschwiegene Quellen, niemals bestiegene Gipfel, noch nie durchforschte Wälder, unbetretene Kathedralen und nie gesehene Schlösser liegen auf dem Gefilde einer fremden Seele verborgen, und was alles gibt es dort zu entdecken, bis aus einem geliebten Menschen ein einigermaßen »Bekannter« wird?[88] Es

ist aber gerade die Zugewandtheit der Liebe, die danach drängt, die
»Muttersprache« des anderen zu erlernen, und es ist das Vertrauen,
das der Liebe entstammt, durch welches es möglich wird, einander
wirklich vertraut zu werden. Unter den Märchen der Brüder Grimm
gibt es für ein solches *Gespräch des reifenden Vertrauens* und der
wachsenden Vertrautheit ein sehr schönes Bild in der Erzählung von
›Rapunzel‹ (KHM 12), wo gleichermaßen ein »König« in einem
»Wald« ein Mädchen aus seiner (stief-)mütterlichen Gefangenschaft
zu befreien sucht, indem er als erstes die Sprache vernimmt und nach-
ahmt, in welcher die (Stief-)Mutter mit ihrer Tochter redet.[89] Ganz
ähnlich scheint es sich hier zu verhalten; und doch ist es noch auf
charakteristische Weise anders – *schwieriger* in gewissem Sinne.

Um die »Muttersprache« eines Menschen zu erlernen, genügt es für
gewöhnlich, genau hinzuhören, was jemand sagt, und immer wieder
den Kontext, in dem er seine Worte verwendet, mit der Bedeutung zu
vergleichen, die den gleichen Worten in der eigenen Sprache zukommt. Die Voraussetzung herrscht, daß der andere in etwa auch
wirklich das sagt, was er meint und sagen will. Weit komplizierter
hingegen liegen die Dinge in der Erzählung von ›Brüderchen und
Schwesterchen‹, wo der »König« durch seine »Jäger« in Erfahrung
bringen muß, wie das verängstigte Mädchen mit seinem »Rehlein«
spricht; hier geht es nicht allein um das Erlernen der »Muttersprache«
des anderen, sondern um das Verständnis seiner *Angstsprache*. Um das
Erraten gerade des Ungesagten, um das Herausfinden des speziell
Vereinbarten, um die Dechiffrierung des geheimen Codes von Siche-
rungsformeln, die nur dem Eingeweihten zugänglich sind, muß es hier
als allererstes gehen, wenn überhaupt eine wirkliche Beziehung jenseits des rein sexuellen Kontaktes zustande kommen soll. Es ist an sich
ein wunderbares Bild, das von dem Grimmschen Märchen an dieser
Stelle beschworen wird: wie die »Jäger« des »Königs« die Sprache
erlauschen, in welcher die Angstgestalt des Mädchens, sein »Rehlein«,
mit dem »Schwesterchen« redet.

Wie erahnt, erspürt und ertastet man hinter dem Dickicht der Worte die verborgene Wahrheit der Seele eines Menschen? Wie bemerkt
man die Stellen, an denen die Richtung einer Rede wie an einer unsichtbaren Felswand, gleich ihrem eigenen Echo, in sich zurückge-
worfen wird und Laute erzeugt, die absichtlich in die Irre führen? Es
ist, als ob die Angst, wenn sie sich in gefrorene Sprache verwandelt,
wie von selber den Wortschatz und die Syntax zusammenzöge und
aus den fließenden Wogen der Worte spitzige Eiskristalle formte, die
sich nur mit viel Geduld und Einfühlungsvermögen wieder abtauen
lassen. Vor allem muß es in der Geschichte von dem »König und dem
Mädchen« darum gehen, ab sofort die »Jagd« einzustellen und die
Bedingungen der bereits bestehenden Beziehung mit sprachlichen

Mitteln nachzuarbeiten. Inhaltlich ist es entscheidend, daß der »König« dem »Schwesterchen« anbietet, mit ihm auf sein »Schloß« zu
gehen; aus dem stark sexuell motivierten Abenteuer soll mithin eine
wirkliche Bindung werden, und es scheint eine großartige Zukunft zu
verheißen, wenn der »König« dem »Schwesterchen« mit seiner Einladung sein »Schloß« zu Füßen legt. Ein Traum scheint sich hier zu
erfüllen. Das »Schloß« des »Königs«[90] – das ist das Ziel und der
Inbegriff all der vatergebundenen Liebessehnsucht des Mädchens:
endlich wird es einen Ort geben, an dem es sich geborgen und behütet
fühlen kann! Ein solcher »König« mit seinem »Schloß« hätte zum
Beispiel für eine Frau wie Brigitte Bardot ganz unbedingt ein Mann
sein müssen, der ihrer oft wiederholten Forderung nachgekommen
wäre, ständig bei ihr zu sein[91] – ungewiß freilich, ob eine solche Nähe
wirklich ohne Willkürausbrüche aller Art auf die Dauer überhaupt
lebbar gewesen wäre. In jedem Fall müßte ein solcher »König« ein
hohes Maß an Verständnis aufbringen, er müßte mit sich reden lassen,
und die Voraussetzung dafür bestünde ohne Zweifel in der Fähigkeit,
die Sprache des »Rehleins« mit seinem »Schwesterchen« zu erlauschen, um in dem Bild des Grimmschen Märchens zu bleiben. Der
»König« müßte mithin als erstes erkennen, daß er die Jagdlust des
»Rehleins« vollkommen falsch eingeschätzt hat – er müßte zu der
Entdeckung imstande sein, daß es im Hintergrund der Seele seiner
Geliebten noch einen ganz anderen Menschen gibt, der als ein angst-
scheues, angstvereinsamtes »Schwesterchen« sich nach nichts anderem
so sehr sehnt wie nach einem Ersatz für den lebenslänglich vermißten
Vater – einem Mann, der mit seinen Armen zu bergen und zu schützen vermöchte und dessen Worte sensibel genug wären, um nicht
immer aufs neue wehzutun – ein reines Gegenstück der (Stief-)Mutter
mit ihren unablässigen Straf- und Verurteilungsreden. Darüber hinaus
müßte das Thema »Sexualität« sich jetzt zumindest relativieren; es
müßte allmählich aus seiner angstgeprägten Turbulenz und Widersprüchlichkeit befreit werden, indem deutlich würde, daß es »darum«
nicht ausschließlich ging oder geht; und es müßte jetzt zum erstenmal
gelingen, all die Gedanken und Gefühle hervorzulocken, die einem
anderen Menschen gegenüber auch nur anzudeuten bislang gar nicht
möglich schien.

Konkret wird man im Umgang mit einem »Schwesterchen« von Fall
zu Fall auf die Schwierigkeit stoßen, gerade von den wichtigsten Dingen auch nur ein Sterbenswörtlein in Erfahrung zu bringen. Schon in
Kindertagen hat eine Frau von der Art eines »Schwesterleins« lernen
müssen, alle Worte der Kritik und der Klage zu verdrängen; sie hat die
Erfahrung machen müssen, als ein »böses« und »freches« Kind ausgeschimpft zu werden, wenn sie die Wahrheit sagte, und sie hat an jeder
Stelle, wo ein offenes Wort am Platz gewesen wäre, erleben müssen,

wie ihr verübelt wurde, was sie als Übel empfand. Und all diese
Ängste kehren jetzt natürlich zurück, wenn es darum geht, ein Stück
offener und in gewissem Sinne wahrhaftiger sich mitzuteilen. Die
Angstsprache des »Rehleins« zu vernehmen, um das Herzenstürlein
des »Schwesterchens« aufzuschließen, das bedeutet, immer von neuem den zögernden Widerstand abzutragen, der sich allen Äußerungen eigenen Wünschens, Bittens, Fragens, Beschwerens, Protestie-
rens, Klagens oder gar Anklagens entgegenstellt. Die Erfahrung muß
wachsen, gerade für das Geschenk des Vertrauens am meisten gemocht und geliebt zu werden und eben im Vertrauen der Liebe die
uralten Ängste überwinden zu können, die bisher einen jeden gera-
den Satz zu einem Konvolut von Rätseln, Mutmaßungen und Ver-
dächtigungen verschnüren mußten. Andererseits besteht zu einem
solchen wachsenden Wagemut der Wahrhaftigkeit natürlich keinerlei
Alternative mehr, wenn irgendeine wirkliche Beziehung zu einem
Partner jetzt überhaupt noch zustande kommen soll. Die Frage ist
nur: Wie bemerkt man die feinen *Anspielungen* der Angstsprache mit
all den notvollen Anfragen, die sich dahinter verbergen, wie spürt
man die versteckten »Testfragen« heraus, die auf scheinbar neben-
sächlichem Glacis von verschiedenen Seiten immer wieder auf die
Kernfrage zurückkommen: »Wie wichtig bin ich dir? Wieweit re-
spektierst zu mich? Beginnst du mich nicht längst schon lästig zu
finden? Meinst du es auch ehrlich, wenn du sagst, du freust dich, daß
es mich gibt?«

Hinzu kommen all die *Verformungen* der Angstsprache: das Reden in unpersönlichen, scheinsicheren Formeln, das ständige Ablenken auf Nebensächlichkeiten, das Sprechen über Dritte anstelle einer
unmittelbaren Aussprache;[92] hinzu kommen zu diesen inhaltlichen
Vertauschungen die sozusagen grammatikalischen *Täuschungen:* viele Eheleute scheitern allein schon an dem simplen Tatbestand, daß es
aus lauter Angst keine Möglichkeitssätze gibt: keinen Irrealis, keinen
Potentialis, keinen Optativ; es heißt niemals: es wäre schön, wenn;
es könnte doch sein, daß; ich würde wünschen, es gäbe . . .; statt dessen heißt es: So geht es nicht; ganz unmöglich; das darf man nicht.
Es ist, als wenn man einem Menschen zuhören müßte, der im Getto
seiner Angstsprache zu einem Ausländer in seiner eigenen Muttersprache geworden wäre und der im Unterricht der Formenlehre nur
erst bis zum Gebrauch von Indikativ und Imperativ vorgedrungen
wäre. Es handelt sich indessen nicht um einen Mangel an Wissen und
Bildung, es herrscht vielmehr so etwas vor wie eine charakterbeding-
te Sprachzertrümmerung.[93] In jedem Falle muß man Satz für Satz das
Gesagte in das eigentlich Gemeinte zurückübersetzen, indem man
die Befehle als Wünsche, die Behauptungen als Erwägungen und die
Verbote als Bedenken wiedergibt. Insbesondere eine Frau von der

eher schüchternen Art eines »Schwesterchens« kann an dieser ständigen Übersetzungsarbeit förmlich zerbrechen.

Gleichwohl bedarf auch umgekehrt die Angstsprache des »Schwesterchens« selbst einer unablässigen Übersetzungskunst. Wo es leise
sagt: »Vielleicht schon«, sollte es oft genug heißen: »Aber ganz sicher«; wo es scheinbar zustimmend äußert: »Wenn du meinst«, muß
man fast regelmäßig heraushören: »Ich bin ganz anderer Meinung,
aber ich habe ja doch kein Recht, sie zu äußern«; und wo es erklärt:
»Ich fühle mich nicht ganz so gut«, da meint es nicht selten: »Ich weiß
nicht mehr ein noch aus.« Es ist schon sehr viel gewonnen, wenn ein
»König« merkt, daß es bei seiner Geliebten eine solche »Rehleinsprache« überhaupt gibt; doch so viel ist klar: einen anderen Weg durch
die »Türe« zum Herzen des »Schwesterchens« wird man nicht finden,
als indem man hört, mit welchen Worten und in welchem Tonfall das
»Schwesterchen« und sein »Rehlein« im verborgenen miteinander
»Zwiesprache«, das heißt einen inneren Monolog ängstlicher Wachsamkeit und vertrauter Versonnenheit, pflegen.

In all diesem Lernen und Umlernen kann es sehr wohl dahinkom-
men, daß die Beziehungen zwischen zwei Liebenden ein quasi psy-
chotherapeutisches Niveau erreichen. Unter allen Umständen wird
die These zu Recht bestehen, daß eine gelingende Liebe die beste und
einfachste Art von Psychotherapie darstellt, während die beste Psychotherapie niemals die Erfahrung wirklicher Liebe ersetzen kann.[94]
Allerdings besteht in manchen Fällen Gefahr, daß der »psychotherapeutische« Anteil der Liebe einen solchen Stellenwert erhält, daß man
schließlich das Motiv mit dem Ziel verwechselt und vor lauter Lernen
der Liebe zum wirklichen Lieben gar nicht mehr hinfindet. Das
Grimmsche Märchen deutet diese Gefahr immerhin an und zeigt zugleich, wie man sie vermeidet, indem es schildert, wie das »Schwesterchen« der Einladung des »Königs« nur unter der strikten Bedingung
Folge leistet, daß es sein »Rehlein« auf das »Schloß« der Liebe mitnehmen darf. Es wäre, dieser Darstellung zufolge, offenbar durchaus
möglich, daß der »König« mit seinen Worten der Geborgenheit und
mit seinem Bemühen um Verständnis das vitale Interesse des »Schwesterchens« vollkommen ersetzen oder in den Hintergrund drängen
würde, bis daß ihm sein »Rehlein« abhanden käme; eine Beziehung
wäre denkbar, in welcher der »König« in der Rolle des ewigen Helfers
und Begleiters am Ende den ursprünglichen Wunsch nach Zärtlichkeit
und Vereinigung nur noch in sublimierter, vergeistigter Form zulassen
würde; aus einer möglichen Beziehung partnerschaftlicher Liebe
drohte auf diese Weise eine verfestigte Vaterbeziehung zu werden,
und der stürmische Aufbruch ins Leben endete mit einem Sieg des
Ödipuskomplexes.[95] Gott sei Dank wehrt das »Schwesterchen« diese
Gefahr ab, indem es die Bindung an sein »Rehlein« erneuert; der

ursprüngliche Triebwunsch meldet sich mithin wieder zu Wort, und es ist offenbar sehr wichtig, daß die vitale »Rehgestalt« des Mädchens nicht der Verdrängung anheimfällt. Dafür freilich gibt es einen sehr verständlichen Grund, der in den Worten des »Königs« selber liegt. Er sieht das »Schwesterchen« als ein »Mädchen« »so schön, wie er noch keines gesehen hatte«, und es ist seine ehrlich gemeinte Bitte und Anfrage: »Willst du mit mir gehen ... und meine liebe Frau sein?«, die den »Jagenden« in einen Liebenden und das »Schwesterchen« in eine erwachsene Frau verwandelt; zu dieser erst findet das »Rehlein« zurück, um sich in ihrer Obhut wieder anseilen zu lassen, nachdem der »König« gelobt hat, es solle ihm künftig »an nichts fehlen«. Es ist die entscheidende Stelle des Märchens, an welcher *die Zärtlichkeit* die Angst vor der Liebe, *die Schönheit* das Ungestüm der Leidenschaft und *das Vertrauen* die Traurigkeit scheuer Distanz überwindet; es ist eine Szene, in welcher das Leben selber zur Dichtung wird und seine Gestalten zu einem Gemälde. Gustav Klimt,[96] in seiner Frühzeit noch, hat im Jahre 1895 ein solches Bild sich begegnender Liebe gemalt: wie *er,* einem König gleich, aus dem Dunkel tritt, mit einem Gewand wie die Nacht und einem Mantel voll Träumen, während *sie,* in seiden schimmerndem Kleid, rüschenbesetzt, eine vornehme Frau des Fin de siècle, mit der Rechten seine Brust streichelt; alles Licht des Bildes scheint aus ihrem Antlitz hervorzuleuchten, der Kopf unter dem schwarzen Lockenhaar zurückgelehnt, die Augen in versonnener Andacht geschlossen, der Begegnung der Lippen im Kuß schon gewiß; und der golden funkelnde Ring am Mittelfinger der rechten Hand bestätigt die gemeinsame Hoffnung auf ein unverbrüchlich versprochenes und unzerstörbares Glück.

Am Tage,
da meine Hand deine Hand ergriff,

schreibt der libanesische Dichter Simon Y. Assaf,[97]

fühlte sie den Puls des Lebens
und empfing Freundschaft
und Harmonie, ... Am Tage,
als du mir deine Hand reichtest,
gab ich dir die meine
und damit zugleich mein Herz.
Aus deiner Hand
empfing ich das Heilmittel,
das ich überall vergebens gesucht hatte.
Am Tage,

da du mir deine Hand gabst,
habe ich erfahren,
daß es nichts Größeres gibt
im Leben des Menschen als die Liebe.
... Ich habe deine Hand
an mein Herz gelegt,
damit sie das Echo in meiner Seele vernimmt
... Gib mir deine Hand
und nimm die meine.
Hand in Hand werden wir
weder straucheln noch fallen.
Hand in Hand werden wir unser Ziel erreichen,
das wir suchen
im Meer unseres Lebens.

Das muß es heißen: »Willst du mit mir gehen auf mein Schloß?«

Ja, es ist möglich, auch von der sonderbaren hell-dunklen *Schönheit* des »Schwesterchens« sich eine Vorstellung zu machen. Ein »König«, der das »Schwesterchen« liebt, darf nicht nur ihr helles Gesicht liebhaben, sondern er muß auch die schwermütigen Schatten ihrer Augen, die zögernde Sanftheit ihres Mundes, die vorsichtig tastende Zartheit ihrer Hände und das bittende Verlangen nach Verständnis, Annahme und »Heimführung« liebgewinnen. Mascha Kaleko, die in vielem selber solch ein »Schwesterchen« war, hat ein ›Kleines Liebeslied‹ geschrieben,[98] das diese Beziehung zwischen ›dem »König und dem Mädchen« sehr schön ausdrückt:

Weil deine Augen so voll Trauer sind,
Und deine Stirn so schwer ist von Gedanken,
Laß mich dich trösten, so wie man ein Kind
In Schlaf einsingt, wenn letzte Sterne sanken.

Die Sonne ruf ich an, das Meer, den Wind,
Dir ihren hellsten Sommertag zu schenken,
Den schönsten Traum auf dich herabzusenken,
Weil deine Nächte so voll Wolken sind.

Und wenn dein Mund ein neues Lied beginnt,
Dann will ich's Meer und Wind und Sonne danken,
Weil deine Augen so voll Trauer sind,
Und deine Stirn so schwer ist von Gedanken ...

Es ist das wohl Wichtigste, was ein »Schwesterchen« wissen muß, um sich wirklich zu wagen: daß seine Traurigkeit und Schwermut nicht die Liebe hindert, sondern in gewissem Sinne sie sogar begründet. Es ist kein Grund mehr, fortzulaufen.

Ein Moment freilich ist geblieben, das auch jetzt noch bedenklich stimmen muß, ja das wie von selbst zu einem Ausgangspunkt ganz neuer Verwirrungen geraten wird: daß der »König«, obwohl er all die Sehnsucht des »Schwesterchens« nach Liebe und Geborgenheit zu erfüllen scheint, *die Gestalt des »Rehleins«* doch nicht wirklich zu erlösen vermag. Ein Rest an vitaler Triebangst und Scheu geht also mit, und so wird man nicht denken dürfen, daß die Probleme des »Schwesterchens« an dieser Stelle bereits ihrer endgültigen Lösung entgegensähen. Was in Hunderten von Märchen sonst der Fall ist: daß sie glücklich dort enden, wo die Liebenden nach langem Suchen und Warten endlich einander finden, das kann in dem Märchen von ›Brüderchen und Schwesterchen‹ so nicht anklingen; solange die Tiergestalt des »Rehleins« noch besteht, solange ist auch das »Schwesterchen« noch nicht wirklich als Frau zu sich selber gelangt, und was weder der »König« noch das »Schwesterchen« in diesem Augenblick seligen Glücks auch nur ahnen können: solange droht in die Lücken des Ichs noch einmal die Person der (Stief-)Mutter einzudringen und alles, was so gut zu beginnen schien, auf das äußerste zu gefährden. Ehe die Tiergestalt des »Rehleins« nicht erlöst ist, bleibt eine Ehe selbst an dem Hof eines »Königs« riskant und ungewiß – und das ist, in Anbetracht des folgenden, noch gelinde ausgedrückt! Denn bevorsteht die Rückkehr der Stiefmutter.

3. Satz: Reprise: Die Rückkehr der Stiefmutter oder: Von der Schwierigkeit, sich selber als Frau zu verwirklichen

a) Die Entfremdung des »Königs« in der Zeit der Niederkunft

Entsprechend dem »Sonatenschema« dieser »musikalischen« Erzählform des Märchens von ›Brüderchen und Schwesterchen‹ harrt nach der »Exposition« und der »Durchführung« jetzt also alles eines dritten, nunmehr entscheidenden Satzes: der »Reprise«, der Wiederkehr der Motive des ersten »Satzes«; es handelt sich dabei jedoch, wie wir sehen, keineswegs nur um eine Stilfrage im Sinne der formalen Gestaltung des Aufbaus einer Erzählung, in welcher das Grimmsche Märchen komponiert ist. Gehen wird von dem konkreten Inhalt der Erzählung aus, so gibt es wohl kaum etwas Unheimlicheres[1] im menschlichen Leben, als gerade an der Grenze zum Glück von eben den Kräften der frühen Kindheit, die man längst schon überwunden zu

haben glaubte, unverhofft sich erneut eingeholt zu sehen,[2] und gerade
das ist der Fall in dem Märchen von ›Brüderchen und Schwesterchen‹:
Was es zu sagen hat, versteht man nicht, solange man bei der rein
philologischen Frage nach dem Aufbau und der Gliederung der Erzählung stehenbleibt; erst wenn man in der Thematik und sogar in der
Gliederung einer Märchenerzählung eine Widerspiegelung der realen
Erfahrungen des menschlichen Lebens erblickt, wird deutlich, welch
eine Wahrheit in einem Märchen bis in den Schematismus des formalen Aufbaus hinein enthalten sein kann[3] – und warum es infolgedessen
so etwas gibt wie eine menschheitliche Notwendigkeit, Märchen zu
erzählen und gerade *dieses* Märchen zu erzählen.

An sich, so versichert uns die Grimmsche Erzählung, beginnt am
Hofe des »Königs« zunächst eine wunderbare Zeit für das »Schwesterchen«. Jetzt oder nie wäre es eigentlich an der Zeit, das »Rehlein«
in seine menschliche Gestalt zurückzuverwandeln und damit der
kindlich-verängstigten Sexualität des »Schwesterchens« eine neue
Form persönlicher Entfaltung zu verschaffen. Statt dessen scheint es
zwischen dem »König« und dem »Schwesterchen« zu einer Art tole-
ranter Duldung und behüteter Fürsorge zu kommen, die bei allem
guten Bemühen es doch nicht vermag, die uralten Ängste und Schuldgefühle vor den »tierischen« Antrieben in der eigenen Psyche bzw.
vor dem scheinbar »primitven« Begehren eines Mannes gegenüber
einer Frau wirklich zu verändern; »das Rehlein«, so hören wir geradewegs, »ward gehegt und gepflegt«, und sein scheinmunteres Herum-
springen im »Schloßgarten« zeigt deutlich, daß zwischen dem »König« und dem »Mädchen« das alte »Jagdspiel« von Necken und Fangen im Grunde unverändert weitergeht, nur daß es jetzt in einer »ge-
zähmten«, sozusagen sexuell ungefährlichen Form sich ausagiert. Dabei ist weder dem »König« noch dem »Schwesterchen« ein moralischer Vorwurf zu machen; subjektiv können sie nicht mehr tun, als sie
tun. Gleichwohl stimmt es in psychoanalytischer Sicht betrüblich,
mitansehen zu müssen, wie bei so viel gutem Willen, ja, bei so viel an
sich erfolgreichem Bemühen, die Angstsprache des anderen kennenzulernen, es am Ende doch nicht gelingen will, die Kinderangst, die in
dem »Rehlein« sich verkörpert, von innen her aufzulösen. Was, so
muß man sich fragen, soll eigentlich noch geschehen, ehe ein Mensch
fähig wird, integral sich selber zu leben?

Man muß dem Märchen von ›Brüderchen und Schwesterchen‹ nahezu dankbar sein, daß es in außerordentlich dichten und packenden
Bildern im folgenden beschreibt, wie dramatisch eine Ehe sich gestalten kann, in der eine Frau zur Mutter werden muß, noch ehe ihr
überhaupt die Möglichkeit wird, sich als Frau zu entfalten und kennenzulernen. Gerade jetzt, in dieser Atempause des Lebens, käme es
darauf an, in dem Spiel der Liebe alle Zonen des Körpers wie der Seele

des »Schwesterchens« bis dahin zu entängstigen, daß es eine Lust wird, sich an der Seite eines Mannes als Frau zu fühlen und unter seinen Augen das Vertrauen zu gewinnen, ohne jeden etwa noch verbleibenden Rest gemocht und geliebt zu sein. Noch viele Jahre nach einer Eheschließung ist es nicht selten der Fall, daß eine solche Einheit zwischen Körper und Seele, zwischen Mann und Frau niemals zustandegekommen ist, weil einfach keine Zeit bestand, ein wirklich zweckfreies heiteres Spiel der Freude an sich selbst und am anderen mit allen Fasern und Fibern des Leibes und der Seele zu lernen und einzuüben; vielmehr steht einer solchen Zeit des Reifens und des Lernens zumeist die gleiche moralische Einstellung entgegen, die bereits die »Vergiftung der Quellen« und die»Verwandlung des Rehleins« zu verantworten hat: die Vorstellung, daß das Erleben der Sexualität nur erlaubt sei, wenn es, entsprechend der Sprachregelung zum Beispiel der katholischen Kirche, »auf das natürliche Ziel der Zeugung von Nachkommen ausgerichtet bleibt«.[4] Die Begründer und Verkünder einer solchen Moral machen sich zumeist nicht klar, was es bedeutet, wenn eine Frau gezwungen wird, Mutter zu werden, noch ehe sich ihr die Gelegenheit bot, zu sich selbst als Frau hinzufinden. Der Schaden einer solchen »Funktionalisierung« der Liebe auf Kosten der Entfaltung der eigenen Person liegt nicht nur in der Entfremdung der sexuellen Antriebe (bildlich gesprochen: in dem Weiterbestehen der »Reh-Verwandlung«), er besteht vor allem in einer mangelnden Entfaltung und Schwächung des eigenen Ichs und die Folgerungen, die sich daraus ergeben, können nach Auskunft des Grimmschen Märchens im Fortgang der Erzählung sich bis ins Tödliche steigern. Was wäre darum zu geben, wenn die Verfechter bestimmter Lehrsätze des Ethischen sich gemüßigt fühlten, wenigstens einmal an dem Beispiel einer scheinbar so harmlosen Geschichte wie der Erzählung von ›Brüderchen und Schwesterchen‹ zu lernen, welch eine Dynamik eine Moral der Angst und des Zwanges im Unbewußten der Psyche eines Menschen zu entfalten vermag; sehr bald würden sie sehen, daß es das Zusammenleben auch nur von zwei Menschen nicht konstituiert,sondern ruiniert, wenn man ihnen immer wieder Ziele vorgibt, die nicht zunächst der eigenen Selbstentfaltung dienen bzw. die sich nicht aus den Formen der Selbstentfaltung wie von selbst ergeben.[5]

Beim Anblick so vieler Tragödien des menschlichen Daseins hinterläßt die Betrachtung all jener Fälle vermutlich den nachhaltigsten Eindruck, in denen Menschen alles daran setzen, es in ihrem Leben so gut zu meinen und zu wollen, als sie nur können, während sie gleichwohl von unheimlichen Kräften ihrer eignen Seele nicht nur *trotzdem*, sondern gerade *infolge* dieses Bemühens in ihr Unheil getrieben werden.[6] Das »Unheil« im Leben eines »Schwesterchens«, wie das Grimmsche Märchen es schildert, hat einen festen Namen: die »Stief-

mutter«; denn wirklich lauert *ihre* Gestalt schon lange wie ein drohendes Verhängnis im Hintergrund des so glücklich erscheinenden
Lebens am »Königshofe«. Die Situation könnte paradoxer nicht sein.
Während alle anderen ihre Glückwünsche auf das nunmehr Erreichte
aussprechen, erscheint aus der Sicht der jungverheirateten Frau diese
Phase jetzt wie das bloße Intermezzo eines vorübergehenden Glücks,
bzw. wie ein Irrtum oder ein Mißverständnis, das sich bald schon
aufklären wird: In Wahrheit ist es *nicht* gestattet, gegenüber der hexenartigen Alten endgültig »gestorben« zu sein; im Gegenteil! Schon
wartet diese (verinnerlichte Gestalt der Stief-)Mutter auf eine günstige
Gelegenheit für ihre Rückkehr, und der Zeitpunkt dazu wird unfehlbar kommen. Diese Frau, vor welcher das »Schwesterchen« und sein
»Brüderchen« ihr Leben lang fliehen mußten, kann sich offenbar
durchaus nicht vorstellen, daß ihre Tochter, sollte sie auf die Triebmacht ihrer Weiblichkeit sich einlassen, je anders als »zerrissen« und
»zerstört« würde leben können, und nur um einen solchen Preis grausamer Strafe schien sie überhaupt bereit, ihre Tochter in Ruhe zu
lassen. Das uralte, hinterhältig sich versteckende Schuldgefühl gegenüber jeder Form von eigenem Glück, wie wir es in der Hexenalten
verkörpert finden, wird jedoch sogleich sich wieder zu Wort melden,
sobald das »Schwesterchen« und sein »Rehlein« sich auch nur ein
wenig Spielraum an eigener Entfaltung einräumten: daß sie überhaupt
noch existieren, ist buchstäblich Grund genug, zu einem neuen Schlag
gegen sie auszuholen.

Nicht zu Unrecht schildert das Märchen an dieser Stelle den Anschlag der »bösen Stiefmutter« auf das Glück ihrer Tochter ganz aus
der Sicht der »Hexe« selber; denn subjektiv mag das »Schwesterchen«
jetzt wirklich so empfinden, daß sich *neben*, *über* oder *hinter* seinem
Ich eine Macht formt, die es ihm absolut nicht gönnt, glücklich zu
sein; ja, die Planungen dieser Gegenperson des eigenen Lebens zu
verstehen, scheint, wie in den Tagen der Kindheit, offenbar weit wichtiger, als sich selbst zu verstehen. Auch jetzt ist es der »Königin« von
sich her offenbar nicht möglich, die Nachstellungen der (Stief-)Mutter
mit der Kraft der eigenen Persönlichkeit abzuwehren oder auch nur
den königlichen Gemahl stellvertretend um Hilfe anzuhalten; vielmehr sieht sich diese junge Frau auf unheimliche Weise erneut als
Spielball eben jener Kräfte, die bereits ihre Kindheit und Jugend ver-
heerten; das »Unheimliche« in dem Treiben der »Hexe« aber liegt
gerade darin, daß alles, was jetzt geschieht, sich in der *inneren* Wirklichkeit, im seelischen Erleben dieser Frau ereignet, ohne daß sie selbst
auch nur entfernt zu begreifen vermöchte, warum das alles so sein
muß, noch, wie sie sich einem anderen so mitteilen könnte, daß dieser
durch sein Verständnis ihr helfen könnte. Das Stichwort für die Wiederkehr der »Stiefmutter« indessen ist *die Geburt eines Kindes*, eines

»schönen Knäbleins«, wie es heißt; die beklemmende Frage freilich stellt sich an dieser Stelle unausweichlich, wie es denn sein kann, daß eine Frau gerade zu dem Zeitpunkt, da ihr Glück in den Augen aller vollkommen zu sein scheint, in Wahrheit der schwersten Krise ihres Lebens entgegengeht, indem gerade bei der Geburt eines eigenen Kindes der Alptraum der eigenen Kindheit zu ihr zurückkehrt.

Um zu verstehen, was sich im Erleben einer Frau abspielen kann, wenn sie, entsprechend der Grimmschen Erzählung, bei der Geburt ihres ersten Kindes der »Rückkehr der Stiefmutter« gewärtig sein muß, läßt sich am einfachsten mit den Worten wiedergeben, in denen Frauen, welche die Bindung an ihre Mutter noch nicht hatten abschütteln können, als sie selber zu Müttern wurden, sich noch recht genau an die Szenen damals zu erinnern vermögen, als *ganz wörtlich* ihre eigene Mutter (in bester Absicht natürlich) in die Wohnung ihrer Tochter zurückkehrte. »Es geschah auf das Drängen meines Mannes«, erklärte eine Frau; »er fühlte sich in den letzten Wochen vor meiner Niederkunft durch die Situation wohl überfordert, und er traute mir nicht recht zu, daß ich mit unserem Matthias fertig würde. Irgendwie hielt er mich immer noch für ein Kind, und in gewissem Sinne war ich das auch wohl; andererseits aber war er selbst oft ein großer Junge, und während ich äußerlich, schon aus lauter Schuldgefühl, in allem von ihm abhängig war, mußte ich seelisch so viel an Verständnis für ihn aufbringen, als wäre *er* mein Kind, – es war alles sehr widersprüchlich. Immerhin hatte ich durch die Heirat eine gewisse Distanz zu meiner Mutter gewonnen. Allein schon die Tatsache, daß sie nicht mehr von früh bis spät neben mir stand und an mir herumkritisierte oder mich mit ihren depressiven Touren drangsalierte, vergönnte mir ein Stück Freiheit. Wenn ich Geld ausgab, tat ich es zwar genauso weisungsabhängig und unfrei wie früher, aber mein Mann war spürbar großzügiger als meine Mutter. Auch verfügten wir finanziell jetzt wirklich über einen gewissen Bewegungsspielraum; in meiner Kindheit war kaum das Nötigste zu beschaffen gewesen, und meine Mutter hätte sich zu Tode geschämt, Geld von anderen anzunehmen oder sie gar darum zu bitten. *Jetzt* fiel für mich immer etwas ab, auch wenn ich beim Einkaufen nach wie vor als erstes meinen Mann zufriedenstellen wollte. Vor allem durch den Beruf hatte ich ein wenig Selbstvertrauen gewonnen. Ich unterrichtete an einer Grundschule die vierte Klasse – in diesem Alter sind die Kinder so lieb, und ich kam wunderbar mit ihnen zurecht. Auch genoß ich die Nachmittage, wenn mein Mann noch nicht zu Hause war. Es fällt mir bis heute sehr schwer, etwas systematisch zu machen; dazu brauchte ich viel mehr eigenen Willen. Als Kind bin ich von meiner Mutter ständig hin- und herkommandiert worden, und so ähnlich geht es auch heute noch bei mir zu: Mal fasse ich das Staubtuch an, dann gieße ich die Blumen, dann koche ich erst

einmal einen Kaffee oder gehe mit dem Hund durch den Garten – ich
neige dazu, gerade das zu tun, was mir in die Hände fällt. Manchmal
ist es wie in dem amerikanischen Sprichwort: ›Ich könnte eine Menge
Dinge getan kriegen, wenn ich nicht so viele andere Dinge zu tun
hätte.‹ Meinem Mann aber machte das nicht viel aus. Er hält zwar sehr
auf Ordnung und Sauberkeit, aber wie sie zustandekommt, ist ihm
egal, und irgendwie bekam ich es immer hin. Heute weiß ich, wie
wenig ich mich damals von meiner Mutter seelisch gelöst hatte; unbewußt verhielt ich mich wohl immer noch so, als wenn sie unsichtbar
neben mir stünde; tatsächlich aber *stand* sie nicht mehr neben mir,
und das verschaffte mir Luft. Bestimmt meinte mein Mann es nur gut,
als er darauf bestand, daß meine Mutter gleich nach der Entbindung in
unser Haus kommen sollte. Sicher, im Grunde ging es ihm mehr um
sich selbst als um mich, aber gesagt wurde, alles geschehe ja nur zu
meinem Vorteil. Also *kam* meine Mutter. Es war schrecklich. Es war,
als ob in wenigen Tagen alles wieder abgeräumt worden wäre, was ich
mir in den anderthalb Jahren mit meinem Manne aufgebaut hatte. Und
er merkte es nicht einmal. Er glaubte mich wohlversorgt. Er bildete
sich ein, er hätte alles für mich getan – erst später kam ich dahinter,
daß er schon damals anfing, fremdzugehen. Zu Hause ließ er sich
immer weniger sehen, und des Nachts zog er aus, wenn das Kind
schrie. Ich aber stand genauso wie damals wieder mit meiner Mutter
allein da. Es kam zu unbeschreiblichen Szenen, denn es gab nichts,
was sie nicht besser wußte – schließlich hatte *sie* schon zwei Kinder
großgezogen, *ich* noch nicht; also besaß *sie* die nötige Kenntnis und
Erfahrung, ich *nicht; sie* verfügte über die nötige Strenge und Konsequenz im Umgang mit Kindern, *ich* war zu wehleidig, und sie kannte
mich ja: ich war schon immer launisch und unzuverlässig; es war
dringend nötig, daß gerade jetzt eine feste Hand mir zeigte, wie es
gemacht wurde. Und sie zeigte es. Ich nahm das Kind auf den Arm –
nein, man nimmt es so herum, auf die linke Hand; ich wollte es stillen
– nein, so entzündet man sich; ich machte das Fläschchen – nein, bei
dieser Mischung bekommt ein Kind Blähungen; ich wollte zu ihm,
wenn es weinte – nein, man durfte es nicht verwöhnen; ich ließ es
noch liegen, wenn es nur leise vor sich hinlallte – ich war eine Raben-
mutter, die sich um ihr Kind nicht kümmerte. Dabei bestand ich
ohnedies nur aus Schuldgefühlen. Ich war so verunsichert, daß ich
wirklich nicht wußte, was richtig und falsch war; ich wollte doch
meinem Kind keinen Schaden zufügen; ich wollte ihm eine gute Mutter sein; ich wollte, daß es ihm besser gehen möchte als mir selber in
meiner Kindheit. Und jetzt war ich es, die aus lauter Angst, etwas
falsch zu machen, mein eigenes Kind geradewegs an meine eigene
Mutter auslieferte. Ich habe oft geweint und geweint, aber ich war so
hilflos. Ich konnte nichts tun. Dabei hatte ich die Schule aufgegeben,

um nur Mutter zu sein. In Wahrheit war ich damals zwei Jahre lang das dumme, unwissende, verschüchterte, anlehnungsbedürftige, aufsässige, für sich selbst und andere unverständliche Kind meiner Mutter. Frauen sollten niemals Kinder bekommen, solange sie selber noch Kinder sind.« Es ist derselbe Satz, mit dem sinngleich später Brigitte Bardot die Umstände bei der Geburt ihres Sohnes Nicolas kommentierte: »Was wußte ich denn damals schon von mir selbst!«[7] Nur daß bei ihr alles *innerlich* ablief, was hier als *äußere* Rückkehr der Mutter erscheint.

Daß in der Geschichte von ›Brüderchen und Schwesterchen‹ die »Rückkehr der (Stief-)Mutter« als ein *Symbol* des *inneren,* nicht des äußeren Erlebens zu verstehen ist, läßt sich unschwer an der vollkommenen Unwahrscheinlichkeit ablesen, die all den Vorgängen, die jetzt in Rede stehen, anhaften müßte, wollte man sie äußerlich interpretieren: Daß eine Hexe sich in die Gestalt der Kammerfrau verwandeln kann, mag noch dahingehen; daß aber die rechte Kammerfrau am Hofe nicht alsbald auf ihre Doppelgängerin aufmerksam wird, mutet denn doch allzu seltsam an; daß über Nacht eine Stiefschwester des »Schwesterchens« eingeführt wird, die einäugig, häßlich und mißgünstig die junge Königin und Mutter von der Seite ihres Gemahls zu verdrängen vermag, indem sie einfach nur bei geschlossenen Vorhängen im Bett liegt, erscheint nicht nur im Aufbau des Märchens als schlecht vorbereitet und wirklich wie auf Bestellung herbeigezaubert, es müßte auch dem »König« ein miserables Zeugnis für sein Wahrnehmungsvermögen ausstellen, wenn er in äußerem Verstande mit einem solchen Roßtäuschertrick hinters Licht zu führen wäre. Und so ließe sich die Liste der Ungereimtheiten fortsetzen, wollte man das Grimmsche Märchen an dieser Stelle als Beschreibung eines *äußeren* Sachverhaltes verstehen. In Wahrheit aber zeigen gerade diese Widersprüchlichkeiten, daß wir es hier mit einer Kaskade innerer Bilder zu tun haben, die von einer neuerlichen Verwandlung, einer wirklichen *Verhexung,* Kunde geben, wie sie gerade eine Frau heimsuchen kann, die in Erinnerung an die Leiden der eigenen Kindheit *ihrem* Kind um alles in der Welt ähnliche Erfahrungen ersparen möchte; daß gerade eine solche Frau wie unvermeidlich in ihre eigene Kindheit zurückkehrt, während sie mit allen Kräften eben dies zu verhindern sucht, besitzt im wirklichen Leben nicht anders als im Wissen der Märchen unbestreitbar das ebenso große wie bittere Format einer griechischen Tragödie.

Insbesondere das Auftreten der »Stiefschwester« erscheint in der Grimmschen Erzählung nur solange willkürlich und unmotiviert, als man darin die Beschreibung einer realen Geschwisterproblematik sieht.[8] In der Tat: handelte es sich *darum,* so wäre es ein unverzeihlicher Fauxpas Grimmscher Erzählkunst, uns erst jetzt, im letzten Drit-

tel der Geschichte, von dem Bestehen einer so dramatischen Geschwisterrivalität in Kenntnis zu setzen. In Wahrheit aber können die Brüder Grimm es sich nicht nur rein literarisch leisten, die »Stiefschwester« des »Schwesterchens« erst jetzt ins Spiel zu bringen, es bleibt
ihnen vor allem psychologisch überhaupt nichts anderes übrig. Denn
wirklich erst jetzt, mit der Niederkunft der »Königin« und mit der
Rückkehr der »Stiefmutter«, kann *innerlich* in der Seele des »Schwesterchens« (bzw. in der Psyche des Mädchens, das in die Gestalten von
»Brüderchen« und »Schwesterchen« auseinanderfällt) eine neue selbständige Figur sich herausbilden, die ganz zu Recht als der *»Schatten«*
des »Schwesterchens« gekennzeichnet wird. Während wir es bisher
unter dem (Überich-)Diktat der (Stief-)Mutter »nur« mit der Abspaltung der verängstigten Antriebe in der Gestalt des »Rehleins« zu tun
hatten, kommt es jetzt, anläßlich der Geburt eines Kindes, auf dem
Boden des Ichs zu einer neuerlichen Aufspaltung, indem das »Schwesterchen«, nunmehr in seiner Rolle als Mutter, gegenüber seinem Gatten wie gegenüber seinem Kind ganz und gar in das Verhaltensvorbild
der eigenen Mutter eintritt und dahinter mit seiner ganzen Person fast
zu verschwinden droht.

Auch zum Verständnis dieser Problematik läßt sich ein Beispiel der
Verhaltensforschung heranziehen. Von seiten der Tierpsychologie hat
Vitus Dröscher vor Jahren bereits beschrieben, wie hilflos Primatenmütter, die selbst als Zootiere nur in künstlicher Umgebung aufgewachsen sind, auf die Geburt eines Kindes reagieren: Sie wissen mit
ihm buchstäblich nichts anzufangen; es gibt eine Reihe von instinktiven Verhaltensmustern, die aber niemals durch eigene Erfahrungen
gefüllt wurden und die daher jetzt zu absurden Leerlaufhandlungen
führen.[9] So scheint es zum Beispiel einen Instinkt zu geben, der die
Mutter dazu bestimmt, nach dem Schmerz der Geburt das Neugeborene an die Brust zu drücken und damit die an sich möglichen Aggressionen für die erlittenen Qualen in einen pflegerischen Impuls umzuwandeln;[10] die Verhaltensforscher waren zutiefst erschrocken, als sie
mitansehen mußten, wie Zooschimpansinnen, die als Säuglinge gleich
in die Obhut von Menschen gegeben worden waren, statt ihres Kindes
die Plazenta aufnahmen und an sich drückten: in Entbehrung der
eigenen Mutter waren sie selbst unfähig geworden, ihrem Kind als
Mutter zu begegnen. Natürlich liegt es nahe, ein ähnliches auch im
Erleben von Menschenmüttern anzunehmen. Eine Frau wird ihrem
Kind von Haus aus nur gerade so viel an Mütterlichkeit geben können, wie sie selbst zu Hause als Kind bei ihrer Mutter erfahren hat;
alles andere muß sie sich durch mühsames Lernen und Arbeiten an
sich selbst dazuerwerben. Es ist eine Einsicht, die im einzelnen
schwerfallen wird; sie trifft aber allem Anschein nach zu, und sie ist
nicht als Vorwurf gemeint, sie ist im Gegenteil so etwas wie ein Frei-

spruch, zumindest aber so etwas wie eine Verstehensgrundlage für all diejenigen Frauen und Mütter, die ihren Kindern alles, was sie konnten, zu geben versuchten und die doch schließlich sehen mußten, daß das, was sie zu geben hatten, exakt der Wiederkehr ihrer eigenen Mutter entsprach.

Im Grunde folgt das, was sich in dem Bild von dem Auftreten der Stiefschwester begibt, einem uralten mythischen Schema. Wir haben bereits *das Motiv der beiden getreuen Geschwister und der bösen Stiefmutter*[11] kennengelernt; es folgte dann das Motiv der *Flucht;*[12] wir trafen hernach auf die Gestalt der *»Schönen mit dem Tier«* und begegneten schließlich dem Motiv von dem *»König und dem Mädchen«;* das Motiv, auf das wir *jetzt* stoßen, ist in den Mythen der Völker bekannt unter dem Stichwort der *»vertauschten Braut«*[13] – wir kennen es zum Beispiel auch aus der Bibel in der berühmten Geschichte, wie der Patriarch Jakob auf Jahre hin sich bei seinem Mutterbruder Laban um die schöne Rachel verdingt, bis ihm in der Brautnacht, als Mitgift gewissermaßen, von dem tückischen Oheim die triefäugige, aber gebärfreudige Lea unterschoben wird (Gen 29,15–30).[14] Das Motiv gelangte den Alten zur sichtbaren Anschauung vor allem in den wechselnden Gestalten des trügerischen *Mondes:* eben noch jagt der hitzige Sonnengemahl, von Liebe erglühend, am Himmel der kühlen Mondschönen nach, wie sie in den silbern schimmernden Nächten der Vollmondzeit ihre Bahn zieht, da schwindet sie, gerade als er meint, sie in seine Arme schließen zu können, am östlichen Morgenhimmel dahin, um nach den drei Tagen des Neumondes in nicht mehr wiederzuerkennender Fahlheit, »einäugig« wirklich und »häßlich«, am westlichen Abendhimmel zurückzukehren,[15] wie ein Betrug und ein schlechter Scherz auf die Mühen der Liebe. Was in den Mythen der Alten im Gleichnis des Mondes am Himmel sich aussprach, bleibt auf Erden bestehen als ein Rätsel des Wesens jeder Frau im Erleben des Mannes: Wen heiratet er wirklich, wenn er eine Frau auf sein »Schloß« zu entführen vermeint? Mit dem Widerspruch von »Schwesterchen« und »Rehlein« vermag der »König« des Grimmschen Märchens noch umzugehen; wie aber, wenn er jetzt sieht, daß an die Stelle des »Schwesterchens« ein ganz anderes Wesen tritt, dem er durchaus nicht sich nahen darf, da es der Ruhe bedarf und für ihn fortan nicht zu sprechen sein wird? – Es ist wiederum unerläßlich, das, was die Symbolsprache eines Märchens schildert, sich möglichst nah vom konkreten Erleben her vorzustellen.

Dann treten uns all die Frauen vor Augen, die noch nach Jahren mit Bitterkeit sich daran erinnern, wie gerade in den letzten Wochen der Schwangerschaft ihr Mann sich von ihnen immer weiter zurückzog: auch in den Märchen ist er nicht selten gerade zum Zeitpunkt der Niederkunft seiner Frau »auf Jagd«, just in dem Moment, da er dringend gebraucht würde. Es müssen nicht gerade, wie in den Erinnerungen der Frau vorhin, schon wieder neue »Rehlein« sein, hinter denen ihr Königsgemahl wie versessen her ist, es genügen die ganz normalen Objekte männlicher »Jagd«, um in den Tagen der Niederkunft eine Frau ihrem Gatten zu entfremden: Erfolg und Prestige, die Pflichten des Alltags, der Ruf des Berufs – gleichgültig was, am Ende hält er sich gerade zu einer Fortbildungstagung in Südspanien auf, oder es ereilt ihn das Telegramm: »Alles in Ordnung. Ein Junge. Herzlich ...« mitten in einer dringenden Sitzung in West-Berlin. Selbst lange noch nach der Silberhochzeit können Frauen das Trauma jener Stunden ihrem Gatten zum Vorwurf machen, da sie irgendwo in einem Kreißsaal unter den Händen fremder Ärzte völlig allein einige der wichtigsten Stunden ihres Lebens durchlitten: die Geburt ihres ersten Kindes. Gewiß, seit einigen Jahren bestehen immer mehr Männer darauf, die Hindernisse steriler Entbindungsabteilungen zu überwinden und ihren Frauen während der Niederkunft buchstäblich zur Seite zu stehen, jedoch ist das Problem damit nicht ohne weiteres gelöst: daß die Beziehung zwischen Mann und Frau durch die Geburt eines Kindes sich grundlegend wandelt. Als die Grimmschen Märchen entstanden, gab es noch keine Krankenhäuser, die werdende Mütter aufnahmen, und noch ein ganzes Jahrhundert mußte vergehen, bis Ignaz Philipp Semmelweis in den Kliniken Wiens dem Kindbettfieber den Kampf ansagte; nicht einmal die Regelmäßigkeit der Berufsausübung trennte damals in den vorwiegend ländlichen Verhältnissen den Mann von der Frau,[16] und doch entstand und entsteht offenbar damals wie heute nach Auskunft des Grimmschen Märchens psychisch eine Kluft zwischen den Gatten, sobald ein Kind das Licht der Welt erblickt.

Wohl versucht die Natur, als wenn sie um die Schwierigkeit wüßte, das Problem nach Möglichkeit zu mildern, indem sie bereits das Liebesspiel von Mann und Frau mit Formen des Brutpflegeverhaltens koppelt.[17] Alle Zärtlichkeit zwischen den Geschlechtern besteht zu einem Großteil in der wohltuenden Erlaubnis, noch einmal in den Armen des anderen Kind sein zu dürfen, und überall auf der Welt reden die Liebenden untereinander eine nur ihnen vertraute Geheimsprache aus Worten der Kindheit; selbst der Kuß entstammt nach Meinung der Verhaltensforscher dem Füttern eines Jungtieres mit vorgekauter Nahrung. All das weist darauf hin, daß die Liebe zwischen Mann und Frau biologisch bereits eine Art Vorübung auch für die Aufzucht der Nachkommen darstellt.[18] Psychologisch aber scheint es alles andere als einfach, diese »Vorübung« mitzuvollziehen. Das Märchen von ›Brüderchen und Schwesterchen‹ zum Beispiel mag für das Erleben so vieler Frauen stehen, die eigentlich in der Rolle der Kindfrau in die Ehe treten mußten: sie bereiteten ihrem »königlich« überlegenen Gatten die größte Genugtuung, wenn sie sich von ihm in dankbarer Unterwerfung beschützen und beschirmen ließen; aber sie konnten kaum ahnen, wie stark das Selbstwertgefühl ihres Mannes an eben dieser Form der Beziehung hing: der »Königsgatte« ist nur so lange glücklich und stolz, als seine Frau im letzten ein großes Kind bleibt, und so kann gerade die Geburt eines Kindes zu einer wirklichen Gefahr für das gesamte Arrangement eines solchen Beziehungsgefüges werden. Eine Frau, die selber ein Kind zur Welt bringt, muß notgedrungen davon lassen, ihrem Mann gegenüber die Rolle des Kindes weiterzuspielen; indem sie selbst sich aber als Mutter definiert, entzieht sie ihrem Mann unter den gegebenen Umständen die Basis seiner bisherigen ehelichen Identität. Wer ist er fortan, und: welch eine Rolle soll er in Zukunft spielen? Am einfachsten wäre es natürlich, er könnte seine pflegerischen Impulse von seiner Frau weg auf das gemeinsame Kind richten – es wäre eigentlich gerade das, worauf eine Frau, die selber ihrer Rolle als Mutter noch unsicher ist, mit Nachdruck warten würde; jedoch gelingt eine solche Verschiebung der kindlichen Gefühle nur dann, wenn die bisherige Beziehung zwischen den Ehegatten nicht allzusehr an die Voraussetzungen des Schemas von dem »König und dem Mädchen« gebunden bleibt; gerade dieser Fall aber ist in der Grimmschen Erzählung von ›Brüderchen und Schwesterchen‹ vorauszusetzen.

Für alle »Schwesterchen«, die an der Seite eines »Königs« in die Ehe treten, entsteht eine unverhoffte und sehr schmerzhafte Enttäuschung wohl mit Regelmäßigkeit aus dem Kontrast zwischen dem ursprünglich so lieben und aufmerksamen und dem gleich nach der Geburt des ersten Kindes scheinbar so abwesenden und abweisenden Gatten: eben jetzt, wo er am meisten gebraucht würde, läßt er seine Frau auf schwer verständliche Weise allein! Wie soll eine Frau auch nur entfernt wissen, daß ihr Mann es ihr eigentlich übelnimmt, ein Kind zur Welt gebracht zu haben, weil er sich selber durch das Neugeborene in seiner Rolle als Ehepartner in Frage gestellt sieht? Hinzu kommt, daß gerade die Männer von der Art der »Königsgatten« in aller Regel mit einem kleinen Kind so gut wie nichts anzufangen wissen: Sie durften zumeist selber als Kinder nie wirklich leben, und sie können sich einzig in der Rolle des Fertigen, des Formvollendeten akzeptieren; wie sollten sie da mit etwas so Unfertigem wie einem hilflosen Kind etwas anfangen können? Viel leichter ist es, sich in die berufliche Karriere oder in den Trubel des gesellschaftlichen Lebens zu stürzen, stets unter dem Vorwand selbstredend, daß ihr Aufstieg zum Abteilungsleiter, zum Chefarzt, zum Vereinsvorsitzenden doch auch der Familie, dem Kind später insbesondere, nur Vorteile bringe, ja, genauer gesehen, aus vielerlei Gründen ganz unerläßlich sei. Derselbe Mann also, der eben noch sein »Schwesterchen« zum Königsschloß »trug«, läßt es jetzt fallen, wo es seiner am meisten bedürfte.

Erschwerend kommt hinzu, daß kein wirkliches »Schwesterchen« jemals imstande sein wird, dem »Königsgemahl« die »Jagd« zu verleiden und ihm mit seinen scheinbar so läppischen Bedürfnissen und Wünschen in die Quere zu treten; es hat seit Kindertagen gelernt, aus Angst vor Zurückweisung *autark* zu sein, und zwar dann am meisten, wenn es sich eigentlich am stärksten auf fremde Hilfe angewiesen fühlte. Die Entfremdung von dem eigenen Mann beginnt für viele Frauen daher schon während der Schwangerschaft, lange vor der Geburt. Während sie selbst unter ärztlicher Fürsorge durch besondere Ernährung, durch Gymnastik und spezielles Training sich auf das mit Furcht und Hoffnung erwartete Ereignis ihrer Niederkunft vorbereiten, müssen sie erleben, daß ihre Männer auf sie als Frauen durchaus nicht verzichten wollen, und sie erleben jetzt als roh und brutal, was ihnen bisher immerhin als erträglich erschien. Speziell bei der Auslegung des Grimmschen Märchens dürfen wir nicht vergessen, daß es im Erleben des »Schwesterchens« noch niemals dahin gekommen ist, dem verwunschenen »Rehlein« seine menschliche Gestalt zurückzugeben; jetzt aber wird man annehmen müssen, daß der Kontakt des »Schwesterchens« zu seiner »Rehgestalt« zunehmend verlorengeht. Nicht wenige Frauen klagen darüber, daß ihnen in dieser Zeit jegliches Gefühl für die eigene Sinnlichkeit gegenüber ihrem Mann abhanden gekommen sei; sie spürten irgendwie voller Angst, daß sich ihr Mann bei fortschreitender Schwangerschaft immer weiter von ihnen entfernte, ja sie waren, um das Schlimmste zu verhüten, wohl immer noch für ihn bereit, aber ihnen selber erstarb darüber jedes eigene Gefühl. Und schlimmer noch: sie waren erschrocken über das deutliche Gespür, daß ihr Mann im Grunde eifersüchtig war auf ein kleines, noch ungeborenes Kind, das ihn aus der Monopolstellung der Liebe an der Seite seiner Gattin zu vertreiben schien. Er, der so großspurig auftretende Gemahl und Gebieter, fühlte sich bedroht von einem kleinen Kind und gab sich eher mißmutig und mißgelaunt als erfreut und glücklich. Statt sich mit ihrem Mann zu einer neuen Gemeinsamkeit in der Erziehung des Kindes zusammenzuschließen, muß eine Frau in solcher Lage schließlich geradewegs wählen zwischen der Liebe zu ihrem »Königsgemahl« und dem eigenen Kind. Ein »Schwesterchen«, so viel ist sicher, wird unter vergleichbaren Umständen sich auf die Seite des Kindes schlagen. Doch der Preis dafür ist hoch. Er besteht nicht nur in einer wachsenden Entfremdung vom eigenen Ehemann, sondern vor allem in einer neuen Form der Entfremdung von sich selbst, genauer gesagt: in der Ausschaltung des eigenen Ichs durch die Wiederkehr der »Stiefmutter« bzw. in der Aufspaltung des eigenen Ichs in die »Kammerfrau« und die »Stiefschwester« unter dem Diktat des »stiefmütterlichen« Überichs.

b) »Kammerfrau«, »Stiefschwester« und »schlafendes Rehlein«

Was soll eine Frau, die selbst noch ein halbes Kind ist, von sich aus machen, wenn sie plötzlich wider Erwarten ein Kind großziehen muß, das sie im Grunde überhaupt nur im Vertrauen auf ihren Mann zur Welt gebracht hat, während dieser sie gerade jetzt so schmählich im Stich läßt? Eine solche Frau wird versuchen, sich auf sich selbst zu besinnen, aber »auf sich selbst« – das heißt jetzt: auf die Art der eigenen Mutter, wie man sie erlebt hat, als man selber noch Kind war. Das Paradox tritt ein, daß eine Frau, die als Mädchen vor ihrer (Stief-)Mutter in die Welt hineinfliehen mußte, um dort (in der Gestalt des »Königs«) ihren seit Kindertagen vermißten Vater wiederzufinden, jetzt, allein gelassen mit ihrem Kind, von ihrem Gemahl zurückflieht zu ihrer Mutter, und was wir vorhin als einen äußeren Vorgang schilderten: wie die Mutter eines »Schwesterchens« als reale Person in das Haus ihrer Tochter zurückkehrt, muß man sich in aller Regel zumindest *auch* als einen *inneren* Vorgang vorstellen. In ihrer Unsicherheit und Hilflosigkeit wird eine Frau von der Art eines »Schwesterchens« geneigt sein, sich ihrem Kind gegenüber gerade so zu verhalten, wie sie es selber als Kind von seiten ihrer Mutter erlebt hat. Mit dem besten Bemühen, ihrem Kind eine bessere Welt einzurichten, als sie in den Tagen der eigenen Kindheit bestand, wird eine solche Frau mithin alles tun, um eben die Fehler zu wiederholen, die bereits in ihrer (Stief-)Mutter Gestalt gewannen.

Da ist *als erstes* die Selbstverwandlung der »bösen Stiefmutter« in *die Kammerfrau*. Wir haben eingangs in einem langen Plädoyer die Meinung verfochten, daß die »böse Stiefmutter« nur eine Frau ist, die es besonders gut mit ihrem Kind meint und die eben deshalb ihre Kräfte ständig überfordert; doch genau das wird man jetzt bei einem »Schwesterchen« beobachten können, das allzu früh, noch ehe es selbst zu einer Frau heranreifen konnte, in die Rolle der Mutter gedrängt wird. Es hat nie gelernt, eigene Ansprüche an das Leben geltend zu machen; es hat nie eigene Wünsche nach außen hin mitteilen und durchsetzen dürfen; es hat statt dessen gelernt, überhaupt alles Eigene als etwas Schuldhaftes zu betrachten – wie soll es da jetzt, angesichts eines hilflosen weinenden Kindes, sich Freizeit gönnen, Einkäufe machen, Bücher lesen, Geld für sich ausgeben? Es hat nur eine einzige Aufgabe: sein Kind; es hat nur an ein einziges Ziel zu denken: sein Kind; es hat nur ein einziges wirklich wichtig zu nehmen: sein Kind. Alles andere hat daneben als nebensächlich, gleichgültig oder sogar als eine Versuchung zur Pflichtvergessenheit zu erscheinen. Nichts auf Erden außer dem Kind hat eine Rolle zu spielen für eine Frau, die als ein »Schwesterchen« die Rolle einer Mutter zu spielen hat. Psychoanalytisch gesehen, kann man die Genauigkeit nur

bewundern, mit der die Brüder Grimm diese Einstellung in das Bild
kleiden, daß die »Stiefmutter« des »Schwesterchens« aus lauter Neid
die Gestalt der »Kammerfrau« am Hofe des »Königs« annimmt. Es ist
das eigene Überich, das jetzt, aufgrund der Schwäche des Ichs und mit
dem Ergebnis einer neuerlichen *Schwächung des Ichs,* in der verinnerlichten Gestalt der »(Stief-)Mutter« seine Ansprüche auf Pflichterfüllung, Selbsthingabe und Selbstaufopferung rigoros geltend macht. Das
ist der eine Teil: das »Schwesterchen« selbst ist gegenüber seinem
Kind nichts anderes als eine »königliche Kammerfrau«, in deren Gestalt die eigene Mutter zurückkehrt, oder anders ausgedrückt: das
»Schwesterchen« gibt sein eigenes Leben, das gerade erst zögernd zu
beginnen schien, zugunsten seines Kindes vollkommen auf und lebt
buchstäblich jetzt das Leben seiner eigenen Mutter. Es handelt dabei
in einem Höchstmaß an gutem Willen, und es kann nicht wissen, daß
leider auch das Ergebnis all seiner Anstrengungen genauso ausfallen
wird wie bei seiner Mutter: Es ist eine Güte und Mutterliebe, die sich
durch ständige Abspaltungen erkauft.

So hören wir denn *als zweites* von den Brüdern Grimm, daß gleichzeitig mit der »Stiefmutter« auch die »Stiefschwester« Einzug hält und
das »Schwesterchen« ganz von der Seite des »Königs« verdrängt; ja es
geht, folgt man dem Wortlaut des Märchens, der ganze boshafte Anschlag recht eigentlich von dieser »Stiefschwester« aus, die allen Ernstes die Meinung vertritt, einzig ihr selber gebühre die Liebe und
Aufmerksamkeit des »Königs«. Wer ist diese »Stiefschwester«, die der
hellen Schönheit des »Schwesterchens« so sehr gleicht wie der Dunkelmond dem silbernen Vollmond in sternklaren Nächten? Warum
tritt sie erst jetzt in der Rolle der »vertauschten Braut«, als eine Travestie und Karikatur der Gattenliebe am Anfang, als ein viel zu spät
entdeckter »Irrtum der Person«[19] in das Leben des »Königs« ein?
Schon das ist schwer zu verstehen. Und dann noch die Details: wenn
die »Stiefschwester« schon irgend auf die Liebe des »Königs« Anspruch erhebt, was soll dann ihre scheinbar unsinnige Faulheit, mit
der sie, in einäugiger Häßlichkeit, eine lebende Vogelscheuche oder,
»besser« noch: lichtscheu wie eine Fledermaus, bei vorgezogenen
Vorhängen die Tage im Bett verbringt und von ihrem Mann nicht
angeredet noch angerührt werden darf? Wir verstehen die Gestalt
dieser merkwürdigen »Stiefschwester« eigentlich erst, wenn wir den
Brüdern Grimm in ihrer Erzählkunst Genialität zubilligen. Sie würden vermutlich, lebten sie heute, gegenüber manchen unserer Deutungen recht erstaunt und verwundert, aber wohl nicht grundsätzlich
abgeneigt sein; es handelt sich um ein Problem, das aller Dichtung,
insbesondere aber der »romantischen« Erzählkunst anhaftet:[20] daß sie
stets weit mehr erahnt als erwähnt, erfühlt als erzählt, *er*sieht als *ein*-
sieht; sie weiß sehr wohl um die Hintergründigkeit und Abgründig-

keit der menschlichen Existenz, aber sie analysiert diese Tatsache nicht,[21] sondern schildert sie eher in einer schwebenden Heiterkeit – als böte sie uns eine Luftaufnahme des Amazonasurwaldes: Man spürt die tropische Schwüle, man ahnt die Faszination des Exotischen, aber man genießt die Betrachtung in der Distanz sicherer Unbedrohtheit. Ganz anders muß uns dasselbe Bild erscheinen, wenn wir es analytisch »vergrößern«, indem wir uns an den »Ort« des Geschehens am Boden begeben; aus einem reizvollen Stimmungsgemälde wird dann ein Abenteuer auf Leben und Tod, und gerade das ist es, was wir jetzt in der Geschichte von ›Brüderchen und Schwesterchen‹ miterleben, wenn wir den ungeheuerlichen Widersprüchen nachgehen, in denen die Seele einer Frau zerrissen werden kann, einfach weil sie versuchen muß, alles ganz richtig zu machen, während sie selber nicht wirklich lebt. Es ist, so müssen wir denken, ein und dieselbe Frau, die sich (infolge der Verhexung durch ihr Stiefmutter-Überich) in die Rolle der Nur-Mutter, der königlichen »Kammerfrau« flüchtet und die zugleich sich in ihre eigene »faule« »Stiefschwester« verwandelt; und vor allem diese *zweite* Verwandlung verstehen wir jetzt, nach der Rückkehr der »Stiefmutter«, eigentlich ganz gut, wenn wir uns die eingetretene Situation nur möglichst konkret in all den erwähnten Details der Grimmschen Erzählung vor Augen stellen.

Da berichtet das Märchen ausführlich, daß der neuerliche Anschlag der »Stiefmutter« damit beginnt, das »Schwesterchen« in *ein heißes Bad* zu stecken. Alles, was sie tut, sollen wir denken, geschieht mithin unter dem Vorzeichen der Pflege und Fürsorge: das »Schwesterchen« muß sich nach den Anstrengungen der Niederkunft erholen, und es ist der buchstäblich »überhitzte« Fürsorgeterror der »Stiefmutter«, der am Ende das »Schwesterchen« beinahe umbringt. So wie wir am Anfang unserer Betrachtungen die »Stiefmutter« uns als eine Frau vorgestellt haben, die es subjektiv aus lauter Angst übergut meint, während sie objektiv eben deshalb ihre Tochter oft unerträglich belastet, so können wir auch hier durchaus unterstellen, daß die »Stiefmutter« von sich her nur guten Willens ist, wenn sie das »Schwesterchen« mit ihrer Art von Hilfe vollkommen ausschaltet. Noch weit verwickelter aber mutet die ganze Szene an, wenn wir sie rein innerpsychisch aus der Sicht des »Schwesterchens« zu verstehen suchen; wir treffen dann auf das gleiche Vor und Rück, das in seiner Widersprüchlichkeit jeden Schritt auf dem Lebensweg dieser Frau zu kennzeichnen pflegt, denn wir müssen dann denken, daß das »Schwesterchen« selbst es so wünscht: jetzt, wo es selber durch die Geburt eines Kindes zur Mutter geworden ist, träte die eigene Mutter herbei und badete es selbst wie ein kleines Kind.

Man weiß in der Geschichte der Menschheit gewiß seit Jahrtausenden um die therapeutische, quasi religiöse Erlebnisqualität des Ba-

des. Die Induskulturen von Moendjodaro und Harappa[22] kannten im
Priesterviertel ausgedehnte Badeanlagen zu rituellen Reinigungen, deren Bedeutung in etwa der Wiedergeburtssymbolik der christlichen
Taufe entsprechen dürfte; die Römer konnten bei Trier mit einem
enormen Holzbedarf ihre üppig ausgestatteten Thermen beheizen,[23]
und manche katholische Theologen bemühen sich noch heute, den
Vorwurf der Leibfeindlichkeit gegenüber ihrer Kirche mit dem Hinweis auf den heiligen Thomas von Aquin zu »widerlegen«, der in
Fällen schwerer Depressionen die wohltuende Wirkung warmer Bä-
der empfahl. Tatsächlich muß man nur den japanischen Makaken zuschauen, wenn sie mitten im Winter die heißen Wasserstellen der
schneebedeckten Vulkanberge aufsuchen,[24] und man wird verstehen,
welch ein Gefühl der Geborgenheit das Eintauchen des Körpers in
warmes Wasser vermitteln kann. Man versinkt behaglich in den Flu-
ten; man spürt unter dem Auftrieb des Wassers einen Zustand fast
schwerelosen Seins; man empfindet das umgebende Wasser wie einen
undurchdringlichen Schutz gegenüber jeder Bedrohung – es ist ein
Stück weit, als kehrte in solchen Momenten das Leben um mehr als
dreihundertfünfzig Millionen Jahre zurück in den eigenen Ursprung,
als es in den Meeren des Silur und des unteren Devon von Pflanzen
und Fischen zu wimmeln begann,[25] die allesamt noch nicht mit den
Härten und Schwierigkeiten eines Lebens auf dem Lande zu kämpfen
hatten: mit dem plötzlichen Wechsel von heiß und kalt, von Tag und
Nacht, mit der Grelle des Sonnenlichts und der Gefahr des Austrock-
nens, mit der Heftigkeit des Windes, mit der rauhen Oberfläche des
Bodens, mit der niederdrückenden Last des eigenen Gewichtes, mit
der zerstörerischen Wirkung der ultravioletten Strahlung, mit der Mühe, auf Nahrungssuche zu gehen – es erscheint rückblickend wie ein
Paradies, im Wasser dahinzutreiben, und man wäre nichts weiter als
graugrüner Tang oder als eine blaubunte Qualle, und man würde
gewiegt in den Armen der Wellen inmitten einer sanften, in allen
Kontrasten gemilderten Welt! Es war der ungarische Psychoanalyti-
ker Sandor Ferenczi, der allen landbewohnenden Lebewesen einen
»thalassalen Regressionszug«, wie er es nannte, unterstellte[26] – eine
Lebenssehnsucht, in das Urmeer zurückzukehren; ganz zu Recht wies
er zur Begründung seiner Theorie darauf hin, daß die Entwicklung des
Lebens auf dem Lande nur möglich gewesen sei, indem die Anfangs-
bedingung des »Meeres« über das Amniotenei bis hin zu dem Fruchtwasser der plazentalen Säugetiere auf immer neuen Stufen wiederher-
gestellt worden sei. In der Tat: was so beruhigend, so depressionslin-
dernd, so ungemein entspannend insbesondere bei einem warmen Bad
auf unser Gemüt wirkt, ist das wohlige Gefühl einer Art Mutterleibs-
geborgenheit: Es kann uns jetzt sozusagen nichts mehr passieren, es
umflutet uns das Wasser so zärtlich und weich, daß darüber alle Ge-

fahren und Ängste verschwinden; es ist ein Zustand wirklich wie vor der Geburt, als es noch nichts gab, was uns hätte quälen und beunruhigen können. Die Wärme des Wassers ist wie die Erlaubnis, selber ganz Kind sein zu können und mit der eigenen Mutter zu verschmelzen.

Was für ein Kontrast also, übertragen wir diesen Befund auf das Märchen von ›Brüderchen und Schwesterchen‹! Man gesteht sich wohl zu selten ein, wie viele Frauen es gibt, die bei der Geburt ihres Kindes, allein gelassen von ihren Männern, überfordert von ihrem Gewissen mit seinen Verpflichtungsängsten und Schuldgefühlen, überanstrengt von *allem* gewissermaßen, gerade in diesem entscheidenden Moment ihres Lebens den »heißen« Wunsch verspüren, nicht mehr leben zu wollen bzw. das Schwergewicht und die Last der eigenen Existenz in einer Art vorgeburtlichen Zustands aufzuheben. Gerade jetzt, wo das eigene Dasein am meisten gefordert ist, entsteht das Bedürfnis, sich zu verkriechen vor all dem, was unabsehbar und unübersehbar das eigene Ich zu ersticken droht. Nirgends sonst in ihrem Leben kann eine Frau, die nach der Weise eines »Schwesterchens« niemals ein Kind sein durfte, sich so sehr nach der eigenen Kindheit sehnen als eben jetzt, wo sie ein Kind zur Welt gebracht hat. Ja um die Gefühle in diesem Augenblick noch mehr zu verwirren: es kann sein, daß eine Frau, die sich durch ihr neugeborenes Kind in allen Belangen überfordert fühlt, ihr Kind unter anderem auch in der geheimen Hoffnung zur Welt bringt, in ihm selber die eigene Kindheit noch einmal »richtig« zu durchleben. Wenn wir eingangs sagten, daß die »Stiefmutter« eines »Schwesterchens« in ihrer Angst die Tochter nicht wirklich freigeben könne, so sehen wir jetzt ein gleiches bei dem »Schwesterchen« selbst: Es bringt in der Geburt seines Kindes gewissermaßen die eigene ungelebte Kindheit noch einmal zur Welt, und das »Bad« der Geburt ist wie ein Versuch, sich bei der eigenen Mutter jene Geborgenheit und Zärtlichkeit zurückzuholen, die man als Kind so bitter vermißt hat und doch um so mehr jetzt dem eigenen Kinde schenken möchte. In dem Kind relativiert sich gewissermaßen das eigene Verlangen, selbst einmal Kind sein zu dürfen; das Tragische dieser Beziehung aber liegt darin, daß diese mehr als berechtigte Sehnsucht aus Kindertagen nur in symbolischer, *projektiver* Form Gestalt gewinnt und in der Wirklichkeit daher gerade im Gegenteil ein Höchstmaß an Angst, Verpflichtungsgefühlen, Leistungsanforderungen, Streß und Nervenkrisen auf den Plan rufen muß. Am Ende aller Bemühungen, ihrem Kind eine gute Mutter zu sein, wird eine Frau in der Rolle der »Kammerfrau« zugleich sich so fühlen, wie es in dem Bild von der »Stiefschwester« zum Ausdruck kommt.

Die rätselhafte Bemerkung des Märchens verdient an dieser Stelle besondere Beachtung, die »Stiefschwester« bzw. die »rechte« Tochter

der »Stiefmutter« glaube sich eigentlich selbst berufen, an der Seite des
»Königs« den Platz des »Schwesterchens« einzunehmen; denn wirklich wird es kaum eine Frau geben, die nicht mit der sorgfältigen
Fürsorge und Pflege ihres Kindes insgeheim auch auf die Wertschätzung und Anerkennung ihres Mannes hofft; wer, wenn nicht er, müßte doch Augen haben für die aufopferungsvolle Hingabe seiner Gemahlin! In Wahrheit aber zerbricht gerade durch die Überfürsorge des
»Schwesterchens« in der Rolle der »Kammerfrau« die Beziehung zwischen den Gatten, und die Bilder, in denen das Grimmsche Märchen
diese Ehetragödie schildert, sind von einer bezwingenden Einfachheit
und Klarheit. Denn buchstäblich so: wenn der »König« von der
»Jagd« heimkehrt, findet er allabendlich anstelle seines geliebten
»Schwesterchens« fortan eine ganz andere Frau vor, die nur noch
müde im Bett liegt und der Ruhe bedarf, ein wortwörtlich »einäug-
iges« Wesen, das nur eine einzige Bitte äußert: um keinen Preis der
Welt in seiner Erholungsbedürftigkeit gestört zu werden. Die »Stiefschwester« ist nach diesem Verständnis wirklich die notwendige Be-
gleitgestalt der zurückgekehrten »Stiefmutter«; sie verkörpert die *Erschöpfungsgestalt* des »Schwesterchens«, wenn dieses unter dem Diktat der Hexenalten (seines »Überichs«) als die »Kammerfrau« seines
Kindes sich bis zur Selbstvergessenheit abgearbeitet hat und sich womöglich selbst, schon aufgrund ihrer Müdigkeit und Schlaffheit, subjektiv als »häßlich«, »unschön« und »ganz unmöglich« vorkommt –
ein Problem, das gerade schöne Frauen, die aus Angst nicht wissen
dürfen, wie schön sie sind, in solchen Situationen bevorzugt empfinden. Der »König« freilich erlebt von alldem nur, daß seine Gattin
wortwörtlich wie »ausgewechselt« ist, so daß er sie kaum mehr wiedererkennt. Aus *seiner* Sicht reduziert sich das Eheleben fortan auf die
Pflicht, seine Gattin im Bett bei verschlossenen Vorhängen liegen zu
lassen, ganz so als sei es nunmehr das beste, jeglichen Kontakt zu ihr
abzubrechen. Ja er stößt selber bei jedem Versuch, mit seiner Gemahlin zu reden, auf eine Barriere von Schuldgefühlen: Es ist wohlgemerkt die »Stiefmutter«, diese Verkörperung einer pflichtgemäßen
Zwangsmoral im Denken und Fühlen des »Schwesterchens«, die ihm
bedeutet, er müsse das »Schwesterchen« in der Gestalt der »Stiefschwester« schonen. Er ist mit anderen Worten ein schlechter und
rücksichtsloser Mensch, ein Grobian und ein unverbesserlicher Ma-
cho, wenn er es wagt, eine Frau, die so rührend um ihr Kind besorgt
ist, als Ehefrau oder Partnerin anzusprechen, und er darf vor allem
kein Licht in dieses Verwirrspiel von Schuldgefühlen, Selbstaufopfe-
rungstendenzen und Verweigerungen im Erleben seiner Gattin bringen; er hat die »Vorhänge« verschlossen zu halten und die Situation so
zu akzeptieren, wie die »Hexe« sie erläutert: Es ist seine Pflicht als
Gatte, seine Gattin in Frieden zu lassen, keine unangenehmen Fragen

an sie zu richten, ihr keine zusätzlichen Wünsche und Vorschläge anzutragen und ihr auf keinen Fall für ihr so verändertes Betragen Vorwürfe zu machen. Es bildet in gewissem Sinne den Hauptteil der Tragödie gerade der Wohlmeinenden, daß der »König« in dem Grimmschen Märchen sich diesem Arrangement widerspruchsfrei fügt.

Dabei sind es gewiß nicht nur die Gefühle des »Königs«, die mit der Vertauschung des »Schwesterchens« gegen die »Stiefschwester« unterdrückt werden müssen; schlimmer noch ist die Verdrängung jedes Ansatzes von Zorn und Rebellion auf seiten des »Schwesterchens« selbst. Mit keiner Silbe erwähnt das Grimmsche Märchen, daß das »Schwesterchen« sich gegen die fatale Intervention seiner »Stiefmutter« und »Stiefschwester« in irgendeiner Weise zur Wehr gesetzt hätte. Man muß das »Schweigen« der Erzählung an dieser Stelle indessen wohl als Argument dafür verstehen, daß es – ganz entsprechend der verängstigten Wehrlosigkeit eines »Schwesterchens« seit Kindertagen – zu so etwas wie einem energischen Widerspruch oder Widerstand gegen die Maßnahmen der (Stief-)Mutter durchaus nicht kommen kann; statt dessen dürfen wir mit *einer nach innen gestauten Wut* bei dem »Schwesterchen« rechnen: es haßt im Grunde seine (Stief-)Mutter für all ihre »Wohltaten«, die in ihrer angstbesetzten Überverpflichtung so erdrückend und erstickend wirken; es ist aber für ein »Schwesterchen« in solcher Lage ganz unmöglich, sich seine Abneigung gegenüber den Fürsorgeschikanen der »Stiefmutter« einzugestehen. Noch nach Jahren kann es in der Psychoanalyse eine erhebliche Zeit in Anspruch nehmen, ehe sich dieses Geflecht verdrängter Aggressionen gegenüber der (verinnerlichten) »Mutter« einigermaßen entwirren läßt.

Und was noch schwerer wiegt: unter dem riesigen Lastgewicht von Verpflichtungsgefühlen aus Überverantwortung ist es unvermeidbar, daß *auch dem eigenen Kind gegenüber* erhebliche Aggressionen sich bilden, die immer dann sich entladen werden, wenn bei allem guten Willen das Empfinden, überfordert zu sein und mit »allem« nicht zurechtzukommen, sogar noch wächst. Ganz entsprechend dem Vorbild der »Stiefmutter« selbst wird jetzt auch das »Schwesterchen« zwischen Überanstrengung, Jähzorn und Schuldgefühl hin- und herschwanken; ja, es wird jetzt sehr leicht zu der Kopie jenes »stiefmütterlichen« Teufelskreises kommen, wonach die mehr oder minder gut verdrängten bzw. in Durchbruchsattacken geäußerten Aggressionen gegen das Kind zu allen möglichen Wiedergutmachungstendenzen führen, die ihrerseits wieder den Anspruch an Versorgung und Verpflichtung dem Kind gegenüber ins Unerfüllbare treiben müssen.

Auch dies liegt in dem Bild von der »Stiefschwester«, die schonungsbedürftig und apathisch von ihrem Lager sich gar nicht mehr erhebt: Es drückt sich darin *ein resignativer Protest* aus, der aufgrund seiner Sprachlosigkeit sich nur noch durch das Symptom der Erschöpfung mitteilen kann. Wollte man in Worten wiedergeben, wie eine Frau in solcher Lage empfindet, so müßte man, in Anspielung auf das Bild der vorgezogenen Vorhänge, wohl sagen: »Ich fühle mich so vollständig aussichtslos. Ich mag von allem nichts mehr sehen noch hören. Ich möchte im Grunde nur noch meine Ruhe haben. Laßt mich doch in Gottes und drei Teufels Namen in Frieden. Ich kann einfach nicht mehr. Es ist aus.« Es ist eine Haltung, die den Wunsch nach dem »Bad« allem Anschein nach nur fortsetzt; doch man darf nicht denken, daß es sich bei diesen deutlich »regressiven« Tendenzen um »Rückzug«[27] in üblichem Sinne handelt; vielmehr ist die Erschöpfungsgestalt des »Schwesterchens« in seiner Rolle als »Stiefschwester« in unmittelbarer Einheit zu der Rolle der »Kammerfrau« zu sehen, in welche die »Stiefmutter« sich verwandelt hat. *Beide Gestalten* treten wirklich *gemeinsam* auf; sie bedingen einander, und sie sind nur in diesem Wechselspiel von pflichtweiser Überanstrengung und resignativer Erschöpfung verständlich.

Doch damit nicht genug. *Als drittes* existiert noch das »Rehlein«, das gleichermaßen, wie wir später erfahren, *schlafen* gegangen ist. Dieses Detail der Grimmschen Erzählung spricht jetzt sehr beredt für sich selbst. Es ist ein deutliches Symbol dafür, daß eine Frau von der Art eines »Schwesterchens« in ihrer Pflichtrolle als Mutter so sehr aufgeht, daß sie vollkommen aufhört, als Frau zu leben. Die Hoffnung, die anfangs bestand, als das »Schwesterchen« ausdrücklich verlangte, sein »Rehlein« mit an den »Königshof« nehmen zu dürfen, scheint jetzt endgültig widerlegt. Es ist Gott sei Dank nicht so, als sei das »Rehlein« »gestorben« oder den »Jägern« zum Opfer gefallen, es ist nur einfach »schlafend«, nicht anders als die »Stiefschwester« auch; doch es regt sich nicht mehr vor Müdigkeit und Erschöpfung; und alles, was eine Frau sonst fühlt, ist jetzt wie unempfindlich geworden.

Konkret muß man sich hinter solchen Chiffren eine Situation vorstellen, in welcher der Mann nach der Niederkunft seiner Frau von einem bestimmten Moment an zu dem, wie er meint, »normalen« ehelichen Leben wie mit Selbstverständlichkeit zurückzukehren gedenkt. In der Annahme, immer noch ein munter springendes »Rehlein« im »Königsgarten« anzutreffen, mag er sich seiner Frau wie gewohnt nähern, nur um immer wieder, statt seiner Gemahlin, jener neumondgesichtigen, »einäugigen« »Stiefschwester« zu begegnen, die ihm nicht nur als reizlos und unattraktiv erscheinen muß, sondern die zu allem Überfluß auch noch von der »stiefmütterlichen« »Kammerfrau« abgeschirmt wird. Unter diesen Umständen ist es dem »König« durchaus nicht mehr möglich, das »Rehlein« aus seinem »Schlaf« zu erwecken; aus der Sicht der Gemahlin indessen muß jede Annäherung des »Königs« jetzt wie eine schwere Zumutung erscheinen. Vermutlich wird gerade ein »Schwesterchen« als Frau sich nach wie vor willfährig gegenüber dem Willen des Gatten zeigen; und doch geht es so ähnlich zu, wie eine Frau sich an diese Phase ihres Ehelebens erinnerte: »Er kam immer wieder zu mir und griff an mir herum, aber ich war vollkommen empfindungslos. Es war überhaupt kein Gefühl mehr in meinem Körper. Es war alles wie tot. Und weil ich selber nichts mehr empfand, widerte seine ungehemmte Vitalität mich geradewegs an. Selbst wenn ich an sich noch zu irgendeiner Gefühlsregung mich hätte hochrappeln können, so gab mir seine Zudringlichkeit, wie es mir vorkam, jetzt endgültig den Rest. Wenn er an mir herumgrapschte, dachte ich manchmal: ›Du hast eigentlich zwei Kinder: ein großes und ein kleines‹, aber das kleine war mir lieber. Ich fühlte mich ihm gegenüber so schuldig, weil ich alles nicht schaffte.« Was diese Frau damals dringend von ihrem Manne gebraucht hätte, wäre eine Zärtlichkeit ohne jede sexuelle Absicht gewesen: ein bißchen kuscheln, leise miteinander reden und in den Armen des anderen einschlafen. »Aber«, fuhr diese Frau fort, »dahin kam es eben nicht. Mein Mann hätte gerade wie damals, als wir uns kennenlernten, mit mir so reden müssen, daß es meine Seele gerufen hätte. Statt dessen bekam ich förmlich Angst vor seiner Nähe. Ich habe niemals denken können: er will nur ganz einfach bei mir sein. Er mußte immer bis zum letzten gehen, und darunter erstarb alles, was ich an Gefühlen noch hätte aufbringen können.«

Wie ist es möglich, das »Rehlein« aus seinem »Schlaf« zurückzurufen, so wie es anfangs gesprungen kam, als der »König« das »Haus« im Walde des »Schwesterchens« betrat und seine wahre Schönheit erkannte? Wie ist es jetzt überhaupt möglich, das »Schwesterchen« wiederzufinden? Folgt man den Bildern der Grimmschen Erzählung, so muß man wohl sagen: es ist eigentlich gar nicht mehr möglich. Denn aus einer lebenden Frau ist jetzt, mit der Geburt ihres Kindes, so etwas geworden wie *ein mitternächtliches Gespenst.*

Wir haben vorhin noch bei der Betrachtung des Seelenzustandes des »Schwesterchens« die Ansicht *verworfen,* es könne bei der Aufspaltung einer Frau in ein »Schwesterchen« und ein »Rehlein« sich um so etwas wie das Problem einer »multiplen Persönlichkeit« handeln; *jetzt aber* ist ein Zeitpunkt gekommen, an dem offenbar allein die Intensitätsgrade der Angst darüber entscheiden, ob wir uns nur erst am Rande oder bereits schon inmitten einer blühenden Schwangerschafts- bzw. Kindbettpsychose befinden.[28] »Es kam halt alles viel zu früh«, erinnerte eine Frau sich an die Zeit ihrer Niederkunft. »Ich war damals wohl selber noch ein halbes Mädchen. Ich liebte meinen Mann sehr, aber ich hatte auch Angst vor ihm, und von meiner Erziehung her war alles, was ›damit‹ zu tun hatte, immer noch fremd geblieben

und irgendwie unheimlich. Ich weiß noch, wie etwa ein halbes Jahr
nach unserer Heirat der Pfarrer, der uns getraut hatte, bei uns erschien
und sich frei heraus danach erkundigte, ob er schon so glücklich sein
dürfe, uns zu dem Kindersegen zu beglückwünschen, wir wüßten ja
doch, daß wir ehelich nur zusammensein dürften, wenn wir uns ein
Kind von Gott wünschten. Er gebrauchte gerade die kindlichen Worte, die auf mich damals einen solchen Eindruck machten. Ich hätte
seinerzeit nicht gewagt, die Pille zu nehmen, aber ich hatte doch ziemlich sorgfältig auf mich aufgepaßt und manchmal darin auch eine Aus-
rede gefunden. Ich war nicht so fromm, mich nach den Worten der
Kirche ohne weiteres zu richten, und doch war es wohl kein Zufall,
daß ich einen Monat darauf schwanger wurde. Alles schien auch recht
gut zu gehen, nur als das Kind da war, drehte ich irgendwie durch. Ich
rief innerlich meinen Vater herbei, der schon längst tot war, ich war
wütend auf meine Mutter, die noch lebte, ich hätte alles in die Luft
sprengen können; und so lag ich angekleidet auf dem Bett und wagte
kaum aufzustehen. Mein Mann war so weit weg, daß ich an ihn kaum
dachte, und auch das Kind, das ich geboren hatte, war mir wie abhanden gekommen. Ich hatte nur das Gefühl: Wenn du aufstehst, gibt es
ein Unglück.«[29]

So ähnlich wird man sich die Situation einer Frau vorstellen müssen,
auf welche die Beschreibung des Märchens von ›Brüderchen und
Schwesterchen‹ bei der Geburt ihres Kindes zutrifft. Zu einem Teil ist
sie das »Schwesterchen«, das mitten in Liebe und Ehe gegenüber der
Vatergestalt des »Königs« noch fühlt wie ein Kind; zu einem anderen
Teil aber ist sie das »schlafende Rehlein« in der Entfremdung aller
eigenen vitalen Bedürfnisse; zugleich ist sie »die Kammerfrau«, in
welcher das Überich-Vorbild der verinnerlichten (»hexenartigen«)
»Stiefmutter« Gestalt gewinnt; sie ist aber auch ihre eigene »Stiefschwester«, die als die Erschöpfungsgestalt des überforderten »Schwesterchens« auftritt; und nicht zuletzt ist sie projektiv *identisch* mit
dem »Kind«, das sie soeben hervorgebracht hat; und all diese Figuren
und Rollen widersprechen und entsprechen nun einander, so daß es so
gut wie unmöglich ist, sich dazwischen zurechtzufinden. Vor allem ist
die Gestalt des eigenen Ichs (das »Schwesterchen«) durch die Gestalt
der »Kammerfrau« (das heißt durch die Rollenvorschriften des Überichs) und der »Stiefschwester« (das heißt der entfremdeten Zerrgestalt
des Ichs) vollkommen in den Hintergrund gedrängt worden. Wie soll
man wissen, wer oder was ein Mensch ist, der in so viele Teile zerfällt,
die sich alle gegenseitig bekämpfen, beneiden und unterdrücken, die
voreinander auf der Flucht sind und sich doch wieder einholen, die in
wechselnden Gestalten auftreten können und die den entscheidenden
Teil des eigenen Ichs dabei gänzlich zum »Verstummen« bringen?
Von der Frau, die der König ehedem liebte, ist jetzt buchstäblich nur

noch ein Gespenst übriggeblieben, so daß ein Geisterseher sein müßte, wer sie wahrzunehmen vermöchte. Nur wie ein Spuk noch, zur Mitternacht, wenn all *die Wächter* schlafend liegen, tritt das »Schwesterchen« verstohlen in seine Kammer, auf der Suche nach seinem Kind und nach seinem »Reh«. Insbesondere die »Mitternacht« ist nicht selten die eigentliche Stunde eines solchen »Geisterschwesterchens«: tagsüber liegt es voller Depressionen, erdrückt von fiktiven wie faktischen Forderungen, im Bett und übernimmt die Rolle der »Stiefschwester«, während es des Nachts, wenn niemand mehr da ist, der ihm Vorwürfe macht, auf die Suche nach der verlorenen Zeit und nach dem verlorenen Ich geht. Es ist dabei, wohlgemerkt, nicht der »König«, den es aus dem Schlaf weckt, sondern die »Kinderfrau«. Der Grund dafür, daß es überhaupt noch »erscheint«, liegt, entsprechend dieser Darstellung, einzig in dem Rest einer noch verbleibenden Liebe verborgen – *passiv* in der Liebe als Frau in der Sehnsuchtsgestalt des »Rehleins«, und *aktiv* in der Liebe als Mutter im Gegenüber des Kindes. – Erschütternder als in solchen Bildern kann das Grimmsche Märchen eigentlich nicht schildern, was aus einer Frau wird, die zur Mutter werden muß, während sie selber noch ein halbes Mädchen ist, und deutlicher auch läßt sich nicht sagen, wie eine Liebe zerbricht, wenn die leise Sprache der Zärtlichkeit zwischen dem »König« und dem »Mädchen«, zwischen dem »Vater« und seiner »Tochter« zu früh durch eine Vielzahl von Pflichten übertönt wird. Denn eben dies: wie ganz »stillschweigend« das »Schwesterchen« in den Hallen seines »Schlosses« umherwandelt, schwankend zwischen den fast glücklich scheinenden »Rehleintagen« der Jugend und dem mütterlichen Gefühl gegenüber dem »Kind«, das man selbst nie gewesen ist, das macht diese Phase im Leben eines »Schwesterchens« zu der wohl traurigsten und verzweifeltsten seines Daseins. Da kann also eine Frau, die alle Welt schon aufgrund ihrer Anmut und Schönheit für beneidenswert hält und die spätestens aufgrund ihrer Heirat in den Augen aller wie eine »Königin« dasteht, in Wahrheit zu einem Schemen ihrer selbst geraten, und niemand ist, der ihr helfen könnte, weil es niemanden gibt, der auch nur entfernt noch verstehen könnte, was in einem solchen »Schwesterchen« vor sich geht. Wie sollte er auch! Das »Schwesterchen« selber *kann sich nicht mitteilen!* Es verfügt über keinerlei Sprache mehr, die für seine Mitmenschen hörbar wäre! Seine »Muttersprache« ist absorbiert von der »Stiefmutter« – von der Fürsorgesprache der »Kammerfrau«; seine »Rehleinsprache« aber liegt wie schlafend da. Und dieses Verurteiltwerden zur Stummheit mitten in einer Zeit scheinbaren Glücks ist das wohl Furchtbarste im Erleben des »Schwesterchens«. Dabei läßt sich eigentlich ganz gut begreifen, warum es dem »Schwesterchen« so ergeht. Könnte es sagen: »Ich fühle mich erstickt«? – Man würde nicht verstehen, warum – ein einziges

Kind ...! Könnte es sagen: »Ich hasse euch alle«? – Man würde ihm
vorwerfen, herzlos zu sein – wo es alle so gut mit ihm meinen ...
Könnte es sagen: »Ich gehe zurück in die Einsamkeit meines Wald-
häuschens«? – Man würde es für gewissenlos oder für verrückt erklären. Doch eben: *nichts sagen zu können*, weil das, was man sagen
müßte, von allen anderen unfehlbar für verrückt erklärt würde, das
macht eine Frau wie das »Schwesterchen« allererst wirklich »verrückt«. Die vollkommene Stummheit unter einem Andrang der heftigsten einander widersprechenden Gefühle ist wohl das quälendste
Symptom, an das sich Frauen aus der Zeit einer Schwangerschafts-
oder Kindbettpsychose denn auch später erinnern können.

c) Die Rettung der »Kinderfrau«

Wie ist aus einem Zustand solcher Gefangenschaft ein Entrinnen möglich? Das ist jetzt die alles entscheidende Frage. Eines steht fest: Von
außen ist hier durchaus nichts mehr auszurichten. »Wenn mich damals
etwas vor dem Schlimmsten bewahrt hat, so war es der Gedanke an
mein Kind. Nur seinetwegen bin ich zurückgekommen«, sagte eine
Frau, die eine solche Zeit vor Jahren hat durchmachen müssen. »Ich
glaube, ich habe nur durch mein Kind wieder zu mir selbst zurückge-
funden.« Mit dem Blick auf das Grimmsche Märchen darf man dieser
Darstellung unbedingt Glauben schenken. Wenn eine Frau in solcher
Lage etwas retten kann, so ist es das verbliebene Gefühl echter Mutterliebe; es ist jedenfalls das einzige Empfinden, das sie ohne Krampf
und Angst, ohne Zwangsvorschriften von außen und ohne Überforde-
rungsgefühle von innen als das letzte sozusagen gerade noch erlaubte
persönliche Bedürfnis mitteilen kann. Wenn irgend von dem »Schwesterchen« noch etwas nach außen hin »sichtbar« zu werden vermag, so
ist es dieses verzweifelte Suchen nach dem »Kind« und nach dem
»Reh«; es ist ein sehr liebes, pflegerisches Bedürfnis, das zu Mensch
und Tier nur gut sein möchte; und dieses Gefühl einer fast kreatürli-
chen Zärtlichkeit wird jetzt zur Rettung für das »Schwesterchen«
selbst.

Wir verstehen nach dem Gesagten bereits, daß es einzig die »Kinderfrau« ist, die am Hofe das nächtliche Treiben der »Königin« bemerkt. Alles, was das »Schwesterchen« in seiner Not tut, läßt sich in
der Tat nur »sehen« mit den Augen der »Kinderfrau«, denn es ist
einzig die Rolle der »Amme«, in welcher es noch zu erscheinen vermag; und es ist am Ende wirklich gerade dieser mütterliche Aspekt
seiner Gattin, der den »König«, geweckt von der »Kinderfrau«, aus
dem »Schlaf« reißt.

Alles beginnt damit, daß das »Schwesterchen« zu reden beginnt, und zwar in der einzigen Sprache, die ihm noch verblieben ist: dem Schwanengesang. Jetzt, wo es nicht anders mehr weitergeht, verwandelt sich sein Leben in eine langgezogene Klage des Abschieds: Bald schon wird alles zu spät sein! Eine Zeit bricht an, in der eine Frau von der Art eines »Schwesterchens« offenbar nur noch weinen kann. Jeder in seiner Umgebung spürt, wie es immer schwächer und kraftloser wird, und es ist wortwörtlich ein »nächtliches« Reden, das die »Kinderfrau« dem »König« anzeigt bzw. in welchem das »Schwesterchen« in der vermittelnden Rolle der »Kinderfrau« ihrem Gatten sich mitteilt. Wie hilflos und desorientiert das »Schwesterchen« sich bereits fühlt, klingt darin an, daß es die »Kinderfrau« fragen muß, wie das »Kind« und das »Reh« sich befinden. Das »Schwesterchen« selbst scheint zu wissen, wie rasch seine Zeit jetzt abzulaufen beginnt – an drei Fingern läßt es sich abzählen. Wohl pflegt es noch mit immer schwächer werdender Kraft sein Kind; doch sogar *die versgebundene Sprache* des Fragens und Klagens der »Königin« gibt die dramatische, ganz und gar verzweifelte Stimmungslage des »Schwesterchens« wieder. In dem Gefühl, sich durchaus nicht verständlich machen zu können, neigen nicht wenige Frauen in derartigen Zuständen dazu, sich um einen möglichst vollkommenen, dichterischen Ausdruck für ihre Empfindungen zu bemühen: Sie füllen ihre Tagebücher mit oft erstaunlich gut formulierten Sentenzen, Gedichten und Liedern, oder sie vertiefen sich in lyrische Betrachtungen – es ist der elegische Ton selbst, der sie wie magisch anzieht und der ihren eigenen Klagen so etwas wie eine objektive Gestalt und Berechtigung verleiht: Mag auch niemand von den Menschen, die sie umgeben, jemals ihre Not wirklich verstehen, so sinnen und singen sie doch im Verborgenen für die unsichtbaren Ohren der ganzen Welt. Immer ist Dichtung auch Sprache der Einsamkeit; und so kommt es, daß gerade die Einsamsten aller: die von aller Welt verlassen sich Fühlenden, zu der Sprache der Dichtung greifen,[30] nicht eigentlich um sich mitzuteilen, sondern um gewissermaßen der Nachwelt noch einen Hinweis auf sich selbst zu hinterlassen. Kein »Schwesterchen« kann geradewegs zu einem anderen Menschen sagen: »Hilf mir, hilf mir um Himmels willen«; es kann wirklich nur so schwebend und schwerelos, so *gespenstisch vergeistigt* sagen: »Nun komm ich noch diesmal und dann nimmermehr.« Subjektiv liegt durchaus keine Drohung oder Erpressung in diesem *»nimmermehr«,* es ist lediglich, als hätte man noch die Pflicht zu erfüllen, es gesagt zu haben, obschon ohne Hoffnung, der andere könnte es wirklich noch aufnehmen; es geschieht sozusagen nur noch der Vollständigkeit halber, um nicht schuldhaft etwas versäumt zu haben. Am Ende sollte halt niemand sagen können, er habe es nicht rechtzeitig gewußt.

Das Märchen erzählt nicht, woran es eigentlich liegt, daß der »Kö-

nig« das »Schwesterchen« doch noch im letzten Augenblick als seine
»liebe Frau« wiedererkennt, doch wird man im Sinne der Grimmschen Erzählung *die aufrichtige »Mütterlichkeit«* des »Schwesterchens« selbst für das entscheidende Merkmal halten dürfen. Jedenfalls
ist dies der Punkt, an dem der »König« das »Schwesterchen« als seine
Frau anerkennt bzw. wiedererkennt. Mag er auch in allen anderen
Gefühlen verwirrt und irritiert sein – *daran* ist ihm kein Zweifel, daß
seine Gemahlin es von Herzen gut mit ihrem Kinde meint; und doch
bedarf es einer besonderen »Wachsamkeit«, um wenigstens diese
Sprache einer überforderten und schon ersterbenden Mütterlichkeit,
diese »*Gespenstersprache*« einer rein geistigen Gesinnung zu vernehmen und richtig zu verstehen. Der »König« tut es, und es wird für ihn
zu dem entscheidenden Schlüssel, um das »Schwesterchen« als seine
Frau wiederzufinden; umgekehrt aber bedarf das »Schwesterchen«
offenbar auch von sich her seines »Erwachens«, um zu sich selbst zu
finden. Der Grund dafür liegt auf der Hand. Es gibt Dinge, die wir
uns selbst nur zu glauben vermögen, wenn wir sie zu sehen lernen
durch den Glauben anderer. Daß das »Schwesterchen« eine gute Mutter *ist*, wenn es selbst noch im Zustand völliger Verwirrung mit den
letzten Kräften auf die Suche geht nach seinem »Kind« und nach
seinem »Reh«, ist so ein »Glaubenssatz«, der buchstäblich die Auferstehung des »Schwesterchens« einleitet; diese Überzeugung bildet den
ehernen Kern, um den herum sich die Erlaubnis eines neuen Selbstwertgefühls aufbauen kann und der dazu führt, endlich die Berechtigung zu einem eigenen Leben zu gewinnen – »durch Gottes Gnade«,
wie das Märchen sagt; und doch geschieht es nicht ohne die Mitarbeit
des »Königs«, daß dem »Schwesterchen« etwas von dem Gefühl einer
absoluten Daseinsberechtigung zurückgeschenkt wird. Es ist, als
tauchte das »Schwesterchen« jetzt ein zweites Mal in das Empfinden
einer wirklich göttlichen Bejahung ein: *Es darf sein!* Es *muß* nicht nur
dasein für sein Kind, es *darf* auch existieren für sich selbst, ganz so,
wie es zuvor seiner selbst als eines heranwachsenden Mädchens bewußt werden durfte. Es ist, als kehrte der Strom des Lebens wieder zu
ihm zurück, indem wenigstens *eine* Gewißheit in all den Stürmen der
Seele geblieben ist: *Es ist eine gute Mutter!* Wie schwer fällt es, Frau-
en, die im Rückblick sich selbst noch nach Jahren oft die schlimmsten
Vorwürfe für die wirklichen oder vermeintlichen Schäden machen, die
sie in der Hexengestalt der »Kammerfrau« ihren Kindern zugefügt
haben, trotz allem davon zu überzeugen, daß sie es *gut* gemeint haben
und daß ihr einziger Fehler allenfalls darin bestand, selber zu wenig
gelebt zu haben! Und doch liegt gerade hier der zentrale Punkt, um
die Schreckensherrschaft der »Stiefmutter« ein für allemal zu beenden.

Man kommt an dieser Stelle nicht umhin, sich die Reihenfolge der
Dinge *anders* vorzustellen, als die Brüder Grimm sie uns glauben

machen möchten. Nach *ihrer* Darstellung ward das »Schwesterchen« »durch Gottes Gnade« »frisch, rot und gesund«, und es erzählt »darauf« »dem König den Frevel, den die böse Hexe und ihre Tochter an ihr verübt hatten«. Dies kann die rechte Anordnung kaum sein. Wohl trifft es zu, daß die Umarmung des »Königs« dem »Schwesterchen« den entscheidenden Mut zu einem eigenen Leben zurückgegeben hat; doch kann diese »Revitalisierung« nur erst der Anfang von allem sein; was darauf folgt, ist allemal ein langes, ein oft jahrelanges, immer von neuem aufzunehmendes Gespräch über all die Hintergründe und Aufspaltungen, die von der frühen Kindheit an bis jetzt, bis in die Tage der Mutterschaft hinein, wirksam waren; und bevor nicht wirklich das »Rehlein« seine menschliche Gestalt zurückgewonnen hat, wird von einem Zustand »frisch, rot und gesund« wohl nur erst andeutungsweise bzw. in bloßem Kontrast zu dem Schemendasein zuvor die Rede sein können.

Immerhin läßt sich verstehen, was die Brüder Grimm zu ihrer Darstellung veranlaßt haben dürfte: Es ist *die Plötzlichkeit der Veränderung* in dem Befinden des »Schwesterchens«. Buchstäblich in einem Nu kann manch ein psychotischer Zustand, so unversehens er auf eine scheinbare Nichtigkeit hin ausbrach, auch wieder verschwinden. Die entscheidende Erfahrung des »Schwesterchens« *hier,* die Entdeckung, die es leben läßt, besteht in dem Wissen, daß der König es liebhat – als Mutter sowohl wie als Frau. Es ist, als wenn aus einem unerfindlichen Grunde Worte und Gebärden, die tausendmal schon vergeblich gesagt und geäußert wurden, nun mit einem Male die Person des anderen hätten erreichen dürfen; ja, es kann sogar sein, daß die Wende einfach schon dadurch möglich wird, daß die quälende Zeit unter der Herrschaft der »Stiefmutter« lange genug gedauert hat, um den Sadismus des Überichs zu befriedigen; vor allem aber tritt hier noch ein letztesmal jenes Entwicklungsgesetz in Kraft, das wir an jeder Stelle des Grimmschen Märchens von ›Brüderchen und Schwesterchen‹ beobachten konnten: daß eine Frau von der Art eines »Schwesterchens« den Weg ins Leben immer erst gehen wird, wenn es, ganz wörtlich, nicht anders mehr geht. Es führt jetzt durchaus kein Weg mehr daran vorbei, sich selbst zu bejahen und sich selber zu akzeptieren, und dieser Durchbruch der Erkenntnis scheint jetzt, zumindest intellektuell, geschafft zu sein und von dem »Schwesterchen« selbst bejaht zu werden. Zugleich hören wir an dieser Stelle jedoch auch, was es bislang so schwergemacht hat, aus eigenen Kräften nach vorne zu gehen. Keineswegs handelt es sich nur um Angst vor dem Leben oder um die Angst vor der verfolgenden Hexenalten, wie wir bisher weitgehend angenommen haben, weit wichtiger, so sehen wir jetzt, ist *die Angst vor den eigenen Aggressionen* gegenüber der Gestalt der Mutter, die das Leben des »Schwesterchens« beinahe vernichtet hätte.

Von welch einer Stärke der latente Zorn des »Schwesterchens« auf seine »Stiefmutter« (und ebenso auf seine »Stief*schwester*«) ist, mag man daran ersehen, daß in den Kinderbuchausgaben *das grausige Strafgericht* zumeist ausgelassen wird, das jetzt über die Hexenalte (und ihre »Tochter«) ergeht: Die Hexe wird im Feuer verbrannt, und die »Stiefschwester« wird von den Tieren des Waldes zerrissen! Es ist, wie wir erst jetzt deutlich erkennen, ganz offensichtlich dieses tödliche Entweder-Oder, das bisher jede wirkliche Auseinandersetzung zwischen dem »Schwesterchen« und seiner (Stief-)Mutter verhindert und die gesamte Ichentwicklung förmlich gelähmt hat. Wie sollte es auch anders sein! Kein Kind der Welt kann einen gewissen Mut zu sich selber gewinnen, wenn es auf dem Wege dahin die Schuld auf sich nehmen muß, seine eigene Mutter mit Gewalt zu beseitigen;[31] doch gerade in dieser Situation hat sich seit eh und je das »Schwesterchen« befunden: Schon als Kind hat es erleben müssen, daß es die Mutter hätte vernichten müssen, wenn es gegen die erdrückende und erstickende Art ihres Wesens sich wirksam hätte zur Wehr setzen wollen, und es ist im Grunde diese Maßlosigkeit der eigenen Aggression, die es sein ganzes Leben lang vollkommen wehrlos machen mußte. »Ich kann doch nicht meine Mutter anschreien oder auf sie einschlagen, wenn ich sehe, wie sie selber leidet«, schilderte eine Frau dieses Dilemma, »und dann füge ich mich, um das Äußerste zu verhüten; aber es geht niemals lange gut, dann muß ich einfach von ihr weg, sonst, denke ich, muß ich noch platzen.« So ähnlich verhielt es sich bisher jahraus, jahrein im Dasein des »Schwesterchens«: es mußte immer wieder *fliehen*, statt sich auseinanderzusetzen, und es mußte immer wieder seine Aggressionen arretieren, um nicht zügellos zu explodieren.

Um so wichtiger aber erscheint es jetzt, unter der Anleitung des »Königs« die Geschichte der eigenen verdrängten Aggressionen *nachzuarbeiten* und zu dem eigenen Zorn als zu etwas Berechtigtem zu stehen. Gewiß überkommt uns noch heute ein Schaudern, wenn wir hören, mit welcher Unbefangenheit in dem Grimmschen Märchen »Hexen« verbrannt[32] und Menschen zu Tode gefoltert werden – als hätte es derlei Praktiken in der Geschichte der Rechtsprechung nicht über erschreckend lange Zeiträume hin in brutaler Realität gerade so gegeben! Doch die Märchen, wie wir gar nicht oft genug betonen können, erzählen keine »reale« Geschichte; was sie berichten, ist ein symbolisches Psychodrama, das seine Menschlichkeit darin beweist, daß seine Inhalte in symbolischer Bedeutung bewußtgemacht werden und eben deshalb gerade nicht in der äußeren Wirklichkeit aufgeführt werden müssen. Das »Psychodrama« des »Schwesterchens« freilich käme ohne die Unterstützung des »Königs« gewiß nicht zustande, und es wäre ohne seine Hilfe nicht zu sehen, wie das »Schwesterchen« die Hypothek seiner »Stiefmutter« jemals abschütteln könnte.

Genau besehen, kann man über die Treffsicherheit der Grimmschen Erzählung auch an dieser Stelle nur staunen. Berichtet wird von einem »Gericht«, welches der »König« *einberuft,* und dieses Bild ist absolut exakt. Um es zu würdigen, müssen wir uns daran erinnern, daß im Leben eines »Schwesterchens« bereits in Kindertagen die Gestalt des Vaters *völlig ausfiel* und statt dessen von einem Geflecht aus Sehnsucht und Angst umwoben wurde. *Der Vater,* wäre er gegenwärtig gewesen, hätte seiner Frau vor allem immer wieder sagen müssen, sie dürfe der Tochter nicht derartig zusetzen, das Mädchen meine es gut und es geschehe ihm unrecht durch eine solche Behandlung; nur deshalb, weil es eine solche väterliche Instanz in der Kindheit des »Schwesterchens« niemals gab, blieb ihm am Ende nichts anderes übrig, als schließlich sogar noch für seine eigenen unverarbeiteten Aggressionen sich selber schuldig zu fühlen und sie soweit als möglich zu verdrängen. Folgerichtig wird es jetzt zur Aufgabe des »Königs«, stellvertretend für den fehlenden Vater in der Gegenwart heute all die Worte zu sagen, die damals ungesagt blieben, und den Prozeß nachzuholen, der seinerzeit schon das »Schwesterchen« von aller Schuld hätte freisprechen müssen. *Konkret* kommt es jetzt darauf an, all die Szenen von Gewalt und Unrecht, von Qual und Unterdrückung, von Anschuldigungen und Vorwürfen noch einmal durchzugehen, die in der Kindheit bereits das »Schwesterchen« so nachhaltig geprägt haben; an Stelle des Vaters muß jetzt der »König« all die Worte der Verteidigung und des Freispruches vorbringen, die das »Schwesterchen« damals im Ansatz gewiß *fühlen,* aber sicher nicht *denken,* geschweige denn *sagen* durfte; und in gleichem Sinne muß es dahin kommen, daß die »Stiefmutter« an all den Stellen ihrer Willkürattacken als objektiv schuldig erfunden wird. Ganz richtig aber sagt das Märchen dabei, daß *nicht der »König« selbst,* sondern *das Gericht* das Urteil zugunsten des »Schwesterchens« fällen wird. Der Unterschied ist wichtig. Denn das »Schwesterchen« darf nicht von dem bloßen Wohlwollen seines Gemahls abhängig bleiben wie ein Kind von der Gunst und Gnade seines Vaters, *es selber* muß sich gedanklich und gefühlsmäßig zu der Überzeugung durchringen, nach menschlichem Ermessen *im Recht* zu sein.

Erzählt wird in dem Grimmschen Märchen nun freilich nicht des näheren von den erheblichen Schwierigkeiten, die ein solcher »Prozeß« der »Rechtfertigung« im Leben eines »Schwesterchens« unfehlbar aufwerfen wird: Die eigene (Stief-)Mutter auch nur in Gedanken zu beschuldigen, muß als erstes *die heftigsten Schuldgefühle* wachrufen! Immerhin kann man derlei Schuldgefühle in aller Regel durch den Hinweis beruhigen, daß der »Prozeß« ja nicht der Mutter gemacht wird, die damals wirklich lebte (oder die noch in der Gegenwart existiert), sondern daß das Gerichtsurteil über jenes Konglomerat von Eindrücken gefällt wird, das die »Mutter« damals, in Kindertagen, womöglich gegen ihr eigenes Wollen in der Seele ihres Kindes hinterlassen hat. Doch selbst wenn diese Voraussetzung akzeptiert wird, so können immer noch die furchtbarsten Verzweiflungsanfälle ein »Schwesterchen« heimsuchen, wenn in ihm wirklich sich jene Gefühle von Zorn und Empörung zu regen beginnen, die damals so gründlich beiseitegedrückt wurden. »Ich darf doch nicht hassen! Ich kann doch meine Mutter nicht hassen! Mein Gott, ich bin ja noch viel verdorbener, als ich es immer schon wußte«, klagte zum Beispiel monatelang eine Frau, die ihre Wut auf ihre Mutter jetzt im Abstand von mehr als dreißig Jahren zum erstenmal wieder spürte. *Zerfetzen, verbrennen, von wilden Tieren zerreißen lassen* – wie soll man solche Wunschphantasien in bezug zu den eigenen Angehörigen hegen können, ohne sich auf das schwerste schuldig vorzukommen! Man kann sich unmöglich selber sehr gut fühlen, wenn man es nötig hat, gegenüber den nächsten Verwandten so zu empfinden. In dieser Situation mag unter Umständen die Einsicht ein Stück weiterhelfen, daß die Heftigkeit der eigenen Aggressionen nicht einem wirklichen Wünschen entspricht, sondern lediglich der grenzenlosen Ohnmacht und Wehrlosigkeit der Kindertage entstammt[33] und daß die Tödlichkeit der eigenen Wutanfälle *lediglich eine Reaktion* auf die Tödlichkeit der mütterlichen Jähzornsattacken damals darstellt; wenn es zudem gelingt, den jeweils größten Zorn in kleine wirksame Portionen zu stückeln, wird das Gefühl des Ausgeliefertseins allmählich zurückgehen, und damit werden auch die aufgestauten Aggressionen in ihrem Quantum und in ihrer Art besser zugänglich werden. Freilich handelt es sich dabei um einen langen Weg des Übens und des Umlernens, und er wird nicht ohne Rückschläge und Verletzungen zu begehen sein. *Eine* Versicherung indessen kann vorderhand von Nutzen sein, die sich paradox anhört, an die aber auch das Grimmsche Märchen zu glauben scheint, wenn es versichert, es habe nach dem Tribunal über die »Stiefmutter« alsbald das »Rehlein« seine menschliche Gestalt zurückgewonnen; die Versicherung darf lauten, daß jemand, der so leidenschaftlich sein kann in seiner Erbitterung und in seinem Zorn wie das »Schwesterchen«, wenn ihm »Recht« gesprochen wird, *mindestens ebenso leidenschaftlich* sein kann *in der Glut seiner Liebe*. Ja es ist eigentlich bereits *dieses Feuer der Liebe*, in dessen Flammen die »Hexe« ihr Ende finden muß,[34] so wie es die Kräfte der eigenen Vitalität, die »Tiere des Waldes«, sind, denen die Jammergestalt der »Stiefschwester« endlich zum Opfer fällt.[35] Was sich in äußerer Betrachtung als eine gräßliche Exekution darbietet, erweist sich psychologisch mithin als unerläßlich auf dem Weg zu sich selbst und zum anderen. Es gibt keine »Koexistenz« des »Schwesterchens« mit der verinnerlichten Gestalt seiner »Mutter«, und ehe nicht das gesamte Mischgebilde aus Opferhaltungen und Resignationen in einem Umfeld ständiger Überforderungen, Selbsteinschränkungen und Schuldgefühle ein Ende gefunden hat, wird eine integrale Form zu leben und zu lieben nicht möglich sein. Kaum aber verbrennt die »Hexe« im Feuer zu Asche, da erlangt das »Rehlein« seine Menschlichkeit wieder, und das Glück des »Schwesterchens« ist vollständig. Was sonst auch wäre des Menschen Glück, als aus ganzem Herzen, mit ganzer Seele und mit allen Kräften zu lieben – lieben *zu können* (Mk 12,30)?[36]

Coda

Wir stehen am Ende der Lektüre eines Märchens, das zu den bestbekannten der Kindertage gehört und das uns dennoch eine ebenso unheimliche wie geheimnisvolle Welt erschlossen hat. Es ist nicht nur, daß wir die Sprache des Unbewußten ein Stück weit besser zu verstehen gelernt haben, es ist vor allem, daß wir an Verständnis gegenüber uns selbst und gegenüber all denen gewonnen haben, die beim besten Willen in ihren Ängsten und Schuldgefühlen nicht ein noch aus wissen. Vor allem haben wir gesehen, wie viele Gestalten in einem einzigen Menschen nebeneinander hausen können und wie vielschichtig scheinbar selbst so einfache Vorgänge sind wie die Loslösung von der Mutter, das Kennenlernen der eigenen Rolle als Frau, die Erfahrung der ersten Liebe, der Eintritt in die Ehe und die Geburt des ersten Kindes. ›Brüderchen und Schwesterchen‹ – das ist, entgegen den Vermutungen, welche die Überschrift weckt, *nicht* die Geschichte eines Geschwisterpaares, das ist das Entwicklungsdrama eines Mädchens, das auf den mühsamen und ängstlichen Pfaden der Jugend einen Weg zu dem reichen und glücklichen Leben der Liebe zu finden versucht. Das Bild eines Mädchens, wie Renoir es malte:[37] verträumt an einem sommerhellen Tag auf einer Wiese sitzend, die langen dunklen Haare über die Schultern herabfließend, in ein rotes Kleid voller Verheißungen gehüllt und den Betrachter einladend, mit ihm voller Sehnsucht in eine ferne weite Welt zu schauen – *das* ist deshalb wohl das beste Sinnbild für jene Gestalt einer reifenden Frau, die in so vielen Gestaltungen ihrer Jugend zu ihrer immer wieder bedrohten Einheit zurückfinden muß. So eigentümlich in ihrem Widerspruch und in ihrem Trost vermögen nur die Märchen zu uns zu sprechen. Unser Alltagsbewußtsein sperrt sich gegen sie, wenn sie uns zeigen, wie ausgesetzt wir Menschen uns gegenüber den Mächten des Unbewußten fühlen können; dann aber nehmen dieselben Erzählungen uns an die Hand und lehren uns, auf Lösungen zu hoffen, die dem Bewußtsein des Tages nicht zugänglich sind; und in den Zuständen der Verzweiflung

ebenso wie in den Augenblicken des Glücks beschwören sie uns, *mehr*
zu sein und an uns *wahrzunehmen,* als unser verständiges Urteil es
wahrhaben will. Eros und Thanatos, Liebe und Haß sind stärkere
Götter, als wir gemeinhin zu glauben geneigt sind; doch wenn wir
damit beginnen, ihr Wirken zu verstehen, statt gegen sie anzukämp-
fen, erweisen sie sich als gütig und groß in der Lenkung unseres
Lebens. Wir haben bei der Auslegung dieser Erzählung erlebt, wie
brüchig und hohl die moralischen Weisungen sein können, wenn es
darum geht, ein Menschenleben zu ordnen; und doch besitzt der
Mensch in den Märchen ein verborgenes Wissen um sein eigenes Wesen. Ihm *nicht* zu gehorchen aus Angst bzw. aus lauter Angst nicht
selber wirklich zu leben, ist der Ursprung aller Schuld – am Ende auch
im moralischen Sinne.[38] Es ist aber einzig die Liebe, die über den
Abgrund der Angst hinwegträgt. »Die Liebe«, meint der libanesische
Dichter Simon Y. Assaf:

> Die Liebe heilt
> Schwermut und Trauer,
> Gram und Einsamkeit.
> Sie sättigt unseren Hunger
> und stillt unseren Durst.
> Je weiter ihr ihren Pfaden folgt,
> um so reicher sprudeln ihre Quellen,
> und um so lieblicher
> werden ihre Wege.
>
> Die Liebe ist Licht,
> und ihr seid seine Strahlen.
> Öffnet ihr die Tore eures Herzens,
> und sie wird euer Inneres überfluten.
> Sie macht euch zu Fackeln und Kerzen
> und läßt euch Licht und Wärme
> spenden.
>
> Die Liebe eint euch
> und trennt euch nicht,
> sie stärkt euch
> und schwächt euch nicht,
> sie versammelt euch
> und zerstreut euch nicht,
> sie schützt euch
> und verläßt euch nicht.
> Doch wehe, wenn ihr von ihr sprecht,
> bevor sie euch durchdrungen

und geprägt hat,
bevor ihre Wellen euch hinabgezogen
und ihre Feuer euch verbrannt haben.
Bevor ihr sie verkündet,
taucht unter in ihre Wellen,
labt euch an ihren Wassern
und atmet ihren Duft ein![39]

Die kluge Else

Es war ein Mann, der hatte eine Tochter, die hieß die *kluge Else*. Als sie nun erwachsen war, sprach der Vater: »Wir wollen sie heiraten lassen.« »Ja«, sagte die Mutter, »wenn nur einer käme, der sie haben wollte.« Endlich kam von weither einer, der hieß Hans und hielt um sie an, er machte aber die Bedingung, daß die kluge Else auch recht gescheit wäre. »Oh«, sprach der Vater, »die hat Zwirn im Kopf«, und die Mutter sagte: »Ach, die sieht den Wind auf der Gasse laufen und hört die Fliegen husten.« »Ja«, sprach der Hans, »wenn sie nicht recht gescheit ist, so nehm' ich sie nicht.« Als sie nun zu Tisch saßen und gegessen hatten, sprach die Mutter: »Else, geh in den Keller und hol Bier.« Da nahm die kluge Else den Krug von der Wand, ging in den Keller und klappte unterwegs brav mit dem Deckel, damit ihr die Zeit ja nicht lang würde. Als sie unten war, holte sie ein Stühlchen und stellte es vors Faß, damit sie sich nicht zu bücken brauchte und ihrem Rücken etwa nicht wehe täte und unverhofften Schaden nähme. Dann stellte sie die Kanne vor sich und drehte den Hahn auf, und während der Zeit, daß das Bier hineinlief, wollte sie doch ihre Augen nicht müßig lassen, sah oben an die Wand hinauf und erblickte nach vielem Hin- und Herschauen eine Kreuzhacke gerade über sich, welche die Maurer da aus Versehen hatten steckenlassen. Da fing die kluge Else an zu weinen und sprach: »Wenn ich den Hans kriege, und wir kriegen ein Kind, und das ist groß, und wir schicken das Kind in den Keller, daß es hier soll Bier zapfen, so fällt ihm die Kreuzhacke auf den Kopf und schlägt's tot.« Da saß sie und weinte und schrie aus Leibeskräften über das bevorstehende Unglück. Die oben warteten auf den Trank, aber die kluge Else kam immer nicht. Da sprach die Frau zur Magd: »Geh doch hinunter in den Keller und sieh, wo die Else bleibt.« Die Magd ging und fand sie vor dem Fasse sitzend und laut schreiend. »Else, was weinst du?« fragte die Magd. »Ach«, antwortete sie, »soll ich nicht weinen? Wenn ich den Hans kriege, und wir kriegen ein Kind, und das ist groß und soll hier Trinken zapfen, so fällt ihm vielleicht die Kreuzhacke auf den Kopf und schlägt es tot.« Da sprach die Magd: »Was haben wir für

eine kluge Else!«, setzte sich zu ihr und fing auch an,
über das Unglück zu weinen. Über eine Weile, als die
Magd nicht wiederkam und die droben durstig nach dem
Trank waren, sprach der Mann zum Knecht: »Geh doch
hinunter in den Keller und sieh, wo die Else und die
Magd bleibt.« Der Knecht ging hinab; da saß die kluge
Else und die Magd und weinten beide zusammen. Da
fragte er: »Was weint ihr denn?« »Ach«, sprach die Else,
»soll ich nicht weinen? Wenn ich den Hans kriege, und
wir kriegen ein Kind, und das ist groß und soll hier Trinken zapfen, so fällt ihm die Kreuzhacke auf den Kopf
und schlägt's tot.« Da sprach der Knecht: »Was haben
wir für eine kluge Else!«, setzte sich zu ihr und fing auch
an, laut zu heulen. Oben warteten sie auf den Knecht; als
er aber immer nicht kam, sprach der Mann zur Frau:
»Geh doch hinunter in den Keller und sieh, wo die Else
bleibt.« Die Frau ging hinab und fand alle drei in Wehklagen und fragte nach der Ursache; da erzählte ihr die
Else auch, daß ihr zukünftiges Kind wohl würde von der
Kreuzhacke totgeschlagen werden, wenn es erst groß wäre und Bier zapfen sollte und die Kreuzhacke fiele herab.
Da sprach die Mutter gleichfalls: »Ach, was haben wir
für eine kluge Else!«, setzte sich hin und weinte mit. Der
Mann oben wartete noch ein Weilchen; als aber seine
Frau nicht wiederkam und sein Durst immer stärker
ward, sprach er: »Ich muß nur selber in den Keller gehn
und sehen, wo die Else bleibt.« Als er aber in den Keller
kam und alle da beieinander saßen und weinten und er
die Ursache hörte, daß das Kind der Else daran schuld
wäre, das sie vielleicht einmal zur Welt brächte, und von
der Kreuzhacke könnte totgeschlagen werden, wenn es
gerade zur Zeit, wo sie herabfiele, darntersäße, Bier zu
zapfen, da rief er: »Was für eine kluge Else!«, setzte sich
und weinte auch mit. Der Bräutigam blieb lange oben
allein; da niemand wiederkommen wollte, dachte er: »Sie
werden unten auf dich warten, du mußt auch hingehen
und sehen, was sie vorhaben.« Als er hinabkam, saßen da
fünfe und schrien und jammerten ganz erbärmlich, einer
immer besser als der andere. »Was für ein Unglück ist
denn geschehen?« fragte er. »Ach, lieber Hans«, sprach
die Else, »wann wir einander heiraten und haben ein
Kind, und es ist groß, und wir schicken's vielleicht hierher, Trinken zu zapfen, da kann ihm ja die Kreuzhacke,
die da oben ist steckengeblieben, wenn sie herabfallen

sollte, den Kopf zerschlagen, daß es liegenbleibt; sollen wir da nicht weinen?« »Nun«, sprach Hans, »mehr Verstand ist für meinen Haushalt nicht nötig; weil du so eine kluge Else bist, so will ich dich haben«, packte sie bei der Hand und nahm sie mit hinauf und hielt Hochzeit mit ihr.

Als sie den Hans eine Weile hatte, sprach er: »Frau, ich will ausgehen, arbeiten und uns Geld verdienen, geh du ins Feld und schneid das Korn, daß wir Brot haben.« »Ja, mein lieber Hans, das will ich tun.« Nachdem der Hans fort war, kochte sie sich einen guten Brei und nahm ihn mit ins Feld. Als sie vor den Acker kam, sprach sie zu sich selbst: »Was tu' ich? Schneid' ich eh'r, oder eß' ich eh'r? Hei, ich will erst essen.« Nun aß sie ihren Topf mit Brei aus, und als sie dick satt war, sprach sie wieder: »Was tu' ich? Schneid' ich eh'r oder schlaf' ich eh'r? Hei, ich will erst schlafen.« Da legte sie sich ins Korn und schlief ein. Der Hans war längst zu Haus, aber die Else wollte nicht kommen; da sprach er: »Was hab' ich für eine kluge Else, die so fleißig ist, daß sie nicht einmal nach Haus kommt und ißt.« Als sie aber noch immer ausblieb und es Abend ward, ging der Hans hinaus und wollte sehen, was sie geschnitten hätte; aber es war nichts geschnitten, sondern sie lag im Korn und schlief. Da eilte Hans geschwind heim und holte ein Vogelgarn mit kleinen Schellen und hängte es um sie herum; und sie schlief noch immer fort. Dann lief er heim, schloß die Haustüre zu und setzte sich auf seinen Stuhl und arbeitete. Endlich, als es schon dunkel war, erwachte die kluge Else, und als sie aufstand, rappelte es um sie herum, und die Schellen klingelten bei jedem Schritte, den sie tat. Da erschrak sie, ward irre, ob sie auch wirklich die kluge Else wäre, und sprach: »Bin ich's, oder bin ich's nicht?« Sie wußte aber nicht, was sie darauf antworten sollte, und stand eine Zeitlang zweifelhaft; endlich dachte sie: »Ich will nach Haus gehen und fragen, ob ich's bin oder ob ich's nicht bin, die werden's ja wissen.« Sie lief vor ihre Haustüre, aber die war verschlossen; da klopfte sie an das Fenster und rief: »Hans, ist die Else drinnen?« »Ja«, antwortete der Hans, »sie ist drinnen.« Da erschrak sie und sprach: »Ach Gott, dann bin ich's nicht«, und ging vor eine andere Tür; als aber die Leute das Klingeln der Schellen hörten, wollten sie nicht aufmachen, und sie konnte nirgends unterkommen. Da lief sie fort zum Dorfe hinaus, und niemand hat sie wiedergesehen.

Mitunter mag manch einem Geologen schon ein Stein, manch einem Archäologen schon ein Scherbenstück genügen, um ein ganzes Erdzeitalter oder eine ganze Zeitepoche rekonstruieren zu können. Dem Tiefenpsychologen leistet oft ein einzelner Satz, ein einziges Traumsymbol, eine einzige Kindheitserinnerung den gleichen Dienst. Im Märchen von der ›Klugen Else‹ sind es vor allem die wenigen Einleitungssätze, die das eigentliche Problem dieses unglückseligen Mädchens, dieser schließlich wie von Sinnen hilflos umherirrenden Frau gleich zu Anfang wie unauffällig markieren. All der redselige Schalk und Schwank, der später die Geschichte bestimmt, ruht auf dem Boden dieser Einleitung. In ihr ist alles weitere im Kern bereits enthalten, und dementsprechend wird man sie interpretieren müssen, wenn man die später so dramatische Entwicklung einer »klugen Else« recht verstehen will. Freilich: es geht an dieser Stelle nicht allein darum, ein Märchen auszulegen; es geht darum, anhand dieser Erzählung zu begreifen und begreifbar zu machen, was eigentlich geschieht, wenn Kinder bereits als Kinder erwachsener sein müssen als die Erwachsenen und, wenn sie groß sein müssen, noch ehe sie klein sein dürfen.[1]

Beziehungsfallen

»Ein Mann hatte eine Tochter...«

Wie wird ein Kind geartet sein, das, um als artig in den Augen seines Vaters zu erscheinen, sich Tag um Tag das Eigenschaftswort »klug« erwerben muß? Ganz deutlich ist, wie sehr die »kluge Else« als des Vaters Kind geschildert wird. »Es war ein Mann, der eine Tochter hatte« – es gibt, um die Bedeutung dieses Satzes recht pointiert zu formulieren, von Anfang an kein Kind, das einen Vater hatte; des Vaters Kind zu sein, bedeutet vielmehr für die »kluge Else«, ganz und gar in der Rolle einer Vaterstochter sich bewähren zu müssen und bewahrt zu bleiben. Es ist, als wäre dies Kind allein deshalb zur Welt gekommen, um als Annex seines Vaters, als dessen Stolz und Aushängeschild, zu fungieren, und man muß annehmen, daß auch umgekehrt der Vater gerade darin seinen eigenen Wert, seine Größe und seinen Stolz bestätigt sehen mag, eine solche Tochter zu »besitzen«.

Gewiß, ein so kurzer Satz könnte am Anfang jeder beliebigen anderen Erzählung als vollkommen harmlos und nebensächlich erscheinen. In der Geschichte von der ›Klugen Else‹ aber bildet er, wie sich noch zeigen wird, den ganzen Lebens- und Erfahrungshintergrund der Entwicklung und Charakterprägung dieser Frau. Für einen Augenblick lang wird man daher, über den unmittelbaren Märchentext hinaus, wohl etwas auch über die Eigenart und den Charaktertyp des Vaters einer solchen »klugen Else« nachdenken müssen und spekulieren dürfen.

Ein Mann steht dann vor uns, der selbst vermutlich voller Minderwertigkeitsgefühle steckt. Vor allem bezüglich seiner intellektuellen Leistungsfähigkeit wird er nichts als Mißerfolge erlebt haben, und gleichzeitig dürfte er sich außerstande zeigen, die überhöhten Ansprüche an sich selber auch nur um ein weniges zu korrigieren. Im Gegenteil werden wir vermuten müssen, daß er bei allen Mißerfolgen nur um so verbissener an gerade denjenigen Zielen festhält, die nicht erreichen zu können ihm den größten Schmerz und den tiefsten Stachel bedeutet. Nach wie vor – so denken wir uns diesen Mann – setzt er seine ganze Selbstachtung darein, erst dann für liebenswert und ansehnlich zu gelten, wenn er bestimmte geistige Fähigkeiten (einen Schulabschluß, ein akademisches Studium, einen Beruf mit Doktor oder – wenigstens – mit Diplom) schon an dem Türschild seiner Wohnung sichtbar nachzuweisen vermag. Deutlich ist indessen, daß dieser fixe Maßstab, dieser absolute, starre Standard seiner Selbstachtung nicht von seinem Ich, von seinem eigenen Denken und Werten ausgeht, sondern als eine fertige Maschinerie, als Teil seines Überichs, in ihm abläuft und unentrinnbar und grausam sein Ich immer wieder zum Versager, zum Nichtskönner, zum Stümper, zum Dummkopf, zum Hanswurst erklärt – und schließlich wirklich dazu macht. Es mag sein, daß ein solcher Mensch wohl ahnt, wie sehr gerade diese unerhört entmutigende, diese jeden Ansatz bereits im Keim zerreibende Kritikmühle recht eigentlich den Grund all seines objektiven Scheiterns bildet; aber er ist von sich her nicht stark genug, dem ständigen Widerspruch von innen her erfolgreich zu widerstehen.

Kein Mensch, weder als Kind noch als Erwachsener, vermag etwas zu lernen, zu probieren, zu üben oder zu vollenden, wenn ihn auf Schritt und Tritt, bei jedem Gedanken, den er faßt, bei jedem Plan, den er hegt, bei jedem Wunsch, den er äußert, bei jedem Satz, den er schreibt, bei jedem Handschlag, den er tut, der zerstörerische Kommentar begleitet: »Falsch!« »So geht das nicht!« »Hab ich's nicht gleich gesagt!« »Du lernst das nie.« »Sitz nicht so faul herum.« »Schau dir mal andere an!« »Aus dir wird nie etwas Gescheites.« »Das ist alles ganz anders.« »So brauchst du gar nicht erst anzufangen« ... und so ins Unendliche, immer wieder, immer wieder. Der Teufelskreis von Entmutigung und Versagen ist unter solchen Voraussetzungen leicht geschlossen: Je gedemütigter ein solches Ich sich den Verurteilungen und Vorverurteilungen seiner Überichinstanz (das heißt ursprünglich seines eigenen Vaters, seiner eigenen Mutter) ausgeliefert sieht, desto rascher versiegt die einzige Möglichkeit, das Blatt noch zu wenden: Man müßte, zur Begründung eines eigenen Selbstbewußtseins, gegen die verurteilende Instanz, in Gestalt der eigenen Eltern zumal, mit Macht zu Felde ziehen; aber je vernichtender die Aburteilung und Erniedrigung des Ichs ausfällt, je verunsicherter und schwankender der eigene Boden unter der Zerstörungsarbeit einer permanenten Selbstzensur wird, je tyrannischer das Überich das Terrain der eigenen Persönlichkeit schließlich besetzt hält, desto weniger Reserven bleiben dem Ich, um sich mit einigem Vertrauen in das Recht und die Berechtigung seines eigenen Standpunktes zur Wehr zu setzen. Ohnmächtig und verzweifelt, in immer neuen Anläufen, klammert es sich vielmehr schließlich gerade an die Wertungssysteme, die es immer tiefer schikanieren und ruinieren. Am Ende glaubt es wirklich am leidenschaftlichsten an die vermeintliche Wahrheit gerade derjenigen Inhalte, die seinen quälenden Selbstwiderspruch und die Pflicht zu ständiger Selbstbezichtigung am nachhaltigsten fordern und fördern müssen. Fortan hat es einem solchen Ich festzustehen, daß ein eigentliches Menschsein allererst jenseits der Grenzen seines eigenen Leistungsvermögens beginnen kann, und so muß sein Bemühen um Selbstverwirklichung sich letztlich in dem trostlosen Dauerbeweis der eigenen Unfähigkeit und der klagenden Selbstbeschimpfung verbrauchen, eben doch mit allen anderen nicht mithalten zu können.[2]

Immerhin gibt es, um diesem Dilemma der Minderwertigkeitsgefühle und Selbstüberforderungen doch noch zu entrinnen, immer wieder einen Ausweg, den die Natur selbst vorgezeichnet zu haben scheint: wenn schon nicht *in* der eigenen Existenz, so vielleicht *aus* der eigenen Existenz läßt sich das Große, das Unerreichbare, das einzig Notwendige allen Einwänden zum Trotz unter Umständen doch nicht hervorbringen: in Gestalt eines Kindes! Was man selber nicht ist, aber an sich selbst sein müßte, hofft man, in einem anderen zu werden und hervorzubringen, in dem man biologisch selber lebt. Wie viele Kinder kommen zur Welt, eigentlich nur, um die Frage der Eltern zu beantworten, wer sie selber sind! Aber kein Kind der Welt kann diese Frage beantworten, und es ist der sichere Weg ins Unglück, wenn ein Kind in diesem Sinne das Glück seiner Eltern sein soll. Kaum geboren, wird ein Kind vor dem Hintergrund derartiger Minderwertigkeitsgefühle von Anfang an mit den gleichen Maßstäben gemessen und drangsaliert werden, denen man selbst bereits in Kindertagen ausgesetzt war. Das Gefühl, im Leben versagt zu haben bzw., stärker noch, rundum ein Versager zu sein, bemächtigt sich stellvertretend des Kindes wie einer Trophäe, vermittels deren aller Welt gezeigt werden kann, wozu man in Wahrheit doch imstande war und welch eine Person in einem selber eigentlich verborgen lag. Unvermerkt nimmt auf diese Weise das Kind die Rolle der wahren Person, des Idealichs, des reineren Wesens seines Vaters ein; es ist buchstäblich sein besserer, sein einzig wirklicher Teil; an seine Entwicklung heften sich daher von Anbeginn die heißesten Wünsche, Erwartungen und Forderungen, und der Druck läßt nicht nach, das Kind möge, werde und müsse gerade so sein, wie zu sein man selber stets die Pflicht, doch niemals das Vermögen in sich spürte.

Ein Kind wie die »kluge Else« hat mithin durch sein ganzes Dasein die Frage zu beantworten, welch einen Sinn, welch einen Wert, welch ein Talent das Leben und die Person seines Vaters besitzt. In der Sprache Sigmund Freuds: ein solches Kind ist nur auf Erden, um den *Kastrationskomplex* seines Vaters zu beschwichtigen:[3] es ist, wie etwas Körpereigenes, des Vaters »liebstes Teil«, und alle Fürsorge und Pflege des Vaters gegenüber seiner Tochter gilt im Grunde nur der Selbstvergrößerung und Selbstbegründung seiner eigenen Existenz. Jede Abweichung von seinem persönlichen Ichideal stürzt einen solchen Vater notgedrungen in die heftigste Verzweiflung, und er wird mit Nachdruck, mit bodenloser Angst, mit jähzorniger Ungeduld so früh als möglich durch Aufsicht und Ermahnung jeden sich drohend abzeichnenden Mangel im Gebaren seiner Tochter auszugleichen suchen. Niemals wird er dabei merken können, daß all seine Interventionen dieselben Selbstwertzweifel, dieselben Versagensängste, dieselben Minderwertigkeitsgefühle in seinem Kind grundlegen müssen, an denen er mit seiner eigenen Person sein Leben lang zu tragen hatte, und statt das bestehende Problem zu lösen, verschiebt er es mit all seinen Anstrengungen nur um so sicherer von sich selber weg auf seine Tochter. Erst aus dem Problem der väterlichen Minderwertigkeitsprobleme entsteht das Problem einer »klugen Else«. »Ein Vater hatte eine Tochter ...« Ein einziger Satz, der ein ganzes Leben bestimmt.

»... die hat Zwirn im Kopf«

Es mag genial begabte Kinder geben, die ihren Eltern, insbesondere ihrem Vater, den Gefallen wirklich tun, all das an Erwartungen zu erfüllen, was ihnen von frühauf abverlangt wird. Es gibt Kinder wie Wolfgang Amadeus Mozart[4] oder wie Søren Kierkegaard,[5] die bereits mit fünf Jahren die existentielle Krise, die Daseinsunruhe, die latente Verzweiflung ihres Vaters herauszuspüren und zum Teil abzutragen vermögen. Aber die Geschichte einer »klugen Else« ist gerade nicht die Geschichte eines werdenden Genies; sie ist die Geschichte eines fortschreitenden Scheiterns, einer langsam und unaufhaltsam sich im-

mer enger zusammenziehenden Pathologie, einer sich Schritt für
Schritt wie ein Verhängnis gestaltenden Tragödie.

Bereits der Name der »klugen Else« ist nur als Spitzname verständlich – das heißt, man spricht ihn aus wie hinter vorgehaltener Hand,
damit die Betreffende selber nicht merkt, daß man sich über sie lustig
macht, wenn man vorgibt, sie zu loben. Das Attribut der sogenannten
»klugen Else« läuft mit anderen Worten auf die Karikatur dieser Charakterisierung hinaus: man verlangt die »Klugheit« an sich bedingungslos, und doch, indem man vorgibt, sie bei dem Kind als vorhanden anzunehmen, gibt man zugleich auch zu verstehen, daß man im
Grunde gar nicht wirklich an sie glaubt. Es ist die *Doppelbödigkeit* in
der gesamten Beziehung zwischen Vater und Tochter, die man in dem
Märchen von der ›Klugen Else‹ (und in der Wirklichkeit) gar nicht
früh genug bemerken kann, denn sie bildet unausgesprochen den bitteren Hintergrund des ganzen nachfolgenden Possenstücks, dieses immer konsequenter sich gestaltenden Tragödiendramas.

In der Psychiatrie hat sich als Schlüssel zum Verständnis der Ursachen schwerer Bewußtseinsstörungen der Begriff der *Doppelbindung*
bzw. der *Beziehungsfalle*[6] eingebürgert und bewährt. Gemeint ist damit eine Situation, in der jemand tun kann, was er will – es erweist sich
als falsch in der Bewertung seiner entscheidenden Bezugsperson(en),
und am Ende jeglichen Verhaltens steht daher unausweichlich als Bilanz der Mißerfolg. Im Sinne einer solchen Doppelbindung, eines
solch verzweifelten Katz- und Maus-Spiels, wird man gewiß die Beziehung einer »klugen Else« zu ihrem Vater deuten müssen. Denn so
sehr ein Vater, wie wir ihn der Grundgestalt nach in der Charakterbildung der »klugen Else« voraussetzen, sich das Fortkommen seiner
Tochter subjektiv angelegen sein lassen mag, so sehr wird er doch
objektiv alles tun, um jeden Ansatz zu einem wirklichen Erfolg nach
Kräften zu boykottieren; ja, es wird, psychoanalytisch betrachtet, im
Unbewußten sogar sein größtes Interesse herrschen, in der Entwicklung seiner Tochter die gleichen Enttäuschungen und Frustrationen
zu erzeugen, an denen er selber sein Leben lang gelitten hat.

»Immer, wenn ich Schularbeiten machen wollte«, erzählte zum Beispiel eine junge Studentin von der Art einer »klugen Else«, »stand
mein Vater hinter mir, rang die Hände, schimpfte, verhängte Strafen
oder erklärte mich für seinen Ruin.« Noch heute tut diese Studentin
sich schwer, einen Text vor anderen vorzulesen oder bei dem Gedanken an eine Prüfung nicht in totale Panik zu verfallen. Natürlich wäre
es sinnlos, hätte man ihren Vater seinerzeit darauf hinweisen wollen,
daß er mit seiner Überfürsorge der geistigen Entwicklung seiner
Tochter eher hinderlich als förderlich im Wege stehe – er hätte nur
immer wieder beteuert, daß er doch das Beste für seine Tochter wolle,
daß er für sie verantwortlich sei, daß sie es im Leben einmal besser

haben solle als er selber und so fort. Die eigentliche Wahrheit muß ihm verborgen bleiben: daß er es kaum ertrüge, wenn seine Tochter wirklich dem von ihm gesetzten Wunschbild ähnlich würde.

Eine solche innere Dialektik gehört indessen zu dem ganzen Arrangement, wie wir es uns in der Genese einer »klugen Else« vorstellen: daß der Vater durch seine unbewußte Haltung eben jenes Scheitern förmlich selbst herbeiführen muß, das er in all seinen erzieherischen Maßnahmen vermeintlich zu verhindern trachtet. Insofern er seine Tochter als Teil seines eigenen Lebens, als Heilmittel seines eigenen zerbrochenen Selbstwertgefühls betrachtet, muß er auf der einen Seite sich selbst durch seine Tochter in höchstmöglicher Weise zu vervollkommnen suchen; andererseits aber kann er nicht völlig übersehen, daß dieses Mädchen ein eigenes und eigenständiges Wesen ist und werden möchte, und es gibt somit für ihn gleich zwei Gründe, um unter der Maske ehrgeiziger Zielsetzungen eine eigenständige Entwicklung seiner Tochter zu sabotieren: Zum einen müßte jede Form von Selbständigkeit auf seiten einer »klugen Else« die narzißtische Identifikation des Vaters mit »seiner« Tochter widerlegen, und das beste Mittel, um – statt zur Selbstentfaltung und Persönlichkeitsreifung – nachhaltig zu Abhängigkeit und Unselbständigkeit zu erziehen, besteht gewiß darin, jeden Funken aufflammenden Selbstvertrauens möglichst früh durch entmutigende Kritik niederzutreten; zum anderen herrscht zwischen Vater und Tochter im Untergrund notwendigerweise so etwas wie ein erbitterter Konkurrenzkampf: Würde es der Tochter wirklich gelingen, so zu werden, wie es dem Ideal des Vaters entspräche, so würde sie damit den unbeabsichtigten Beweis erbringen, daß der Vater seinerzeit an durchaus erfüllbaren Zielsetzungen gescheitert ist und mithin wirklich Grund hat, sich als Versager zu betrachten. Eben dies muß der Vater um seiner selbst willen zu verhindern trachten: Nichts würde seine Tochter so radikal von ihm selber unterscheiden wie ein wirklicher Erfolg; nichts also muß ein solcher Vater energischer bekämpfen als das, wofür er scheinbar sich am meisten einsetzt: den Erfolg seiner Tochter.

Das Paradox besteht mithin, daß der Vater seine Identität auf eine Weise herzustellen sucht, die für ihn selber gerade dann bedrohlich wird, wenn sie erfolgreich ist. Mit anderen Worten: der Vater kann den Erfolg seiner Tochter, den zu wünschen er vorgibt, gar nicht wirklich wünschen, aber hinwiederum kann er auch auf seinen Wunsch nach einer erfolgreichen Tochter nicht wirklich verzichten, da seine Selbstachtung viel zu eng mit den Erwartungen an seine Tochter verbunden ist; und es ist eben dieser unauflösbare Widerspruch, dessen Doppelbödigkeit im folgenden sich in der Tat zu einer unentrinnbaren Falle für das heranwachsende Mädchen ausgestalten und auswachsen muß.

Von außen betrachtet zeigt sich das geschilderte Dilemma am deutlichsten wohl daran, daß ein solcher Vater, wie wir ihn uns denken, seine Tochter ständig dazu auffordert, Fertigkeiten und Fähigkeiten zu erreichen, die er im gleichen Atemzug als schlechterdings unerreichbar hinstellt. Ansporn und Entmutigung vermischen und durchdringen sich in seinen Interventionen und Invektiven stets in der unheilvollsten Art. Es handelt sich dabei wohlgemerkt nicht um klar ausgesprochene Widersprüchlichkeiten, sondern um »Feinabstimmungen« des Gesagten, deren Schadspuren zwar objektiv in jedem Detail nachweisbar, subjektiv aber immer wieder zu verschleiern und zu verleugnen sind. Muß es zum Beispiel nicht einfach nur als fürsorglich, freundlich und verantwortlich gelten, wenn der Vater, kaum von der Arbeit heimgekehrt, sich schon am Nachmittag zu seiner Tochter setzt und mit sorgenvoller Miene erklärt: »Du schaffst es wieder nicht. Soll ich dir die Bruchrechnung mal vormachen?« Müßte es nicht für eine böswillige Unterstellung gelten, käme jemand auf den Gedanken, ein solcher Vater wolle eigentlich gar nicht sagen: »Ich möchte dir helfen«, sondern nur: »Ich will dir einmal zeigen, daß *ich* gar kein Versager bin noch war und daß *ich* das, was du kannst, allemal viel besser kann. Was ich kann, wirst du niemals können. Ich will mich nicht für einen Stümper halten müssen, jedenfalls nicht dir gegenüber.« Doch gerade derartige »Botschaften« und »Signale« sind es, die zu dem eigentlichen Problem einer »klugen Else« geraten müssen. Wohl sagt der Vater den Worten nach: »Du mußt fleißig und tüchtig sein, denn anderenfalls muß ich mich für dich schämen«; aber in Wahrheit sagt er ungleich nachdrücklicher: »Ich fürchte nichts mehr, als daß du jemals in deinem Leben wirklich erfolgreich sein könntest, denn nur, wenn du genauso versagst wie ich, brauche ich mich selber nicht vor dir zu schämen.« Entweder also *für* seine Tochter oder *vor* seiner Tochter schämt sich dieser Vater, und seine Tochter, die sein ganzer Stolz zu sein scheint, ist doch zugleich stets seine vorgebliche Schande, denn erst als »Schande« dient sie wirklich seinem Stolz.

Ein Mädchen, das im Schatten eines solchen Vaters aufwächst, wird nicht anders können, als in irgendeiner Weise das vorgegebene Paradox zu verinnerlichen: Der Vater haßt es den Worten nach, wenn es *nicht* klug ist, aber er haßt es weit mehr noch der Haltung nach, wenn es klug *ist*. Der einzige Ausweg aus diesem Dilemma oder vielmehr der nicht endende Umweg durch das Labyrinth dieser väterlichen Doppelbödigkeit besteht in zwei Lehren, die eine »kluge Else« von früh an gleichzeitig in sich aufnehmen muß. Die eine Lehre lautet: »Erstrebe stets das Unmögliche.« »Versuche unter allen Umständen das Unerreichbare« bzw. umgekehrt: »Vermeide förmlich, was du kannst, und überfordere dich mit dem, was du sicher nicht kannst« – das Programm der bereits vorgeprägten väterlichen Selbstsabotage durch Selbstüberforderung. Die andere, noch wichtigere Lehre indessen besagt: »Versuche, statt klug zu *sein* (was ebenso geboten wie verboten ist), mindestens klug zu *scheinen*«; denn nur die *scheinbare* Klugheit bedroht nicht das gekränkte Selbstbewußtsein des Vaters, und doch erfüllt sie die Illusion seiner narzißtischen Befriedigung. Die Aufgabe einer »klugen Else« liegt also darin, vor sich selbst und anderen den *Anschein* von Klugheit zu erwecken, ohne dabei jemals sich selber wirkliche Intelligenz und Leistungsfähigkeit zuschreiben zu dürfen und unter Beweis stellen zu können.

Zu dieser in sich bereits sehr vielschichtigen Problematik kommt verstärkend noch hinzu, daß gerade ein Kind von der Art einer »klugen Else« von einem bestimmten Zeitpunkt an natürlich merken wird, daß der Vater keinesfalls der Mann ist, der seinen eigenen Ansprüchen gerecht zu werden vermöchte. Die normale aggressionsgeladene Reaktion auf diese Feststellung müßte an sich in dem empörten Vorwurf gipfeln, der Vater habe selber überhaupt kein Recht, immer wieder und immer wieder seine Tochter mit seinen eigenen überhöhten Erwartungen zu traktieren und zu drangsalieren; er solle sich vielmehr zunächst an seine eigene Nase fassen und erst einmal bei sich selber verwirklichen, was er anderen vorschreibe und abverlange. Ginge es mit rechten Dingen zu, so könnte sich die natürliche Intelligenz einer »klugen Else« in der Tat gar nicht anders entfalten als in dem Eklat eines solchen aggressiven Ausbruchs – unausweichlich müßte sie irgendwann an dieses zentrale Geheimnis, an diesen Urbruch und Urwiderspruch im Leben ihres Vaters heranrühren und ihn zur Sprache bringen, koste es, was es wolle. Entscheidend aber ist nun im Leben eines Mädchens (oder Jungen) von der Charakterart einer »klugen Else«, daß es von vornherein unmöglich ist, gegen die allmächtige Autorität des Vaters aufzubegehren. Statt an der Intelligenz des Vaters Zweifel anzumelden, erscheint es vielmehr als ein selbstverständliches, undiskutierbares Gebot des Gehorsams und der Folgsamkeit, in jedem Konfliktfalle eher die eigene Intelligenz in Frage zu stellen, als einmal die überragende Weisheit des Vaters zu hinterfragen.

Bei jeder Auseinandersetzung zwischen Vater und Tochter wird die Tochter demnach nicht nur aufgrund des einschüchternden Machtgefälles jeweils den kürzeren ziehen – weit schwerer wiegt, daß es infolge der totalen Abhängigkeit einer »klugen Else« von ihrem Vater geradezu als Zeichen und Beweis ihrer Intelligenz zu gelten hat, wenn sie sich selber dumm nennt, um ihren Vater vor jeder möglichen Kritik im voraus abzuschirmen und durch eigene Schulderklärungen in Schutz zu nehmen.[7] »Wenn du schlau bist, nennst du dich dumm, damit dein Vater sich klug fühlen kann.« Und umgekehrt: »Du wärest dumm, wenn du dich klug nennen würdest; denn dazu müßtest du deinen Vater dumm nennen, und es wäre wirklich schlimmer als eine

Dummheit, es wäre ein unverschämtes Unrecht zu glauben, daß du
klug bist und dein Vater dumm, wo doch gerade dein Vater sich alle
Mühe gibt, daß du endlich aufhörst, dumm zu sein.« – So etwa läßt
sich die Irritation in der Selbsteinschätzung einer »klugen Else« beschreiben: an die Stelle möglicher Kritik gegenüber dem Vater haben
kategorisch Selbstwertzweifel und Schuldgefühle zu treten; wirkliche
Wahrnehmungen müssen demnach ersetzt werden durch gedankliche
Konstruktionen, die den Vater vor dem Eingeständnis möglicher Unvollkommenheiten bewahren; und die Entfaltung der eigenen Intelligenz muß darein gesetzt werden, alle möglichen Gründe zu *erfinden*,
warum der Vater, selbst wenn er objektiv die größten Ungereimtheiten in Szene setzt, gleichwohl von einer überlegenen Einsichtsfähig-
keit und von planvollen Erziehungsabsichten geleitet wird, nur, daß es
einem selber offensichtlich an der nötigen Gedankenschärfe und Geisteskraft gebricht, um diese hehren Einsichten und Absichten auch
wirklich wahrzunehmen.[8]

Die Verwicklungen im Charakteraufbau einer »klugen Else« sind
indessen auch mit diesen Feststellungen allein noch nicht vollständig
analysiert. Parallel zu dem Bemühen der Tochter, bei ihrem Vater
»klug« zu nennen, was oft nichts weiter ist als Ausdruck von Hilflosigkeit, Unfähigkeit und eigener geistiger Verwirrung, revanchiert
nämlich der Vater sich umgekehrt damit, seine Tochter auf eine phantastische und irreale Weise förmlich als ein Faktotum an Weisheit
auszugeben. Beide, Vater wie Tochter, leben somit in einer wechselseitig aufeinander bezogenen Phantasmagorienwelt weitab der Wirklichkeit. Nicht selten etwa wird ein Mädchen (oder Junge) von der Art
der »klugen Else« gelobt, ohne recht zu wissen, wofür, oder getadelt,
ohne zu verstehen, wieso; und immer wieder steht ein solches Kind
vor der Aufgabe, sich *in der Phantasie* die entsprechenden Gründe für
Lob und Tadel nachträglich auf abenteuerliche Weise zurechtzulegen.
Diese ständige Auflösung der Wirklichkeit in ein Kaleidoskop nicht
endender Vorstellungsmöglichkeiten erweist sich in der Folgezeit sogar als Hauptsymptom in der Entwicklung einer »klugen Else«, und
das nicht ohne Grund: es schützt beide, den Vater wie seine Tochter,
vor der Preisgabe des illusionären Klugheitsanspruchs. Dieser »Gewinn« wird freilich durch den schweren Nachteil aufgewogen, daß die
»kluge Else« sich selber mit Hilfe ausgeklügelter Theorien bei Ausbruch eines Konfliktes in jedem Falle ins Unrecht setzen muß. Selbst
wenn ein gewisses Bewußtsein für die Künstlichkeit all der zurechtge-
legten Schutzbehauptungen zugunsten des Vaters (und dessen Nach-
folgers) bei einem solchen Kind erhalten bleibt, so wird es sich doch
niemals hinreichend von seinem Vater abzugrenzen vermögen, um die
negative Symbiose mit dem Vater zu durchbrechen.[9] Diesem wiederum liegt gerade daran, die mangelnde Selbstabgrenzung seiner Tochter

für seinen eigenen Identifikationsanspruch zu benutzen. Nie wird der Vater einer »klugen Else« es wagen, seine Tochter offen und endgültig für »dumm« zu erklären; auf der anderen Seite kann er sich aber auch nicht dazu durchringen, an ihre Klugheit wirklich zu glauben – schließlich ist die »kluge Else« *seine* Tochter! –, und so findet die äußerst doppelbödige, angstbesetzte und irreale Anerkennung des Vaters durch seine Tochter ihr Gegenbild in der quasi ironischen, augenzwinkernden Anerkennung der Tochter durch ihren Vater. »Ja, die hat Zwirn im Kopf« – ist sozusagen der klassische Ausdruck für jene hochachtungsvolle Mißachtung, mit welcher der Vater »seine« »kluge Else« überzieht. Gerade diese Redensart ist es, die an dieser Stelle denn auch das erste wirklich eindeutige Indiz dafür bietet, daß der Einleitungssatz über das Verhältnis von Vater und Tochter am Anfang des Märchens wirklich so verstanden werden muß, wie wir es den Umrissen nach hier vorzuschlagen versuchen: so, daß er das traurige Ergebnis der Entwicklung einer »klugen Else« bereits im ganzen vorwegnimmt und als Grund vollkommen in sich enthält.

Ein wenig subjektiv assoziiert, erinnert mich das Wort vom »Zwirn im Kopf« auf bittere Weise an die Antwort, die in Kindertagen einmal ein Mädchen in meiner Schulklasse gab. Im Religionsunterricht hatte der Lehrer uns gefragt: »Was hat der Mensch im Kopf?«, und er hatte offenbar hören wollen: »Geist« oder »Bewußtsein« oder dergleichen; nun meldete sich aber ein Mädchen zu Wort, das für gewöhnlich niemals aufzuzeigen pflegte und von allen in der Klasse für ausgesprochen dumm gehalten wurde; als eine Bauerstochter fristete es gegenüber der Mehrzahl der Bergarbeiterkinder meines Heimatdorfes ohnedies ein recht zurückgezogenes, vereinsamtes Dasein. Kaum also, daß der Lehrer sah, daß ausnahmsweise Lisbeth sich zu Wort meldete, rief er seine vernachlässigte Schülerin sogleich auf: »Also, sag du es einmal: was hast du im Kopf?« Wie konsterniert aber war dieser Lehrer, als er die absolut ernst gemeinte Antwort von dem Kind erhielt: »Ein Busch Stroh, Herr Lehrer!« Die Klasse tobte vor Gelächter, das Gegröhl wollte kein Ende nehmen, das Mädchen aber saß kalkweiß da und stierte stumpf vor sich hin, wie wenn es die Richtigkeit seiner Antwort zu allem Unglück noch gleich durch das Beispiel vor aller Augen zu untermauern gedachte.

Ganz so wie Lisbeth mit dem Zynismus ihrer elterlichen Kritik nicht zurechtkam und offenbar schon als Neunjährige sich gerade so verhielt, daß die bösartigen Prophezeiungen und Entmutigungen ihrer Eltern getreulich in Erfüllung gehen mußten, so obliegt offenbar auch der »klugen Else« in dem Grimmschen Märchen die Pflicht, allen Leuten die Rolle einer Tochter, die »Zwirn« im Kopf hat, vorzuspielen. Ein Kind dieses Charakters muß klug scheinen, wo es selber, seinen Voraussetzungen entsprechend, noch gar nicht »klug« sein

kann; es muß eine ständige Aussagefähigkeit an den Tag legen, auch
wo es selber eigentlich gar nichts zu sagen hätte; es muß ein verständiges Begreifen von Zusammenhängen demonstrieren, die sein wirkliches Verständnis bei weitem überschreiten. Kurz: es muß, wie es zu
diesem ausdrucksstarken Bild von dem »verzwirnten« Kopf wohl passen mag, an die Stelle von Weisheit Kompliziertheit, an die Stelle von
Klugheit eine charakteristische Unverständlichkeit und an die Stelle
von klaren Begriffen und Vorstellungen die Äußerung verworrener
Wortkaskaden und Einfälle setzen. Sein ganzes Dasein, allein auf das
väterliche Lob berechnet, muß schon deshalb wie ein Wollknäuel sich
verwickeln, weil die Frage eines solchen Kindes niemals lauten kann:
Was denke ich selbst von einer Sache? Seine erste Überlegung muß
sogleich der Frage gelten: Was möchten die anderen, daß ich über
diese Sache denke oder – besser noch –: von dieser Sache als meine
Meinung *sage?* Das eigene Überlegen und Nachdenken verwickelt
und verkompliziert sich damit stets zu einem »*Denken, was die anderen denken*«,[10] und da man niemals genau wissen kann, was die anderen denken, muß erneut ein Denken in unklaren Hypothesen und nie
festzulegenden Möglichkeiten die Fähigkeit zu wirklicher Wahrnehmung und Erkenntnis erschweren.

Das Ergebnis einer derartigen Prozedur phantastischer Wirklich-
keitsverstellung mutet indessen so fremd und außergewöhnlich nicht
an, wie es zunächst vielleicht erscheinen mag; ja, das Märchen von der
›Klugen Else‹ besitzt womöglich eine Aktualität, die überhaupt erst
heute wirklich sichtbar ist. Sind nicht die Universitäten und Hoch-
schulen voll von jungen Leuten, die verzweifelt dem bisher gezeichne-
ten Portrait der »klugen Else« gleichen: Kinder einer Vatergesellschaft
bedingungsloser (intellektueller) Leistungsforderungen und seelischer
Überforderungen; willenlose Opfer eines perfekten Systems der Außenlenkung und der vorgefertigten Gedankenschablonen; erfolgsbe-
sessene, innerlich zutiefst verunsicherte und verängstigte Muß- und
Möchte-gern-Denker, die im akademischen Betrieb förmlich in jener
verheerenden Gleichung noch unterstützt werden, wonach das Unverständliche an sich selbst schon als Ausweis von Vernunft und
Klugheit gelten muß, während umgekehrt das wirkliche Leben sich
wie mutwillig in logischen Wirrwarr und abstrakte Hypothesen mut-
maßlicher Wirklichkeitserklärungen aufzulösen hat? Der spanische
Maler Francisco de Goya hat in seinen ›Caprichos‹ einen Vorlesungen
haltenden Kaninchenkopf mit hoher Stirn und genialisch verwirrten
Haaren gemalt und das Bild untertitelt mit der Bemerkung: »Der muß
klug sein.«[11] Es ist die beste Karikatur dieser Art von Gelehrtheit.
Wer einmal erlebt hat, welch eine hochgestochene Scheinvertrautheit,
welch eine demonstrative Scheinbekanntheit mit allen möglichen
Theorien, Veröffentlichungen und Lebenserfahrungen im sogenann-

ten akademischen Bereich heute gewissermaßen schon als Ouvertüre »kollegialer Begegnungen« zur Schau getragen wird, der wird kaum Zweifel hegen, daß diese Institutionen der Bildung und des Wissens zu den recht eigentlichen Brutstätten im Hervorbringen von Menschen der Charakterart einer »klugen Else« entartet sind. Wenn es je einen zeitgeschichtlichen Horizont für die Interpretation eines Märchens geben kann, so wird er im Märchen von der ›Klugen Else‹ heute durch die generelle Voraussetzung unserer Gesellschaft und unseres Bildungssystems geliefert, wonach nur »kluge« Menschen liebenswerte Menschen sind.

Das eigentlich Tragische dieses Syndroms einer »klugen Else« liegt jedoch darin, immer wieder mitansehen zu müssen, wie bei allem noch so fleißigem Bemühen sich die vorgegebene Kette von Frustration und Mißerfolg niemals durchbrechen, sondern nur verstärken läßt. Es gibt, wenn es so steht, für einen Menschen von der Art der »klugen Else« durchaus keine Möglichkeit, ein Selbstvertrauen zu begründen, das die entfremdenden Zwänge des »Klug-sein-Müssens um jeden Preis« zu beseitigen vermöchte. Der springende Punkt liegt bereits darin, daß jede wirklich ausgesprochene Anerkennung unter den gegebenen Umständen unglaubwürdig ist und bleiben muß. Eine »kluge Else«, wenn man sie lobt, weiß nicht und kann nicht wissen, ob man sie auslacht oder anerkennt; denn ein wirkliches Lob sich zuzutrauen wird sie nicht wagen, und die geheime Angst, die schlimmste all ihrer Befürchtungen: die ständig aufflackernde Erwartung, verspottet zu werden, wird sie, so gut es geht, zu verdrängen und zu überspielen trachten. Infolgedessen ist es von vornherein nicht möglich, aus wirklicher Kritik zu lernen oder an wirklicher Einsicht zu wachsen; übrig bleibt vielmehr nur ein Auf-der-Stelle-Treten im Umfeld der immer gleichen kindlichen Ängste, Überforderungen und Frustrationen.

Ein derartiges Gegeneinander von überwertigem Lob und schweren Zweifeln und Minderwertigkeitsgefühlen zeichnet das Märchen von der ›Klugen Else‹ in dem chronischen Hin und Her von »Oh« und »Ach« des Vaters und der Mutter. Bisher haben wir das Schicksal der »klugen Else« einzig von der übermächtigen Vaterbeziehung her gedeutet. Ein Kind von der Art einer »klugen Else« hat aber nicht nur einen zumeist dominanten, fordernden, herrisch gebietenden, zugleich aber auch freundlich anerkennenden, einschmeichelnd-gewinnenden Vater, es hat auch eine zumeist negativistische, »ach, ach« – sagende Mutter, die das Unheil sehr wohl sieht und spürt, aber von sich aus nicht zu wenden vermag. Dabei hat diese Mutter mit ihrem sonderbaren Lob im Grunde nicht ganz unrecht; denn was sie mit ihrem »Ach« trotz allem anerkennen muß, ist die für Außenstehende oft in der Tat schier unbegreifbare Fähigkeit der »klugen Else«, den »Wind auf der Gasse laufen zu sehen«. Es handelt sich offenbar um

eine außerordentliche Feinhörigkeit und Sensibilität, wie sie für eine
»kluge Else« typisch ist, um eine unglaubliche Fertigkeit im Wahrnehmen von buchstäblich »atmosphärischen« Bewegungen und »Luft-
druckveränderungen«, um ein ausgeprägtes und immer wieder er-
staunliches Ahnungsvermögen für »unsichtbare«, »luftige« »Strömungen« und »Einflüsse«. Mag die intellektuell meßbare Befähigung einer
»klugen Else« schon aufgrund ihrer schweren Icheinschränkungen
und Lernstörungen objektiv zu wünschen übriglassen und in der Tat
zwischen Lob und Gelächter oszillieren, so grenzt doch ihre emotio-
nale Einfühlungsgabe oft ans Hellseherische und muß unzweifelhaft
als Zeichen echter Intelligenz gewertet werden.

Dennoch hat die Mutter Grund, diese Eigenschaft ihrer Tochter
eher zu beklagen als zu belobigen: es ist nicht gerade leicht zu leben,
wenn man das Unhörbare hört, das Unausgesprochene vernimmt und
jeden Atemwind schon als Signal versteht. Es ist eine großartige Fähigkeit im Leben, aus der Not der Kindheit eine Tugend des Alters zu
machen; aber eben dies wird jetzt die alles entscheidende Frage sein:
ob es gelingt, die hohe menschliche Qualifikation einer »klugen Else«
in ein lebbares Leben zu übersetzen. Die schicksalhafte Antwort auf
diese Schicksalsfrage fällt nirgendwo anders als in dem Zentralbereich,
der im Leben eines jeden Menschen über Glück und Unglück, Gelingen und Mißlingen, Reifung oder Ruin entscheidet: in dem Zentralbereich der Liebe, doch gerade dieser Bereich erleidet im Leben einer
»klugen Else« für gewöhnlich die schlimmsten Verwirrungen.

»Wir wollen sie heiraten lassen«

Vorweg bereits, noch ehe eine eigentliche Brautwerbung zustande
kommt, wird man sagen müssen, daß es ebenso schwer ist *für* eine
»kluge Else« zu leben, wie es nicht leicht ist, *mit* einer »klugen Else«
zu leben. Recht hat die Mutter mit ihrer zusätzlichen Bemerkung, ihre
Tochter könne nicht nur den Wind laufen sehen, sondern auch »die
Fliegen husten« hören. Man muß einen Menschen vom Charakterbild
der »klugen Else« sich unbedingt als außerordentlich »wetterfühlig«
insbesondere gegenüber beginnenden *aggressiven* Regungen vorstellen. Was für sogenannte normale Leute noch als etwas Winziges, gar
nicht Bemerkbares erscheinen mag, kann für eine »kluge Else« bereits
eine Drohung darstellen, die das schlimmste befürchten läßt. Es
herrscht eine ständige Angst vor der Unberechenbarkeit plötzlicher
Jähzornausbrüche, des Vaters vor allem, wie man annehmen darf, und
so wie manche Naturvölker die Bewegungen der Ameisen beobachten, um vor eventuellen Erdbeben rechtzeitig gewarnt zu sein,[12] so
muß eine »kluge Else« bereits das winzigste »Husten« in ihrer Umge-

bung als Signal drohender Gefahr bemerken und verstehen. Denn bräche der drohende Sturm wirklich über sie herein, so müßte sie unter allen Umständen ihren eigenen Ärger, Aufruhr und Zorn dahin bestimmen, daß der jeweils jähzornigste und lauteste Schreihals nicht allein die Macht, sondern auch das Recht besitzt, mit ihr und an ihr zu tun und zu lassen, was immer er will. Diese stets sprungbereite, innerlich völlig wehrlose, mimosenhaft aufmerksame Unheilgewärtigung rechnet nicht nur jederzeit mit dem Einbruch vernichtender Katastrophen, sie steht vor allem selbst in der Gefahr, Gefahren auch an Stellen zu vermuten, wo objektiv gar keine sind. Auch bei dem zweifelhaften Lob der Mutter darf man den resigniert-ironischen Unterton nicht überhören: die »kluge Else« ist nicht nur wirklich »gescheit« darin, wirkliche Fliegen husten zu hören – die Kehrseite dieser Fähigkeit liegt in einer ständigen Untergrundstimmung von Angst, die auch »Fliegen« »husten« zu hören vermeint, die nur als eingebildete Schatten an der Wand existent sind.

Im Zusammenleben bedeutet diese unablässige Katastrophenangst natürlich eine permanente Verunsicherung jedes Kontaktes. Keine Liebe und Zuneigung kann als glaubhaft gelten, wenn um alles Wohlwollen und Entgegenkommen eine unsichtbare Klammer gesetzt wird, die jede Erfahrung von Nähe und Einverständnis zu einer bloßen Schönwetterperiode erklärt, in deren Hintergrund gewiß bereits ein Hurrican sein aufziehendes Ungewitter braut.[13] Derartige »hustende Fliegen« können das zu jeder Liebe nötige Vertrauen schlimmer verwüsten als eine Heuschreckenplage den Jahresertrag eines ganzen Anbaugebietes in Zentralafrika. Von vornherein steht also zu erwarten, daß die »kluge Else«, um sich generell vor der bedrohlichen Nähe anderer zu schützen, eine übergroße Fluchtdistanz aus Scheinanpassung, Folgsamkeit und aufgesetzter Dummschlauheit rund um sich her errichten wird. Obwohl, von außen gesehen, leicht zugänglich, ist sie auf diese Weise in Wahrheit unerreichbar, und es bedürfte eines ungewöhnlich sensiblen Partners sowie der ebenso sanften wie geduldigen Macht einer ungewöhnlich starken Liebe, um die Doppelbödigkeiten und Ausweglosigkeiten im Charakter einer solchen »klugen Else« zu überwinden. Der Hans aber, der die Else heiratet, ist zumeist nicht von dieser Art.

An sich müßte jedem menschenfreundlichen Beobachter der nunmehr sich anbahnenden Ehetragödie klar sein, daß die »kluge Else« von sich her zu einer Heirat noch gänzlich außerstande ist. Warum überhaupt heiraten Menschen einander? – Eine dumme Frage? Vielleicht; aber höchst angebracht im Falle einer »klugen Else« (und unzähliger anderer Formen unglückseliger Eheverbindungen). Wenn es in der Bibel von der Liebe heißt, es werde der Mann »Vater und Mutter verlassen und seiner Frau sich anschließen« (Gen 2,24), so

muß man demgegenüber oft genug feststellen, daß Menschen eigentlich nur heiraten, um innerlich Vater und Mutter niemals zu verlassen,
sondern ihnen lebenslänglich »anzuhangen«.[14] Man heiratet unter diesen Umständen, weil – innerlich oder äußerlich, moralisch oder sozial
– die Eltern es so wollen, und so, wie die Eltern es wollen, nur daß
diese Tatsache nicht immer so deutlich zu Tage tritt wie in dem Märchen von der ›Klugen Else‹. Eine solche Frau heiratet im Grunde gar
nicht, sie wird verheiratet, sie entscheidet sich nicht, sie wird verab-
schiedet, sie richtet sich nicht nach ihren Gefühlen, sie ist ausgerichtet
nach fremden Erwartungen. Sogar und gerade an der Stelle, wo es
eigentlich zum erstenmal ausschließlich um ihre eigene Person, um ihr
Glück, um ihre Zukunft gehen müßte, wo alles darauf ankäme, das
Getto der verfremdenden Elternerwartungen und Vaterbindungen
aufzusprengen, wird eine »kluge Else« an einen Mann verkuppelt, der
ganz und gar nur in die bereits vorgebahnten Fußstapfen der väterlichen Anspruchserwartungen tritt: Es ist das beste (und einzige!)
Zeugnis, das für die Brautwerbung bei dem Vater einer »klugen Else«
vorzulegen ist, wenn auch ihm, dem Brautwerber, die »Klugheit« für
die einzig wesentliche Liebesbedingung seiner künftigen Braut gilt.
Der Lebenspartner bleibt bei einer solchen Ehe unverändert nach wie
vor der Vater, und dieser wechselt eigentlich nur das biologische Alter
durch den Tausch mit dem Schwiegersohn; die gesamte Struktur der
seelischen Beziehung indessen bleibt vollkommen erhalten, und der
Zwang, mit dem der Vater seine »kluge Else« zum Eheabschluß
drängt, zeigt lediglich, daß der Sinn einer solchen Ehe gerade darin
liegt, die Vaterbindung zu verfestigen.

Dabei braucht man nur zu beachten, auf welche Weise, mit welchem Psychoterror, die »kluge Else« ohne langes Federlesen heirats-
willig gemacht wird. Auf der einen Seite steht der väterliche Wille,
ausgesprochen im Plural der Majestät: »Wir wollen sie heiraten lassen«, und die »kluge Else« müßte schon vollends aufgehört haben, die
gehorsam-angepaßte Tochter ihres Vaters zu sein, wenn sie die überle-
gene Weisheit und weitsichtige Fürsorge gerade dieses das ganze weitere Leben bestimmenden Ratschlusses ihres Vaters nicht allsogleich
begreifen und dankbar entgegennehmen würde. Auf der anderen Seite
wird die fordernd-befehlende Zwangssicherheit des Vaters von der
depressiv-zweifelnden Infragestellung der Mutter sekundiert – wer
soll schon eine solche Frau heiraten wie eine »kluge Else«? Eine solche
muß froh sein, wenn überhaupt jemand sie »haben« will, wie es das
Märchen in brutaler Direktheit ausdrückt. Ja, es scheint der Mutter
eigene bittere Lebenserfahrung widerzuspiegeln, daß man auf so etwas
Romantisches und Gefühlsseliges wie Liebe, Zärtlichkeit, Ergänzung
und Verstehen durchaus nicht zu hoffen braucht – wie sollte Mutters
Tochter auch der Einbildung sich vermessen, sie könne in den Augen

eines Mannes als liebenswert erscheinen! Sie muß gefälligst froh sein, wenn nach langem Suchen jemand »von weither« sich bereit findet, sie »haben« zu wollen. *So* stehen die Verhältnisse, und so haben sie bestehen zu bleiben.

Vieles spricht somit dafür, daß in der Ehe der »klugen Else« lediglich in zweiter Generation sich wiederholt, was bereits in der Ehe der Eltern vorgebildet ist. Wie der Brautwerber auf das vollkommenste sich in die Haltung und Position seines künftigen Schwiegervaters einfügt, so wird man umgekehrt auch von der »klugen Else« annehmen dürfen, daß ihre Rolle in allem der Einstellung ihrer Mutter gleicht. In Analogie zu der Ehe der »klugen Else« wird man sich daher rückblickend auch (als Vorbild und Abbild, als Vorwegnahme und Begründung) die Persönlichkeit und das Verhalten der Mutter vorzustellen haben. Man wird bei ihr wohl mit einer Frau rechnen müssen, die, gleich ihrer Tochter, unter schweren Minderwertigkeitsgefühlen leidet und grundsätzlich der Meinung obliegt, daß eine Frau in allen Lebensfragen sich dem Wollen und Befehlen ihres Mannes fügen müsse, nicht aus Einsicht und Überzeugung, wohlgemerkt, sondern in einer resignierten Demutshaltung, ganz nach dem zweifelsfreien Motto »Mein Mann wird im Zweifelsfall schon das Rechte wissen«. Ein allerdings entscheidender Unterschied zwischen der »klugen Else« und ihrer Mutter wird darin gelegen sein, daß der Vater mit der niedergedrückten Untertänigkeit, mit der Resignationsgefügigkeit, ja mit der pflichtgemäßen Selbstverdummung seiner Frau sich durchaus einverstanden zeigt, während er von seiner Tochter eben jene »Klugheit« erwarten zu müssen glaubt, an der es seiner Frau (und in der Wirklichkeit wohl auch ihm selber) in jeder Hinsicht so sehr zu gebrechen scheint.

Folgt man dieser Annahme einer wechselseitigen Analogie in Charakter und Verhalten zwischen Mutter und Tochter, so wird jedenfalls noch besser verständlich, daß die »kluge Else« förmlich wie von zwei Mühlsteinen zwischen der (überkompensierten) Anspruchshaltung ihres Vaters und den resignativen Selbstzweifeln ihrer Mutter immer mehr und unaufhaltsam zermahlen wird. Es muß als Bild nicht nur in dieser einen Szene, sondern als Grundmodell des ganzen Lebens gelten, wenn die Mutter trotz ihres sehr berechtigten »Achs« sogleich auf den Heiratsplan ihres Mannes einschwenkt. In ausgesprochen patriarchaler Manier hat der Mann zu denken und zu befehlen, die Frau zu gehorchen und auszuführen, und könnte man sich das ganze Gehabe der Mutter einer »klugen Else« ein Stück weit vornehmer, ins gravitätisch Gezierte gewendet, vorstellen, so gliche eine solche Ehe ganz dem Bild von dem ›Ehepaar Sisley‹ im Wallraf-Richartz-Museum in Köln, das Auguste Renoir (1841–1919) gemalt hat;[15] *sie* ein schönes Dummchen, das, in einen riesigen weiß-roten Reifrock gehüllt, mit

beiden Händen schutzsuchend sich an den Arm ihres Herrn und Gemahls zu klammern sucht, während *er,* ganz Kavalier und Grandsei-
gneur, sich huldvoll ihr zuneigt – eine Beziehung ganz nach dem
galanten Ehrenkodex des fin de siècle mit seiner strukturellen patriar-
chalen Erniedrigung der Frau: der Mann in der Lieblingspose seiner
herrschaftlichen Rollenzuweisung schmeichelt sich pflichtweise der
schwierigen Aufgabe, der schutzlosen Unvernunft seiner Frau Gemahlin Obhut zu gewähren, während diese, gerade wenn sie wirklich
klug ist, ihn niemals die wahre Dummheit seiner angemaßten Würde
fühlen lassen wird. Unzweifelhaft spielt das Milieu der »klugen Else«
in dörflich-bäuerlichen Verhältnissen; ihm eignet nichts von der eitlen
Grandezza eines Herrn Sisley; aber das patriarchale Gefälle zwischen
der vorgeschriebenen dümmlichen Devotheit der Frau und der ebenso
obligaten wie obstinaten »Verantwortlichkeit« des Mannes ist dennoch hier wie dort dasselbe: Der Mann ist überlegen, weil er das zu
Besorgende zu überlegen hat, die Frau ist unterlegen, weil sie fürsorglich zu versorgen ist. Wie froh darf sie sein, einen so klugen Mann ihr
eigen zu nennen! Wie dankbar muß sie sein für ihre Erniedrigung, für
ihre Versklavung, für ihre geistige Selbstpreisgabe! Vermutlich schon
die Ehe zwischen den Eltern einer »klugen Else« folgte solchen
Grundsätzen, ganz gewiß aber die Ehe, in die sie selbst jetzt mutwillig
von ihren Eltern hineingeschoben wird.

Denn es kann durchaus kein Zufall sein, wenn der von weither
gereiste Hans, in vollem Einklang zu der Meinung seiner Schwiegereltern, zur Hauptbedingung seines Ehewillens die Forderung erhebt,
seine Braut habe sich unter allen Umständen und vor allem anderen als
»klug« zu erweisen. Ganz deutlich wird mit diesem Daueranspruch
für die »kluge Else« aus der Ehe der Eltern die Ehe der Kinder, indem,
wie wir sahen, »Hans« lediglich an die Stelle seines »Schwiegervaters«,
die »kluge Else« selber aber an die Stelle ihrer Mutter tritt; in analoger
Weise spiegelt somit die Ehe der einen die Ehe der anderen wider, und
es gibt kein Entrinnen aus den vorgefertigten Zwängen des Elternhauses. Alles geht vielmehr weiter seinen Gang, nur noch verstärkt in dem
Anspruch und noch bestärkt in der Ahnung, daß man mit so etwas
wie »Liebe« unter Menschen niemals rechnen könne: Es ist schon viel,
wenn man von den anderen geachtet wird und angesehen ist, und dazu
braucht es nach väterlicher Weisung allein »Klugheit« – oder doch, wo
diese fehlt, zum mindesten das Rollenspiel der »Klugheit«. Es ist
tragisch, als Kind einem Vater ausgeliefert zu sein, der von seiner
Tochter als Grundlage des Lebens, als Unterpfand der Zuneigung, als
Inbegriff und Lebensinhalt des ganzen Daseins die Erfüllung einer
bestimmten stets überfordernden Eigenschaft verlangt; aber schlimmer noch mutet es an, auch späterhin im sogenannten Erwachsenenleben nichts weiter tun zu können, als den alten Zwängen und Überfor-

derungen von sich her unausgesetzt weiter zu gehorchen, ja ihnen womöglich noch intensiver entsprechen zu müssen als vorher. Doch gerade dieses Schicksal kennzeichnet wie nichts sonst den Lebensaufbau einer »klugen Else«, wie ihn als typisch dieses Märchen schildert.

Damokles als Daseinsform

Denken als Handlungsersatz

Die Brautwerbung ist noch nicht wirklich ausgesprochen, da gibt die »kluge Else« in der Tat einen unwiderleglichen Beweis für das ihr nachgerühmte Denkvermögen. Die Hälfte fast des ganzen Märchens geht damit zu, die nachfolgende Szene, fünffach ausgemalt und wiederholt, in der genußvollsten Manier zu schildern, und wirklich verrät der Symbolismus dieses verdichteten Lebensaugenblicks, da sich alles im Schicksal der »klugen Else« entscheidet, den ganzen Charakter, die ganze Not, die furchtbare Hilflosigkeit dieses scheinbar so aufgeweckten, »zweckdienlichen« Kindes, das man nunmehr dazu bestimmt, als Frau zu gelten.

In der griechischen Sage wird die Geschichte von Damokles überliefert, der den Tyrannen Dionysios von Syrakus als den Glücklichsten aller Sterblichen pries und zum Lohn dafür selbst mit aller Pracht und allem Reichtum ausgestattet wurde; doch als er sich eben, der köstlichsten Speisen genießend, zu Tische legen wollte, bemerkte er an der Decke ein Schwert, das, aufgehängt allein an einem dünnen Roßhaar, gerade über seinem Haupt schwebte. Damokles, so geht die Sage, bat flehentlich um die Gnade, von solcher Art des Glücks befreit zu werden, und diese Gunst ward ihm gewährt.[16] Anders das Leben einer »klugen Else«. Sie lebt tagaus, tagein das gnadenlose Dasein eines Damokles. Bei ihr geht es nicht allein darum, wie unsicher und todbedroht das äußere Konsumglück ist, für sie steht das gesamte Leben unter der ständigen Gefahr strafweiser Hinrichtung – wenn sie nicht klug ist. Allein schon deshalb muß ein solches Kind die ganze Geisteskraft darauf verwenden, die entsetzliche Möglichkeit seiner vernichtenden Aburteilung, so eindringlich es geht, immer wieder in der Vorstellung vorwegzunehmen – vielleicht, daß sich die Katastrophe dadurch doch vermeiden oder wenigstens ein Stück weit hinauszögern läßt. Was das Märchen als Momentaufnahme im Leben der »klugen Else« aus Anlaß der Brautwerbung schildert, wird man in Wirklichkeit mithin als die geheime Wahrheit ihres ganzen Daseins lesen müssen: Geht man unter der munter angeheiterten Oberfläche des Bildes

von der klug »verzwirnten« Tochter ein Stück tiefer, »in den Keller«,
ganz wortwörtlich, so offenbart sich ein Gefühl nicht endender Le-
bensbedrohtheit und unablässiger Gefahr. Wenn man bisher noch
meinen konnte, es würden in den vorstehenden Erörterungen unter
Umständen einzelne, an sich nebensächliche Bemerkungen überbe-
wertet oder überinterpretiert, so verrät das Märchen jetzt, was es
unter dem Anschein nebensächlicher Nettigkeiten die ganze Zeit über
hat sagen wollen: ihr Leben lang muß dieses Mädchen, die »kluge
Else«, dieses possierliche Familienamüsement, unter der Angst der
schwebenden Kreuzhacke gestanden oder, genauer, »gesessen« haben,
– eine unentrinnbar Gefangene, eine zur Qual des Damokles schuldlos
Verurteilte. Schon die Bauleute, erklärt das Märchen, haben diese
Kreuzhacke »vergessen«; mit anderen Worten: die Kreuzhacke gehört
zu der verborgenen Architektur, zu der seit jeher bestehenden Grundlage, auf die das ganze Elternhaus der »klugen Else« errichtet war. Das
Bild der aus dem Gebälk herabsausenden Kreuzhacke symbolisiert in
diesem Sinne die immer gegenwärtige tödliche Dauerverurteilung seitens des (väterlich geprägten) Überichs. – Diese Deutung legt sich
bereits rein tiefenpsychologisch nahe; aber es gibt an dieser Stelle auch
religionsgeschichtlich gewisse Anhaltspunkte zur Ergänzung und Bestätigung einer solchen Interpretation.

Denn wenn wir bislang die übermächtige Person des Vaters in der
Genese einer »klugen Else« so betont herausgestellt haben, so mutet es
jetzt wie ein fast frivoler Kommentar der Religionsgeschichte zur Gestalt dieses Vaters an, wenn man bedenkt, welch eine Rolle das Symbol der Kreuzhacke bereits in der germanischen Mythologie, in der
vorausliegenden Bronzezeit, ja schon im Neolithikum gespielt hat und
an welch eine Bedeutungsbreite das Märchen von der ›Klugen Else‹
mit der Verwendung dieses Sinnbildes anzuknüpfen vermag. Eine
Kreuzhacke ist an sich ein Gerät zur Erdarbeit, sie ist kein Maurer-
oder Zimmermannswerkzeug, und sie gehört auch nicht in das Dach-
gebälk geschlagen wie ein Beil oder eine Axt; wenn das Märchen
dennoch gerade dies berichtet, so scheint das an der *Form* der Kreuzhacke zu liegen, die dem außerordentlich alten und weitverbreiteten
Symbol der Doppelaxt entspricht. Längst bevor dieses Sinnbild bei
den Kretern[17] und anderen Völkern[18] auftaucht, schon in der Mitte
des 2. Jahrtausends vor Christus, findet sich eine solche Kreuzhacke in
Form der steinernen Streitaxt in den Gräbern der Schafzucht treiben-
den (indogermanischen?) Schnurkeramiker.[19] Bronzene Doppeläxte
bilden des weiteren den unerläßlichen Bestand der Grabbeigaben
während der agrarischen Kultur der Hügelgräberbronze.[20] Vor allem
aber im germanischen Raum ist bei dem Symbol der Kreuzhacke an
den germanischen Gott Thor bzw. Donar zu denken, der als Sohn des
Himmelsgottes Odin (Wotan) mit der Erdgöttin Jörd (einer Vorgän-

gerin der Freya) zum Gott der nordischen Ackerbaukultur schlechthin avancierte; sein Hammer Mjöllnir war es, der – als eine eigentliche Kreuzhacke – das Erdreich auflockerte und fruchtbar machte, und der »Hammerschlag« war bei allen wichtigen Begebenheiten von großer Bedeutung. »Mit Hammerwurf bezeichnete man die Grenzen der Siedlung, mit Hammerschlägen wurden Marksteine und Wegsäulen gesetzt, der Hammer weihte die Schwelle des Hauses und ward dadurch bei Eheschließung gebräuchlich. Thor wies die Züge eines Bauern auf: gutmütig, hilfsbereit, ... geistig schwerfällig, jähzornig und plump. Gewaltige Muskeln trugen ihm den Beinamen ... Bär ein.«[21] Es ist ein überaus verlockender Gedanke, sich nach diesem Vorbild noch einmal die Gestalt des Vaters einer »klugen Else« (und desgleichen die Gestalt ihres Gemahles) vorzustellen; jedenfalls wird man nach dem Gesagten tiefenpsychologisch wie religionsgeschichtlich feststellen dürfen, daß es recht eigentlich nicht die Zimmerleute sind, sondern der eigene Vater ist, der im Format eines allgewaltigen Donnergottes mit dem Szepter seiner phallischen Potenz ebenso fürsorglich wie fürchterlich das Leben seiner Tochter überschattet, bis zu dem Punkt, daß auch sie für ihr weiteres Leben nur einen Vaterstellvertreter von der Art eines Thor zu ihrem Gemahl »wählen« kann bzw. wählen muß.

Wie unausweichlich die Daseinsform des Damokles für eine »kluge Else« sich gestaltet, wird sofort klar, wenn man beachtet, daß für sie das Denken nicht, wie unter Menschen sonst, der Lösung von Problemen dient, sondern zum bloßen Selbstzweck entartet.[22] Denkt man für gewöhnlich über ein Problem nach, um es durch Erkenntnis, Plan und Handlung aus der Welt zu schaffen, so gilt die klagenvolle Grübelei der »klugen Else« einem anderen Ziel. Man darf unterstellen, daß das Selbstvertrauen, eine wie auch immer geartete Schwierigkeit aus eigenen Kräften meistern zu können, unter den gegebenen Umständen von vornherein nur sehr schwach entwickelt sein wird; doch das ist nicht alles. Weit wichtiger ist es zu sehen, daß aus der Sicht eines Kindes vom Charakter einer »klugen Else« gegen die Wesensart eines Donar-Vaters oder, später, aus der Sicht einer Frau gegenüber dem Verhalten eines »Bären« von Ehemann beim besten Willen und beim klügsten Nachdenken kein Kraut gewachsen ist. Würde eine »kluge Else« ihre Lage wirklich zu Ende denken können und dürfen, so stünde sie selber augenblicklich in der Gefahr, mit der »Doppelaxt« dazwischenzufahren und ihr elterliches wie familiäres Zuhause von den Fundamenten her auseinanderzunehmen. Was sie selber bedroht, ist nicht nur die aggressive Überforderung ihres Vaters, sondern auch die eigene Aggression, und das Bild der Kreuzhacke steht an diesem Punkt der Deutung mindestens für dreierlei auf einmal: für die unablässig über dem Haupt der »klugen Else« schwebende Dauerverurtei-

lung ihres Vaters, für das unterdrückte Aufbegehren der »klugen Else« als Mädchen und Frau gegen die männliche Tyrannei ihres Vaters
sowie für das nachträgliche Schuldgefühl und die dramatisch verstärk-
te Strafangst aufgrund der eigenen aggressiven Gefühlsregungen.

Von daher hat eine »kluge Else« geradewegs die Pflicht, ihr Denken,
gewissermaßen wie ein Zirkuspferd in der Manege, in eine Kreisbahn
zu lenken bzw. auf der Stelle treten zu lassen. Sie ist durchaus imstande, das betreffende Problem vor sich zu sehen und entsprechend zu
artikulieren; aber es käme an Explosivität der Sprengkraft einer Bom-
be gleich, würde die »kluge Else« ihren Vater selber dafür namhaft
machen, ihr Leben in eine lebenslängliche Exekution verwandelt zu
haben, oder würde sie ihrem künftigen Gemahl die Augen dafür öffnen, daß er gerade dabei ist, seine Frau nicht zum Traualtar, sondern
vielmehr zu einer tiefverborgenen, doch stets gegenwärtigen Hinrich-
tungsstätte zu schleifen. Weitaus ratsamer muß es in den Augen einer
»klugen Else« scheinen, das Problem von den Ursachen zu isolieren
und damit zugleich auch die möglicherweise äußerst aggressiven eigenen Handlungsimpulse zu verdrängen. Aus einer gefühlsmäßig äußerst angespannten, nahezu tödlichen Auseinandersetzung erhebt sich
jetzt der endgültige Beweis für die wahre Klugheit einer »klugen Else«: wie meisterlich sie doch die drohende Gefahr erfaßt und zugleich
zu erkennen gibt, daß sie selber außerstande ist, die »Hacke« in die
Hand zu nehmen. Am Ende muß sie ihrem Vater ebenso wie ihrem
Ehemann noch dafür dankbar sein, ihr so hilfreich beigestanden zu
haben. Aus den ursprünglich lebensgefährlichen Aggressoren werden
somit ihre dankenswerten Lebensretter, die freilich selber weder merken können noch wollen, welch einen Preis die »kluge Else« für die
vermeintliche Fürsorge und Hilfsbereitschaft ihrer Männer bringt:
Angstvoll verzichtet sie auf jedes eigene Handeln, auf jede Art von
Selbständigkeit, ja, auf jeden Denkansatz, der über das Beklagen ihrer
Notlage hinausreichen würde. Und siehe: gerade das ist es, was man
an ihr vornehmlich anerkennen wird, was ihr das höchste Lob ein-
trägt, was als Zusammenfassung ihrer Lebenskunst am meisten beifäl-
lig quittiert wird: wie »klug« sie ist!

Übertragung und Bestätigung oder: Die klagende Rache

Nun darf allerdings nicht übersehen werden, daß die »kluge Else« auf
ihre Art nicht einfach untätig bleibt; nur besteht ihre eigentliche Aktivität nicht im Handeln, sondern, ersatzweise, im Denken bzw. im
Ausdenken ängstigender und unabänderlicher Auswegslosigkeiten.
Mit einem gewissen Recht könnte man diesen Denktyp als *die klagende Rache* bezeichnen,[23] denn unzweifelhaft liegt ein gewisser Triumph

darin, wenn die »kluge Else« sich in den Stand setzt, ihre gesamte Umgebung mit ihrer obsoleten Melancholie zu infizieren.

Jedem Lehrer oder Erzieher werden schon Kinder begegnet sein, die sich von allen anderen dadurch auffallend unterschieden, daß sie sich über die Maßen darum bemühten, eine Logik des »Das kann man nicht lösen« zu entwickeln. Je nach dem Grad der Intelligenz und der Ausbildung können die vorgebrachten Argumente und gedanklichen Verknüpfungen so plausibel erscheinen, daß sie den Charakter der Unwiderleglichkeit annehmen, und man kommt nicht leicht darauf, daß hier eigentlich gar nicht ein bestimmter Gedanke bewiesen oder ein bestimmter Sachverhalt dargelegt werden soll, sondern daß hier im Grunde ein verzweifelter Beweis dafür angetreten wird, wirklich »klug« zu sein, immer nach der Devise: »Wenn ich eine Frage vorbringe oder ein Problem vortrage, das niemand lösen kann, so erweist sich unfehlbar, daß ich klüger bin als alle.«[24] Die unbewußte Erwartung herrscht bei solchen Kindern, daß nicht die Lösung eines Konfliktes (und ein daraus folgendes Verhalten) belohnt wird, sondern im Gegenteil: Je weniger man selber zu handeln und in die eigene Hand zu nehmen wagt, als desto braver und vernünftiger wird man gelten, und je deutlicher man demonstriert, daß es im letzten für gewisse möglicherweise entscheidende Lebensfragen durchaus eine Lösung nicht geben kann, als desto intelligenter und »klüger« wird man den sprachlos staunenden Mitmenschen erscheinen; schließlich haben sie die Sache wirklich noch niemals von dieser Seite betrachtet. Je erfolgreicher ein solches Vernünfteln sich in Szene setzt und je weiter eine »kluge Else« sich auf diesem Wege in der Anerkennung ihres Publikums emporarbeitet, desto gefährlicher wird der Sog ihrer negativen Überzeugungskraft ihre Zuhörer und Begleitpersonen erfassen, ja, am Ende kann ein regelrechter Wettbewerb darum einsetzen, wer unter all den klugen Köpfen sich als der größte Aporetiker erweist.

Ganze Seminarübungen beispielsweise können unter der Ägide von Gruppenleitern des Charaktertyps der »klugen Else« damit zugebracht werden, den Beweis zu erbringen, daß es Wahrheit nicht gibt, daß Werte nicht existieren, daß die Freiheit eine Illusion ist, daß der Mensch eine Fehlkonstruktion der Natur ist, daß der Zusammenbruch unserer Kultur, unserer Umwelt, ja, des Planeten überhaupt bereits eine ausgemachte und sicher auszumachende Sache ist, und was der spektakulären Ungereimtheiten mehr sind. Gedanken dieser Art mögen ihre objektive Berechtigung und Wahrheit besitzen – den subjektiven Bedeutungsgehalt solcher Theorien findet man indessen nicht auf der Ebene von Zustimmung oder Ablehnung zu dem rationalen Kern derartiger Behauptungen, sondern nur, wenn man sie als rationalisierte Gefühle bzw. als verschlüsselte Botschaften dechiffriert.[25] Für einen Menschen vom Charaktertyp der »klugen Else« gibt es wirklich keine Wahrheit – die Wahrheit, die er ahnt und fühlt, müßte die Ordnung seiner ganzen (Kinder-)Welt zerbersten lassen; für ihn darf es wirklich keine Werte geben – denn würde er gewisse Werte geltend machen, so müßte er in gleichem Atemzug den Vorstellungen seines Elternhauses Unrecht geben; für ihn hat wirklich festzustehen, daß er als Fehlentwicklung auf die Welt gekommen ist – denn anderenfalls müßte er seinen Eltern vorwerfen, daß sie ihn wie etwas Unerwünschtes durchs Leben gestoßen haben; vollends muß es ihm evident erscheinen, daß diese Welt zum Untergang bestimmt ist; denn wäre dies nicht, so müßte er sich zu dem Wunsch bekennen, daß er im Grunde seines Herzens nur allzu gern die ganze Welt, wie sie in sich aufgenommen hat, in Schutt und Asche legen würde. Das Denken solcher Aporetiker versteht man erst, wenn man sich weigert, ihrer immanenten Logik, dem »und wenn und wenn, dann könnte« nachzugehen, und statt dessen immer wieder die Frage dahin verschiebt, was für ein Interesse sie eigentlich daran haben, die gesamte geistige Energie auf den Nachweis von Aporien statt von Lösungsansätzen zu konzentrieren und jedem Vorschlag, wie etwas gehen könnte, ganz bestimmt ein klug daher gesprochenes »Nein, aber« entgegenzusetzen. Man wird dann beizeiten merken, daß es nicht nur darum geht, der tief empfundenen subjektiven Ausweglosigkeit sowie der inneren Resignation einen erlaubten Ausdruck zu verleihen, sondern daß hier auch eine sublime Genugtuung waltet, die anderen in die gleiche Melancholie, in das gleiche Dilemma, in das gleiche Lamento miteinbeziehen zu können, das einem selber schon aus langjähriger Gewohnheit wie eine zweite Natur vorkommen mag. Wenn man es schließlich dahin bringt, daß alle anderen in das gleiche Klagelied einstimmen, ist eine »kluge Else« weit genug gekommen: Sie ist mindestens nicht mehr allein, ja, sie erreicht es, ihre ganze Familie, von der Magd bis zur Mutter, vom Knecht bis zum Vater, in den Katzenjammer ihrer hoffnungslosen Klagen einstimmen zu lassen, ganz so, als ob die geheime Grundpartitur des gesamten familiären Zusammenlebens endlich zu ihrer Aufführung gelangte.

Gleichwohl wird auf diese Weise das Grundproblem: die – reaktiv zu den elterlichen Überforderungen – erheblichen verdrängten Aggressionen, natürlich nicht wirklich gelöst. Ein großer Teil des aggressiven Potentials wird vielmehr in Form von Strafangst zum Überich geschlagen und erscheint im Märchen von der ›Klugen Else‹ vor allem in dem ausgesprochen *hypochondrischen Gebahren* der jungen Frau. Beim ersten Lesen der Geschichte mag man es vielleicht recht erheiternd finden, wenn das umständliche Verhalten der »klugen Else« als betuliches Theater und ganz schlicht als eklatante Faulheit dargestellt wird. Wer aber ein Stück tiefer schaut, erkennt doch bald in dem vorsichtigen »Platznehmen« und fahrigen Hin- und Herschauen der

»klugen Else«, in ihrem Bestreben, nur ja keinen Moment lang als untätig erfunden zu werden, in ihrer notvollen Überbemühtheit eine solche Angst und ein solches Übermaß an sinnlos gutem Willen, daß man um die Bewußtseinslage dieses Mädchens bzw. dieser Frau sich die größten Sorgen machen muß. Insbesondere fällt die Übervorsicht auf, mit der die »kluge Else« jede unnötige Kraftaufwendung zu vermeiden trachtet. Offenbar fürchtet sie einen ständigen Verlust an Lebenssubstanz oder umgekehrt ein plötzlich hereinbrechendes körperliches Gebrechen.[26] Derartige hypochondrische Sorgen und Ängste dürften jedoch nicht nur das körperliche Pendant der chronischen geistigen Überforderung einer »klugen Else« darstellen, in ihnen scheint sich auch ein Stück Autoaggression zu somatisieren.

Andererseits tendiert die breite Gehemmtheit der »klugen Else« in der Tat naturgemäß zu ausgedehnten Bequemlichkeitshaltungen,[27] die einem außenstehenden Betrachter dann sehr leicht als simple Lethargie und bloße Apathie erscheinen können. Wenn es für eine »kluge Else« eine Lösung aus dem Dilemma ihrer *Angstklugheit* geben soll, so scheint sie wirklich nur von außen kommen zu können, und alles wartet somit darauf, daß ein starker »Hans« erscheint, der das nutzlose Räsonnieren und Lamentieren beendet und kraftvoll und energisch die Sache in die Hand nimmt. Das Furchtbare ist nur, daß es auf diesem »praktischen« Weg keine wirkliche Hilfe gibt, sondern sich unter dem Deckmantel freundlich-fröhlicher »Überbrückungen« und »vernünftiger Maßnahmen« seitens des Mannes in Wahrheit der Weg in eine wirkliche und endgültige Katastrophe vorbereitet. Wenn irgend der »Fall« der »klugen Else« dazu angetan ist, das patriarchale »Wir werden es schon machen« ad absurdum zu führen, so in der sicheren Tatsache, daß es nicht genügt, zu wissen, »wie die Hacke im Stiel sitzt«, sondern daß es unerläßlich ist, um wirklich hilfreich zu sein, mit dem anderen in die Abgründe seiner Angst hinabzusteigen, die latent all seinen Gedanken zugrunde liegt und doch mit Hilfe all seiner Gedanken eher verhüllt als enthüllt und eher ins Unbewußte verschoben als im Bewußtsein behoben wird.

Die Angst der Wünsche und der Wunsch der Angst

Der Kontrast zwischen vermeintlicher Hilfe und faktischer Zerstörung ist um so krasser sichtbar, als das Symbol der Kreuzhacke nicht zuletzt gerade für die Aussichten der künftigen Ehe steht, zu welcher die »kluge Else« sich durch den Willen ihres Vaters, durch die Resignation ihrer Mutter und durch die Forschheit ihres Hans gedrängt sieht. Wohl muß das ganze bisherige Leben der »klugen Else« einer nicht endenden Damokles-Situation gleichgekommen sein; daß aber

diese Wahrheit eben jetzt, zum Zeitpunkt der Brautwerbung, offen
zutage tritt, läßt vornehmlich die Ehe selbst (bzw. die Einstellung
einer »klugen Else« zur Ehe) unter dem Vorzeichen eines unausweichlich drohenden »Verhängnisses« (in wörtlichstem Sinne!) erscheinen.

Wir haben bislang so getan, als wenn die drohende Kreuzhacke
unmittelbar über dem Haupt der »klugen Else« selber schweben würde, und dieser Aspekt ist in dem Bild gewiß auch enthalten. Gleichwohl entzündet sich die Angst der »klugen Else« bemerkenswerter-
weise nicht an dem eigenen fatalen Schicksal, sondern an der möglichen Gefährdung ihrer Kinder. Allem Anschein nach bemerkt die
»kluge Else« ihre eigene Lage in der Tat erst, wenn sie sich vorstellt,
wie das Los ihrer Kinder (oder *ihres Kindes* – die Einzahl steht hier für
die ganze Kinderschar), beschaffen sein könnte; so, wie wir annah-
men, daß bereits ihr Vater sich auf unheilvolle Weise mit dem Schicksal seiner Tochter identifizierte, so scheint jetzt auch die »kluge Else«
selber sich nur per Identifikation in dem (vorgestellten) Leben ihrer
Kinder zu erleben. Viele Frauen, die schon als Kinder daran gehindert
wurden, ein eigenes Dasein zu entfalten, versuchen diesen Weg eines
ersatzweisen Lebens in den eigenen Kindern zu beschreiten, um in
ihnen mindestens stellvertretend die eigenen Wünsche zu leben und
durchzusetzen. Bei den alptraumartigen Vorstellungen der »klugen
Else« von ihrem künftigen Ehealltag geht es indessen nicht allein um
eine solche Dennochdurchsetzung eigener Wünsche, sondern eher um
ein Stück verschobener Selbsterkenntnis im Spiegelbild der eigenen
Kinder: So gefährdet, wie diese schier unvermeidbar leben werden,
wenn sie die untergründige Wirklichkeit, den »Keller« des Ehelebens,
kennenlernen, so verängstigt und bedroht gestaltet sich das Leben
einer »klugen Else« selber tagaus, tagein. In gewissem Sinne ist es der
»klugen Else« bei ihrer Angst vor der drohenden Kreuzhacke also gar
nicht eigentlich um ihre Kinder selbst zu tun, sondern es dienen diese
lediglich als Projektionsflächen der eigenen Selbsterfahrung. Paradoxerweise wird man zugleich jedoch sehr betont sagen müssen, daß es
der »klugen Else« auf einer anderen Ebene des Empfindens nur viel zu
sehr um ihre Kinder geht.

Es muß bereits auffallen, daß, noch ehe von einer Heirat überhaupt
die Rede sein kann, die Gedanken der »klugen Else« um nichts anderes als um ihre Kinder und deren mögliches Unheil kreisen. Offenbar
herrscht die Vorstellung, daß die Ehe nicht der wechselseitigen Liebe
und Ergänzung, als vielmehr dem zu erhoffenden (bzw. zu befürch-
tenden!) Kinder-»segen« gelte; die Angst *um* die Kinder dürfte also
zunächst einmal eine Angst *vor* den Kindern sein. Keine Frau der
Welt wird sich auf die Geburt eines Kindes von Herzen freuen können, wenn sie nicht zuvor in ihrer eigenen Person sich geliebt, bestä-

tigt und aufgehoben weiß; doch gerade dieses Moment von Liebe und Geborgenheit taucht in den bewußten Vorstellungen einer »klugen Else« prinzipiell niemals auf. Die Thematik der Liebe scheint in Wahrheit vollkommen verdrängt zu sein, das heißt, sie kehrt, symbolisch verdichtet, als Angst vor der männlichen Sexualität zurück, und auch dafür steht das Bild der Kreuzhacke. Die Streitaxt, der Hammer Thors, bedeutet ja nicht nur ein Zeichen männlicher Macht im allgemeinen, sondern bildet auch ein ausgesprochen phallisches Symbol, das der »klugen Else« Angst einflößen muß und ihr die Begegnung zwischen Mann und Frau nur als eine Art Vergewaltigung zum Zwecke von Zeugung und Geburt erscheinen lassen kann. – Man darf annehmen, daß Ängste dieser Art bei einer »klugen Else« vor allem aus der nach wie vor bestehenden Vaterbindung stammen, also stark inzestuös geprägt sind; jedenfalls bewirken sie eine so starke angstvolle Verdrängung der Liebe, daß umgekehrt nun auch die eigenen Kinder sich zu einem erstrangigen Problemthema auswachsen müssen. Wir haben bereits gesehen, mit welch einer (identifikatorischen) Obhut der Vater einer »klugen Else« seine Tochter zu umgeben suchte; wir werden jetzt annehmen können, daß in vergleichbarem Maße auch die »kluge Else« selbst die Pflicht in sich verspüren wird, für ihre künftigen Kinder zu sorgen. Längst bevor sie überhaupt das Licht der Welt erblicken, verlängern und steigern solche Kinder mithin nur die lebenslängliche Überforderung der »klugen Else«. Nahm der Vater seine eigene Tochter zum Maßstab seiner »Klugheit« und Selbstachtung, so wird wiederum der Wert einer »klugen Else« danach zu bemessen sein, was sie aus ihren Kindern zu machen versteht. Und an dieser Stelle legt sich ein ungeheuerlicher Gedanke nahe, der das Symbol der Kreuzhacke noch einmal in einem ganz anderen Licht darstellt.

Fjodor M. Dostojewski hat vor Gericht einmal den Fall der Kornilowa vertreten, die, während einer Schwangerschaft, ihre sechsjährige Stieftochter aus dem Fenster gestoßen hatte.[28] Jahrzehnte vor den Entdeckungen der Psychoanalyse ahnte Dostojewski, daß es durchaus für eine Frau gleichzeitig möglich ist, ein Kind zu hassen, gerade weil sie es liebt, und etwas für die Außenwelt völlig »Unverantwortliches« zu tun, gerade infolge eines Übermaßes an Verantwortungsgefühl. Mindestens in der Phantasie scheint sich in der »klugen Else« gerade eine solche Widersprüchlichkeit der Gefühle einzustellen: Der Verpflichtungsdruck, für die Kinder ebenso verantwortlich und fürsorglich zu sein, wie bereits der Vater sich um sie »gesorgt« hat, muß in der »klugen Else« dieselben heftigen Erinnerungsgefühle von Haß und Abwehr, Angst und Haltsuche, Resignation und Anklammerung auf den Plan rufen, wie sie bereits in der eigenen Kindheit geherrscht haben; zusätzlich aber muß jetzt eine außerordentliche Angst, ein starkes Gefühl, mit den künftigen Aufgaben grenzenlos überfordert

zu sein, sowie – reaktiv dazu – ein aufsteigender Zorn gegenüber
dieser endgültig unerträglichen und schlechterdings unzumutbaren
Verpflichtung die »kluge Else« überschwemmen, und so dürfen wir
annehmen, daß gerade sie, die schon im voraus mit der größten Angst
einzig und allein um das Wohl ihrer kommenden Kinder bemüht
scheint, in Wahrheit eben diese Kinder am liebsten von der Kreuzhak-
ke erschlagen sähe.

Eine solche Annahme ist durchaus nicht ungewöhnlich. Vor allem
bei *zwangsneurotischen* Versicherungsmaßnahmen[29] beobachtet man
immer wieder, daß Menschen sich und andere am meisten vor denjenigen Gefahrenmöglichkeiten in Schutz zu nehmen suchen, die sie als
Wunschmöglichkeit selbst in sich tragen, und so sehr die »kluge Else«
bereits noch vor dem Hochzeitstag Tränen über das traurige Los ihrer
künftigen Kinder vergießt, so sehr wird unbewußt doch eigentlich ein
starker Wunsch sich in ihr regen, die Kinder möchten, wenn es sie
denn geben sollte, beizeiten vom Schlag (der Kreuzhacke) ereilt werden. Der eigene aggressive Anteil dieses Wunsches ist in dem Symbol
der »Kreuzhacke« freilich ganz und gar verdrängt: Nicht die eigene
Hand schwingt im Zorn die Hacke gegen die Kinder, sondern ein
drohendes Unglück wird – magisch – das weitere Schicksal so fügen,
wie der Wunsch in der Tiefe es will, das eigene Gewissen aber es auf
das strengste verbietet.[30] Melancholie, Resignation und Traurigkeit
ersetzen in diesen verdrängten Wunschphantasien die Auseinander-
zung mit dem bestehenden Konflikt und lassen nichts übrig als das
inzwischen schon gewohnte Charakterbild einer »klugen Else«: Gedanken *anstelle* von Handlungen, Grübeleien *anstelle* von Überlegungen und eine notorische Passivität aus Furcht vor den eigenen (sadistischen) Aktivitäten.

Faßt man das Bild von der drohenden Kreuzhacke zusammen, so
ergibt sich, daß dieses Symbol äußerst vielschichtig zusammengesetzt
und determiniert ist. Die Kreuzhacke, so sehen wir, beschreibt sehr
korrekt das lebenslängliche Damokles-Dasein der »klugen Else«; sie
steht aber auch für die unterdrückte zornmütige Gegenwehr der
Tochter gegenüber der väterlichen Tyrannei; die Kreuzhacke symbolisiert des weiteren die männliche Potenz und Stärke sowohl des Vaters als des Ehemannes und repräsentiert somit die (ödipale) Angst der
jungen Frau vor der Annäherung ihres Mannes als eines bloßen Vater-
stellvertreters; und schließlich verdichtet die Kreuzhacke die latenten
Tötungswünsche einer Frau gegenüber ihren Kindern und unterstreicht somit noch einmal das Bild einer Persönlichkeit, die sich von
allen Seiten her vollkommen überfordert fühlt. Vergleicht man dieses
Gefühl tragischer Ausweglosigkeit zudem mit dem Verhalten vor allem des allzeit wohlgemuten Hans, so kann man wirklich den latenten
Wunsch der »klugen Else« mehr als gut verstehen, mit der »Hacke«

dazwischenzufahren. Denn so wie dieser tüchtige Gemahl die Sache anfaßt, verschwindet das Problem der Kreuzhacke – und in Zukunft denn wohl auch jedes andere Problem – im Handumdrehen; – ihm gilt diese Frau als seine rechte, und folglich steht in trauter Einvernahme zwischen Schwiegervater und Schwiegersohn der baldigen Trauung nichts mehr im Wege. Nur: wer »seine« Frau wirklich ist, davon weiß und versteht ein solcher Ehemann wie Hans kein Wort: Er gibt sich mit dem netten, heiteren Eindruck eines etwas spinnigen, sonst aber wohl ganz gutmütigen und amüsanten Eheweibs zufrieden, und so kann es nicht ausbleiben, daß die Katastrophe für die »kluge Else« an gerade der Stelle erst richtig beginnt, an welcher ihr Gemahl vermeint, sie ganz buchstäblich »in den Griff« bekommen zu haben. Es gibt nicht viele Volkserzählungen, die den schlimmen Einfluß männlicher »Hilfsbereitschaft« in ihrer selbstgefälligen Oberflächlichkeit so schreiend deutlich an den Tag bringen.

Das umgekehrte Leben

»Ja, mein lieber Hans, das will ich tun«

Denn was bedeutet es für eine »kluge Else«, in eine Ehe einzutreten, die von Anfang an, statt auf Freiheit und Selbstentfaltung, auf Selbstbewahrung durch Anpassung gegründet ist? So viele Märchen erzählen von Lebensschicksalen, die mit glücklichen Hochzeiten enden. Aber was wissen die glücklich Liebenden von den Qualen unglücklicher, verzweifelter, buchstäblich aussichtsloser Liebe? Was wissen sie von den erstickten Schreien, den unterdrückten Tränen, den dumpfen Selbstabstumpfungen jeden Gefühls? Schlimmer als der Schmerz ist die Schmerzunempfindlichkeit abgestorbener Wahrnehmungen, abgetöteter Gefühle, ausgerotteter Hoffnungen – die Apathie einer Verzweiflung, die sich selbst schon nicht mehr spürt. Und gerade um einmal für die unglücklich – nicht Liebenden, wohl aber – Zusammenlebenden ein Plädoyer des Verstehens und der Einfühlung zu gewinnen, wird man ein solches Märchen wie ›Die kluge Else‹ gar nicht intensiv genug betrachten können.[31]

Es ist bereits die Frage, inwieweit ein »Hans« überhaupt merken kann oder, besser, überhaupt merken will, worauf er sich mit seiner Heirat einläßt. Der Anspruch, unbedingt eine »kluge« Frau als die »seine« »heimzuführen«, spricht sehr dafür, daß ihm ursprünglich an einer problemlosen, netten, überschaubaren, unternehmungsfreudigen, konfliktfreien, eben »vernünftigen« Beziehung gelegen ist. Auf

gar keinen Fall will er die Frau, die er in Wahrheit heiratet: ein »ver-
zwirntes« Etwas, bei dem alles auf vielen Ebenen kompliziert, gebro-
chen und widersprüchlich abläuft; seine Liebesbedingung lautet eindeutig: Er möchte eine Frau, die »klar« im Kopf ist. Um so erstaunlicher ist es, daß er trotz aller Erklärungen vor allem seiner künftigen
Schwiegermutter nicht wahrzunehmen scheint, wie es in Wahrheit um
seine Braut bestellt ist. Eine solch massive Verleugnung der Realität
läßt sich gewiß nicht einfach mit bloßem Phlegma oder munterem
Leichtsinn erklären, die Frage stellt sich vielmehr, wie ein junger
Mann, der Wert auf »Klugheit« legt, derartig schwere, »dumme« Fehler an einer entscheidenden Stelle seines Lebens begehen kann.

Vorauszusetzen ist, daß Hans sehr wohl bemerkt, wie geradezu
abstrus es in der Familie seiner »klugen Else« zugeht. Seine Brautwerbung selbst gerät ihm unter der Hand zu jener Groteske, bei der die
ganze Familie die Heirat, noch ehe sie überhaupt zustandegekommen
ist, schon im voraus einmütig und einmündig gemeinsam mit den
Wehklagen der »klugen Else« für ein ebenso absehbares wie unab-
wendbares Verhängnis bezüglich aller künftigen Generationen erklärt.
Mehr, sollte man meinen, brauchte es eigentlich nicht, um entgegen
allen verbalen Beteuerungen die »Kellerwahrheit« dieser Ehe in Erfahrung zu bringen. Es ist nicht vorstellbar, daß Hans es wirklich
ernst meint, wenn er mit feierlicher Miene erklärt: ». . . mehr Verstand
ist für meinen Haushalt nicht nötig«. Man muß vielmehr annehmen,
daß er in unbewußter oder halbbewußter Verfälschung seiner wirklichen Wahrnehmung partout nicht gelten lassen kann, was er in Wahrheit sehen müßte: daß schon am Tag der Hochzeit, auf einer tieferen
Ebene der Wirklichkeit, wenn man nur selbst ein Stück weit »in den
Keller« »hineingeht«, ein jammervolles Unglück sich abzuzeichnen
beginnt. Das Kind, das die »kluge Else« selber ist – durchaus nicht erst
das Kind, das sie hervorbringt –, fühlt sich bereits am Hochzeitstage
wie erschlagen.[32] Wenn es etwas gibt, das man *vor* einer Heirat be-
sprechen, erforschen und gemeinsam durcharbeiten müßte, so ist es
diese grenzenlose Angst, diese ansteckende Traurigkeit, diese lebens-
gefährliche Bedrohtheit einer »klugen Else« vor ihrer Hochzeit. Statt
dessen aber verfügt Hans über die zweifelhafte Gabe, mit einem Fe-
derstrich das ganze Problem zu leugnen und ins problemlos Heitere
zu wenden. Für ihn, für »seinen Haushalt«, ist die »kluge Else« gut
genug. Aber wieviel ist eine solche »Liebeserklärung« wert? Ja, handelt es sich überhaupt um eine Liebeserklärung?

Tatsächlich scheint es zwischen Hans und der »klugen Else« so
etwas wie eine verführerische Ergänzung zum Unglück zu geben.
Wenn die Intelligenz einer »klugen Else« darin besteht, allerorten
Probleme zu sehen, zu haben und zu machen, die nach Möglichkeit als
unlösbar empfunden und geschildert werden, so ist Hans offensicht-

lich von gerade der entgegengesetzten Art: Seine Intelligenz scheint
sich gerade darin zu bestätigen und zu betätigen, daß es für ihn ein
Problem entweder gar nicht gibt, oder daß es sich, wenn vorhanden,
als leicht lösbar erweist. Es ist sehr wichtig zu begreifen, daß ein
solcher »Hans Problemlos« zwar auf seine Zeitgenossen recht ange-
nehm wirken mag, daß er aber nichtsdestoweniger inmitten seiner
scheinbaren Normalität und Konfliktfreiheit durchaus pathologische
Qualitäten besitzt. Gewiß, er wird gegenüber einer Frau wie der »klugen Else« stets im Vorteil sein, aber es ist eben diese chronische Überlegenheit eines solchen »Hans«, die schließlich das ganze eheliche
Arrangement zum Scheitern bringen muß; denn sie bestärkt jedes
Problem, statt es zu lösen, indem sie sich noch obendrein an jener
sonderbaren Selbstgewißheit mästet, irgendwie schon alles recht zu
machen.

Wie man zu einem solchen »Hans« erzogen wird?

Am einfachsten im Umkreis einer Familie, die es – ähnlich wie im
Elternhaus der »klugen Else« und doch ganz anders – in keinem Fall
gestattet, Probleme anzuerkennen und zuzugeben. In der Biographie
eines solchen »Hans« wird ein ständiges Klima der Problemverleug-
nung bestehen – es hat unter allen Umständen keine Schwierigkeit zu
geben, die nicht (eines der furchtbarsten Worte im Neudeutschen:) als
machbar zu betrachten wäre. Indem Hans nur eine Frau »haben« will,
die als »klug« (im Sinne von unproblematisch) gilt, darf man vermuten, daß er selber eine Mutter hatte, die – aus eigener Hilflosigkeit
oder Anspruchshaltung heraus – auf ihn ganz so reagierte, wie er
selbst es seiner Frau in Aussicht stellt: daß man alle Liebe verliert,
sobald man »Schwierigkeiten« hat und macht.

Ein hochgestellter und angesehener Akademiker zum Beispiel berichtete von der Beziehung, die er zu seiner Sekretärin unterhielt. Er
hätte, so gestand er, sich wohl niemals in sie verliebt, wenn er nicht in
der Heirat mit seiner Frau einem fatalen Irrtum aufgesessen wäre. Er
selbst entstammte einer Familie, in der ihm von früh an für seine
chronisch depressive Mutter ein unerträglich hohes Maß an Rücksichtnahme und Verständnis abverlangt worden war; schon als Kind
beherrschte ihn ein tiefes Mitleid mit seiner Mutter, die er in ihrer
Niedergeschlagenheit eigentlich hätte trösten und aufheitern mögen,
doch der zu helfen ihm objektiv nicht möglich war. Statt also mit der
Mutter in eine hilfreiche, womöglich sogar für beide Seiten vorteilhafte Beziehung einzutreten, hatte dieser Mann schon sehr früh lernen
müssen, die ohnehin schon allzusehr belastete Mutter nicht noch zusätzlich mit eigenen Problemen zu behelligen und umgekehrt die – in
der Tat aus seiner Sicht unlösbaren – Probleme seiner Mutter, statt sie
zu verstehen und durchzuarbeiten, in scheinbarem Humor zu *überspielen*. Die Lektion dieses Mannes, bereits in seiner Kinderzeit, be-

stand folglich darin, daß es nichts Furchtbareres geben konnte als eine
Frau, die weinend dasitzt, sich in ihrer Hilflosigkeit selber als eine
schiere Ausgeburt an Dummheit beschimpft und in der Egozentrik
ihres Leids für alle anderen Fragen, zum Beispiel für die Fragen ihres
Kindes, absolut unzugänglich ist.

Vor diesem Erfahrungshintergrund hatte dieser Mann sich bereits in
der Pubertät angewöhnt, auf seelische Schwierigkeiten, insbesondere
von Frauen, förmlich panikartig zu reagieren, und bald schon stand
sein Entschluß fest: niemals in seinem Leben würde er sich auf eine
»Problemfrau« einlassen. Da er, getreu dieser Devise, sich indessen im
Verlauf der Jahre mit einem gewissen fröhlichen Charme zu umgeben
verstand, übte er unbewußt eine besondere Attraktivität gerade auf
Frauen aus, die, innerlich unsicher und anlehnungsbedürftig, sich von
seiner scheinbaren Souveränität und Leichtigkeit im Umgang mit allen
nur erdenklichen Schwierigkeiten Hilfe und Schutz für ihr Leben erhofften. Mit anderen Worten: er erweckte Zuneigung und Sympathie
gerade bei denjenigen Frauen, die zu lieben er eigentlich am wenigsten
vorbereitet war, und da er sich sein Leben lang aus Angst vor einer
Wiederholung seiner Kindertage mit Händen und Füßen dagegen ge-
sträubt hatte, irgendein seelisches Problem bei sich selber oder anderen ein Stück weit tiefer zu verstehen, unterlag er bald schon wie
magisch gezogen dem Zwang seines Unbewußten: Die Frau, die er in
die Ehe führte, war zunächst wie berauscht, endlich einen Mann gefunden zu haben, der, ganz anders als sie selber, Probleme überhaupt
gar nicht zu kennen schien; *er* wiederum glaubte eine Frau zu »haben«, der er all das geben konnte, was er seiner Mutter nicht zu geben
vermocht hatte: Freude und Glück. Die Form dieser Ehe konnte unter
den genannten Umständen natürlich nur rein äußerlich beschaffen
sein: »man« amüsierte sich, lud Gäste ein, ging aus zum Tanzen,
sorgte für die nötigen Anschaffungen und so weiter – bis die Frau mit
der erdrückenden Oberflächlichkeit, mit dem Zwang zum problemlosen Funktionieren, mit dem gedankenlosen Zeittotschlagen und See-
lenverschütten nicht mehr zurecht kam, und prompt kam der Mann
nicht mehr mit seiner Frau zurecht. Als er dann in jener Sekretärin
endlich eine wirklich unproblematische Frau gefunden zu haben
meinte, begann seine Ehe sich fortschreitend in eine Art Zermür-
bungskrieg zu verwandeln, wobei der Mann seiner Frau vorwarf, ihn
mit ihrer Hilflosigkeit zu überfordern, und die Frau ihrem Mann
vorhielt, ein seelenloser Apparat, ein unbeweglicher Klotz, ein ekel-
hafter Pascha zu sein.

In der Tat wird man die eherne Lebensregel eines Mannes von der
Art eines solchen »Hans« als eine fixe Abfolge von fünf unerschütter-
lichen Maximen beschreiben können. 1. Es gibt keine Probleme.
2. Wenn es Probleme gibt, haben sie nicht mit dir zu tun. 3. Wenn sie

doch mit dir zu tun haben, erkläre sie für unabänderlich. 4. Wenn sie doch geändert werden sollen, widersetze dich einem solchen Ansinnen mit Empörung und Wut. 5. Wenn dein Jähzorn einen anderen, zum Beispiel deine Frau, sehr schwer verletzt hat, so erweise dich als barmherziger Samariter: Erzeige durch Fürsorge und Obhut, welch ein treusorgender Mann du in Wahrheit bist. Denn: 1. Es gibt keine Probleme ... Eine Zusatzregel: Wenn du merkst, daß du immer in denselben Kreislauf verfällst, so erinnere dich der Regel 3 und greife im übrigen auf das Mittel zurück, das sich schon bei der Brautwerbung bewährt hat: Geh in den Keller zum Bierzapfen und erkläre die ganze Problematik der Familie, der Angehörigen, der Kindheit – deiner eigenen ebenso wie derjenigen deiner Frau – für eine Sache, die man nur einfach einmal richtig anzupacken braucht, im Hier und Jetzt, im gegenwärtigen Augenblick, ohne all die Komplikationen von Wiederholungszwang und Übertragung, von Projektionen und Regressionen, von Überich und Es. Ein derartig praktisch gesonnener »Hans« lebt wirklich scheinbar problemlos in einer scheinbar problemlosen Welt, und er wird durchaus nicht merken können noch wollen, daß er die meisten Probleme durch seine Art von »Problemlosigkeit« und »Unkompliziertheit« zuallererst selbst verursacht bzw. auslöst.

Wie denn soll eine »kluge Else« an der Seite eines solchen Mannes leben, ohne nach und nach an seelischer Schwindsucht zugrunde zu gehen? Es hat im ehelichen Zusammenleben mit einem solchen »Hans« keine ungelösten Fragen zu geben, so daß die Rede nie über etwas anderes gehen kann als darüber, was man im nächsten Augenblick »machen« wird. Schon von Hause aus hat eine »kluge Else« nie gelernt, sich selber über ihre Gefühle anders denn symbolisch verschlüsselt auszusprechen; nun aber befindet sie sich in den Händen eines Mannes, der nichts mehr fürchtet als seelische Komplikationen. Was Wunder also, daß sie diesem Manne in jedem für sie wichtigen Moment ihres Erlebens als zu kompliziert vorkommen muß? All ihre Gefühle und Ausdrucksformen müssen unter diesen Umständen auf den praktischen Nutzen flachgeschlagen werden. Eine »kluge Else« sagt etwa: »Ich weiß nicht, ich bin so müde im Kopf« oder: »Ich fühle mich so kalt in den Gliedern« oder: »Ich bin so taumelig auf den Beinen«, so antwortet ihr »Hans«: »Das wird am Luftdruck liegen. Das Wetter ist aber auch scheußlich. Am besten, du schläfst etwas. Ich geh' derweil auf ein paar Runden zum Skat, und dann fahren wir Tante Alwine besuchen.« Oder er wird sagen: »Du mußt aber auch die Tabletten schlucken, die dir der Psychiater verschrieben hat. Ich will doch nur das Beste für uns. Da mußt du doch einsehen.« Darauf müßte eine »kluge Else« – was sie eben nicht kann! – mit allem Nachdruck entgegnen: »Mir fehlt eigentlich ein Ort, an dem ich zu Hause

bin. Ich komme mit meinen Gefühlen nicht zurecht. Ich fühle mich so
schuldig, denn ich hasse dich, obwohl du dir alle Mühe gibst und
selber nicht für deine Art kannst, mit der du selber dir im Wege stehst;
aber ich kann dich nicht lieben. Manchmal möchte ich fortlaufen, aber
ich habe Angst, und diese Angst – das ist der Nebel in meinem Kopf,
die Kälte in meinen Gliedern, das Taumeln in meinen Beinen.« Aber
an eine solche Entgegnung ist gar nicht zu denken. Unzweifelhaft
würde der Mann einer »klugen Else« doch nur erneut mit seinen so
praktischen Fragen und Ratschlägen über sie herfallen: »Geht das
schon wieder los! Ich weiß wirklich nicht, was ich für dich noch
machen soll. Jede andere Frau an deiner Stelle würde sich freuen. Wir
müssen doch zusammenhalten. Das sind jetzt solche Grillen, die hat
man schon mal. – Ich muß jetzt noch die Tiere versorgen.«

Tag für Tag nach solchen Mustern wird man die Beziehung zwischen »Hans« und »Else« sich vorstellen müssen, und Tag für Tag
wird eigentlich nur deutlicher, daß beide bei allem guten Willen und
allen Anstrengungen weder einander lieben noch einander hilfreich
sein können. Im Gegenteil, all die gescheiten und neunmalklugen
Maßnahmen des »Hans« rühren nie an den Kern der Problematik
einer »klugen Else«, und recht betrachtet sollen sie es auch gar nicht.
In Wahrheit nämlich möchte ein »Hans« seine Ruhe haben, und alles,
was er unternimmt, drückt insgeheim mit der Adresse an seine Frau
recht deutlich aus: »Jetzt sei aber endlich zufrieden.« Und: »Was
willst du denn noch?« Immerhin verfügt »Hans« als Mann über einen
genügenden Spielraum zum Ausweichen, und so kann er eine solche
Ehe ganz gut aushalten; er kann in seine Arbeit flüchten, er findet
seine Bestätigung in der Art seines Auftretens, er gilt – so darf man
annehmen – bei den meisten seiner Zeitgenossen als ein netter Kerl
und umgänglicher Mensch, während die »kluge Else« ihre Ehe als ein
umgekehrtes Leben führen muß – als eine einzige Verneinung all dessen, was sie eigentlich zu fühlen, zu hoffen, zu ersehnen, zu wünschen, zu sagen, zu tun vermöchte – als eine pflichtweise Bejahung all
dessen, was sie im Grunde unterdrückt, erniedrigt, quält, erstickt,
einengt, zerstört.

Es gibt dabei vor allem keine Möglichkeit, sich mitzuteilen! Manche
Frauen, die religiös verankert sind, werden in solchen Momenten die
Kirchen der Stadt für Stunden wie Asylstätten aufsuchen und ihre
Gebete des Schweigens und der Einsamkeit den Kerzen vor der Mut-
tergottes oder den andächtigen Kirchenfenstern anvertrauen. Aber
vielleicht hat das Märchen von der ›Klugen Else‹ recht, wenn es einen
solchen Schutz in der Religion gänzlich unerwähnt läßt und in der
Profaneität seiner Darstellung die irdische Gefangenschaft einer »klugen Else« als total erscheinen läßt. Wenn man mit Gott nicht sprechen
kann, mit welchem Menschen soll man dann so sprechen können, daß

man darüber wieder zu Gott hinfindet? Niemand unter den anderen Menschen wird das Gefühl einer »klugen Else« verstehen, inmitten einer scheinbar so heiteren und erfolgreichen Ehe (»Hast du denn nicht alles?«) alleingelassen, unverstanden und allseits an einem wirklichen Leben gehindert zu sein; wie in Kindertagen wird es daher ihre ganze Lebenskunst ausmachen müssen, sich durch Anpassung, Willfährigkeit und resignierten Gehorsam in das Erwartungsnetz ihres Ehemannes zu fügen. Der wiederum wird keinen Wert legen auf die Selbstentfaltung und Eigenständigkeit seiner Frau – wie »es« funktioniert und »in Ordnung« kommt, ist alles, was ihn interessiert. Es muß unter diesen Umständen in der Tat als das wichtigste Zeichen der »Liebe« gelten, wenn eine »kluge Else« ihrem »lieben Mann« erklärt, sie wolle gerne tun, was er in seiner Weisheit angeordnet hat. Eine Möglichkeit erlaubter Ichabgrenzung existiert für eine Frau in einer solchen Ehe durchaus nicht; eine Chance zu Selbstbestimmung und eigenem Handeln ist von seiten des Mannes durchaus nicht vorgesehen; so etwas wie ein eigenes Denken, Urteilen und Handeln fällt allein in seine Domäne. Kurz: die »kluge Else« ist an der Seite ihres »Hans« nur solange klug, als sie sich abhängig, gefügig, unselbständig und keines eigenen Gedankens fähig darbietet; wenn sie angepaßt und zu allem bereit sich in jede Anordnung ihres Mannes pflichtgemäß einfügt – *dann* ist sie »klug«.

»Schneid' ich's eher oder ess' ich eher?«

Unter derart schweren Icheinschränkungen ist es naturgemäß nicht möglich, irgend etwas von innen heraus, aus eigenem Antrieb, zu unternehmen und ins Werk zu setzen; vielmehr wird jedes Detail des Verhaltens von außen angetrieben und gelenkt. Beauftragt und beaufsichtigt kann eine »kluge Else« schon aus Angst und Anpassung unter Umständen eine Menge objektiv nützlicher Unternehmungen tätigen, und doch ist sie in all dem nicht mehr beteiligt als ein seelenloser Automat. Andererseits kann gerade eine solche Anpassungstüchtigkeit bei anderen den Eindruck besonderen Fleißes und besonderen Talentes hinterlassen und also förmlich dazu einladen, der »klugen Else« weit mehr zuzutrauen, als sie wirklich halten kann. Schon von daher gehören eine Reihe von Komplikationen zum Bild einer »klugen Else«. Die eigentliche Krise in ihrem Leben aber beginnt, wenn, in völliger Verkennung ihrer wahren Persönlichkeit, jemand von ihr plötzlich und wie selbstverständlich eigenständige Arbeit verlangt und erwartet. Denn die Haltung einer wehrlosen Anpassung und Gehorsamsbereitschaft setzt eine »kluge Else« nicht nur außerstande, sich von fremden Forderungen genügend zu distanzieren, sie gestattet ihr

vor allem nicht, eine gestellte Aufgabe in eigener Regie zu lösen. Das
gleiche Dilemma, das schon bei der Episode von der »Kreuzhacke«
sichtbar wurde, läßt sich mithin in prompter Gewißheit für den Fall
erwarten, daß die »kluge Else« etwas für sich allein erledigen soll: sie
wird nicht wagen, auf eigene Faust etwas zu tun. Aber nicht nur die
angstdurchtönte Unselbständigkeit kennzeichnet das Problem der
»klugen Else«, es ist vor allem das Gefühl, überfordert zu sein, das
sich ihr bei jeder noch so einfachen Aufgabe in den Weg stellen wird.

Mehr oder minder ausgeprägt wird jeder in Streßsituationen ein
ähnliches Gebaren zeitigen, wie die »kluge Else« es hier an den Tag
legt: Man muß (und will im Bewußtsein) eine bestimmte Angelegen-
heit hinter sich bringen; aber noch ehe man an die Arbeit geht, regt
sich ein heftiges Empfinden von Abneigung, weil man sich der Aufgabe weder der Art noch dem Arbeitsaufwand nach gewachsen fühlt;
und an die Stelle wirklicher Arbeit tritt dann ein übermächtiges Gefühl von Hunger und Müdigkeit. Eine Studentin etwa erzählt, daß sie
bei der Fertigstellung ihrer Diplomarbeit neuerlich auf ein Symptom
trifft, das auch früher in ähnlichen Situationen aufzutreten pflegte:
Gerade hat sie sich hingesetzt, um den nächsten Abschnitt ihrer Arbeit zu Papier zu bringen – die Gedanken selbst sind ihr eigentlich
präsent, und sie meint, es gehe jetzt nur noch um das Problem der
Niederschrift –, da erfaßt sie eine starke innere Unruhe; sie läuft um
den Tisch herum, setzt sich wieder hin, steht wieder auf, geht schließlich in die Küche, kocht sich einen Kaffee, um richtig wach zu werden,
dann ißt sie, ohne ein wirkliches Hungergefühl, aber wie gierig, drei,
vier Butterbrote, endlich spürt sie – vermeintlich durch die übermäßi-
ge Nahrungsaufnahme – starke Kopfschmerzen; erneut nimmt sie
einen Anlauf, um mit der Arbeit zu beginnen, als eine bleierne Müdigkeit sie erfaßt; ja, wie sie klagt, kann es geschehen, daß sie schon um
neun Uhr abends im Bett liegt und in jedem Falle ein unverhältnismä-
ßig großes Schlafbedürfnis verspürt. Ihr Verhalten gleicht en detail,
wie man sieht, dem eigentümlichen Betragen der »klugen Else« in dem
Grimmschen Märchen; aber es wird jetzt deutlich, daß es sich dabei
ganz und gar nicht um ein Problem von Fleiß und Faulheit handelt,
wie man bei einer oberflächlichen Lektüre des Märchens vielleicht
denken mag; es handelt sich im Gegenteil um das Symptom eines
frustrierten Leistungswillens aufgrund eines überhöhten Leistungsan-
spruchs: Unbewußt entsteht gegenüber der gestellten Aufgabe eine
solche Angst und Abwehr, daß schließlich schwere Arbeitsstörungen
in Form eines »inneren Streiks« unausweichlich sind. Um die geforderte Leistung zu erbringen, müßte es einer »klugen Else« erlaubt
sein, die Maßlosigkeit der eigenen Leistungserwartungen von sich aus
zu begrenzen; nur wenn sie imstande wäre, die Aufgabenstellung und
die Arbeitsweise selber von sich aus zu definieren, Wichtiges dabei

von weniger Wichtigem zu unterscheiden, gewisse Unvollkommenheiten in Kauf zu nehmen, manche Programmpunkte der Arbeit überhaupt zu umgehen oder fallenzulassen, kurz: nur wenn sie selber als eine eigenständige Person, in freier Kreativität statt in abhängigem Gehorsam, die gestellte Aufgabe erledigen könnte, ließen sich ihre schweren Arbeitsstörungen überwinden; aber die Voraussetzungen gerade dafür gehen einer »klugen Else« wesensmäßig ab. In ihrer im Grunde kindlichen Fremdbestimmtheit erscheint ihr *jede* Aufgabe im Licht der uralten Frustrationen aus Kindertagen als Überforderung, und dementsprechend fällt auch ihre Antwort darauf aus.

Wir haben vorhin schon auf den Kontrast zwischen den wie selbstverständlichen Überforderungen seitens des Vaters und dem bedauernden »Ach« der Mutter hingewiesen; wir werden jetzt sagen müssen, daß in diesem Gegensatz zwischen der fordernd-harten Vaterwelt und der erschlaffenden Resignation der Mutter von Anfang an eine starke Neigung enthalten sein wird, auf Schwierigkeiten von außen mit einem Rückzug zum Rockschoß der Mutter zu reagieren. Insbesondere die *orale Regression* scheint für das Gehabe einer »klugen Else« im Beispiel jener Studentin ebenso wie im Falle des Märchens typisch zu sein: Angesichts eines bestehenden Konfliktes bricht eine unbezwingbare Eßsucht aus,[33] ein Verlangen nach Süßigkeiten, nach einem »guten Brei«, wie die »kluge Else« ihn als erstes für sich kocht; natürlich, daß auch Daumenlutschen,[34] Nägelkauen,[35] Zigarettenrauchen und Alkoholkonsum[36] Varianten des gleichen Symptoms darstellen. Im Grunde knüpft dieses Verhalten an sehr frühe kindliche Erfahrungen an, in denen frustrierende Überforderungen (seitens des Vaters) nicht nur Angst, Selbstwertzweifel und Minderwertigkeitsgefühle erzeugen mußten, sondern auch den heftigen Wunsch und die Neigung entstehen ließen, am liebsten für immer ein großes Kind der Mutter zu bleiben. Jeder Entwicklungsschritt kann in einem derartigen Klima der Angst nicht mehr freiwillig, sondern nur noch erzwungenermaßen zustande kommen, und mit jedem Schritt nach vorn meldet sich zugleich die Sehnsucht stärker, in jene Phase des Lebens zurückkehren zu dürfen, in der noch keine Forderungen gestellt wurden: die Zeit vor und kurz nach der Geburt, die Epoche einer noch ungetrübten Einheit mit der Mutter. Kommt die Mutter diesem Wunsch noch zusätzlich mit eigenen Resignationen entgegen, so entsteht im Kontrast zu den väterlichen Leistungsansprüchen ein eigentümliches Gefälle von Regression, ganz so, als könnte man, wie in den paradiesischen Tagen der Säuglingszeit, eine Speise zu sich nehmen, die durch sich selbst allmächtig und allwissend macht, indem sie mit der allmächtig und allwissend vorgestellten Mutter verbindet, und als könnte man in einen Schlaf sinken, der alle Probleme, wenn schon nicht löst, so mindestens vergessen macht. Es ist ein stark depressiver

Zug, bestehende Konflikte nach der Art eines kleinen Kindes aus der
Welt zu schaffen, indem man buchstäblich die Augen vor ihnen verschließt; doch in jeder Lebenssituation subjektiver Aussichtslosigkeit
möchte man sprechen wie Shakespeares Hamlet:

> Sterben – schlafen –,
> Nichts weiter! – und zu wissen, daß ein Schlaf
> Das Herzweh und die tausend Stöße endet,
> Die unsers Fleisches Erbteil – 's ist, ein Ziel,
> Aufs innigste zu wünschen.[37]

Bei der Deutung dieser Stelle gilt es also, zwei Fehler auf einmal zu
vermeiden. Zum einen gilt es, den vordergründigen Eindruck zu beseitigen, als wenn Menschen von der Art einer »klugen Else« einfachhin unbeholfen, dumm und faul wären. Das sind sie nicht. Unzählige
Kinder werden gequält, unzählige Erwachsene verachtet, nur weil sie
immer wieder ihr Leben lang überfordert, entmutigt und allein gelassen wurden; ihr Problem besteht nicht in einem Mangel an Disziplin
und gutem Willen, sondern paradoxerweise in einem Zuviel an gutem
Willen bzw. in der Ausschaltung ihres Willens durch ständige äußere
wie verinnerlichte Riesenansprüche.[38] Zum anderen gilt es, den Ernst
der Symptomatik in vollem Umfang zuzugeben – anderenfalls gelangt
man unausweichlich zu dem Resultat, das Hans in dem Märchen von
der ›Klugen Else‹ durch sein Verhalten selbst herbeiführt: Er leugnet
die bestehende Problematik seiner Frau vollkommen, ja, er redet sich
sogar entsprechend seinem Weltbild der Problemvermeidung ein, daß
seine Frau besonders tüchtig und fleißig sei, und als er der Wahrheit
schließlich beim übelsten Wollen nicht mehr ausweichen kann, verwandelt er die bittere Wahrheit seiner Frau in einen Jokus, der die
»kluge Else« endgültig in den Wahnsinn treibt.

»Bin ich's oder bin ich's nicht?«

Ist es die Ursache oder nur der Ausdruck der beginnenden Psychose,
wenn Hans, als er seine Frau schlafend im Kornfeld findet, geschwind nach Hause läuft, um ihr ein Vogelgarn mit kleinen Schellen
umzuhängen? Gewiß beides; denn wohl ist es der unverständige
Hohn und Spott des Hans, der die »kluge Else« nach und nach um
den Verstand bringen muß, doch es ist auch ihr in der Tat weit vom
»Normalen« abweichendes Verhalten, das die Verachtung und das
Gelächter des Hans (und aller anderen) förmlich herausfordert – ein
wechselseitig sich bedingender Teufelskreis menschlicher Abhängigkeiten und Erniedrigungen. Die Weltliteratur ebenso wie die Weltge-

schichte kennt das heroisch-tragische Motiv von *l'amour fou* – der Liebe, die sich mit der Realität nicht abfinden will noch kann und in ihrer Verleugnung der äußeren Gegebenheiten rückhaltlos bis zu Zerstörung und Untergang schreitet. Fast ausnahmslos ist ein solcher Liebeswahn in seiner Verzücktheit wie in seiner Verrücktheit das Ergebnis einer überstarken und höchst ambivalenten Bindung, die eine Frau bereits als Kind zu ihrem Vater empfindet und die sie später dann auf andere Männer überträgt.[39] Das Umgekehrte sieht man eigentlich weit häufiger, aber man übersieht es gern, eben weil es zu häufig vorkommt: daß Menschen, wie im Märchen von der ›Klugen Else‹, an der lebenslänglichen Lieblosigkeit ihrer Umgebung, ihres Elternhauses zunächst, ihrer Ehe-»gemeinschaft« hernach, bis zum Wahnhaften zerbrechen, indem sie unter dem Druck der äußeren Anpassung alle möglichen Irritationen, Verfälschungen und Wirklichkeitsverleugnungen bis zum Verlust ihrer Identität in Kauf nehmen müssen.

Es ist vorab zu betonen, daß die folgenden Abläufe in ihrer Verflochtenheit von einem Mann nach der Art eines »Hans« weder beabsichtigt sind noch auch von ihm durchschaut werden können; wohl aber werden sie durch die Beschaffenheit seiner Person und durch die Form des Zusammenlebens mit Notwendigkeit *ausgelöst* – eine durchaus tragisch zu nennende Zwangsläufigkeit, die um so grausamer ist, als Hans dem Märchen zufolge eine Zeitlang den Ernst der Lage durchaus noch heiter und bequem zu nehmen gewillt ist. Ohne Zweifel durch sein Zutun, wenngleich ohne sein Wissen, entladen sich an seiner Person nach Art eines echten Wiederholungszwanges unausweichlich all die ungelösten Konflikte aus den Kindertagen der »klugen Else«, ohne daß er subjektiv darauf irgendeinen Einfluß zu nehmen wüßte. Ihn selbst schildert das Märchen als einen arbeitsamen, fleißigen und tüchtigen Menschen, und man darf annehmen, daß er wie selbstverständlich erwartet haben wird, seine Frau werde an seiner Seite einen entsprechenden handwerklichen Eifer wie er selber an den Tag legen – die Gründe für die umständliche »Faulheit« seiner »klugen Else« müssen einem solchen Mann weitgehend unbegreiflich bleiben. Für die »kluge Else« selbst indessen geht von der Haltung ihres Mannes – mehr noch als von seinen Worten – ein ebensolcher Leistungsdruck aus wie früher schon von ihrem Vater, und so meldet sich unweigerlich in ihr die gleiche Angst, der gleiche Zorn, das gleiche Ohnmachts- und Schuldgefühl, die gleiche äußere Anpassungsbereitschaft, die gleiche Wehrlosigkeit, die gleiche Selbstpreisgabe, die bereits die Kindheit der »klugen Else« bestimmte. Insofern führt die »Arbeitsteilung«, die Hans vorschlägt (»ich will ... uns Geld verdienen, geh du ins Feld«), unausweichlich die gesamte Gefühlskonstellation der Kindheit wieder herauf. Neu aber tritt jetzt zu dem alten Problem die verspielt-zynische Antwort des Hans auf die, zugegeben,

neurotischen Prozesse und Übertragungen seiner Frau hinzu, und
darin liegt in der Tat eine entscheidende Veränderung gegenüber den
vergangenen Eindrücken und Erlebnissen.

Man darf es nicht als Einzelszene, man muß es als symbolischen
Ausdruck der gesamten Beziehung zwischen Hans und Else werten,
wenn das Märchen berichtet, wie Hans der »klugen Else« »im Schlaf«
ein »Schellennetz« überwirft. Buchstäblich wird man sich das Ehele-
ben dieser beiden unglücklich aneinander Geketteten wie ein derartiges feingesponnenes »Netz« vorzustellen haben, in dem Hans »seine«
Else wie einen Vogel gefangen hält. Dieses Gewebe unsichtbarer
»Verstrickungen« aus Worten und Wertungen begleitet die »kluge
Else« fortan auf Schritt und Tritt, bei jeder Bewegung, jeder Regung.
Entsprechend diesem Bild kann sie machen, was sie will – unentwegt
»umgarnt« sie ein Vorhang der Lächerlichkeit, ein unentrinnbares
Gespinnst der Kritik und des Vorwurfs, ja, ihre ganze Existenz gleicht
fortan einem lebenden Schellenbaum. Die Entdeckung dieser Tatsache
schildert das Märchen von der ›Klugen Else‹ sehr zu Recht wie ein
plötzliches Erwachen nach einem langen »Schlaf«, während der »Tag«
(des Lebens bzw. des Bewußtseins) bereits vorüber ist und nur die
»Nacht« in Dunkelheit und Ausweglosigkeit zu warten scheint. Gewöhnlich mag manch eine Frau, nicht selten nach vielen Jahren des
Zusammenlebens, in einer leer gewordenen, müde ertragenen, sinnlos
empfundenen Ehe, ihr Leben als so ausweglos empfinden, daß ihr Ich
dem dauernden Konflikt von Protest und Anpassung, von Aufbegehren und Angst, von Aggression und Depression nicht länger stand-
hält; der Beginn der Psychose kann in der Tat dann so erlebt werden
wie ein Durchbruch tieferer Erkenntnis, wie ein Aufwachen und Au-
genöffnen für eine alte Wahrheit, und es käme an sich alles darauf an,
diese Wahrheit, diesen Sinn im »Wahnsinn« zu erfassen und bewußt
zu machen.

In gewissem Sinne läßt sich der Ausbruch einer Psychose nicht nur
als eine schicksalhafte Krankheit, sondern auch als Versuch einer
Selbstheilung im »Feld« unendlicher Einsamkeit und Ausgesetztheit
beschreiben,[40] ja, es kann sogar ein Zeichen beginnender Reifung darstellen, wenn das eigene Ich sich von seinen verinnerlichten Zwängen
zu lösen beginnt und diese nunmehr wie einen fremden, übergestülp-
ten Behang zu betrachten vermag. Das »Glöckchenspiel« der Lächerlichkeit muß inwendig im Herzen einer »klugen Else« ein Leben lang
erklungen sein, nur daß es ihr selber inzwischen wie etwas Unver-
meidbares und gewissermaßen ganz Normales erschienen sein wird.
Was wir bisher im Hintergrund der seelischen Entwicklung einer
»klugen Else« im Umkreis der väterlichen Forderung nach »Klugheit«
nur vermuten konnten, müssen wir uns jetzt als *Inhalt* des »Schellen-
läutens« vorstellen: Eine nicht abzustellende, penetrante, unentrinn-

bare Mechanik wird der »klugen Else« im Sinne dieses Bildes bei jedem Gedanken und Plan, bei jedem Handeln und Verhalten den immer gleichen Kommentar ins Ohr spielen: »Was werden die Leute denken!« »Du machst dich ja zum Narren.« »Siehst du nicht, wie die Leute über dich lachen?« »Nein, welch eine Schande.« »Zu dumm aber auch.« »Typisch, so ist sie.« Und so weiter und so weiter! Immer war das so. Lediglich, daß jetzt durch die »weisen Anordnungen« des Ehemannes der Druck auf die »kluge Else« so sehr zugenommen hat, daß die bislang gewohnte Schutzhülle der Scheinanpassungen aufgesprengt wird; die Kette endloser Fehlidentifikationen zerreißt, und übrig bleibt ein Ich, das sich selber nicht versteht. Die »kluge Else« weiß nicht und kann in ihrem Zustand nicht wissen, was an ihr klingt und klappert – sie kann innerlich nur allzusehr all denen recht geben, die von ihr und zu ihr sagen, offensichtlich sei bei ihr »eine Schraube locker« oder bei ihr höre man's »piepen«.

Deutlich spürt die »kluge Else« immerhin, daß all die »Schellen« (nennen wir's die verinnerlichten »Maul-Schellen«) objektiv irgendwie nach der Art eines Netzwerks miteinander verwoben sind; aber subjektiv weiß sie durchaus nicht, wer ihr das »Schellennetz« umgehängt hat,[41] und wieder benötigen wir jetzt unsere eingangs geäußerte Vermutung, daß es bereits in früher Kindheit im Bereich der Wahrnehmungsfähigkeit einer »klugen Else« zu einer Reihe schwerer Einschränkungen gekommen sein wird. So wie die »kluge Else« damals die sozusagen moralische Pflicht auferlegt bekam, den verhängnisvollen Einfluß ihres Vaters auf ihr Selbstwertgefühl schlechterdings zu übersehen bzw. zu verleugnen, so zwingen sie auch jetzt enorme Schuldgefühle dazu, die tragikomische Beteiligung ihres Ehemannes am Ausbruch der Psychose geflissentlich *nicht* wahrzunehmen, und wieder dürfte es sich dabei um den gleichen Mechanismus handeln, der seit Kindertagen die »kluge Else« nötigt, im Konfliktfalle bestimmten aggressiven Ausbrüchen duch Verleugnen der Wirklichkeit[42] zuvorzukommen. Eine »kluge Else« hat ihren Ehemann – wie ihren Vater damals – zu »lieben«, was immer das sei, gleichgültig, ob sie gefühlsmäßig dazu in der Lage ist oder nicht, und wenn sie die entsprechenden Gefühle der Zuneigung nicht aufzubringen vermag bzw. sogar sehr heftige Gefühle von Auflehnung, Rebellion, Trotz, Haß, Empörung, Wut oder Zorn in sich verspürt, so wird sie um so mehr beteuern müssen, daß ihr Ehemann der beste Mann der Welt, nur sie selber allerdings zu dumm, zu frech, zu schlecht, zu lächerlich, ja, ganz und gar zu unausstehlich sei.

Der Konflikt mit der Außenwelt wird aus Angst und Schuldgefühlen somit in einen inneren Konflikt verwandelt, und statt zu ihrem Mann (oder zu anderen Leuten) zu sagen: »Ich komme mit Dir (Euch) nicht zurecht«, hat eine »kluge Else« die moralische Pflicht, mit sich selbst nicht mehr zurecht zu kommen. Inmitten ihrer Schuldgefühle (aufgrund sehr heftiger reaktiver Aggressionen, wie wir vermuten dürfen), ist die »kluge Else« mithin dazu verurteilt, am Ende sich selber als die Urheberin ihres umgehängten »Schellennetzes« zu erklären, so als wäre das ihr völlig Wesensfremde ihr recht eigentliches Wesen und das ihr mit Gewalt und Psychoterror Aufgezwungene das aus ihr frei Entsprungene. Mußte früher der »Zwirn« im Kopf für die wahre Natur einer »klugen Else« gelten, so jetzt das Vogelnetz und Schellengarn; Uraltes, objektiv schon längst Vorhandenes und Vorbereitetes wird für die »kluge Else« somit jetzt auch subjektiv zum Ausdruck ihrer Wesensfremdheit.

Immer wieder ist es erschütternd zu sehen, wie Menschen gerade in einem solchen Zustand äußerster Entfremdung verzweifelt und wirr die Frage zu artikulieren versuchen, die sie unbedingt viel früher, viel öfter und vor allem wesentlich aggressiver und konfliktbereiter hätten stellen müssen und doch niemals zu stellen wagen durften: »Bin ich's oder bin ich's nicht?« Diese wichtigste aller Fragen des menschlichen Lebens, die man immer wieder aufwerfen muß, um die Identität seines Ichs zu finden und zu formulieren, drängt sich Menschen von der Art der »klugen Else« grundsätzlich erst an einer Stelle auf, wo das Ich wie abhanden gekommen ist. Erst jetzt, wo die Aussichten auf eine sinnvolle Antwort so ungünstig sind wie nur möglich, beginnt dieses klagende und fragende Umherirren durch die »Nacht«, dieses Betteln um Erwiderungen, die Erniedrigungen gleichen, dieses kopflose Klopfen an Türen, die auf immer verschlossen bleiben. Was sollte man in der Konsequenz dieses Märchens und in der Unentrinnbarkeit so vieler Schicksalszusammenfügungen im wirklichen Leben anders noch erwarten als solch ein Finale des Irrsinns, in dem der ganze Widersinn des Lebens einer »klugen Else« endgültig zum Ausbruch und Ausdruck kommt? Insbesondere die Reaktion der Umgebung auf einen »Fall« wie die »kluge Else« wird immer wieder so ausfallen und ebenso ausfallend sein, wie das Märchen es hier beschreibt.

Immer wenn ein Mensch sich außerstande zeigt, für sich selbst zu denken, wird es andere an seiner Seite geben, die mit ihren Mahnungen und Warnungen sich als »verantwortlich« gebärden, indem sie die »leere« Wohnung des fremden Ichs mit ihren eigenen Vorstellungen bevölkern. Das ganze Leben der »klugen Else«, wie wir es uns vorstellen, muß bereits bisher von solchen »klugen« Ratschlägen förmlich überbevölkert gewesen sein; doch jetzt, wo sie endgültig an das Ende ihrer hilflosen Selbstauslieferung gelangt ist, verkehrt sich das ehemals nicht gänzlich übelwollende Dreinreden der anderen in Sarkasmus und Zynismus, wie immer, wenn Menschen, die ursprünglich anderen helfen wollten, eines Tages merken, daß sie sich übernommen haben – dann wandelt sich der eigene überforderte gute Wille leicht in den

Vorwurf des mangelnden guten Willens der anderen, und statt zu erkennen, wie wenig in solchen Lebensphasen unendlicher Angst mit dem Willen auszurichten ist, hält man nur um so heftiger an dem Narzißmus des »guten Willens« fest, indem man zu der Peitsche der Schuldgefühle nun noch den Stachel des Spotts gesellt.

Am ärgsten von allem treibt es in dieser Hinsicht naturgemäß stets der am meisten selbst Betroffene: in diesem Fall der Ehemann der »klugen Else«. Er, der nach dem Vorbild und in den Fußstapfen seines Schwiegervaters ausgezogen war, um sich an der Seite einer »klugen Frau« ins rechte Licht zu rücken, muß sich jetzt hochnotpeinlich aus der Affäre zu ziehen suchen; um nicht selbst zum Gegenstand allgemeinen Gelächters zu werden, muß er selbst in das allgemeine Gelächter miteinstimmen und ihm seine eigene Frau als wohlfeile Beute zum Opfer geben; damit man von ihm nicht sagen kann, er sei vernarrt und närrisch genug gewesen, eine Närrin heimzuführen, muß er seine Frau nunmehr als Närrin vorführen, und je gesicherter er zu Hause sein »Eigenheim« beansprucht und befestigt, desto sicherer wird seine Frau ihm gegenüber ausgeschlossen und unzuhause bleiben. Dafür flüchtet »Hans« sich in die Arbeit; er ist fleißig bis in die Nacht, er ist untadelig in Pflicht und Verantwortung, er hat sich am Zustand seiner Frau nichts vorzuwerfen. Doch hat er es wirklich nicht? Wie denn! Da ruft seine Frau, ob sie drinnen oder draußen sei. Gewiß ist sie drinnen, antwortet er. Spätestens von dieser Stelle an ist kein »Hans« auf der Welt mehr für entschuldbar zu erachten. Denn er lügt. Er lügt bewußt. Er weiß genau, wie hilflos seine »Else« an sein Fenster klopft; er aber muß im Trott des alten Arrangements weiter die Wahrheit verfälschen: er muß zur »klugen Else« sagen (und sich selber einreden!), es sei schon »alles in Ordnung«, wo nichts »in Ordnung« sein kann; er muß die Entfremdung, das Draußensein, das Außersichsein der »klugen Else« für ihre wahre Heimat, für ihre wirkliche Identität, für den Zustand ihrer Eigentlichkeit erklären.

Die Phrasen, mit denen solche Botschaften eines bequemen Zudeckens und Beschwichtigens vermittelt werden, sind sattsam bekannt: »Hast du denn nicht alles?« »Kannst du nicht mal anfangen, dich hier wohlzufühlen und die Grillen dranzugeben?« »Es muß doch mal möglich sein, daß du dich nicht immer beschwerst, du wüßtest nicht, wohin du gehörst.« »Nimm zur Kenntnis: wir haben vor 15 Jahren geheiratet. Eheleute gehören zusammen. Ich verstehe gar nicht, was du immer (noch) hast.« Diese betuliche, pflichtgemäße, stets unangreifbare Heuchelei mag subjektiv gemeint und motiviert sein, wie sie will, sie ist gemein und tödlich, weil sie dem anderen gar keine Chance mehr läßt, jemals zu sich zurückzufinden; sie führt dazu, daß eine »kluge Else« in jedem Konfliktfall, also jeden Tag mindestens ein dutzendmal, gegenüber ihrem Ehemann ins Hintertreffen gerät. Die ewig falschen Bestätigungen und bestätigenden Falschheiten bestärken zudem nur die wesensmäßige Heimatlosigkeit der »klugen Else« und schieben sie ab in ein Niemandsland anonymer Adressaten. Verzweifelt an ihren eigenen Angehörigen, wird die »kluge Else« schließlich jeden Menschen in ihrer Umgebung ausgesprochen oder unausgesprochen vor die Frage stellen, für wen er sie halte, wer sie sei; und in immer größeren Spiralen der Angst und der Abhängigkeit wird sich ihre Suchwanderung nach dem verlorenen Ich fortsetzen, und immer weiter wird die »kluge Else« sich von dem einzigen Ort entfernen, an dem sie selber sich begegnen könnte: von sich selbst. Sie, die niemals als sie selbst gefragt war, wird niemals selber nach sich selber fragen dürfen; sie, die man niemals gelehrt hat, daß »klug« zu sein als erstes bedeutet, selber denken und entscheiden zu dürfen, wird nur immer hilfloser ihre Umgebung anflehen, für sie und anstelle von ihr zu denken und zu entscheiden, und immer enger und engmaschiger wird das Schellennetz sich um ihre Schultern und um ihre Füße legen. Die Falle eines ganzen Lebens: eines gescheiterten Ehrgeizes, einer gescheiterten Ehe sowie des gescheiterten guten Willens zum Immergescheiter-sein-Müssen, hat sich in bitterer Zwangsläufigkeit, so scheint es, vollendet.

Was also gibt es noch zu berichten? Tragödien enden mit dem Untergang ihrer Helden: der Vorhang fällt, wenn die Würfel gefallen sind. Im wirklichen Leben hingegen kann gerade das Ende endlos währen. Man bemerkt es nicht – in seiner Unveränderlichkeit, seiner Langeweile, seiner monotonen Melancholie vermag es kein Interesse mehr zu wecken – *das* ist das wahre Finale der wirklichen Tragödien des Lebens. Man glaubt es dem Märchen von der ›Klugen Else‹, wenn es am Ende sagt: »Niemand hat sie wieder gesehen«. – »So lebte sie hin«, könnte man in Anlehnung an Georg Büchner auch sagen.[43] Die Nacht, in der das Vogelnetz die Seele der »klugen Else« gefangennahm oder vielmehr: in der sie ihre ewige Gefangenschaft wie ein neues Ereignis, wie ein nicht endendes Verhängnis zu entdecken begann, wird von keinem Sonnenaufgang mehr erhellt werden, und für die ewig Unbehauste wird es niemals ein Zuhause geben.

Die Umkehr der Verkehrungen oder: »Zerrissen ist das Netz, und wir sind frei« (Ps 124)

Immer noch hört man das »Märchen«, daß Märchen optimistisch seien. In Wahrheit läßt sich kein schlimmerer Ausgang ersinnen als ein solches Ende wie im Märchen von der ›Klugen Else‹. Insbesondere der einzige »Optimismus« dieses burschikosen Dorfschwanks, sein scheinbar unbeschwertes Lachen, muß jedem im Halse stecken bleiben, der die Gelegenheit wahrnimmt, einmal jenseits des Amusements nachzudenken und die geheime Komplizenschaft der Macher und Lacher mit dem Unglück der zum Gelächter Gemachten aufzudecken. Gleichwohl geht es gerade infolge der konsequenten Trostlosigkeit dieser Geschichte nicht an, bei einer solchen Negativbilanz des Märchens von der ›Klugen Else‹ stehenzubleiben. Nichts ist so lehrreich wie das Negative, und immer eröffnet der Standpunkt der Kritik, wenn er nur energisch und stringent genug durchgeführt wird, am Ende auch die Tür zu einem tieferen Verstehen. Gerade wer gesehen hat, in welch einer Gefangenschaft die »kluge Else« seit ihren Kindertagen aufwachsen mußte, gerade wer begriffen hat, wie immer enger das Gewebe ihrer Verwicklungen und Einschnürungen sich gestalten mußte, gerade wer vor Augen hat, wie alle, buchstäblich *alle,* diese unglückliche Frau in ihr Verderben hetzten, der wird bei der Lektüre dieses Märchens von der ›Klugen Else‹ sich erst zufrieden geben können, wenn ihm wenigstens in Umrissen erkennbar wird, auf welche Weise man das Schicksal einer »klugen Else« vielleicht trotz allem doch noch zum Guten wenden oder in welcher Weise man es womöglich sogar im Ansatz schon verhindern kann.

So viel ist deutlich: um Menschen von der Art der »klugen Else« aus dem »Vogelgarn« zu lösen, bedürfte es einer starken Liebe und Zuneigung, die an keinerlei Vorleistungen, insbesondere nicht an die Vorleistung der »Klugheit«, gebunden wäre, und es ist daher im Leben einer »klugen Else« die alles entscheidende Frage, wo es für sie Menschen gibt, die brüderlich genug sind, um den Alptraum des Vaterkomplexes mit seinen Ambivalenzen und Schuldgefühlen, mit seinen Übertragungen und Frustrationen, mit seinen Überforderungen und Verzerrungen ein für allemal zu überwinden.[44]

Ein großes Unglück entsteht in unserer Kultur gewiß aus dem Umstand, daß Menschen noch sehr jung, noch ohne eine wirkliche Vertrautheit mit sich selbst, miteinander verehelicht werden und fortan im Sinne der christlich-abendländischen Moral für immer aneinander gebunden sind. Viel zu früh wird damit die Frage nach der inneren Verbundenheit durch die Frage nach den moralisch-rechtlichen Bindungen ersetzt, und allein damit schon setzt sich der Webstuhl zur Herstellung von »Vogelnetzen« in Bewegung. Denn an den eigenen Ehepartner als ersten richtet sich unter solchen Umständen zumeist die Bitte einer »klugen Else« um Erlösung von dem Komplex ihrer Vatergestalt; doch diese Bitte muß fast immer in die Irre führen, da als Ehepartner für gewöhnlich nur ein Mann »gewählt« wird, der mindestens rein äußerlich, wo nicht seinem Charakter nach, eine gewisse Ähnlichkeit zu der Imago des Vaters besitzt. Sehr beachtenswert scheint es in diesem Zusammenhang, wenn die Religion des Buddha ebenso wie des Neuen Testamentes durchaus nicht die Ehe, sondern eine Haltung offener Brüderlichkeit und herzlicher Freundschaft im Umgang miteinander als wesentlich anempfiehlt, so als wären alle Fragen der bürgerlichen Moral und Gesetzgebung nach Ehe und Familie, menschlich betrachtet, etwas durchaus Sekundäres, Abgeleitetes. Gerade anhand eines solchen Märchens wie der ›Klugen Else‹ gibt es gute Gründe, dieser Einstellung zuzustimmen. Denn keinesfalls beantwortet sich die Frage einer »klugen Else«: »Bin ich's oder bin ich's nicht«, durch ein Eheversprechen oder ein Trauungszeremoniell. Umgekehrt! Alles kommt zunächst darauf an, im Leben mindestens einem Menschen zu begegnen, in dessen Nähe das eigene Wesen sich selbst durchsichtig wird. An einem solchen Menschen gilt es, ein Vertrauen zu gewinnen, das der eigenen Entfaltung ein absolutes Recht jenseits aller moralisch verengenden Ansprüche zuspricht. Es gilt, die Schönheit des eigenen Wesens in ihrem ganzen Reichtum zu entdekken und in dem warmen Licht der Liebe reifen zu lassen. Beendet sein darf die alte Angst: liebt mich der andere nur meiner Klugheit (oder einer anderen isolierten »Fähigkeit«) wegen oder geht es ihm wirklich um meine Person mit all ihren Entfaltungsmöglichkeiten. Dabei läßt sich die Antwort auf diese Frage unter erwachsenen Menschen nur geben, wenn man den Mut und die Geduld besitzt, miteinander die eigene Vergangenheit mit ihren Belastungen und Chancen, mit ihren unerfüllten Träumen und Erwartungen, mit ihren verdrängten Ängsten und früh geprägten Verhaltensweisen auszutauschen und durchzuarbeiten. Erst in dem Bemühen um eine solche langsam reifende Vertrautheit kann sich vollziehen, was man sinnvoll eine »Trauung« nennen mag; erst so auch, in der Kenntnis und in dem Verstehen der Hintergründe gegenwärtigen Erlebens, werden die Worte der Liebe zueinander und der Verbundenheit miteinander wirklich glaubwürdig.

In jedem Falle aber geht es bei einer »klugen Else« darum, den dunklen Schatten des Vaterbildes allmählich aufzuhellen, aufzuklären und zu überwinden. Knoten um Knoten der »Umgarnung« durch die überfordernden Ansprüche des Vaters muß aufgeknüpft und vom übrigen »Gewebe« isoliert werden, bis an die Stelle des »Denkens, was die anderen denken« ein eigenständiges Überlegen und Abwägen der eigenen Motive und Absichten treten kann. Zu hoffen bleibt, daß dabei der Horizont des Selbstwertgefühls und des Selbsterlebens insgesamt freundlicher, bejahender und akzeptierender erscheinen wird. Es tritt aber innerhalb dieses Prozesses nicht etwa das Ich des Partners der Liebe einfachhin an die Stelle des alten Vaterichs, vielmehr hebt sich die Person des Geliebten nur um so deutlicher von dem dunklen Hintergrund der Kindertage ab, je eindeutiger sie selbst erfahren wird und sich persönlich mitzuteilen vermag. Vor allem jedoch wächst im Hintergrund einer solchen gewährenden, begleitenden und anregenden Partnerschaftlichkeit ein Gefühl, das an keine einzelne Person mehr gebunden ist, sondern das gewissermaßen die Struktur einer solchen personalen Beziehung selbst in die Dimension einer absoluten Erfahrung erhebt. Persönlich gemeint zu sein und sich selbst entfalten zu dürfen, wird nun Inhalt und Zeichen einer zutiefst *religiösen* Überzeugung; der Partner der Liebe wird zum Mittler der heilenden Nähe einer Macht, die selbst als absolute Person geglaubt werden muß, weil sie nur in Verdichtung personaler Begegnung und personaler Entfaltung erfahren werden kann. Diese Personalität ist, absolut gesehen, jenseits der Geschlechterdifferenz von Mann und Frau; aber wenn die Gebete aller Völker sie als »Vater« oder »Mutter« bezeichnen, so erfordert der Erlebnishintergrund einer »klugen Else«, wenn es einen Ausweg aus dem Gefängnis ihrer Vaterabhängigkeit geben soll, einzig eine fundamental »mütterliche«, bedingungslose Erlaubnis zum Leben, vermittelt durch ein »brüderliches« Gegenüber wechselseitiger Ergänzung und Verbundenheit. Wenn es in der Bibel ein Bekenntnis bzw. ein Gebet gibt, das am treffendsten und eindringlichsten formuliert, was einen Menschen von der Art einer »klugen Else« retten kann, oder umgekehrt: wie ein solcher Mensch fühlen wird, wenn er gerettet ist, so sind es zweifellos die wunderbaren Zeilen des kleinen Psalms 131,1–3, die jeder Überforderung aus Angst und falscher Anpassung sich widersetzen:

> Herr,
> nicht hoch hinaus will mein Herz,
> meine Augen richten sich nicht in die Höhe,
> ich gehe nicht großen Dingen nach,
> solchen,
> die mir doch nur zu rätselhaft sind.
> Nein,
> beschieden habe ich mich,
> ruhig bin ich in mir geworden,
> wie ein Kind auf dem Schoß seiner Mutter,
> wie ein Kind ist meine Seele in mir.
> Vertraue, Israel, auf den Herrn,
> von nun an bis in Ewigkeit.[45]

Ganz falsch allerdings wären diese Worte verstanden, wollte man sie als bloße Rückkehr in eine Welt mütterlicher Verwöhnungsgeborgenheit, als angstvolle Regression zu einer konfliktfreien Idylle oder als infantile Resignation gegenüber den Forderungen der Umgebung deuten. Im Gegenteil. Paradoxerweise setzt gerade der Weg zu einem

vorbehaltlosen Sein-Dürfen und Sich-entwickeln-Können bezüglich
der eigenen Person den Mut und die Entschlossenheit voraus, künftig-
hin die fälligen und unerläßlichen Konflikte, Diskussionen und Auseinandersetzungen nicht zu scheuen. Damit entsprechend der Regel
Jesu »das Ja ein Ja und das Nein ein Nein« sei (Mt 5,37), müssen
Menschen wie die »kluge Else« geradezu systematisch üben, die eigenen Aggressionen nicht mehr durch Verkehrung der Wahrnehmung
zu »lösen«, indem sie Konflikte mit anderen in Konflikte mit sich
selber verwandeln und nur, um unter der Decke einer willfährigen
und gehorsamen Anpassung mit den anderen zurecht zu kommen,
angstvoll darauf verzichten, mit sich selbst zurechtzukommen. Um
die Seele aus dem »Vogelnetz« innerer Gefangenschaft und aus dem
Schellengeläute äußerer Verspottung zu befreien, wird es einer ruhigen, zielstrebigen Entwicklung bedürfen, an deren Ende ein langsam
sich gestaltender Lobpreis der Dankbarkeit steht, wie ihn der
Psalm 124,1–8 ausspricht:

> Wäre nicht Gott für uns dagewesen,
> – so darf sich sagen, wer an ihn glaubt –,
> wäre nicht Gott für uns dagewesen,
> als vom Menschen her nur der Untergang drohte,
> dann hätte es unser Leben verschlungen,
> als ihr Jähzorn sich an uns lodernd entfachte.
> Dann hätten die Wogen uns überspült,
> wie ein Sturzbach das, was wir sind, überschwemmt,
> ganz sicher das, was wir sind, überschwemmt,
> eine einzige Wildwasserwoge.
> Wie danken wir Gott ...
> Denn unser Wesen ist vogelfrei,
> aus der Schlinge heraus ...
> Die Schlinge zerrissen und wir jetzt frei!
> Was uns hilft, ist der Umstand, daß Gott so ist,
> der Himmel und Erde gemacht hat.

Es ist stets eine Einheit: sich zu finden und zu Gott zu finden.

Frau Holle

Eine Witwe hatte zwei Töchter, davon war die eine schön
und fleißig, die andere häßlich und faul. Sie hatte aber die
häßliche und faule, weil sie ihre rechte Tochter war, viel
lieber, und die andere mußte alle Arbeit tun und der
Aschenputtel im Hause sein. Das arme Mädchen mußte
sich täglich auf die große Straße bei einem Brunnen setzen und mußte so viel spinnen, daß ihm das Blut aus den
Fingern sprang. Nun trug es sich zu, daß die Spule einmal
ganz blutig war, da bückte es sich damit in den Brunnen
und wollte sie abwaschen; sie sprang ihm aber aus der
Hand und fiel hinab. Es weinte, lief zur Stiefmutter und
erzählte ihr das Unglück. Sie schalt es aber so heftig und
war so unbarmherzig, daß sie sprach: »Hast du die Spule
hinunterfallen lassen, so hol sie auch wieder herauf.« Da
ging das Mädchen zu dem Brunnen zurück und wußte
nicht, was es anfangen sollte; und in seiner Herzensangst
sprang es in den Brunnen hinein, um die Spule zu holen.
Es verlor die Besinnung, und als es erwachte und wieder
zu sich selber kam, war es auf einer schönen Wiese, wo
die Sonne schien und vieltausend Blumen standen. Auf
dieser Wiese ging es fort und kam zu einem Backofen,
der war voller Brot; das Brot aber rief: »Ach, zieh mich
raus, zieh mich raus, sonst verbrenn ich: ich bin schon
längst ausgebacken.« Da trat es herzu und holte mit dem
Brotschieber alles nacheinander heraus. Danach ging es
weiter und kam zu einem Baum, der hing voll Äpfel, und
rief ihm zu: »Ach, schüttel mich, schüttel mich, wir Äpfel sind alle miteinander reif.« Da schüttelte es den Baum,
daß die Äpfel fielen, als regneten sie, und schüttelte, bis
keiner mehr oben war; und als es alle in einem Haufen
zusammengelegt hatte, ging es wieder weiter. Endlich
kam es zu einem kleinen Haus, daraus guckte eine alte
Frau, weil sie aber so große Zähne hatte, ward ihm angst,
und es wollte fortlaufen. Die alte Frau aber rief ihm nach:
»Was fürchtest du dich, liebes Kind? Bleib bei mir, wenn
du alle Arbeit im Hause ordentlich tun willst, so soll dir's
gut gehn. Du mußt nur achtgeben, daß du mein Bett gut
machst und es fleißig aufschüttelst, daß die Federn fliegen, dann schneit es in der Welt; ich bin die Frau Holle.«
Weil die Alte ihm so gut zusprach, so faßte sich das

Mädchen ein Herz, willigte ein und begab sich in ihren
Dienst. Es besorgte auch alles nach ihrer Zufriedenheit
und schüttelte ihr das Bett immer gewaltig auf, daß die
Federn wie Schneeflocken umherflogen; dafür hatte es
auch ein gut Leben bei ihr, kein böses Wort und alle Tage
Gesottenes und Gebratenes. Nun war es eine Zeitlang bei
der Frau Holle, da ward es traurig und wußte anfangs
selbst nicht, was ihm fehlte, endlich merkte es, daß es
Heimweh war; ob es ihm hier gleich vieltausendmal besser ging als zu Haus, so hatte es doch ein Verlangen
dahin. Endlich sagte es zu ihr: »Ich habe den Jammer
nach Haus kriegt, und wenn es mir auch noch so gut hier
unten geht, so kann ich doch nicht länger bleiben, ich
muß wieder hinauf zu den Meinigen.« Die Frau Holle
sagte: »Es gefällt mir, daß du wieder nach Haus verlangst, und weil du mir so treu gedient hast, so will ich
dich selbst wieder hinaufbringen.« Sie nahm es darauf bei
der Hand und führte es vor ein großes Tor. Das Tor ward
aufgetan, und wie das Mädchen gerade darunterstand, fiel
ein gewaltiger Goldregen, und alles Gold blieb an ihm
hängen, so daß es über und über davon bedeckt war.
»Das sollst du haben, weil du so fleißig gewesen bist«,
sprach die Frau Holle und gab ihm auch die Spule wieder, die ihm in den Brunnen gefallen war. Darauf ward
das Tor verschlossen, und das Mädchen befand sich oben
auf der Welt, nicht weit von seiner Mutter Haus; und als
es in den Hof kam, saß der Hahn auf dem Brunnen und
rief:

> »Kikeriki,
> unsere goldene Jungfrau ist wieder hie.«

Da ging es hinein zu seiner Mutter, und weil es so mit
Gold bedeckt ankam, ward es von ihr und der Schwester
gut aufgenommen.

   Das Mädchen erzählte alles, was ihm begegnet war,
und als die Mutter hörte, wie es zu dem großen Reichtum
gekommen war, wollte sie der anderen, häßlichen und
faulen Tochter gerne dasselbe Glück verschaffen. Sie
mußte sich an den Brunnen setzen und spinnen; und
damit ihre Spule blutig ward, stach sie sich in die Finger
und stieß sich die Hand in die Dornhecke. Dann warf sie
die Spule in den Brunnen und sprang selber hinein. Sie
kam, wie die andere, auf die schöne Wiese und ging auf

demselben Pfade weiter. Als sie zu dem Backofen gelangte, schrie das Brot wieder: »Ach, zieh mich raus, zieh mich raus, sonst verbrenn ich, ich bin schon längst ausgebacken.« Die Faule aber antwortete: »Da hätt ich Lust, mich schmutzig zu machen«, und ging fort. Bald kam sie zu dem Apfelbaum, der rief: »Ach, schüttel mich, schüttel mich, wir Äpfel sind alle miteinander reif.« Sie antwortete aber: »Du kommst mir recht, es könnte mir einer auf den Kopf fallen«, und ging damit weiter. Als sie vor der Frau Holle Haus kam, fürchtete sie sich nicht, weil sie von ihren großen Zähnen schon gehört hatte, und verdingte sich gleich zu ihr. Am ersten Tag tat sie sich Gewalt an, war fleißig und folgte der Frau Holle, wenn sie ihr etwas sagte, denn sie dachte an das viele Gold, das sie ihr schenken würde; am zweiten Tag aber fing sie schon an zu faulenzen, am dritten noch mehr, da wollte sie morgens gar nicht aufstehen. Sie machte auch der Frau Holle das Bett nicht, weil sich's gebührte, und schüttelte es nicht, daß die Federn aufflogen. Das ward die Frau Holle bald müde und sagte ihr den Dienst auf. Die Faule war das wohl zufrieden und meinte, nun würde der Goldregen kommen; die Frau Holle führte sie auch zu dem Tor, als sie aber darunterstand, ward statt des Goldes ein großer Kessel voll Pech ausgeschüttet. »Das ist zur Belohnung deiner Dienste«, sagte die Frau Holle und schloß das Tor zu. Da kam die Faule heim, aber sie war ganz mit Pech bedeckt, und der Hahn auf dem Brunnen, als er sie sah, rief:

»Kikeriki,
unsere schmutzige Jungfrau ist wieder hie.«

Das Pech aber blieb fest an ihr hängen und wollte, solange sie lebte, nicht abgehen.

Mit guterzählten Märchen verhält es sich wie mit wohlkomponierten Opern: die Einleitung, die Ouvertüre ist das wichtigste; wer sie versteht, besitzt den Schlüssel zum Verständnis alles Folgenden. Die ersten Zeilen eines Märchens enthalten meist verdichtet die Themenüberschrift der Handlung; sie zeigen das Problem auf, dessen Lösungsweg im weiteren beschritten wird; und sie markieren, in welcher Art, mit Hilfe welcher Interpretationsmethode und in welch einer Aussagerichtung das jeweilige Märchen sich am weitesten erschließt.

Die ewige Frage: das Glück des Bösen und das Unglück des Guten

Die Einleitung zum Märchen der ›Frau Holle‹ greift ein Thema auf, das Menschen quält, solange sie sich über den merkwürdigen Gang der Welt Gedanken machen; sie stellt eine philosophische oder, besser, eine zutiefst religiöse Frage: warum in dieser Welt ein solch krasser Gegensatz besteht zwischen gut und böse, schön und häßlich, tugendhaft und faul, und warum – dies einmal vorausgesetzt – das Gute in der Welt, wie sie sich zunächst dem Betrachter darbietet, derart »stiefmütterlich«, grausam und ungerecht behandelt wird.[1] Warum, fragt dieses Märchen, geht es in der Welt immer wieder dem Schlechten gut, dem Guten aber schlecht? Was ist der Sinn dieses flagranten Unrechts, das man so oft und allerorten sieht?

Seit dem ägyptischen »Gespräch eines Lebensmüden mit seiner Seele«[2] und den Klagen des biblischen Hiob verlangt diese Frage eine Antwort. Aber wie kann eine solche Antwort aussehen? Nur soviel ist vor der Hand klar: man *muß* für dieses Menschheitsproblem eine Lösung finden, sonst ist ein geordnetes und sinnvolles Leben nicht möglich. Doch sollte man ausgerechnet einem so einfachen und altbekannten Märchen wie der Erzählung über die ›Frau Holle‹ zutrauen, es wollte und vermöchte auf diese überaus schwierige und ernste Menschheitsfrage vom Unrecht in der Welt eine klärende und gültige Antwort zu geben?

Tatsächlich hat sich dieses »einfache« Märchen durchaus kein geringeres Ziel als eine solche Antwort gesetzt, und wir werden bald sehen, daß wir es *in Wahrheit* in der Frau-Holle-Geschichte mit den verdichteten Resten eines alten Mythos zu tun haben, der die widersprüchliche Ordnung der Welt in der Natur ebenso wie im menschlichen Leben zu begründen und begreifbar zu machen sucht. Daran liegt es, daß die Interpretation dieses Märchens ausnahmsweise mehr von religiösen und philosophischen Gedankengängen als von der Tiefenpsychologie bestimmt sein muß.

Bereits in der Einleitung des Märchens macht sich diese Eigentümlichkeit bemerkbar, und zwar vor allem in den Merkwürdigkeiten der Anfangsangaben. Man kann es für eine typische Eigenart primitiven Denkens und Erzählens halten, alle Gegensätze möglichst extrem und ohne Übergänge einander gegenüberzustellen: Wie in einem schwarzweiß gedrehten Wildwestfilm ist im ›Frau-Holle‹-Märchen der Gute *ganz* gut und der Böse *ganz* böse; der Gegensatz selbst wird nicht weiter begründet und entwickelt, er wird vielmehr als gegeben hingenommen und zur Voraussetzung einer dramatischen Entwicklung vom Sieg des Guten über das Böse ausgestaltet. Aber was in Romanen oder Filmdrehbüchern mit Recht als primitiv oder als gar zu simpel gelten mag, erscheint doch in einem anderen Licht, wenn man den Gegensatz von Gut und Böse im ›Frau-Holle‹-Märchen einmal nicht psychologisch als Beschreibung einzelner menschlicher Personen (oder von Teilen ein und derselben Persönlichkeit), sondern *philosophisch* als Darstellung eines im Grunde metaphysischen Problems versteht: Die zwei Geschwister des ›Frau-Holle‹-Märchens sind dann im Grunde keine eigentlichen Personen; sie sind vielmehr Wesensgestalten, Typen, polare Gegensatzverkörperungen, für die es keine psychische Begründung gibt noch geben kann.[3] Das eine Kind, die Goldmarie, *muß* im Sinne einer solchen idealtypischen Entgegensetzung ganz und gar lauter und gut sein, denn es verkörpert das Gute an sich; und umgekehrt: die Pechmarie *muß* durch und durch als faul, häßlich und gemein erscheinen, weil sie in ihrem Wesen das Prinzip des Bösen verkörpert.

Die Polarisierung der Welt in Gut und Böse mutet bei dieser Betrachtungsweise demnach so wenig »primitiv« und »übertrieben« an wie bei den prinzipiellen Entgegensetzungen von Gut und Böse in der klassischen Metaphysik und in den Religionen der meisten Völker der Erde.

Unter der Voraussetzung einer im Grunde philosophischen Problematik versteht man bereits an dieser Stelle auch eine andere Eigentümlichkeit am Anfang des ›Frau-Holle‹-Märchens schon recht gut: warum die Goldmarie sich gegen die Benachteiligung und das Unrecht seitens der »Stiefmutter« nicht zur Wehr setzt. Psychologisch gesehen müßte man darin eine fast masochistische Leidensbereitschaft erkennen; aber philosophisch betrachtet kann es gar nicht anders sein. Die Frage des Märchens lautet ja nicht, wie man sich gegen das Unrecht der Welt schützen kann; das Märchen fragt lediglich, wie man mit dem Gegensatz von Gut und Böse, den es voraussetzt, leben und wie man mit dem skandalösen Unrecht, das sich daraus ergibt, auf sinnvolle Weise umgehen kann. Das ›Frau-Holle‹-Märchen spricht nicht von dem Unrecht, das sich vermeiden läßt, denn das stellt philosophisch kein eigentliches Problem dar; ein Problem hingegen ist das Unrecht, dem das Gute sich schuldlos und schutzlos ausgesetzt sieht. Wie gegenüber der Mißhandlung des Bösen sich das Gute behaupten kann, *ob* es sich überhaupt durchhalten kann –, *das* will das Märchen in Erfahrung bringen, und darauf will es eine Antwort geben.

Nun entwickelt das Märchen der ›Frau Holle‹ freilich diese Problemstellung ebenso wie seine Antwort nicht nach Art eines philosophischen Diskurses aus abstrakter Spekulation und Begriffsanalyse; es stützt sich vielmehr ganz und gar auf die sinnliche Evidenz, auf das, was einem die Natur selber verrät, wenn man sie offenen Auges betrachtet. Diese Eigentümlichkeit teilt das ›Frau-Holle‹-Märchen mit der Mehrzahl der *Mythen*: es ist eine Geschichte, die anhand bestimmter Naturvorgänge zeigt, von welcher Art die Kräfte und Gesetze sind, die das Leben der Natur gleichermaßen wie das menschliche Dasein tragen und bestimmen; es ist eine Erzählung, welche die Infragestellungen und Gefährdungen der kosmischen und sittlichen Ordnung zu überwinden sucht, indem sie die Erschütterungen und Widersprüche der Natur und des menschlichen Lebens als Teile einer höheren Ordnung deutet und begreifen lehrt.[4] Insofern, als eine Mythe der Wegweisung und der Versöhnung, ist das ›Frau-Holle‹-Märchen eine zutiefst philosophische und religiöse Parabel, deren Bildelemente und Symbole indessen aus der äußeren Natur gewonnen sind.

Die Weisheit der Natur: das Schicksal von Sonne und Mond

Alles, was das ›Frau-Holle‹-Märchen an Wesenseinsichten vermitteln kann und will, läßt sich im Rahmen der Naturmythologie an den Gestalten von Sonne und Mond ablesen.[5] Stünde die Geschichte der ›Frau Holle‹ nicht in der Grimmschen Märchensammlung, sondern in einer Ausgabe altgermanischer Mythen, so bedürfte es nur eines Hinweises, um in der »Goldmarie« und in der »Pechmarie« das Schicksal der beiden großen Himmelsgestirne Sonne und Mond zu erkennen. So aber ist eine ausführlichere Begründung dieses Sachverhaltes zum Verständnis unerläßlich.

Die Goldmarie als Sonnenkind

Der »Steckbrief« der *Goldmarie* als eines Sonnenmädchens ist bereits aus einer einfachen Faktenzusammenstellung genügend deutlich zu sehen: Die Goldmarie ist ein wunderschönes, fleißiges Mädchen, das tagaus, tagein an der Straße spinnt, bis es sich die Finger blutig sticht und beim Waschen seine Spindel im Brunnen verliert; auf den Befehl der grausamen Stiefmutter hin, die Spindel wieder hervorzuholen, stürzt es sich selbst in den Brunnen hinab und bleibt dort im Reich der Frau Holle, bis es nach der Zeit des Schneefalls durch einen Torbogen in goldenem Glanze wieder in die Welt der Stiefmutter zurückkehrt. – Die meisten Details dieser Geschichte bleiben unverständlich, ja sie müßten ganz absurd anmuten, wenn man nicht den naturhaften Hintergrund zahlreicher Mythen voraussetzen dürfte: Kein Mensch – selbst nicht in südlichen Ländern – wird tagaus, tagein, statt in seinem Zimmer, an der Straße sitzen und spinnen; niemand auch wird – selbst nicht im Jähzorn – so aberwitzig sein, eine verlorene Spindel aus dem Brunnen wieder hervorholen zu lassen; und sogar wenn man einen derartigen Befehl, wie ihn die Stiefmutter der Goldmarie erteilt, noch für sinnvoll halten wollte, wird sich doch niemand halsüberkopf ohne Vorsicht und Absicherung in den Brunnen stürzen – ganz zu schweigen von dem merkwürdigen Erwachen des verstoßenen Mädchens unterhalb des Brunnens auf der Wiese voll blühender Blumen.

Es ist kein Zweifel: diese Geschichte erzählt nicht von einer Begebenheit an irgendeinem Dorfbrunnen, sondern der Brunnen, der zu dem unterirdischen Paradies der Frau Holle führt, ist der Brunnen des Himmelsozeans im Westen der Welt,[6] durch den das Sonnengestirn versinkt, um nach Ablauf der Nacht bzw. Ablauf des Winters durch das Tor des Ostens[7] in erneuerter Schönheit und Jugend in die sichtbare Welt zurückzukehren. Die Sonnenscheibe selbst ist die Spindel des Sonnenkindes,[8] und die Spinnfäden sind die feinen Sonnenstrahlen.[9] Blutig aber muß die Spindel im Brunnen versinken, weil die Sonne selber rot in den Weltozean hinabtaucht.[10] Die »große Straße« am Brunnen, auf der das Sonnenmädchen Tag für Tag sein Werk verrichtet, ist demgemäß kein Weg auf Erden, sondern die große Himmelsstraße,[11] die Sonnenbahn, die Milchstraße.

Auch die Arbeiten im Reich der Frau Holle versteht man von daher mühelos als Werk der Sonne.

Am eindeutigsten ist das beim Aufschütteln der Federn des Bettlagers der Frau Holle: Es schneit auf Erden, während das geschieht – das heißt, es wird auf Erden Winter; der Apfelbaum, der abgeerntet werden will, ist dann mit Sicherheit ebenfalls als das Symbol einer Jahreszeit, nämlich des Herbstes, zu verstehen, während der Backofen mit dem Brot auf den Sommer hinweist.[12] – Die einzelnen »Aufga-

ben« der Goldmarie im Reich der Frau Holle sind also identisch mit
den Jahreszeiten; ihre Rückkehr durch das goldene Tor bezeichnet
demgemäß den Frühling.

Indem somit alle Tätigkeiten der Goldmarie sich als Werke der
Sonne zu erkennen geben, darf man es als gegeben betrachten, daß die
Goldmarie selber die Sonne verkörpert.

Dann können sogar die Zeitangaben von Brunnenabstieg und Rückkehr ein Stück weit präzisiert werden. Wenn der Weg der Sonne durch
den goldenen Torbogen im Frühling als Rückkehr in diese Welt zu
verstehen ist, so muß der Abstieg in den Brunnen als Abschied der
Sonne von dieser Welt gedeutet werden; zu diesem Motiv paßt jedoch
wohl die Zeit des Herbstes, aber eigentlich nicht schon das Bild vom
Backofen, das Motiv des Sommers. Die Zeitangabe vom »Backofen«
ist indessen ganz korrekt, wenn man den Brunnenabstieg als Bild der
Sommersonnenwende deutet.[13] Tatsächlich hat sich ja die Sonnenbahn
bereits geneigt, wenn die »Backofenhitze« des Sommers zirka sechs
Wochen nach dem Sonnenhöchststand einsetzt. Allerdings wird mit
den Bildern vom Brunnenabstieg und von der goldenen Wiederkehr
durch das Tor der Frau Holle anfangs nicht der Wechsel der Jahreszeiten, sondern der Wechsel von Tag und Nacht bezeichnet worden sein,
und erst später dürfte man dieses Schema auf den Ablauf des Jahres
übertragen haben. Die *Tagzeit* des Jahres, die Wiederkehr durch den
Goldbogen, beginnt indes mit der Wintersonnenwende, und sie endet
im Bild des Brunnenabstiegs mit der Sommersonnenwende.

Freilich muß man zugeben, daß die Teilung des Jahres in zwei gleiche Hälften in dem Märchen nicht mehr erkennbar ist, und der Grund
dafür liegt wohl darin, daß das ›Frau-Holle‹-Märchen letztlich nicht
den Ablauf des Jahres beschreibt, sondern etwas ganz anderes. Man
muß die Angabe offenbar ganz wörtlich nehmen, daß die Goldmarie
erst bei ihrem Weg in diese Welt durch den Torbogen der Frau Holle
golden *wird*. Das Märchen erzählt mit anderen Worten nicht einfach
den Lebenslauf der Sonne, sondern es berichtet, wie die Sonne ihre
heutige goldene Gestalt erhielt, wie also das Sonnenmädchen zu dem
wurde, was es heute ist. Im Grunde hat man es demnach mit einer
kosmogonischen Mythe zu tun, die in Form eines einmaligen Geschehens erzählt, was in der heutigen Welt als ewiges Geschehen seit
Urzeittagen immer von neuem sich im Schicksal der Sonne wiederholt.

Die Pechmarie als Mondgestalt

Unter diesen Voraussetzungen fällt es wohl nicht schwer, auch das Rätsel um das merkwürdige Verhalten der *Pechmarie* zu lüften. Ihr »Steckbrief« ist ebenfalls rasch erstellt: Sie gilt als die Stiefschwester der Goldmarie und wohnt mit ihr im gleichen Hause; sie folgt am Weltenbrunnen dem gleichen Weg wie ihre schöne Schwester, und es stellen sich ihr die gleichen Aufgaben wie dieser; kurz, die Pechmarie wäre selbst ganz wie die Sonne, wenn sie sich nicht durch ihre Faulheit alles verderben würde: Es geschieht ihr zur Strafe, daß sie schließlich fleckig und häßlich in diese Welt zurückkehrt. – Das Gestirn, auf welches diese Merkmale restlos und vollständig zutreffen, ist *der Mond*. Er kann mit Recht als ein faules Subjekt und als ein Vielversprecher gelten, weil er zunächst – als Vollmond – groß und mit vollem Einsatz zu Werke zu gehen scheint, dann aber immer mehr abnimmt und in seinem Fleiß erlahmt, so daß er bald schon sich gänzlich zur Ruhe legt. Eben dieser Unart wegen verdient er nicht, der Sonne gleich zu sein, so sehr er ihr auch gleichen möchte; weisen doch seine Flecken darauf hin, welch einer dunklen Natur er zugehört.

Das Märchen der ›Frau Holle‹ beschreibt demnach nicht allein, wie die Sonne, sondern auch, wie der Mond seine jetzige Gestalt erhielt.[14]

Trifft diese Deutung zu, so muß man allerdings für den Mond bei seinem Abstieg durch den Weltenbrunnen und bei seiner Rückkehr durch das goldene Himmelstor noch ein anderes Zeitmaß voraussetzen als bei der Sonne. Was die Sonne im Zyklus eines Jahres als Schicksal von Abstieg und Wiederkehr erlebt, durchmißt der Mond in der wesentlich kürzeren Spanne eines Monats. Deutlich ersieht man daran, daß das ursprüngliche Schema des Tageszyklus relativ offen auf die anderen Zeitzyklen übertragen werden konnte.[15] Was bei der Sonne als Aufstieg und Abstieg am Himmel erscheint, stellt sich beim Mond als abnehmende und zunehmende Phase dar. Dabei gilt dem Märchen unzweifelhaft das Schicksal der Sonne als maßgebender und vorbildlicher Ausgangspunkt der Betrachtung; der Mond ist nur eine Kümmergestalt der Sonne. Diese Feststellung ist wichtig, weil vieles dafür spricht, daß *historisch* die Mondmythologie früher war als die Sonnenmythologie.[16] Im ›Frau-Holle‹-Märchen hingegen verhält es sich von der Wesensbeschreibung beider Gestirne her gerade umgekehrt: Die Sonne erscheint als das Vorbild des Mondes.

Die Große Göttin und die Frau Welt

Als wären all diese Details nicht in sich bereits Beweis genug, um das
›Frau-Holle‹-Märchen als eine alte Weltentstehungsmythe erscheinen
zu lassen, ist der Name der »Frau Holle« selbst ein unzweideutiges
Zeichen für den mythischen, ursprünglich religiösen Charakter des
Märchens. Die Frau Holle ist keine andere als die germanische Göttin
Hulda (oder Berchta). In ihr lebt die Gestalt der Mutter Erde fort, zu
der man gelangt, wenn man durch den Weltenbrunnen in die Unterwelt hinabsteigt.[17] Zugleich ist sie als die Große Göttin die Königin
des Himmels, deren Bettfedern als Schnee zur Erde fallen.[18] Die absolute Macht dieser Göttin läßt sich daran erkennen, daß sie es ist, die
der Sonne und dem Mond ihre heutige Gestalt verliehen hat.[19] Zudem
ist sie die eigentliche Herrin über Leben und Tod.[20] Sie vermag nicht
nur den tödlichen Absturz der Lichtgestirne im Westen der Welt
aufzufangen und sie am Leben zu erhalten, sie besitzt auch die »gebra-
tene«, also im Feuer zubereitete Speise, deren das Sonnenmädchen
offenbar als Delikatesse zu seiner Erneuerung nach der Zeit des Winters bedarf.[21] Als Erdgöttin trägt sie gleichwohl auch die Merkmale
einer Todesgöttin an sich. Insbesondere ihr Gebiß jagt dem Sonnenmädchen einen furchtbaren Schrecken ein,[22] und sie erscheint ihm
zunächst so, wie sie in vielen Mythen am Fuße des Weltenbrunnens
dargestellt wird: als ein fressendes, schlangen- oder krötenähnliches
Ungeheuer, das alles Leben und Licht in sich hineinschlingt.[23] Doch
was sie mit dem Mund verschlingt, ist in Wahrheit dazu bestimmt, aus
ihrem jungfräulichen Schoß wiedergeboren zu werden, und das goldene Tor, durch welches das Sonnenmädchen in die Welt zurückkehrt,
ist nur ein anderes Bild für die verjüngende, verschönernde und wie-
dergebärende Macht der Großen Göttin.[24]

Offen bleibt dann nur noch die Frage, wer eigentlich die »Stiefmutter« ist, in deren Haus die Sonne und der Mond ihre Wohnung haben.
Da sie als ihre eigentliche Tochter das Mondmädchen betrachtet,
könnte man in der Stiefmutter zunächst eine Göttin der Nacht erblik-
ken. Aber zu dieser Deutung würde nicht gut passen, daß es doch ihr
Haus ist, in welches das Sonnenmädchen am Ende des Winters zurückkehrt. Das »Haus« der »Stiefmutter« ist offenbar nichts anderes
als die sichtbare Welt, und nimmt man hinzu, wie ungerecht, grausam
und verschlagen, wie buchstäblich »stiefmütterlich« sie im Umgang
mit dem guten Sonnenmädchen geschildert wird, so kommt man nicht
umhin, in der »Stiefmutter« eine echte Gegenspielerin zu der gütigen
und gerechten Frau Holle zu erkennen. Ist die Frau Holle die Erdgöttin und Himmelskönigin, so wird man die »Stiefmutter« folglich am
ehesten für eine Verkörperung dessen halten müssen, was vor allem in
der mittelalterlichen Symbolsprache als »Frau Welt« verstanden wur-

de; eine Personifikation der äußerlichen, materiellen Welt in ihrer Schlechtigkeit und grausamen Bosheit.[25]

Bis hierher läßt sich die Geschichte des ›Frau-Holle‹-Märchens mithin folgendermaßen wiedergeben, und man versteht dann gleich, in welcher Weise das eigentliche Problem der Erzählung, die empörende Ungerechtigkeit der Welt, im Rahmen der Naturmythologie eine erste Antwort findet: Im Hause der Frau Welt wohnen zwei Kinder: eines, das sie als ihr eigenes anerkennt, obwohl – oder gerade weil – es sich durch besondere Faulheit und Häßlichkeit auszeichnet, und ein anderes, das fleißig und schön ist, aber von ihr stiefmütterlich und zurückweisend behandelt wird; das eine ist das Mondmädchen, das andere das Sonnenmädchen. Wer immer die Natur beobachtet, muß es empörend finden, was für ein Unrecht dem guten und überaus liebenswürdigen Sonnenmädchen von der gemeinen Frau Welt zugefügt wird: Das Sonnenmädchen ist so emsig, gehorsam und bemüht, es wirkt mit aller Kraft unermüdlich so viel Gutes, daß man gerade ihm nur Glück und Wohlergehen wünschen möchte; und dennoch muß man mitansehen, wie es Abend für Abend vom Himmel verstoßen wird. Das Regiment seiner Stiefmutter ist derart grausam und quälend, daß sich das Sonnenmädchen buchstäblich zu Tode arbeiten muß: Wenn es am Ende des Tages im westlichen Himmelsbrunnen versinkt, so zeigt sich im flammenden Abendrot, wie sehr das arme Sonnenkind bis aufs Blut gepeinigt wird; trotz all seiner Mühen wird es mit Schimpf und Schande vom Himmel verjagt. Sein Abstieg im Westen ist wie der Akt eines verzweifelten Gehorsams gegenüber einem mörderischen Unrecht; er ist wie ein hilfloses und endgültiges Versinken, eine Art freiwilligen Untergangs, weil ihm auf dieser Welt doch kein Ort bleibt, an dem es in der Weise weilen dürfte, die ihm von Rechts wegen zukäme.

Was für ein Sinn, muß man mit dem ›Frau-Holle‹-Märchen fragen, liegt aber dann in einer derartig offensichtlichen Mißachtung jeden Rechtsempfindens? Wie ist es möglich, einen solchen Lauf der Welt zu dulden?

Die sanfte Gerechtigkeit der Frau Holle

Die Antwort der Natur auf diese alte Menschheitsfrage ist mit den Augen eines jeden zu erkennen, der das Geschick der Sonne tief genug begreift: An jedem Morgen und in jedem Frühling kommt das Sonnenmädchen durch den Torbogen des Ostens in die Welt zurück, und jedesmal sieht es dann schöner aus als je zuvor. Die eigentliche Wahrheit seines Lebens lautet, daß sein schmählicher und ungerechter Tod im Westen, sein Abstieg in die Unterwelt, durchaus nicht als ein Ende aufzufassen ist; es selber geht vielmehr verjüngt, gestärkt, verschönert aus seinem Untergang hervor, und eben damit wird das Sonnenschicksal selbst in der Anschauung der alten Mythen zum Trost der Menschen.

Wenn man unter dem furchtbaren Regime der Welt die Sonne sterben sieht, so kann man zwar darüber immer wieder erschrocken und unendlich traurig sein: So geht es im Hause von Frau Welt zu, daß man darin das gute Sonnenkind auf die Dauer nicht erträgt! So zum Verzweifeln ungerecht ist diese Welt – sie hält es immer mit den Schändlichen und stößt die Guten ins Verderben! Aber so ungerecht und grausam erscheint die Welt doch nur auf den ersten Blick. In Wirklichkeit gereicht der ungerechte Tod dem Sonnenmädchen selbst schließlich zu seinem Vorteil. Der Vordergrund des Weltenlaufs mag oft genug den Eindruck groben Unrechts und einer geradezu perfekten, routinierten Grausamkeit erwecken; im Hintergrund jedoch trägt diese Welt das Antlitz nicht der Stiefmutter, sondern der gütigen Frau Holle; in ihrem Innersten ist diese Welt gerecht und gut.

Der Lebenslauf der Sonne bezeugt demnach bereits in der Religion der Großen Mutter eine Wahrheit, die auch das Christentum später nicht besser, treffender und würdiger aussprechen konnte als mit den Worten, daß der Gerechte »all dies leiden mußte, um gerade so zu seiner Herrlichkeit zu finden« (Lk 24,25). Wenn die frühen Christen ihren gekreuzigten und auferstandenen Erlöser im Symbol der Unbesiegten Sonne feierten, so konnten sie an derartige Glaubenslehren des sogenannten Heidentums in ungebrochener Tradition anknüpfen.[26]

Dem unmittelbaren Eindruck zum Trotz gibt es also doch eine ausgleichende Gerechtigkeit, wie es das Schicksal der Sonne beweist. Zu einer solchen Gerechtigkeit gehört indessen nicht allein die glänzende Rückkehr des guten Sonnenmädchens, sondern ebenso die Bestrafung des faulen Mondmädchens. Auch hier sorgt die Frau Holle auf der Rückseite der Welt dafür, daß der Betreffenden schließlich ihre Faulheit und Bosheit auf das eigene Haupt herabfällt. Und der Mond bietet das passende Lehrstück zu dieser Wahrheit. An ihm läßt sich ablesen, daß das Böse schließlich durch seine eigene Häßlichkeit bestraft, das Gute hingegen durch seine Schönheit belohnt wird. Das Mondmädchen ist letzten Endes, nur in gesteigerter Form, das, was es schon von Anfang an war: durch und durch häßlich; und das Sonnenmädchen vollendet gleichermaßen nur sein eigenes Wesen, seine eigene Schönheit, wenn es am Ende seiner Dienstzeit im Hause der Frau Holle in vergoldetem Glanze in die Welt zurückkehrt.

Von solcher Art ist also die Gerechtigkeit der Großen Göttin. Sie ändert nicht die Fakten und die Tatsachen – die »Stiefmutter«, Frau Welt, bleibt, wie sie ist; aber von innen her, durch die Wesensvollendung des Guten und des Schönen ebenso wie durch die Ausgestaltung des Bösen und des Häßlichen, verwandeln sich die in sich selbst verkehrten Absichten der »Stiefmutter« entgegen ihrem eigenen Willen schließlich in das Richtige. Selbst in der äußeren Realität ist letztlich doch das Gute und das Schöne zugleich auch das ganz und gar Glückliche; das Böse und das Häßliche hingegen gibt sich zuletzt als das schlechthin Besudelte, Pechübergossene und zutiefst Unglückselige vor aller Augen zu erkennen.

Wir haben es also mit einer Gerechtigkeit zu tun, die sich von innen her aus dem Wesen der Dinge, aus dem Untergrund der Welt wie von selbst ergibt. Für sie verbürgt sich die Gestalt der Großen Göttin. Die Frau Holle, nach der dieses alte Märchen benannt ist, verkörpert demnach, im Unterschied zu der »stiefmütterlichen« Außen- oder Oberflächengestalt der Welt, gerade diese verborgene Wahrheit und gütige Weisheit des Lebens, auf welcher ihre geheime Macht beruht. Wohl nicht zuletzt eben deswegen nannten die Germanen sie »die Holde«, die »Frau Holle«.[27]

Auf diese Weise läßt sich bereits im Rahmen der bloßen Naturmythologie die These und die Argumentation verstehen, mittels deren das ›Frau-Holle‹-Märchen das Problem der Ungerechtigkeit und des unverdienten Leidens in der Welt zu lösen versucht. Es enthält eine sehr tiefsinnige Art, die Dinge so zu betrachten, daß in ihnen selber am Ende eine Antwort aufleuchtet, die, einmal eingesehen und geschaut, sich mit der Selbstverständlichkeit und Evidenz eines sinnenfällig wahrnehmbaren Sachverhaltes geltend macht – sinnenfällig und sichtbar wie Tag und Nacht, wie der Wechsel des Mondes und der Wechsel des Jahres, wie der ewige Kontrast von Licht und Finsternis.

Die Bestätigung der menschlichen Existenz

Mythische Naturbeschreibungen als Wesensdarstellungen

Die Antwort dieses Märchens ist jedoch nur insoweit überzeugend und unmittelbar schlüssig, als die Verhältnisse am Himmel nach Menschenweise vorgestellt werden. Sobald man in Sonne und Mond nur noch tote Gestirne statt menschenähnlicher Personen erblickt, verliert das Märchen seine Überzeugungskraft, und nicht selten wird denn auch der Schluß gezogen, die alten Naturmythen und -märchen seien in ihrem geistigen Gehalt nur noch als historische Dokumente von Interesse; als Beschreibungen der Wirklichkeit seien sie durchaus nicht ernstzunehmen. Doch so gewiß die Erzählungen der Alten als

Naturdarstellungen ihre Gültigkeit verloren haben, so gewiß sind und waren sie niemals bloße Beschreibungen gewisser Naturphänomene. Vielmehr hat sich gerade an einer solchen Geschichte wie dem Märchen von der Frau Holle bereits gezeigt, daß die Beschreibung der Entstehung von Sonne und Mond im Grunde eminent religiöse bzw. metaphysische Fragen aufgreift und beantwortet; was eine Mythe oder ein Märchen auf dieser inneren Ebene zu sagen hat, kann sehr wohl wahr sein, auch wenn das naturwissenschaftliche Weltbild seine äußere Naturerkenntnis Lügen straft.[28] Die Schilderung der äußeren Natur ist für die alten Mythen und Märchen durchaus kein bloßer Selbstzweck, sondern das äußere Naturgeschehen dient als *symbolisches* Aussagemittel; es stellt keine Realität an sich dar, sondern es bildet nur den Vorraum zur Entdeckung der eigentlichen, verborgenen Wahrheiten in der Tiefe der Wirklichkeit. Das gilt natürlich erst recht von einem solchen Märchen wie dem der Frau Holle, das schon von vornherein die äußere, sichtbare Wirklichkeit für etwas Vordergründiges und Unwahres erklärt. Wollte man die »Naturbeschreibung« der Mythen nicht selbst als ein Symbol verstehen, so müßte die Antwort des ›Frau-Holle‹-Märchens auf die alte Menschheitsfrage nach dem Unrecht in der Welt sogar als besonders unglaubwürdig gelten.

Der »Tod« und die »Wiedergeburt« der *Sonne* mögen auf gewisse Weise zeigen, daß es doch eine verborgene Gerechtigkeit der Welt gibt; aber gilt das auch für das *menschliche* Leben? Die »getötete« Sonne kehrt an jedem Morgen, in jedem Frühling sichtbar zurück; aber Menschen, die um der Gerechtigkeit willen sterben, wo finden sie ihren Lohn, ihre Bestätigung, ihren sichtbaren Ausgleich im Leben?

Um die bleibende und gültige Aussage des ›Frau-Holle‹-Märchens sichtbar zu machen, muß man die Bewegungen der Erzählung, die als Naturmythologie in die äußere Natur hineingelegt sind, als innere geistige und physische Bewegungen nachvollziehen,[29] denn die innere Evidenz ist ursprünglicher als die Projektion nach außen. Sonne und Mond sind dann selbst nur Sinn-Bilder für das widersprüchliche Verhältnis von Gut und Böse in der Welt. Dieser Gegensatz könnte an sich auch an der Gegenüberstellung anderer Naturgewalten in Erscheinung treten; er ist nicht an die Gestalten von Sonne und Mond gebunden, wenngleich die gesamte Konzeption derartiger Erzählungen bevorzugt an den Lichtgestirnen oder am periodischen Wechsel der Vegetation dargestellt wurde.[30] Aber man hat es in jedem Fall mit Bildern zu tun, die etwas *Wesentliches* über Gut und Böse in der Welt aussagen wollen. Was in der Naturmythologie als Weltentstehungsmythe zu interpretieren ist, erhebt in religiöser und philosophischer Betrachtung keinen geringeren Anspruch, als daß hier etwas über die Grundlagen und Wesenseigentümlichkeiten der Welt als ganzer zum

Ausdruck gebracht wird. Daher kommt es für die Deutung natürlich darauf an, die einzelnen Momente des Märchens, soweit sie nicht rein naturmythologisch bedingt sind, auch wirklich als philosophisch-religiöse Wesensaussagen zu begründen und in der Interpretation zu würdigen, das heißt, sie existentiell nachzuvollziehen und in ihrer inneren Wahrheit zu erfassen.

Der Gegensatz von Faul und Fleißig, Schön und Häßlich

Religiös und philosophisch höchst bedeutsam ist bei näherer Betrachtung bereits die Polarisierung von Gut und Böse an sich. Zwar denkt das Märchen den zugrundeliegenden Gegensatz zunächst nicht unmittelbar auf der sittlichen Ebene: Das Mondmädchen ist nicht die Verkörperung eines schlechthin bösen Prinzips, das nach der Art eines Teufels bestrebt wäre, die Welt ins Verderben zu stürzen – es ist »nur« einfach faul; und das Sonnenmädchen ist keine kämpferische Sonnenheldin, die den Machenschaften des Dunklen und Bösen siegreich entgegentritt – es ist »nur« einfach fleißig.[31] – Insofern scheint die ethische Entgegensetzung von Gut und Böse in zahlreichen Mythen und Märchen im ›Frau-Holle‹-Märchen nahezu verharmlost und entdramatisiert worden zu sein. Aber es ist durchaus die Frage, ob in der Gegenüberstellung von Faul und Fleißig der ursprüngliche Gegensatz von Gut und Böse nicht in Wirklichkeit sogar gesteigert, jedenfalls präziser formuliert wird.

Es gibt in den Mythen der Völker genügend Parallelen, in denen das Böse gerade nicht als das Handelnde, bewußt Zerstörende verstanden wird, sondern in denen es einfach als etwas Retardierendes, Untätiges erscheint, als das Gewicht der Schwerkraft, das sich der Bewegung widersetzt, als ein Sog nach rückwärts gegen die Entfaltung der Dinge.[32] Jede Art von Tätigkeit, so müßte man im Sinne dieses Ansatzes denken, trägt doch noch irgendwie zur Bewegung des Ganzen bei und ist in sich niemals nur böse; wirklich von Übel aber ist die Starre, die Unbeweglichkeit; und besonders bezüglich der Himmelsgestirne ist in den Mythen (beispielsweise der Azteken) die Furcht am allergrößten, daß etwa die Sonne in ihrem Lauf stillstehen könnte.[33] Mehr als alles andere läßt sich die passive Verweigerung der Faulheit als Grundübel verstehen, und umgekehrt ist es dann der Fleiß, die innere Anteilnahme und Aktivität, das Moment der Bewegung, was das Gute kennzeichnet. – Ein Satz der mittelalterlichen Philosophie brachte diese Einsicht auf die Formel, das Gute sei etwas, das danach dränge, zu wirken und sich selber mitzuteilen (bonum est diffusivum sui),[34] das Böse indessen, müßte man folgerichtig sagen, bleibt in sich selbst verschlossen und weigert sich, auch nur irgend etwas wirklich zu bewirken; es ist so etwas wie ein Streik des Bewußtseins.

Läßt man diese Bestimmungen gelten, so bestätigt sich der erste Eindruck von der Typenhaftigkeit aller Gestalten des Märchens, und man versteht, wieso es im ›Frau-Holle‹-Märchen keine Psychologie der Faulheit oder des Fleißes gibt noch geben kann. Es wäre für die Interpretation ein schwerer Fehler, wollte man sich darüber Gedanken machen, worin die Faulheit der einen und der Fleiß der anderen Tochter psychologisch ihren Ursprung haben könnte; desgleichen müßte es in die Irre führen, wenn man über das Vorleben und Verhalten der verwitweten Stiefmutter soziologische oder psychologische Spekulationen anstellen würde. Es ist wahr, daß die gesamte Erzählung der ›Frau Holle‹ in den Umkreis der Religion der Großen Mutter verweist – *das* ist unter anderem zweifellos auch ein soziologischer und religionspsychologischer Tatbestand.[35] Aber innerhalb des Märchens ist die »Stiefmutter« eher eine metaphysische Chiffre als eine Person; und die beiden Kinder der »Frau Welt« sind gleichermaßen in sich auf eine bloße Wesenskennzeichnung hin abstrahiert, die keine weitere psychologische Ableitung mehr erlaubt; sie sind die Verkörperungen der *Prinzipien* von Faulheit und Fleiß, keine psychischen Einstellungen.

Um so mehr wird man dann allerdings jene Bemerkung über die Goldmarie und Pechmarie für wesentlich halten müssen, wonach die fleißige Stieftochter *schön*, die faule aber *häßlich* ist; ja, man wird von daher auch das Verständnis des Guten und des Bösen noch vertiefen können. Gewiß liegt es nahe, gerade in diesen Angaben einfache Stereotypien und Klischees primitiver Erzählweisen zu erblicken, und tatsächlich verhielte es sich auch so, wenn man unter Schön und Häßlich sich rein äußerliche Merkmale vorstellen müßte. Aber man wird bereits davon ausgehen können, daß das »primitive« Empfinden so unrecht nicht hat, wenn es die Eigenart des inneren Wesens auch in der Wohl- und Mißgestalt des Körpers abgebildet wähnt. Denn obwohl derartige Zusammenhänge natürlich nicht in Form einer simplen Kongruenz von Innen und Außen, von Seele und Körper zu denken sind, so ist doch auch ein anderer Lehrsatz der mittelalterlichen Philosophie sehr bedenkenswert, daß nämlich das Gute und das Schöne miteinander wesenhaft identisch seien (und folglich ebenso deren Gegenteil: das Böse und das Häßliche).[36] Das Gute ist nach dieser Anschauung dasjenige, was mit sich selbst, mit seinem Wesen, völlig übereinstimmt und mithin in sich *wahr* ist;[37] als solches kann es auch geschlossen nach außen hin wirken, und man versteht, wieso die Aktivität, der »Fleiß«, mit der inneren Gutheit und Wahrheit, mit der Einheit mit sich selbst zusammenhängt, während die »Faulheit« auf einer tieferen Ebene das Symptom innerer Selbstzerrissenheit und

»Unwahrheit« darstellt.[38] Als »schön« muß nun dasjenige gelten, was sein eigenes Wesen möglichst unverfälscht und rein zur Darstellung bringt, was folglich seiner wahren Gestalt auch äußerlich am meisten entspricht; »häßlich« hingegen ist die Abweichung, die Deformation der eigenen Wesensgestalt. – Im Rahmen der Naturmythologie muß man dieser Definition zufolge das Mondmädchen häßlich nennen, weil es vom Wesen einer reinen Lichtgestalt abweicht. Eine solche Abweichung läßt es bereits in seinem Verhalten, in seiner Faulheit, erkennen; aber am Ende des Märchens verschmilzt seine Gestalt mit dieser Deformation selbst; es wird dann als Mond eine bloße Travestie der Sonne sein.[30] Das Sonnenmädchen demgegenüber verwirklicht das Wesen einer Lichtgestalt, und eben darin liegt seine Schönheit. – Man sieht, daß beide Attribute: Fleiß und Schönheit sowie Faulheit und Häßlichkeit eine untrennbare wesenhafte Einheit bilden, und keinesfalls sind sie nur nebensächliche Typisierungen der beiden Hauptgestalten des ›Frau-Holle‹-Märchens.

Die sonderbare Verwandtschaft des Guten und des Bösen

Im gleichen Zusammenhang muß man wohl auch noch ein wenig über das merkwürdige Familienverhältnis des Sonnenmädchens und des Mondmädchens nachdenken. Es gibt unzählige Mythen, Märchen und Legenden, die von einem Geschwisterpaar berichten, das sich voneinander unterscheidet, wie in der Bibel der haarige und dunkle Esau von dem einfallsreichen Jakob (Gen 27,11.16), oder wie die triefäugige Lea von der schönen Rachel (Gen 29,16–17).[40] – Nicht selten handelt es sich dabei um Zwillinge, die, wie Jakob und Esau (Gen 25,24–26) oder wie Perez und Serach, die Söhne der blutschänderischen Tamar (Gen 38,27–30), sich schon im Mutterleibe um ihr Vorrecht zanken; bereits vom Ursprung her sind diese Zwillingspaare zumeist einander feindlich gesonnen. Oft ist es dabei der helle, bessere Teil, der, wie der biblische Jakob, zunächst in die Fremde verjagt wird, ehe er reich und gesegnet nach Hause zurückkehrt. Diese Verhältnisse darf man mit vollem Recht als archetypisch betrachten, und das zugrundeliegende Schema wird wiederum kaum verändert, wenn im ›Frau-Holle‹-Märchen statt von Geschwistern von Stiefschwestern die Rede ist; beide sind deswegen einander nicht weniger entgegengesetzt, aber an sich auch nicht weniger zusammengehörig. Dennoch wird ihr Verhältnis zueinander im Bilde der Stiefschwestern in einer ganz bestimmten Weise gefaßt.

Bereits in der Naturmythologie gelten Sonne und Mond nicht nur als unterschiedlich, sondern zugleich auch als einander ergänzend: Es muß die Nacht ebenso geben wie den Tag, und in gewissem Sinne ist es nur gut, daß der Mond nicht so hell leuchtet wie die Sonne. Auch philosophisch und religiös macht sich diese Anschauung geltend: Das Gute und das Böse bilden eine Art Wirkungseinheit, ja sie bedingen sich geradezu, indem das Gute sich eben dadurch definiert, daß es vollkommen anders ist als das Böse. Nimmt man das Verwandtschaftsverhältnis der beiden »Mädchen« im ›Frau-Holle‹-Märchen beim Wort, so muß man sogar davon ausgehen, daß das Böse, die Faulheit und Häßlichkeit, ursprünglicher und älter ist als das Gute; es besitzt in der Welt, wie sie ist, das eigentliche Haus- und Heimatrecht, wohingegen das Gute, Fleißige und Schöne nur eben gerade geduldet wird und froh sein muß, daß man es überhaupt am Leben läßt.[41] Zwar existiert die Welt nur durch das Gute, aber paradoxerweise hat es den Anschein, als sei das Gute in dieser Welt nur gnadenhalber als lästige Verpflichtung zugelassen und besitze für sich selber keine Rechte: Das Sonnenmädchen, die Verkörperung des Guten, ist eines unbekannten Ursprungs, die Tochter aus einer zweiten Ehe der Frau Welt. Der Daseinsraum, in dem es leben muß, ist, diesem Bild entsprechend, das etablierte Böse; und während dieses sich als legal und legitim in der Welt auffaßt, erscheint das Gute als etwas, das man nur so nebenher in Kauf nimmt, weil man halt doch nicht ganz so böse erscheinen will und vor allem, weil man die Arbeitskraft der Gutwilligen so vorzüglich ausbeuten kann.

Beide, das Gute wie das Böse, leben von daher im Hause der Frau Welt in einer Art negativer Symbiose miteinander; sie treten deshalb nicht in radikalem Kampf einander gegenüber, wie es religionsgeschichtlich erst die dualistischen Religionen des Ostens (mit ihrer Lichtmetaphysik) und besonders die monotheistische Theologie der Bibel konzipieren konnten;[42] doch gerade diese Symbiose des Guten und des Bösen ist, mindestens zunächst, weit trauriger und schmerzlicher, als es der offene Kampf zwischen beiden Prinzipien sein könnte.

Folgt man dem Symbol der »Stiefmutter« am Anfang des ›Frau-Holle‹-Märchens, so erscheint das Gute in dieser Welt in einer äußerst unglücklichen Lage:[43] Es wird benutzt und gequält, drangsaliert und gestoßen, und es darf nicht nur auf keine Gegenliebe hoffen – es muß sich überhaupt vollkommen der Erwartung begeben, daß es auf dieser Erde so etwas wie Anerkennung und Gerechtigkeit erlangen könnte. Das Gute – so lehrt dieses Märchen – mag sich auf Erden blutig arbeiten, es wird doch stets »auf der Straße« stehen und kein wirkliches Zuhause haben; ja, wenn es seine Pflicht und Verantwortung, wie es sollte, bis zu Ende leben will, wird dieser Entschluß für es selbst das Ende bedeuten: Ein wirklich guter Mensch, jemand, der wirklich ein »Sonnenschein« sein könnte, wird in dieser Welt alles mögliche erfahren, nur nicht, daß er geschätzt und geachtet wird; er muß im Gegenteil die Erfahrung machen, daß man ihn für seine ganze Wesensart, für

seine »Herkunft«, für seine Andersartigkeit geradezu haßt und verstößt – bis hin zum Absturz in den Brunnen.

Die unendliche Resignation

Man kann diesen freiwilligen Sprung in den Brunnen kaum anders
verstehen als eine verzweifelte Form des Gutseinwollens am Ende der
Kräfte, als eine endgültige und äußerste Resignation. Das ist die bitter-
ste Lektion, die das ›Frau-Holle‹-Märchen vorderhand über die Lage
des Guten in der Welt bereithält: Sie ist letztendlich zum Verzweifeln.
Solange das Sonnenmädchen auch nur ein wenig an der Erwartung
oder der Hoffnung festhält, es möge irgendwann für seinen Fleiß
zumindest doch am Leben gelassen werden, muß es sich getäuscht und
bitter enttäuscht fühlen. Seine Güte und sein Fleiß bestehen in einem
bedingungslosen Gehorsam gegenüber den Pflichten, die man ihm
aufträgt; aber umgekehrt erlebt es tagaus, tagein, daß auf seine eigene
Person nicht die geringste Rücksicht genommen wird. Der vollendete
Gehorsam, das vollendete Gute bedeuten auf Erden unausweichlich
den Tod – so bitter denkt die Ouvertüre des ›Frau-Holle‹-Märchens
über die schmählichen Aussichten auf eine Gerechtigkeit in dieser
Welt.

Die philosophische Kategorie für ein solches Sterben der Hoffnung
ist der Begriff der *Resignation,* wie er am klarsten von Spinoza[44] und
Kierkegaard[45] verstanden wurde: als radikale Absage an jede Form
irdischen Glücksstrebens. Die beiden Philosophen meinten, eine solche
Resignation müsse unausweichlich jeden heimsuchen, der zum Bewußtsein seines geistigen (unendlichen) Wesens gelange. Im Sinne
dieser Bestimmung wirkt das ›Frau-Holle‹-Märchen tatsächlich wie
eine Bestätigung dieser Ansicht: Das Sonnenmädchen, jeder Mensch,
der nur das Gute will, muß eines Tages alle Hoffnung bezüglich der
Möglichkeit irdischen Glücks fahren lassen; er muß den Gedanken
vollkommen aufgeben, daß auf dieser Erde für ihn so etwas wie Gerechtigkeit zu erwarten stünde. Ein derartiger Verzicht auf alle äußere
Belohnung ist in der Tat wie ein Versinken, wie ein Untergang: Die
ganze Welt hört auf, noch Gegenstand irgendwelcher Erwartungen zu
sein. Es ist die letzte Bilanz aus dem Zusammenstoß zwischen dem
Guten und der Welt, wie sie ist – und es ist eine tödliche Bilanz. In
gewissem Sinne hat das Märchen auch darin recht, daß es den Absturz
als »Gehorsam« hinstellt: Die unendliche Resignation des Sonnenmädchens kommt wirklich geradezu einer Anerkennung, einer letzten
Gehorsamsleistung gegenüber den taktischen Spielregeln dieser Welt
gleich; das Sonnenmädchen beugt sich, indem es schließlich keinen
Gedanken mehr darauf verschwendet, ob sich jemals das Gute im

äußeren Sinne auf Erden lohnen könnte: Es lohnt sich nicht. – Freilich muß man einmal den Mut zur Konsequenz aufbringen, um sich dieses bittere Fazit einzugestehen.

Das Wunderbare an dem Märchen der Frau Holle liegt denn auch vor allem darin, daß das Sonnenmädchen auf seine Weise wirklich bis an die Grenze geht, daß es überhaupt die Energie zu einer solchen Verzweiflung besitzt und schließlich, daß es sich wie freiwillig in den Brunnen stürzt. Es wäre ja auch eine Form der Verzweiflung und der Resignation denkbar, die eine ganz andere Folgerung aus der wahrhaft stiefmütterlichen Behandlung des Guten in dieser Welt ziehen würde. Wenn schon das Gute keinen Ort auf Erden hat, wenn es sich also in wortwörtlichem Sinne als eine »Utopie« erweist, in dieser Welt nur gut sein zu wollen, nun, dann muß, so könnte man denken, das Gute eben Kompromisse mit dem Bösen schließen; wenn sich zeigt, wie das Gute nur ausgenutzt und in den Dienst des Bösen gestellt wird, nun, dann muß es eben im Interesse des Guten liegen, diese unerträglichen Verhältnisse zu ändern und sich seinerseits im Kampf ums Überleben des Bösen zu bedienen. Es ist eine Form der Resignation und der Verzweiflung des Guten am Bösen denkbar, die nicht am Rande der Welt in den Brunnen des Himmelsozeans hineinstürzt, sondern die gerade umgekehrt sich auf verzweifelte Weise in die Welt hineinwirft, um den Untergang im und am Irdischen zu vermeiden. Insofern bedeutet es einen außerordentlichen Vorzug, daß das Sonnenmädchen sich durch die Macht des Bösen nicht korrumpieren läßt, sondern in seiner Verzweiflung sich selber treu bleibt. Indem es in seinen Untergang einwilligt, sagt es doch nach wie vor ja zu sich selbst; das Bild von der Spindel, die in der Mythologie an das Sonnenrad und den Schicksalsfaden erinnert, ist psychologisch wie ein Symbol des eigenen Herzens, für das auf Erden kein Platz ist, aber dem man nachspringen muß, um es zu retten. Von daher verzweifelt das Sonnenmädchen zwar an der Welt, aber nicht an sich selbst. Wohl resigniert es, und es ist verzweifelt; aber in dem strengen philosophischen Sinne, daß derjenige verzweifelt ist, der in einem Mißverhältnis zu sich selber steht und nicht er selbst sein will,[46] in diesem Sinne ist das Sonnenmädchen gerade nicht verzweifelt. Es will nichts anderes sein und werden, als was es seinem ganzen Wesen entsprechend ist – eben deshalb steht es in Mißverhältnis zur gesamten Welt; aber eben deshalb auch ist sein Untergang in Wahrheit nur ein neuer Anfang auf einer anderen, tieferen Ebene.

Erwachen und Wiedergeburt

Es zeigt sich nämlich sogleich, daß der Sturz des Sonnenmädchens aus der Welt ihm eine neue Welt erschließt, und was ihm als Abgrund erscheint, führt im Gegenteil dazu, ihm überhaupt erst einen eigentlichen Grund und Boden unter die Füße zu geben. Beim Absprung in den Brunnen fühlt sich das Sonnenmädchen voller Herzensangst, und es fällt in die Tiefe wie besinnungslos; aber was sich am Tiefpunkt des Brunnens ereignet, bezeichnet das Märchen wörtlich als »Erwachen« und »Zu-sich-selber-Kommen«, als Ende der Besinnungslosigkeit und Angst.

Der Begriff des »Erwachens« meint an dieser Stelle offensichtlich nichts Geringeres, als was in der buddhistischen Religion damit gemeint ist: eine neue Art, sich selbst und die Welt ringsum wahrzunehmen, die Herausbildung eines neuen Bewußtseins, die Entstehung eines völlig neuen Gefühls von Freiheit und Gehorsam.[47] Hermann Hesse hat im ›Glasperlenspiel‹ einmal mit Recht bemerkt, es gehe beim »Erwachen« »nicht um die Wahrheit und die Erkenntnis, sondern um die Wirklichkeit und deren Erleben und Bestehen. Im Erwachen drang man nicht näher an den Kern der Dinge, an die Wahrheit heran, man erfaßte, vollzog oder erlitt dabei nur die Einstellung des eigenen Ich zur augenblicklichen Lage der Dinge. Man fand nicht Gesetze dabei, sondern Entschlüsse, man geriet nicht in den Mittelpunkt der Welt, aber in den Mittelpunkt der eigenen Person. Darum war auch das, was man dabei erlebte, so wenig mitteilbar ... Wurde man ausnahmsweise dabei einmal ein Stück weit verstanden, dann war der Verstehende ein Mann in ähnlicher Lage, ein Mitleidender oder Miterwachender.«[48]

Das »Erwachen« des Sonnenmädchens nach dem Untergang der bisherigen Welt(einstellung) bedeutet gerade eine solche Rückbesinnung auf die eigene Person, auf die eigenen Motive und auf das, woraus es im Grunde leben will. Es hatte bisher an der trügerischen Hoffnung festgehalten, auf dieser Welt so etwas wie Belohnung oder Anerkennung für seinen Fleiß und seine Mühe erlangen zu können; diese Welt der Illusionen ist jetzt endgültig passé. Aber heißt das auch schon, daß damit alles verkehrt gewesen wäre, was es getan und gewollt hat? Mitnichten! Es heißt lediglich, daß es aufhören muß, sich selbst und sein Tun an die Zustimmung und den Beifall der anderen zu binden. Es ist aus einer Welt der Äußerlichkeit und der Menschenabhängigkeit herausgestürzt, in der es passiv und sklavisch anderen Menschen gehorchte und für die Anerkennung anderer arbeitete. Jetzt aber kann es denken, daß das, was gut ist, durch sich selber gilt, und daß es die eigentliche Bestimmung und Verpflichtung nicht dem Befehl anderer verdankt, sondern seinem eigenen Empfinden und Gespür. In gewissem Sinne ist das Sonnenmädchen in diesem Augenblick des Brunnenabsturzes vollkommen isoliert und allein; aber eben deshalb ist es zugleich vollkommen frei: Es stellt an andere keine Erwartungen mehr; ihm ist die Welt in paulinischem Sinne *gestorben* (Röm 6,7); eben deshalb beginnt es für sich selbst zu leben. Sich selber ist es *wiedergeboren* und zurückgegeben.

Tiefenpsychologisch und religiös läßt sich das Symbol des Brunnenschachtes und gleichermaßen das Bild des Wassers als ein Taufsymbol, als Bild des mühsamen Weges zu einem neuen Lebensanfang deuten,[49] und so muß das Erwachen des Sonnenmädchens in der Tat auch im ›Frau-Holle‹-Märchen verstanden werden. Man sollte nicht denken, daß die Welt, in der es unterhalb des Brunnens zu sich selbst erwacht, im äußerlichen Sinne eine andere Welt ist als die, aus der es herausgefallen ist. Das »Jenseits«, die »Unterwelt«, in der es sich jetzt wiederfindet, ist nach wie vor die gleiche Welt, nur daß es sie mit anderen Augen sieht; es ist die Welt, wie sie erscheint, wenn man die Oberfläche verläßt und sie in ihrer hintergründigen und eigentlichen Wirklichkeit betrachtet. Unverstellt von den Erwartungen und Enttäuschungen der Menschen erscheint diese Erde dem Sonnenmädchen jetzt als eine schöne, blumenübersäte Wiese, als ein Gefilde der Seligen.[50] Dieselbe Welt, in der es kein Zuhause hatte, solange es noch auf eine äußere Gerechtigkeit und Anerkennung hoffte, tritt ihm jetzt, nach dem Tod der Äußerlichkeit, in einem freundlichen und warmen Licht entgegen. Mögen auch die Menschen schlecht und ungerecht sein – die Dinge sind es nicht; und das Sonnenmädchen beginnt von dem Moment an aufzuleben, als es mit dem Schritt zu seiner eigenen Unabhängigkeit auch zu dieser neuen Art einer unverfälschten Empfänglichkeit gegenüber der bleibenden Güte der Dinge hinfindet. Der »Tunnel«, der »Brunnen«, das Dunkle dieses Weges ist überstanden, und vor dem Sonnenkind liegt eine helle Welt. Trotz all der zerbrochenen Hoffnungen, Plackereien und Enttäuschungen ist diese Welt doch wunderschön; ja, man sieht diese innere Schönheit der Dinge überhaupt erst jenseits eines gewissen Übermaßes an Enttäuschungen, am Ende und am Tiefpunkt der unendlichen Resignation.

Vom paradiesischen Gehorsam gegenüber den Dingen der Welt

Will man wissen, was dieser Wechsel der »Weltanschauung« zwischen Vorder- und Hintergrund, was dieses »Erwachen« oder diese »Wiedergeburt« inhaltlich bedeuten, so antwortet das ›Frau-Holle‹-Märchen mit einem Motiv, das besonders in den *Paradieserzählungen* der Völker außerordentlich weit verbreitet und seiner inneren Aussage nach auch nur dort, in einer »paradiesischen« Welt, denkbar und sinnvoll ist: Das Sonnenmädchen, das seinen Erwartungen an die Menschen abgestorben ist, erfährt mit einemmal, daß die Dinge selber mit ihm ein Gespräch beginnen. Nachdem der Lärm und der Schmerz, den die menschlichen Grausamkeiten und Ungerechtigkeiten hervorriefen, allmählich verstummt sind, fangen die Dinge der Welt selbst zu sprechen an, und wenn es schon aussichtslos schien, zu erwarten, daß einem selber Gerechtigkeit widerfahre, so ist es doch möglich, von sich her den Dingen gerecht zu werden. Der unverhoffte Trost, der darin liegt, wird jetzt entscheidend.

Auch das Buch Hiob in der Bibel kennt im Ansatz eine solche »Therapie« gegen die Verzweiflung über die Ungerechtigkeit der Welt: In einer sehr feinfühligen Weise schildert es, wie Gott aus dem Wettersturm den klagenden und mit seinem Schicksal hadernden Hiob von sich selbst und seinem Gram ablenkt, indem er ihn auf die Schönheit, die unvergleichliche Weisheit und Ordnung der Tiere und der Sterne, der Naturgewalten und der Naturgegenstände hinweist.[51] Aber das ›Frau-Holle‹-Märchen geht noch einen Schritt weiter, wenn es die Dinge selber zu dem Sonnenmädchen sprechen läßt. Alle Lebewesen und Dinge tragen, entsprechend dieser menschheitlichen Vorstellung von einem Paradies am Anfang aller Welt, eine innere Botschaft und Stimme in sich, durch die sie sich an dem Konzert der Harmonie des Alls beteiligen.[52] Manche Völker, wie die nordamerikanischen Sioux, kennen sogar einzelne Gesänge, in denen die Blumen und Tiere sich ausdrücken, um der Harmonie des Ganzen zu dienen.[53] Es ist diese urzeitliche Paradieswelt, an die der thrakische Orpheus erinnert, wenn er mit seinem Lied die Tiere und Steine zu besänftigen versteht,[54] und zu der auch der Mensch der biblischen Paradieserzählung gehört, wenn er, auf der Suche nach der Gefährtin seiner Liebe, den Tieren der Flur einen Namen gibt: Nur in der Liebe und in der Harmonie des eigenen Herzens kann man die Bäume und die Tiere sprechen hören; und nur in der Harmonie des eigenen Herzens und im Zwiegespräch der Liebe ist diese Welt ein Paradies und eine Wiese voller Blumen.[55]

Der französische Dichter Francis Jammes, der selbst erst durch viel Leid zum Mitleid mit der Kreatur erzogen wurde, hat diese Hörbereitschaft auf die Stimmen aller Mitgeschöpfe in seinen autobiographischen Schriften betont in den Mittelpunkt gerückt. Es ist die gleiche Erfahrung, die das ›Frau-Holle‹-Märchen von dem Sonnenmädchen am Ende seiner Verzweiflung berichtet, wenn Francis Jammes schreibt: »Es gibt Dinge, die mich in den wehevollsten Umständen meines Lebens getröstet haben. Etliche unter ihnen zogen in solchen Zeiten auf sonderbare Art meine Blicke auf sich. Und ich, der ich mich nie vor den Menschen beugen konnte, habe mich wehmütig diesen Dingen hingegeben. Da brach ein Strahlen aus ihnen ... und durch-

drang mich wie ein Schauer der Freundschaft. – Ich fühlte sie und
fühle sie rings um mich leben in meinem verborgenen Reich, und ich
bin ihnen verantwortlich wie einem älteren Bruder.« Wie die Sprache
der Dinge innerlich zu vernehmen ist, beschreibt Francis Jammes an
gleicher Stelle: »Gegen Ende August, um Mitternacht nach einem sehr
heißen Tage, geht über die hingekknieten Dörfer ein ungewisses Raunen … Nun regt sich eine ungeheure und sanfte Welt; die Grashalme
lehnen sich bis zum Morgen aneinander, unhörbar rauscht der Tau,
und mit jedem Sekundenschlag ändert das große Keimen plötzlich das
Antlitz der Gefilde. Nur die Seele kann diese Seelen erfassen, den
Blütenstaub in der Glückseligkeit der Baumkronen ahnen und die
Rufe und das Schweigen vernehmen, darin das göttliche Unbekannte
sich vollzieht. Es ist so, als ob man sich mit einem Male in einem völlig
fremden Land befände und hier von der sehnsüchtigen Schwermut der
Sprache ergriffen würde, ohne doch genau zu verstehen, was sie ausdrückt. – Aber ich kann doch tiefer in den Sinn des Raunens der Dinge
eindringen als in den einer Menschensprache, die mir unbekannt ist.
Ich fühle, daß ich verstehe und daß es dazu keiner großen Anstrengung bedarf … Ich verstehe es schon, diesem unbestimmten Raunen
innerlich Antwort zu geben …«[56] Daß alle Dinge reden, wenn man
nur offen dafür ist, ihre Sprache zu vernehmen – die Mythen und die
Märchen aller Völker kennen diese Erfahrung der Fremdheit und des
Einklangs aller Dinge, aber nur die Dichter scheinen sie noch nachvollziehen zu können.

Das ›Frau-Holle‹-Märchen faßt das menschheitliche, hoch poetische Motiv vom Zwiegespräch der Dinge mit den Menschen indessen
noch spezieller, wenn es berichtet, wie der Backofen und der Baum
dem Sonnenmädchen ihre Aufträge erteilen.[57] Die Dinge der Welt
sprechen zu hören, bedeutet für das Mädchen zugleich, sich in den
Dienst der Dinge zu stellen und ihnen zu »gehorchen«; es heißt, zu
vernehmen, wann die Dinge »reif« und »gar« sind, um getan zu werden, und ihnen dann wie selbstverständlich zu »entsprechen«. Auch
dies ist Nachklang oder besser Rückbesinnung auf die Paradieses-
wirklichkeit der eigentlichen und ursprünglichen Bestimmung des
Menschen, der vom Ursprung her die Welt, den Garten der Erde,
bedienen und bewahren sollte (Gen 2,15).[58] Aber im Märchen von der
›Frau Holle‹ zeigt sich gerade an diesem Gehorsam den Dingen gegenüber zugleich auch, was sich für das Sonnenmädchen in bezug auf sein
früheres Leben geändert hat. Gehorsam war das Sonnenmädchen auch
im Hause der »Stiefmutter«, nur: es litt unter dem Unrecht der Welt,
es tat das Gute, das es wirkte, doch auch und nicht unwesentlich um
der erhofften und von Rechts wegen ihm zustehenden Anerkennung
willen. *Jetzt* hat sich das Motiv seines Handelns gereinigt: nicht eigener Lohn, sondern das Wohl der Dinge selber ist der Grund, weswe-

gen es sich einsetzt; nicht für sich und sein eigenes Interesse, sondern um die Dinge der Welt entsprechend deren Anweisungen zu bedienen, handelt es jetzt. Wenn man das Bild vom »Backofen« als subjektales Symbol deutet, wird man auch sagen können: Es geht für das Sonnenmädchen selber darum, neu »gebacken« zu werden und sich zu »Brot« zu machen; es geht im Bilde des Baumes, organischer schon, um die Aufgabe, selber eine »Gestalt« anzunehmen, die anderen Nahrung gibt. Indem das Sonnenmädchen die Aufträge der Dinge versteht, begreift es nach und nach auch die Verwandlungsstufen seines eigenen Wesens, die möglichen Formen seines »Dienstes«, seiner Hingabe.

Mit seinem Absturz aus dem vordergründigen Geltungsbereich der Erde, mit seinem Weggang aus dem Hause der Frau Welt ist das Sonnenmädchen mithin in eine Weltsicht eingetreten, in der allein die Ordnung der Dinge selber maßgebend ist. Seine Wiedergeburt läuft darauf hinaus, ja sie besteht darin, die Erde in ihrer Tiefenwirklichkeit als ein verborgenes Paradies wiederzuentdecken. Und gerade diese Entdeckung ist ganz und gar gebunden an eine Haltung absichtsloser Güte und eines universellen Wohlwollens gegenüber allen Kreaturen, wie sie in den Religionen der Menschheit am reinsten wiederum im Buddhismus verkündet und gelebt wurde.[59] Es ist eine Haltung, die nach der Lehre dieser großen indischen Weisheitslehre von allem Leiden erlöst, die aber selber, wie das ›Frau-Holle‹-Märchen zeigt, nur durch viel Leid, durch eine Art von »Tod«, christlich gesprochen, zu erlernen ist. Innerhalb dieser Einstellung erscheint die Welt jetzt wirklich als ein Haus, in dem sich wohnen läßt, als ein *kleines* Haus, wie das ›Frau-Holle‹-Märchen mit Nachdruck hervorhebt, nicht etwa um die Enge und Beengtheit, sondern doch wohl im Gegenteil, um das Gefühl des »Heimeligseins« und der Geborgenheit so stark wie möglich zu betonen: Die Welt wie ein gemachtes Nest – das steht am Ende des inneren Weges, den das Sonnenmädchen auf der (Himmels-)Wiese zurücklegt.[60] Nur, auch der Weg dahin führt noch einmal durch einen Augenblick jähen Entsetzens: Das kleine Haus wird von einer Person mit übergroßen Zähnen bewohnt; es scheint im ersten Augenblick die Höhle eines weiblichen Vampirs zu sein!

Die Beruhigung der Angst und die unverhoffte Gerechtigkeit

Wir haben schon ganz allgemein gesagt, daß die Frau Holle als Erd- und Todesgöttin *auch* einen solch verzehrenden, verschlingenden, notwendig ängstigenden Charakterzug aufweisen muß; insbesondere die Göttin der Nacht wird bei vielen Völkern als ein vampirhaftes Ungeheuer oder als ein jaguarähnliches Raubtier vorgestellt;[61] und doch stellen diese fressenden, sadistischen Züge der Erdmutter nur die Kehrseite ihrer alles Leben wiedergebärenden Güte dar. Diese allgemeine Ambivalenz im Erscheinungsbild der Großen Mutter erhält an dieser Stelle von der inneren Entwicklung des ›Frau-Holle‹-Märchens her jedoch jetzt einen besonderen Inhalt und Charakter.

Das Sonnenmädchen, als es auf die Frau Holle trifft, hat gerade erst die Welt als ein Paradies entdecken gelernt, indem es selber sich von den äußeren Erwartungen an die Welt lossagte und zu einem inneren Gehorsam gegenüber den Dingen der Welt hinfand; es hat gerade begonnen, die Sprache der Dinge zu vernehmen und ihren Weisungen zu folgen, und darin ist es in gewissem Sinne glücklich. Aber droht damit nicht auch sofort die Gefahr, daß es ihm jetzt noch viel ärger ergeht als an der Oberflächenseite der Welt? Alle Dinge der Welt verlangen, zu ihrer Zeit bedient zu werden, und für jemanden, der ihre Sprache vernimmt, eröffnet sich dadurch ein schier unabsehbares Feld der Verantwortung; wirklich muß man in der Konsequenz einer solchen unendlichen Verantwortung fürchten, von der »Frau Holle« »verschlungen« zu werden. An die Stelle der »abstoßenden« und zurückweisenden »Stiefmutter« droht jetzt die verschlingende und grenzenlos vereinnahmende Gestalt der Großen Göttin zu treten. Zwar ist es zweifellos ein bedeutender Fortschritt, daß die Welt mit ihren Forderungen jetzt überhaupt ein menschliches Gesicht zurückerhält; aber es kann kaum anders sein, als daß dieses neue Antlitz der Welt mindestens einen Moment lang erneut die grausamen Züge des erlittenen Unrechts, der quälenden Überforderung und des unaufhaltsamen Todes in sich aufnimmt. Wiederum muß das Sonnenmädchen den Eindruck haben, als ob es auch vor der Frau Holle nur fliehen könnte.

Um so wichtiger ist, daß die Frau Holle jetzt selber das Mädchen zu beruhigen sucht. »Was fürchtest du dich, liebes Kind?« – das ist eine Frage, die von zwei Seiten her die Angst des Sonnenmädchens zu lindern sucht: Sie fordert dazu auf, gerade nicht ins Blinde hinein wegzulaufen, sondern innezuhalten, neu zu prüfen, wie es sich wirklich verhält, und dann zu überlegen, ob tatsächlich noch Grund besteht, sich derart zu ängstigen – dieser Teil der Frage appelliert an die persönlichen Fähigkeiten und Ichkräfte des Mädchens. Aber auch die Voraussetzung zu solch einem ruhigen Überprüfen und Nachdenken schafft die Frau Holle selber, indem sie das Sonnenmädchen als ihr »liebes Kind« anredet. In dieser Anrede ist alles Erforderliche auf einmal enthalten: Die Frau Holle anerkennt und glaubt an die Unschuld und Gutheit des »lieben« Sonnenmädchens; sie redet es als »Kind« an und äußert damit selber mütterliche Gefühle dem Mädchen gegenüber; und schließlich deutet sie an, daß sie von sich aus keinesfalls willens ist, dem Kinde Lasten zuzumuten, die über seine Kräfte gehen – Gott sei Dank ist die Frau Holle mithin das genaue Gegenteil der bösen Stiefmutter. Freilich: auch im Hause der Frau Holle wird das Sonnenmädchen »alle Arbeit« verrichten müssen; aber »alle Arbeit« – das heißt jetzt nicht mehr, sich die Finger blutig zu arbeiten, sondern »nur acht zu geben«, daß das Bett der Frau Holle gut aufgeschüttelt wird, eine überschaubare, begrenzte und angemessene Verpflichtung also in einer Welt, die fortan in sich selbst, in ihrem Untergrund, die Gestalt und das Antlitz einer gütigen Mutter trägt. Auch der Frau Holle muß man gehorchen, doch man folgt ihr willig, weil ihre Weisungen von innen her zu einem reden und gerecht und gütig sind.

So freundlich angeredet, kann das Sonnenmädchen auf der Himmelswiese seine ursprüngliche Angst verlieren und Vertrauen zu der neuen Gestalt gewinnen, in der ihm jetzt die Welt im Bild der Frau Holle erscheint. Tatsächlich darf es jetzt erleben, daß das Gute, das es wirkt, ihm selbst zugute kommt. Auf der Rückseite der Wirklichkeit, im verborgenen Haus der Frau Holle, gibt es also doch im Sinne dieser Darstellung eine ausgleichende Gerechtigkeit, in der das Gute sich durch sich selbst belohnt findet. Die Arbeit, die das Sonnenmädchen jetzt verrichtet, stellt sich nicht mehr als grausame Ausbeutung und allmählicher Selbstverschleiß dar, sondern als etwas, das durch Anerkennung (»kein böses Wort«) und Bekräftigung (»Gesottenes und Gebratenes«) gefördert und getragen wird. Zum erstenmal hat man an dieser Stelle den Eindruck, daß sich das Gute lohnt, und zwar nunmehr, nach all den Enttäuschungen und nach der völligen Preisgabe aller irdischen Glückserwartungen, gänzlich paradox und überraschend. Aber noch überraschender ist die Wendung, die das Sonnenmädchen gerade jetzt, inmitten seines vollendet scheinenden Glücks, vollzieht.

Die Bestätigung der äußeren Realität

Jedem Leser wird es schon bei oberflächlicher Lektüre des Märchens sehr merkwürdig vorkommen, warum das Sonnenmädchen plötzlich ein solches Heimweh nach den »Seinigen« bekommt. Wie, möchte man fragen, hatten denn die »Stiefmutter« und die faule Stiefschwester mit ihrer Art, das Sonnenmädchen tagaus, tagein zu drangsalieren, nun schließlich doch das Richtige getroffen? Legt dieses Heimweh des Sonnenmädchens nicht doch erneut den Verdacht einer im Grunde masochistischen Leidensbereitschaft nahe? – Auf solche und andere irrige Fragen nebst den entsprechenden Antworten muß man verfallen, wenn man das ›Frau-Holle‹-Märchen vorwiegend psychologisch interpretieren wollte.[62] In Wahrheit aber sind gerade in dieser alten mythischen Erzählung die gedanklichen, die buchstäblich »weltanschaulichen« Bewegungen absolut vorrangig, und man wird auf Schritt und Tritt belehrt, daß sich die Gefühle der handelnden Personen des Märchens erst als Funktion und Niederschlag der grundlegenden *geistigen* Prozesse verstehen lassen. So auch hier. Aus der Sonnenmythologie ist bereits der *äußere* Grund bekannt, warum es das Sonnenmädchen nur vorübergehend im Hause der Frau Holle hält: Es muß nach spätestens drei Wintermonaten wieder in die sichtbare Welt zurückkehren. Auch *innerlich* besteht eine solche Notwendigkeit zur Rückkehr für das Sonnenmädchen, aber das versteht man nur, wenn man die Eigenart der »Frau-Holle«-Welt begrifflich noch etwas genauer faßt.

Das Hauptkennzeichen der »Philosophie« des ›Frau-Holle‹-Märchens, wie sie sich bisher dargestellt hat, liegt in der Zweiteilung der Welt in Vordergrund und Hintergrund, in äußere und innere Wirklichkeit, empirische und transzendente Realität. Wenn es eine Gerechtigkeit auf Erden geben kann und soll, so lautete die Überzeugung des Märchens bisher, dann darf man sie sich keinesfalls als eine äußere Belohnung vorstellen – äußerlich, in der sichtbaren Welt, lohnt sich das Gute eben nicht; auf einer anderen, unsichtbaren Ebene der Wirklichkeit, zu der man nur wie durch einen Tod gelangt, indem man auf die Erwartung an ein äußeres Glück völlig verzichtet, kann man jedoch eine überraschend andersartige Erfahrung machen: Das Gute, wenn es nicht mehr aus Angst, Abhängigkeit, Zwang und Unfreiheit geschieht, sondern einzig und allein, um den Dingen der Welt gut zu sein und ihnen bestmöglich zu dienen, trägt, wie man jenseits der Verzweiflung merken kann, seine Belohnung in sich selbst; im Hause der Frau Holle kann derjenige von innen her seine Geborgenheit, sein Glück und seine Stärke finden, der die Welt der Äußerlichkeit und der Oberfläche endgültig hinter sich gelassen hat.

Demnach gibt es also doch eine Gerechtigkeit, aber diese Gerechtigkeit ist nur sichtbar, wenn man die Welt in zwei verschiedenen Ebenen betrachtet; beide Ebenen wiedersprechen einander gerade wie Böse und Gut, wie Ungerecht und Gerecht, wie Grausam und Gütig – wie das Diesseits und Jenseits in den meisten großen Religionen der Menschheit. Nur in der verborgenen, jenseitigen Wirklichkeit ist der Mensch und die Welt so, wie sie sein sollten; in der Härte der äußeren Realität hingegen widerspricht sich alles.

Von daher wird deutlich, warum das Sonnenmädchen in die Welt der Stiefmutter zurück *muß*. Würde das ›Frau-Holle‹-Märchen seine Erzählung im Hause der Großen Mutter beenden, so würde es damit einen schroffen Dualismus als letzte und endgültige Wahrheit hinnehmen und aussprechen; am Schluß des ›Frau-Holle‹-Märchens müßte dann der Eindruck einer unaufhebbaren Zerrissenheit bestehen bleiben, und man würde sich dann förmlich nach dem Brunnen sehnen, durch den das Sonnenkind sich aus dieser Welt der triumphierenden Häßlichkeit und Ungerechtigkeit in jene bessere Welt hat zurückziehen können. Die letzte Botschaft dieses Märchens bliebe dann trotz allem eine Art sehnsüchtiger Traurigkeit, einer in sich wohl befriedeten, aber doch auf immer der Welt gestorbenen Resignation.

Glücklicherweise endet aber das ›Frau-Holle‹-Märchen an dieser Stelle noch nicht, und es hat etwas zu sagen, das auch den Dualismus einer bloßen Gerechtigkeit im Jenseits überwindet. Offenbar ist das der Sinn der tiefen Sehnsucht, die das Sonnenmädchen gerade nach dieser so ungerechten und bösartigen Welt der äußeren Realität erfaßt. Die Frau Holle weiß denn auch dieses Heimweh nach der sichtbaren Wirklichkeit ganz besonders zu loben, geht es doch um nichts Geringeres als um das Verlangen, daß die Gerechtigkeit, das Gute, die im »Jenseits«, in der Idealität, in der Innerlichkeit wirklich geworden sind, eben nicht als weltflüchtige Verbannte aus der äußeren Wirklichkeit vertrieben bleiben, sondern sich gerade in dieser Welt der äußeren Realität geltend machen und ihren Anspruch auf Wahrheit sinnenfällig unter Beweis stellen. Es wäre in der Tat unendlich traurig, wenn das Gute nur im Hause der Frau Holle, nur in einer paradiesischen Jenseitswelt sich am Leben erhalten könnte, hier und jetzt aber in der Welt, wie sie ist, ohnmächtig und unsichtbar bleiben müßte. Von daher kommt alles darauf an, die Probe aufs Exempel zu machen und den Schritt zurück in diese Welt zu wagen; denn allein hier und jetzt entscheidet es sich, ob das Gute nur ein schöner Traum ist oder in sich selbst eine lebbare Wirklichkeit sein kann.[63]

Alles hängt mithin an der Frage, ob und wie das Sonnenmädchen in die Welt der äußeren Wirklichkeit zurückfinden kann, und darauf weiß erneut Frau Holle die Antwort mit Hilfe des Goldenen Himmelstores zu geben. Zur Belohnung der treuen Dienste des Sonnenmädchens führt sie selber das Kind in die äußere Welt zurück, indem sie es mit ewigem Gold überschüttet und ihm die verlorene Spule zurückgibt. Auf diese Weise bestätigt und vollendet sie seine eigentliche sonnenhafte Schönheit, und sie erreicht damit, daß die wahre Natur des Sonnenkindes fortan unübersehbar für alle Lebewesen, Mensch und Tier, nach außen bricht. Besonders der Hahn, der wegen seines morgendlichen Weckrufes als Künder der Sonne gilt, preist laut die wiedererscheinende goldene Pracht des Sonnenmädchens.[64] Und jetzt erobert von innen her das Gute überraschenderweise seinen Platz auch in der äußeren Realität: Mit einemmal schätzen und achten alle das fleißige Sonnenmädchen; sogar die Stiefmutter und die Schwester nehmen es gut bei sich auf, und es findet in der ehedem so feindseligen Welt seine Heimat wieder. Allerdings achtet und schätzt man es dort nach wie vor nicht wegen seines inneren Reichtums, sondern »weil es so mit Gold bedeckt ankam«. So eigentümlich geht es jetzt zu, daß

sich das Gute eines Tages womöglich selbst in klingender Münze, in
Macht, Geltung oder auch in äußerem Liebreiz auszuzahlen beginnt,
und dann erweist es sich, daß sogar nach den Maßstäben einer rein
vordergründigen und äußerlichen Betrachtungsweise das Gute von
unermeßlichem Vorteil sein kann.

Im ganzen kann es also doch nicht auf Dauer verborgen bleiben,
welche Art von Menschen in Wahrheit liebenswert und schön zu
nennen ist: Gewiß nicht diejenigen, denen das »Glück« ohne Verdienst oder mit Hilfe äußerst zweifelhafter Praktiken in den Schoß
gefallen ist; die zwielichtigen »Kinder dieser Welt« sind alles andere
als solch ein »großer Glanz von innen«, wohl aber diejenigen, die sich
selbst und ihrem Wesen gegen den Widerspruch der Umwelt treu
geblieben sind. Liebenswert und im eigentlichen Sinne schön sind
schließlich gerade diejenigen, die durch Leiden und Verzweiflung haben lernen müssen, was es heißt, als Mensch zu leben. Will man ein
Bild für diese innere Gerechtigkeit der Schönheit, so ähnelt der
»Goldregen«, mit dem Frau Holle ihre treue Dienerin am Ende wieder in die Welt entläßt, in etwa dem Kunstgriff japanischer Perlen-
züchter, die zur Gewinnung der Perlen den Austern bestimmte
Fremdkörper injizieren; für die Muscheln sind diese sehr schmerzhaft,
so daß sich Sekrete um sie herumlagern, die schließlich verhärten; aber
gerade auf diese Weise formt sich am Ende das Wertvollste, das die
Muscheln hervorzubringen vermögen: die kostbare Perle. Ebenso ist
ein Mensch am Ende gerade besonders schön und wertvoll durch das,
worunter und wofür er am meisten hat leiden müssen. Wie in der
Bibel der leidende Hiob schließlich all seine Habe siebenfach zurückerhält, so ist auch im ›Frau-Holle‹-Märchen letztlich die Goldmarie
gerade nach all ihrem ungerechten Leid und ihrer Verzweiflung die
einzig wirklich Beneidenswerte und Glückliche.[65]

Auf diese Weise existiert also doch eine Gerechtigkeit auf Erden –
das ist die Quintessenz des ›Frau-Holle‹-Märchens. Gewiß, wenn man
sich diese Aussage verdeutlicht: Man sieht diese Gerechtigkeit nicht,
solange man im Äußeren verhaftet bleibt; von außen her gewahrt man
vielmehr gerade das Gegenteil: das gröbste Unrecht und den selbstverständlichen Triumph der Bosheit. Aber schon, daß es Menschen
gibt, die ihrer ganzen Art nach nicht davon lassen können, an der
Bosheit und dem Unrecht dieser Welt zu leiden, beweist mit aller
Klarheit, daß man sich nicht mit diesem negativen Eindruck einer
oberflächlichen Weltbetrachtung zufrieden geben darf. Man muß
schon »tiefer gehen«, man muß schon den Absturz in den Brunnen
wagen, um den Dingen auf den Grund zu kommen. Dann aber kann
man sehen, daß das Gute in sich selbst auf Lohn und Strafe gar nicht
angewiesen ist, ja daß man zuallererst die Hoffnung gänzlich fahren
lassen muß, man könne für das Gute irgendeinen Lohn in dieser Welt

erwarten. Erst in der resignierten Abkehr von der gesamten Äußerlichkeit dieser Welt gibt sich das Gute als ein einfacher gehorsamer Dienst an den Dingen zu erkennen; und jetzt, wo die Erwartung äußerlichen Lohns ganz in den Hintergrund getreten ist, beginnt das Gute paradoxerweise sich selbst zu belohnen, so sehr, daß es am Ende sogar in die äußerliche Welt zurückwirkt und sich in Bereichen geltend macht, in denen es ursprünglich wie ein Fremdling ausgenutzt und ausgestoßen wurde. Obwohl man mit ihr gar nicht mehr rechnen konnte, gibt es sie schließlich doch: die schwer vermißte und scheinbar ganz unmögliche Gerechtigkeit auf Erden.

Das Böse als zutiefst ohnmächtige Imitation des Guten

Allerdings ist die Gerechtigkeit, die dem Guten widerfährt, solange nicht vollständig, als nicht auch dem Bösen am Ende sein gebührender Anteil zugemessen wird. Als Gegenpart des Sonnenmädchens fungiert im ›Frau-Holle‹-Märchen das Mondmädchen, und sein Schicksal ist daher in gleichem Sinne als eine Art Metaphysik des Bösen zu verstehen, wie der Lebenslauf des Sonnenmädchens als die Verkörperung des wesenhaft Guten in Erscheinung tritt.

Eines hat sich bereits an der Herkunft des dunklen, häßlichen und faulen Mondmädchens gezeigt: Es ist offensichtlich die »Tochter aus erster Ehe« der »Frau Welt« – es hat auf dieser Erde so etwas wie ein angestammtes Heimatrecht, es »paßt« in diese Welt zunächst ungleich viel besser hinein als das gequälte Sonnenkind. Und dennoch zeigt eine genauere Betrachtung, daß das Böse letztlich außerstande ist, glücklich zu sein, ja daß es, seiner ganzen Art folgend, nur immer häßlicher werden kann. Die Antwort, die das ›Frau-Holle‹-Märchen auf die alte Menschheitsfrage nach dem scheinbaren Glück der Bösewichte gibt, läuft letztlich ganz und gar auf die Erkenntnis hinaus, die in der Bibel der Beter des Psalmes 73,18 gewinnt, als er sieht, wie flüchtig und traumhaft das hochmütige, dickwanstige und gewissenlose »Glück« der Bösen ist: »Nur auf Schlüpfriges hast Du es ihnen gestellt«, sagt er zu Gott – es müßte ein Tor sein, wer den bloßen Augenschein des Glücks des Bösen für bare Münze nähme (vgl. Ps 92,7.8). In Wahrheit hat das ›Frau-Holle‹-Märchen völlig recht, wenn es, vom Ende her gesehen, das Gute für das eigentlich Beneidenswerte und Glückliche, das Böse aber für das bedauerliche Opfer einer Selbsttäuschung erklärt.

Die Apokalypse des Bösen beginnt im ›Frau-Holle‹-Märchen mit der aufbrechenden Schönheit des Guten. Es läßt der Frau Welt keine Ruhe, daß ihr eigentliches Kind, das finstere Mondmädchen, am Ende doch nicht in dem Maße erfolgreich sein sollte wie das Sonnenkind,

und sie müßte nicht selbst die verkörperte Äußerlichkeit und Oberflächlichkeit sein, wenn sie zu einem anderen Gedanken fähig wäre als
zu der albernen Idee, es möge ihre häßliche und faule Lieblingstochter
in allem einfachhin den Weg des Guten nachahmen und äußerlich
kopieren.

Man kann diese Aussage des Märchens über das Böse in ihrer treff-
sicheren Einfachheit und entwaffnenden Schärfe gar nicht hoch genug
einschätzen. Das Böse, dessen Übermacht am Anfang der Erzählung
so ausweglos erdrückend schien, ist dieser Konzeption zufolge in
Wahrheit vollkommen ohnmächtig und ohne eigene Kraft. Das einzige, wozu das Böse von sich aus imstande ist, besteht in einer phanta-
sielosen Nachbildung des Guten – so wie die Philosophen des Mittelalters den Teufel als »Affen Gottes«, als Zerrform des Guten, bezeichneten, als eine Selbstkarikatur, die bei dem Versuch entsteht, das Gute
auf rein äußerliche Weise nachzuzeichnen.[66] Das Unglück des Bösen
liegt demnach in seinem eigenen Wesen begründet: in seiner Äußerlichkeit und in dem Unvermögen, überhaupt irgend etwas von innen
her aufzugreifen und mit ganzem Einsatz durchzustehen; es liegt in
gewissem Sinne in der Flucht vor dem Leid, in dem Willen, sich
aufzusparen, es liegt buchstäblich in einer wesenhaften Verweigerung
– in seiner »Faulheit«. Das Böse erweist sich dem ›Frau-Holle‹-Mär-
chen zufolge als das trügerische Bemühen, auf äußerliche Weise eine
Schönheit zu imitieren, die nur innerlich erworben werden kann. Das
Böse ist im letzten hohl und eitel, indem es stets nur so tut »als ob«
und sich scheut, den Preis zu entrichten, mit dem die Schönheit des
Guten bezahlt werden muß: den Preis der Angst und der Verzweiflung, der Not und der Resignation, der Treue zu sich selbst und eines
absichtslosen Gehorsams gegenüber dem, was den Dingen der Welt
guttut.

Im eigentlichen ist das Böse im Bilde des Mondmädchens eine vollendete Clownerie, eine Schauspielerei, ein vorgetäuschtes Sein – eine
Lüge. Es »ist« in Wahrheit überhaupt nicht, es besteht in sich selbst
nur als geborgtes Dasein; es gibt sich nur den Anschein eines Daseins,
indem es so tut, als sei es selbst das Gute, nur zu ermäßigten Gebüh-
ren. Mit anderen Worten: Das Böse ist im Grunde nur als die Weige-
rung begreifbar, überhaupt in sich selbst ein eigenes Dasein auszubil-
den; oder umgekehrt: es besteht ganz und gar in dem Verlangen nach
hohlem Schein; es ist ein rein ästhetisches Phänomen, die blendende
Verkleidung purer innerer Nichtigkeit. Auch dies gehört zur Gerechtigkeit der Frau Holle: daß schließlich das Böse sich in seiner vollendeten Häßlichkeit aller Welt zu erkennen geben muß.

Als zusammenfassendes Bild für diese Wesenskennzeichnung von
Gut und Böse in Engagement und Verweigerung kann eine Geschichte gelten, die Martin Buber aufgezeichnet hat.

Eine spätjüdische Erzählung überliefert, Abraham sei, weil er sich weigerte, den Götzen zu dienen, ins Feuer geworfen worden, aber darin bewahrt geblieben; sein Bruder Haran hingegen sei verbrannt. Ein chassidischer Rabbi erklärte dies so: »Abraham dachte: Ich muß selber ins Feuer, wenn ich will, daß die Götzen ins Feuer kommen; darum blieb er bewahrt. Haran aber dachte: Wenn ich sehe, daß Abraham bewahrt bleibt, will auch ich mich ausliefern; darum verbrannte er«.[67]

Zwischen Ernst und Nachahmung, Innerlichkeit und Äußerlichkeit, »Fleiß« und »Faulheit«, Gehorsam und Eitelkeit, Wahrheit und Lüge entscheidet sich das Glück und Unglück dieser nur im Vordergrund verkehrten Welt. »Das Gute und das Böse«, meinte Georges Bernanos, »müssen ein Gleichgewicht bilden, nur der Schwerpunkt liegt tief, sehr tief. Oder, besser, das eine legt sich über das andere, ohne sich zu vermischen, wie zwei Flüssigkeiten von unterschiedlicher Dichte.«[68]

Anmerkungen

Das Mädchen ohne Hände

1 Die Darstellung des Menschenschicksals in der Gestalt des Mondes ist weitverbreitet. Die Griechen z. B. sahen in *Niobe* das dunkle Seelenleid der (Ur-)Frau verkörpert, die zugleich als (dunkle) Mondgöttin galt; vgl. K. Kerényi: Niobe (1946), in: Apollon und Niobe, München-Wien 1980, S. 275. Die ›Liebesgeschichte des Himmels‹ beschrieb E. Siecke wie folgt: »Es war in uralter Zeit ... eine treu gemeinte Erzählung oder Rede (ein Mythus) weit verbreitet, beruhend auf Vorgängen am Himmel, die jedem sichtbar sind, daß *Sonne und Mond ein himmlisches, von Natur für einander bestimmtes Paar* seien, wobei die *Sonne* der *Mann,* der *Mond* die *Frau* ist. Er ist von unbesiegbarer Kraft, ein glänzender, unvergleichlicher Held, sie das schönste Weib, welches in der Welt zu finden ist. Sie lieben sich, aber ein unbegreifliches Schicksal, welches auf das Walten einer bösen Macht schließen läßt, verhindert, daß sie ihrer Liebe froh werden. Ihre Schönheit ist am vollkommensten zur Zeit des Vollmondes und naturgemäß sein Liebesverlangen da am heftigsten. Allein sie sind weit von einander entfernt. Sie wollen ihre Vereinigung bewirken und nähern sich einander, aber o weh! die Geliebte fängt alsbald an dahinzuschwinden (oder wird *verwandelt*), und wenn sie endlich beim Bräutigam ankommt, ist sie dem Reiche des Todes verfallen. Sein Schmerz ist groß; er steigt in die Unterwelt hinab, um die Entrissene zurückzuholen. Die dunklen Mächte lassen sich erweichen; er darf sie zurückführen, sie folgt ihm; endlich ist sie wieder ebenso schön und in derselben Lage wie vorher. Aber die böse Macht treibt ihr Spiel von neuem, die Geliebte wird dem Bräutigam wieder entrissen. Der Vorgang erneuert sich fortwährend.« E. Siecke: Die Liebesgeschichte des Himmels, Untersuchungen zur indogermanischen Sagenkunde, Straßburg 1892, S. 3. Dieses Grundmuster der unglückseligen Liebe der Mondgöttin, das in unzähligen Mythen und Märchen wiederkehrt und eine schier endlose Variationsbreite zuläßt, ist vor allem im zweiten Teil des Märchens vom ›Mädchen ohne Hände‹ klar erkennbar. Aber auch der erste Teil gehört bereits zur ›Liebesgeschichte des Himmels‹; eine zweite Fassung des Märchens besagt, »ein Vater habe seine eigene Tochter zur Frau begehrt und, als diese sich geweigert, ihr Hände und Brüste abschneiden und ein weißes Hemd antun lassen, darauf sie in die Welt fortgejagt«. J. Bolte u. G. Polivka: Anmerkungen zu den Kinder- und Hausmärchen der Brüder Grimm, Leipzig 1913, I, S. 295–296. Als der Vater, der seiner schönen Tochter nachstellt, gilt in der indischen Mythologie der Schöpfergott des Nachthimmels, Prajapati (Brahma), der dort der Göttin der Mogenröte, Ushas, nachstellt, die vor ihm in Gestalt einer Gazelle flieht; J. Herbert: Die Mythologie der Inder, in: P. Grimal (Hrsg.): Mythen der Völker, 3 Bde.; Frankfurt 1967, Bd. 2, S. 74. Als Ushas schließlich ihrem Vater erliegt, bringt sie ein weinendes Kind zur Welt, den Gott Rudra, der »Heuler« genannt wird; V. Ions: Indische Mythologie, Wiesbaden 1967, S. 23; E. Drewermann: Strukturen des Bösen. Die jahwistische Urgeschichte in exegetischer, psychologischer und philosophischer Sicht, Paderborn [2]1979–80, Bd. 2, S. 332–333. Die Gestalt der Göttin Morgenröte scheint nach

hier dem Vorbild der ursprünglicheren Gestalt der Mondgöttin und ihrem
Schicksal gestaltet zu sein; E. Siecke: Die Liebesgeschichte des Himmels, S. 66;
der Liebhaber der Mondgöttin ist demnach zum einen der Himmelsgott als ihr
Vater, zum anderen der Sonnengott. Das Schicksal der Mondgöttin ist jedoch
hier wie dort das gleiche. Der Vater des Mondes wie der Sonne heißt in der Edda
Mundilfari (Edda II, 12: Das Wafthrudnirlied, Str. 22; S. 90; Die jüngere Edda:
Gylfis Betörung, Str. 11; S. 58).

2 Der goldene Mond gilt oft selbst als goldener Apfel, der am Weltenbaume
hängt; E. Siecke: Drachenkämpfe, Untersuchungen zur indogermanischen Sagenkunde, Leipzig 1907; Mytholog. Bibliothek I. Bd., Heft 1, S. 92. Insofern ist
die Verwechslung des Mondmädchens mit dem Apfelbaum hinter der Mühle
wohl nicht rein zufällig; E. Böklen: Adam und Qain. Im Lichte der vergleichen-
den Mythenforschung, Leipzig 1907, Mytholog. Bibliothek I. Bd., Heft 213,
S. 51–61. Tiefenpsychologisch ist der Baum ein weiblich-mütterliches Symbol;
E. Drewermann: Die Symbolik von Baum und Kreuz in religionsgeschichtlicher
und tiefenpsychologischer Betrachtung (unter besonderer Berücksichtigung der
mittelamerikanischen Bilderhandschriften), Schwerte 1979 (Veröffentlichung
der Kath. Akad. Schwerte, hrsg. v. G. Krems), S. 13–21; ders.: Strukturen des
Bösen, Bd. II, S. 52–69.

3 Die abgeschlagenen Hände sind in sich ein wichtiges Indiz, um die Motive des
Märchens der Mondmythologie zuzuordnen. Die Arme der Mondgöttin werden zumeist als *weißarmig* (vgl. die »leukólenos Hera« bei Homer: z.B. Ilias
XIV 277 u.ö.) oder als *schönarmig* beschrieben; E. Siecke: Die Liebesgeschichte
des Himmels, S. 33. Besonders die *silbernen* Hände sind ein Attribut der Mondgöttin, während die Strahlen der Sonne gern als goldene Arme und Hände
abgebildet werden, wie z.B. auf dem berühmten Thronsessel des Königs Tu-
tenchamun; Abb. bei K. Lange u. M. Hirmer: Ägypten. Architektur, Plastik,
Malerei in drei Jahrtausenden, München-Zürich 1967, Abb. XXXV. Aber auch
die Mondgöttin kann als golden geschildert werden; es sind dann zumeist die
goldenen *Haare*, die der Mondgöttin, wie im Märchen von »Rapunzel« (KHM
12), abgeschnitten werden und ihr nach der Neumondzeit wieder wachsen. In
der germanischen Mythologie wird z.B. die Göttin Gerda, um die der lichte
Sommergott Freyer wirbt, beschrieben als »eine Jungfrau, hoch und herrlich
und mit Liebreiz geschmückt... Ihre Arme leuchteten gleich dem lebenden
Strahle der Sonne, und von ihrer Schönheit glänzten Himmel und Erde. Aber
ihre Erscheinung war nur kurz; denn sie öffnete die Türe des Hauses und war
alsbald verschwunden.« W. Wägner: Nordisch-germanische Götter- und Heldensagen, Leipzig 1934, S. 199; Edda II 4: Das Skirnirlied, Str. 6.

4 Die Wanderung der Mondgöttin (oder des Mondgottes) ist ein weiteres Kennzeichen des Mondgestirns; E. Siecke: Drachenkämpfe, S. 38; 70; ders.: Die Liebesgeschichte des Himmels, S. 30; ders.: Beiträge zur Erkenntnis der Mondgott-
heit, S. 6f.; E. Böklen: Adam und Quain, Mytholog. Bibliothek I. Bd., Heft 2/3,
S. 125. Die Richtung der Wanderung der verstümmelten Mondgöttin verläuft
von Osten nach Westen, da der abnehmende Mond sein Gesicht dem Westen
zuzuwenden scheint; aber er wird immer matter; immer später erhebt er sich
abends im Osten, und seine Wanderung am Himmel wird immer kürzer, bis er
ganz im Osten am Morgen verschwindet. Der Westen aber ist der Ort der
geheimen Vereinigung mit der Sonne in den Tagen des Neumonds.

5 Die Himmelsnahrung, die der umherirrenden und erschöpften Mondgöttin wieder neue Kraft verleiht und während der drei Nächte des Neumondes gegessen werden muß, wächst am Weltenbaum, »an dessen Zweigen Mond und Sterne (und auch die Sonne) hangen«. E. Siecke: Drachenkämpfe, S. 92; E. Böklen: Adam und Qain, S. 81–82. Die Göttin Iduna z. B. besitzt in der germanischen Mythologie verjüngende Äpfel; E. Mudrak: Die Sagen der Germanen, 1. Teil: Nordische Götter- und Heldensagen, Reutlingen 1961, S. 52–55; F. Niedner u. G. Neckel: Die jüngere Edda, mit dem sog. ersten grammatischen Traktat, Neudruck: Düsseldorf-Köln 1966 (Thule, Bd. 20), S. 74; Gylfis Betörung, Nr. 26. Der Weltenbaum ist gewöhnlich die Esche, aber es kann »auch ein Birnbaum, nämlich der auf dem Walserfelde« sein: E. Siecke: Die Liebesgeschichte des Himmels, S. 40.

6 Die Sonne gilt gemeinhin als ein Krieger gegen die Macht der Dunkelheit; während ihr in manchen Mythen die Tötung des Mondes unmittelbar zugeschrieben wird, sehen andere Mythen den Mond als die Gefangene eines dunklen Drachen, der von dem Sonnenhelden besiegt werden muß; E. Siecke: Drachenkämpfe, S. 9. Nach anderen Vorstellungen gebiert die Mondgöttin immer wieder von neuem ein Kind in Gestalt des neuen Mondes; daher gilt sie mit Vorliebe als Geburtsgöttin; E. Siecke: Die Liebesgeschichte des Himmels, S. 25.

7 Sonne und Mond, die in der Zeit des Neumondes an geheimem Ort zusammenkommen, werden sogleich wieder schicksalhaft voneinander getrennt, und erneut beginnt die Wanderung der vertriebenen Mondgöttin. Daß anstelle des (Mond-)Mädchens eine *Hirschkuh* geschlachtet wird, dürfte sich aus der alten Vorstellung erklären, wonach der Mond sich in einen Hirsch oder in ein Reh verwandelt, wobei das Gehörn den Strahlen des Mondes entspricht; E. Siecke: Über die Bedeutung der Grimmschen Märchen für unser Volksthum, Hamburg 1896, S. 18; ders.: Die Liebesgeschichte des Himmels, S. 83. Homer z. B. nannte die Göttin Hera »kuhäugig« (Ilias XIV 159.222.263 u. ö.), und das im Kult der Hera gebräuchliche Opfertier scheint die Kuh gewesen zu sein; K. Ziegler u. W. Sontheimer (Bearb. u. Hrsg.): Der Kleine Pauly. Lexikon der Antike in 5 Bänden, München 1979, Bd. II 1030 (dtv 5963).

8 Die Sonne oder der Mond gelten in den Mythen oft als Auge des Himmels; die Erblindung oder das Augenausstechen beschreibt demnach das Unsichtbarwerden des Lichtgestirns. Odin (Wodan), der Himmelsgott, besitzt in der Edda ein Auge, das nie von ihm weicht (die Sonne), und ein anderes, das er verpfändet hat (der Mond); E. Siecke: Die Liebesgeschichte des Himmels, S. 19. Eine ähnliche Vorstellung kennt die ägyptische Mythologie: Re, der Sonnengott, hatte ein Auge, das einen eigenen Willen besaß und eines Tages nicht zurückkehrte; als Re seine Kinder, den Schu (Luft, Leben) und dessen Gemahlin, die Tefnut (Maat, Wahrheit), aussandte, es zu holen, weigerte es sich und vergoß Tränen vor Zorn, und aus diesen Tränen entstanden die Menschen. – Nach einer anderen Fassung sandte Re den Mondgott Thot aus, aber als das Auge (die Sonne selbst) zurückkehrte, fand es ein anderes Auge (den Mond) an seinem Platz; Re besänftigte das erste Auge, indem er es in Gestalt der Uräus-Schlange auf seiner Stirn anbrachte, so wie es von den Pharaonen getragen wurde; V. Ions: Ägyptische Mythologie, Wiesbaden 1968, S. 38; vgl. die ähnliche Begebenheit von Atums Auge und der Schlangengöttin Uto, a. a. O. S. 24. Die *Tränen* des Mondes, die auch im ›Mädchen ohne Hände‹ eine wichtige Rollen spielen, zeigen den

Mond als Spender des Taus und des Regenwassers. Auch diese Vorstellung ist sehr weit verbreitet, und manche Völker, wie die Azteken, sahen im Mond geradewegs ein himmlisches Wassergefäß, in dem sie das Mondkaninchen (die Mondflecken) oder ein Opfermesser abbildeten; z.B. Codex Borgia, p. 10; p. 18; K.A. Nowotny: Codex Borgia, Graz 1976, S. 23; 24.

9 Auch das Herausschneiden der Zunge kann in der Naturmythologie ein Sinnbild der Mondverfinsterung sein. Die nordamerikanischen Arikara z.B. kennen einen Mythos vom Häuptling Ohne-Zunge, dem der Mond beisteht, die Söhne der Sonne in die Flucht zu schlagen; G.A. Konitzky (Hrsg.): Nordamerikanische Indianermärchen, Düsseldorf-Köln 1963, S. 122–129. In der griechischen Mythologie schneidet der betrügerische Tereus der treuen und kunstvoll spinnenden Philomele die Zunge heraus; nicht nur durch das Motiv des Spinnens, sondern vor allem dadurch, daß Philomele später in eine Schwalbe verwandelt wird, gibt sie sich als eine Mondgestalt zu erkennen; Ovid: Metamorphosen VI 422–674; E. Drewermann: Strukturen des Bösen, II, S. 378–380; E. Siecke: Drachenkämpfe, S. 68, Anm. 4. Das Motiv der (tödlichen) Verwundung und der Selbstheilung gehört so fest zur Mondmythologie, daß der Mond oft als Heilgott gilt; E. Siecke: Drachenkämpfe, S. 7, Anm.

10 Allgemein gilt, daß das Bewußtsein des Menschen von sich selbst auf äußeren Modellvorstellungen beruht. Der Mensch kann daher, wie heute noch auf der Molukkeninsel Ceram, sein Dasein nach dem Vorbild des Mondes und der Kokospalme deuten; A.E. Jensen: Die getötete Gottheit. Weltbild einer frühen Kultur, Stuttgart-Berlin-Köln-Mainz 1966 (Urban Tb. 90), S. 47–52; er kann sich nach dem Vorbild der Maschine verstehen; J.O. Lamettrie: L'homme machine, 1748, dt.: 1875; und er kann, wie heute, das Modell des Computers wählen; J. Weizenbaum: Die Macht der Computer und die Ohnmacht der Vernunft, Frankfurt 1977, S. 13–32. Natürlich ist die Wahl der jeweiligen Modelle von der natürlichen und vor allem sozialen Umwelt abhängig. Dennoch geht es zweifellos zu weit, wenn die funktionalistische Schule der Soziologie die Deutung des menschlichen Daseins nach dem Vorbild der Natur in den Mythen als Soziokosmismus versteht, so als werde in »primitiven« Gesellschaften die soziale Ordnung in die Natur projiziert, um sie vermittels der Projektion von rückwärts her zu stabilisieren; E. Topitsch: Das Ende der Metaphysik, Wien 1958, S. 30–32; 57–70. Vielmehr wissen die sog. Primitivkulturen, daß die Menschen, um zu leben, einer vorgegebenen Ordnung bedürfen, und sie entdecken diese Ordnung, die zugleich die Ordnung ihres Herzens ist, in den Dingen, den Pflanzen und den Tieren, vor allem aber im Gang der Gestirne.

11 Die Mythologie ist, tiefenpsychologisch betrachtet, eine »projizierte Psychologie, und zwar unbewußte Psychologie; denn die Mythen wurden und werden nie ersonnen, sondern entstammen dem Unbewußten des Menschen«; C.G. Jung: Versuch einer Darstellung der psychoanalytischen Theorie (1913), in: Ges. Werke IV, S. 238. Im Grunde sind die Mythen zunächst Träume, und entsprechend müssen sie auch als Träume ausgelegt werden. Zu der Art, wie aus den Träumen eines einzelnen die Mythen eines Stammes werden, sowie über die Zusammenschlüsse von Schamanen zu Traumgenossenschaften vgl. das Beispiel der nordamerikanischen Prärieindianer; W. Müller: Glauben und Denken der Sioux. Zur Gestalt archaischer Weltbilder, Berlin[2] 1970, S. 91–92.

12 *Der Wald* ist in den Träumen und Mythen ein Symbol des Unbewußten, Ur-

sprünglichen, Dunklen, Weiblichen; als Ort der psychischen Wiedergeburt ist
er «das Ziel der Erlösungssehnsucht«; C. G. Jung: Die psychologischen Aspekte
des Mutterarchetypus (1939, in: Ges. Werke IX 1, S. 96. Für S. Freud galt der
Wald als ein weibliches Symbol der Genitalbehaarung; S. Freud: Die Traumdeutung (1900), in: Ges. Werke II/III, S. 371.

13 Mit »Schatten« ist in der komplexen Psychologie C. G. Jungs das verdrängte
oder undifferenziert gebliebene psychische Material des persönlichen Unbewußten gemeint; C. G. Jung: Über die Psychologie des Unbewußten (1943), in:
Ges. Werke VII, S. 58.

14 Der Begriff des *Hintergängers* wurde von L. Szondi eingeführt und meint dort
das Ensemble der Hintergrundstrebungen, die aufgrund eines familiären erbbe-
dingten Wahlzwangs von den stärkeren Vordergrundstrebungen der gegensätzlichen Triebtendenzen überlagert werden; L. Szondi: Triebpathologie. 1. Bd.:
Elemente der exakten Triebpsychologie und Triebpsychiatrie, Bern 1952, S. 26–
27. Der Begriff des Hintergängers umfaßt inhaltlich das, was bei C. G. Jung als
Schatten bezeichnet wird; allerdings begründet Szondi den Verdrängungsvor-
gang, der zur Herausbildung des Schattens führt, nicht psychodynamisch, sondern genetisch, und so glücklich die Bezeichnung »Hintergänger« ist, so problematisch ist die Annahme eines biologischen Zwangs, die gegensätzlichen Triebbedürfnisse in einer bestimmten schicksalhaft vorgegebenen Richtung auflösen
zu müssen; vgl. E. Drewermann: Strukturen des Bösen, Bd. II, S. 257–262;
M. L. von Franz: The Feminine in Fairy Tales, New York 1974; dt.: Das Weibliche im Märchen; übers. v. J. v. Graevenitz, Stuttgart 1977, sieht in dem »Müller«
die Verkörperung einer einseitig technischen Intelligenz, die zur Routine erstarrt und zum Verlust der Seele führt (S. 77); die subjektale Deutung wird aber
der eigentlichen Spannung *zwischen* Vater und Tochter nicht genügend gerecht.

15 Die Gestalt des vom Tode bedrohten und gegen alle Anfechtungen schließlich
geretteten Mädchens erscheint in den Mythen der Völker sowohl im Schicksal
der Mondgöttin als auch in der Jungfrau, die das Schicksal der Feldfrüchte
verkörpert: der Kore Persephone bei den Griechen oder der Mulua Hainuwele
auf Ceram; A. E. Jensen: Die getötete Gottheit. Weltbild einer frühen Kultur,
S. 47–52. Das göttliche Mädchen verkörpert tiefenpsychologisch, vom Manne
her betrachtet, einen Aspekt der anima, der weiblichen Seite seiner Psyche;
C. G. Jung: Zum psychologischen Aspekt der Korefigur (1941), in: Ges. Werke
IX 1, S. 215. Zur religionsgeschichtlichen Bedeutung des göttlichen Mädchens
vgl. K. Kerényi, C. G. Jung: Das göttliche Mädchen. Die Hauptgestalt der Mysterien von Eleusis in mythologischer und psychologischer Beleuchtung, Amsterdam-Leipzig 1941; Albae Vigiliae, Heft VIII–IX.

16 Mit »anima« hat C. G. Jung die »Frau im Manne« bezeichnet. Die Inhalte der
anima ergeben sich aus dem Kontrast zur persona, zur Berufsmaske; die Gestalt
der anima verkörpert daher das unbewußte Gegenstück zu der Anpassung des
Ichs an die Erfordernisse der sozialen Umwelt. Insofern diese Erfordernisse
überindividuell sind, ist auch die anima keine individuelle Gestalt mehr, sondern
schon ein Teil des kollektiven Unbewußten. C. G. Jung: Die Beziehungen zwischen dem Ich und dem Unbewußten (1928), in: Ges. Werke VII, S. 207–232;
E. Drewermann: Strukturen des Bösen, Bd. II, S. 28; 50–51.

17 Das »Selbst« ist terminologisch unbedingt vom Begriff des »Ich« in der Psychologie C. G. Jungs zu unterscheiden. Es bezeichnet die Gesamtpersönlichkeit, die

aus der Vereinigung des Bewußtseins und des Unbewußten hervorgeht. Das »Selbst« ist insofern ein transzendenter Begriff, der empirisch (nicht theologisch!) mit dem Gottesbild koinzidiert; C. G. Jung: Antwort auf Hiob (1952), in: Ges. Werke XI, S. 503. Zum Unterschied zwischen psychologischem und theologischem Sprechen von Gott vgl. E. Drewermann: Strukturen des Bösen, Bd. II, S. 26–38.

18 Der Verkauf der »Seele« ist identisch mit dem Verlust der anima und ergibt sich aus einem zu großen Zwang zur Außenanpassung. Gerade eine nach außen hin besonders erfolgreiche, mächtige und einflußreiche Persönlichkeit ist stets in der Gefahr, die Geltung nach außen mit einem Verlust der Seele im Inneren bezahlen zu müssen und über dem Streben nach materieller oder ideeller Anerkennung seelisch immer oberflächlicher, gefühlskälter, unlebendiger und gezwungener zu werden. Wörtlich gilt hier die Mahnung des Evangeliums: »Was nützt es dem Menschen, wenn er die ganze Welt gewinnt, aber Schaden an seiner Seele leidet?« (Mt 10,26) Die scheinbar absolute Verfügungsgewalt nach außen korrespondiert dann mit einer absoluten Unfreiheit und Unbewußtheit im Inneren. Ein gutes Beispiel dafür ist in den Märchen die Geschichte vom ›Rumpelstilzchen‹ (KHM 55), die schildert, wie eine arme Müllerstochter sich zur Königin emporarbeitet, aber ihr »Kind«, ihr »Selbst« dabei zu verlieren droht.

19 Auch der *Teufel* ist zunächst eine *psychologische,* empirische Gestalt der Mythen und der Märchen. Er vertritt in der Seele diejenigen Teile, die auf Grund ihrer Verdrängung oder Abspaltung als in sich böse erscheinen. Daher kann der Teufel das Auftreten des Schattens, der anima oder bestimmter isolierter Partialtriebe beschreiben, wobei er in verschiedener Gestalt, als Tier, als Hexe, als eingesperrter Geist oder als Mischwesen aus alledem erscheinen kann. Von diesem psychologischen, empirischen Begriff des Bösen oder des Teufels ist wiederum der *theologische* Begriff des metaphysisch Bösen sorgfältig zu unterscheiden; E. Drewermann: Strukturen des Bösen, Bd. I: Die jahwistische Urgeschichte in exegetischer Sicht, Paderborn [2]1979, S. LXXII–LXXVI; Bd. 2: Die jahwistische Urgeschichte in psychoanalytischer Sicht, Paderborn [2]1980, S. 146–152; Bd. 3: Die jahwistische Urgeschichte in philosophischer Sicht, Paderborn [2]1980, S. 132–137; 157–166.

20 Ein Problem der Märcheninterpretation besteht stets in der Frage, welch eine Gestalt in der jeweiligen Geschichte als *die zentrale Persönlichkeit* zu verstehen ist; aus ihrer Sicht und mit ihren Augen sind die einzelnen Personen und jeweiligen Ereignisse zu deuten. Dabei ist auf zwei Stufen zu verfahren: Auf der *Objektstufe* der Deutung sind die anderen Personen: Vater, Mutter, Brüder etc. als reale Gestalten zu verstehen; auf der *Subjektstufe* ist die gesamte Handlung eines Märchens oder eines Mythos, wie bei einem Traum, als innere Bewegung der übergeordneten Persönlichkeit zu interpretieren. Die Deutung eines Märchens oder eines Traumes kann, je nach dem Standpunkt der Interpretation, sehr unterschiedlich ausfallen; die objektale wie die subjektale Deutung schließen sich indessen nicht aus, sondern bedingen und ergänzen einander: In den Gestalten der Träume leben *auch* die Erinnerungen an reale Persönlichkeiten und Erfahrungen fort, und die innere Einstellung wiederum prägt das reale Erleben. Zum Unterschied von objektaler und subjektaler Deutung vgl. H. Schultz-Hencke: Lehrbuch der Traumanalyse (1949), Stuttgart 1968, S. 115; 262–265; E. Drewermann: Strukturen des Bösen, Bd. I, S. XXXV–XLV; Bd. II, S. 17–38:

am Beispiel der Paradieserzählung, u. ö. Das Märchen vom ›Mädchen ohne Hände‹ ist mit der Schilderung der Kindheitsgeschichte des »Mädchens« für eine objektale Deutung besonders geeignet, während die subjektale Interpretation vor allem bei denjenigen Märchen zu empfehlen ist, die bei den Problemen einer erwachsenen Persönlichkeit beginnen. M. L. von Franz: Das Weibliche im Märchen, S. 71–94, zeigt mit ihrer ausschließlich subjektalen Deutung des Märchens, daß sie die spezifisch oralen Schuldgefühle des Mädchens nicht aufgreifen kann.

21 Zu der symbolischen *Gleichung von Frau und Baum* s. o. Anm. 2. Neben der weiblichen Symbolbedeutung enthält der Baum freilich oft auch eine phallisch-männliche Bedeutung; E. Drewermann: Strukturen des Bösen, Bd. II, S. 104–108; S. Freud: Vorlesungen zur Einführung in die Psychoanalyse (1917), in: Ges. Werke XI, S. 156. Ähnliche Verwechslungen geschehen oft zwischen dem eigenen Kind und einem Haustier, wie in der biblischen Geschichte von Jephtes Tochter (Ri 11,30–40).

22 Gerade die *Ambivalenz der Gefühle* gegenüber den wesentlichen Bezugspersonen der Kindheit ist die eigentliche Quelle späterer psychoneurotischer Konflikte. So meint S. Freud vor allem von den Zwangsneurotikern, »daß in ihren Objektbeziehungen Liebe und Haß einander die Waage« hielten; S. Freud: Über weibliche Sexualität (1931), in: Ges. Werke XIV, S. 528.

23 Von dem allmächtig erscheinenden unheimlich-dämonischen *Einfluß der Vatergestalt* auf das spätere Leben meinte C. G. Jung: »Wenn wir je eine dämonische Schicksalsmacht am Werke sehen wollen, so sehen wir sie hier in diesen düsteren und schweigsamen Tragödien, die sich langsam und qualvoll in den kranken Seelen unserer Neurotiker vollenden ... Oft heißen wir sie die Hand Gottes oder des Teufels und drücken damit einen psychologisch höchst wichtigen Faktor unbewußt richtig aus, nämlich die Tatsache, daß der das Leben unserer Seele gestaltende Zwang den Charakter einer autonomen Persönlichkeit hat ...«; »Die Personifikation des Zwanges geht zunächst auf den Vater zurück, weshalb Freud der Ansicht ist, daß alle derartigen ›göttlichen‹ Gestalten ursprünglich im Vaterbild wurzeln.« C. G. Jung: Die Bedeutung des Vaters für das Schicksal des Einzelnen (1909), in: Ges. Werke IV, S. 363; 364; ders.: Die psychologischen Grundlagen des Geisterglaubens (1928), in: Ges. Werke VIII, S. 344, 357. Freilich sah Jung in der Gestalt des Vaters nicht nur einen Niederschlag frühkindlicher Individualerinnerungen, sondern einen Archetypus des kollektiven Unbewußten, von dem her der überragende Einfluß des Vaters in der Kindheit allererst verständlich zu machen sei. Zur Vatergestalt in einer Teufelsvision vgl. S. Freud: Eine Teufelsneurose im siebzehnten Jahrhundert (1923), in: Ges. Werke XIII, S. 331, wo Freud vor allem die Ambivalenz des Vaters als Teufel *und* Gott hervorhebt.

24 Zum oral-kaptativen Antriebserleben vgl. H. Schultz-Hencke: Lehrbuch der analytischen Psychotherapie (1951), Stuttgart 1965, S. 25–28.

25 Die *depressive Neurose* wird wesentlich durch eine Gehemmtheit im oralen Bereich verursacht; A. Dührssen: Psychogene Erkrankungen bei Kindern und Jugendlichen, Göttingen 1954, S. 84–86.

26 Die *Mandalas* sind archetypische Ordnungssymbole. »Sie bannen und beschwören als Zauberkreise die gesetzlosen Mächte der Dunkelwelt und bilden eine Ordnung ab oder erzeugen eine solche, welche das Chaos in einen Kosmos wandelt.« C. G. Jung: Aion. Beiträge zur Symbolik des Selbst (Untersuchungen

zur Symbolgeschichte, 1951), in: Ges. Werke IX 2, S. 41; ders.: Über Mandalasymbolik (1938), in: Ges. Werke IX 1, S. 375–407.

27 Die Anerkennung durch die Elterninstanz, später durch das Überich, ist die
narzißtische Belohnung, welche die objektiven Einschränkungen allererst erträglich macht. Auch hierbei ist jedoch die Ambivalenz von Haß und Liebe
gegenüber dem Vater (und damit der Identifikation gegenüber dem eigenen Ich)
entscheidend. Zu dem Zusammenhang von Ambivalenz, Narzißmus und Libi-
doregression vgl. S. Freud: Trauer und Melancholie (1916), in: Ges. Werke X,
S. 444–445.

28 Das Wechselspiel von Hemmung und *Haltung* spielt vor allem in der Neopsychoanalyse der Schule von H. Schultz-Hencke eine zentrale Rolle. Ein Triebbedürfnis wird nicht einfach gehemmt; es bleiben vielmehr Reste übrig, die trotz
der Verdrängung bzw. an der Stelle der Verdrängung das Erleben emotional
tönen und die Handlungen unbewußt leiten. »Man könnte diese Haltungen
Sprengstücke des Unbewußten nennen, die nun verhüllt, zäh und intensiv ihre
Wirkung entfalten. Der von solchen Haltungen erfüllte Mensch wird durch sie
geführt, wie der Zugvogel von seinem Instinkt.« H. Schultz-Hencke: Der gehemmte Mensch. Entwurf eines Lehrbuches der Neo-Psychoanalyse (1940),
Stuttgart[2] 1967, S. 63. Der oral Gehemmte z. B., der um keinen Preis dem anderen lästig werden will, gibt durch seine Hilflosigkeit und durch das Mitleid, das
er erregt, oft genug deutlicher als durch direktes Bitten zu verstehen, welche Art
von Zuwendung oder Dienstleistung er vom anderen bekommen möchte; während er subjektiv alles tut, seinen eigentlichen Wunsch zu unterdrücken – bzw.
ihn im Ansatz bereits schon nicht mehr erlebt –, drückt er um so mehr durch
sein Verhalten aus, was er im Grunde will.

29 Subjektiv waltet hier eine Art innerer Gerechtigkeit. Das Mädchen, das sich
bisher für all seine Entbehrungen und Opfer durch das Gefühl, ein *gutes* Kind
zu sein, belohnen konnte, erwartet in gewissem Sinne ganz zu Recht, daß ihm
auch von außen eines Tages die gleiche Wertschätzung entgegengebracht werde,
die es im Urteil seines Überichs die ganze Zeit über für sich bereithielt. Der
Vater scheidet freilich als Adressat dieses Wunsches aufgrund der inneren Ambivalenz aus: Mochte das Mädchen seinen Vater ehemals noch so sehr lieben
und sich von ihm abhängig fühlen, so ist es doch in seinem eigenen Urteil
aufgrund des Selbstopfers der Hände moralisch inzwischen weit über ihn hin-
ausgewachsen, und der wirklich Abhängige ist letztlich nicht mehr das Kind,
sondern sein Vater. Wohl hat das Mädchen bislang auf masochistische Weise
lernen müssen, daß es nur durch Selbstverstümmelung und Leid ein gutes Gewissen behalten kann; aber jetzt vermag es doch seinen Stolz darein zu setzen,
fortan niemanden mehr, am wenigsten aber seinen Vater, noch für sich selber
gebrauchen zu müssen. Die Haltungsseite dieses masochistischen Triumphes
der Bedürfnislosigkeit besteht indessen in der offen ausgesprochenen Erwartung
fremden Mitleids – eine Rechnung, die oft genug auch aufgeht im Sinne dessen,
was S. Freud als sekundären Krankheitsgewinn bezeichnete: S. Freud: Bruch-
stücke einer Hysterie-Analyse (»Dora«) (1905), in: Ges. Werke V, S. 202–205.
Als Modell dafür darf das Freudsche Bild von dem Arbeiter gelten, der durch
einen Unfall zum Krüppel wird, aber nun als Bettler aufgrund seiner Verstümmelung mehr zum Lebensunterhalt verdient als früher durch tüchtige Arbeit;
S. Freud: Vorlesungen zur Einführung in die Psychoanalyse (1917), in: Ges.

Werke XI, S. 399. Man muß sich allerdings dabei sagen, daß die »Absicht« zur Krankheit und zum Krankheitsgewinn *unbewußt* bleibt. Was das Märchen an dieser Stelle als Entschluß beschreibt, ist eine objektive Wiedergabe der Haltung, z. T. auch wohl ein Stück subjektiven Wunschdenkens, aber nicht so etwas wie ein Trick oder gar wie eine bewußte Hinterlist.

30 Das *Wasser* ist – zusammen mit dem Baum und dem (Paradieses-)Garten – ein archetypisches Bild der Mutter, des Ursprungs, der Wiedergeburt im Unbewußten. Die Mutter ist »das Gütige, Hegende, Tragende, Wachstum-, Fruchtbarkeit- und Nahrungspendende; die Stätte der magischen Verwandlung«; C. G. Jung: Die psychologischen Aspekte des Mutterarchetypus (1939), in: Ges. Werke IX 1, S. 97. In diese dem Vater geradewegs entgegengesetzte Welt muß das Mädchen eintauchen, um zu sich selbst zu finden. Was am Anfang des Märchens der Kreis, das Mandala-Symbol andeutete, wird jetzt im abgeschiedenen Bezirk des Gartens ausgeführt und später in dem Haus in der Wildnis Wirklichkeit.

31 Der *Engel* ist offensichtlich das Gegenbild zu dem Teufelsaspekt des Vaters und an dieser Stelle des Märchens in eins mit der Baum- und Mandalasymbolik eine Mutterimago; vgl. C. G. Jung: Zur Empirie des Individuationsprozesses (1934), in: Ges. Werke IX 1, S. 342–343. Subjektal aber ist der Engel auch als Gotteserscheinung zu deuten, als Verkörperung des Selbst (s. o. Anm. 17); C. G. Jung: Über Wiedergeburt (1940), in: Ges. Werke IX 1, S. 157–158. Der Engel ist daher auch als die Persönlichkeit zu verstehen, die zeigt, wozu ein Mensch eigentlich berufen ist; der Engel ist die Verkörperung der eigenen Wesensgestalt, und sein Wort hat, wie in der Bibel in Apg 12,1–17, eine absolut befreiende, richtungweisende Kraft; seine Sprache ist die Stimme des Wesensgewissens, und sein Beistand ist unentbehrlich, um das Vertrauen und die Aufmerksamkeit des Bewußtseins von den äußeren Bindungen weg nach innen zu lenken und in der Wahrheit des eigenen Wesens und Weges festzumachen. – Das psychologisch-empirische Sprechen von der Erscheinungsweise und der Funktion der Engelgestalt in den Träumen und Märchen ist natürlich wiederum von der theologischen Frage nach der objektiven Existenz von Engeln auch unabhängig von den Spiegelungen der menschlichen Psyche wohl zu unterscheiden.

32 Die *Regression* der psychischen Energie auf frühere Stufen der Entwicklung erfolgt in Richtung derjenigen Stellen, die zuvor *fixiert* worden sind. Zwischen Fixierung und Regression besteht ein Wechselverhältnis: je stärker die Fixierung, desto wahrscheinlicher später die Regression auf die fixierte Stelle der Triebentwicklung; S. Freud: Vorlesungen zur Einführung in die Psychoanalyse (1917), in: Ges. Werke XI, S. 353. Das Mädchen, dem es untersagt wurde, selber zu nehmen und zuzulangen, muß an der Stelle seiner Entwicklung anknüpfen, auf der es alles von selbst in den Mund gesteckt bekam, auch ohne selber zugreifen zu müssen; es muß im Kontrast zu seinen Entbehrungen das Erleben des Säuglings wiederbeleben, um selber zu leben. – Der Gegensatz von oraler Entbehrung und kompensatorischer Wunschphantasie kommt sehr deutlich vor allem im Märchen von ›Hänsel und Gretel‹ (KHM 15) zum Ausdruck, dort allerdings so, daß nicht der Vater als Teufel, sondern die Mutter selbst als verbietende Hexe erscheint.

33 Der Begriff der *Regression* wird heute vor allem in politischem Kontext und unter dem Einfluß der einseitig zukunftsorientierten Philosophie von E. Bloch (vgl. E. Bloch: Das Prinzip Hoffnung, 1953; Frankfurt 1959, stw 3, 1. Bd. S. 63–

71; 155–161 über die Archetypenlehre Jungs) zumeist rein negativ im Sinne von «Reaktion« oder »Flucht« verstanden. In Wahrheit besagt »Regression« lediglich, »daß der Patient in seinen Kindheitserinnerungen sich selbst sucht ... Seine Entwicklung war bisher einseitig; wesentliche Teile der Persönlichkeit blieben unberücksichtigt ... Daher muß er zurückgehen.« C. G. Jung: Einige Aspekte der modernen Psychotherapie (1930), in: Ges. Werke XVI, S. 34. S. u. Anm. 42.

34 Die Unterscheidung zwischen einer *vorambivalenten* und einer *ambivalenten (sadistisch-kannibalistischen)* Phase der *oralen* Entwicklungsstufe geht auf den Freud-Schüler K. Abraham zurück und wurde zum Verständnis der Genese der psychoneurotischen Depression unerläßlich; K. Abraham: Versuch einer Entwicklungsgeschichte der Libido aufgrund der Psychoanalyse seelischer Störungen (1924), in: Psychoanalytische Studien zur Charakterbildung und andere Schriften, hrsg. v. J. Cremerius, Frankfurt 1969, S. 113–183; M. Klein: Die Trauer und ihre Beziehung zu manisch-depressiven Zuständen (1940), in: Das Seelenleben des Kleinkindes und andere Beiträge zur Psychoanalyse, hrsg. v. A. Thorner, Stuttgart 1962, S. 72–100; E. Drewermann: Strukturen des Bösen, Bd. II, S. 188–202.

35 *Psychoanalytisch* (nicht theologisch) ist die biblische *Sündenfallgeschichte* (Gen 3,1–7) eine Geschichte der *oralen* Ambivalenz und des sich daraus ergebenden Schuldgefühls, bereits durch das bloße Dasein schuldig zu sein. Vgl. E. Drewermann: Strukturen des Bösen, Bd. II, S. 178–202; 235–236; 541–542; 594–615. Insofern gerade die schwerste Form des Schuldgefühls in Gestalt des *depressiven* Erlebens ihren Anfang in der frühkindlichen oralen Phase nimmt, ist es religionspsychologisch außerordentlich wichtig, daß die Symbolik der Erlösung sakramental in einem neuerlichen Akt des *Essens,* in einem Gegenbild zur Sündenfallerzählung besteht; vgl. E. Storck: Alte und neue Schöpfung in den Märchen der Brüder Grimm, Bietigheim 1977, S. 320. Von daher hat das Märchen recht, wenn es schildert, daß erst die Umkehrung der Sündenfallerzählung, der Mut zum eigenen Dasein unter der Anleitung des Engels, die Rettung des »Mädchens ohne Hände« einleitet. – M. L. von Franz: Das Weibliche im Märchen, S. 81–82, weist wohl auf die offenkundige Parallele zur Paradieserzählung hin, sie versteht aber das »Paradies« und den »Sündenfall« als die prometheische Tat der Bewußtwerdung. Diese von C. G. Jung immer wieder vertretene Deutung wird weder der spezifisch oralen Thematik der Erzählung noch der Aussageabsicht der Bibel gerecht.

36 Besonders C. G. Jung hat immer wieder hervorgehoben, daß die Psychotherapie nicht umhin kann, den Patienten in gewisser Weise zum *Bösen* zu verführen, um die Schattenseite des Lebens kennenzulernen und, soweit als möglich, zu integrieren. C. G. Jung: Gut und Böse in der analytischen Psychologie (1959), in: Ges. Werke X, S. 497–510. Daher erschien ihm die jahwistische Sündenfallerzählung als ein »therapeutischer Mythus«, der zeige, daß das Gute wie das Böse zum Leben gehören und in ihrer Gegensätzlichkeit dem Leben seine Energie verleihen. C. G. Jung: Versuch einer psychologischen Deutung des Trinitätsdogmas (1942), in: Ges. Werke XI, S. 213–214. Zweifellos meint die biblische Geschichte *theologisch* mit dem Abfall von Gott gerade nicht eine tiefere Vereinigung des Bewußtseins mit dem Unbewußten, sondern sie schildert, wie der Mensch in ein Dasein der *Angst* stürzt, innerhalb dessen die innerseelischen Spaltungsvorgänge unvermeidlich werden, die die Neurose kennzeichnen;

E. Drewermann: Strukturen des Bösen, Bd. II, S. 136–139; 146–152; Bd. III, S. 137–144; 157–166. *Psychologisch* aber wird man der Meinung C. G. Jungs zustimmen müssen, daß die Menschen aus den Verwirrungen des Lebens nur zu sich selbst finden können, wenn sie den Mut aufbringen, u. U. in moralischem Sinne schuldig zu werden; und unendlich schwerer als die Schuld, bestimmte moralische Gesetze übertreten zu haben, ist die Schuld, am Ende womöglich durch ein Leben sittenstrenger Reinheit sich und den anderen alles schuldig geblieben zu sein. An dieser existentiellen Problematik jenseits der Moral beginnt die eigentlich *theologische* Ebene des Sprechens von Gut und Böse. Vgl. E. Drewermann: Von der Unmoral der Psychotherapie, oder: von der Notwendigkeit einer Suspension des Ethischen im Religiösen, Wien 1981, Arzt und Christ, Heft 3.

37 Das *depressive* Erleben, bei jedem Akt oraler Aneignung im Grunde einen Diebstahl zu begehen, der nicht wiedergutzumachen ist und auf der Stelle die Verurteilung und Ausweisung von allen, Göttern wie Menschen, nach sich zieht – dieses Erleben tritt in zahlreichen Urzeitmythen der Völker immer wieder auffallend deutlich zutage; vgl. die Sündenfallerzählungen der afrikanischen Bassari oder der mittelamerikanischen Maya: E. Drewermann: Strukturen des Bösen, Bd. I, S. 27–29; Bd. II, S. 108; R. Jockel: Götter und Dämonen. Mythen der Völker, Darmstadt 1953, S. 445–456; W. Krickeberg: Märchen der Azteken und Inkaperuaner, Maya und Muisca, hrsg. u. übertr. v. W. Krickeberg (1928), Düsseldorf-Köln 1968, S. 131.

38 Psychoanalytisch muß man von einer *antithetischen Idealbildung* sprechen, die jetzt narzißtisch auf den Geliebten projiziert wird. Zur antithetischen Übertragungsliebe vgl. E. Drewermann: Ehe – tiefenpsychologische Erkenntnisse für Dogmatik und Moraltheologie, Regensburg 1980, Renovatio, Jg. 36, Heft 2, S. 60–64.

39 Im Grunde tritt der Geliebte damit – ähnlich wie der Psychotherapeut – in Erwartungen ein, die in ihrer Bedingungslosigkeit sein menschliches Vermögen bei weitem übersteigen. Zu der Analogie zwischen christlicher Erlösungslehre und psychotherapeutischer Erfahrung vgl. E. Drewermann: Strukturen des Bösen, Bd. II, S. 577–586.

40 Zur religiösen Dimension der Übertragungsproblematik in Psychotherapie und Ehe vgl. E. Drewermann: Ehe – tiefenpsychologische Erkenntnisse für Dogmatik und Moraltheologie, Renovatio, Jg. 36, Heft 3, S. 116–119.

41 Die »Drehbühne« ist ein sehr treffender Ausdruck, mit dem L. Szondi den Wechsel von Vorder- und Hintergänger bezeichnete; s. o. Anm. 14.

42 Die Regression ist nicht nur eine Rückwärtsbewegung, sondern zugleich auch ein Wiederanknüpfen und Neubeleben, s. o. Anm. 33. Die Zwischenform zwischen Traum und Wirklichkeit zeigt sich sehr schön in der Unsicherheit, mit welcher der Priester in dem Garten das Mädchen fragt, ob es ein Geist sei oder ein Mensch. Das Mädchen hat bislang aufgrund seiner schweren oralen Gehemmtheiten wie ein Geist, gewissermaßen körperlos und jedenfalls völlig anspruchslos leben müssen; es erhält jetzt sozusagen einen Leib zurück, aber es geschieht ihm wie im Traume, denn die erzwungene Körperlosigkeit und Vergeistigung war bisher seine Realität.

43 Tatsächlich nimmt der König sogar mit dem guten Willen seiner Liebe dem Mädchen die Aufgabe ab, ein eigenes Zugreifen als erlaubt zu empfinden und

entsprechend zu lernen. So überspringt er mit seiner Fürsorge die Distanz und Neutralität, die einen therapeutischen Prozeß, vermittelt durch seine Zuneigung, einleiten könnte.

44 Die Ambivalenz der introjizierten Vaterimago bedingt, daß das Mädchen dem König stets nach Art einer ebenso geliebten wie gefürchteten absoluten Autorität gegenübertritt, und was immer der König ihm gewährt, wird zugleich die Angst und die Schuldgefühle aus der Zeit wiederbeleben, als sein Vater ihm alles verbot.

45 Mit *Versuchungssituation* wird in der Neopsychoanalyse H. Schultz-Henckes eine Situation bezeichnet, die in spezifischer Weise ehemals gehemmte Triebimpulse anspricht und gegenüber der erzwungenen Härte von einst jetzt eine Aufweichung des neurotischen Gefüges mit sich bringt. Um einen Durchbruch der aufgestauten Triebbedürfnisse zu verhindern, reagiert das Ich mit einer Vermehrung der Angst und das Überich mit einer Erhöhung der Schuldgefühle. So werden die Versuchungssituationen nicht selten zu Auslösern einer eigentlich neurotischen Symptomatik; H. Schultz-Hencke: Lehrbuch der analytischen Psychotherapie, S. 92–95. Für das Mädchen ohne Hände, das bisher niemals zugreifen durfte, wird jetzt jedes Angebot seines Geliebten eine Verlockung zu maßloser Gier, die es mit Angst und Schuldgefühlen, statt mit uneingeschränkter Freude beantwortet. Es lebt äußerlich in einem Paradies; aber alle Gaben können ihm nicht die Zuversicht geben, daß seine Wünsche berechtigt sind.

46 In der Praxis der Eheberatung erlebt man immer wieder, besonders zwischen einem depressiven und einem zwangsneurotischen Ehegatten, wie der eine Teil nicht hört, was der andere wirklich meint und sagt, sondern was sein eigenes Überich aus Anlaß des Gesagten sagt. Dieser Fall müßte in der Transaktionsanalyse von E. Berne als Stimulus Er-Er und als Reaktion K-EL beschrieben werden; E. Berne: Was sagen Sie, nachdem Sie »Guten Tag« gesagt haben? Psychologie des menschlichen Verhaltens (1972), München 1975 (Kindler 2192), S. 28; übers. v. W. Wagmuth. Die bloße Klassifikation des Interaktionsschemas aber gibt nur sehr unzulänglich das Gefühl der Verzweiflung und Hilflosigkeit wieder, das bei einem Höchstmaß an gutem Willen auf seiten beider Ehepartner herrscht und das in dem Märchen sehr treffend mit dem Eindruck wiedergegeben wird, einem Teufelsspuk gegenüberzustehen.

47 Der *Schlaf* ist doppelt geeignet, den Vorgang der »Briefvertauschung« zu begründen. Zum einen ist jede Herabsetzung der psychischen Spannung mit einer Schwächung des Ichs, also mit einer Verstärkung des Überichs verbunden; zum anderen ist der Schlaf zugleich stets eine Regression in die Kindheit, wo das Überich seine Prägung fand.

48 Es verdient an dieser Stelle, auf die Novelle von F. M. Dostojewski: ›Ein schwaches Herz‹ (1848) hinzuweisen, in welcher der russische Dichter den Fall eines äußerst kontaktscheuen Mannes schildert, der eines Tages das Glück hat, eine Beziehung zu einem Mädchen beginnen zu können, aber vor lauter Dankbarkeit sowie in dem Gefühl seiner vollständigen Minderwertigkeit in Wahnsinn verfällt. F.M. Dostojewski: Erzählungen, übers. v. E.K. Rahsin, Frankfurt 1972 (Fischer Tb. 1263), S. 129–169. Es spricht vor diesem Hintergrund trotz allem für eine gewisse Stärke des Mädchens, daß es sich – wiederum – dem bestehenden Konflikt durch *Flucht nach außen* und *innere Distanz* zu entziehen weiß.

49 Ähnlich erlebt man nicht selten, daß de facto die höchste *Suizidneigung* gerade

dann aufbricht, wenn im Verlauf einer therapeutischen oder privaten Beziehung ein gewisser Fortschritt erreicht wurde und das Gefüge der bisherigen Verdrängungen und Gehemmtheiten ein Stück weit gelockert werden konnte.

50 Der *Sadismus des Überichs* ist nur die Kehrseite zu dem Masochismus des Ichs, der für jede schwere Depression charakteristisch ist; S. Freud: Das Ich und das Es (1923), in: Ges. Werke XIII, S. 282–283; 288–289.

51 Besonders J.G. Frazer betrachtete religionshistorisch das Tieropfer als einen Ersatz des Menschenopfers, bei dem der göttliche König als Vertreter des Vegetationsgeistes getötet wurde; J.G. Frazer: Der goldene Zweig. Das Geheimnis von Glauben und Sitten der Völker; abgek. Ausgabe, Leipzig 1928, übers. v. H. v. Bauer, S. 383–413; E. Drewermann: Strukturen des Bösen, Bd. II, S. 430–413; S. Freud: Totem und Tabu (1912), in: Ges. Werke IX, S. 182 deutete das Opfer des Königs im Sinne des Ödipuskomplexes als Ermordung des Urvaters, die in dem späteren Verbot, das Totemtier zu töten, ihren Niederschlag gefunden habe.

52 Auf diese Weise sieht man, was das Mädchen durch seine Flucht gewinnt: es entflieht dem Umkreis der Vorwürfe und der Schuld, und indem es dies äußerlich tut, bereitet es sich bereits darauf vor, auch innerlich von der Welt der depressiv getönten Schuldgefühle Abschied zu nehmen. Die Muttergestalt, die ihm die Flucht ermöglicht, wird es alsbald in der Gestalt des Engels zu dem Haus geleiten, wo es seine Hände wiedererlangt.

53 Bereits S. Freud wies darauf hin, daß »Trauer... regelmäßig die Reaktion auf den Verlust einer geliebten Person« darstellt; S. Freud: Trauer und Melancholie (1916), in: Ges. Werke X, S. 428–429.

54 Das Kind der Mondgöttin ist oft in den Mythen ein trauererfülltes, weinendes Kind; s.o. Anm. 1. Das Kind mit dem Namen »Schmerzenreich« oder »Kummervoll« ist wörtlich in der griechischen Mythe von *Anios* vorgebildet, dem ältesten König der Insel Delos, dessen Mutter Rhoio das typische Schicksal der Mondgöttin teilt: Sie empfängt das Kind vom Gott Apoll, aber als ihre Schwangerschaft bekannt wird, läßt ihr Vater Staphylos (der Traubengott) sie in einer Truhe ins Meer werfen, die in Delos ans Land getrieben wird. Der Name Anios (»Kummervoll«) dürfte eigentlich »der Förderer« bedeuten und war wohl der Name eines Vegetationsgottes. H. Usener: Die Sintfluthsagen, Bonn 1899, S. 97–98; E. Drewermann: Strukturen des Bösen, 2. Bd.: Die jahwistische Urgeschichte in psychoanalytischer Sicht, Paderborn [2]1980, S. 361. Zur Bedeutung des göttlichen Kindes in Religionsgeschichte und Tiefenpsychologie vgl. K. Kerényi, C.G. Jung: Das göttliche Kind in mythologischer und psychologischer Beleuchtung, Albae Vigiliae, Heft VI–VII. In der Sagenwelt ist z.B. Parcival der Sohn des Gahumret und der Herzeleide; vgl. R. Schirmer: Lancelot und Ginevra. Ein Liebesroman am Artushof, Zürich 1961, S. 76; W. v. Eschenbach: Parcival, 2. Buch, in: H. Jantzen: Parcival, Leipzig (Göschen 921) 1944, S. 13–14. M.L. von Franz: Das Weibliche im Märchen, meint zu Recht von dem Sohn »Schmerzenreich«: »Er ist und symbolisiert die Frucht ihres Lebens, das durch die volle Leiderfahrung hindurchgegangen ist und dadurch Gelassenheit und Weisheit gelernt hat.« Man sollte vor allem sagen: Es hat die Gnade des Lebens erfahren.

55 Von »Gott« oder Göttern wird in den Mythen und Märchen ebenso wie von Engeln, Teufeln und Madonnen oft nur als Reflex psychischer Erfahrungen

gesprochen. Aber an dieser Stelle des Märchens beginnt eine Ebene der Erfahrung, auf der von Gott nicht mehr nur im religionspsychologischen Sinne (als Erfahrung des Selbst) die Rede sein kann, sondern wo theologisch deutlich wird, daß zur Bedingung der Selbstfindung ein Vertrauen gehört, das einer absoluten, dem Menschen frei gegenüberstehenden Person gilt. Zum Unterschied zwischen dem psychologischen und dem theologischen Gottesbegriff vgl. E. Drewermann: Strukturen des Bösen, Bd. II, S. 26–29; 424–430; Bd. III, S. 144–148; 546–547.

56 Ohne in einer absoluten Weise in sich selbst zu ruhen, wird es unvermeidlich sein, den notwendigen Halt im anderen Menschen zu suchen und an diesen mit absoluten Erwartungen nach Geborgenheit und Sinnbestimmung heranzutreten. So wie es psychoanalytisch für die *Hysterie* charakteristisch ist, den anderen mit der Liebe eines kleinen Mädchens zu seinem Vater zu überziehen – und ständig an diesen Überforderungen enttäuscht zu werden –, so ergibt sich das hysterische Syndrom daseinsanalytisch aus einer Haltung, die aus eigener Haltlosigkeit im anderen einen Ersatz für Gott sucht. E. Drewermann: Strukturen des Bösen, Bd. III, S. 310–324; ders.: Sünde und Neurose. Versuch einer Synthese von Dogmatik und Psychoanalyse, Münchener Theologische Zeitschrift, 31. Jg., Heft 1/1980, S. 35–39.

57 Der Weg zur Überwindung des Schuldgefühls, der in dem verbotenen Zugreifen im Königsgarten begann, findet hier auf einer neuen Ebene seinen Abschluß; die Heilung des Mädchens liegt darin, daß ihm seine Unschuld zurückgegeben wird, und insofern erscheint es sich selbst in der Gestalt der weißgekleideten Jungfrau, so wie in der iranischen Religion das gute Gewissen der Seele beim Endgericht als ein wunderschönes 15jähriges Mädchen erschien: Hadokht Nask 2,9, in: K. F. Geldner: Die zoroastrische Religion (Das Avesta), Tübingen 1926, S. 42–43.

58 Es ist interessant, daß in der als »Koiné« bezeichneten Handschriftengruppe die Wunderheilung am Teich Beth Chesda ebenfalls durch das Motiv des Engels ergänzt wird, der von Zeit zu Zeit das Wasser in Wallung setzt und denjenigen heilt, der als erster zum Bad hinabsteigt (Joh 5,4). Freilich ist dort alles in ein Feld der Konkurrenz getaucht: es kommt darauf an, der Schnellste unter den Gelähmten zu sein. Aber es wird für das Wunder doch entscheidend, daß der Gelähmte nach Jahrzehnten der Menschenabhängigkeit und der Enttäuschung es lernt, sich auf seine eigenen Beine zu stellen und selber zu gehen. Es sind dies Worte, die weder ein Mensch dem anderen noch das eigene Ich sich selber sagen kann – sie müssen, wo auch immer sie vernommen werden, aus eben dem Raum kommen, den die Theologie als Gnade Gottes deutet.

59 Es ist die Szene, in der Marianne ihren Alptraum erzählt; sie träumte: »Ich will, daß ihr meine Hände haltet, damit wir uns aneinander festhalten können ... Aber es geht nicht. Ich habe keine Hände mehr. Ich habe nur ein paar Armstümpfe, die an den Ellbogen enden. Gleichzeitig rutsche ich auf weichem Sand aus. Ich kann euch nicht erreichen.« Sie fragt Johann: »Glaubst du, wir leben in absoluter Verwirrung?« Als dieser sie fragt: »Was meinst du mit Verwirrung?«, erklärt sie: »Furcht, Unsicherheit, Unverstand. Ich meine Verwirrung. Daß wir insgeheim einsehen, daß es bergab geht. Und daß wir nicht wissen, was wir unternehmen sollen.« I. Bergman: Szenen einer Ehe, München² 1976 (Heyne 5275), S. 200–201.

60 Erst auf dem Hintergrund eines solchen absoluten Seindürfens, einer solchen absoluten Daseinsberechtigung findet ein Mensch zu sich selbst und findet er den Mut, dem anderen ohne Angst zu begegnen. Im Feld der Angst erscheint der andere so, wie J.-P. Sartre ihn beschrieben hat: als Gegenmensch, unter dessen Blick die eigene Welt zerstört wird und das eigene Leben versteinert. Zur Interpretation des Hegelschen Verhältnisses von Herr und Knecht bei Sartre vgl. E. Drewermann: Strukturen des Bösen, Bd. III, S. 263–278.

61 Buchstäblich gilt hier die Einsicht des altchinesischen Weisen Laotse:

»Wer das Lernen übt, vermehrt täglich.

Wer den *Sinn* übt, vermindert täglich.

Er vermindert und vermindert,

bis er schließlich ankommt beim Nichtsmachen.

Beim Nichtsmachen bleibt nichts ungemacht.

Das Reich erlangen kann man nur,

wenn man immer frei bleibt von Geschäftigkeit.

Die Vielbeschäftigten sind nicht geschickt,

das Reich zu erlangen.«

Laotse: Tao te king, Nr. 48, übers. v. R. Wilhelm, Düsseldorf-Köln 1957, S. 91. – Der Liebende handelt nicht, er ist in der Nähe, und das ist genug.

62 Das Verdecken der Augen entstammt ursprünglich der Sonnenmythologie, s.o. Anm. 8. Psychologisch ist wohl ein Vorgang des Umlernens gemeint, in dem man die alte Weltsicht der eigenen Fürsorge und absoluten Wichtigkeit für den anderen verliert und zu einer neuen Ansicht der gemeinsamen Dankbarkeit füreinander findet. In der Bibel ist besonders die Bekehrung des hl. Paulus zur Verdeutlichung dieser vorübergehenden Blindheit aufgrund einer tieferen Sichtweise geeignet: Apg 9,8.

63 Das Essen des Brotes ist offenbar das vollendete Gegenstück zu den oralen Gehemmtheiten der Ausgangsproblematik des Märchens. Die Art, in der die endgültige Heilung festgestellt wird, unterstreicht noch einmal die Richtigkeit der eingangs getroffenen Krankheitsdiagnose. Zum Essen s.o. Anm. 34.

64 Die »Mutter« verkörpert in der Sprache der Märchen am ehesten das, was in der Theologie Gott genannt wird; sie ist ein Bild des unbegreiflichen Ursprungs und der gnädigen Erhaltung von allem; E. Drewermann: Strukturen des Bösen, Bd. II, S. 24; 42; 158.

65 Das Bild des hieròs gámos, der Hl. Hochzeit, ist in den Mythen und Märchen sowie in den zahlreichen Riten alter Religionen ein Symbol der Gegensatzvereinigung der kosmischen wie der psychischen Kräfte. E. Drewermann: Strukturen des Bösen, Bd. II, S. 332–354; C.G. Jung: Die Psychologie der Übertragung. Erläutert anhand einer alchemistischen Bilderserie (1946), in: Ges. Werke XVI, S. 282–283.

Marienkind

1 K.J. Obenauer: Das Märchen. Dichtung und Deutung, Frankfurt 1959, 245–
252, meint: »Unser Märchen vom Marienkind, das wahrlich keine flüchtige
Übermalung ist, es ist in seinem ganzen Ethos christlich, weil es Gehorsam
gegen Gott wie reuiges Bekennen einer Schuld fordert; es ist keine zerstörte,
sondern eine vollendete Endform des Märchens; eines Symbolmärchens, das die
alten Züge zu sinnhaltiger Schönheit überzeugend steigert.« (248) Den Weg des
»Marienkindes« zur Madonna deutet Obenauer als Sterben des Kindes, seine
Rückkehr zur Welt als Reinkarnation, der psychische Gehalt des Märchens
bleibt in seiner Deutung hingegen unverstanden und unverständlich.

2 F. Grillparzer: Weh dem, der lügt! Lustspiel in 5 Akten, Wien 1840; Stuttgart
(reclam 4381) 1959, erzählt die Geschichte des fränkischen Bischofs Gregor, der
seine eherne Forderung nach absoluter Wahrhaftigkeit angesichts der Wirklichkeit nicht durchhalten kann, während sein Küchenjunge Leon, der den Neffen
des Bischofs, Attalus, mit List aus der Gefangenschaft des barbarischen Königs
Kattwald zu erretten sucht, durch den Glauben an die Macht des Göttlichen zur
Wahrhaftigkeit hin reift. Realismus und Sittlichkeit, Lüge und Wahrhaftigkeit
versöhnen sich in Grillparzers Drama im Gottvertrauen und in der Liebe zwischen Leon und Kattwalds Tochter Evita, die sich der Flucht vor ihrem Vater
anschließt und sich zum christlichen Glauben bekehrt. Die Welt, m. a. W., widerspricht der Unbedingtheit der göttlichen Forderung, aber sie ist fähig zur
Läuterung. – Liest man demgegenüber das Märchen vom ›Marienkind‹, so muß
man den Eindruck gewinnen, daß hier die Forderung nach Wahrhaftigkeit zur
absoluten Voraussetzung erhoben werde, ohne das tragische Scheitern des moralischen Rigorismus an der Angst weiter zu reflektieren. Zum Problem der
Lüge vgl. E. Drewermann: Psychoanalyse und Moraltheologie, 3. Bd.: An den
Grenzen des Lebens, Mainz 1984.

3 B. Bettelheim: The Uses of Enchantment, New York 1975; dt.: Kinder brauchen Märchen, übers. v. L. Mickel u. B. Weitbrecht, Stuttgart 1977, 111–118,
begründet die Notwendigkeit der Märchen zu Recht mit dem Hinweis auf die
Entfaltung der Phantasie, die das Kind davor bewahrt, an der Realität zu scheitern, und es ihm ermöglicht, der Ambivalenz seiner Gefühle Ausdruck zu verleihen. Das trifft in etwa für den 1. Teil des Märchens vom ›Marienkind‹ zu. Im
2. Teil des Märchens aber wird im Grunde ein rigoroser Über-Ich-Standpunkt
vertreten, während die phantasiereichen »Tröstungen« des Anfangs dahinter
zurücktreten. Eine *solche* Erzählung muß in der Tat pädagogisch Bedenken
erregen.

4 Nach theologischer Meinung besteht der Himmel gerade in der visio beatifica, in
der beseligenden Anschauung Gottes; vgl. J. Brinktrine: Die Lehre von den
letzten Dingen, Paderborn 1963, 123–127; zu ihr gehören die Eigenschaften der
Übernatürlichkeit, der Ewigkeit, der Unsündlichkeit, der Unterschiedenheit
und der Unveränderlichkeit (a. a. O., 127–130); sie umfaßt auch die Erkenntnis
all jener Personen, mit denen die Seele des Verstorbenen in näherer Beziehung
stand, besonders also der Verwandten und Freunde (a. a. O., 126).

5 J. Bolte, G. Polivka: Anmerkungen zu den Kinder- und Hausmärchen der Brüder Grimm, 5 Bde., Leipzig 1913–1932, 1. Bd., 13–14, führt eine Erzählung auf,
in welcher der arme Mann, da er seine Kinder nicht ernähren kann, sich gerade

im Wald erhängen will, als eine schwarzgekleidete Jungfrau ihm Schätze verspricht, wenn er ihr gebe, was im Hause verborgen sei; der Mann willigt ein, aber das Verborgene ist das Kind im Mutterleib. Das Mädchen findet im Schloß der schwarzen Jungfrau hinter der verbotenen Tür vier Frauen, die in Bücherlesen vertieft sind; der Ungehorsam, nicht erst die Lüge, begründet hier den Verstoß des Kindes und sein Verstummen. – In einer sizilianischen Fassung (›Das Kind der Mutter Gottes‹) flieht die Jungfrau vor einem ehebrecherischen Vater oder Lehrer, der ihr auch noch nachstellt, als sie die Gemahlin eines Königs geworden ist. – Je nachdem ist natürlich das Problem des Märchens anders zentriert, obwohl die psychischen Problemfelder einander durchdringen, ergänzen und überlagern können. M. L. v. Franz: Bei der schwarzen Frau: Deutungsversuch eines Märchens (1955), in: W. Laiblin (Hrsg.): Märchenforschung und Tiefenpsychologie, Darmstadt 1975, 299–344, sieht S. 338–344 in der »Madonna« des Märchens vom ›Marienkind‹ den »Schatten der Maria« repräsentiert – Aspekte der vorchristlichen Natur- und Erdmuttergöttin »als einer spezifisch weiblichen Form des Bösen, das sich u. a. in hemmungsloser Lust, Eifersucht, Intrigenhaftigkeit, dem Aussaugen anderer Menschen und egozentrischer Ichhaftigkeit äußert. Ein Teil dieses Hexenaspektes wird am Schluß des Märchens in der Person der alten Königin vernichtet« (341). Es geht nach M. L. v. Franz daher in dem Märchen um die weibliche Individuation, indem »sich dieser Keim der Individuation gleichzeitig gegen ein falsches Bild der Frau im Kollektivbewußtsein (alte Königin), und gegen ein archaisches Mutter- und Frauenbild im kollektiven Unbewußten (schwarze Frau) durchsetzen muß, um zu seiner eigenen Lebensmöglichkeit zu gelangen« (340). Doch diese typisierende Deutung wird dem Märchen vom ›Marienkind‹ nicht gerecht, das nicht von einer »alten Königin« erzählt, sondern von einem jungen Mädchen, und das Problem dieser Entwicklungsgeschichte ist nicht die Ambivalenz des kollektiven Unbewußten, sondern die Ambivalenz des Über-Ichs, das eine bestimmte Moral des »Madonnenideals« widerspiegelt. Wie stets, so müssen auch hier zunächst die Einzelkonflikte eines Märchens analysiert werden, ehe man die psychische Struktur der Erzählung mit der Typologie anderer Märchenerzählungen vergleichen kann; ausschlaggebend für die Deutung eines Märchens sind nicht die Motive, die es verwendet, sondern die konkrete Psychodynamik, die es mit ihrem Auftreten verbindet. An dieser Tatsache scheitern viele Märcheninterpretationen aus der Schule C. G. Jungs durch ihre offenbar unausrottbare Neigung zu vorschnellen typologischen Generalisierungen. – Zu dem Zusammenhang der Gestalt Mariens mit dem Bild der Großen Göttin vgl. J. Grimm: Deutsche Mythologie (1835), Frankfurt-Wien-Berlin (Ullstein Tb. 35107-08) 1981, 1. Bd., S. XXVIII-XXIX.

6 Fressen will die Kinder z. B. die Köchin in dem Märchen vom ›Fundevogel‹ (KHM 51); zur Analyse dieses Märchens vgl. S. Birkhäuser-Oeri: Die Mutter im Märchen. Deutung der Problematik des Mütterlichen und des Mutterkomplexes am Beispiel bekannter Märchen, hrsg. v. M. L. v. Franz, Stuttgart (psychisch gesehen 28–29) 1976, 147–151, die in dem Kinderpaar des Märchens, wie im Märchen vom ›Brüderchen und Schwesterchen‹ (KHM 11), den »Antrieb zur Ganzheit« (149) verkörpert findet und in der »Köchin« (natürlich) die fressende Seite der anima wiedererkennt, die vom »Lenchen« aufgelöst werden muß; die *orale* Seite der Thematik geht in dieser Deutung gänzlich unter. – Fressen will

die Kinder im Märchen von ›Hänsel und Gretel‹ (KHM 15) gleichermaßen die
Hexe, eine hintergründige Parallelgestalt zu der aus Not verstoßenden Mutter
des Anfangs der Erzählung. Die Art des »Verschlingens« dort ist aber gänzlich
anders als in den kannibalischen Motiven im Märchen vom ›Marienkind‹, die
man am ehesten mit dem »Gefressenwerden« im Märchen vom ›Rotkäppchen‹
(KHM 26) vergleichen kann, wo die an sich liebevolle »Großmutter« die Gestalt
des verschlingenden »Wolfes« annimmt, offenbar zur Strafe für die (sexuelle)
Schuld, vom »Wege abgewichen« zu sein; vgl. E. Fromm: The Forgotten
Language. An Introduction to the Understanding of Dreams, Fairy Tales and
Myths (1951), dt.: Märchen, Mythen, Träume, in: Gesamtausgabe, hrsg. v.
R. Funk, 10 Bde., Bd. IX, Stuttgart 1981, 169–315, übers. v. L. u. E. Mickel,
S. 295–297, der das »Rotkäppchen« als Symbol der Menstruation und den Wolf
als Gefahr der Sexualität deutet; entscheidend ist hier indessen, gegen Fromms
Interpretation, das Gefressenwerden vom mütterlichen Über-Ich, nicht das Ver-
schlungenwerden vom Es.

7 Eben daran zeigt sich erneut, daß die Erzählung vom ›Marienkind‹ wesentlich
als Märchen, nicht als Legende zu verstehen ist; für das Märchen ist die Typisierung seiner Gestalten charakteristisch, während die Legende wohl mit typischen
Motiven arbeitet, die auch in den Märchen (ebenso wie in den Mythen und den
Sagen) vorkommen, aber diese Motive doch in irgendeiner Weise an historischen Gestalten und Orten sowie an bestimmten Riten der jeweiligen Religion
festzumachen sucht. Zum psychodynamischen Unterschied von Märchen und
Legende vgl. E. Drewermann: Tiefenpsychologie und Exegese. 1. Bd.: Die
Wahrheit der Formen: Von Traum, Mythos, Märchen, Sage und Legende, Ol-
ten-Freiburg 1984.

8 So z.B. in dem Märchen vom ›Mädchen ohne Hände‹ (KHM 31). Vgl. dazu in
diesem Band: Das Mädchen ohne Hände, S. 15; zur Gestalt des Teufels im
Märchen als negativer Vaterimago vgl. E. Drewermann: Der Teufel im Märchen, in: Archiv für Religionspsychologie, Bd. 15, Göttingen 1982, 93–128,
S. 106–110.

9 J. Bolte, G. Polivka: Anmerkungen zu den Kinder- und Hausmärchen der Brüder Grimm, I 16–17.

10 Im Alten Testament wurde Judas' Frau z.B. nur als »Schuas Tochter« bezeichnet (Gen 38,2), so als genügte es, den Namen des Vaters zu kennen, um das
Wesen der Tochter zu verstehen. Th. Mann: Joseph und seine Brüder. Roman in
4 Teilen, Stockholm-Amsterdam 1948; Neudruck: Frankfurt-Hamburg (Fischer Tb. 1183, 1184, 1185) 1971, I 368; III 1164–1166, schildert das Schicksal
einer solchen Verachteten. Wenn demgegenüber im Neuen Testament (Mt 4,18–
22) Jesus die »Söhne des Zebedäus« beruft und diese sogleich seinem Anruf
folgen, so zeigt das offenbar, daß es ein und dasselbe ist, von der Bestimmung
durch Menschen frei zu werden und vor Gott hinzutreten.

11 Vgl. E. Drewermann: Von der Notwendigkeit und Form der Konfrontations-
technik in der gesprächspsychotherapeutischen Beratung, in: Psychoanalyse
und Moraltheologie, 2. Bd., Mainz 1983, 232–234.

12 Bes. E. Jones: Die Empfängnis der Jungfrau Maria durch das Ohr. Ein Beitrag
zu der Beziehung zwischen Kunst und Religion, in: Jahrbuch der Psychoanalyse, hrsg. v. S. Freud, VI. Bd., Leipzig-Wien 1914, 135–204, hat den ödipalen
Hintergrund im Umkreis der Madonnenverehrung freigelegt. – Die totemisti-

sche Theorie von der jungfräulichen (fälschlich »unbefleckten«) Empfängnis
untersuchte S. Freud: Totem und Tabu (1912), Ges. Werke IX, London 1940,
139–145, als ödipale Phantasie.

13 Vgl. E. Drewermann: Die Frage nach Maria im religionswissenschaftlichen Horizont, in: Zeitschrift für Missionswissenschaft und Religionswissenschaft,
66. Jg. 2/1982, 96–117, 100–103. – Auf die Aufspaltung des weiblichen Arche-
typs in die Mutter Gottes, die »nur die himmlische, sublimierte Liebe« repräsentiert und »nie mit irdischer Geschlechtlichkeit in Berührung« kommt, und das
Bild der Teufelsbuhlerin und Hexe verweist M. Jacoby: Die Hexe in Träumen,
Komplexen und Märchen. Das dunkle Weibliche in der Psychotherapie, in:
M. Jacoby, V. Kast, I. Riedel: Das Böse im Märchen, Stuttgart ²(erg.) 1980, 195–
212, S. 203.

13a E. Brunner-Traut: Pharao und Jesus als Söhne Gottes, in: Gelebte Mythen.
Beiträge zum altägyptischen Mythos (1961), Darmstadt ²1981, 34–53, S. 47–51.
– Hinzufügen muß man auch die *orale* Phantasie, nach der es eine Göttin, ein
überirdisches Wesen ist, das dem neugeborenen Kind die Nahrung spendet.
Bereits das ugaritische *Keret-Epos* aus der Mitte des 2. Jahrtausends v. Chr.
erzählt, daß König Keret nach seiner Heirat mit Hurrija, der Tochter Königs
Pabil-malku von Udm, den Sohn Jassib zeugt, den die Göttinnen Atirat und
Anat anstelle der Mutter säugen. Vgl. K. H. Bernhardt: Anmerkungen zur Interpretation des Krt-Textes von Ras Schamra-Ugarit, in: Wiss. Zeitschrift d. Univ.
Greifswald, 2/3, 1955/56, 101–121. – In der griechischen Mythe wird Herakles
von Hera auf den Arm genommen und durch das Saugen an ihrer Brust unsterblich; vgl. R. von Ranke-Graves: The Greek Myths, 1955; dt.: Griechische Mythologie. Quellen und Deutung, übers. v. H. Seinfeld, 2 Bde., Hamburg (rde
113–114; 115–116) 1960; 2. Bd., 85. – Auch in dem Märchen vom ›Marienkind‹
spielt die orale Komponente bei der Vergöttlichung der Mutter die größte Rolle.

14 Zur Mythe von Demeter und Persephone paßt vor allem die Thematik des
»Marienkindes«, daß der Beginn der Liebe als ein Abstieg in die »Unterwelt«
verstanden wird: Hades, der Gott des Todes, »raubt« die jungfräuliche »blu-
menpflückende« Persephone; das Ende der Mutterbindung durch die Begegnung mit dem anderen Geschlecht wird mithin erlebt wie ein Tod. Zur Deutung
des eleusinischen Demeter-Mythos vgl. C. G. Jung, K. Kerényi: Das göttliche
Kind. Die Hauptgestalt der Mysterien von Eleusis in mythologischer und psychologischer Beleuchtung, Amsterdam-Leipzig 1940 (Albae vigiliae, VIII–IX),
später: Die Psychologie des Kindarchetypus, in: Ges. Werke 9/I.

15 Manche Vorstellungen des Märchens entstammen offenbar dem biblischen
Sprachgebrauch; so erinnern die »Schlüssel des Himmelreichs« an Mt 16,19; die
12 Apostel auf ihren Thronen erinnern an Dan 12,3, wo die Weisen im Himmel
als »Glanz der Himmelsfeste« beschrieben werden, woran Mt 13,43 anknüpft;
bes. Mt 19,27 verheißt, daß die Jünger »auf zwölf Thronen sitzen« würden, »um
die zwölf Stämme Israels zu richten«.

16 Das Symbol des »Engels« kann im Märchen sehr unterschiedlich sein; als Begleiter und Wegführer verkörpert der Engel oft das Wesensgewissen eines Menschen, so z. B. der »Engel« in dem Märchen vom ›Mädchen ohne Hände‹; vgl.
dazu in diesem Band: Das Mädchen ohne Hände, S. 405, Anm. 31. Die *kleinen*
Engelgestalten aber verkörpern oft den Geist der Kindheit, wie z. B. im Märchen
von ›Schneeweißchen und Rosenrot‹ (KHM 161); vgl. E. Drewermann, Neu-

haus: Schneeweißchen und Rosenrot, Olten-Freiburg 1983, S. 30. – Zum Begriff des Engels in der Religionsgeschichte vgl. G. van der Leeuw: Phänomenologie der Religion, Tübingen ⁴1977, 149–155.

17 Religionsgeschichtlich besitzt der Himmelsgott das absolute Recht und die Macht, alles zu sehen; umgekehrt existiert die Vorstellung, daß es tödlich ist, die Gottheit anzuschauen. Vgl. Ex 33,20f.; oder Bhagavadgita XI 8: »Doch kannst du mich nicht mit diesem deinem (menschlichen) Auge erblicken.« S. Radhakrishnan: The Bhagavadgita, London; dt.: Die Bhagavadgita. Sanskrittext mit Einleitung und Kommentar. Mit dem indischen Urtext verglichen und ins Deutsche übers. v. S. Lienhard, Baden-Baden 1958, 312.

18 Das Anschauen Gottes gilt geradezu als Inbegriff der Gottesbegegnung. Vgl. G. Mensching: Die Religion. Eine umfassende Darstellung ihrer Erscheinungsformen, Strukturtypen und Lebensgesetze, München (Goldmann Tb. 882–883) o. J., 222 ff.

19 So im ›Salve, Regina‹ aus dem 11. Jh., wo es heißt: »und nach diesem Elend (sc. der irdischen Existenz) zeige uns Jesus, die gebenedeite Frucht deines Leibes.«

20 Im Grunde sind die 12 Apostel hinter den Himmelstüren Nachfahren der 12 Tierkreiszeichen, die bereits hinter der Symbolik der 12 Söhne Jakobs bzw. der 12 Stämme Israels stehen. Vgl. A. Jeremias: Das Alte Testament im Lichte des Alten Orients. Handbuch zur biblisch-orientalischen Altertumskunde, Leipzig 1904, 225–227; vgl. danach Th. Mann: Joseph und seine Brüder, III 1154.

21 S. Freud: Vorlesungen zur Einführung in die Psychoanalyse (1916–1917), in: Ges. Werke XI, London 1940, 155; 166; W. Stekel: Die Sprache des Traumes. Eine Darstellung der Symbolik und Deutung des Traumes in ihren Beziehungen zur kranken und gesunden Seele, München 1921, 333–334. – In gleichem Sinne H. Miller: Black Springs, Paris; dt.: Schwarzer Frühling, übers. v. K. Wagenseil, Hamburg (rororo 1610) 1973, 23.

22 C. G. Jung: Versuch einer psychologischen Deutung des Trinitätsdogmas (1942), in: Ges. Werke 11, Olten-Freiburg 1963, 119–218, S. 165; 172–178; H. Baumann: Das doppelte Geschlecht. Ethnologische Studien zur Bisexualität in Ritus und Mythos, Berlin 1955, 139; 149 ff, verweist darauf, daß die Dreiheit und Dreigesichtigkeit des Göttlichen »nur eine andere Art der Darstellung seiner bisexuellen Natur« bilden (149). Vgl. E. Drewermann: Religionsgeschichtliche und tiefenpsychologische Bemerkungen zur Trinitätslehre, in: W. Breuning (Hrsg.): Trinität. Aktuelle Perspektiven der Theologie, Freiburg 1984.

23 C. G. Jung: Versuch einer psychologischen Deutung des Trinitätsdogmas, Ges. Werke 11, S. 196–204.

24 Zur biblischen Sündenfallerzählung vgl. E. Drewermann: Strukturen des Bösen. Die jahwistische Urgeschichte in exegetischer, psychoanalytischer und philosophischer Sicht, 3 Bde., Paderborn ³(erw.) 1982, 1. Bd., 75–78.

25 Vgl. K. Abraham: Über Einschränkungen und Umwandlungen der Schaulust bei den Psychoneurotikern nebst Bemerkungen über analoge Erscheinungen in der Völkerpsychologie (1914), in: Psychoanalytische Studien zur Charakterbildung und andere Schriften, hrsg. v. J. Cremerius, Frankfurt 1969, 324–382, S. 326–343; die »Kastration« ist symbolisch der »Selbstblendung« des Ödipus gleichzusetzen. Zu dem Verbot, Gott anzuschauen, als Konsequenz des Ödipuskomplexes vgl. E. Drewermann: Strukturen des Bösen, 2. Bd., 451–469, zu Gen 9,20–27, der Sünde Chams.

26 In der Analyse des »Wolfsmannes« beschrieb S. Freud: Aus der Geschichte einer infantilen Neurose (1918), in: Ges. Werke XII, London 1947, 27–157, S. 63–66 ausführlich die traumatisierende Wirkung der Urszene.

27 Ohne diesen Narzißmus des Über-Ichs wäre die verurteilende Härte der sonst so liebevollen »Mutter Gottes« völlig unverständlich. M. Proust: Die Beichte eines jungen Mädchens, in: Tage der Freuden, Frankfurt a. M.-Berlin-Wien (Ullstein Tb. 71) 1977, 89–102, hat in ergreifender Weise geschildert, wie ein heranwachsendes Mädchen an der moralischen Überforderung seiner madonnenhaften Mutter zerbricht; vgl. E. Drewermann: Von der Geborgenheit im Ring der Liebe, in: Psychoanalyse und Moraltheologie, 3 Bde., Mainz 1982–1984, 2. Bd.: Wege und Umwege der Liebe, 31–33.

28 Dasselbe Verhalten schildert z. B. das Märchen vom ›Rotkäppchen‹ (s. o. Anm. 6), das sein Abweichen vom Weg damit begründet, daß es im »Wald« »Blumenpflücken« könne, um der Großmutter Freude zu machen; aber die Hoffnung trügt: der Triebwunsch, der »Wolf«, führt dazu, daß die »Großmutter«, das Über-Ich, sich selber in den fressenden Wolf verwandelt und das »Rotkäppchen« verschlingt. Die Warnung der Mutter hingegen, das »Glas« mit »Wein« könnte »zerbrechen«, die weibliche Unversehrtheit also zerstört werden, trifft nicht ein: die onanistische Abweichung selbst wird bereits so tabuisiert, daß am Ende nichts anderes übrig bleibt als die Rettung durch den »Jäger«, den eigenen Vater also.

29 So schon S. Freud: Die Traumdeutung (1900–1902), in: Ges. Werke II–III, London 1942, 359; ders.: Vorlesungen zur Einführung in die Psychoanalyse (s. o. Anm. 21), 160. – In sehr derber Sprache vgl. zur Symbolik des »Schlüssels« auch E. Littmann (Übers.): Die Erzählungen aus den 1001 Nächten, vollst. Ausg. nach dem arab. Urtext der Calcuttaer Ausg. v. 1839, Frankfurt (insel tb. 224) 1976, 12 Bde., 2. Bd., 465: Die Geschichte des Eunuchen Buchait.

30 S. Freud: Die Traumdeutung, Ges. Werke II–III 697; ders.: Vorlesungen, Ges. Werke XI 157–158; 164.

31 Zu dem Problem der Maßlosigkeit und Übersteigerung onanistischer Phantasien vgl. E. Drewermann: Zur Frage der moraltheologischen Beurteilung bestimmter Formen sexuellen Fehlverhaltens (1979), in: Psychoanalyse und Moraltheologie, Bd. 2, 178–185.

32 G. Bateson, D. D. Jackson, J. Haley, J. Weakland: Toward a theory of schizophrenia, Behav. Sci. 1 (1956) 251–264, entwickelten erstmals den Begriff der »Doppelbindung«, der durch P. Watzlawick, J. H. Beavin, D. D. Jackson: Menschliche Kommunikationsstörungen. Formen, Störungen, Paradoxien, Bern 1969, auch in Deutschland Eingang fand.

33 Das zwangsneurotische Zeremoniell des Ungeschehenmachens hat S. Freud: Hemmung, Symptom und Angst (1926), in: Ges. Werke XIV, London 1948, 150–151, meisterlich beschrieben. É. Zola: La faute de l'Abbé Mouret, 1875 (in: Les Rougon Macquart, Bd. 5); dt.: Die Sünde des Abbé Mouret, übers. v. O. Schwarz, München 1922, z. B. schilderte den Versuch des Abbé Mouret, den »Sündenfall« mit der naturhaft-unschuldigen Albine im Paradies des Materialisten Jeanbernat durch Askese rückgängig zu machen; Albine stirbt an der Zurückweisung durch den Abbé, und obwohl Mouret seinen Verzicht auch angesichts seines Opfers bejaht, fragt Zola doch indirekt, worin eigentlich die Sünde des Abbé Mouret bestand: in seiner Liebe oder in dem Verzicht auf seine Liebe.

34 Vgl. E. Drewermann: Zur Frage der moraltheologischen Beurteilung bestimmter Formen sexuellen Fehlverhaltens (1979), in: Psychoanalyse und Moraltheologie, 2. Bd., 183–185. Es geschieht zur Selbstbestrafung, daß zunächst alle anderen Glücksquellen ausgeschaltet werden und schließlich nur noch die eine einzige per Verbot fixierte und überwertig gewordene Form des Selbstgenusses üb-
   rigbleibt.
35 Vgl. zu Gen 3,8 ff. E. Drewermann: Strukturen des Bösen, 1. Bd., 79–86.
36 Zu Recht meint J. Rattner: Psychologie und Psychopathologie des Liebeslebens,
   München (Kindler Tb. 2067–68) 1970, 49: »Die Erfahrung lehrt, daß derartige
   triebhafte Komplikationen (sc. wie die Zwangsonanie, d. V.), gegen die der von
   ihnen Behaftete oft Jahre und Jahrzehnte lang vergeblich ankämpft, durch die
   psychotherapeutische Kur mitunter sehr schnell behoben werden können. Es ist
   oft schon eine unsägliche Entlastung für den Onanisten, wenn er – der sich mit
   seinem Leiden allein auf der Welt fühlt – mit dem verständnisvollen Gesprächs-
   partner das Problem sachlich durchbesprechen kann.« – Das Problem des vergoldeten Fingers bzw. des Goldenen Haares erscheint auch im Märchen vom
   ›Eisenhans‹ (KHM 136) und ist dort wohl ähnlich zu verstehen; es nimmt in
   diesem Märchen aber eine ganz andere Entwicklung, indem die Gestalt aus der
   Tiefe, der »Eisenhans«, sich als Verbündeter des Jungen, nicht als sein Gegner
   erweist; im Gegenteil lohnt es der »wilde Mann«, daß der Junge ihn aus dem
   »Gefängnis« seiner Eltern befreit hat.
37 P. Christian: Herz und Kreislauf, in: V. E. Frankl, V. E. v. Gebssattel, J. H.
   Schultz (Hrsg.): Handbuch der Neurosenlehre und Psychotherapie, 2. Bd: Spezielle Neurosenlehre, München-Berlin 1959, 495–516, verweist im Umkreis ju-
   veniler Hypertonie auf die Kollision von Wollen und Können aufgrund eines zu
   hoch gespannten Ichideals (508) sowie auf das Problem der Scham, des Herz-
   klopfens bei Verlegenheit und Betroffenheit (510). Subjektiv stellt sich nicht
   selten eine Beziehung her zwischen Herzrhythmusstörungen und dem Herzja-
   gen während der Onanie, wobei gerade die schuldbewußten Verzögerungen des
   Orgasmus und die häufigen Ritualisierungen der Zwangsonanie mitunter tatsächlich auch objektiv die Stabilität des Kreislaufs ins Wanken bringen können.
38 Vgl. E. Drewermann: Ein Plädoyer für die Lüge oder: vom Unvermögen zur
   Wahrheit, in: Psychoanalyse und Moraltheologie, 3. Bd.: An den Grenzen des
   Lebens, Mainz 1984.
39 Dahinein gehören Äußerungen, denen man besonders bei manchen hochgestell-
   ten Klerikern mitunter in erschreckender Weise begegnet, etwa wenn sie mit
   Nachdruck betonen, daß sie mit den Versuchungen der Sexualität »nie« etwas
   zu tun hatten. Nicht nur die Selbstgerechtigkeit im Urteil ist dabei erstaunlich,
   auch die Ahnungslosigkeit im Umgang mit sich selbst verblüfft dabei immer
   wieder. D. Morris: The Human Zoo, London 1969; dt.: Der Menschenzoo,
   übers. v. F. Bolle, München-Zürich 1969, 127 schildert z. B. die orgasmusähnli-
   che Vision der hl. Teresa, die sah, wie ein Engel über sie kam: »In seinen
   Händen erblickte ich einen langen goldenen Speer, dessen eiserne Spitze eine
   Flammenzunge zu sein schien. Es war mir, als durchbohre er mehrere Male
   mein Herz, so daß die Spitze in mein Inneres drang. Als er den Speer herauszog,
   hatte ich die Vorstellung, er ziehe mein Inneres mit, und er ließ mich zurück in
   einer alles verzehrenden Liebe zu Gott. Der Schmerz war so jäh, daß ich mehrere Male laut aufstöhnte, und so überwältigend war die Süße, die mir der tiefe

Schmerz bereitete, daß ich wünschte, sie solle nie aufhören.« – Warum nur ist es so schwer, einfachhin menschlich zu leben?

40 Mit Recht stellte bereits S. Freud: Beiträge zur Psychologie des Liebeslebens (1910), in: Ges. Werke VIII, London 1943, 88, fest: »Der Schaden der anfänglichen Versagung des Sexualgenusses äußert sich darin, daß dessen spätere Freigebung in der Ehe nicht mehr voll befriedigend wirkt.« Er fügte freilich hinzu, was heute zumeist überlesen wird: »Aber auch die uneingeschränkte Sexualfreiheit von Anfang an führt zu keinem besseren Ergebnis. Es ist leicht festzustellen, daß der psychische Wert des Liebesbedürfnisses sofort sinkt, sobald ihm die Befriedigung bequem gemacht wird.«

41 Das Motiv des Verstummens taucht z. B. auf in dem Märchen ›Die zwölf Brüder‹ (KHM 9) und ›Die sechs Schwäne‹ (KHM 49), es hat dort aber den Sinn, ein Geheimnis zu wahren, dessen Mitteilung die Erlösung der Brüder gefährden würde. Ähnlich ist das Schweigegebot in W. A. Mozarts ›Zauberflöte‹ zu verstehen. Anders im Märchen vom ›Marienkind‹, wo die Stummheit aus der Lüge erwächst. – A. Quinn: The Original Sin; dt.: Der Kampf mit dem Engel. Eines Mannes Leben, übers. v. H. Hermann, Bern-München 1972; Neudruck: München (Goldmann Tb. 3401) o. J., 8–9, erzählt in seiner Autobiographie von dem Stimmverlust nach einem Theaterabend und wie der Arzt zu ihm sagt: ». . . Sie haben eine Lüge im Hals stecken.« Er selbst fährt fort: »Eine Lüge im Hals stecken!!! Ich hatte tausend Lügen im Hals stecken! Welche lähmte mich? . . . Ich sah, daß alles, was ich geleistet hatte, nichts war als Eitelkeit und Trug . . . Ich war dabei zu ertrinken.« »Glauben Sie an die Liebe?«, fragt ihn der Arzt (11), – es wird die entscheidende Frage, um die Angst zu besiegen, die die verlorene Kindheit verewigt und die Sehnsucht nach Liebe an ihrer Verwirklichung hindert.

42 Natürlich setzt diese »Unaussprechlichkeit« voraus, daß die »Mutter Gottes« auch ihrerseits die sexuelle Thematik stets gemieden hat und allenfalls in vorsichtigen symbolischen Wendungen auf die Liebe hinweist.

43 Auf geniale Weise hat S. Kierkegaard: Der Begriff Angst. Eine simple psychologisch-hinweisende Erörterung in Richtung des dogmatischen Problems der Erbsünde, Kopenhagen 1844; ins Deutsche übers. v. L. Richter, Hamburg (rk 71; Werke in 5 Bden., 1. Bd.) 1960, 119–120, das Dämonische, die Angst vor dem Guten, in der Gestalt des »Plötzlichen« und der Stummheit, der »brütenden Verschlossenheit« bestimmt; Mephistopheles, meinte Kierkegaard, sei wesentlich mimisch.

44 Wollte man ein Bild des »Marienkindes« malen, so müßte es gewiß die Züge von E. Munchs Bild ›Der Schrei‹ (1893) tragen. Vgl. Th. M. Messer: Edvard Munch, Köln 1976, S. 84–85.

45 Der sehr treffende Ausdruck der »Als-ob-Fassade« stammt von G. Ammon: Psychodynamik des Suizidgeschehens, in: G. Ammon (Hrsg.): Handbuch der Dynamischen Psychiatrie, 1. Bd., München 1979, 777–792, S. 779.

46 F. M. Dostojewski: Podrostok (1875); dt.: Der Jüngling, übers. v. E. K. Rahsin, München 1922; Neudruck: Frankfurt (Fischer Tb. 1255) 1970; 3. Teil, 5. Kap., 3. Abschn., S. 467–468, schildert die Verzweiflung Andrejeffs, der sein Äußeres völlig vernachlässigt, gelangweilt dasitzt und plötzlich anfängt, haltlos zu weinen. Parallel dazu beschreibt Dostojewski die stumme Verzweiflung des Gretchens in Goethes ›Faust‹.

47 Entsprechende Beispiele von Jagdträumen mit Rehen u. a. berichtet W. Stekel:
Die Sprache des Traumes, 117 ff. Das Bild des »Königs« weist in objektaler
Betrachtung zumeist auf eine gewisse Überhöhung des Liebespartners unter dem
Einfluß des Ödipuskomplexes mit den entsprechenden Vatererinnerungen hin.

48 Von altersher ist das männliche Erleben von Jagd und Eroberung mit sexuellen
Erlebnisqualitäten verbunden; vgl. E. Drewermann: Der Krieg und das Christentum. Von der Ohnmacht und Notwendigkeit des Religiösen, Regensburg
1982, 76–82.

49 Unter »Nagualismus« versteht man die im alten Amerika weitverbreitete Vorstellung von einem »Alter ego« »in Gestalt eines Tieres, das als Schutzgeist oder
Gefährte so eng mit einem Menschen verbunden war, daß es alles erlitt, was dem
Menschen zustieß.« W. Krickeberg: Die Religionen der Kulturvölker Mesoame-
rikas, in: W. Krickeberg, H. Trimborn, W. Müller, O. Zerries: Die Religionen
des alten Amerika. (Die Religionen der Menschheit, hrsg. v. C. M. Schröder,
Bd. 7), Stuttgart 1961, 38.

50 Zum Märchen von ›Brüderchen und Schwesterchen‹ vgl. R. Meyer: Die Weisheit der deutschen Volksmärchen, Stuttgart 1969, 81–84; von der esoterischen
Märchendeutung her vgl. F. Lenz: Bildsprache der Märchen, Stuttgart 1971, 79–
93. – Psychoanalytisch ist hervorzuheben, daß die »Stiefmutter« selbst die
»Quellen« des »Waldes« so verzaubert hat, daß sie jeden in ein reißendes Tier
verwandeln, der auch immer daraus trinkt. Auch hier ist daran zu denken, daß
gerade die lieblose Unterdrückung durch die Mutter die Sehnsucht nach der
Liebe so gefährlich macht; der Abwehrmechanismus, den das Märchen von
›Brüderchen und Schwesterchen‹ im Umgang mit dem Triebwunsch empfiehlt,
ist der *Aufschub*, der freilich nur eine Zeitlang erfolgreich ist, wie sich denn auch
im ›Marienkind‹ zeigt.

51 Das »Gebüsch« ist ein bekanntes Symbol der weiblichen Genitalbehaarung; vgl.
S. Freud: Vorlesungen, Ges. Werke XI 158; 197, während das »Schwert« ein
verbreitetes männliches Sexualsymbol ist.

52 Vgl. E. Siecke: Die Liebesgeschichte des Himmels. Untersuchungen zur indogermanischen Sagenkunde, Straßburg 1892, 3. Gewiß irrte Siecke darin, die
rezenten Märchen als Quellen altgermanischer Mythologie zu betrachten, aber
die symbolischen Inhalte, die er analysierte, existieren in der alten Naturmythologie wirklich.

53 Vgl. E. Drewermann: Psychoanalyse und Moraltheologie, II 181.

54 I. Bergman: Scener ur ett äktenskap, 1972; dt.: Szenen einer Ehe, übers. v. H.-J.
Maass, Hamburg 1975, 135–167, überschrieb in gleichem Sinn die 5. Szene seines berühmten Eheportraits mit dem Titel ›Die Analphabeten‹; 148–149: »Wir
sind Analphabeten, wenn es um Gefühle geht. Und das ist eine traurige Tatsache, nicht nur, was dich und mich betrifft, sondern praktisch alle Menschen sind
es. Wir lernen alles über den Ackerbau in Rhodesien und den Körper und über
die Wurzel aus Pi..., aber kein Wort über die Seele. Wir sind bodenlos und
ungeheuer unwissend, wenn es um uns selbst und andere geht. Heutzutage sagt
man so leichthin, man soll die Kinder zu Menschlichkeit und Verständnis und
Toleranz und Gleichheit, oder wie die Modewörter sonst noch lauten, erziehen.
Aber niemand kommt auf die Idee, daß wir zuerst etwas über uns selbst und
unsere eigenen Gefühle lernen müssen.«

55 Das Motiv der vertauschten Braut deutete E. Siecke: Die Liebesgeschichte des

Himmels, 7–15, naturmythologisch recht überzeugend von dem Wechsel von Sonne und Mond bzw. der hellen und dunklen Seite des Mondes her; tiefenpsychologisch wird man darin den Wechsel zwischen dem Bewußtsein und den verdrängten, dunklen Teilen der Psyche, dem Schatten, sehen müssen.

56 Jahrzehntelang galt der Satz des Kirchenrechts von 1917, Canon 1013, § 1: »Der primäre Zweck der Ehe ist die Hervorbringung und Aufzucht der Nachkommenschaft; der sekundäre Zweck ist die wechselseitige Hilfe und (ihre Funktion als) Zufluchtsmittel der Begehrlichkeit.« Zwar ist in der reformierten Form, in der 1984 das neue Kirchenrecht promulgiert wurde, diese Passage geändert worden, aber die Erniedrigung der Liebe in der katholischen Kirche hat in Jahrhunderten eine Mentalität der Angst, der Schuldgefühle, der Verdrängungen und ihrer charakterlichen Reaktionsbildungen geschaffen, die auf unabsehbar lange Zeit wohl weiter Schaden stiften wird.

57 I. Eibl-Eibesfeldt: Liebe und Haß. Zur Naturgeschichte elementarer Verhaltensweisen, München-Zürich 1970, 149–187, beschreibt ausführlich den sozialen, nicht genital sexuellen Wert des Kusses, der Umarmung, der Mundberührung der weiblichen Brust u. a., und kritisiert zu Recht (177 ff.) die moraltheologische Engführung der katholischen Kirche in den Fragen der menschlichen Sexualität; er betont vor allem den Wert, den sexuelle Kontakte schon im Tierreich für die Paarbindung jenseits der Perioden möglicher Fruchtbarkeit besitzen.

58 Gemessen an den Tieren kann man sogar von einer »Hypersexualität« der menschlichen Spezies sprechen, die keinesfalls als »Verfallserscheinung« zu beklagen ist; sie ist die Folge dauerhafter Familiengründungen mit mehreren Kindern, die, beim Menschen einzigartig, über Jahre hin versorgt werden müssen. I. Eibl-Eibesfeldt: a. a. O., 179.

59 Zunächst neigt man in der Psychotherapie dazu, die Angst vor gefühlsmäßig engeren Kontakten als Folge sexueller, zumeist ödipaler Ängste zu interpretieren; oft genug aber wird man gerade bei depressiven Patienten bemerken, daß die Kontaktangst bereits aus einer Zeit stammt, in welcher die Mutter bei jeder körperlichen Annäherung des kleinen Kindes mit Angst und Abwehr auf ihre eigenen sexuell getönten Gefühlswahrnehmungen antwortete; auf das Kind mußte diese Gefühlssperre so wirken, als wenn schon der Wunsch nach Nähe und Zärtlichkeit an sich etwas Unerlaubtes wäre. Wenn S. Freud bereits die frühkindliche Oralität und Analität als »sexuell« deutete – eine These, die zu vielerlei Mißverständnissen und Kontroversen geführt hat –, so muß man gewiß sagen, daß die *erwachsene* Reaktion der Mutter aufgrund eigener sexueller Ängste die Verhaltensweisen des Kindes immer wieder so beantworten wird, als wenn es sich hier um ein sexuelles Verhalten in genitalem Sinne handeln würde; schließlich wird auf diese Weise die gesamte Welt des Kindes »pansexualisiert«, und gerade diese Erlebnisweise wollte Freud in seinen heute oft schwer nachvollziehbaren Theorien beschreiben. Bereits das Stillen, das Wickeln, das Trokkenlegen des Kindes löst bei einer entsprechend erzogenen Mutter sexuelle Gefühle aus, gegen die sie sich wehren muß, indem sie ihr Kind zurückweist: der Blickkontakt bricht ab, das Mienenspiel verändert sich, die Irritation des Kindes beginnt und kann sich alsbald in Erbrechen, Durchfall, Hautkrankheiten, nächtlichem Schreien u. ä. äußern – Symptome, die nun wieder mit einem Übermaß ängstlich-schuldbewußter Fürsorge und Betulichkeit wiedergutgemacht werden müssen.

60 Beispielhaft ist z.B. das gotische Gemälde von Meister Bertram: Die Ruhe auf
der Flucht, Grabower Altar, 1379–1383, in der Hamburger Kunsthalle, wo die
Mutter Gottes gezeigt wird, wie sie abgewandten Gesichtes dem Jesuskind die
Brust reicht; während das Jesuskind mit seinem Blick die Augen seiner Mutter
sucht, schaut diese traurig in andere Richtung vor sich hin. Vgl. G. Souchal,
E. Carli, J. Gudiol: De Gotische schilderkunst, Amsterdam; dt.: Die Malerei
der Gotik (Epochen der Kunst, Nr. 6), übers. v. E. Rapsilber, H. W. Grohn u.
B. Weitbrecht, bearb. v. H. Gottschalk, Gütersloh 1965, Abb. 135 (vgl. auch
Abb. 31, das Bild der Madonna mit dem Kind, aus der Pinakothek in Turin,
1425). Oder vgl. E. Buchner: Malerei der deutschen Spätgotik, München 1960,
Abb. 34: Maria mit dem Kind des Salzburger Meisters Konrad Laib (?) um
1450–60, wo der Gestus des Stillens mit dem Kind überhaupt nichts zu tun hat
und nur die beziehungslose »Mütterlichkeit« der Madonna zum Ausdruck
bringt. Man vergleiche daneben die altägyptischen Statuetten der Göttin Isis mit
dem Horus-Knäblein!

61 M. L. v. Franz: Bei der schwarzen Frau (s. o. Anm. 5), 343, sieht in den drei
Söhnen der Königin eine »Triade von Knaben von relativer Unbestimmtheit«,
die sie (natürlich) im Sinne C. G. Jungs als »Trinität« deutet; daran ist richtig,
daß das »Marienkind« durch die Geburt der Kinder wirklich zur »Mutter Gottes« wird: ihre drei Kinder spielen mit der »Weltkugel« wie das Christuskind;
aber diese psychische Identifikation mit dem eigenen Über-Ich ist gerade das
Gegenteil eines harmonischen Individuationsprozesses, in dem die männliche
Dreiheit zur weiblichen Vierheit verschmelzen würde; sie bedeutet vielmehr die
Fortsetzung des eigenen Unlebens nunmehr in der 3. Generation. Demgegenüber ist es fast nebensächlich zu bemerken, daß es sich im Märchen vom ›Marienkind‹ gar nicht um »drei Knaben« handelt – das dritte Kind ist ein Mädchen;
doch solche »Abweichungen« sind für die Stereotypie mancher Deutungen
kaum ein Grund, die eigene Interpretationsweise in Frage zu stellen. – Die
Verleumdung einer Frau als Menschenfresserin taucht auch anderweitig auf; vgl.
z. B. das Märchen ›Die Nymphe des Brunnens‹ bei Musäus: Volksmärchen der
Deutschen (1842), Stuttgart (Parkland) o. J., 277–325.

62 Vgl. St. Zweig: Marie Antoinette. Bildnis eines mittleren Charakters, Leipzig
1932; Neudruck: Frankfurt (Fischer Tb. 2220) 1980, 28–37; 205–224, wo
St. Zweig das Verhältnis der unglücklichen französischen Königin zu ihrem
Gemahl und zu ihrem geheimen Freund, dem schwedischen Gesandten Graf
Axel von Fersen, schildert.

63 Paradoxerweise kann das Gebaren der »Marienkinder« nach außen hin tatsächlich wie stolz wirken, indem gerade das Gefühl der eigenen Wertlosigkeit im Ich
um so mehr dazu führt, sich den Ansprüchen des Über-Ichs zu unterwerfen und
sich dementsprechend auch nach außen darzustellen. Die These vom »Stolz« als
Inbegriff der Sünde ist bei Theologen nach wie vor beliebt, aber sie verkennt
regelmäßig die Angst und die Minderwertigkeitsgefühle im Hintergrund des
sog. Stolzes. Vgl. E. Drewermann: Strukturen des Bösen, 3. Bd., S. LXXVI–
LXXVIII; ders.: Psychoanalyse und Moraltheologie, 1. Bd., Mainz 1982, 118–
120. – Die Identifikation des »Marienkindes« mit dem Vorbild der »Mutter
Gottes« zeigt sich in der Praxis oft schon im Sprachgebrauch; statt von sich
selbst spricht eine solche Frau meist in der 3. Person von sich: »Euere Mutter«
oder: »Eine Mutter muß doch ...« J. M. Dougall: Über die weibliche Homo-

sexualität, in: J. Chasseguet-Smirgel (Hrsg.): La sexualité féminine, Paris 1964; dt.: Psychoanalyse der weiblichen Sexualität, übers. v. G. Osterwald, Frankfurt (s.v. 697) 1974, 233–292, S. 261, weist im Zusammenhang der Identifikation der Tochter mit der Mutterimago sehr richtig darauf hin, daß die Mutter stets in idealisierter Form wahrgenommen wird, »als schön, begabt und verführerisch«, woran gemessen die Tochter sich selbst als Versager erlebt, so daß es für die Tochter unmöglich scheint, »die Mutter könne durch den Besitz des Vaters als Liebesobjekt an Wert gewinnen«. Gerade so ist die Konstellation in der Kindheit und Ehe des »Marienkindes«.

64 S. Freud: Trauer und Melancholie (1916), in: Ges. Werke X, London 1946, 427–446, S. 432, meinte, es sei bei den Selbstbeschuldigungen Depressiver »wissenschaftlich wie therapeutisch gleich unfruchtbar, dem Kranken zu widersprechen... wenn er sich in gesteigerter Selbstkritik als kleinlichen, egoistischen, unaufrichtigen, unselbständigen Menschen schildert, der nur immer bestrebt war, die Schwächen seines Wesens zu verbergen, so mag er sich unseres Wissens der Selbsterkenntnis ziemlich angenähert haben, und wir fragen uns nur, warum man erst krank werden muß, um solcher Wahrheit zugänglich zu sein. Denn es leidet keinen Zweifel, wer eine solche Selbsteinschätzung gefunden hat und sie vor anderen äußert – eine Schätzung, wie sie Prinz Hamlet für sich und alle anderen bereit hat –, der ist krank, ob er sich nun die Wahrheit sagt oder sich mehr oder weniger Unrecht tut.«

65 F.M. Dostojewski: Besy (1872), dt.: Die Dämonen, übers. v. E.K. Rahsin (1922), Frankfurt (Fischer Tb. 1252) 1970, 2. Teil, 6. Kap., 5. Abschn., S. 364, spricht von dem »offen verkündeten ›Recht auf Ehrlosigkeit‹«.

66 Vgl. E. Drewermann: Strukturen des Bösen, 3. Bd., 568–588.

67 B. Pascal: Pensées de M. Pascal sur la religion et sur quelques autres sujets, qui ont esté trouvées après sa mort parmy ses papiers, postum 1669; dt.: Über die Religion und über einige andere Gegenstände, übers. v. E. Wasmuth, Stuttgart (erw. u. neu bearb.) ⁵1954, S. 247 (Nr. 555): »Du würdest mich nicht suchen, wenn du mich nicht besäßest. Beunruhige dich also nicht.«

68 So das Bild vom Seewandel Petri in Mt 14,22–33.

69 Vgl. E. Drewermann: Strukturen des Bösen, 3. Bd., 310–324.

70 W. Shakespeare: A midsommer night's dream, 1600; dt.: Ein Sommernachtstraum, übers. v. A.W. Schlegel, in: Sämtliche Werke, Wiesbaden (Löwit) o. J., 124–141, S. 141 (5. Akt, 1. Szene).

Der Trommler

1 Die Gefahr ist stets, daß Märchen zu bloßen Beispielsammlungen für vorgegebene Thesen herabkommen oder eben nur unter einem bestimmten Aspekt gelesen werden, der u. U. von der inneren Zentrierung der Geschichte selbst weit abweichen kann und entsprechend verzerrend wirken muß. Dieses Bedenken gilt auf weiten Strecken z. B. gegenüber den an sich verdienstvollen Versuchen von M.L. von Franz, »Das Weibliche« oder »Das Böse« im Märchen beschreiben zu wollen. Vgl. M.L. v. Franz: The Feminine in Fairy Tales, New York 1974; dt.:

Das Weibliche im Märchen, übers. v. J. v. Graevenitz, Stuttgart 1977, 52–70 (Schneeweißchen und Rosenrot); 71–94 (Das Mädchen ohne Hände). Es ist bei den Märchen nicht anders als auch sonst im menschlichen Leben: selbst »Fakten«, deren Beurteilung uns sonnenklar erscheinen mag, können doch in einem ganz anderen Licht sichtbar werden, wenn wir zusätzlich noch weitere unbekannte Tatsachen aus der Biographie eines Menschen erfahren. Der Vorteil der Märchen besteht, im Unterschied zum menschlichen Leben, darin, daß sie als abgeschlossene Erzählungen vor uns liegen; doch wir würden diesen Vorteil leichtfertig verspielen, wenn wir die Märchen nicht zunächst als geschlossene Erzählungen in ihrer Ganzheit lesen und verstehen wollten.

2 Zum Symbol des *Gläsernen Berges* vgl. E. Drewermann, I. Neuhaus: Die Kristallkugel. Grimms Märchen tiefenpsychologisch gedeutet, Olten, 1985, 56, Anm. 19; dies.: Der goldene Vogel, Olten 1982, 61, Anm. 36; O. Huth: Das Sonnen-, Mond- und Sternenkleid (1942), in: W. Laiblin (Hrsg.): Märchenforschung und Tiefenpsychologie, Darmstadt (Wege der Forschung, Bd. 102) 1975, 151–160, ging richtig davon aus, daß der »Ritt auf den Glasberg ein Jenseitsritt« ist (152). Der germanische Glasberg sei der Totenberg und stelle ein Gegenstück zu dem dreistufigen Weltberg Meru der Inder dar, auf dessen oberster Stufe die Götter und Totenseelen hausen. Der Aufstieg auf den Glasberg gelingt zumeist mit Hilfe von Leitern oder in Vogelverwandlung. Die drei Stufen des Welten- oder Himmelsberges bezeichnen die Sphären von Sonne, Mond und Sternen. Eben deshalb, meinte Huth, spreche das Märchen vom ›Trommler‹ von einem Glasberg »so hoch wie drei Berge aufeinander« (154). Insbesondere erinnert er an die Ähnlichkeit des ›Aschenputtel‹-Märchens mit der ägyptischen Erzählung der ›Rhodope‹ und bestimmten Zügen der ›Isis‹-Mysterien. Dabei ist das Motiv vom Glasberg und die Vorstellung der Jenseitsreise wichtiger und älter als die Vorstellung vom *Ritt*. Den kulturgeschichtlichen Ursprung dieses Mythems sieht Huth in dem Stufengrab und der Stufenpyramide der Megalithkultur mit deutlicher Beziehung zum Alten Ägypten. »Die dreistufige Pyramide ist aber das Symbol der Himmelsreise der Seele durch drei Himmelssphären. Diesem Kultbau entspricht ein Mysterienmythos, der vom Aufstieg der Seele durch drei Himmelsschichten erzählt.« (160) Vgl. W. Laiblin: Zur Symbolik der Individuation im Volksmärchen, in: Jugend zwischen Gestern und Morgen. In psychotherapeutischer Sicht, Stuttgart 1961, 137–231, S. 152–154.

3 Zum *Mythos* gehört es, daß seine Handlung stets »wie im Himmel, also auch auf Erden« spielt. So gibt es irdische Seen, die wie Himmelsnachbildungen sind, wie z. B. den Boibeis-See in Nordgriechenland, den See der Phoibe, an dessen Ufer die Mutter des Asklepios ihren Sohn von Apoll empfing. Vgl. K. Kerényi: Die Mythologie der Griechen, 2 Bde., München (dtv 1345–1346) 1977, 1. Bd.: Die Götter- und Menschheitsgeschichte, 114. E. Siecke: Die Liebesgeschichte des Himmels. Untersuchungen zur indogermanischen Sagenkunde, Straßburg 1892, 76, Anm., dachte bei dem *Bad* der Geliebten im See an den Untergang des Mondes im Wolkenmeer oder an den Himmelsozean bzw. an den Auf- und Untergang des Mondes am Meeresrand; ders.: Über die Bedeutung der Grimmschen Märchen für unser Volksthum, Hamburg 1896, 22, zählte an solchen »lunaren« Bädern im Weltmeer auf, wie Aphrodite von Erymanthos, dem Sohn des Apoll, im Bad erblickt wird sowie »Artemis von Aktäon; Nanna von Balder«, Sigurds Tochter Aslög von Ragnar nach der Völsunga-Saga usw.

4 So glaubten z.B. die Griechen in Gestalt der Hera als einer Mondgöttin alle drei Phasen einer Frau als Jungfrau *(parthenos)*, Gemahlin *(teleia)* und als Witwe *(chera)* verwirklicht, und so tauchte die Göttin in regelmäßigen Festen in das Bad der Reinigung, das ihre Jungmädchenschaft erneuerte. »Hera, die beides war: Frau und himmlisches Wesen, erhob sich aus ihrem Reinigungsbad wieder als Jungfrau zur Hochzeit.« K. Kerényi: Zeus und Hera. Urbild des Vaters, des Gatten und der Frau, Leiden 1972, 106. Es handelt sich dabei offenbar um Relikte einer prähistorischen Mondreligion, »die, gleichsam ein Grundriß, mit weiblich-menschlichem Gehalt gefüllt zur Herareligion wurde. Die mittelhelladische Periode, etwa von 2000 an, scheint als Anfangszeit keine allzufrühe Ansetzung zu sein.« (A.a.O., 106–107)

5 Das Motiv der *Vogeljungfrauen* ist außerordentlich weit verbreitet; vgl. z.B. E. Littmann (Übers.): Die Erzählungen aus den tausendundein Nächten. Vollständige Ausgabe in 12 Bdn., zum 1. Mal nach dem arabischen Urtext der Calcuttaer Ausgabe aus dem Jahre 1839, X 346–361; 382–384. Dabei können die *fliegenden Frauen* wie Engel oder Dämonen erscheinen; vgl. a.a.O., I 243; 255. L. Frobenius: Das Zeitalter des Sonnengottes, Berlin 1904, 304 ff. hat bes. zu der *Schwanenjungfraumythe* ein riesiges Material aus aller Herren Länder zusammengetragen, wobei er bes. das Verbrennen (bzw.) *Rauben des Gewandes* auf die Mondflecken deutete (350) und allgemein den *Gewandwechsel* als Zeichen der Mondphasen wertete (354). Zu der Schwanenjungfraumythe als einem Bild des *Plejaden* vgl. a.a.O., 360–364. – F. Boas: Sagen der Eskimos von Baffinland, in: Zeitschrift für Ethnologie, Bd. 20, Berlin 1888, 398–405, S. 398–399, erzählte die Geschichte von Ititaujang (dem »Affenähnlichen«), der, auf der Suche nach einer Frau, zu schüchtern war, um mit einem Mädchen auch nur zu reden. An einem kleinen See, in dem viele Gänse umherschwammen, im Land der Vögel endlich, sah er eines Tages am Ufer viele Stiefel liegen; »vorsichtig schlich er heran und stahl, so viele er bekommen konnte. Nach einer kleinen Weile kamen die Gänse ans Ufer, und da sie ihre Stiefel nicht fanden, geriethen sie in grosse Unruhe und flogen von dannen. Nur eine blieb zurück und schrie: ›Ich will meine Stiefel haben, Ich will meine Stiefel haben.‹ Da kam Ititaujang aus seinem Versteck und sprach: ›Ich will Dir Deine Stiefel wiedergeben, wenn Du meine Frau werden willst.‹ Zuerst weigerte sie sich, als Ititaujang aber sich bereitete, fortzugehen, willigte sie ein, obwohl nicht sehr freudig. – Als sie ihre Stiefel anzog, verwandelte sie sich in eine Frau, und sie kehrten zusammen zur Meeresküste zurück.« Doch obwohl Ititaujang der beste Walfänger wird und einen Sohn mit der Gänsefrau zeugt, benutzt diese doch die Gelegenheit, mittels aufgesammelter Federn gemeinsam mit ihrem Kind in Vogelgestalt davonzufliegen. Einen recht deutlichen Hinweis auf die lunare Bedeutung der Erzählung scheint der Fortgang der Geschichte zu bieten, der sich wohl als ein Symbol des abnehmenden Mondes deuten läßt: Ititaujang reist den Entflohenen nach und trifft an einem Fluß einen Mann mit dem Namen »Der kleine Lachs«, der mit einem Beil Späne von einem Stück Holz schlägt, die er mit seinem Penis poliert und in glitschige Lachse verwandelt (Penis = Fisch, Holz = Frau). »Als Ititaujang näher kam, erschrak er so, daß er fast gestorben wäre, denn er sah, daß der Rücken des Mannes ganz hohl war und dass er von hinten zu seinem After hinein und zu seinem Mund hinaussehen konnte. Vorsichtig schlich er zurück, und nachdem er einen weiten Umweg gemacht hatte, nahte er sich ihm von der

entgegengesetzten Seite.« Tatsächlich wäre Ititaujang mit dem Beil erschlagen worden, wenn er sich vom Rücken her genähert hätte. Von »Kleinem Lachs« erfährt er, daß seine Frau mit ihrem Sohn und einem anderen Mann auf einer Insel lebt, zu der ihn das Rückgrat eines Lachses trägt, das sich in ein Kajak verwandelt hat, aber nur fährt, wenn er die Augen geschlossen hält. Der Junge warnt seine Mutter vor der Ankunft Ititaujangs, und als er die Tür öffnet, verwandeln sich der Mann, die Mutter und der Sohn in Gänse und fliegen fort. Vor Zorn schneidet Ititaujang seiner Frau noch den Bauch auf, ehe sie von dannen fliegen kann, und viele Eier (die Sterne?) entfallen ihrem Leib. – *Gans* oder *Schwan* dürfen in der Tat als ebenso alte wie weitverbreitete Symbole des *Mondes* gelten; vgl. E. Siecke: Die Liebesgeschichte des Himmels (s. o. Anm. 3), 11–14; 24–27. Daneben stehen andere solare und lunare Sagen von Mädchen, die sich Sterne zu Männern wünschen und in den Himmel getragen werden; vgl. F. Boas: Indianische Sagen von der Nord-Pacifischen Küste Amerikas. Sonder-Abdruck aus den Verhandlungen der Berliner Gesellschaft für Anthropologie, Ethnologie und Urgeschichte 1891–1895, Berlin 1895, S. 62 (Die Frauen der Sterne). – Auch ist zu erinnern an die recht verbreitete, in vielem typische Sage von dem (Sonnen?)-Knaben, der *als Kind eines Ehebruchs* zur Welt kommt, *verfolgt* wird und *als Vogel* zum Himmel fliegt, dort an einem kleinen Teich die Häutlingstochter antrifft, mit der er *Omeatl*, den *Raben* zeugt; dieser fällt ins Meer hinab und wird in einem Boot in das Haus des Häuptlings zurückgebracht, der seine Schwester anweist, das Kind zu säugen. Es verweigert aber die Milch und ist schon nach einem Tage groß. Statt dessen frißt es bald das ganze Dorf leer und macht sich auf die Wanderschaft. F. Boas: a. a. O., 170–171. – Auch hier scheinen Motive alter Sonnenmythologie anzuklingen. Vgl. a. a. O., 302.

6 Die *lunare Dreifaltigkeit* hat ihr Gegenstück in der *Dreifaltigkeit der Sonne*, die im Alten Ägypten verehrt wurde als *Chepre* am Morgen, als *Re* am Mittag und als *Atum* am Abend. Vgl. E. Drewermann: Religionsgeschichtliche und tiefenpsychologische Bemerkungen zur Trinitätslehre, in: W. Breuning (Hrsg.): Trinität. Aktuelle Perspektiven der Theologie, Freiburg-Basel-Wien 1984, 115–142, 138.

7 K. Kerényi: Der Göttliche Arzt. Studien über Asklepios und seine Kultstätten, Darmstadt 1956, 90–93.

8 Die Gestalt der »bösen Hexe« deutete schon E. Siecke: Über die Bedeutung der Grimmschen Märchen (s. o. Anm. 3), 17, auf den Dunkelmond. – Der Zusammenhang der *Sonne* mit dem *Fisch*fang erscheint z. B. in indianischen Sagen; vgl. F. Boas: Indianische Sagen (s. o. Anm. 5), 70; 82; 93, oft im Sinne des Motivs vom *wunderbaren Fischfang* (vgl. Lk 5,1–11).

9 Vgl. E. Siecke: Die Liebesgeschichte des Himmels (s. o. Anm. 3), 3.

10 A. a. O., 7–14 (Das Märchen von der weißen und der schwarzen Braut, KHM 135).

11 Vgl. E. Drewermann, I. Neuhaus: Frau Holle. Grimms Märchen tiefenpsychologisch gedeutet, Olten 1982, 30–31.

12 Vgl. K. Kerényi: Die Mythologie der Griechen (s. o. Anm. 3), Bd. 2: Die Heroengeschichten, 140, verweist auf Prometheus, der im Kaukasus gefesselt ist, und auf Atlas, der das nach ihm benannte Gebirge verkörpert. In anderen Überlieferungen aber standen die beiden Titanen sich »vielleicht nicht am Ost- und am

Westrand der Erde einander gegenüber, wie es der Kaukasos und das Atlasgebirge tun, sondern im Süden und im Norden. Im Norden trägt Atlas die Achse, um die sich der Sternenhimmel dreht: dort ist der Pol, auf den die beiden Bären am Himmel achtgeben. Es scheint danach, daß es mehrere Zugänge zum Garten der Hesperiden gab.«

13 Zur Gestalt des hl. Christopherus vgl. J. de Voragine: Die Legenda aurea (1263–1273), aus dem Lateinischen übers. v. R. Benz, Heidelberg ⁸1975, 498–503.

14 Vgl. L. Frobenius: Das Zeitalter des Sonnengottes (s. o. Anm. 5), 264–278.

15 Vgl. a. a. O., 223–263 (Die Mythe von der Conceptio immaculata).

16 Vgl. z. B. die bekannte griechische Mythe von *Phaeton*, dem Sohn des Helios und der Klymene, der aber auch der Geliebte der großen Liebesgöttin Aphrodite war und unter vielen Namen existierte. Man erblickte in ihm »den früh aufgehenden und bald wieder verschwindenden Morgenstern«. K. Kerényi: Die Mythologie der Griechen (s. o. Anm. 3), I 154–155.

17 O. Huth hielt es für erwiesen, daß ein »Märchen vom Weltbergritt diese Form nur bei einem Reitervolk erhalten haben kann« und fuhr fort: »Aber die Urindogermanen waren kein Reitervolk, wohl Teile der Iranier, und zwar die in Südrußland sitzenden Iranier. Das Märchen vom Ritt auf den Weltberg ist eine iranisch-indogermanische Umformung eines älteren Märchens. Die Umformung geschah vermutlich in Südrußland, die ältere Form des Märchens ist vorindogermanisch-westeuropäisch, und zwar wahrscheinlich megalithisch. Von hier aus versteht man auch den frühen Beleg unseres Märchens (von ›Aschenputtel‹, d. V.) in Ägypten und die Beziehungen des weiblichen Aschenputtelmärchens (mit dem Motiv der drei Kleider, die die Mutter aus dem Baum schenkt, d. V.) zu altägyptischer Mysterienreligion. An der Wurzel auch der altägyptischen Kultur und Religion steht die westeuropäische Megalithkultur.« O. Huth: Sonnen-, Mond- und Sternenkleid (s. o. Anm. 2), 159–160. Bei den »iranisch-indogermanischen« Kulturen ist wohl an die Kimmerier, Skythen und Sarmaten zu denken, die ihren Ursprung in den Hirtennomaden der prähistorischen Andronovo-Bevölkerung haben dürften. Vgl. K. Jettmar: Sibirien und die Steppen Asiens, in: L. Fasani (Hrsg.): Die illustrierte Weltgeschichte der Archäologie (Mailand 1978), München 1983, 571–585, S. 574–578. An direkte Verbindungen zwischen den asiatischen Reitervölkern und der Kunst und Vorstellungswelt ostgermanischer Stämme, wie man sie um 1930 aufgrund des gemeinsamen »Tierstils« und des Ringknaufs am Schwert für möglich hielt, wird heute niemand mehr ernsthaft glauben. Vgl. E. Graf Oxenstierna: Die Nordgermanen, Stuttgart (Reihe: Große Kulturen der Frühzeit, 1958–1966), 46–47. – Zu der Vorstellung von dem Himmelsritt auf dem *Sattel* gehört natürlich auch das Motiv von dem *geflügelten Pferd*. In der griechischen Sage geht die Überlieferung von Pegasos, der mit seinem Bruder Chrysaor dem Leib der von Perseus enthaupteten Medusa entsprang und Bellerophontes im Kampf gegen die Chimaira trug. Zusammen ritt Bellerophontes auf dem Pegasos mit Sthenoboia (oder Anteia), der Gemahlin des Proitos, die – wie in der biblischen Geschichte von ›Joseph und der Frau des Potiphar‹, Gen 39,1–23 – den Helden bei ihrem Gatten eines versuchten Ehebruchs angezeigt hatte, den eigentlich sie selbst hatte begehen wollen; zu ihrer Strafe stürzte die unglücklich Verliebte von dem Rücken des Flügelrosses ins Meer. Bellerophontes indessen, als er im Zweifel ob es wirklich Götter gebe, den Pegasos zum Himmel lenkte, wurde von dem

göttlichen Hengst auf die Ebene Aleion, die Ebene des Umherirrens, geworfen.
»Hinkend trauerte er da über das Los der Sterblichen, während Pegasos, der
Unsterbliche, dem Götterkönig die Blitze trägt oder der Göttin Eos dient, die
den Morgen bringt und die Jünglinge raubt.« K. Kerényi: Die Mythologie der
Griechen (s. o. Anm. 3), II 73. Auch an den Ritt von Phrixos und Helle auf dem
geflügelten Widder ist zu erinnern (a. a. O., II 74–75). Geschichten dieser Art
von fliegenden Reittieren wie dem Pegasos entstammen wohl einer Zeit, als die
Reitkunst gerade erst erfunden wurde: noch war damals z. B. kein Zaumzeug für
Pegasos vorhanden; die Göttin Athene selbst, als Athena Hippia, mußte den
goldenen Zaum herbeibringen (a. a. O., II 71). – Das Motiv vom *fliegenden
Pferd* taucht auch in den Märchen von »1001-Nacht« auf: vgl. E. Littmann, (s. o.
Anm. 5), I 184; V 350–385 (Die Geschichte vom Ebenholzpferd). Das Motiv
vom fliegenden Pferd ist indischen, die Geschichte vom Ebenholzpferd selbst
persischen Ursprungs; a. a. O., XII 688. Die *Himmelsreise* (bzw. die Höllen-
fahrt) hat als Motiv ihren Höhepunkt in Dantes ›Divina Commedia‹ (a. a. O.,
XII 689.) – Daß die fliegenden Pferde *geistige,* symbolische Wesen sind, zeigt
sich nicht zuletzt daran, daß es in den Märchen und Mythen der Völker an
anderen Stellen *fliegende Geister* sind, die den Helden zu Himmel und Hölle
tragen; vgl. z. B. a. a. O., X 413.

18 Zur Kennzeichnung und *Auslegung des Mythos* vgl. E. Drewermann: Tiefenpsychologie und Exegese, 2 Bde., Olten 1984–85, 1. Bd.: Die Wahrheit der Formen: Traum, Mythos, Märchen, Sage und Legende, 132–154. – Den *schamanistischen* Hintergrund vom *Flug zum Himmel* kraft der Sehnsucht der Liebe zeigt
sehr schön die indianische Sage von dem Vogel Matem, der einen jungen Mann,
als dieser, von seiner Mutter zur Heirat gedrängt, seine Geliebte verläßt und wie
von Sinnen im Walde umheriirrt, zum Trost für sein Unglück mit einem Bergkri-
stall ausstattet, der ihm die Fähigkeit verleiht, zu fliegen und sich mit Vogelfe-
dern in einen Vogel zu verwandeln. Zurückverwandelt in einen Menschen, erweist er sich als Schamane. F. Boas: Indianische Sagen der Nord-Pacifischen
Küste Amerikas (s. o. Anm. 5), 165–166.

19 Vgl. J. Bédier: Der Roman von Tristan und Isolde; übers. v. R. G. Binding,
Frankfurt (it 387) 1979.

20 R. Schirmer: Lancelot und Ginevra. Ein Liebesroman am Artushof. Den Dichtern des Mittelalters nacherzählt. Zürich 1961.

21 W. Shakespeare: Romeo and Juliet, London 1597; dt.: Romeo und Julia, übers.
v. A. W. Schlegel, in: W. Shakespeare: Sämtliche Werke, Wiesbaden o. J., 757–
780.

22 I. Bachmann: Der gute Gott von Manhattan (1958); in: Der gute Gott von
Manhattan. Die Zikaden, München (dtv sr 14) 1963, 4–82.

23 F. Hebbel: Agnes Bernauer. Ein deutsches Trauerspiel, Wien 1855; Stuttgart
(RUB 4268) 1960; vgl. ders.: Mein Wort über das Drama, 1843, in: T. Poppe
(Hrsg.), Hebbels Werke in 10 Teilen; 8. Teil: Ästhetische und kritische Schriften, Berlin-Leipzig-Wien-Stuttgart (Deutsches Verlagshaus, Bong u. Co.) o. J.,
35–62 (Eine Erwiderung an Professor Heiberg in Kopenhagen).

24 Zu der »regressiven« Sehnsucht, die in der Musik sich ausspricht, vgl. E. Drewermann: Strukturen des Bösen. Die jahwistische Urgeschichte in exegetischer,
psychoanalytischer und philosophischer Sicht, 3 Bde., Paderborn [3](erw.) 1981,
II 307–311.

25 R. Schubert: Mythen und Erzählungen, in: H. Harrer (Hrsg.): Unter Papuas. Mensch und Kultur seit ihrer Steinzeit, Innsbruck 1976; Neudruck: Frankfurt (Fischer Tb. 3508) 1978, 188–196, S. 195–196.

26 Schwarzer Hirsch (Black Elk): The Sacred Pipe, ed. by J.E. Brown, Manderson 1947; dt.: Die heilige Pfeife. Das indianische Weisheitsbuch der sieben geheimen Riten, übers. v. G. Hotz, Nachw. v. F. Schuon, Bericht v. H. Läng, Olten-Freiburg ²(erw.) 1978, 98.

27 A.a.O., 101–102.

28 A.a.O., 102.

29 Zu dem Vorstellungskomplex der »anima-Liebe« vgl. E. Drewermann: Ehe – tiefenpsychologische Erkenntnisse für Dogmatik und Moraltheologie, in: Psychoanalyse und Moraltheologie, 3 Bde., Mainz 1982–84, 2. Bd.: Wege und Umwege der Liebe, 38–76, S. 56–59.

30 E. Littmann: Die Erzählungen aus den tausendundein Nächten (s.o. Anm. 5), X 315–503, S. 346–361; 382–384.

31 Die Flügelgestalt des Engels scheint auf die altägyptische Darstellung der Göttin Maat zurückzugehen, die ihre gefiederten Arme schützend (im Totengericht) über den Namen des Menschen breitet; vgl. E. Drewermann: Dein Name ist wie der Geschmack des Lebens. Tiefenpsychologische Deutung der Kindheitsgeschichte nach dem Lukasevangelium, Freiburg-Basel-Wien 1986, Abb. 5. Zur theologischen Auffassung des Engels vgl. B. Lang: Engel – Teufel, in: P. Eicher (Hrsg.): Neues Handbuch theologischer Grundbegriffe, 4 Bde., München 1984–85, I 221–230.

32 R.M. Rilke: Duineser Elegien (1923), in: Sämtliche Werke, hrsg. v. Rilke-Archiv. In Verbindung mit R. Sieber-Rilke, besorgt durch E. Zinn, 6 Bde., Frankfurt 1955–1966, I 683–726, S. 705 (5. Elegie). Vgl. a.a.O., Engellieder (1898), 156–159.

33 Zur Gestalt des Orpheus vgl. K. Kerényi: Pythagoras und Orpheus (1934–37), in: Humanistische Seelenforschung, München-Wien (Werke, hrsg. v. K. Kerényi, Bd. I) 1966, 15–51; vgl. E. Drewermann: Tiefenpsychologie und Exegese (s.o. Anm. 18), II. Bd.: Die Wahrheit der Werke und der Worte: Wunder, Vision, Weissagung, Apokalypse, Geschichte, Gleichnis, 169–174.

34 Zum »Geist der Musik« vgl. die ingeniöse Deutung von F. Nietzsche: Die Geburt der Tragödie aus dem Geist der Musik (1872), mit einem Nachwort von H. Glockner, Stuttgart (reclam 7131–32) 1952.

35 R.M. Rilke: Die Sonette an Orpheus. Geschrieben als ein Grabmal für Wera Ouckama-Knoop, (1923), in: Sämtliche Werke (s.o. Anm. 32), I 727–773, S. 731–32.

36 Vgl. A.M. Hammacher: René Magritte, Köln 1975, 14–21 (›Magrittes luzide Träume‹), wo er Magritte bzgl. der »Träume« zitiert, »die nicht darauf abzielen, uns in Schlaf zu versetzen, sondern uns aufzuwecken«.

37 Das Motiv der ›Bathseba‹ oder der ›Suzanna im Bade‹ enthält unzweifelhaft einen ausgesprochenen voyeuristischen Zug, wie er z.B. in E. Littmann: Die Erzählungen aus den tausendundein Nächten (s.o. Anm. 5), II 411–412 in der Geschichte von Nur ed-Din Ali und Enis el-Dschelis breit ausgemalt wird. Bereits in der Antike erzählte Aristeides von Milet (ca. 100 v. Chr.) die Geschichte von dem frevelhaften Kimon, der am Skamandros-Fluß der schönen Kallirhoe beim heiligen Bad zuschaut und sie anstelle des Flußgottes in seine

Arme schließt; W. Munin (Hrsg.): Eros in Hellas. Griechische Liebesgeschichten, Düsseldorf-Köln 1964, 245–247 (Aischines: Der Liebhaber als Gott). Im 5. Jh. n. Chr. erzählte Aristainetos die Geschichte von einer schönen Frau, die einem Fischer an die Angel geht, aber sogleich in »grausamer Sprödigkeit« wieder davonschwimmt; das Motiv der Nereiden klingt deutlich bei dieser Schilderung an; W. Munin: a. a. O., 290–291. Auch J. W. v. Goethes Ballade ›Der Fischer‹ ist ein später Nachgesang auf derartige Geschichten. Goethe: Gedichte, hrsg. u. komm. v. E. Trunz, München 1974, 153–154.

38 So der alte Standpunkt von O. Rank: Das Inzestmotiv in Dichtung und Sage. Grundzüge einer Psychologie des dichterischen Schaffens, Leipzig-Wien 1912, 48–54. Generell gilt psychoanalytisch das Urteil von S. Freud: Vorlesungen zur Einführung in die Psychoanalyse (1917), in: Ges. Werke II, London 1944, 390– 391: »Der Künstler ist im Ansatze auch ein Introvertierter, der es nicht weit zur Neurose hat. Er wird von überstarken Triebbedürfnissen gedrängt, möchte Ehre, Macht, Reichtum, Ruhm und die Liebe der Frauen erwerben; es fehlen ihm aber die Mittel, um diese Befriedigungen zu erreichen. Darum wendet er sich wie ein anderer Unbefriedigter von der Wirklichkeit ab und überträgt all sein Interesse, auch seine Libido, auf die Wunschbildungen seines Phantasielebens, von denen aus der Weg zur Neurose führen könnte... Den Rückweg zur Realität findet der Künstler aber auf folgende Art. Er ist ja nicht der einzige, der ein Phantasieleben führt. Das Zwischenreich der Phantasie ist durch allgemein menschliche Übereinkunft gebilligt, und jeder Entbehrende erwartet von daher Linderung und Trost. Aber den Nichtkünstlern ist der Bezug von Lustgewinn aus den Quellen der Phantasie sehr eingeschränkt... ein rechter Künstler... versteht es erstens, seine Tagträume so zu bearbeiten, daß sie das allzu Persönliche, welches Fremde abstößt, verlieren und für die anderen mitgenießbar werden. Er weiß sie auch so weit zu mildern, daß sie ihre Herkunft aus den verpönten Quellen nicht leicht verraten. Er besitzt ferner das rätselhafte Vermögen, ein bestimmtes Material zu formen, bis er zum getreuen Ebenbild seiner Phantasievorstellung geworden ist, und dann weiß er an diese Darstellung seiner unbewußten Phantasie so viel Lustgewinn zu knüpfen, daß durch sie die Verdrängungen wenigstens zeitweilig überwogen und aufgehoben werden. Kann er das alles leisten, so ermöglicht er es den anderen, aus den eigenen unzugänglich gewordenen Lustquellen ihres Unbewußten wiederum Trost und Linderung zu schöpfen, gewinnt ihre Dankbarkeit und Bewunderung und hat nun durch seine Phantasie erreicht, was er vorerst nur in seiner Phantasie erreicht hatte: Ehre, Macht und Liebe der Frauen.« So einseitig diese Betrachtung auch ist, so berechtigt ist sie doch.

39 Vgl. W. Pach: Pierre Auguste Renoir, Köln 1979, 88: Die Badenden (1884–87), und S. 102: Drei badende Mädchen (1897).

40 Vgl. P. P. Rubens: Hero und Leander (1606), in: H. G. Evers: Rubens, in: Kindlers Malerei Lexikon in 15 Bänden, München 1985, Bd. 11, 16–34, S. 16. – Zum Thema »›Badende‹ in der Malerei« vgl. E. Mullins (Hrsg.): Great Paintings, 1981, dt.: Hundert Meisterwerke aus den großen Museen der Welt, übers. v. Wibke von Bonin, 2 Bde., Köln 1983, 1. Bd., 269–300. Richtig bemerkt J. Hale zu dem Bild von Ricci: Bathseba im Bade, a. a. O., 271: »Unter allen Vorfahren Christi ist der König Salomon – ein Mann voll des Geistes, reich an Weisheit und irdischen Gütern – die eindrucksvollste Gestalt. Doch anstatt diese Säule

des biblischen Gebäudes abzubilden, haben die Maler es vorgezogen, seine Mutter zu porträtieren.« – Nichts, ohne Zweifel, wirkt so anregend auf die bildenden Künste wie die ewige Faszination durch die Schönheit einer Frau.

41 Als einziger großen Menschheitsreligion eignet derzeit wohl allein dem Hinduismus die Weisheit, das Erleben der Sinne, weitab von der Prüderie und Ziererei etwa des Christentums, in vollem Umfang als Teil einer gültigen Gotteserfahrung zu interpretieren und gerade dadurch zu läutern. Vgl. H. Zimmer: Kunstform und Yoga im indischen Kultbild, hrsg. v. F. Wilhelm, Berlin 1926; Neudruck: Frankfurt (Bibliothek Suhrkamp 482) 1976, 43, der im indischen Kunstwerk, im Unterschied zur Klassik, gerade die scheinbare »Ungeistigkeit«, »ihr dumpfes Sein« als wesentlich erkennt, in welches die göttlich-geistige Energie zur Zweiheit des Bewußtseins auseinandertritt, um den Betrachter vom Schleier der Maya zu befreien. »Lustvoll in attributbeladenes buntes Sein auseinandertretend, um seiner selbst in vielen Färbungen von immer wachsender Trübe und undurchsichtiger, unerleuchteter Dumpfheit bewußt zu werden, strebt das reine geistige Sein immer wieder in menschlichem und göttlichem Bewußtsein zu seinem undifferenzierten Stande zurück, zu jener kristallenen Ruhe in sich selbst, die völlig ununterschieden attributlos sich selbst nicht weiß. Der Mensch will sich als brahman erfahren, er will die Spaltung zwischen Schauendem und Erscheinungswelt verschmelzen, will das Bewußtsein seiner selbst als etwas Unterschiedlichem, das von einem Wechsel der Inhalte gespeist wird, auslöschen im Erlebnis reiner totaler Geistigkeit.« Ein Bild, das zu solcher *Andacht* zu verführen vermag, ist ein Kunstwerk.

52 Zum Problem der *psychogenen Beeinträchtigung optischer Wahrnehmung* vgl. K. Abraham: Über Einschränkungen und Umwandlungen der Schaulust bei den Psychoneurotikern nebst Bemerkungen über analoge Erscheinungen in der Völkerpsychologie (1914), in: Psychoanalytische Studien zur Charakterbildung und andere Schriften, hrsg. v. J. Cremerius, Frankfurt 1969, 324–382.

43 Zur Psychologie des Fetischismus vgl. E. Drewermann: Zur Frage der moraltheologischen Beurteilung bestimmter Formen sexuellen Fehlverhaltens, in: Psychoanalyse und Moraltheologie (s. o. Anm. 29), II 162–225, S. 221–225. – Das *Ablegen der Gewänder* kann in den Mythen und Sagen der Völker in der Tat mit einem Ablegen der Geschlechtsorgane identifiziert werden, so daß, wer jemandes Kleider besitzt, eigentlich sich in den Besitz seiner Person selbst setzt. Vgl. als Beispiel F. Boas: Indianische Sagen (s. o. Anm. 5), 72.

44 Vgl. A. Camus: Le Mythe de Sisyphe, Paris 1942; dt.: Der Mythos von Sisyphos. Ein Versuch über das Absurde, übers. v. H. G. Brenner, W. Rasch, Boppard 1950; Neudruck: Hamburg (rde 90) 1959, mit einem Kommentar von L. Richter, 61–72, wo Camus die Wiederholung in der Liebe zum Ideal erhebt, personifiziert in der Gestalt Don Juans, der vervielfacht zu erleben sucht, was als wechselnde Mischung von Verlangen, Zärtlichkeit und Klugheit sich nicht vereinfacht in dem Begriff »Liebe« fassen läßt; im Grunde ist es der *Schauspieler,* den Camus als »Darsteller des Vergänglichen« zur Chiffre der absurden Existenz erklärt, und zwar in bewußtem Gegensatz zum Christentum. »Wie hätte die Kirche nicht dergleichen im Schauspieler verurteilen sollen? Sie verpönte in dieser Kunst die ketzerische Vervielfältigung der Seelen, das Schwelgen in Erregungen, den anstößigen Anspruch eines Geistes, der sich weigert, nur *ein* Schicksal zu leben und sich in sämtliche Ausschweifungen stürzt.« »Adrienne

Lecouvreur (Schauspielerin 1692–1730 an der Comédie Française, d. V.) wollte
auf ihrem Sterbebett beichten und das Abendmahl nehmen, aber sie weigerte
sich, ihrem Beruf abzuschwören. Dadurch verlor sie die Wohltat der Beichte.«
(A. a. O., 71) – Nicht weit von Camus entfernt, aber eher zynisch und bitter ist
die Meinung des Jacques bei W. Shakespeare: As You Like It, 1623; dt.: Wie es
euch gefällt, übers. v. A. W. Schlegel, in: W. Shakespeare: Sämtliche Werke,
Wiesbaden (Löwit-V.) o. J., 189–210, S. 197 (1. Akt, 7. Szene): »Die ganze Welt
ist Bühne, / Und alle Fraun und Männer bloße Spieler. / Sie treten auf und gehen
wieder ab, / Sein Lebenlang spielt einer manche Rollen / Durch sieben Akte hin.
Zuerst das *Kind,* / Das in der Wärtrin Arme greint und sprudelt. / Der weinerli-
che *Bube,* der mit Ranzen / Und glattem Morgenantlitz wie die Schnecke /
Ungern zur Schule kriecht. Dann der *Verliebte,* / Der wie ein Ofen seufzt, mit
Jammerlied / Auf seiner Liebsten Brau'n. Dann der *Soldat,* / Voll toller Flüche,
wie ein Pardel bärtig, / Auf Ehre eifersüchtig, schnell zu Händeln, / Bis in die
Mündung der Kanone suchend / Die Seifenblase Ruhm. Und dann der *Richter* /
Im runden Bauche, mit Kapaun gestopft, / Mit strengem Blick und regelrechtem
Bart, / Voll weiser Sprüch und neuester Exempel / Spielt seine Rolle so. Das
sechste Alter / Macht den besockten hagern Pantalon: / Brill auf der Nase,
Beutel an der Seite, / Die jugendliche Hose, wohl geschont, / 'ne Welt zu weit
für die verschrumpften Lenden – / Die tiefe Männerstimme, umgewandelt /
Zum kindischen Diskante, pfeift und quäkt / In seinem Ton. Der *letzte* Akt, mit
dem / Die seltsam wechselnde Geschichte schließt, / Ist zweite Kindheit, gänzli-
ches Vergessen: / Ohn Augen, ohne Zahn, Geschmack und alles.« – So mag das
Leben scheinen. Aber die Art, wie ein jeder das Drehbuch seines Lebens Auftritt für Auftritt vor wechselndem Publikum auf wechselnden Bühnen spielt,
erhebt allemal das Tragische oder das Komische des Stücks in die zweite Potenz,
und alles kommt darauf an, daß wir jenseits des Rollenspiels die eigene Identität
finden und leben.

45 S. Kierkegaard: Philosophische Brocken oder Ein bißchen Philosophie von Johannes Climacus, Kopenhagen 1844; Hamburg (rk 147), übers. v. L. Richter,
Werke in 5 Bden., V 11: »mein Leben kann ich einsetzen, mit meinem Leben
kann ich im Ernst Scherz treiben – nicht mit dem eines anderen … Nur mein
Leben habe ich, welches ich sofort einsetze, jedesmal, wenn eine Schwierigkeit
sich zeigt. Da geht das Tanzen leicht, denn der Gedanke an den Tod ist eine
flinke Tänzerin, *meine* Tänzerin, jeder Mensch ist mir zu schwer. Und deshalb
bitte ich, *per deos obsecro* (ich beschwöre im Namen der Götter): Niemand
verbeuge sich vor mir, denn ich tanze nicht.«

46 R. M. Rilke: Die Sonette an Orpheus (s. o. Anm. 35), 732.

47 B. Pasternak: Doktor Schiwago, Milano 1957; dt.: Doktor Schiwago, übers. v.
R. v. Walter u. R. D. Keil, Frankfurt (Fischer Tb. 587) 1964, 420 (2. Buch, Die
Eberesche, VII).

48 Vgl. E. Drewermann: Tiefenpsychologie und Exegese (s. o. Anm. 33), II 79–95.

49 Vgl. das Eskimo-Märchen, s. o. Anm. 5; vgl. auch das Material bei L. Frobenius:
Das Zeitalter des Sonnengottes (s. o. Anm. 5), 323–333, der die Motive vom
*Baden, Schleierablegen, Schleierraub, Heirat, Kindersegen, Schleierwiederfin-
den* und *Abschied* in vielen europäischen und asiatischen Parallelen nachweist
und als *typisch* innerhalb der Mythen von Sonne und Mond herausstellt.

50 Vgl. E. Drewermann: Die kluge Else. Rapunzel. Grimms Märchen tiefenpsy-

chologisch gedeutet, Olten 1986, 57–101. ›Die kluge Else‹ siehe auch in diesem Band, S. 313–362.

51 Vgl. E. Drewermann, I. Neuhaus: Marienkind. Grimms Märchen tiefenpsychologisch gedeutet, Olten 1984.

52 Die »Rettungsphantasien« setzen zumeist ein recht kompliziertes Erlebnisgeflecht voraus: an sich ist es verboten oder (z. B. aus Minderwertigkeitsgefühlen) unmöglich, um die Liebe eines anderen Menschen anzuhalten; die aus Unterdrückung und Resignation abgesperrten Wünsche bilden im Unbewußten jedoch eine Seelengestalt aus, die gerade dem Bild gleicht, das später in der Außenwelt gesucht wird und das, wenn die Suche erfolgreich verläuft, eine enorme Dynamik freisetzen kann: es gilt, irgendwo eine unterdrückte, unentfaltete, von Ängsten gelähmte, in den Fesseln der Kindheit gebundene Frau zu erlösen, die zudem in ihrer Hilflosigkeit und Abhängigkeit das eigene, im Grunde selber hilflose und schwache Ich nicht durch Überlegenheit und Freiheit zusätzlich ängstigt und demütigt; die Aufgabe, eine solche Frau zu sich heraufzuziehen, beruhigt durch ihren scheinbaren Heroismus die alten Schuldgefühle gegenüber der Liebe und vermag, dem Ich des »Retters« zugleich ein Gefühl der Nützlichkeit und der Selbstachtung zu verleihen, das ihm auf anderem Wege versperrt bleiben müßte. M. a. W.: die »Rettung« der erlösungsbedürftigen »Prinzessin« ist immer auch eine Erlösung von der Last des eigenen aus Angst und schweren Selbstwertzweifeln blockierten Lebens. Genetisch richtig sah S. Freud: Beiträge zur Psychologie des Liebeslebens (1910), in: Ges. Werke 11, London 1945, 65–91, S. 70: »Der Mann ist« (bei dem Syndrom »der Unfreiheit und der Dirnenhaftigkeit der Geliebten, die sich doch mit der Auflösung in eine lange Reihe verträgt«, im Rahmen seiner Rettungsabsichten) »überzeugt, daß die Geliebte seiner bedarf, daß sie ohne ihn jeden sittlichen Halt verlieren und rasch auf ein bedauernswertes Niveau herabsinken würde. Er rettet sie also, indem er nicht von ihr läßt. Die Rettungsabsicht kann sich in einzelnen Fällen durch die Berufung auf die sexuelle Unverläßlichkeit und die sozial gefährdete Position der Geliebten rechtfertigen; sie tritt aber nicht minder deutlich hervor, wo solche Anlehnungen an die Wirklichkeit fehlen.« »Diese eigentümlich bestimmte Objektwahl und das so sonderbare Liebesverhalten haben dieselbe psychische Abkunft wie im Liebesleben des Normalen, sie entspringen aus der infantilen Fixierung der Zärtlichkeit an die Mutter und stellen einen der Ausgänge dieser Fixierung dar.« – Von der Erlebnisseite her beschreibt J. Roth: Die Flucht ohne Ende. Ein Bericht (Paris 1927), München (dtv 1408) 1978, 124, diese »Rettungsmentalität« der Liebe in ihren ödipalen Grundzügen in der Gestalt des unglückseligen Tunda: »Es war eine der verhängnisvollen Neigungen Tundas, mit den hübschen Frauen Mitleid zu haben. Ihre Schönheit schien ihm nur der berechtigte Lohn für ihren Wert zu sein, er konnte sich nicht daran gewöhnen zu denken, daß die Schönheit eines weiblichen Körpers kein Überfluß, kein Luxus ist, etwa wie das Genie eines männlichen Geistes, sondern das selbstverständliche Werkzeug ihrer Existenz, wie ihre Gliedmaßen, ihr Kopf, ihre Augen. Ihre Schönheit ist das einfache, ja das primäre Abzeichen einer Frau, wie die Brust ein Organ ihrer Geschlechtlichkeit und ihrer Mütterlichkeit. Die meisten Frauen sind schön – ebenso wie die meisten Menschen keine Krüppel sind. Tunda aber verblüffte jede Schönheit in einem Maße, daß er eine Erklärung für sie in einem nicht genügend gewürdigten Verdienst ihrer Trägerin zu suchen geneigt

war. Am Anfang seiner Liebe stand immer das Mitleid – neben dem der Zwang, eine himmelschreiende Ungerechtigkeit aus der Welt zu schaffen.« Dieses Zitat zeigt vor allem über Freud hinaus, daß die »Rettung« keinesfalls nur der morali- schen Erniedrigung der Geliebten (als »Dirne«) zu wehren versucht, sondern vor allem ihre noch unentdeckte Würde entdecken und ihr noch ungelebtes Leben freisetzen möchte.

53 St. Zweig: Marie Antoinette. Bildnis eines mittleren Charakters, Leipzig 1932; Neudruck: Frankfurt (Fischer Tb. 2220) 1980, 205–224; 298–306; 314–318.

54 Zu den Titanenkämpfen der griechischen Mythologie vgl. K. Kerényi: Die My- thologie der Griechen (s. o. Anm. 3), I 23–30. In der *griechischen* Vorstellung obsiegte Zeus, indem er bestimmte Ungeheuer, die Uranos in die Tiefe gestürzt hatte, in Dienst nahm (a. a. O., 26). In der tragischen *germanischen* Fassung des gleichen Motivs siegen schließlich die Mächte des Bösen über die Asen; freilich formt sich aus dem Untergang der alten Welt eine neue, schönere Schöpfung. Vgl. W. Wägner: Nordisch-germanische Götter- und Heldensagen, Leipzig 1934, 304–317. – In gewissem Sinne ist E. Stork: Alte und neue Schöpfung in den Märchen der Brüder Grimm, Bietigheim 1977, 201, zuzustimmen, wenn er die Riesen als ein »Übermaß an Wachstum« und »Lebenskräften« deutet, wäh- rend er in der »Königstochter« »das höhere Seelenwesen« (100) erblickt, »das reine Seelische, das zunächst unberührt durch Bluts- und Ichkräfte vor aller Verstrickung in die Sinnennatur bewahrt geblieben ist«. In der Tat: es geht im Symbol des »Trommlers« und der »Riesen« um diesen Kontrast zwischen Idea- lität und Vitalität bzw. Realität.

55 So erweist sich z. B. in dem berühmten Märchen ›Die zwei Brüder‹ (KHM 60), daß, weit gefährlicher noch als der siebenköpfige Drache, der Marschall des Königs das Leben des Retters bedroht und mit seinen hinterlistigen Anschlägen das Werk der Erlösung ein ganzes Jahr lang zu verzögern vermag. Der »Riese« steht in solchen Erzählungen oft für die Vatergestalt im Hintergrund der von ihm »verwunschenen« (mit Kastrationsangst belegten) Es-Triebe; er verkörpert die »personale« Seite der Auseinandersetzung mit der Triebwelt des eigenen Unbewußten.

56 Homer: Odyssee. Übersetzt in deutsche Prosa von W. Schadewaldt, Hamburg (rowohlts klassiker 29–30) 1958, 111–123 (IX 105–566).

57 So etwa definierte G. W. F. Hegel: Phänomenologie des Geistes, Bamberg- Würzburg 1807; hrsg. v. J. Hoffmeister 1937; Hamburg (Philosophische Biblio- thek, Bd. 114) ⁶1952, 95: »Das Verhalten des Bewußtseins ... ist also so beschaf- fen, daß es nicht mehr bloß wahrnimmt, sondern auch seiner Reflexion in sich bewußt ist und diese von der einfachen Auffassung selbst abtrennt.« In diesem Sinne ist das auffassende Bewußtsein zugleich Darstellung des jeweiligen Ge- genstandes und, in der Reflektiertheit darüber, daß es den Gegenstand als etwas von ihm Unterschiedenes darstellt, zugleich »eine entgegengesetzte Wahrheit« zu dem Dargestellten (a. a. O., 97) – es ist die Setzung einer Identität in der Weise der Nicht-Identität und eben darin die Konstitution seiner Freiheit.

58 Vgl. E. Drewermann, I. Neuhaus: Die Kristallkugel (s. o. Anm. 2), 35–38. – E. Storck: Alte und neue Schöpfung in den Märchen der Brüder Grimm (s. o. Anm. 54), 202, sieht in dem »Sattel« die »Tragkräfte des Gedanklichen« sym- bolisiert, »welche dabei helfen, sich im Bewußtseinspunkt der Ichheit geistesge- genwärtig zu finden, das heißt, die Spitze des Glasberges zu erreichen«.

59 W. Shakespeare: Wie es euch gefällt, (s.o. Anm. 44), S. 207 (5. Akt., 2. Szene).

60 Vgl. zu dem Motiv der »Himmelsreise« auf dem Hintergrund *schamanistischer* Erfahrungen E. Drewermann: Tiefenpsychologie und Exegese (s.o. Anm. 33), II 79–95. Vgl. auch oben Anm. 18.

61 Zu den *Flugträumen* vgl. P. Federn: Über zwei typische Traumsensationen, in: Jahrbuch der Psychoanalyse, hrsg. v. S. Freud, VI. Bd., Leipzig-Wien 1914, 89–134.

62 So sehr richtig die Kritik bei C.G. Jung: Über die Psychologie des Unbewußten (1943), in: Ges. Werke VII: Zwei Schriften über analytische Psychologie, Olten-Freiburg 1964, 1–130, S. 20–31; 44–68.

63 J.v. Eichendorff: Geistliche Gedichte (1808–56), in: Werke, hrsg. v. P. Stapf, 2 Bde., Wiesbaden (Vollmer-Verl.) o.J., I 267–317.

64 Vgl. E. Drewermann: Tiefenpsychologie und Exegese (s.o. Anm. 33), II 82–85.

65 E. Drewermann, I. Neuhaus: Die Kristallkugel (s.o. Anm. 2), 35–38.

66 Sehr treffend hat H. Bergson: Les deux sources de la morale et de la religion, 1932; dt.: Die beiden Quellen der Moral und der Religion, übers. v. E. Lerch, Jena 1933; Neudruck: Olten 1980, 33–43, die *intuitive* Fähigkeit der Psyche unter dem Stichwort der »offenen Seele« und dem Zusammenhang von »Erregung und Schöpfung« bzw. von »Emotion und Vorstellung« abgehandelt. »Wer immer sich mit literarischer Tätigkeit befaßt, hat den Unterschied feststellen können zwischen der Intelligenz, die sich selbst überlassen bleibt, und derjenigen, in der das Feuer der ursprünglichen und einmaligen Erregung brennt, jener Erregung, die aus einem Verschmelzen des Autors mit seinem Stoff geboren wird, das heißt aus einer Intuition. Im ersten Falle arbeitet der Geist gleichgültig; er verbindet Ideen miteinander, die längst in Worte gefaßt sind und die die Gesellschaft ihm fix und fertig liefert. Im zweiten Falle scheint es, als ob die von der Intelligenz gelieferten Stoffmassen zunächst ins Schmelzen geraten und sich dann von neuem zu Ideen verfestigen, die diesmal durch den Geist selbst geformt sind: wenn diese Ideen für ihren Ausdruck bereits vorhandene Worte vorfinden, so entsteht jedesmal der Eindruck eines unverhofften Glücksfalls ... Jetzt ist das Mühen schmerzhaft und das Ergebnis ungewiß. Aber nur dann fühlt oder glaubt der Geist sich als Schöpfer. Er geht nicht mehr von einer Vielheit fertiger Elemente aus, um bei einer Mischmasch-Einheit zu enden, die nur ein neues Arrangement des alten ist. Sondern er hat sich plötzlich zu etwas aufgeschwungen, das zugleich einheitlich und einzig erscheint, und das dann versucht, sich, so gut es geht, in die vielfältigen und allgemeinen Begriffe auszubreiten, wie sie in den Worten im voraus gegeben sind.« (A.a.O., S. 42–43)

67 Vgl. E. Drewermann, I. Neuhaus: Die Kristallkugel (s.o. Anm. 2), 38.

68 Der *listige Held* besitzt auf diese Weise eine fatale Nähe zu dem Archetyp des *Tricksters* der nordamerikanischen Indianer. Vgl. C.G. Jung: Zur Psychologie der Tricksterfigur (ursprgl.: Der göttliche Schelm. Ein indianischer Mythenzyklus, 1954), in: Ges. Werke IX, 1. Teil: Die Archetypen und das kollektive Unbewußte, Olten-Freiburg 1976, 271–290.

69 Zum *Kampf am Jabbok* in Gen 32, 22–32 vgl. M. Kassel: Biblische Urbilder. Tiefenpsychologische Auslegung nach C.G. Jung, München 1980, 258–279, die in der Erzählung zu Recht ein Bild für die Auseinandersetzung mit dem Schatten sieht.

70 J. Roth: Die Geschichte der 1002. Nacht, Bilthoven 1939; Neudruck: Amsterdam-Köln 1981, 26.

71 Zu dem Themenkomplex der »Preisjungfrau« vgl. religionsgeschichtlich E. Drewermann: Strukturen des Bösen (s. o. Anm. 24) II 430–435. Wichtig ist *hier,* daß
   es nicht der *Vater,* sondern die *Hexe,* also doch wohl die *Schwiegermutter* ist,
   die mit ihren an sich unlösbaren Aufgabenstellungen die Himmelsschöne, ihre
   Tochter, für sich behalten will. Zu den *Mordanschlägen der Schwiegermütter* im
   Märchen vgl. C.-H. Mallet: Kopf ab! Gewalt im Märchen, Hamburg-Zürich
   1985, 143–155, der vor allem das Motiv der Eifersucht gebührend hervorhebt.
   Man muß freilich auch bedenken, daß in die Eifersucht der »Schwiegermutter«
   stets auch die ödipale Mutterbindung des »Helden« hineinverlegt wird.

72 Vgl. K. Kerényi: Die Mythologie der Griechen (s. o. Anm. 3), II 57–61.

73 Vgl. B. Bucher: Die Phantasien der Eroberer. Zur graphischen Repräsentation
   des Kannibalismus in de Brys ›America‹, in: K.-H. Kohl (Hrsg.): Mythen der
   Neuen Welt. Zur Entdeckungsgeschichte Lateinamerikas, Ausstellung des 2. Fe-
   stivals der Weltkulturen, Horizonte 1982, Berlin, Martin-Gropius-Bau, 13. 6.–
   29. 8. 1982, 75–91, S. 77–80, der den Zusammenhang von weiblichem Altern
   und (kannibalischem) Hexentum strukturalistisch deutet als »eine Äquivalenz-
   relation ... zwischen dem vom Altern bewirkten physiologischen Verfall, einem
   natürlichen Vorgang, und einer doppelten kulturellen Regression« im Sinne
   einer kulinarischen Regression vom Gekochten zum Rohen sowie einer kulturellen Regression zum Zustand schmuckloser Nacktheit.

74 Vgl. Th. M. Messer: Edvard Munch, New York; dt.: Edvard Munch, aus dem
   Engl. übertr. v. H. Schuldt, Köln 1976, S. 72–75: Der Tod und das Mädchen
   (1893), Munch-Museum, Oslo.

75 Ch. Baudelaire: Les fleurs du mal, Paris 1857; dt.: Die Blumen des Bösen, in:
   Ch. Baudelaire: Ausgewählte Werke, hrsg. v. F. Blei, übers. v. T. Robinson,
   München (G. Müller V.) o. J., 1–284, S. 248–249.

76 Den Hinweis auf das Märchen vom ›Fundevogel‹ als einer existentiellen Parabel
   zu der Situation des menschlichen Lebens angesichts des Todes verdanke ich
   Heino Gehrts und seinem ausgezeichneten Einführungsvortrag über die fünf
   Arten der Erfassung von Märchen bei der Tagung der Europäischen Märchengesellschaft 1982 in Karlshafen zu dem Thema: ›Schamanismus im Märchen‹. Es
   tut gut, sich immer wieder daran zu erinnern, daß die psychologische Deutung
   des Märchens nur *ein* Zugang neben anderen ist, die miteinander lebendig verbunden sein müßten, um einem Märchentext gerecht zu werden. H. Gehrts
   zählte (neben der psychologischen Interpretation) die systematische, die litera-
   turwissenschaftliche, die esoterische und die kulturgeschichtliche Betrachtungsweise auf, wobei er letztere in die mythische, ritualistische und die schamanisti-
   sche Deutung unterteilte. Es ist klar, daß die Akzente im Gebrauch der verschiedenen Methoden je nach der Eigenart des betreffenden Märchens variieren müssen; der Untertitel des vorliegenden Buches ›Grimms Märchen tiefenpsychologisch gedeutet‹ ist daher lediglich als Sammelbegriff für ein recht unterschiedli-
   ches Instrumentarium zu verstehen, das wir in den einzelnen Interpretationen
   miteinander zu verbinden suchen. – Vgl. auch H. Gehrts: Schamanenweihe in
   einem niedersächsischen Volksmärchen, in: J. Janning, H. Gehrts, H. Ossowski
   (Hrsg.): Vom Menschenbild im Märchen, Kassel (Veröffentlichungen der Europäischen Märchengesellschaft, Bd. 1) 1980, 72–90, wo er die initiatischen Kultu-

ren der schamanischen und rituellen Kultur den beiden jüngeren Kulturformen der religiösen Kultur und der technokratischen Zivilisation gegenübergestellt.

77 Vgl. K. Stern: Die Flucht vor dem Weib – zur Pathologie des Zeitgeistes, Salzburg 1968.

78 Vgl. E. Borneman: Das Patriarchat. Ursprung und Zukunft unseres Gesellschaftssystems, Frankfurt 1975; Neudruck: Frankfurt (Fischer Tb. 3416) 1979, mit einem Nachw. zur Taschenbuchausgabe, 197–207 (Patriarchat und Frau).

79 Zur Psychologie der Impotenz vgl. E. Drewermann: Zur Frage der moraltheologischen Beurteilung bestimmter Formen sexuellen Fehlverhaltens (1979), in: Psychoanalyse und Moraltheologie (s.o. Anm. 29), II 162–225, S. 166–170. Das *Verbiegen der »Axt«* als Symbol männlicher Impotenz findet einen gewissen Kommentar in dem Märchen ›Der Geist im Glas‹ (KHM 99), wo es die eingesperrte Vitalität des »Studenten« zu sein scheint, die beim »Holzhacken« sowohl zu Versagen wie zu dämonischen Ängsten führt, während umgekehrt doch nur der Intellekt schließlich auch den »Geist im Glase« zu bändigen vermag. Auf den gesellschaftlichen *patriarchalischen* Hintergrund der Impotenzproblematik verweist zu Recht E. Borneman: Das Patriarchat (s.o. Anm. 78), 225–226: »Wenn ›Frigidität‹ und ›Hysterie‹ die Sexualängste der griechischen Frau im Zeitalter des Patriarchats kennzeichnen, dann ist ›Impotenz‹ die charakteristische Sexualangst des patriarchalischen Mannes. Was niemanden in einer mutterrechtlichen, nicht auf Leistung bezogenen Gesellschaftsordnung interessiert – wie oft der Mann ›kann‹ und wie groß sein Penis ist –, stellte die Kernfrage des patriarchalischen Sexuallebens dar – zumindest in den Augen des Mannes der herrschenden Klasse. Der Koitus hieß *erga*, ›Leistung‹.«

80 So in der *objektalen* Deutung. Vgl. W. Stekel: Die Sprache des Traumes. Eine Darstellung der Symbolik und Deutung des Traumes in ihren Beziehungen zur kranken und gesunden Seele, München 1927, 229 ff., der in dem »See« ein Symbol des Mutterleibes sieht. Für C. G. Jung: Über die Archetypen des kollektiven Unbewußten (1935), in: Ges. Werke IX 1, Olten-Freiburg 1976, 11–51, S. 28 ist »Wasser ... das geläufigste Symbol für das Unbewußte. Der See im Tal ist das Unbewußte, das gewissermaßen unterhalb des Bewußtseins liegt, weshalb es auch öfters als das ›Unbewußte‹ bezeichnet wird, nicht selten mit dem unangenehmen Beigeschmack eines minderwertigen Bewußtseins.«

81 Vgl. S. Freud: Die Traumdeutung (1900), in: Ges. Werke II–III, London 1942, 1–642, S. 362. – Besonders in der Malerei von M. Beckmann spielt der *Fisch* als Phallussymbol eine große Rolle. Vgl. C. Schulz-Hoffmann, J. C. Weiss (Hrsg.): Max Beckmann. Retrospektive, München 1984, S. 235, Nr. 48: ›Großes Fischstilleben‹ (1927), wo ein (weibliches) Saxophon sich schlangenartig um ausgebreitete Fische windet, welche »die phallische Kraft, die Fruchtbarkeit und das Leben« symbolisieren. – Nr. 65 (S. 250): ›Der kleine Fisch‹ (1933) zeigt einen Mann, der in eindeutiger Pose einer gelbgekleideten Frau am Strand »einen kräftigen, mit dem Schwanz schlagenden Fisch« entgegenhält. Der Fisch symbolisiert hier offenbar zugleich die kalte Schlüpfrigkeit der Verführung durch den Mann. – Nr. 70 (S. 255): ›Reise auf dem Fisch‹ (1934) ist die Darstellung eines Mannes und einer Frau, die in »dem ausweglos mechanischen Zusammenhang zwischen sexueller Lust, Unfreiheit und Verderben« an zwei Fische gefesselt sind, auf denen reitend sie in einen dunklen Abgrund stürzen. – Das Bild Nr. 82 (S. 269): ›Tod‹ (1938) zeigt auf dem rechten unteren Bildrand eine Frau,

die auf einem blauen Fisch liegt, den sie wie verzweifelt umklammert – der »Fisch« scheint hier eher die männliche Gefühlskälte als die Leidenschaftlichkeit der Liebe anzudeuten. – In ›Großes Frauenbild, Fischerinnen‹ (1948) (Nr. 121) erscheinen drei nur mit Korsagen bekleidete Frauen, die jeweils einen blauen, roten und orangefarbenen Fisch umarmen oder in der Hand halten, »überdeutliche männliche Sexualsymbole – Trophäe und Opfertier in einem … Diese Fische stehen in ihrer lasierenden Malweise weit hinter der sinnlichen Präsenz der Frauenkörper zurück; es sind fast durchsichtige körperlose Wesen, die damit auch die Erinnerung an die verbreitete Verbindung von Fisch und Seele wachrufen.« – Vgl. zum Fischsymbol auch E. Drewermann – I. Neuhaus: Voller Erbarmen rettet er uns. Die Tobit-Legende tiefenpsychologisch gedeutet, Freiburg-Basel-Wien 1985, 43–46.

82 Vgl. S. Freud: Die Traumdeutung (s. o. Anm. 81), II–III 362: »Als Verwahrung gegen die Kastration ist es aufzufassen, wenn eines der gebräuchlichen Penissymbole im Traum in Doppel- oder Mehrzahl vorkommt.«

83 Vgl. E. Drewermann: Zur Frage der moraltheologischen Beurteilung bestimmter Formen sexuellen Fehlverhaltens (s. o. Anm. 79), II 166–170.

84 Vgl. E. Drewermann, I. Neuhaus: Der goldene Vogel. Grimms Märchen tiefenpsychologisch gedeutet, Olten 1982, 49–51.

85 In der Ethnologie ist die Vorstellung von den *Hilfstieren* unter dem Stichwort *Nagualismus* bekannt, der Idee, daß ein jeder Mensch ein tiergestaltiges *alter ego* besitzt, mit dem er auf widersprüchliche Weise identisch ist. Vgl. W. Hirschberg (Hrsg.): Wörterbuch der Völkerkunde, Stuttgart 1965, 308. Vgl. R. Meyer: Die Weisheit der deutschen Volksmärchen, Stuttgart 1969, 117–131 (Die Tiere als Helfer des Menschen).

86 Vgl. H.-Ch. Puech: Der Begriff der Erlösung im Manichäismus (1937), in: G. Widengren (Hrsg.): Der Manichäismus, Darmstadt 1977, 145–213, S. 165–187; G. Quispel: Gnosis und hellenistische Mysterienreligionen, in: U. Mann (Hrsg.): Theologie und Religionswissenschaft. Der gegenwärtige Stand ihrer Forschungsergebnisse und Aufgaben im Hinblick auf ihr gegenseitiges Verhältnis, Darmstadt 1973, 318–331, der die verschiedenen geistigen Strömungen der Gnosis historisch untersucht und die Vorstellung von dem leidenden und sich sammelnden Gott (S. 330) – entgegen den Postulaten der »Religionsgeschichtlichen Schule«! – weder aus Israel noch aus dem Iran oder aus Indien, sondern aus der orphisch-pythagoräischen Deutung des *Zagreus-Mythos* abzuleiten sucht. Zu Recht betont Quispel dabei die Nähe der Gnosis zum Christentum; vgl. diesbezgl. schon F. Chr. Baur: Die christliche Gnosis, Tübingen 1835.

87 Vgl. die Auslegung bei E. Drewermann: Tiefenpsychologie und Exegese (s. o. Anm. 33), II 392–423.

88 Vgl. die berühmten Worte von Laotse: Tao te king. Das Buch des Alten vom Sinn und Leben, aus dem Chines. übertr. u. erl. v. R. Wilhelm (1910), Köln-Düsseldorf 1957, Nr. 6, S. 46: »Der Geist des Tals stirbt nicht, / das heißt das dunkle Weib. /Das Tor des dunklen Weibs, / das heißt die Wurzel von Himmel und Erde. / Ununterbrochen wie beharrend / wirkt es ohne Mühe.«

89 Schon im Markus-Evangelium herrscht die Vorstellung, daß die Begegnung mit dem Göttlichen »sofort« eine entsprechende Reaktion beim Menschen auslöse: 42mal kommt bei Markus »sofort« als Adverb vor, bei Matthäus nur

7mal, bei Lukas nur einmal; vgl. R. Morgenthaler: Statistik des neutestamentli-
chen Wortschatzes, Zürich-Frankfurt 1958, 102.

90 Die Phantasie von dem »gespaltenen Baum« entspricht durchaus in ihrer Derb-
heit dem Tanzlied der »Walpurgisnacht« in J. W. v. Goethe: Faust. Der Tragödie erster und zweiter Teil. Urfaust, hrsg. u. kommentiert von E. Trunz, München 1972, 1. Teil, V. 1428–1439: *Faust:* »Einst hatt' ich einen schönen Traum: /
Da sah ich einen Apfelbaum, / Zwei schöne Äpfel glänzten dran, / Sie reizten
mich, ich stieg hinan.« *Die Schöne:* »Der Äpfelchen begehrt ihr sehr, / Und
schon vom Paradiese her. / Von Freuden fühl ich mich bewegt, / Daß auch mein
Garten solche trägt.« *Mephistopheles:* »Einst hatt' ich einen wüsten Traum; / Da
sah ich einen gespaltnen Baum, / Der hatt' ein ...; / So – es war, gefiel mir's
doch.« St. Grof: Beyond the Brain. Birth, Death and Transcendence in Psychiatry, Albany 1985; dt.: Geburt, Tod und Transzendenz. Neue Dimensionen in
der Psychologie, übers. v. W. Stifter, München 1985, 221–223 hat zum »Hexen-
sabbath« der »satanischen Sexualität«, die er der 3. perinatalen Grundmatrix des
Erlebens zuordnet, mit Hilfe von Drogenexperimenten ein eindrucksvolles Material gesammelt, das den Schluß zuläßt, daß es sich hier um archetypische
Vorstellungen handelt.

91 Man vergleiche die Anweisungen bei J. Wolpe: The Practice of Behavior Thera-
py, London 1969; dt.: Praxis der Verhaltenstherapie, übers. v. U. Allinger u.
K. L. Holtz, Bern–Stuttgart–Wien 1972, 86–102, wo allein die Mechanik der
sexuellen Stimulation zur Erreichung eines Orgasmus in möglichst kurzer Zeit
zum Hauptziel der therapeutischen Intervention erhoben wird.

92 Zur Gestalt der Hexe vgl. M. Jacoby: Die Hexe in Träumen, Komplexen und
Märchen. Das dunkle Weibliche in der Psychotherapie, in: M. Jacoby, V. Kast,
I. Riedel: Das Böse im Märchen, Fellbach (psychologisch gesehen 33) [2](erg.)
1980, 195–212, der in der Hexe ein archetypisches Bild für die Bedrohung des
Ich-Bewußtseins durch den hemmenden Einfluß des Mutterkomplexes sieht
(S. 204). Entsprechend meinte auch A. Winterstein: Pubertätsriten der Mädchen
und ihre Spuren im Märchen (1928), in: W. Laiblin (Hrsg.): Märchenforschung
und Tiefenpsychologie, Darmstadt (Wege der Forschung, Bd. 102) 1975, 56–70,
S. 70, daß »die am Ende der Märchen häufig stehende Verbrennung der Hexe
auf eine negativ betonte Mutter-Imago« verweise, während die Feuersglut selbst
»die Bedeutung erotischer Glut« besitze. – Zum Zusammenhang von Sexualun-
terdrückung und Hexenverbrennung bzw. Hexenkult vgl. E. Drewermann: Der
Krieg und das Christentum. Von der Ohnmacht und Notwendigkeit des Religiösen, Regensburg 1982, 238–240; 333, Anm. 62. – An sich gilt es freilich zu
beachten, daß das Motiv der Verbrennung einer weiblichen Unholdin nicht aus
den Eigentümlichkeiten eines einzelnen Kulturkreises zu erklären ist, sondern
offenbar zu der Ambivalenz des Weiblichen selbst gehört. F. Boas: Indianische
Sagen von der nord-pacifischen Küste Amerikas (s. o. Anm. 5), 89, überliefert
z. B. eine Sage der Çatloltq-Indianer, die dem Grimmschen Märchen von ›Hänsel und Gretel‹ (KHM 15) nicht unähnlich ist: Tal war eine böse Menschenfresserin, die mit einem Korb auf Menschenfang zu gehen pflegte. Eines Tages
ergriff sie einige Mädchen, die in einem See schwammen. Sie wollte sie töten,
doch die Kinder sprachen: »Laß uns erst noch einmal um das Feuer tanzen.«
Dann bestrichen sie Tals Gesicht mit Harz und ließen sie im Takt ihres Liedes
mal näher, mal entfernter vom Feuer tanzen, bis das Harz schmolz und ihr die

Augen verklebte, so daß die Mädchen sie mit einem Stock in das lodernde Feuer drücken konnten. Tal »schrie: ›Laßt mich heraus, laßt mich heraus‹, und verstummte erst, als die todt war. Die Funken, die aus ihrer Asche hervorsprühten, wurden in Moskitos verwandelt«, offenbar weil sie blutsaugerisch sind wie Vampire und als Wesen der Luft der Welt der Geister und der Toten zugehören. – E. Storck: Alte und neue Schöpfung in den Märchen der Brüder Grimm (s. o. Anm. 54), 203, sieht in dem Feuer einen »Verwandlungsakt«, »wie die Gluten der niederen Begierdewelt zum Feuer des Geistes werden, wodurch die königliche Natur der Menschenseele enthüllt wird. Wir denken in diesem Zusammenhang an die Tat Sigurds, der die Waberlohe durchschreitet und die Walküre erweckt ... Man kann sagen, daß der Trommler jetzt erstmals zur Mitte seines Wesens findet, nachdem die Gewalt jener scheinbaren falschen Mitte, wie sie die Hexe verkörperte, überwunden ist.«

93 Zur Psychologie des Zeiterlebens vgl. E. Drewermann: Tiefenpsychologie und Exegese (s. o. Anm. 33), II 596–624. – Zu den Theorien der modernen Physik über den Zusammenhang von Zeit und Gravitation vgl. P. Davies: Die Zeit: Jeder weiß, was das ist – bis er es erklären soll, in: P. M. (Peter Moosleitners interessantes Magazin), 7/1986, 62–68. Vgl. auch R. Geiger: Märchenkunde. Mensch und Schicksal im Spiegel der Grimmschen Märchen, Stuttgart 1982, 533–543 (Von Raum und Zeit im Märchen).

94 Vgl. G. Flaubert: L'Education sentimentale. Histoire d'un jeune homme, 1869; dt.: Lehrjahre des Herzens, übers. v. W. Widmer, München 1957. Allerdings schildert Flaubert die »Erziehung der Gefühle« ganz im Gegenteil zur Entfaltung der Liebe als eine immer weiter voranschreitende Desillusionierung aller jugendlichen Ideale von Liebe und Gerechtigkeit: – die Umstände und die Zeit zerstören in dem jungen Frédéric Moreau zunehmend die Hoffnung und Kraft seiner Zuneigung zu der unglücklich verheirateten Frau des Kunsthändlers Arnoux. »Wir haben uns doch so sehr geliebt!« sagt Frau Arnoux 20 Jahre später. »›Ohne daß wir einander angehörten!‹ ›Vielleicht ist es besser so!‹ erwiderte sie. ›Nein! Nein! Wir hätten so glücklich sein können!‹ ›Ja, ich glaube es auch. Mit einer Liebe wie der Ihren!‹ Und wie tief und stark mußte sie sein, wenn sie eine so große Trennung überdauert hatte!« ... »Ihr ganzes Wesen, Ihre leisesten Regungen«, sagt Frédéric zu der ewig Geliebten, »schienen mir auf der Welt eine über alles Menschliche hinausgehende Wichtigkeit zu haben. Mein Herz war wie Staub und wirbelte hinter Ihren Schritten auf. Sie wirkten auf mich wie der Vollmondschein in einer Sommernacht, wenn alles nur Duft ist und linder Schatten, silbrige Helle, unendliche Weite. Und alles, was unser Fleisch und unsere Seele Köstliches kennen, war für mich in Ihrem Namen einbeschlossen, und ich sagte ihn immer wieder vor mich hin und suchte ihn zu küssen, wenn er über meine Lippen kam.« (545–546) Doch auch bei diesem letzten Wiedersehen bleibt es bei einer resignierenden Melancholie des »unmöglich«: Eine Locke, die Madame Arnoux sich aus ihrem Haar schneidet, ist das einzige, was Frédéric aus der Begegnung mit der Geliebten in seine lebenslange Einsamkeit mitnehmen wird.

95 F. Nietzsche: Also sprach Zarathustra. Ein Buch für alle und keinen (1883–85), München (GGTb. 403) 1960, 3. Teil, Von alten und neuen Tafeln, Nr. 26, S. 164: »Den *Schaffenden* hassen sie (die »Guten«, d. V.) am meisten: den, der Tafeln bricht und alte Werte, den Brecher, – den heißen sie Verbrecher. Die

Guten nämlich – die *können* nicht schaffen: die sind immer der Anfang vom
Ende: – sie kreuzigen den, der neue Werte auf neue Tafeln schreibt, sie opfern
sich die Zukunft, – sie kreuzigen alle Menschen-Zukunft! Die Guten – die waren
immer der Anfang vom Ende. –«

96 Vgl. S. Kierkegaard: Furcht und Zittern. Dialektische Lyrik von Johannes de
   Silentio, Kopenhagen 1843; dt. übers. v. L. Richter, Hamburg (rowohlts klassiker 89; Kierkegaard: Werke III) 1961, 33–35. Zu Kierkegaards Begriff des Glaubens vgl. E. Drewermann: Strukturen des Bösen (s. o. Anm. 24), III 497–504.

97 Interessant ist in diesem Zusammenhang das Motiv der *ägyptischen* Mythologie
   von dem Gott *Horus,* der als Sohn der Isis und des Osiris den schmählichen Tod
   seines Vaters rächt und zur »Säule seiner Mutter« (*jwn mw.t–f*) wird. Über die
   Gestalt des Horus verschmilzt der Pharao selbst mit dem Gott Osiris, wird er
   zum Kämpfer gegen das Böse und zum Hüter der Macht. Vgl. zur Gestalt des
   Horus W. Helck: Die Mythologie der alten Ägypter, in: H. W. Haussig
   (Hrsg.): Wörterbuch der Mythologie, 2 Bde., Stuttgart 1965, 1973, 1. Bd.: Götter und Mythen im Vorderen Orient, 313–406, S. 360–364.

98 Vgl. K. Stern: Die Flucht vor dem Weib (s. o. Anm. 77), 142–161.

99 Vgl. L. Andreas-Salomé: Lebensrückblick. Aus dem Nachlaß herausgegeben
   von E. Pfeiffer (1951), Frankfurt 1968; Neudruck: Frankfurt (it 54) 1979, 113–
   150, die ihre wunderbaren Erinnerungen an den großen Dichter in den Versen
   des ›Stundenbuchs‹ zusammengefaßt sieht: »Ich geh doch immer auf Dich zu /
   mit meinem ganzen Gehn / denn wer bin ich und wer bist Du / wenn wir uns
   nicht verstehn –.« (S. 150) Vgl. H. E. Holthusen: Rainer Maria Rilke in Selbstzeugnissen und Bilddokumenten, Hamburg (rowohlts monographien 22) 1974,
   30–46. Lou war für Rilke alles: Schwester, Mutter, Freundin, Geliebte, Engel
   und Muse – alles.

100 Vgl. St. Zweig: Balzac. Eine Biographie, Stockholm 1946; Nachdruck: Frank-
    furt (Fischer Tb. 2183) 1979, 55–69.

101 Vgl. a. a. O., 301–315 (Der Kampf um Frau von Hanska).

102 Vgl. H. E. Holthusen: R. M. Rilke (s. o. Anm. 99), 104–107, die Mahnungen von
    Prinzessin Marie von Thurn und Taxis-Hohenlohe bzgl. der zahlreichen Vereh-
    rerinnen Rilkes: »Sie, Sie selbst spiegeln sich in allen diesen Augen.«

103 Entsprechend scheint jetzt auch der Besitz der verschiedenen Kleider symbo-
    lisch einen Weg nach innen zu beschreiben. E. Storck: Alte und neue Schöpfung
    in den Märchen der Brüder Grimm (s. o. Anm. 54), 206, z. B. deutet das »Son-
    nen-, Mond- und Sternenkleid« als »die Kräfte des verinnerlichten Schauens,
    Hörens und der Wesens-Einung. – Vielleicht könnte man sagen, daß mit dem
    Offenbarwerden des Sternenkleides das Geistlicht jener Edelsteine erneut auf-
    strahlt, welche der Trommler bedenkenlos der Veräußerlichung anheimgegeben
    hatte.« Zu dem Motiv des »Kleides« oder »Hemdes«, mit dem das Märchen vom
    ›Trommler‹ beginnt und endet, vgl. M. L. v. Franz: The Psychological Meaning
    of Redemption Motifs in Fairytales, Toronto 1980; dt.: Erlösungsmotive im
    Märchen, übers. v. G. Schoeller, München 1986, 98–128, die in den »Hemden«
    Projektionen (S. 113 ff.), aber auch Formen einer archaischen Identität (117)
    erblickt.

104 Zur Deutung des Märchens von ›Brüderchen und Schwesterchen‹ vgl. F. Lenz:
    Bildersprache der Märchen, Stuttgart 1971, 79–93, der mit gewissem Recht *sub-
    jektal* in der Erzählung den Konflikt zwischen der »Seele« und dem »schweifen-

den Willen« (84) erblickt. Ähnlich sieht B. Bettelheim: The Uses of Enchantment, New York 1975; dt.: Kinder brauchen Märchen, übers. v. L. Mickel u. B. Weitbrecht, Stuttgart 1977, 77–81, in der Erzählung die »Integration der ungleichen Aspekte unserer Persönlichkeit« dargestellt. Vor allem die Rückkehr der »bösen Mutter« ähnelt dem ›Trommler‹-Märchen.

Brüderchen und Schwesterchen

Modulation der Gefühle und 1. Satz: Exposition: Lösung

1 Novalis: Aus dem ›Allgemeinen Brouillon‹ 1798–1799, in: Novalis Werke, hrsg. u. komm. v. G. Schulz, 2. neu bearb. Aufl. München 1981, 445–498, S. 494, Nr. 131. Vgl. a. a. O., S. 493, Nr. 727: »Das Märchen ist gleichsam der *Kanon der Poesie* – alles Poetische muß märchenhaft sein. Der Dichter betet den Zufall an.«

2 Zitiert nach dem Film von P. Schamoni: Caspar David Friedrich. Grenzen der Zeit, 1987.

3 K. F. Schinkel: Schloß am Strom, 1820, Nationalgalerie, Berlin.

4 Vgl. E. Drewermann: Das Tragische und das Christliche, in: Psychoanalyse und Moraltheologie, Bd. 1: Angst und Schuld, Mainz [8]1989, 19–78.

5 Vgl. E. Meyer: Ursprung und Anfänge des Christentums, 3 Bde., Stuttgart-Berlin 1921–1923, I 109, Anm. 2, zu Mk 5,21–43, der Geschichte von der Heilung der blutflüssigen Frau und der Tochter des Jairus. Vgl. bes. M. Lüthi: Das europäische Volksmärchen, 4. erw. Aufl. 1974, 25–36, S. 34: »Das Märchen liebt alles Extreme, im besonderen extreme Kontraste«; S. 36: »Nichts ist dem Märchen zu kraß und zu fern.«

6 Zu dem Begriff des »Nagual« vgl. W. Hirschberg (Hrsg.): Wörterbuch der Völkerkunde, Stuttgart (Kröner Tb. 205) 1965, 308. Das Wort stammt aus dem Aztekischen: naualli = etwas Verborgenes, tonal = jemandes Schicksal, Seele; der Begriff steht in engem Zusammenhang mit der Vorstellung vom alter ego. »Nagual ist ein Tier oder ein Naturobjekt, das mit dem Menschen eine mystische Schicksalsgemeinschaft eingegangen ist ... Da auch die Möglichkeit besteht, daß sich der Mensch zeitweilig in seinen tierischen Partner verwandeln kann, liegt hier eine enge Verwandtschaft zu der Konzeption des Wertieres vor.« Vgl. auch M. Lüthi: Es war einmal ... Vom Wesen des Volksmärchens, Göttingen [4]1973, 66–78. Vgl. auch R. Meyer: Die Weisheit der deutschen Volksmärchen, Stuttgart 1969, 117–131.

7 So z. B. die Deutung von L. von Keyserlingk: Brüderchen und Schwesterchen. Eine ganz besondere Liebe, Zürich, Stuttgart 1988, S. 77–84. Inzesttabu und Schwesterntausch.

8 Zu dem Gesetz der *zentralen Persönlichkeit in der Deutung von Träumen und Märchen* vgl. E. Drewermann: Tiefenpsychologie und Exegese, 2 Bde., Olten 1984–85, I 212–218; 379.

9 Vgl. B. Bettelheim: The Uses of Enchantment, New York 1975; dt.: Kinder

brauchen Märchen, übers. v. L. Mickel u. B. Weitbrecht, Stuttgart 1977, S. 77–81: Brüderchen und Schwesterchen. Die dualistischen Züge unserer Natur miteinander vereinbaren.

10 E. Drewermann: Tiefenpsychologie und Exegese, s.o. Anm. 8, I 141–154.

11 G. de Maupassant: Le Papa de Simon (1881); dt.: Simons Papa, übers. v. E. Sander. Gesamtausgabe der Novellen und Romane, 1. Bd.: Das Haus Tellier und andere Novellen, München 1986, 262–271; ders.: Un Fils (1882), dt.: Ein Sohn, übers. v. I. Schauber, in: A.a.O., 2. Bd.: Madame Baptiste und andere Novellen, München 1987, 66–77; ders.: L'Enfant (1882), dt.: Das Kind, übers. v. E. Sander, a.a.O., 112–118.

12 Vgl. J. Bilz: Menschliche Reifung im Sinnbild (1943), in: W. Laiblin (Hrsg.): Märchenforschung und Tiefenpsychologie, Darmstadt 1975, 161–187, S. 164.

13 Vgl. a.a.O., 166–167.

14 Vgl. F. Nietzsche: Vom Nutzen und Nachteil der Historie für das Leben, in: Unzeitgemäße Betrachtungen (1873–1876), Ges. Werke in 11 Bden., Bd. 2, München (Goldmann 1472–1473) 1964, 73–143, S. 75–76.

15 Vgl. F. Nietzsche: Menschliches Allzumenschliches. Ein Buch für freie Geister (1876–1877), in: Ges. Werke in 11 Bden., Bd. 3, München (Goldmann 676–677) o. J., S. 17–18; E. Drewermann: Dein Name ist wie der Geschmack des Lebens. Tiefenpsychologische Deutung der Kindheitsgeschichte nach dem Lukasevangelium, Freiburg–Basel–Wien, ²1989, 125–138. Das Motiv der *Heimatlosigkeit* arbeitet R. Meyer: Die Weisheit der deutschen Volksmärchen, Stuttgart 1969, 81–86, S. 81 ganz gut heraus.

16 Vgl. B. Jöckel: Reifungserlebnis im Märchen (1948), in: W. Laiblin (Hrsg.): Märchenforschung und Tiefenpsychologie, Darmstadt 1975, 195–211, S. 196, der davon ausgeht, das »Erlösungsmärchen« habe es im tiefsten mit dem Erlöstwerden von dem Zwiespalt zu tun, »dem die kindliche Seele mit dem Beginn der Reifung verfällt. – Zwar haftet sich die Tragik bereits mit der Geburt an das menschliche Dasein: Verharrenwollen im Mutterschoß gegen den nach außen drängenden Trieb zum individuellen Aufbau. Erfühlbar aber wird dies erst mit der ›zweiten Geburt‹, mit dem Eintritt ins vollreife Leben, der zugleich den Tod der Kindheit bedeutet.«

17 Vgl. R. Schindler: Die Bedeutung der Angst für die Entwicklung, in: Fortschritte der Psychoanalyse. Internationales Jahrbuch zur Weiterentwicklung der Psychoanalyse, Bd. 2, Göttingen 1966, 201–210; vgl. auch E. H. Erikson: Childhood and Society, New York 1950; 1963; dt.: Kindheit und Gesellschaft, übers. v. M. von Eckhardt-Jaffé, Stuttgart, 2. erw. Aufl. 1965, 264–270.

18 Vgl. dazu von seiten der Verhaltensforschung E. Schmalohr: Frühe Mutterentbehrung bei Mensch und Tier. Entwicklungspsychologische Studie zur Psychohygiene der frühen Kindheit, München (Kindler 2092) 1980, 17–36; vgl. auch M. H. Klaus, J. H. Kennell: Mutter-Kind-Bindung. Über die Folgen einer frühen Trennung, aus d. Amerik. übers. v. K. H. Siber, München 1983 (dtv 15033), 35–62; vgl. E. H. Erikson, a.a.O., S. 241–245: Vertrauen gegen Ur-Mißtrauen; auch R. Battegay: Narzißmus und Objektbeziehungen. Über das Selbst zum Objekt, Bern–Stuttgart–Wien 1977, 18–23: Das Verlassenwerden.

19 Vgl. zur Psychodynamik dieser Situation H. E. Richter: Eltern, Kind und Neurose. Psychoanalyse der kindlichen Rolle, Stuttgart 1963, S. 128–181: Das Kind als Gatten-Substitut.

20 Gerade diese konkreten Details, die für das Verständnis der Ausgangssituation sehr wichtig sind, finden in den Interpretationen für gewöhnlich nicht die geringste Beachtung. Vgl. z. B. F. Lenz: Bildsprache der Märchen, Stuttgart 1971, 79–93; R. Meyer: Die Weisheit der deutschen Märchen, Stuttgart 1969, 81–86; L. von Keyserlingk: Brüderchen und Schwesterchen, s. o. Anm. 7, 27–31.

21 Insbesondere die oral-depressive Thematik, die hier anklingt, darf um keinen Preis in der Deutung des Märchens überhört werden, oder man mißversteht das gesamte Gefühlskolorit, in welches das Märchen getaucht ist.

22 Man muß beachten, daß der psychologische Roman des 19. Jahrhunderts (Stendhal, Flaubert, Dostojewski) im Grunde nur mit »erwachsenen Charakteren« arbeitet. Das »historische« Interesse der Psychoanalyse wurde bes. von S. Freud: Konstruktionen in der Analyse (1937), Ges. Werke XVI, London 1950, 41–56, S. 54 f. hervorgehoben.

23 Vgl. E. Drewermann: Das Tragische und das Christliche, s. o. Anm. 4, 19–78, S. 71–78.

24 Vgl. E. Drewermann: Heil und Heilung, in: Psychoanalyse und Moraltheologie, Bd. 1: Angst und Schuld, Mainz ⁸1989, 179–189.

25 Zum Zorn als Anfallsgeschehen vgl. L. Szondi: Lehrbuch der experimentellen Triebdiagnostik, Bd. 1, Bern 1960, 103, der am Beispiel des Moses bes. auf das Wechselspiel von Hemmung und Überfall hinweist.

26 In der Sprache von L. Szondi (a. a. O.) handelt es sich um die Auswirkung des epileptiformen Triebfaktors e, der den Menschen aus Wut und Haß, aus Zorn und Rache dazu treibt, seine Gemütsbewegungen in sich bis zum Bersten aufzustauen, um sie dann plötzlich, explosionsartig, auf die Mitmenschen überraschend zu übertragen.

27 In der Beichtpraxis der kath. Kirche z. B. handelt(e) es sich um den klassischen Zusammenhang von »Reue« und »gutem Vorsatz«, die allein die »göttliche Vergebung« zu »verdienen« imstande waren. Vgl. J. Brintrine: Die Lehre von den heiligen Sakramenten der katholischen Kirche, Bd. 2: Buße, Krankensalbung, Ordo und Ehe, Paderborn 1962, 57–64.

28 Vgl. S. Freud: Das Unbehagen in der Kultur (1930), Ges. Werke XIV, London 1948, 419–506, S. 495 ff.

29 Vgl. demgegenüber E. Fromm: Disobedience as a Psychological and Moral Problem (1963); dt.: Der Ungehorsam als ein psychologisches und ethisches Problem, übers. v. L. u. E. Mickel, Gesamtausgabe, IX, Stuttgart 1981, 367–373.

30 Vgl. dazu E. Fromm: Beyond the Chains of Illusion. My Encounter with Marx and Freud (1962); dt.: Jenseits der Illusionen. Die Bedeutung von Marx und Freud, übers. v. L. u. E. Mickel, Gesamtausgabe, IX, Stuttgart 1981, 37–157, S. 66–78: Das kranke Individuum und die kranke Gesellschaft.

31 Vgl. R. Ardrey: The Territorial Imperativ, 1966; dt.: Adam und sein Revier. Der Mensch im Zwang des Territoriums, übers. v. I. Winger, München (dtv 881) 1972, 104–120.

32 Vgl. D. Morris: Manwatching, 1977; dt.: Der Mensch, mit dem wir leben. Ein Handbuch unseres Verhaltens, übers. v. K. H. Siber und W. Wagmuth, München–Zürich (Knaur 3659) 1978, 233–243, zu Kampfverhalten und Triumphgebaren.

33 Zu dem ähnlichen Verhalten bei Braunbären vgl. A. Pedersen: Die Großbären, in: B. Grzimek (Hrsg.): Enzyklopädie des Tierreiches in 13 Bänden, Bd. 12:

Säugetiere 3, München 1979, 118–143, S. 121–122; zur Aufzucht der Jungtiere bei *Schwänen* vgl. V. B. Dröscher: Geniestreiche der Schöpfung. Die Überlebenskunst der Tiere, Frankfurt–Berlin 1986, 148–150.

34 Zu entsprechenden Versuchen mit Tieren vgl. E. Schmalohr: Frühe Mutterentbehrung bei Mensch und Tier, s. o. Anm. 18, S. 113–145. Zu den Folgen einer frühzeitigen Trennung eines Muttertieres von seinem Jungen vgl. M. H. Klaus, J. H. Kennell: Mutter-Kind-Bindung, s. o. Anm. 18, S. 43–51.

35 Vgl. H. von Ditfurth: Am Anfang war der Wasserstoff, Hamburg 1972, S. 311–312.

36 Zur »Zeiterdehnungsregel« der Interpretation vgl. E. Drewermann: Tiefenpsychologie und Exegese, 2 Bde., 1. Bd.: Die Wahrheit der Formen. Traum, Mythos, Märchen, Sage und Legende, Olten-Freiburg 1984, 226–228.

37 R. D. Laing: Knots, London 1970; dt.: Knoten, übers. v. H. Elbrecht, Hamburg (dnb 25), 45, bringt die Struktur einer solchen Umwertung auf die Formel: »Ich bin schlecht, da ich mich schlecht fühle, und schlecht, da ich mich gut fühle, denn je schlechter man ist, desto weniger schlecht fühlt man sich.«

38 Gerade die Verschiebung der geistigen Ebenen macht es in der psychoanalytischen Behandlung so schwer, als erstes die *Denkfehler* freizulegen, die der Triebabwehr zugrundeliegen. Es ist die alte Wahrheit S. Freuds, daß man Affekte nicht unterdrücken kann, ohne das Denken mit zu destruieren. Vgl. S. Freud: Die Zukunft einer Illusion (1927), Ges. Werke XIV, London 1948, 323–380, S. 371–372.

39 Vgl. E. Drewermann: Wege in ein unentdecktes Land. Die Angst vor der Liebe, in: R. Walter (Hrsg.): Lebenskraft Angst. Wandlung und Befreiung, Freiburg–Basel–Wien 1987, 28–36.

40 Zum Begriff des *animus* vgl. C. G. Jung: Die Beziehungen zwischen dem Ich und dem Unbewußten (1928), Ges. Werke VII, Olten 1964, 131–264, S. 207–232. Vgl. bes. E. Jung: Die anima als Naturwesen (1958), in: W. Laiblin (Hrsg.): Märchenforschung und Tiefenpsychologie, Darmstadt 1975, 237–283.

41 Zu dem Begriff der *persona* vgl. C. G. Jung, a. a. O., Ges. Werke VII, 214.

42 Vgl. W. Faulkner: Requiem for a Nun, 1956; dt.: Requiem für eine Nonne. Roman in Szenen, übers. von R. Schnorr, Zürich (detebe 20991) 1982, S. 302.

43 Zu Recht kennzeichnete deshalb S. Kierkegaard: Die Krankheit zum Tode (1849), übers. v. L. Richter, Hamburg (rk 113) 1962, S. 29–31 das Weltgefühl der *Depression* als die »Verzweiflung der Unendlichkeit«.

44 Zu dem Zusammenhang von »Objektverlust« und Melancholie vgl. bereits S. Freud: Massenpsychologie und Ich-Analyse (1921), Ges. Werke XIII, London 1940, 71–161, S. 148–149.

45 Zu der Genese des Gottesbildes vgl. E. Drewermann: Kleriker. Psychogramm eines Ideals, Olten 1989, 331–340.

46 Vgl. E. Drewermann, a. a. O., 454–463, zum Thema »Gehorsam«.

47 Das Hauptthema des *Jähzorns* eines Elternteils besteht für das Kind wesentlich in der Unkalkulierbarkeit des Anfalls, mithin in der angstvollen Dauerbereitschaft, ihn zu erwarten; hinzukommt das Gefühl, in jedem Falle schuldig zu sein, sowie umgekehrt die Neigung, einen jeden als im Recht befindlichen zu glauben, wenn er nur laut genug schimpft.

48 Vgl. die Griechen, die dem Poseidon als dem Gott des Erdbebens (Homer: Ilias, I 530) Menschenopfer darbrachten, wie z. B. der Bericht von der Opferung der

Chthonia zeigt. Hyginus: Fabeln, Nr. 46, in L. Mader (Übers.): Griechische Sagen. Apollodoros, Parthenios, Antoninus Liberalis, Hyginus, Zürich-Stuttgart 1963, S. 265–266.

49 Auch im späteren Leben noch werden die Trauerphasen ebenso plötzlich und unversehens auf bestimmte Stichworte oder Schlüsseleindrücke hin sich zu Wort melden, wie in der Kindheit die Jähzornsattacken (der Mutter) einsetzten.

50 Vgl. S. Freud: Ein Kind wird geschlagen. Beitrag zur Kenntnis der Entstehung sexueller Perversionen (1919), Ges. Werke XII, London 1947, S. 195–226, der allerdings wesentlich den Anteil der Inzest-Liebe zwischen Vater und Tochter in den sadistischen Schlagephantasien seiner Patientinnen beschreibt.

51 Vgl. E. O'Neill: Long Day's Journey into Night, 1940–41; dt.: Eines langen Tages Reise durch die Nacht, übers. v. U. u. O. F. Schuh, in: Meisterdramen, Frankfurt 1960, 221–323.

52 Zur *Baumsymbolik* vgl. E. Drewermann: Strukturen des Bösen. Die jahwistische Urgeschichte in exegetischer, psychoanalytischer und philosophischer Sicht, 3 Bde., Paderborn ⁵1985, II, 52–69.

53 Wörtlich kommt diese Bedeutung noch in den *Baumsärgen* zum Ausdruck, die in der Zeit der Hügelgräberbronze Verwendung fanden. Vgl. K. W. Struve: Die Kultur der Bronzezeit in Schleswig-Holstein, Neumünster 1957, 11–12; 17–18; H. Hoffmann: Die Gräber der jüngeren Bronzezeit in Holstein, Neumünster 1938.

54 Fritz von Uhde: Schwerer Gang (»Der Gang nach Bethlehem«), um 1890; München, Bayerische Staatsgemäldesammlungen, Neue Pinakothek.

2. Satz: Durchführung: Verwandlung und Vermählung

1 Vgl. A. Winterstein: Die Pubertätsriten der Mädchen und ihre Spuren im Märchen (1928), in: W. Laiblin (Hrsg.): Märchenforschung und Tiefenpsychologie, Darmstadt 1975, 56–70; B. Jöckel: Das Reifungserlebnis im Märchen (1948), in: a. a. O. (s. o. Anm. 16), 195–211.

2 Zu dem Zusammenhang von Dissoziation und Kunst (Theater, Drama) vgl. L. Kaplan: Zur Psychologie des Tragischen (1912), in: J. M. Fischer (Hrsg.): Psychoanalytische Literaturinterpretation. Aufsätze aus ›Imago‹ (1912–1937), Tübingen 1980; München (dtv 4363) 1980, 33–63, S. 61–63. Zur Situation der Trennung des »inneren Selbst« von der äußeren Persönlichkeit vgl. R. D. Laing: The Divided Self. An Existential Study in Sanity and Madness, 1960; dt.: Das geteilte Selbst. Eine existentielle Studie über geistige Gesundheit und Wahnsinn, ü. v. Ch. Tansella-Zimmermann, Köln 1972, 86–90.

3 R. L. Stevenson: The Strange Case of Dr. Jekyll and Mr. Hyde, übers. v. R. Mummendey, in: R. L. Stevenson: Erzählungen, Stuttgart 1974, 671–753; vgl. zur Interpretation E. Drewermann: Strukturen des Bösen. Die jahwistische Urgeschichte in exegetischer, psychoanalytischer und philosophischer Sicht, 3 Bde., Paderborn ⁵1986, S. 278–299: Das Motiv des Doppelgängers in der Belletristik.

4 Vgl. U. Steffen: Drachenkampf. Der Mythos vom Bösen, Zürich 1984, 170–206.

5 Zu dem Begriff der psychopathischen Persönlichkeit vgl. K. Schneider: Klinische Psychopathologie, Stuttgart, 8. erg. Aufl. 1967, 17–30; vgl. bes. S. 31–35: Psychopathentypen sind keine Diagnosen.

6 Zu dem Problem von Neurose und Lüge vgl. E. Drewermann: Ein Plädoyer für die Lüge oder: Vom Unvermögen zur Wahrheit, in: Psychoanalyse und Moraltheologie, 3 Bde., Mainz 1982–84, 3. Bd.: An den Grenzen des Lebens, 199–236.

7 Vgl. E. Drewermann: Kleriker. Psychogramm eines Ideals, Olten 1989, 527–530.

8 Zum Begriff der *Leerlaufhandlung* vgl. G. W. Barlow: Fragen und Begriffe der Ethologie, in: K. Immelmann (Hrsg.): Verhaltensforschung. Sonderband zu Grzimeks Tierleben, Zürich 1974, 205–223, S. 214–216.

9 Vgl. W. Stekel: Die Sprache des Traumes. Eine Darstellung der Symbolik und Deutung des Traumes in ihren Beziehungen zur kranken und gesunden Seele, München ³1927, 164–180: Onanieträume, bes. S. 168–169, der Traum von dem »dunklen Wasser«.

10 Vgl. a.a.O., 121–130. Zu dem Symbol des »Waldes« vgl. F. Lenz: Bildsprache der Märchen, Stuttgart 1971, S. 80.

11 Vor allem M. Balint: The Basic Fault. Therapeutic Aspects of Regression, London 1968; dt.: Regression. Therapeutische Aspekte und die Theorie der Grundstörung, übers. v. K. Hügel, Stuttgart 1970; München (dtv 15028) 1987, 137–142, hat den positiven Wert der »Regression um der Progression willen« herausgearbeitet; vgl. ders.: Thrills and Regression, London 1959; dt.: Angstlust und Regression. Beitrag zur psychologischen Typenlehre, übers. v. K. Wolff, Stuttgart 1960; Hamburg (Studium 21) 1972, 76–84.

12 Zum Begriff der *imago* vgl. S. Freud: Zur Dynamik der Übertragung (1912), Ges. Werke VIII, London 1945, S. 364–374, S. 366–367; C. G. Jung: Symbole der Wandlung. Analyse des Vorspiels zu einer Schizophrenie (1911), Ges. Werke V, Olten 1973, 65.

13 Vgl. H. J. Wolf: Hexenwahn und Exorzismus. Ein Beitrag zur Kulturgeschichte, Kriftel 1980, 41–70; W. G. Soldan, H. Heppe: Geschichte der Hexenprozesse, 1843; neu bearb. v. M. Bauer nach der 3. Aufl., 2 Bde., Hanau (Kiepenheuer V.) o. J., I 71–125: die Stellung der alten Kirche bis zum 13. Jh.; a.a.O., I 127–212: der Anstieg des Aberglaubens vom 13. Jh. an.

14 Zu dem Zusammenhang von *Sehen* und Strafgewalt vgl. E. Drewermann: Strukturen des Bösen, s.o. Anm. 3, Bd. 2, S. 223–226.

15 Zu dem Begriff der *Projektion* vgl. A. Freud: Das Ich und die Abwehrmechanismen, München (Kindler 2001) o.J., S. 36f. Zu dem Zusammenhang von Projektion und Paranoia vgl. S. Freud, Ges. Werke VIII, London 1945, 239–320, S. 299f.

16 Zu dem Zusammenhang zwischen verlängerter Symbiose (Mutter–Kind) und paranoischem Erleben vgl. G. Ammon: Der Symbiosekomplex und das gleitende Spektrum der archaischen Ich-Krankheiten in: G. Ammon (Hrsg.): Handbuch der Dynamischen Psychiatrie, 1. Bd., München 1979, 276–294, S. 290.

17 Sehr eindrucksvoll beschreiben G. Ammon, A. von Wallenberg Pachaly: Schizophrenie, in: Handbuch, I 364–462, S. 422–423, das paranoische Erleben; vgl. Abb. 7, die eine Patientin als ein blaues Reh zeigt, das, durch einen Kreis geschützt, bei einer Tanne liegt.

18 So z.B. gegen die Deutung von L. v. Keyserlingk: Brüderchen und Schwesterchen. Eine ganz besondere Liebe, Zürich, Stuttgart 1988, 39–53. Anders z.B.

F. Lenz: Bildsprache der Märchen, Stuttgart 1971, 79–93, der in dem Kinderpaar das »Ineinanderwirken der jungen noch unreifen Willenskraft im Verein mit der werdenden, naiven Seele« erblickt (S. 79).

19 Vgl. E. Drewermann, I. Neuhaus: Schneeweißchen und Rosenrot, Olten [5] 1989, 29–42.

20 Vgl. a. a. O., 30–33.

21 Zu der *Tierverwandlung* selbst vgl. F. Lenz: Bildsprache der Märchen, Stuttgart 1971, 79–93, S. 82, der daran erinnert, daß die Griechen dem Dionysos zuerst den Panther, später den Tiger als Symbol beigaben; auch der römische Bacchus kleidete sich in ein Tigerfell und fuhr einen mit Tigern bespannten Wagen. In dem Wolf erkennt er einen Nachfahren des germanischen Fenriswolfes, während er in dem Rehbock den »verbockten« Willen zum Umherschweifen erblickt. Leider bringt er die Dramatik der Szene in einen rein mystisch-esoterischen Zusammenhang mit der »Stiefmutter«, in der er, nach dem Tod der wahren Eltern, lediglich den Einfluß der verhärteten, materialistischen Seele sieht, mit dem Ergebnis triebhafter Unbeherrschtheit. – Zu der Verbindung des Dionysos mit den *Tigern*, die den Griechen freilich erst durch Alexanders Vorstoß nach Indien bekannt wurden, vgl. Vergil: Aeneis, VI, 805, wo Bacchus »die Tiger von Nisas erhabenem Gipfel treibt«.

22 Zur oralen Gehemmtheit mit den entsprechenden Freß- und Beißphantasien vgl. M. Klein: Zur Psychogenese der manisch-depressiven Zustände (1928), in: Das Seelenleben des Kleinkindes und andere Beiträge zur Psychoanalyse, Stuttgart 1962, 44–71, S. 46–49; 53–55.

23 Zu den entsprechenden Phantasien vgl. E. Nielsen (Hrsg.): Die Hexe von Endor. Die merkwürdigsten Fälle aus dem Gebiet des Übersinnlichen von 1200 vor bis 1800 nach Christus (1922: Das Unerkannte auf seinem Weg durch die Jahrtausende), München (dtv 1335) 1978, S. 132; 212–214; J. von Görres: Die dämonische Metamorphose, in: K. Völker (Hrsg.): Von Werwölfen und anderen Tiermenschen. Dichtungen und Dokumente, München 1972; München (dtv 1308) 1977, 312–324.

24 Zu dem oral-depressiven *Verstummen* der eigenen Wunschwelt vgl. A. Dührssen: Psychogene Erkrankungen bei Kindern und Jugendlichen, Göttingen 1967, 184–189: Mutismus.

25 Vgl. K. Abraham: Untersuchungen über die früheste prägenitale Entwicklungsstufe der Libido (1916), in: Psychoanalytische Studien zur Charakterbildung. Und andere Schriften, hrsg. v. J. Cremerius, Frankfurt 1969, 84–112, S. 89–93; 100–104.

26 Zu dem Begriff der *anaklitischen Objektwahl* vgl. S. Freud: Drei Abhandlungen zur Sexualtheorie (1905), Ges. Werke V, London 1942, 27–145, S. 123; ders.: Die Zukunft einer Illusion (1927), Ges. Werke XIV, London 1948, 322–380, S. 345–346.

27 So z. B. R. Pesch, G. Lohfink: Tiefenpsychologie und keine Exegese, Stuttgart 1987; vgl. dazu E. Drewermann: An ihren Früchten sollt ihr sie erkennen. Antwort auf R. Pesch und G. Lohfink. Mit einem Beitrag von St. Schmitz, Olten [3] 1988, 39–77.

28 Zu den Auseinandersetzungen der Pubertät mit den andrängenden Triebimpulsen vgl. die klassische Betrachtung bei A. Freud: Das Ich und die Abwehrmechanismen, s. o. Anm. 15, S. 116–117. Es ist angesichts der drohenden Gefahr

der *Erstarrung* des kindlichen Ich gegenüber dem Pubertätsansturm ein lobens-
wertes Zeichen des Fortschritts, daß in dem Märchen schließlich doch *der Durst*
vor der Angst den Sieg davonträgt und nicht die »Latenzperiode in Permanenz
erklärt« wird.

29 Zu der *Tierverwandlung* vgl. W. Laiblin: Das Urbild der Mutter (1936), in:
ders. (Hrsg.): Märchenforschung und Tiefenpsychologie, Darmstadt 1975, 100–
150, S. 140: »Der Mythos (sc. der Jagd des Königs auf die Hinde, d. V.) stellt die
Polarität männlich-weiblich auch sonst sehr häufig symbolisch dar. Das erdhaft-
weibliche Prinzip tritt im mythischen Bilde einerseits sehr sinngemäß als Tier
auf, das dem *Jäger* bzw. *Fischer* als dem uranisch-männlichen Prinzip gegenübertritt, andererseits in unendlich vielen Variationen als *Wasserfrau* oder *Nixe*,
die dem Manne (meist wiederum dem Jäger oder Fischer) in geheimnisvoll
anziehend-schreckhafter Form begegnet. In vielen Fällen, wie z. B. in zahlreichen Jägerliedern, läßt es der Mythos offen, ob die Hinde, die vom Jäger gejagt
wird, ein Tier oder ein Mägdlein ist; sie ist beides in einer Gestalt bzw. zuerst
Tier und dann ohne weiteres plötzlich Mägdlein.«

30 Zu der Verschiebung des Sadismus vgl. S. Freud: Das ökonomische Problem des
Masochismus (1924), Ges. Werke XIII, London 1940, 369–383.

31 In dem *goldenen* Strumpfband sieht F. Lenz: Bildsprache der Märchen, s. o.
Anm. 10, 84, ein Relikt des Hosenbandordens. »Im Jahre 1348 wurde von König Eduard III. von England der Hosenband-Orden gestiftet. Auf einem Ball
des Königs hatte die Countess von Salisbury ihr Strumpfband verloren. Der
König nahm es auf sich und rief: ›Honni soit qui mal y pense!‹ – Ein Schuft sei,
wer sich Böses dabei denkt! Und er stiftete den Hosenband-Orden, den höchsten in England. Es handelt sich aber nicht um ein gewöhnliches Strumpfband
der Lady ... Das Knieband der Lady war das geheime Ordenszeichen einer
Loge, die esoterisches Wissen der Artus-Tafelrunde pflegte. So will das goldene
Strumpfband sagen. Wer die Weisheit eines esoterischen Wissens besitzt, kann
damit seinen triebartigen Willen zügeln und leiten.« Diese Deutung ist freilich
nicht symbolisch, sondern selber esoterisch und überspringt zu rasch das erotische Motiv des »Strumpfbands«, das in sich doch eine andere Interpretation
verdient als das Binsenseil, an welchem das »Rehlein« angeleint wird. – Das
goldene Halsband des Rehleins erinnert an Fassungen, in denen das Rehlein als
Goldhirsch auftritt. Vgl. W. Scherf: Lexikon der Zaubermärchen, Stuttgart
1982, 43.

32 Es ist ein ähnliches Motiv wie das »Gold«, das in dem Märchen von ›Schneeweißchen und Rosenrot‹ (KHM 161) der »Bär« durchschimmern läßt, als er
beim Abschied an der Türklinke hängenbleibt und sein Fell etwas aufreißt. Vgl.
E. Drewermann, I. Neuhaus: Schneeweißchen und Rosenrot, Olten 1983, 33–
35.

33 Ein solches »Lieblingsmärchen« hat in etwa den analytischen Wert einer »Deck-
erinnerung«; vgl. dazu E. Drewermann: Tiefenpsychologie und Exegese, 2 Bde.,
Olten 1984–85, I 350–374.

34 Vgl. zu diesem Symptom A. Dührssen: Psychogene Erkrankungen bei Kindern
und Jugendlichen, Göttingen 1967, 175–184.

35 Die klassische Fassung dieses Motivs findet sich in ›Das singende und springende Löweneckerchen‹ (KHM 88).

36 Gerade dieser *integrale* Zug des Märchens geht in einer Deutung unter, die,

vorschnell moralisierend, sogleich von dem »Beherrschen« der »Triebe« ausgeht: F. Lenz: Bildsprache der Märchen, Stuttgart 1971, 84–85, sieht z.B. an
dieser Stelle »das hinausdrängende Element des Willens«, »zur Ruhe gekommen, in der Hut der Seele«; aber das Verhältnis ist doch umgekehrt: das
»Schwesterchen« (die »Seele«) findet Ruhe auf dem Rücken des »Rehleins«, des
Triebbedürfnisses! Richtig hingegen fährt F. Lenz fort: »Aber die Seele weiß
auch sehr wohl, daß sie dem Willen tagsüber Freiheit lassen muß. Durch Bändi-
gung und Zügelung allein kann er sich nicht bewähren. Er muß tätig die äußere
Sinneswelt ergreifen, sich darin tummeln und am Abend zurückkehren in die
Stille. Man kann nicht zur Selbständigkeit gelangen, wenn der Wille nicht auch
losgebunden sich seiner Freiheit erfreuen darf. Und sei es auch mit Gefahr.« So
ist es; nur müßte es statt »Wille« weit eher »Trieb«, Drang, Sexualität und
Liebessehnsucht heißen.

37 R. M. Rilke: Die Dame mit dem Einhorn. Mit 12 Abbildungen, Nachwort v.
E. Olessak, Frankfurt 1978; vgl. S. Lietzmann: Das Einhorn geht auf Reisen.
Meisterwerke spätmittelalterlicher Bildwirkerei in New York, FAZ, 18.03.74;
vgl. auch H. Lanz: Gotische Bildteppiche, Bern–Stuttgart (Orbis Pictus 20) o.J.,
Tafel 10: Einhorn und Hirsch.

38 R. M. Rilke: Die Dame mit dem Einhorn, s.o. Anm. 37; entnommen aus: ders.:
Malte Laurids Brigge (1904–1910), in: Sämtliche Werke, Bd. 6, hrsg. vom Rilke-
Archiv, bes. v. E. Zinn, Frankfurt 1966, S. 826ff.; 830ff.

39 E. Olessak: a.a.O., s.o. Anm. 37, S. 41.

40 A.a.O., 55–56.

41 A.a.O., 44.

42 A.a.O., 42.

43 R. M. Rilke: s.o. Anm. 37, S. 10–11.

44 J. Herbert: Die Mythologie der Inder, in: P. Grimal (Hrsg.): Mythologies, Paris
1963; dt.: Mythen der Völker, 3 Bde., Frankfurt (Fischer 789; 799; 805) 1962, II
50–173, übers. v. L. Voelker, S. 74; 94–95.

45 K. Kerényi: Die Mythologie der Griechen, 2 Bde., München (dtv 1345–46)
1966; 1. Bd.: Die Götter- und Menschheitsgeschichten, S. 157–159.

46 Vgl. Homer: Odyssee, II 1, VIII 1, u.ö.

47 K. Kerényi: Die Mythologie der Griechen, s.o. Anm. 45, I. Bd., S. 157.

48 A.a.O., 157.

49 A.a.O., 158.

50 A.a.O., 158.

51 F. Renggli: Angst und Geborgenheit. Soziokulturelle Folgen der Mutter-Kind-
Beziehung im ersten Lebensjahr. Ergebnisse aus Verhaltensforschung, Psychoanalyse und Ethnologie (1974), Hamburg (rororo 6958) 1976, 48–49, weist darauf hin, daß Freilandbeobachtungen bei verschiedenen Affenarten nicht nur
zeigen, wieviel weniger die Männchen sich im allgemeinen um das Kleinkind
kümmern als die Weibchen – es kommt sogar nicht selten zur Tötung von
Kindern durch erwachsene Männchen, ein Phänomen, das seine Parallele bei
manchen Naturvölkern besitzt: eine Art von »Herodes-Komplex«. Vgl. auch
V. B. Dröscher: Nestwärme. Wie die Tiere Familienprobleme lösen, Düsseldorf–Wien 1982, 90–92: Konzert im Mutterleib: der Herzschlag.

52 Zum *Ammenschlaf* vgl. R. A. Spitz: The First Year of Life. A Psychoanalytic
Study of Normal and Diviant Development of Object Relations, New York

1965; dt.: Vom Säugling zum Kleinkind. Naturgeschichte der Mutter-Kind-Beziehungen im ersten Lebensjahr, übers. von G. Theusner-Stampa mit einem Anh. von W. G. Cobliner, Stuttgart 1967, 145; 155–156, der sogar die Meinung vertritt, »daß die Mutter während der Schwangerschaft und in der unmittelbar auf die Entbindung folgenden Zeit ihre potentielle Fähigkeit zur coenästhetischen Reaktion wieder aktiviert ... Ich bin überzeugt, daß eine stillende Mutter Signale wahrnimmt, die wir nicht bemerken.« Vgl. auch R. Bilz: Ammenschlaf-Experimente und Halluzinose. Beitrag zu einer biologisch orientierten Psychopathologie (1962), in: Paläoanthropologie, Frankfurt 1971, 211–233.

53 Vgl. W. Wickler, U. Seibt: Das Prinzip Eigennutz. Ursachen und Konsequenzen sozialen Verhaltens, Hamburg 1977, 85–94; 343–344; S. 90: »Die folgenschwerste Beobachtung war: Wenn Löwenmännchen einen Harem übernehmen und darin Babys vorfinden, so bringen sie diese um.« Ferner: »Die Sterblichkeit der Löwenkinder hängt von der sozialen Situation im Rudel ab; vor allem für die 3 Monate, die auf einen Männchenwechsel folgen, steigt sie stark an. Das ist aber noch nicht alles. In den ersten 6 Wochen nach einem Männchenwechsel sinkt nämlich auch die Geburtenzahl deutlich ab; dann steigt sie steil über den Durchschnittswert an. Die genauen Ursachen für den Abfall in der ersten Zeit sind noch unbekannt; es muß aber ein Einfluß sein, den die Männchen auf die Weibchen ausüben – sei es, daß die Weibchen in der Zeit der Umstellung nicht konzipieren oder die Jungen durch Abortus verlieren.«

54 Vgl. S. Freud: Über die weibliche Sexualität (1931), Ges. Werke XIV, London 1948, 515–537, S. 526–527.

55 Vgl. E. Drewermann: Warte, bis Vater wiederkommt. Lebenskrisen aus Kindheitserinnerungen der Nachkriegszeit, in: Psychoanalyse und Moraltheologie, 3 Bde, Mainz 1982–84, Bd. 2: Wege und Umwege der Liebe, 138–161.

56 A. a. O., 140–144.

57 Zu der Jagd des »Königs« vgl. W. Laiblin: Das Urbild der Mutter (1936), in: W. Laiblin (Hrsg.): Märchenforschung und Tiefenpsychologie, Darmstadt 1975, 100–159, S. 138, der das Bild von dem »wilden Jäger« mit der Jagd *Wotans* auf *Frau Holle*, seine Geliebte und Tochter, in Verbindung bringt. Auch so haben wir es mit dem Motiv zu tun, daß der Vater seine Tochter heiraten will. »Sie ist gleichzeitig die ›Hinde‹, die vom Jäger gejagt wird, das ›*schwarzbraune Mägdelein*‹ unzähliger Volkslieder, das in einer Fassung, in dem Lied: ›Der Jäger in dem grünen Wald‹ auch ›strahlloses‹ Mägdlein heißt.« »Strahllos« oder »ungestrählt« ist soviel wie »ungekämmt«, und auch das erinnert an die Frau Holle als Wasserfrau mit ungekämmten Haaren. So betrachtet, lebt in der Gestalt des verfolgten Mädchens (oder der gejagten Hinde) die »ungebändigte Erden- und Naturkraft«. Ähnlich F. Lenz: Bildsprache der Märchen, Stuttgart 1971, 87, der in dem Schwesterchen und dem Reh »das noch triebgebundene Seelenwesen«, in dem König aber das Ich erkennt. Tatsächlich geht es indessen um eine Spannung, die bereits *zwischen* dem »Schwesterchen« und dem »Rehlein« besteht, und diese Doppelrolle des Mädchens zwischen Angstflucht und Angstlust gilt es als erstes aus seiner *Vaterbeziehung* verständlich zu machen; dann erst läßt sich zeigen, welche Wege die Liebe geht, um die Angst zu beruhigen.

58 Vgl. E. Drewermann: Wege in ein unentdecktes Land. Die Angst vor der Liebe, in: R. Welter (Hrsg.): Lebenskraft Angst. Wandlung und Befreiung, Freiburg–Basel–Wien 1987, 28–36.

59 Vgl. M. Mlynarski, H. Wermuth: Die Schildkröten, in: B. Grzimek (Hrsg.): Enzyklopädie des Tierreichs in 13 Bdn., München (dtv) 1980, VI: Kriechtiere, 75–123, S. 81.

60 Vgl. A. Schnitzler: Liebelei, Schauspiel in 3 Akten, Berlin 1896; Frankfurt 1962 (Die dramatischen Werke, 2 Bde., 1. Bd.); ders.: Zug der Schatten. Drama in 9 Bildern, aus dem Nachlaß hrsg. u. eingel. v. F. Derré, Frankfurt 1970.

61 Zum Sinn der Ritualisierung als eines Mittels der Angstberuhigung vgl. B. Malinowski: Magic, Science and Religion, New York 1948; dt.: Magie, Wissenschaft und Religion, in: Magie, Wissenschaft und Religion. Und andere Schriften, übers. v. E. Krafft-Bassermann, Frankfurt 1973, 1–74, S. 55–63.

62 Vgl. E. Drewermann: Das Fremde – In der Natur, in uns selber und als das vollkommen Neue, dargestellt an einem Märchen, in: H. Rothbucher, F. Wurst (Hrsg.): Wir und das Fremde. Faszination und Bedrohung, Salzburg (Selbstverlag der Internationalen Pädagogischen Werktagung) 1989, 117–144; vgl. auch M. Papouschek: Das Fremde als Element des Spiels, in: a.a.O., 39–49.

63 Das Motiv findet seine gewiß großartigste Darstellung bei H. Melville: Moby Dick or the Whale (1851); dt.: Moby Dick, übers. v. T. Mutzenbecher, Hamburg (rororo 173–174) 1956, 379–401. Eine Deutung der Erzählung versucht D. Lauenstein: Das Geheimnis des Wals. Melvilles Moby Dick und das Alte Testament, Stuttgart 1973, 231–243.

64 Zu dem Symbol des *Fußes* vgl. E. Drewermann: Tiefenpsychologie und Exegese, 2 Bde., Olten 1984–85; Bd. 2:Die Wahrheit der Werke und der Worte. Wunder, Vision, Weissagung, Apokalypse, Geschichte, Gleichnis, S. 384–386.

65 Vgl. S. Freud: Bruchstück einer Hysterie-Analyse (1905), Ges. Werke V, London 1942, S. 161–286, S. 186–189 – Zur »Verlegung nach oben«.

66 Zu dem *Schuh* als einem weiblichen Symbol vgl. S. Freud: Drei Abhandlungen zur Sexualtheorie (1905), Ges. Werke V, London 1942, 27–145, S. 54, Anm. 2.

67 Alles »Längliche« kann bekanntlich als Symbol des männliches Genitale dienen; vgl. S. Freud: Traumdeutung (1900), Ges. Werke II–III, London 1942, 359–364.

68 Zu dem Film vgl. B. D'Echardt: Brigitte Bardot. Ihre Filme – ihr Leben, München (Heyne 50) 1982, 120–122.

69 A.a.O., 122.

70 P. Haining: The Legend of Brigitte Bardot, 1983; dt.: Brigitte Bardot. Die Geschichte einer Legende, übers. v. D. Erb, Herford 1984, 120–121.

71 A.a.O., 105.

72 A.a.O., 104.

73 A.a.O., 78.

74 B. D'Echardt: Brigitte Bardot, s.o. Anm. 68, S. 122–124.

75 H. de Stadelhofen: La vraie Brigitte Bardot, 1986; dt.: Brigitte Bardot. Originalbiografie ihres außergewöhnlichen Lebens, Michelsneukirchen 1986, 119.

76 A.a.O., 123.

77 A.a.O., 130–131.

78 A.a.O., 119–120.

79 Neue Westfälische, Sa., 22. Apr. 89. – P. Haining: Brigitte Bardot, s.o. Anm. 70, 216–217.

80 Westfalenblatt, 19.06.87.

81 P. Haining: Brigitte Bardot, s.o. Anm. 70, 221.

82 A.a.O., 218–220.

83 Vgl. B. D'Echardt: Brigitte Bardot, s. o. Anm. 68, S. 17 f., 22–27.

84 Zu der »Zeitzerdehnungsregel« der Interpretation symbolischer Erzählungen vgl. E. Drewermann: Tiefenpsychologie und Exegese, s. o. Anm. 64, I 226–228.

85 A. de Saint-Exupéry: Le petit Prince, Paris 1946; dt.: Der kleine Prinz, übers. v. G. u. J. Leitgeb, Düsseldorf 1956, S. 67.

86 Vgl. R. Bilz: Subjektzentrismus im Erleben der Angst: Aspekte der Angst (1965), in: Paläoanthropologie. Der neue Mensch in der Sicht einer Verhaltensforschung, Frankfurt 1971, S. 319–331.

87 Vgl. S. Freud: Das Tabu der Virginität (1918), Ges. Werke XII, London 1947, 159–180.

88 Vgl. E. Drewermann, I. Neuhaus: Das Eigentliche ist unsichtbar. Der kleine Prinz tiefenpsychologisch gedeutet, Freiburg–Basel–Wien [12] 1990, 44–46.

89 E. Drewermann: Rapunzel, in: Die kluge Else. Rapunzel, Olten [3] 1989, 57–101, S. 73–79.

90 Es ist für das Verständnis des Märchens in unserer Zeit sehr wichtig, sich deutlich zu machen, in welchem Umfang ihre an sich heilenden Bilder ins Verführerisch-Destruktive verformt worden sind. Gerade das Bild des »Schlosses« ist in dem berühmten Roman von F. Kafka: Das Schloß (1935), Frankfurt (Fischer Tb. 900) 1968, zu einer zentralen Chiffre der Verlorenheit und Entfremdung geworden.

91 Vgl. H. de Stadelhofen: Brigitte Bardot, s. o. Anm. 75, 150–155.

92 Vgl. E. Drewermann: Ein Rascheln ist und ein Zusammenraffen. Von der Zerstörung der religiösen Rede, in: Psychoanalyse und Moraltheologie, 3 Bde., Mainz 1982–84, Bd. 3: An den Grenzen des Lebens, S. 174–198.

93 Vgl. A. Lorenzer: Sprachzerstörung und Rekonstruktion. Vorarbeiten zu einer Metatheorie der Psychoanalyse, Frankfurt 1970, 156–159.

94 Vgl. zu der Differenz zwischen S. Freud und S. Ferenczi in der Frage der Beziehung von Therapie und Liebe E. Drewermann: Kleriker. Psychogramm eines Ideals, Olten 1989, 725–729.

95 S. Freud: Der Untergang des Ödipuskomplexes (1924), Ges. Werke XIII, London 1940, 393–402.

96 G. Klimt: Liebe, 1895, Histor. Museum, Wien.

97 S. Y. Assaf: Sieh die Nachtigall, Bruder; aus dem Arabischen übers. v. U. Assaf-Nowak, Stuttgart 1985, S. 50–52.

98 M. Kaléko: Das lyrische Stenogrammheft. Kleines Lesebuch für Große, 1933; 1935; Hamburg (rororo 1784) 1956, S. 86.

3. Satz: Reprise: Die Rückkehr der Stiefmutter

1 Vgl. S. Freud: Das Unheimliche (1919), Ges. Werke XII, London 1947, S. 227–268.

2 Zu der Tragik des »Wiederholungszwangs« bzw. zur »Wiederkehr des Verdrängten« vgl. S. Freud: Jenseits des Lustprinzips (1920), Ges. Werke XIII, London 1940, 1–69, S. 16–22.

3 Zu dem »Spiralenaufbau« symbolischer Erzählungen vgl. E. Drewermann: Tiefenpsychologie und Exegese, 2 Bde., Olten 1984–85, 1. Bd.: Die Wahrheit der Formen. Traum, Mythos, Märchen, Sage und Legende, S. 187–200.

4 Vgl. E. Drewermann: Kleriker. Psychogramm eines Ideals, Olten 1989, 527–544.

5 A. a. O., 544–563.

6 E. Drewermann: Das Tragische und das Christliche, in: Psychoanalyse und Moraltheologie, 3 Bde., Mainz 1982–84, 1. Bd.: Angst und Schuld, S. 19–78, S. 22–39.

7 Vgl. P. Haining: The Legend of Brigitte Bardot, 1984; dt.: Brigitte Bardot. Die Geschichte einer Legende, übers. v. D. Erb, Herford 1984, 99–101; 106.

8 L. von Keyserlingk: Brüderchen und Schwesterchen. Eine ganz besondere Liebe, Zürich, Stuttgart 1988, 99–109, bemerkt (S. 100) ganz richtig, »daß Schwiegermütter (sic!), auch wenn sie ganz woanders wohnen und sonst kaum Kontakt zu ihnen besteht, in den Zeiten des Kinderkriegens plötzlich erscheinen und für Wochen das Regiment im Haus übernehmen«. Doch die folgende Deutung zentriert die Geschichte nicht konsequent auf die Perspektive des »Schwesterchens«, und so schwankt die Autorin zwischen guten Ratschlägen hin und her, statt die Psychodynamik des Märchens zu erfassen und wiederzugeben.

9 V. B. Dröscher: Nestwärme. Wie Tiere Familienprobleme lösen, Düsseldorf–Wien 1982, 48–62: Verwirrt durch den Intellekt.

10 A. a. O., 11.

11 Vgl. dasselbe Motiv z. B. in dem Märchen ›Fundevogel‹ (KHM 51). Zur Interpretation des Märchens vgl. S. Birkhäuser-Oeri: Die Mutter im Märchen. Deutung der Problematik des Mütterlichen und des Mutterkomplexes am Beispiel bekannter Märchen, Stuttgart 1976, 147–151.

12 Zu dem Motiv der »magischen Flucht« vgl. A. Aarne, S. Thompson: The types of the Folktale, Helsinki ²1964, Nr. 327 A.

13 Zu dem Motiv der »vertauschten Braut« vgl. a. a. O., 403 A. Vgl. P. Arfert: Das Motiv von der unterschobenen Braut in der internationalen Erzählungsliteratur, Rostock 1896; M. Lüthi: Von der falschen und der rechten Braut, vom Tierkind und vom Tiergemahl, in: Lüthi: So leben sie noch heute, Göttingen 1969, 117–130.

14 Vgl. dazu Th. Mann: Joseph und seine Brüder, 3 Bde., Berlin 1933; Frankfurt (Fischer Tb. 1183–85) 1971, I 166–172: Jaakob kommt zu Laban; 175–179.

15 Vgl. a. a. O., I 177; E. Siecke: Die Liebesgeschichte des Himmels. Untersuchungen zur indogermanischen Sagenkunde, Straßburg 1892, S. 3.

16 Vgl.: Die Geschichte der Familie, Freiburg/Schweiz 1975, 137–145: Das 19. Jahrhundert. Die industrielle Revolution und die Familie. (Editions des Connaissances Modernes; Autoren ungenannt.)

17 Vgl. R. Bilz: Schrittmacherphänomene (1948), in: Die unbewältigte Vergangenheit des Menschengeschlechts. Beiträge zu einer Paläoanthropologie, Stuttgart 1967, 7–38.

18 A. a. O., S. 17–24.

19 Vgl. E. Drewermann: Ehe – tiefenpsychologische Erkenntnisse für Dogmatik und Moraltheologie, in: Psychoanalyse und Moraltheologie, 3 Bde., Mainz 1982–84, Bd. 2: Wege und Umwege der Liebe, S. 38–86.

20 Vgl. M. Thalmann: Das Märchen und die Moderne. Zum Begriff der Surrealität im Märchen der Romantik, Stuttgart–Berlin–Köln–Mainz (ub 53) 1961, 104–109: »Die uns bekannte aufgeklärte Welt verfremdet sich im Märchen zu Spiegelungen neuer Horizonte. Eine Welt wird zerschlagen, aber eine andere aufgebaut. Der Poet ist ein Magier, der aus dem Bekannten das Unbekannte herausholt und über der Realität der Gegenstände die Sur-Realität der Begriffe aufstei-

gen läßt. Der Vorstoß dieser Kräfte der unter dem Schutz der Märchenfiktion vor sich geht und auch verzeichnen und deformieren darf, hat die Geburt der Moderne vorbereitet.« (S. 109).

21 Vgl. a.a.O., S. 106–107: »Der Märchenheld ist nicht ohne Standort und Ordnung. Er besitzt nicht nur sich selbst, sondern auch noch eine umgebende Welt, der er sich verbunden fühlt, wenn er auch den Zukunftsinteressen und der Vorgartenschönheit skeptisch gegenübersteht. Der Romantiker beginnt in einem Aufstand gegen die aufgeklärte Gesellschaft zu leben, die der Verächter der Einbildungskraft ist, was nicht ohne eine gewisse Übergangsempfindlichkeit geschieht ... Plötzlich kommen die Tage, da uns die nächste Straßenecke fremd ist, da wir wissen, daß hinter diesen sanften Hügeln und Waldbänken etwas Lächerliches liegt und hinter dem vertrauten Gesicht der Menschen etwas Unmenschliches. Die Welt entgleitet uns und ist uns verfremdet. Im Märchen steckt eine absurde Problemmasse, die im Gären begriffen ist und Sauerteig für das ganze Jahrhundert bleibt. – In den romantischen Märchenprinzen wächst ein neues Menschenbild heran.«

22 M. Wheeler: Early India and Pakistan, London 1959; dt.: Alt-Indien und Pakistan bis zur Zeit des Königs Ashoka, übers. v. G. Pfeiffer, Köln o.J., 81–102, S. 83–85; 88; F. A. Khan: The Glory what was Mohenjodaro; publ. by the Department of Archaeology, Government of Pakistan, Karachi, o.J.; ders.: Indus Valley Civilization, in: Cultural Heritage of Pakistan, Karachi 1966, S. 6–11, S. 8.

23 Vgl. G. Precht: Die Herbergsthermen der Colonia Ulpia Traiana, in: Archäologie in Deutschland, Heft 4, 1988, 18–27; H. Cüppers: Die geretteten Thermen in Trier, in: A.a.O., 28–32.

24 Vgl. V. Dröscher: Geniestreiche der Schöpfung. Die Überlebenskunst der Tiere, Berlin 1986, 115–116: Schneeaffen kuren im Heilbad. Der Rotgesichtsmakak.

25 Vgl. O. H. Walliser: Die Formationen des Erdaltertums, in: G. Heberer, H. Wendt (Hrsg.): Entwicklungsgeschichte der Lebewesen. Ergänzungsband zu Grzimeks Tierleben. Enzyklopädie des Tierreiches, Zürich 1972, 122–154, S. 137–140. – Das *Ersticken* im Bad hat übrigens ein berühmtes historisches Vorbild in der Ermordung der Gotenkönigin Amalaswintha; vgl. F. Dahn: Ein Kampf um Rom, 3 Bde. (1859–1876), Leipzig (Breitkopf) o.J., 1. Bd., 4. Buch, 6. Kap.

26 S. Ferenczi: Versuch einer Genitaltheorie (1924), in: Schriften zur Psychoanalyse, hrsg. in 2 Bdn. v. M. Balint, Stuttgart 1972, Bd. 2, 317–400, S. 357–369. Vgl. auch W. Laiblin: Das Urbild der Mutter (1936), in: W. Laiblin (Hrsg.): Märchenforschung und Tiefenpsychologie, Darmstadt 1975, 100–150, S. 127, der von der »Rückkehr zur Großen Mutter« bzw. von dem gläubigen »Sich-Fallenlassen« in die Arme der ewig jungen und erneuernden Erdenkraft spricht. F. Lenz: Bildsprache der Märchen, Stuttgart 1971, 90, sieht zu Recht das Bad als »Geburt«, gelangt dann aber zu der schwer verstehbaren Deutung: »Das Willensfeuer einer heiligen Begeisterung muß in der Seele entbrennen und die Glut unirdischer Liebe entfachen. Wo aber die bösen Mächte am Spiel sind, wird es zum Höllenfeuer, in dem die Seele erstickt.« S. Birkhäuser-Oeri: Die Mutter im Märchen. Deutung der Problematik des Mütterlichen und des Mutterkomplexes am Beispiel bekannter Märchen, hrsg. v. M. L. von Franz, Stuttgart 1976, 114, meint: »Die Königin ... wird von der bösen Hexe durch Hitze zerstört, z.B. in

einem überwältigenden Ausbruch von Emotionen. Sie wird eingeschlossen,
d.h. isoliert und verglüht an der Intensität der Energien, welche das Unbewußte nicht nur eine Quelle der Kraft, sondern auch der Gefahr sein lassen.« –
Worum es bei der Rückkehr der (Stief-)Mutter in dem Märchen wirklich geht,
läßt sich weit konkreter und verbindlicher auf der »Objektstufe« der Deutung
zeigen, wenn man beherzigt, was H. E. Richter: Eltern, Kind und Neurose.
Psychoanalyse der kindlichen Rolle, Stuttgart 1963, 104, so ausdrückt: »Die
Mutter belebt ... nicht nur die Erinnerung an das Verhalten ihrer eigenen
Mutter, sondern diese Erinnerung ist von vornherein verschmolzen mit den
eigenen kindlichen Reaktionen, mit denen die mütterlichen Maßnahmen früher
beantwortet wurden. Die effektive Stellungnahme, die man zu den Eltern als
Kind bezogen hatte, ist für die Art und Weise mitbestimmend, in der man
seine Kindheitserfahrungen für die späterhin zu bewältigende Erziehungsaufgabe verwertet. – Normalerweise kommt es überwiegend zu einer Identifikation der Mutter mit ihrer Mutter ...: Sie bemüht sich, zu ihrem Kind so zu
sein, wie ihre Mutter zu ihr selbst war ... Allerdings kann es durch diese
Identifikation kommen, daß *negative* Züge der Mutter ... später am eigenen
Kind ausgelebt werden.« Zu welch tragischen Verstrickungen es dabei kommen kann, zeigt in erstaunlicher Ehrlichkeit W. A. Mitgutsch: Die Züchtigung,
München (dtv 10798) 1987; dieser erschütternde Roman schildert das verzweifelte Bemühen einer Frau, die auf einem Bauernhof unter der Zuchtrute einer
liebeleeren, harten Erziehung aufwachsen mußte und die nur möchte, daß ihre
Tochter Vera es einmal besser im Leben haben soll: – ein »Königskind«! Doch
gerade deshalb wiederholt die Mutter am Ende nur die Härte und Grausamkeit, die sie selbst als Kind erfahren hat. In den Augen der eigenen Tochter als
Mutter zur (Stief-)Mutter zu werden – *das* ist die Tragik im Leben eines
»Schwesterchens«.

27 Zu dem Begriff der Regression vgl. M. Balint: The Basic Fault. Therapeutic
Aspects of Regression, London 1968; dt.: Regression. Therapeutische Aspekte
und die Theorie der Grundstörung, übers. v. K. Hügel, Stuttgart 1970; München (dtv 15028) 1987, 68–72: Pränatale und frühe postnatale Zustände. Zur
Bedeutung der Regression vgl. E. Drewermann: Tiefenpsychologie und Exegese, 2 Bde., Olten 1984–85, 1. Bd.: Die Wahrheit der Formen. Traum, Mythos,
Märchen, Sage und Legende, S. 230–250.

28 Vgl. N. Destounis: Psychosomatic aspects in pregnancy and neurological dis-
orders – a psychotherapeutic approach, in: Dyn. Psychiat. 10 (1977), 380–386;
Gisela Ammon: Präventive Maßnahmen – Psychoanalytische Maßnahmen und
psychoanalytische Pädagogik, in: G. Ammon (Hrsg.): Dynamische Psychiatrie,
1. Bd., München 1979, 679–733, S. 727–730. Zu der Problematik der Schwan-
gerschafts- und Wochenbettpsychosen vgl. auch E. Bleuler: Lehrbuch der Psychiatrie, 11. v. M. Bleuler umgearb. Aufl., Berlin-Heidelberg-New York 1969,
440–442.

29 Es handelt sich in dieser Mitteilung um eine Art *Abasie* aus Angst vor den
eigenen verbotenen Aggressionen; im Unterschied zu der hysterischen Abasie,
wie sie klassisch beschrieben wurde von S. Freud: Studien über Hysterie
(1895), Ges. Werke I, London 1952, 75–312, S. 196–226 (Fräulein Elisabeth
von R...), ergibt sich die Bewegungslosigkeit jedoch nicht aufgrund einer Verdrängung der unterdrückten Affekte, sondern durch einen magischen Abwehr-

ritus gegenüber von Gefühlsregungen und Neigungen, deren Bewußtseinsrepräsentanz erhalten bleiben.

30 Vgl. L. Navratil: Schizophrenie und Sprache. Schizophrenie und Kunst. Zur Psychologie der Dichtung und des Gestaltens, München (dtv 4267) 1976, 124–157: Lyrische und schizophrene Sprachphänomene.

31 Es ist das Problem aus der Parabel von F. Kafka: Vor dem Gesetz, in: Das Urteil und andere Erzählungen (1946), Frankfurt (Fischer Tb. 19) 1952, 117–119; Der Türhüter, der den Zugang zum »Gesetz« (zum berechtigten Dasein) verstellt, *der eigene Vater,* müßte ermordet werden, um sich gewaltsam Zutritt zum Leben zu verschaffen; doch eine solche Tat würde dem bereits ungerechtfertigten Dasein endgültig jede Berechtigung entziehen; eben deshalb kann der Zustand der Entfremdung, des Ausgesperrtseins, des lebenslänglichen Wartens niemals überwunden werden. Einzig J. Knittel: Via Mala (1934), Stuttgart 1985, Kap. 29, S. 196–221, hat in seinem Weltbestseller die Ermordung des wüsten, despotischen Jonas Lauretz durch einen familiären Ritualmord als einen Akt legitimen Notwehrrechts infolge unerträglicher Unterdrückung geschildert.

32 Zu dem Fragenkomplex vgl. M. Hammes: Hexenwahn und Hexenprozesse, Frankfurt (Fischer 1818) 1977; vgl. auch F. von Spee: Cautio Criminalis oder Rechtliches Bedenken wegen der Hexenprozesse (1632), aus dem lat. übers. v. J. F. Ritter, München (dtv 6122) 1982, S. 279–289: »Wie eine kurze Übersicht des heutzutage bei vielen im Hexenprozesse gebräuchlichen Verfahren aussieht, die es wert wäre, daß der verehrungswürdige Kaiser sie kennenlernte und das deutsche Volk sie sorgfältig betrachtete.« Vgl. auch Ch. Thomasius: Vom Laster der Zauberei (1701). Über die Hexenprozesse (1712), übers. u. hrsg. latein.-deutsch v. R. Lieberwirth, Weimar 1967; München (dtv 2170) 1986, der (S. 178–179) bes. den schädlichen und schändlichen Einfluß der päpstlichen Bullen zu Anfang des 16. Jh.'s auf die Ausbreitung des Hexenwahns hervorhebt.

33 Erst dieses Gefühl der subjektiven Berechtigung des damals voller Schuldgefühle verdrängten Materials eröffnet einen wirklichen Ausweg aus dem Teufelskreis des Wiederholungszwangs.

34 Zum Verbrennen der Hexe vgl. in diesem Buch: Marienkind, S. 43–102. Vgl. bes. C. H. Mallet: Kopf ab! Gewalt im Märchen, Hamburg 1985, 115–130, der das ›Marienkind‹ vor dem Hintergrund der Glaubenskämpfe des 17.–18. Jahrhunderts deutet und als einen Ausdruck von zweierlei Moral deutet: »eine für Maria, das heißt für die Herrschenden, und eine ganz andere für Marienkind«. – S. 125. Vgl. auch D. R. Moser: Christliche Märchen. Zur Geschichte, Sinngebung und Funktion einiger Kinder- und Hausmärchen der Brüder Grimm, in: J. Janning (Hrsg.): Gott im Märchen, Kassel 1982, 92–113, S. 99–103, der in dem ›Marienkind‹ eine »typische Missionserzählung der Gegenreformation« (S. 99) erkennt.

35 Vgl. C.-H. Mallet: Kopf ab, a.a.O., 143–155: Der Schwiegermutter Mordanschläge; 155–163, zu den Rachephantasien an Stiefmüttern und Stiefschwestern.

36 Vgl. zur Stelle E. Drewermann: Das Markusevangelium, 2 Bde., Olten 1987–88, II 284–294.

37 A. Renoir: Auf der Wiese, um 1890, Sammlung Lewisohn, New York (auf dem Umschlagbild im Detail).

38 Zu dem Problem eines äußerlichen oder innerlich verstandenen »Gehorsams«
   vgl. E. Drewermann: Kleriker. Pyschogramm eines Ideals, Olten 1989, 688–708.
39 S. Y. Assaf: Sieh die Nachtigall, Bruder; aus dem Arabischen von U. Assaf-
   Nowak, Stuttgart 1985, 76–77.

Die kluge Else

1 Sehr zu Recht meint B. Bettelheim: The Uses of Enchantement, New York
  1975; dt.: Kinder brauchen Märchen, übers. v. L. Mickel u. B. Weitbrecht,
  Stuttgart 1977, 13: »In unserer Kultur besteht die Neigung, besonders, wenn es
  um Kinder geht, so zu tun, als existiere die dunkle Seite des Menschen nicht. Sie
  verkündet einen optimistischen Fortschrittsglauben. Von der Psychoanalyse erwartet man, daß sie das Leben leicht machen solle, aber das war nicht die
  Absicht ihres Begründers. Ziel der Psychoanalyse ist es, dem Menschen zu
  helfen, das Problematische des Lebens zu akzeptieren, ohne sich davon besiegen
  zu lassen...« »Genau diese Botschaft vermittelt das Märchen dem Kind in viel-
  fältiger Weise: Der Kampf gegen die heftigen Schwierigkeiten des Lebens ist
  unvermeidlich und gehört untrennbar zur menschlichen Existenz, wenn man
  aber nicht davor zurückschreckt, sondern den unerwarteten und oft ungerechten Bedrängnissen standhaft gegenübertritt, überwindet man alle Hindernisse
  und geht schließlich als Sieger aus dem Kampf hervor.« »›Heile‹ Geschichten
  erwähnen weder den Tod noch das Altern als Grenzen unserer Existenz; sie
  sprechen auch nicht von der Sehnsucht nach dem ewigen Leben. Das Märchen
  dagegen konfrontiert das Kind mit den grundlegenden menschlichen Nöten.«
  C.-H. Mallet: Kopf ab! Gewalt im Märchen, Hamburg 1985, 15–16 erklärt
  dementsprechend: »Gewalt und immer wieder Gewalt: so in den Mythen und
  Sagen, im Alten wie im Neuen Testament und nicht anders in der Realität der
  menschlichen Geschichte. – Nach der unabweisbaren Erkenntnis, daß Gewalt
  seit Urzeiten mit dem Leben der Menschen verknüpft ist, bin ich reumütig zu
  den Märchen zurückgekehrt. Sie ermöglichen wenigstens Distanz zum bedrük-
  kenden Thema Gewalt, spielen sich doch in ihnen die Gewaltszenen im Mär-
  chenhaft-Unwirklichen ab. ... Was man kaum zu denken wagt – die Märchen
  stellen es ungeniert und mit größter Unbefangenheit dar... Gewalt wird weder
  verteufelt noch gepriesen, sie findet lediglich statt. – Und sie wird auf ihren
  unleugbaren Ursprung zurückgeführt: auf den Menschen. Er ist es, der Gewalt
  ausübt, erleidet und den Gewalt fasziniert.« »Die Vielzahl der Bilder und Beispiele (sc. für Gewalt im Märchen, d. V.) machen Strukturen sichtbar, lassen
  Motive erkennen, zeigen stets aufs neue die Dynamik der Gewalt... Nahezu
  zwangsläufig ergibt sich daraus eine Erweiterung der Erkenntnisse über das
  Wesen der Gewalt, aber auch ein Zugewinn an Selbsterkenntnis.«
2 R. Biltz: Das Syndrom unserer Daseins-Angst (Existenz-Angst). Erörterungen
  über die Misère unseres In-der-Welt-Seins (1969), in: Paläoanthropologie. Der
  neue Mensch in der Sicht einer Verhaltensforschung, 1. Bd., Frankfurt 1971,
  427–464 erinnert (S. 434) z. B. an die Tödlichkeit der »Stotterwitze«, in denen
  ein ganzer Gruppenverband sich auf Kosten der Isolation eines verängstigten
  Außenseiters zusammenschließt. Gerade der unreflektierte Sadismus solcher

Formen von Mobbing-Aggressivität zeigt, wie tief verankert in den Gesetzen der Gruppendynamik dieser Mechanismus der Herstellung der »Normalität« durch Unterdrückung abweichender Verhaltensweisen sein muß.

3. Zur Lehre S. Freuds vom Kastrationskomplex vgl. die Darstellung bei E. Drewermann: Strukturen des Bösen. Die jahwistische Urgeschichte in exegetischer, psychoanalytischer und philosophischer Sicht, 3 Bde., Paderborn ⁵1985–86, II 184–185. H. E. Richter: Eltern, Kind und Neurose. Psychoanalyse der kindlichen Rolle, Stuttgart 1963, 202–205 hat diese durch und durch *narzißtische* Beziehung des Vaters zu seiner Tochter so beschrieben, daß das Kind »als Substitut des idealen Selbst« fungieren muß, indem es vorwiegend als »Instrument familialen Prestiges« zu dienen hat. »Mal soll das Kind Rang, Titel, Besitz stellvertretend für die Eltern erobern oder wiedergewinnen, mal soll es durch Bildung, ›feine Lebensart‹ oder als filmendes, schlittschuhlaufendes, musizierendes Star-Kind elterliche Ambitionen nacherfüllen.« (A. a. O., 205) Die Voraussetzung einer solchen Haltung liegt darin, daß der jeweilige Vater (bzw. die Mutter) über ein relativ schwaches Ich verfügt, das von den Forderungen des eigenen Überichs sich niemals wirklich abzugrenzen versucht hat und somit den eigenen ungelösten Konflikt der Kindheit in vollem Umfang an die eigenen Kinder deligiert. Auf sehr einfühlende Weise hat J. Roth: Zipper und sein Vater, München (dtv 1376) 1978, 58 diese ebenso chronische wie phantastische Überforderung eines Kindes durch seinen Vater in die Worte gefaßt: »Die Tagesordnung bestand darin, daß man Arnold lobte . . . Er war ein kleiner Beamter mit einem geringen Gehalt. Der Vater aber sah in ihm schon einen Finanzminister. Arnold hatte nichts von dem Optimismus seines Vaters.« Und S. 22: »Was sollte aus ihm (sc. Arnold) werden?! Nach dem Wunsch des Vaters alles mögliche: ein Zirkuskünstler und ein Schauspieler; ein Gelehrter und ein Dichter; ein Erfinder und ein Kavalier; ein Diplomat und ein Zauberer; ein Glücksritter und ein Komponist; ein Don Juan und ein Musikant; ein Abenteurer und ein Ministerpräsident. Alles konnte Arnold werden; alles, was der alte Zipper *nicht* geworden war.« Zumeist gehört zu einer solchen fordernden Vaterdominanz die resignierte Untertänigkeit der *Mutter*. So beschreibt J. Roth (a. a. O., 17–19) den Ausgang des Ehekrieges zwischen Herrn und Frau Zipper: »Er (sc. Herr Zipper) hatte viel Kummer in seinem Leben und wahrscheinlich keinen Schmerz. Aber eben deshalb ist er so traurig, traurig wie ein aufgeräumtes Zimmer, traurig wie eine Sonnenuhr im Schatten, traurig wie ein ausrangierter Waggon auf einem rostigen Gleis.« »Nichts mehr ist übriggeblieben von den Widerständen, die sie in der ersten Zeit ihrer Ehe gegeneinander zu Felde geführt haben wie Waffen. Beide haben ihre Schärfen abgewetzt, ihre Munition verbraucht. Sie sind wie zwei alte Feinde, die aus Mangel an Kampfmitteln einen Waffenstillstand schließen, der aussieht wie ein Bündnis.« »Das Angesicht der Frau Zipper wird mir immer in Erinnerung bleiben. Es lag hinter einem feuchten Schleier. Es war, als lägen ihre Tränen, immer bereit, vergossen zu werden, schon über ihrem Augapfel. . . Niemals sprach sie mit lauter Stimme. . . sie hatte etwas Erfrorenes, als hätte man sie aus einem Eiskasten genommen. Steif – nicht vor Stolz, sondern vor Ergebenheit, Ohnmacht, Unglück und Trauer. . . Ihr Lächeln, ihr seltenes Lächeln, war wie eine sanfte verstohlene Totenfeier für ihre Jugend. In ihren blassen, feuchten Augen entzündete sich ein schwaches, ferner Licht, das schnell wieder erlosch, wie das Blinkfeuer eines sehr weiten Leuchtturmes.« – Ein solcher Hintergrund der Eltern ist es, der das Beet des Wahnsinns bei den Kindern bereitet.

4 Vgl. A. Greither: Wolfgang Amadé Mozart, mit Selbstzeugnissen und Bilddokumenten, Hamburg (rm 77) 1962, 9, der Leopold Mozart bei allem Bemühen
um wohlwollende Gerechtigkeit als einen Mann schildert, in dem »durchaus
heterogene Merkmale« sich vereinigten, als da sind: »beharrlicher Egoismus im
Gewande der Biederkeit, Bigotterie mit Zynismus gepaart, Fürstendienst nach
außen und nur mühsam verborgene innere Auflehnung, vernünftelnder, manchmal ausgesprochen amusischer Rationalismus und echte Frömmigkeit.

5 Vgl. P. Rohde: Søren Kierkegaard in Selbstzeugnissen und Bilddokumenten,
übers. aus dem Dän. von Th. Dohrenburg, Hamburg (rm 28) 1959, 8–45, der
ausführlich den Schatten von Michael Pedersen Kierkegaard schildert, der wie
ein Fluch und Segen zugleich über dem Leben seines Sohnes lastete.

6 G. Bateson, D. D. Jackson, J. Haley, J. H. Weakland: Vorstudien zu einer Theorie der Schizophrenie, aus: Behavioral Science, Bd. I, Nr. 4, 1956, in: Steps to an
Ecology of Mind. Collected Papers in Anthropology, Psychiatry, Evolution and
Epistemology, 1972; dt.: Ökologie des Geistes. Anthropologische, psychologische, biologische und epistemologische Perspektiven, übers. v. H. G. Holl,
Frankfurt 1981, 270–301 erarbeiteten diese äußerst wichtige Theorie der Schizophrenie auf der Basis der Kommunikationstheorie, wonach zur Situation des
double bind sechs Voraussetzungen gehören: 1) Es muß zwei oder mehr Personen geben, von denen eine das »Opfer« der Beziehung darstellt. 2) Der *double
bind* besteht in einer oft wiederholten Erfahrung des »Opfers«, die bei ihm zu
einer habituellen Erwartung wird. 3) Es existiert ein primäres negatives Gebot
(tu dies oder das nicht, oder ich werde dich bestrafen bzw.: tust du dies oder das
nicht, werde ich dich bestrafen). 4) Es existiert ein »sekundäres Gebot, das mit
dem ersteren auf einer abstrakten Ebene in Konflikt steht und wie das erste
durch Strafen oder Signale verstärkt wird, die das Überleben bedrohen.«
(A. a. O., 277) Dieses sekundäre Gebot wird zumeist nonverbal (durch Gestik,
Tonfall, Verhalten) vermittelt, und es kann z. T. auf eine direkte Umkehrung
von Teilen des primären Gebotes hinauslaufen. 5) Es existiert ein »tertiäres
negatives Gebot, das dem Opfer verbietet, den Schauplatz zu fliehen.« (A. a. O.,
277) Dabei können alle möglichen Formen von Versprechen und Abhängigkeit
eingesetzt werden, um ein entsprechendes Entkommen aus der *double bind-
Situation* zu verhindern. 6) Es »ist die gesamte Menge von Ingredienzien nicht
länger erforderlich, wenn das Opfer erst gelernt hat, sein Universum in *double
bind*-Mustern wahrzunehmen. Fast jeder Teil einer *double bind*-Abfolge kann
dann ausreichen, um Panik oder Wut auszulösen. Das Muster der widerstreitenden Gebote kann sogar von halluzinatorischen Stimmen übernommen werden«
(a. a. O., 277–278). – Erschütternd ist in diesem Zusammenhang ein Versuch von
I. P. Pawlow, der Hunde darauf dressiert hatte, im Sinne eines konditionierten
Reflexes einen kreisrunden Lichtfleck mit der Erwartung von Futter und einen
elliptischen Lichtfleck mit der Erwartung eines Elektroschocks zu assoziieren;
als Pawlow die Ellipse immer kreisrunder werden ließ, entstand für die Tiere ein
unauflösliches Dilemma, auf das sie mit Nervenzusammenbruch reagierten. Vgl.
I. Asimov: Asimov's New Guide to Science, New York 1984; dt.: Die exakten
Geheimnisse unserer Welt. Bausteine des Lebens, München 1986, 306.

7 Es ist sehr wichtig, diesen *geistigen* Anteil beim Zustandekommen schizophrener Reaktionen zu beachten. Während die Neurose auf weitreichenden Gehemmtheiten des Antriebserlebens beruht, gesellt sich in der Genese einer Schi

zophrenie noch eine pflichtgemäße Umkehr des Denkens hinzu: die Wahrheit zu sehen bedeutete ursprünglich, die entscheidenden Bezugspersonen in ihrem Allmachtsanspruch von Grund auf in Frage zu stellen bzw. in einen tödlichen Konflikt mit ihnen zu geraten. Vgl. E. Drewermann: »Warte, bis Vater wiederkommt«. Lebenskrisen aus Kindheitserinnerungen der Nachkriegszeit, in: Psychoanalyse und Moraltheologie, 3 Bde., Mainz 1982–1984; Bd. 2: Wege und Umwege der Liebe, 1983, 138–161, S. 144–153.

8 R. D. Laing: Knots, London 1970; dt.: Knoten, übers. v. H. Elbrecht, Hamburg (Rowohlt, Das neue Buch 25) 1972, 28 formuliert meisterlich die Ausweglosigkeit solcher *Beziehungsfallen* im späteren Leben, indem die ursprünglich verinnerlichte Kritik an dem anderen (Vater, Mutter) zu einer verfestigten Dauerkritik an sich selbst gerät, die als negative Erwartung, vom anderen (Freund, Freundin) kritisiert zu werden, nach immer neuen Gründen ihrer Bestätigung sucht.

»Jill: Du glaubst, daß ich dumm bin / Jack: Ich glaube nicht, daß du dumm bist / Jill: Ich muß dumm sein zu glauben, daß du glaubst, daß ich dumm bin, / wenn du's nicht glaubst: oder du lügst. / Ich bin dumm, wie ich's auch wende: / zu glauben, ich sei dumm, wenn ich dumm bin / zu glauben, ich sei dumm, wenn ich nicht dumm bin / zu glauben, du glaubtest, ich sei dumm, wenn du's nicht glaubst. //

Jill: Ich bin albern / Jack: Bist du nicht / Jill: Ich bin albern mich albern zu fühlen, wenn ich's nicht bin. / Du mußt mich auslachen / weil ich glaube du lachst mich aus / wenn du nicht über mich lachst.«

Dasselbe läßt sich auch als Wechselspiel von Verachtung und Selbstverachtung beschreiben (a. a. O., 24):

»Ich achte mich selbst nicht / ich kann niemanden achten, der mich achtet. / Ich kann nur jemanden achten, der mich nicht achtet. //

Ich achte Jack / *weil* er mich nicht achtet / Ich verachte Tom / *weil* er mich nicht verachtet / Nur eine verächtliche Person / kann jemanden so Verächtlichen wie mich achten / Ich kann niemanden lieben, den ich verachte / Da ich Jack liebe / kann ich nicht glauben, daß er mich liebt / Wie kann er es mir beweisen?«

9 Zu dieser Umkehrung der eigenen Intelligenz in pflichtweise Selbstverdummung vgl. noch einmal R. D. Laing: Knoten, 29: »Wie klug muß man sein, um dumm zu sein? / Die anderen sagten ihr, sie sei dumm. Also machte sie / sich selbst dumm, um nicht sehen zu müssen, wie dumm / die anderen waren zu glauben, sie sei dumm, / weil es schlecht wäre zu glauben, die anderen seien dumm. / Sie zog es vor dumm und gut / anstatt schlecht und klug zu sein. / Es ist schlecht dumm zu sein: sie muß klug sein / um so gut und dumm zu sein. / Es ist schlecht klug zu sein, weil es zeigt / wie dumm die anderen waren / ihr zu sagen, wie dumm sie sei.«

10 R. v. Volkmann-Leander: Träumerein an französischen Kaminen (1871), Frankfurt (Fischer Tb. 1873) 1978, 103–107 (»Wie sich der Christoph und das Bärbel immer aneinander vorbeigewünscht haben«) schildert in einer kleinen, recht amüsanten Märchenerzählung die Tragödie, die unter *Liebenden* entstehen muß, wenn jeder glaubt, er müsse, statt seine eigenen Wünsche und Bedürfnisse zu äußern, stets die des anderen sich zu eigen machen.

11 F. Goya: Caprichos. Vorwort v. U. Widmer. Übersetzung der Legenden von T. Haffmanns, Zürich (Diogenes, Kunst detebe 3) 1972, Nr. 29 (Esto si que es leer).

12 Der deutsche Filmregisseur W. Herzog hat 1983 in seinem Film »Wo die grünen

Ameisen träumen« ein sehr eindrucksvolles Bild von der religiösen Verehrung zu geben versucht, die die Ameise im Glauben der australischen Eingeborenen spielt, traut man ihr doch zu, ein geheimes Wissen über Leben und Tod zu besitzen.

13 Ein solches Leben in Hypothesen macht jede wirkliche Annäherung zu einer ernsthaften Bedrohung. »Ich«, erklärte z.B. eine Frau, »spreche niemals von Liebe. Wer sagt: Ich liebe Dich, meint ja doch nur, daß alles aus ist.« Wer so denkt, muß ständig das Leben in Katastrophen*angst* auflösen, um den Katastropheneinbruch noch *in suspenso* zu halten.

14 Zur Auslegung von Gen 2,24 vgl. E. Drewermann: Strukturen des Bösen (s.o. Anm. 3), 1. Bd., S. 400–402. Zur Problematik der Übertragungsliebe in der Ehe vgl. E. Drewermann: Ehe – tiefenpsychologische Erkenntnisse für Dogmatik und Moraltheologie, in: Wege und Umwege der Liebe (s.o. Anm. 7), 38–76, S. 43–59.

15 A. Renoir: Das Ehepaar Sisley, in: Wallraf-Richartz-Museum in Köln.

16 M. T. Cicero: Tusculanae disputationes (ca. 45 v. Chr.), V 61–62, übers. v. O. Gigon: Gespräche in Tusculum, Stuttgart (reclam 5027–31) 1973, 189–190.

16 F. Schachermeyr: Die Minoische Kultur des alten Kreta, Stuttgart 1964, 161–162 meint, die Doppelaxt, die schon im frühesten Anatolien, auf Wandmalereien in Çatalhüyük, belegt ist, sei besonders in Kleinasien ein Symbol des Gewittergottes geblieben. »In diesem Sinne haben wir den karischen Zeus Labrandeus aufzufassen, dessen Kultort Labranda nach der Bezeichnung Labrys, Doppelaxt, benannt wurde. Das Wort stammt aus dem Agäischen. Für Kreta ist nun allerdings höchst bezeichnend, daß hier niemals Götter, sondern ausschließlich Göttinnen zusammen mit Doppelbeilen dargestellt werden. Hierin liegt also wirklich etwas von einem Matri-Archat.« »Man weihte kleinere Doppeläxte, z.B. zu Arkalochori, oder stellte sie (zu Psychro) zwischen die Stalaktiten. Man pflanzte sie auf den Altären in die Kulthörner ein ... oder errichtete sie auf Pfeiler neben der Opferstätte... Das größte Exemplar entstammt von Niru Chani und hat eine Spannweite von 1,20 Meter. Mitunter verdoppelte man die Schneiden..., wohl um ihre religiöse Bedeutung für bestimmte Zwecke noch zu steigern. Öfter spezifizierte man sie durch Kombination mit anderen Symbolen. So zeigt die Amphore von Pseira... am oberen Ende des Stiels je eine Scheibe, welche an den Scheibenkopfschmuck einer Göttin von Karphi... gemahnt. Andere Doppeläxte der gleichen Amphore sehen sich durch Lilien gekrönt, was einer Göttin galt, der auch Lilien zu eigen waren... Auf den Doppeläxten des Sarkophages von Hagia Triada... sitzen Vögel (Raben). Mit Doppeläxten in Relief waren kretische Steinpostamente geschmückt..., mit besonderer Vorliebe wurden sie aber in die Fundamentquadern von Palästen eingeritzt.«

18 Bereits in Kleinasien führen zahlreiche männliche Gottheiten die Doppelaxt, und sie scheint dort ein Attribut des Gewittergottes zu sein. Auf dem griechischen Festland geht die Doppelaxt gänzlich in die Hand männlicher Gestalten über; »seit geometrischer Zeit taucht die Labrys als Zeichen der Heiligkeit, dann bei Herakles, Theseus, Hephaistos u.a. auf. Im italienischen Bereich ist die Labrys dagegen selten, erscheint wesentlich in Verbindung mit den aus dem Orient eingeführten Kulten (z.B. bei den Priestern der Ma-Bellona). Bei den Etruskern spielt die Labrys keine Rolle; weder Charons Hammer noch das (aus Etrurien übernommene) Fascesbündel mit Beil haben mit der Labrys etwas zu

tun.« W. H. Groß: Artikel Labrys, in: Der Kleine Pauly. Lexikon der Antike in fünf Bänden, bearb. u. hrsg. v. K. Ziegler und W. Sontheimer, München (dtv 596) 1979, Bd. III 431–432. – F. Behn: Vorgeschichtliche Welt, Stuttgart (Große Kulturen der Frühzeit) 1958–66, 54 verweist darauf, daß in neolithischen Megalithgräbern Bernsteinanhänger die Form des Doppelbeils aufweisen, was innerhalb der Bauernkultur auch hier ein Symbol des Wettergottes sein dürfte.

19 Zu Beginn des 2. Jahrtausends v. Chr. dringt aus dem Gebiet zwischen Ural und Kaukasus eine neue Kultur nach Mitteleuropa vor, die man als Schnurkeramikkultur oder auch als Streitaxt- oder Einzelgrabkultur bezeichnet, da in ihr die Toten nicht mehr in den für ganze Sippen bestimmten Steinkammergräbern beigesetzt werden, sondern in großen, runden Erdhügeln ihre letzte Ruhe finden; die »Streitaxt«, eine Waffe mit herabgezogener Schneide, diente ihnen oft als Grabbeigabe. Vgl. K. Günther: Steinzeit und ältere Bronzezeit im Westfälischen Landesmuseum für Vor- und Frühgeschichte, (Einführung in die Vor- und Frühgeschichte Westfalens, Heft 1), Münster 1979, 38–42. Es deutet alles darauf hin, daß die »Streitaxtkultur« einen westlichen Ausläufer der Kurgan-Kultur darstellt, einer Kultur indoeuropäischer Viehzüchter, die im Gebiet des Kaukasus als »Maikop-Kultur«, im nördlichen Teil der Balkan-Halbinsel bis hin nach Österreich als »Badener-Kultur« bezeichnet wird. Vgl. St. Piggott: The ancient Europe from the Beginnings of Agriculture to classical Antiquity; dt.: Vorgeschichte Europas. Vom Nomadentum zur Hochkultur, übers. v. R. v. Schaewen, München 1974, 132–139. H. Schmökel: Die Hirten, die die Welt veränderten. Die Geschichte der frühen Indo-Europäer, Hamburg 1982; Neudruck: Hamburg (rororo 7897) 1982, 34 ff. G. Bibby: The Testimony of the Spade, New York 1956; dt.: Faustkeil und Bronzeschwert. Erforschung der Frühzeit des europäischen Nordens, Hamburg (rororo 6718) 1972, 221; 225. – H. Müller-Karpe: Geschichte der Steinzeit, München [2](erg.) 1976, 149 weist darauf hin, daß das Vorkommen von Streitäxten in Kindergräbern wohl der Bezeichnung der sozialen Position der Verstorbenen diente. Zur Ausbreitung des Streitaxt-Kurgan-Kreises vgl. K. J. Narr: Die europäisch-sibirische Kontakt- und Außenzone und die frühen Indogermanen, in: Weltgeschichte der Frühkulturen und der frühen Hochkulturen, Freiburg-Basel-Wien 1965, 564–609; S. 596–609, der freilich darauf hinweist, daß Streitäxte in Kleinasien schon recht früh auftreten und nicht in jedem Falle dem Streitaxt-Kurgan-Kreis (einem Behelfsbegriff!) zugerechnet werden müssen (S. 605).

20 Zu den klassischen Beigaben der Grabhügel der älteren Bronzezeit zählen Kurzschwertklingen und ein Randleistenbeil aus Bronze, das das ältere Steinbeil ablöst. Zur Entwicklung der Beiltypen in der Bronzezeit vgl. F. Behn: A. a. O. (s. Anm. 18), 65.

21 H. Jens: Mythologisches Lexikon. Gestalten der griechischen, römischen und nordischen Mythologie, München (Goldmann Tb. 11310) 1958, 159–160. Vgl. R. Derolez: De Godsdienst der Germanen, Roermond 1959; dt.: Götter und Mythen der Germanen, übers. v. J. v. Wattenwyl, Wiesbaden 1974, 128 hebt hervor, daß Odin als Gott der Krieger und Thor als Gott der Bauern galt, entsprechend dem ›Harbardlied‹ 24: »Das Knechtsvolk hat Thor, doch die Könige hat Odin, die da fallen im Feld.« Thors Hammer wurde auf Runensteinen dargestellt und – in Reaktion gegen das ähnlich dargestellte Kreuz des Christentums – als Amulett getragen; B. Derolcz: A. a. O., 126. Vgl. M. Magnusson:

Hammer of the North, London 1976; dt.: Der Hammer des Nordens. Mythen, Sagas und Heldenlieder der Wikinger, übers. v. U. Stadler, Freiburg 1977, 69–74. Zur Gestalt Donars, im Verhältnis zu den Blitzkeile werfenden Zeus und Indra, vgl. P. Herrmann: Deutsche Mythologie in gemeinverständlicher Darstellung, Wien (Magnus-V.) o.J., 341–354.

22 Schon S. Freud: Bemerkungen über einen Fall von Zwangsneurose (der »Rattenmann«), 1909, Ges. Werke VII, London 1941, 378–463, S. 459 ff. verwies darauf, daß besonders in der Zwangsneurose das Denken den Charakter einer Ersatzhandlung annimmt, wobei insgesamt eine »Regression vom Handeln aufs Denken« zu beobachten sei; das Zwangsdenken (die Zwangsvorstellung) vertrete dann das Zwangshandeln im engeren Sinne; der Denkvorgang selber werde sexualisiert und das Grübeln entwickle sich zum Hauptsymptom der Neurose. Im Fall der »klugen Else« muß man freilich bedenken, daß die Verformung des Denkens objektiv als eine systematische Verdummung bis an die Grenze der Lebensunfähigkeit wirken muß. J. Jegge: Dummheit ist lernbar. Erfahrungen mit »Schulversagern«, Bern 1976; Neudruck: Hamburg (rororo 7680) 1983, 55–56 weist mit Nachdruck darauf hin, daß die Grundvoraussetzung geistiger Entwicklung in dem Gefühl der Geborgenheit, der Sicherheit und der Anerkennung besteht, da nur so sich eine entsprechende Mündigkeit und Unabhängigkeit entfalten kann. Anderenfalls kommt es leicht zu einer negativen Verstärkung. »Auch ein Kind, das nur ein ganz schwaches individuelles Bewußtsein entwickelt hat, wird hin und wieder als Individuum angesprochen. Dies geschieht aber meist in negativem Sinne: Es wird ausgeschimpft, bloßgestellt, bestraft usw. Die Reaktionen darauf sind sehr vielfältig. Sie reichen von übersteigerten Aggressionen über die Defensive bis zur völligen Selbstaufgabe.«

23 S. Freud: Trauer und Melancholie (1916), Ges. Werke X, London 1946, 427–446, S. 434 f. zeigte, wie die Selbstanklagen des Melancholikers sich aus ursprünglichen Anklagen gegenüber einer introjizierten Elterngestalt entwickeln. Demgegenüber handelt es sich bei der »klugen Else« nicht um Selbstanklagen, sondern um beginnende paranoische Befürchtungen, in denen auf der Basis (frühkindlicher) Ohnmacht die eigenen Ängste und Aggressionen auf die Umwelt projiziert werden, stets mit dem Unterton: »So helft mir doch, ich kann ja nicht.«

24 In etwa entspricht diese Haltung dem, was S. Freud als die »Ausnahme« beschrieben hat: »Wir fordern alle Entschädigung für frühzeitige Kränkungen unseres Narzißmus, unserer Eigenliebe. Warum hat uns die Natur nicht die goldenen Locken Balders geschenkt oder die Stärke Siegfrieds oder die hohe Stirn des Genies, den edlen Gesichtsschnitt des Aristokraten? Wir würden es ebenso gut treffen, schön und vornehm zu sein wie alle, die wir jetzt darum beneiden müssen.« S. Freud: Einige Charaktertypen aus der psychoanalytischen Arbeit (1915), Ges. Werke X, London 1946, 364–391, S. 369. Um nicht für gemein zu gelten, entwirft das Ich sich als Ausnahme, als Besonderheit, in der richtigen Annahme, das Exquisite, selbst wenn es noch so absurd ist, dürfe doch schon durch das Moment der Überraschung einer gewissen Aufmerksamkeit stets sicher sein.

25 Es gilt in der Analyse solcher rationalisierter Affekte stets die Mahnung F. Nietzsches, Ideen müsse man untersuchen in Richtung auf den Kopf, der sie nötig hat. »Bei allem, was ein Mensch sichtbar werden läßt, kann man fragen:

Was soll es verbergen? Wovon soll es den Blick ablenken? Welches Vorurteil soll es erregen? Und dann noch: Bis wie weit geht die Feinheit dieser Verstellung? Und worin vergreift er sich dabei?« F. Nietzsche: Morgenröte. Gedanken über die moralischen Vorurteile (1881), Nr. 523 (Hinterfragen); München (Goldmann Tb. 630–631) 1960, 304.

26 Meisterlich beschrieb A. Stifter: Der Waldsteig (1844), in: Werke in 3 Bdn., hrsg. v. H. Geiger, Wiesbaden (Vollmer V.) o. J., 815–870, S. 823–830 am Beispiel des Herrn Tiburius vor allem die komische Seite der »eingebildeten« Krankheit, die eigentlich nur zu heilen ist, indem sie durch die selbstverständliche Zuversicht der Liebe aufgehoben wird.

27 Zur Bequemlichkeitshaltung in jeder Neurose als Korrelat der Gehemmtheit vgl. H. Schultz-Hencke: Der gehemmte Mensch. Entwurf eines Lehrbuchs der Neo-Psychoanalyse (1940), Stuttgart 1965, 73–75.

28 F. M. Dostojewski: Tagebuch eines Schriftstellers (1877), übers. v. E. K. Rahsin, München 1963, 640 (Anhang); vgl. K. Nötzel: Das Leben Dostojewskis (1925), Osnabrück 1967, 667.

29 S. Freud: Totem und Tabu (1912), Ges. Werke IX, London 1944, 39 beschrieb den Charakter der zwangsneurotischen Versicherungs- oder Abwehrmaßnahme als ein Ensemble von vier Merkmalen: a) die (scheinbare) Unmotiviertheit, b) die innere Nötigung, c) die Verschiebbarkeit des Verbots und d) die Ausdehnung des Tabus auf zeremoniöse Handlungen.

30 Auch diese Verdrängung der aggressiven Handlung in der Vorstellung, die das drohende Geschehen im Sinne der Allmacht der Gedanken als einen schicksalhaften, magischen Vorgang erscheinen läßt, wurde von S. Freud: Totem und Tabu (s. Anm. 29), 103–106 beschrieben und dem zwangsneurotischen Erleben zugeordnet.

31 Ähnlich begann L. N. Tolstoi: Anna Karenina (1878), übers. v. A. Scholz, München (Goldmann Tb. 692–694) 1961, 5 (1. Teil, 1. Kap.) mit den Worten: »Alle glücklichen Familien gleichen einander, jede unglückliche Familie dagegen ist unglücklich auf ihre besondere Art.« Alle im Haus Oblonskij fühlen, »daß ihr Zusammenleben keinen Sinn hatte und daß die Leute, die der Zufall in der ersten besten Herberge zusammenführt, einander näherstanden als sie«. Tolstoi stellte seinen erschütternden Roman unter das gegen die kirchliche und staatliche Gerichtsbarkeit gemünzte Bibelwort: »Die Rache ist mein. Ich will vergelten.«

32 Zu dem Symbol des *Kindes* als einer Chiffre des *subjektalen* Erlebens vgl. E. Drewermann: Strukturen des Bösen (s. o. Anm. 3), II 337–348.

33 Vgl. S. Freud: Normality and Pathology in Childhood. Assessments of Development, New York 1965; dt.: Wege und Irrwege in der Kinderentwicklung, Stuttgart 1968, 74: »In Zuständen von Trennungsschmerz begegnen wir der völligen Nahrungsverweigerung (Ablehnung jedes Mutterersatzes) ebenso häufig wie der Gier nach Nahrung (symbolischer Ersatz der Mutterliebe durch orale Befriedigung am Essen).«

34 Vgl. A. Dührssen: Psychogene Erkrankungen bei Kindern und Jugendlichen. Eine Einführung in die allgemeine und spezielle Neurosenlehre, Göttingen 1954, 176: »Für das Menschenkind lehren uns unsere Beobachtungen (sc. wie beim Verhalten eines Schimpansenjungen, d. V.), daß ein übertrieben langes und ausgedehntes Daumenlutschen häufig mit Mangelerlebnissen im Bereich der Zärtlichkeitsbedürfnisse zusammenhängt. Das Fehlen der Mutter... fehlende

Zärtlichkeit... können hier eine Rolle spielen.« Das »Fehlen der Mutter« ist natürlich beim erwachsenen Menschen *symbolisch* zu verstehen.

35 Das Nägelkauen enthält, im Unterschied zum Daumenlutschen, eine stärkere Verbindung oraler Bedürfnisse mit verdrängten aggressiven Impulsen, ähnlich einem gefangengehaltenen Pferd, das die Ränder seiner Krippe oder seine Hufe zu beknabbern anfängt. Vgl. A. Dührssen: A. a. O. (s. Anm. 34), 177. Die »Einengung« ist bei der »klugen Else« natürlich in der widersprüchlichen Unentrinnbarkeit ihres Arbeitsbefehls zu sehen: sie *muß* die gestellte Aufgabe erledigen, um die Gunst ihres Mannes nicht zu verlieren, aber die Art, wie sie ihren Mann erlebt, bedeutet bereits, daß das Bild des fordernden Vaters die Sphäre des Mütterlichen vollständig überschattet.

36 Zur triebpsychoanalytischen Betrachtung der *Sucht* vgl. das Referat bei G. Röhling: Sucht, in: G. Ammon (Hrsg.): Handbuch der Dynamischen Psychiatrie, 1. Bd., München 1979, 463–491, S. 467–470, der die Fixierung der Oralität in den Mittelpunkt rückt. »Oralität« in der Psychoanalyse meint jedoch nicht nur »Essen«, sondern vor allem den Drang, sich durch Anklammern zu sichern und in bedingungsloser Annahme geborgen zu sein. Vgl. E. Drewermann: Strukturen des Bösen (s. o. Anm. 3), II 60.

37 W. Shakespeare: The tragicall Historie of Hamlet, Prince of Denmarke, 1604; dt.: Hamlet. Prinz von Dänemark, übers. v. A. W. Schlegel, in: W. Shakespeare. Sämtliche Werke, Wiesbaden (Löwit-V.) o. J., 800–830, S. 813. Im Falle Hamlets verdeckt der Wunsch nach Schlaf und Tod nur mühsam den eigentlichen Tötungswunsch gegenüber seinem Onkel Claudius, der Hamlets Vater ermordete und seine Mutter Gertrude heiratete – ein exquisit ödipales Drama. Ähnliche verdrängte Aggressionen wird man auch im Fall der »klugen Else« annehmen dürfen. Hinzu kommt wohl in der Psychologie des Abwehr-Einschlafs ein Mechanismus, den R. Bilz: Psychotische Umwelt. Versuch einer biologisch orientierten Psychopathologie, Stuttgart 1981, 84 als »Versteck-Situation der Geborgenheit« bezeichnet hat – der Schlaf als *Tarnkappe* gegenüber möglichen Verfolgern.

38 Zur Theorie der *Riesenansprüche* als des Äquivalents ausgedehnter Gehemmtheiten vgl. H. Schultz-Hencke: Der gehemmte Mensch (s. o. Anm. 27), 75–79.

39 Ein berühmtes Beispiel von *l'amour fou* verfilmte F. Truffaut 1975 in ›Die Geschichte der Adèle Hugo‹, gespielt von Isabelle Adjani; vgl. E. Drewermann: Ehe – tiefenpsychologische Erkenntnisse für Dogmatik und Moraltheologie, in: Psychoanalyse und Moraltheologie (s. o. Anm. 7), Bd. 2, 48–49.

40 Vgl. E. Drewermann: Tiefenpsychologie und Exegese, 2 Bde., Olten 1984–85, Bd. 2: Wunder, Vision, Weissagung, Apokalypse, Geschichte, Gleichnis, S. 334–335. Zur Theorie der Psychose vgl. a. a. O., 478–481.

41 Die Situation der »klugen Else« ähnelt an dieser Stelle sehr dem Bekenntnis des Besessenen von Gerasa in der Bibel (Mk 5, 1–20), der auf die Frage nach seinem Namen nur sagen kann, er heiße »Legion«; zur Auslegung der Stelle vgl. E. Drewermann: Tiefenpsychologie und Exegese (s. o. Anm. 40), II 247–277.

42 Vgl. S. Freud: Das Ich und die Abwehrmechanismen (1936), München (Kindler Tb. 2001) o. J., 55–65, die sehr zu Recht darauf hinwies, daß die Verleugnung der Wirklichkeit in der Phantasie, die beim Kleinkind als normal und sinnvoll zu betrachten ist, »im erwachsenen Leben ihre Harmlosigkeit verliert... und daß der Durchbruch zum Lustgewinn an wahnhaften Gebilden für den Erwachse-

nen der Weg in die Psychose ist. Ein Ich, das den Versuch macht, sich durch Leugnungen Angst, Triebverzicht und Neurose zu ersparen, überspannt damit diesen Mechanismus« (a. a. O., 64–65).

43 G. Büchner: Lenz (1836), in: Ges. Werke, hrsg. v. H. Honold, München (Goldmann Klassiker 7510) o. J., 79–105, S. 105.

44 Das Märchen selber beantwortet die Frage allenfalls *e negativo,* indem es ungehemmt den »Witz« des Volkes über die unglückliche »Else« ergießt. An dieser Stelle kann man die Psychologie des Märchens beim besten Willen nicht mehr rechtfertigen, wie M. Lüthi: So leben sie noch heute. Betrachtungen zum Volksmärchen, Göttingen 1969, 114 es mit den Worten versucht: »Auch dieser Schwank also (sc. das Märchen von der ›Klugen Else‹, d.V.) erzählt von der Sympathie des Menschen für gutes Essen und süßen Schlaf, eine Sympathie, die uns lächeln macht und die wir gewiß nicht ganz mißbilligen, die sich aber, jedes Maß verlierend, überschlägt.« Und (S. 115): »Mit seinen Figuren freut sich der Schwank eine Zeitlang, wenn sie sich gehenlassen, gut essen und trinken und schön faulenzen, aber er weiß auch, daß es des Menschen nicht würdig ist, in diesem animalischen Bereich aufzugehen.« Denn: »Gerade sie, die (sc. wie die »kluge Else« oder die »Kathrin« in einem Siebenbürgischen Märchen, d.V.) so wacker aßen und schliefen, die sich ganz ihren leiblichen Bedürfnissen anvertrauten, verlieren nun sich selber und verlieren damit alles.« – Nur wenn man von der Psychologie des »Selbstverlustes« (der Schizophrenie) und ihrer unheimlichen Psychodynamik nicht wirklich Notiz nimmt, kann man, wie Lüthi es tut, in dem Märchen von der ›Klugen Else‹ eine »Frage nach dem Wesen des Menschen« zwischen Animalität und Geistbestimmtheit erblicken. Die Wahrheit des menschlichen Lebens entscheidet sich zwischen Angst und Glauben, nicht zwischen »Essen« und »Arbeiten«. Weit richtiger schreibt R. Geiger: Märchenkunde. Mensch und Schicksal im Spiegel der Grimmschen Märchen, Stuttgart 1982, 517, indem er besonders die zwielichtige Rolle des »Hans« gebührend hervorhebt: »Hans spielt zwar eine wichtige und zwar zwiespältige Rolle in der Geschichte. Einerseits hat er Else geheiratet ihres überaus gut funktionierenden Verstandes willen. Andererseits verhält er sich, weil sie konsequent kopfig ist, wie es ihr entspricht, am Ende schändlich: Es ist ihr eigener Mann, der ihr das Schellengarn umhängt und sie verleugnet in der Nacht. Erst so begeistert von ihr, ersinnt er die schizophrene Art, sie loszuwerden. Von einer Fähigkeit, Elsens Klugheit zu wandeln, auf andere Ziele anzusetzen, findet sich nur der Beginn einer Spur. Schon im allerersten Versuch (sie eben aufs Feld zur Arbeit zu schicken) verliert er die Geduld und verstößt sie. – Ein heiteres Märchen? Die ersten zwei Drittel mit dem prallen, fünfmal wörtlich wiederholten Geschwätz um das noch ungeborene und doch bereits unglückliche Kind mögen uns schmunzeln lassen. Aber ehe man sich's versieht, ist eine akute Gemütskrise daraus geworden, und sie endet schlimm: in einem völligen Identitätsverlust. Else demonstriert einen sehr modernen Zustand: Klugheit, die alles andere, nur sich selbst nicht mehr findet; ichlos zerstiebend im Schellengeklingel – ein tragisches Märchen.«

45 Eigene Übersetzung.

Frau Holle

1 Wie in einem Traum thematisieren die Märchen und Mythen in ihren Anfangs-
bildern den geistigen oder psychischen Konflikt, dessen Auflösung in den nachfolgenden Bildsequenzen versucht wird. Vgl. dazu vom tiefenpsychologischen
Standpunkt S. Freud: Die Traumdeutung (1900), Ges. Werke II/III 339, Frankfurt ¹1942; C. G. Jung: Einleitung in die religionspsychologische Problematik
der Alchemie (1944), Ges. Werke XII: Psychologie und Alchemie, Olten-Freiburg 1972, 44; vom strukturalistischen Standpunkt der Mytheninterpretation
vgl. C. Lévi-Strauss: Anthropologie Structurale, Paris 1958; dt.: Strukurale Anthropologie; übers. v. H. Naumann, Frankfurt 1967; daraus: Die Struktur der
Mythen, 247.

2 A. Erman: Gespräch eines Lebensmüden mit seiner Seele, Abh. Kgl. Preuß.
A. W. 1896, Faksimile-Ed.; übers. in: A. Erman: Die Literatur der Ägypter.
Gedichte, Erzählungen und Lehrbücher aus dem 3. und 2. Jahrtausend v. Chr.,
Leipzig 1923, 122–130. – Ein ähnliches Problem enthalten die »Gebete eines
ungerecht Verfolgten« in den Ostraka eines Lehrers, die sich im Grabe Ram-
ses IX. befunden haben; A. Erman: a. a. O., 373–376. – Die Fragestellung selbst
setzt voraus, daß das Leid und das Unrecht, das gerade dem Guten zugefügt
wird, *unvermeidbar* ist; seine Problematik beginnt in gewissem Sinne erst, wenn
feststeht, daß jeder Don Quijote scheitern muß.

3 Die *Typisierung* der Gestalten ist selbst ein Hinweis auf das Typische, Wesenhafte der Aussage. Auf der Ebene der *Märchen* genügt es zumeist, die Gegensätze und Spannungen der jeweiligen Erzählung in ihrer Psychodynamik zu verstehen und von daher auf die möglichen Ursachen der psychischen Genese zurück-
zuschließen. Je mehr Elemente des *Mythos* aber in einem Märchen (noch) präsent sind, desto mehr wird eine *religiös-philosophische* Auslegung des Textes
notwendig. Nicht die subjektiven Gefühle der handelnden Personen sind dann
der Ausgangspunkt der Deutung, sondern die Weltanschauung, die der betreffende Mythos reflektiert; s. u. Anm. 28. Die Bilder des ›Frau-Holle‹-Märchens
sind im einzelnen an sich auch *tiefenpsychologisch* interpretierbar (s. u. Anm. 49;
57, 62); aber im ganzen ist das Märchen *nicht* als Entwicklungsgeschichte der
Lebenserneuerung im Unbewußten zu verstehen. Um den Prozeß der Individuation zu beschreiben, müßte unbedingt erzählt werden, wie die rein weibliche
Welt des ›Frau-Holle‹-Märchens durch das Auftreten des männlichen Prinzips
aufgebrochen und einer Integration zugeführt wird, wie es in dem Märchen von
›Schneeweißchen und Rosenrot‹ (KHM 161) oder der sehr verwandten Geschichte von den ›Drei Männlein im Wald‹ (KHM 13) erzählt wird. Natürlich
kann man in der *Spindel* und dem *Blut*, wiederum isoliert, das Symbol einer
sexuellen Traumatisierung sehen – eine Deutung, die etwa für das Märchen von
›Dornröschen‹ passen würde (KHM 50), die aber bei der Geschichte von ›Frau
Holle‹ auf eine Spur lenken muß, die nirgendwo weitergeführt wird. Selbst
wenn man den *Hahn* am Ende der Geschichte als männliches Sexualsymbol
deuten wollte, bliebe es doch dabei, daß die Geschichte bei dem Tiersymbol der
männlichen Sexualität enden würde und eben nicht, wie unzählige andere Märchen, zu dem Motiv der Heiligen Hochzeit hinüberführt. – *Subjektal* können
die Gestalten der beiden Mädchen an sich als Personifikation der inneren Zwie-

spältigkeit verstanden werden, und auch diese Deutung ist in zahlreichen anderen Märchen von zwei gegensätzlichen Geschwistern am Platze; in der ›Frau Holle‹-Geschichte aber wird dieser Gegensatz gerade nicht innerlich überwunden, sondern im Gegenteil radikal verschärft. M. a.W.: Die Geschichte der ›Frau Holle‹ ist unter dem Gesichtspunkt tiefenpsychologischer Fragestellungen nicht sinnvoll interpretierbar, während die Erzählung als eine Mythe von der grundlegenden Einrichtung der Welt in der äußeren Natur wie im menschlichen Leben eine tiefe philosophische und religiöse Weisheit zu offenbaren vermag.

4 Sehr schön hat Th. Mann von den Mythen, Märchen und Legenden gesagt, es gehe in ihnen um die »Durchsichtigkeit des Seins«, die darin bestehe, daß alles »Wahre« nur als »Rückkehr des Urgeprägten«, als Wiederholung in der Zeit oder, kosmologisch, als Spiegelung des Himmlischen im Irdischen und als Umwandlung des Irdischen ins Himmlische begreifbar sei, Th. Mann: Joseph und seine Brüder, Roman in 4 Teilen, 1933–1943; 1. Gesamtausgabe: Stockholm-Amsterdam 1948; Neudruck: Frankfurt-Hamburg 1971 (Fischer Tb. 1183–1185), 435.

5 *Sonne* und *Mond* verkörpern in zahllosen Mythen der Völker den Urgegensatz der Welt, indem sie nach Art verfeindeter Geschwister sich gegenseitig bekämpfen; zur Verbreitung der *Mythe von den feindlichen Brüdern* in *Afrika* vgl. L. Frobenius: Atlantis. Volksmärchen und Volksdichtungen Afrikas. Veröffentlichungen des Forschungsinstitutes für Kulturmorphologie, München; Bd. III: Volksmärchen der Kabylen, 3. Bd.: Das Fabelhafte, Jena 1921, 327–354; für den *südamerikanischen* Bereich vgl. P. Ehrenreich: Die Mythen und Legenden der südamerikanischen Urvölker und ihre Beziehung zu denen Nordamerikas und der alten Welt, Berlin 1905; Supplement zur Zeitschr. für Ethnologie, 1905, 44–45; 51–55; 60ff.; F. Karlinger u. E. Zacherl (Hrsg.): Südamerikanische Indianermärchen, Düsseldorf-Köln 1976, 7–9; 25–26; Material zur Zwillingsmythe nach Art der Geschichte von *Kain und Abel* bei E. Drewermann: Strukturen des Bösen. Die jahwistische Urgeschichte in exegetischer, psychoanalytischer und philosophischer Sicht, 3 Bde., Paderborn [3]1981; Bd. II, 247–256; Bd. III, 278–283.

6 So ganz richtig M. E. P. König: Die Frau im Kult der Eiszeit, in: R. Fester, M.E.P. König, D. F. Jonas, A. D. Jonas: Weib und Macht. Fünf Millionen Jahre Urgeschichte der Frau, Frankfurt 1979; Neudruck: Frankfurt 1980 (Fischer Tb. 3716), 107: »In der Unterwelt regierte Frau Holle. Der Brunnen war der Eingang zum Jenseits, und diesen Weg schlugen die beiden Mädchen ein.« E. Siekke: Über die Bedeutung der Grimmschen Märchen für unser Volksthum, Hamburg 1896, 30–31, sah in dem Brunnen zu Recht das Weltmeer, in welchem das Lichtgestirn untergeht.

7 *Das Tor des Ostens* erscheint z.B. in der biblischen Sonnenmythe von Samson, der nach seinem nächtlichen Liebesabenteuer bei der Dirne von Gaza um Mitternacht das Stadttor auf den Gipfel des Berges bei Hebron trägt: Ri 16,3; dahinter steht wohl die Ortsüberlieferung eines Berges bei Gaza, vgl. H. W. Hertzberg: Die Bücher Josua, Richter, Ruth, ATD 9, Göttingen [2]1959, 233.

8 Das *Spinnen* und die *Spindel* wird zumeist mit der Mondgöttin in Verbindung gebracht; vgl. L. Frobenius: Das Zeitalter des Sonnengottes, Berlin 1904, 353–355; aber die Motive sind natürlich auch der Sonne zuzuschreiben. Das Motiv taucht in ähnlicher Form in dem Märchen vom ›Rumpelstilzchen‹ (KHM 55)

auf, wo die Müllerstochter unter Androhung der Todesstrafe drei Nächte lang
eine Kammer voll Stroh zu Gold spinnen muß; es ist dies die klassische Aufgabe
des Mondes, der in den drei Tagen des Neumondes, wenn er am Leben bleiben
will, in den verborgenen Kammern des Himmels seinen Goldglanz erarbeiten
muß. E. Siecke: Über die Bedeutung der Grimmschen Märchen für unser Volksthum, 30–31, meinte, die Mondscheibe sei der Spinnrocken, und erinnerte an die
Gestalt der *Brunhild* in der Heldensage, die in goldenen Geweben die Großtaten
Sigurds darzustellen versteht und nach ihrem Tod auf einem Wagen, bedeckt
mit kostbaren Geweben, verbrannt wird; F. Genzmer: Edda, 1. Bd.: Helden-
dichtung, eingel. v. A. Heusler u. F. Genzmer, Düsseldorf-Köln 1963, 106. – In
der germanischen Mythologie gilt besonders die Himmelskönigin *Frigg* (oder
Freya), die Gattin des Himmelsgottes Odin (Wotan) – deren Nebengestalt die
Frau Holle ist –, als eine große Spinnerin. In ihrem Prunksaal *Fensalir* (Meer-
saal) sitzt sie an einem goldenen Spinnrocken und spinnt seidenweiches Garn,
das sie an fleißige Frauen verschenkt. »Es nimmt kein Ende, wenn es die Webe-
rin auf den Webstuhl bringt ... Der Rocken der Göttin wird nächtlich den
Erdbewohnern sichtbar; denn es ist jener glänzende Sternenstreif, der im gläubi-
gen Altertum Friggsrocken hieß, den aber die unkundigen Menschen unserer
Zeit den Gürtel des Orion nennen. Bei der Göttin wohnen auch ihre Freundin-
nen und Dienerinnen, mit denen sie ihre Entschließungen und die Schicksale der
Menschen unter dem Mondessaale berät.« W. Wägner: Nordisch-germanische
Götter- und Heldensagen, Naunhof 1934, 104–105.

9 Der Flachs, das Stroh, das Gold, alles Gewebematerial ist dementsprechend das
Mondlicht bzw. der Strahl des Lichtgestirns; E. Siecke: Über die Bedeutung der
Grimmschen Märchen für unser Volksthum, 30. Das Gewand ist entweder
selbst mit dem Goldglanz des Lichtgestirns identisch, oder es verhüllt die wahre
Schönheit des Lichtwesens und muß verbrannt werden, damit das Gestirn seine
eigentliche Gestalt zurückerhalten kann, wie in dem Märchen vom ›Eselein‹
(KHM 144); vgl. zum *Motiv des Gewandverbrennens* L. Frobenius: Das Zeital-
ter des Sonnengottes, 349–350.

10 L. Frobenius: Das Zeitalter des Sonnengottes, 214–215, weist auf die polynesi-
sche Geschichte von *Maui* hin, der die Walfischerde, ähnlich der germanischen
Ymir-Mythe, an einem Haken hervorzuholen versucht, den er mit dem eigenen
Blut bestreichen muß; vgl. P. Hambruch (Hrsg.): Südsee-Märchen, Düsseldorf-
Köln 1979, mit einem Nachw. von B. Scheer, 218; Frobenius meinte, das Blut
sei »eine Parallele zur Glut des die Nacht zerteilenden Sonnenaufgangs«; umgekehrt gilt dieselbe Vorstellung demgemäß für den Sonnenuntergang. – Welch
einen Eindruck *der blutig-rote Himmel* beim Untergang der Sonne auf sensible
Menschen noch heute hinterlassen kann, bezeugt die kurze Notiz, die Edvard
Munch seinem Werk ›Der Schrei‹ von 1893 auf der Rückseite einer Lithographie
von 1895 gewidmet hat; er beschreibt dort die Entstehungsgeschichte seines
wohl größten Meisterwerkes mit den Worten: »Ich spazierte mit zwei Freunden
die Straße entlang – die Sonne ging unter, der Himmel färbte sich blutrot – und
ein Hauch von Melancholie befiel mich. Ich blieb stehen, stützte mich zu Tode
erschöpft auf das Geländer; über der Stadt und dem schwärzlich-blauen Fjord
schwebten Wolken wie Blut und Feuerzungen: meine Freunde setzten ihren
Weg fort – ich aber stand wie angewurzelt, zitternd vor Angst. Mir war es, als
hörte ich den ungeheueren, unendlichen Schrei der Natur.« J. Selz: E. Munch;

aus dem Franz. übers. v. S. Ibach, München 1974, 6; Abb. S. 29; vgl. W. Timm: Edvard Munch. Graphik, Berlin-O. 1969, S. 40–41; Abb. 28. – In der ägyptischen Mythologie ist die Himmelsgöttin *Nut* sowohl die Mutter wie die Tochter des Sonnengottes Re (s.u. Anm. 24); das Blut, das die Göttin an jedem Morgen bei der Geburt des Chepre, der Morgengestalt der Sonne, vergießt, färbt nach ägyptischer Auffassung in der Morgendämmerung den Himmel rot; V. Ions: Egyptian Mythology, London 1968; dt.: Ägyptische Mythologie; übers. v. J. Schlechta, Wiesbaden 1968, 47; s.u. Anm. 24.

11 So die Vermutung von E. Siecke: Über die Bedeutung der Grimmschen Märchen für unser Volksthum, 31.

12 Daß die einzelnen Werke der Goldmarie *die Jahreszeiten* bedeuten, zeigt sehr schön das makedonische Märchen ›Das Mädchen und die zwölf Monate‹, das der Grimmschen ›Frau Holle‹ bis in die einzelnen Motive hinein völlig gleicht: Eine Frau hat zwei Töchter, deren eine kränklich und blaß, deren andere, ihre Stieftochter, indessen gesund und kräftig ist. Am liebsten hätte sie ihre Stieftochter ertränken mögen, doch schickt sie diese schließlich voller Heimtücke zum Wasserholen an einen Brunnen in der Nähe eines verzauberten Baumes, in der Erwartung, die bösen Geister würden sie holen und zerreißen. Am Fuße des Brunnens aber sitzen elf Männer und eine alte Frau, nämlich die Großmutter März und die anderen elf Monate. Die Großmutter, als sie die Klagen und die Angst des Kindes wahrnimmt, entgegnet: »Wo Gewalt ist, gibt es kein Recht«, und sie legt dem Mädchen die Frage vor, welches die besseren und welches die schlechteren Monate im Jahr seien. Das Kind antwortet: »Alle Monate im Jahr sind gleich gut und schön; es gibt gar keinen schlechten Monat.« Für diese Antwort segnet die Großmutter das Kind und schenkt ihm von Gott die Gabe, daß für jedes Wort, das es spricht, ihm ein Goldtaler aus dem Munde fällt. Die Stiefmutter, um ihrer kränklichen Tochter ein gleiches Glück zu verschaffen, schickt auch diese zum Brunnen; aber ihre Anwort auf die nämliche Frage lautet, der Januar und Februar seien entschieden die schlechtesten Monate, und auch Großmutter März sei unbeständig und voller Launen; auch die anderen, erklärt sie, »sind nicht viel besser; doch was kann man da schon machen?! Wir sind ihnen ausgeliefert, und sie machen mit uns, was sie wollen«. Für diese undankbare, schwarzseherische und in der Tat »kranke« Antwort wird dieses Mädchen mit der Gabe »gesegnet«, daß ihm bei jedem Wort eine Schlange aus dem Munde fährt. W. Eschker (Übers.): Mazedonische Volksmärchen, Düsseldorf-Köln 1972, 62–65. – Diese Variante des ›Frau-Holle‹-Märchens weiß also sehr wohl um die Beziehung, welche die zwei »Töchter« zum Jahreskreis unterhalten. Ähnliches gilt von dem verwandten Grimmschen Märchen ›Die drei Männlein im Walde‹ (KHM 13), wo das Motiv von der schönen und guten Tochter und ihrer faulen und widerlichen Schwester im Hause einer bösen Stiefmutter gleichermaßen auf ein »Goldreden« zur Belohnung und ein »Krötenreden« zur Strafe für getane bzw. versäumte Dienste in der Winterszeit hinausläuft; die Fortsetzung des Märchens dann entspricht dem Grimmschen Märchen ›Die weiße und die schwarze Braut‹ (KHM 135), das an Motive der Mondmythologie erinnert; E. Siecke: Die Liebesgeschichte des Himmels. Untersuchungen zur indogermanischen Sagenkunde, Straßburg 1892, 3; s.u. Anm. 16.

13 L. Frobenius: Das Zeitalter des Sonnengottes, 202, sprach demgemäß von »Son-

nenwendmythen«. Aber die Mythen schildern nicht bloß das Phänomen der Sonnenwende, sie begründen es vor allem durch ein erstmaliges Ereignis. Von daher schildern sie in einem einzelnen Geschehen die Struktur der bestehenden Welteinrichtung. Ihre Erzählungen sind eine symbolische Metaphysik, und so, als Wesensbeschreibungen der Wirklichkeit, müssen sie auch interpretiert werden.

14 Die kürzeste und wohl älteste schriftlich erhaltene Formel für das Weltbild des ›Frau-Holle‹-Märchens enthält das Fr. 122 des Empedokles: »Da waren die Erdfrau und die weitschauende Sonnenblickfrau, die blutige Zwietracht und die ernst blickende Eintracht, Frau Schön und Frau Häßlich, Frau Hurtig und Frau Spät, die liebreiche Wahrhaftigkeit und die schwarzaugige (?) Verworrenheit.« H. Diels: Die Fragmente der Vorsokratiker. Nach der von W. Kranz hrsg. 8. Aufl., mit Einf. u. Bibliogr. v. G. Plamböck, Hamburg (rk 10) 1957, 69. Bemerkenswert ist, daß auch bei Empedokles der Gegensatz beider Frauengestalten als häßlich und schön, hurtig und spät (= fleißig und faul) beschrieben wird. Die »Erdfrau« in ihrer dunklen Gestalt ist von alters her mit dem Mond verwandt bzw. damit identisch.

15 I. Goldziher: Der Mythos bei den Hebräern und seine geschichtliche Entwicklung. Untersuchungen zur Mythologie und Religionswissenschaft, Leipzig 1876, 51–54, meinte, ursprünglich habe der Mythos nicht in den Kategorien der Zeit, sondern des Raumes und des Augenscheins gedacht, und so habe er nicht nach Tag und Nacht, Sommer und Winter unterschieden, sondern nach Hell und Dunkel, so daß derart unterschiedliche Phänomene wie Regen, Gewitter, Dunkelheit, Nacht, Winter und deren Gegensätze in ein und derselben Gestalt verkörpert werden konnten.

16 Selbst *der Gegensatz des hellen und des dunklen Mädchens* als Verkörperungen von Sonne und Mond dürfte bereits aus einer früheren Schicht des Mythos abgeleitet sein, wonach das helle und das dunkle Mädchen die zwei Seiten des hellen und dunklen Mondes verkörpern. So scheint im ›Frau-Holle‹-Märchen das Spinnen am Brunnen von der Mondmythologie auf die Sonne übertragen worden zu sein (s. o. Anm. 8), während die Arbeit an den Jahreszeiten zweifellos der Sonne zuzuschreiben ist. E. Siecke, der bekannteste und systematischste Vertreter der alten mondmythologischen Schule, räumte beides ein; in: Über die Bedeutung der Grimmschen Märchen für unser Volksthum, 31, hielt er die zwei Schwestern des ›Frau-Holle‹-Märchens für Verkörperungen von Vollmond und Neumond, gab aber zu (a. a. O., S. 32), daß aus dem Zwillingspaar der beiden Mondgeschwister auch Sonne und Mond werden können; ders.: Die Liebesgeschichte des Himmels, 23; ders.: Drachenkämpfe. Untersuchungen zur indogermanischen Sagenkunde, Leipzig 1907; Mytholog. Bibl., hrsg. v. d. Gesellsch. f. vergl. Mythenforschung, 1. Bd., Heft 1, 35; 69; 72; 80. – Die *griechische* Mythologie kennt z. B. für die Mutter des Licht- und Heilgottes Asklepios die Namen Aigle (die Lichte) und Koronis (die Krähe, die Schwarzhaarige also), Namen, die deutlich auf die zwei Gestalten des Mondes verweisen; K. Kerényi: Der göttliche Arzt. Studien über Asklepios und seine Kultstätten, 30–31; 93. – In der Bibel verrät die Geschichte von Rachel und Lea, der schönen und der mattäugigen Tochter Labans in Gen 29, 16–20, noch einen Nachhall dieses offenbar sehr alten Weltbildes. I. Goldziher: Der Mythos bei den Hebräern und seine geschichtliche Entwicklung, 186–188, sah in Lea zwar die untergehende Sonne, die

Nacht, und in Rachel (hebr. »das Schäfchen«) den regenbringenden Wolken-
himmel; aber so wird das nachfolgende Motiv der »vertauschten Braut« (Gen
29, 21–27) nicht verständlich, das unzweifelhaft der unglückseligen »Liebesgeschichte des Himmels« zwischen dem Sonnenbräutigam (Jakob) und der Mondgöttin in ihrer hellen und dunklen Gestalt zugehört. Vgl. E. Siecke: Die Liebesgeschichte des Himmels, 3; vgl. dazu in diesem Buch ›Das Mädchen ohne Hände‹, Anm. 1. – Im Prinzip richtig dürfte, wenigstens im altorientalischen Kultur-
raum, die Vorstellung sein, wonach der Kult des Mondes dem älteren Nomadentum zuzurechnen ist, während die Verehrung der Sonne mit der späteren
Ackerbaukultur verbunden ist; I. Goldziher: Der Mythos bei den Hebräern, 68;
72; 87–88. Während bei den Kleinviehnomaden der Mond, der Regen, die Nacht
als gütige Wesen verehrt wurden, galt ihnen die Sonne, die Hitze, der Tag als
feindlich und böse. Vgl. H. Winckler: Die babylonische Weltschöpfung, in: Der
Alte Orient. Gemeinverständliche Darstellungen, hrsg. v.d. Vorderasiatischen
Gesellschaft; 8. Jg., Heft 1; Leipzig 1906, 10. Erst die Ackerbaukultur dürfte
sich von der Wirkung der Sonne eine freundlichere Vorstellung gemacht haben;
vgl. L. Frobenius: Das Zeitalter des Sonnengottes, 13–14.

17 Zahlreichen Sagen zufolge wohnt die Göttin Hulda oder Berchta in »unterirdischen Räumen, in Bergen, in der Tiefe von Brunnen und Quellen«, wo sie
Scharen von kleinen Kindern behütet; W. Wägner: Nordisch-germanische Göt-
ter- und Heldensagen, 79. Zur Kennzeichnung der Frau Holle auf dem hessi-
schen Meißner vgl. Brüder Grimm: Deutsche Sagen, 2. Bde., [1]1816, 1818; [3]1891;
Neudruck: Zürich (Transitbooks) 1974; Stuttgart (Parkland) o.J., Nr. 4, 5, 6, 7,
8, S. 35–38; zur Parallelgestalt der Frau Berta in Böhmen und Bayern, der Perch-
ta oder der Göttin und Erdmutter Hertha bei den germanischen Avionen, An-
geln u.a. vgl. a.a.O., Nr. 268–269, S. 267–268; Nr. 365, S. 341–342. »In
Deutschland wird Hulda schon im 10. Jahrhundert genannt, und die Phantasie
des Volkes dachte sich dieselbe als eine hohe Frau von wunderbarer Schönheit in
weißem, wallendem Gewand mit goldenem Gürtel. Ein mit silbernen Sternen
gestickter Schleier umhüllt ihr goldenes Haar und fällt auf die Schulter und
Rücken herab, doch ragt am Scheitel eine wirre Locke darüber hervor. In dieser
reizenden Gestalt erscheint sie durch alle Jahrhunderte ... Man erkennt unschwer in ihr die Himmelskönigin Frea oder die nordische Freya, die Göttin der
Schönheit, während der emporgesträubte Haarbüschel anzeigt, daß sie auch im
Sturme dahinfahre«; W. Wägner: a.a.O., 115. Der »Frau Holle« waren zugleich
die Gerichtsstätten heilig, denn wie es das Märchen beschreibt, gilt sie als *Königin der Gerechtigkeit.* »Oft wandelt ihre leuchtende Gestalt mit einem Gefolge
göttlicher Jungfrauen nachts bei Vollmondschein oder auch am Tage durch die
ländlichen Fluren, zieht Furchen mit ihrer Spindel und bezeichnet und heiligt
damit die Grenzen, die kein Frevel zu verletzen wagt. Unter den Bäumen ist ihr
besonders die Linde geweiht, weshalb wohl im Mittelalter die Gerichte im
Schatten dieses Baumes gehalten wurden«; a.a.O., 115. Auch das *Spinnen* gilt
als eine der Göttin Hulda zugeschriebene Tätigkeit; a.a.O., 115. »In Thüringen
erzählt man noch den Kindern, wie die gute ›Holla‹ oder ›Berchta‹ jeden Dienst
vergelte, ähnlich wie die in der Uckermark wandernde Frau ›Harke‹, die nach-
sieht, ob die Mägde ihren Flachs fein säuberlich gesponnen haben«; a.a.O., 461.
Es handelt sich dabei um Volksbräuche der *Wintersonnenwende,* so wie in
Zürich der 2. Januar früher als »Brechtentag – oder Berchtoldsfest« galt. – Als

Erdmutter ist Frau Holle »Spenderin des Werdens, des entstehenden Lebens ...
Da ist sie eine würdige Matrone, bald sitzend auf reich geschmücktem Lehn-
stuhl, bald lustwandelnd in Haus und Garten, und immer umgeben von Scharen
ungeborener oder früh verstorbener Kinder, die sie wartet und mütterlich
pflegt. Sie wohnt in der Tiefe, unter Brunnen, Teichen und Seen; denn das
irdische Leben bedarf in seinem Entstehen und Blühen der Erde und des Wassers«; a. a. O., 115–116. – In der *christlichen Volksüberlieferung* geht die Gestalt
der Großen Göttin in der Person der Jungfrau und Himmelskönigin Maria auf;
vgl. E. Drewermann: Strukturen des Bösen, Bd. 3, S. 45–46; Abb. 16. – Ein
Märchen aus der Schweiz z. B., das dem ›Frau Holle‹-Märchen in wesentlichen
Punkten parallel ist, erzählt, wie die zwei unterschiedlichen Mädchen am Fuße
des Brunnens von Petrus empfangen und dann zu einer guten alten Frau geführt
werden – »Es war die Madonna«; R. Wildhaber u. L. Uffer (Hrsg.): Schweizer
Volksmärchen, Düsseldorf-Köln 1978, 239–242: »Das gute und das böse Mädchen«. Vgl. W. Wägner: a. a. O., 116.

18 Der nordische *Wintergott* ist Uller oder Holler, der auch über das Totenreich
herrscht und die Seelen der Gestorbenen aufnimmt. Er erinnert an die Frau
Holle, als deren Gemahl er wohl verehrt wurde. Sein Symbol war der Ring, bei
dem der Eid geschworen wurde. In der Edda besitzt Uller nicht eigentlich eine
schreckerregende Gestalt, sondern er fährt dort »unbekümmert um Sturm und
Schneegestöber, auf Schnee- und Schlittschuhen« einher. Als Wohnort des Gottes gilt der Palast Ydalir, d. h. Eigentäler; W. Wägner: Nordisch-germanische
Götter- und Heldensagen, 183.

19 Diese Vorstellung ist aus den Quellen der germanischen Mythologie nicht unmittelbar zu belegen, sie ergibt sich aber folgerichtig aus der beherrschenden
Gestalt der Himmelskönigin. Insbesondere verdient die Tatsache Beachtung,
daß das gesamte ›Frau-Holle‹-Märchen ausschließlich weibliche Akteure kennt;
es lebt ganz und gar im Bannkreis der Großen Mutter. Selbst der *Name* der Frau
»Holle« scheint sprachgeschichtlich in älteste Vorzeit zurückzureichen und von
der Urprägung *kall* abgeleitet zu sein; »kall ist jede Vertiefung, jeder Hohlraum,
jede Wölbung, jeder enge Durchlaß, ist Schale, Kehle, Höhle, Wohnstatt, Kult-
höhle, Quell ... Vor allem aber der mütterliche Leib, die Geburt, das Kind, die
Sippe ...« R. Fester: Das Protokoll der Sprache, in: R. Fester, M. E. P. König,
D. F. Jonas, A. D. Jonas: Weib und Macht (s. o. Anm. 6), 80. »Holle« bezeichnet
demnach ursprünglich den gesamten Bereich des Weiblichen, mithin den Ursprung allen Lebens; s. u. Anm. 27.

20 Bereits das »Spinnen« (s. o. Anm. 8) ist – neben seiner Lichtbedeutung – ein
Hinweis auf *das Weben des Schicksals* in Leben und Tod. Frau Holle ist die
Schicksalsfrau schlechthin; K. Paetow: Volkssagen und Märchen um Frau Hol-
le, Hannover 1962, 134; von ihr geht nicht nur das Leben, sondern auch der Tod
aus, und der Gestalt der Großen Göttin eignet daher in allen Religionen eine
gewisse Ambivalenz, wie sie die *indische* Mythologie in der Doppelgestalt der
Parvati, der lieblichen Gattin des Schöpfergottes Shiva, und der menschenfressenden und blutrünstigen Durga-Kali dargestellt hat; H. Zimmer: Myths and
Symbols in Indian Art and Civilization, New York; dt.: Indische Mythen und
Symbole; übers. v. E. W. Eschmann, Düsseldorf-Köln 1972, 196; 219–221; auch
die ägyptische Isis ist beides: Zeugerin des Lebens und Herrin des Totenreiches;
vgl. E. Drewermann: Strukturen des Bösen, Bd. 3, Abb. 5. Holda ist insofern

die lichte Seite der dunklen germanischen Göttin Hel; W. Wägner: Nordisch-germanische Götter- und Heldensagen, 223; M. Magnusson: Hammer of the North, London 1976; dt.: Der Hammer des Nordens. Mythen, Sagas und Heldenlieder der Wikinger; übers. v. U. Stadler; Freiburg-Basel-Wien, 96–97. – In ihrer Wildheit ist Holle eine *Jägerin* (Jagd = Tod); sie »nimmt das Leben, das sie als Kinderfrau gibt, wieder zu sich auf; denn Geburt und Grab, Entstehen und Vergehen, Aufblühen und Welken sind nach dem tiefen Sinn der Mythe nur durch eine Spanne Zeit getrennt.« W. Wägner: a. a. O., 117. – Als Herrin über Leben und Tod tritt die Große Göttin von alters her in enge Beziehung zum Mond, dessen Kommen und Gehen schon von den Menschen der Steinzeit mit dem Zyklus der Frau identifiziert wurde; M. E. P. König: Die Frau im Kult der Eiszeit (s. o. Anm. 6), 117–120. – Der dunkle Aspekt der Frau Holle, den V. Waschnitius (Percht, Holda und verwandte Gestalten, Sitzungsbericht d. kaiserl. Akad. d. Wiss., Wien 1914, Bd. 174) als ursprünglich herausarbeiten wollte, ist im Grunde nur die halbe Wahrheit dieser das ganze Leben in seiner Gegensätzlichkeit umfassenden Gestalt. – Es ist zu bedenken, daß es sich bei dieser weltweit verbreiteten Vorstellung der Großen Göttin völlig unabhängig von geschichtlicher Tradition und Migration um einen archetypischen Gedanken handelt, um einen »Völkergedanken« im Sinne des Ethnologen A. Bastian: Das Beständige in den Menschenrassen und die Spielweise ihrer Veränderlichkeit, Berlin 1868, 78: »Wo keine geschichtliche Übertragung von Mythen nachweisbar ist, muß die Gleichartigkeit auf das organische Wachstumsgesetz des Geistes zurückgeführt werden, der überall die entsprechenden Productionen hervortreiben wird, entsprechend und ähnlich, aber mannichfaltig nach dem Einflusse der Umgebung gewandelt.« – Von daher verwundert es nicht, daß man ein besonders prächtiges Bild der Großen Mutter u. a. in der mesoamerikanischen Bilderhandschrift des ›Codex Borbonicus‹ findet, wo auf p. 13 die Göttin Ixcuina *(Tlazoltéotl)* dargestellt ist: Sie trägt einen rot-schwarzen mit Mondsicheln übersäten Rock und verkörpert somit selbst die helle und dunkle Mondseite; überzogen ist sie mit Menschenhaut, die am Mund von Würmern zerfressen ist. Im Extrem symbolisiert sie also den Tod, der aber als Häutung (des Mondes, der Erde) verstanden wird und im Grunde nur ein Moment im Kreislauf des ewigen Stirb und Werde darstellt. Auf ihrem Haupt trägt die Göttin einen hohen Baumwollschmuck. Ein Kind (die Maispflanze) geht von rechts oben, durch Fußspuren markiert, in sie ein und verläßt sie, aus ihrem Schoß kommend, wieder; dieses Kind trägt den gleichen Kopfschmuck wie die Göttin selbst, wohl zum Zeichen dafür, daß die Göttin sich in der Geburt ihres Kindes selbst von neuem gebiert, K. A. Nowotny (Komm.): Codex Borbonicus. Bibliothèque de l'assemblée nationale – Paris (Y 120). Vollständige Faksimile Ausgabe, Graz 1974, 17; E. Seler: Codex Vaticanus Nr. 3773 (Codex Vaticanus B). Eine altamerikanische Bilderschrift der Vatikanischen Bibliothek, Berlin 1902, 262–265. – Zu dem Doppelcharakter des Weiblichen vgl. E. Drewermann: Strukturen des Bösen, Bd. 3, Abb. 1; 2; 3; J. J. Bachofen: Das Mutterrecht. Eine Untersuchung über die Gynaikokratie der Alten Welt nach ihrer religiösen und rechtlichen Natur, [1]1861; Neudruck: Basel 1948, hrsg. v. K. Meuli, 194–199.

21 Als *Erdmutter* hat Frau Holle die Aufgabe, »wenn der segnende Sommergott Odin während des Winters im Berge schläft, das Leben der Natur« zu erhalten. – Nach einer Sage ist Frau Holle z. B. mit Kaiser Friedrich in den Kyffhäuser

gegangen und sorgt daselbst als seine Schaffnerin für Speise und Trank der
Helden, für die Fütterung der Pferde, überhaupt für den ganzen Haushalt;
W. Wägner: Nordisch-germanische Götter- und Heldensagen, 116. – Auch die
Auffassung von der *Speise, die die Sonne benötigt*, ist archetypisch. Die mittelamerikanischen Azteken und Maya z. B. glaubten, daß die Sonne des Morgens in
ihrer Entkräftung sich von den Herzen geopferter Kriegsgefangener ernähren
müsse, um die Last des neuen Tages tragen zu können; W. Krickeberg: Altmexi-
kanische Kulturen; im Anhang: G. Kutscher: Zur Kunst Altmexikos, Berlin
1975, 220–242; K. Helfrich: Menschenopfer und Tötungsrituale im Kult der
Maya, Berlin 1973, Monumenta Americana, hrsg. v. ibero-amerik. Institut
preuss. Kulturbesitz, Bd. IX, 119–125. – Das Gegenstück zu der Speise, derer
die Sonne zu ihrem Unterhalt bedarf, ist die Speise, die sie den Menschen nach
Art der *wunderbaren Brotvermehrung* (Mk 6,30–44; 8,1–10) oder des *reichen
Fischfangs* (Lk 5,1–8) spendet: »Der Sonnengott gibt ... unerschöpfliche Speise.
Wir finden das in allen älteren Mythologien. Es ist gleichgültig, ob mit einem
Kalbe tausend Menschen genährt werden oder mit ein paar Fischen zehntausend
– es bleibt immer noch so viel übrig, als im Anfang gegeben war.« F. Frobenius:
Das Zeitalter des Sonnengottes, 233. – Davon zu unterscheiden ist *die Speise des
Totenreiches*, deren Genuß ewige Gefangenschaft in der Unterwelt zur Folge
hat, wie in der Mythe der Persephone; K. Kerényi: Die Mythologie der Griechen; Bd. 1: Die Götter- und Menschheitsgeschichten; Bd. 2: die Heroengeschichten, München (dtv 1345, 1346) 1966; I 189.

22 Das Motiv dürfte drei verschiedenen Ursprüngen entstammen. Zum einen ist die
Erdmutter als *Todesgöttin* in sich selbst verschlingend. Mit dieser Vorstellung
geht sodann aufs engste die mythische Ansicht einher, daß die Erdmutter oder
das Ungeheuer des Westmeeres oder ein fressendes Landraubtier, wie der Fen-
riswolf, die Sonne verschluckt; vgl. dazu das reichhaltige Material bei L. Frobenius: Das Zeitalter des Sonnengottes, 223–263. Ein dritter Grund für die Ver-
schlingungsmythe dürfte darin liegen, daß die Große Mutter, die Urfrau, als
Herrin der Tiere vorgestellt wurde. Pandora (Allgabe) z. B., die Urfrau der
althellenischen Mythologie, erhält von der Göttin Athene einen Goldreif mit
der Darstellung wilder Tiere: Hesiod: Theogonie 575–585, in: W. Marg: Hesiod. Sämtliche Gedichte. Theogonie, Erga, Frauenkataloge; übers. u. erl. v.
W. Marg, Zürich-Stuttgart 1970, 58–59. Als Herrin der Tiere kann die Große
Mutter auch in einzelnen Tieren, bes. in der Gestalt des Bären, erscheinen. In
einer Variante des ›Frau-Holle‹-Märchens, in der Geschichte ›Von zwei Mädchen, die Feuer holen gingen‹, wird denn auch berichtet, daß die Kinder jeweils
einen großen Bären an einem Feuer treffen, der ihnen einen Feuerbrand nur
dann überläßt, wenn sie ihn lausen; die Kinder nehmen ihm, als er einschläft,
einen Ring ab und kommen der Reihe nach zu einem Birnbaum, Pflaumenbaum
und einem Backofen, die sie bedienen müssen; während die faule Tochter von
dem Bären zerrissen wird, weil die Bäume und der Backofen dem Untier den
Fluchtweg des Kindes verraten, schützen sie die fleißige Tochter, und als der Bär
von den Birnen, Pflaumen und dem Kuchen im Backofen gegessen hat, zerplatzt
er vor Überfülle; E. Moser-Rath (Hrsg.): Deutsche Volksmärchen. Neue Folge,
Düsseldorf-Köln 1966, 184–186. – Offenbar wirken hier noch eiszeitliche Motive des *Bärenkultes* und das Motiv der *Feuerraubmythe* nach. – Von der prähistorischen Verbindung der Verehrung der Großen Mutter und des Bärenkultes

legen noch heute Erzählungen arktischer und sibirischer Jägervölker Zeugnis
ab; vgl. die ostjakische Mythe von der Mos-Frau in: J. Gulya (Hrsg.): Sibirische
Märchen, 1. Bd.: Wogulen und Ostjaken; übers. aus dem Ungarischen v. R. Fu-
taky, Düsseldorf-Köln 1968, 26–36; E. Drewermann: Strukturen des Bösen,
Bd. 2, 198–201; zur Vorstellung wilder Weiber als Werwölfen und Hexen vgl.
H. P. Duerr: Traumzeit. Über die Grenze zwischen Wildnis und Zivilisation,
Frankfurt 1978, 47–55.

23 So stellten z. B. die Azteken die Erdmutter in einer besonders ausdrucksvollen
Symbolik als eine *Erdkröte* dar, die mit Adlerfängen ausgestattet ist; E. Seler:
Ges. Abhandlungen zur amerikanischen Sprach- und Altertumskunde, Neudruck: Graz 1960; Bd. 2 (1904), 709; 715–716; Bd. 3 (1908), 400. – Dem Untier,
das in der Tiefe heiliger Brunnen haust, wurden vielerorts Menschenopfer, bes.
das Opfer jungfräulicher Mädchen, dargebracht; der Cenote von Chichen Itzá
dürfte das berühmteste Beispiel dafür sein; K. Helfrich: Menschenopfer und
Tötungsrituale im Kult der Maya, 61–62; 82–85. Eine ähnliche Vorstellung
könnte auch dem Brunnenabstieg der beiden Mädchen im ›Frau-Holle‹-Mär-
chen zugrunde liegen. – In der ägyptischen Mythologie wird die Erde als der
Gott Aker in der Gestalt zweier einander den Rücken zukehrender Löwen
verehrt, die den Rachen des Erdgottes im Westen und im Osten repräsentieren;
M. Lurker: Götter und Symbole der Alten Ägypter, Bern-München 1974; Neudruck: München (GG Tb. 11276) 1980, 41–42. Auch das Bild des schwarzen
Panthers erscheint als Symbol des Nachthimmels bzw. des abendlichen und
morgendlichen Horizonts, der die Sonne verschlingt und erneuert hervorbringt;
vgl. I. E. S. Edwards: Tutankhamun: His Tomb and its Treasures, New York
1976; dt.: Tutanchamun. Das Grab und seine Schätze; übers. u. mit Nachw.
vers. v. J. Rehork, Bergisch-Gladbach 1978, 190–191 (Abb. des Panthers); 210–
211 (Abb. des Gottes Aker). – Die ägyptische Himmelsgöttin Nut, deren Hiero-
glyphe ein Krug oder ein Uterus ist, wurde als eine Sau dargestellt, deren Leib
mit zahlreichen saugenden Ferkeln, den Sternen, bedeckt war, die sie allmor-
gendlich verschlang; V. Ions: Ägyptische Mythologie, 47.

24 Wie die Häutung, der Todesaspekt der Erdmutter (s. o. Anm. 20), in sich ein
Moment der Wiederbelebung darstellt, so ist auch das *Verschlingen des Lichtgestirns* eigentlich eine orale Konzeption zur Wiedergeburt; L. Froebenius: Das
Zeitalter des Sonnengottes, 223–263. Besonders schön ist das bekannte ägyptische Bild von der Himmelsgöttin Nut, die als Mutter des Himmelsgottes Re
galt, weil sie jeden Abend die Sonne verschluckte, um sie am Morgen wiederzu-
gebären; V. Ions: Ägyptische Mythologie, 123, Abb. – R. Drössler: Als die
Sterne Götter waren, Leipzig 1976; Neudruck: Gladbach (Bastei-Lübbe Tb.
64051) 1981, 136–139. – *Tiefenpsychologisch* ist die Frau Holle ein Gegenbild zu
der versagenden Mutter; sie ist gütig und gewährend, aber es kostet erst noch
Gewissens»bisse«, um sich auf sie einzulassen. Die orale Ambivalenz dieses
Gegensatzes ist am klarsten im Märchen von ›Hänsel und Gretel‹ (KHM 15)
ausgedrückt. Zum Zusammenhang von Oralität und Schuldgefühl vgl. in diesem
Buch ›Das Mädchen ohne Hände‹, Anm. 34; 35; 36; 37.

25 So sieht F. Lenz tiefenpsychologisch in der »Stiefmutter« »die Vertreterin der
materiellen Sinneswelt« und in der »Frau Holle« die »Herrin der außersinnli-
chen Welt«; F. Lenz: Bildsprache der Märchen, Stuttgart 1971, 207; 211. Eine
ähnliche Zweiteilung von Diesseits und Jenseits, Leib und Seele kennt ›Die

Geschichte von den zwei Königen‹, in: E. Littmann: Die Erzählungen aus den tausendundein Nächten. Vollst. dt. Ausgabe in 12 Bänden, nach dem arab. Urtext der Calcuttaer Ausgabe aus dem Jahre 1839 übertr. v. E. Littmann, Frankfurt (insel tb. 224) 1976, Bd. XI 49–51. – Zur Gestalt der Frau Welt im Mittelalter vgl. das Gedicht von Walther von der Vogelweide: Werlt, du ensolt niht umbe daz, in: Sämtliche Gedichte. Aus dem Mittelhochdeutschen übertragen von K. Pannier; Einl. u. Anm. von H. Steinger, 4. neubearb. Aufl., Leipzig (reclam 819–820 a) 1940, 78–79 (Nr. 62: An die Frau Welt): »Welt, wie soll ich folgen dir, / Wenn du also windest dich? / Willst du dich entwinden mir? / Nein, auch ich kann winden mich.«

26 Insbesondere im Mithraskult wurde der Gott als sol invictus, als Unbesiegter Sonnengott verehrt; M. J. Vermaseren: Mithras, de geheimzinnige god, Amsterdam-Brüssel 1959; dt.: Mithras. Geschichte eines Kultes, aus dem Holländ. übers. v. E. Cartellieri-Schröter; Stuttgart (ub 83) 1965, 76. Das Liebesmahl von Brot und Wein, die Himmelfahrt des Gottes, seine Mittlerstellung zwischen dem höchsten guten Gott (Ahura Mazda) und den Menschen, die Tötung des Stierdrachens, die Einweihungszeremonie – all dies waren Elemente des Mithraskultes, die dem Christentum parallel waren. Vgl. auch M. J. Vermaseren: Religionen im Wettstreit mit dem Christentum, in: A. Toynbee (Ed.): The Crucible of Christianity, London 1969; dt.: Auf diesen Felsen; übers. v. H. Lentner, G. Steinböck, A. Welti, T. Banndorff; Wien-München 1970, 253–260.

27 Die Etymologie ist unsicher. »Huld« ist das Feminin-Abstraktum zu »hold«, aus altnordisch *hylla;* althochdeutsch *»holdo«* ist »Geist«, »Kobold«, ein Wort, dessen kirchliche Ablehnung sich in »Unhold« manifestiert. Die germanische Wurzel dürfte *hal* – »sich neigen« (vgl. »Halde«) sein. Demgegenüber bedeutet die Wurzel *hel* oder *hal*, die auch mit der »Frau Holle« in Verbindung gebracht wird (s. o. Anm. 20), soviel wie »bergen«; die »Hölle« ist ursprünglich das »Bergende« (vgl. »hehlen«). Die eigentliche Vorstellung dabei ist »steinern«, von altnordisch *hella* – »Felsplatte«; vgl. »Hellbank« für »Ofenbank« oder »Hellegat« – Behältnis unter dem Deck des Schiffes; F. Kluge: Etymologisches Wörterbuch der deutschen Sprache, Berlin-New York [21](unverändert) 1975, 314; 319; L. Mackensen: Deutsche Etymologie. Ein Leitfaden durch die Geschichte des deutschen Wortschatzes, Birsfelden-Basel 1977 (Lizenzausgabe), 68; s. o. Anm. 19. – Entsprechend dieser etymologischen Herleitung gibt es in den Sagen das Volk der *Hollen,* höhlenbewohnende Zwerge, die durch verschlossene Türen kommen und gegen die Menschen sich freundlich gesinnt erzeigen; besonders lieben sie kleine Kinder, die sie aber manchmal entführen und in ihren Höhlen verstecken. Ein solcher Ort z. B. ist das »Hollenhol« (die Hollenhöhle) unweit des Dorfes Scharfenberg bei Brilon im Sauerland, wo die Hollen einen Braukessel zur Bierherstellung in ihrer Höhle hatten – für die Psychoanalyse wiederum ein sexuell-weibliches Symbol. Vgl. Westfälischer Sagenschatz, Hünstetten (Opera-Verlag) 1979, 102 (ohne Verfasserangabe).

28 Die alte *naturmythologische Schule* dachte noch bis zur Jahrhundertwende, die Mythen seien ursprünglich nichts anderes als Naturbeschreibungen; sie seien durchaus unsymbolisch, also möglichst buchstabengetreu und wörtlich zu verstehen; als bloße Appellative der Naturerscheinungen seien sie nicht einmal religiösen Inhaltes, sondern nur der Ausdruck einer bestimmten (falschen) Naturbetrachtung; so z. B. I. Goldziher: Der Mythos bei den Hebräern und seine

geschichtliche Entwicklung, 16. In solcher Betrachtung sind die Mythen selbstredend nur noch von rein historischem Interesse, ein Arsenal der Irrungen menschlichen Geistes. Aber auch die naturmythologische Schule mußte anerkennen, daß die Mythen, wenn schon Naturbeschreibungen, so doch *psychologisch bedingte* Apperzeptionen der Natur darstellen, an deren Anschauungsweise gleichermaßen die *soziale* Umwelt gestaltend beteiligt ist; vgl. z. B. L. Frobenius: Das Zeitalter des Sonnengottes, 28–38. Der Mythos ist eine Erzählung, die mit der Darstellung der Natur eine Begründung auch der sozialen Wirklichkeit zu geben versucht, und zwar so, daß der Mensch dabei mit seinen Gefühlen und in seinem Denken in die umgebende Natur wie Kultur eingebettet wird.

$$
\begin{array}{ccc}
 & \text{soziale Umwelt} & \\
 & \uparrow & \\
\text{psychische} & & \text{natürliche} \\
\text{Innenwelt} \quad \leftarrow & \text{Mythos} \quad \rightarrow & \text{Umwelt}
\end{array}
$$

Diese *integrale* Funktion des Mythos schafft ein Einheitserleben, das in sich selbst *religiöser* Natur ist. Die drei Ebenen Psychologie, Soziologie und »Biologie« beeinflussen sich dabei gegenseitig: Je nach der natürlichen Außenwelt wird sich die Psychologie eines Volkes formen, und eine entsprechende Sozialordnung wird zwischen Natur und Psyche zu vermitteln suchen. – Von daher besitzt der Mythos ursprünglich und wesentlich eine *symbolische* und *religiöse* Dimension; und diese vermag auf gültige Weise Wahrheiten auszudrücken, die nur in symbolischen Bildern erfahrbar zu machen sind. Selbst nach Auflösung des mythischen Naturverständnisses und der historisch bedingten Sozialordnung, die ein einzelner Mythos reflektiert haben mag, kann der psychologisch und religiös-philosophische Inhalt eines Mythos (oder Märchens) daher von bleibendem Aussagewert sein. Der Begriff der »Religion« ist dabei in etwa so zu verstehen, wie F. Schleiermacher ihn definierte: als »Anschauen des Universums«; F. Schleiermacher: Über die Religion. Reden an die Gebildeten unter ihren Verächtern (1799). Mit einem Nachwort v. C. H. Ratschow, Stuttgart (reclam 8313 [3]) 1969, 38. Bereits für die älteste »Naturanschauung« des Mythos gilt, was H. Winckler von der babylonischen Mondmythologie und Bruderkampfmythe sagte: »Diese Auffassung löst die Vorstellung schon von dem rein körperlich Geschauten ab und faßt den Vorgang in einem vergeistigten Zusammenhange, indem sie das Spiel von göttlichen Gewalten ... als die eigentliche Ursache ansieht. Der babylonischen Religion ist nicht der Mond oder sonst ein Gestirn die Gottheit, sondern nur eine der materiellen Offenbarungsformen des Geistes.« H. Winckler: Die babylonische Weltschöpfung, in: Der Alte Orient, 8. Jg., Heft 1, Leipzig 1906, 8–9.

29 Vgl. dazu in diesem Buch ›Das Mädchen ohne Hände‹, Anm. 10; 11.

30 Andere Naturgeschehnisse, die den gleichen symbolischen Inhalt verkörpern können, sind, je nach der geographischen Gegebenheit, der Wechsel von Sommer und Winter, von Nordwind und Südwind, der Gegensatz von Wüste und Kulturland etc.; vgl. E. Drewermann: Strukturen des Bösen, Bd. 3, 280.

31 Allerdings zeigen die Parallelen zum Grimmschen ›Frau-Holle‹-Märchen, daß die Begriffe ohne weiteres als Einheit gedacht sind und dementsprechend verstanden werden müssen. Das Schweizer Märchen etwa, das schon den Titel trägt: ›Das gute und das böse Mädchen‹, beginnt mit den Worten: »Es war

einmal eine Frau, die hatte zwei Töchter. Die eine war gut, gehorsam und
fleißig ... Das andere Mädchen war böse, ungehorsam, faul und betete nie sein
Morgen- und Abendgebet«; R. Wildhaber u. L. Uffer (Hrsg.): Schweizer Volksmärchen, 239. – Auf den Gegensatz von Faulheit und Fleiß läuft auch das
deutsche Märchen ›Von zwei Mädchen, die Feuer holen gingen‹ hinaus: E. Moser-Rath (Hrsg.): Deutsche Volksmärchen. Neue Folge, 184–186; s. o. Anm. 22.
Im Hintergrund derartiger Erzählungen sind die *Mythen von den verfeindeten
Geschwistern* zu sehen, deren Entgegensetzung für eine dualistische Weltbe-
schreibung mindestens offen ist. Zur Gestalt des Bösen im Märchen vgl. E. Drewermann: Der Teufel im Märchen, in: Archiv für Religionspsychologie, hrsg. v.
W. Keilbach u. K. Krenn, Bd. 15, Göttingen 1982.

32 So verstand z. B. S. Freud in seiner Trieblehre das psychische Pendant des »Bösen«, den Destruktionstrieb, als ein Verlangen, zum Anorganischen, zum Zustand ungestörter Ruhe und Bewegungslosigkeit zurückzukehren; S. Freud:
Jenseits des Lustprinzips (1920), Ges. Werke XIII 38–40, Frankfurt[1]1940; ders.:
Warum Krieg (1933), Ges. Werke XVI 22–23, Frankfurt[1]1950. – In den Mythen
der Völker erscheint die Trägheit geradezu als metaphysisches Prinzip des Bösen, der Weltzerstörung; vgl. zu diesem Gedanken in der indianischen Philosophie L. Séjourné: Altamerikanische Kulturen; aus dem Französischen übers.
v. M. u. C. Schneider; Frankfurt-Hamburg 1971 (Fischer Weltgeschichte 21),
196–197.

33 Am Ende des 4. Weltzeitalters der aztekischen Weltschöpfungsmythe, am Ende
der Sonne »Vier Wasser«, waren Himmel und Erde wie erstarrt, und die Götter
fragten sich verzweifelt: »Wer wird leben, da der Himmel stillesteht und der
Herr der Erde sich nicht mehr bewegt?« Um eine neue Menschheit zu schaffen,
mußte Quetzalcóatl Knochen aus der Unterwelt holen, die er mit dem eigenen
Blut zum Leben erweckte. – Durch das Selbstopfer des Gottes also wurde der
Tod, der Stillstand der Welt, die absolute Bedrohung des Kosmos überwunden.
So entstand das heutige 5. Weltzeitalter Naollin (»Vier-Bewegung«). – Derselbe
Vorgang wiederholte sich, als die Fünfte Sonne mitten im Himmel stillestand
und binnen kurzer Zeit alles zu zerstören drohte. Damit die Sonne sich bewegte,
mußten die Götter untergehen; aus ihrem Selbstopfer in Teotihuacan erhält sich
nach indianischem Glauben die heutige Welt; L. Séjourné: Altamerikanische
Kulturen, 194–198. Vgl. W. Krickeberg (Hrsg. u. Übers.): Märchen der Azteken
und Inkaperuaner, Maya und Muisca (1928), Düsseldorf-Köln 1968, 19–20.

34 So bestimmte Thomas von Aquin das Gute als etwas, das sich selber als Ziel
mitteilt; Summa theologica I q5 a4 ad 2.

35 Vgl. J. J. Bachofen: Das Mutterrecht, 18–22.

36 Schon für Aristoteles ist das Schöne und das Gute so sehr eine Einheit, daß er
dafür ein und dasselbe Wort gebraucht: die »Schöngutheit« (kalokagathia); das
Schöne ist für ihn das Ziel, die Wesensausrichtung des Guten, der Tugend;
Aristoteles: Nikomachische Ethik 1115[b]12; 1112[b] 6. Ähnlich sagt in der scholastischen Philosophie Thomas von Aquin: Summa theologica I q5 a4 ad 1: »Das
Schöne und das Gute sind dasselbe, da sie auf dem gleichen Sachverhalt gründen, nämlich der Wesensgestalt; deswegen auch lobt man das Gute als schön;
nur der Hinsicht nach sind sie verschieden; denn das Gute ist wesenhaft auf den
Willen ausgerichtet ..., das Schöne aber ist ausgerichtet auf das Wahrnehmungsvermögen.« – Desgleichen definierte I. Kant: »Das Schöne ist das, was ohne

Begriffe als Objekt eines allgemeinen Wohlgefallens vorgestellt wird«, und ver-
band mit »Wohlgefallen« die »Interesselosigkeit«, die Freiheit vom Besitzstre-
ben, daß etwas nur deshalb gefällt und gefallen muß, weil in ihm eine vollendete
Harmonie und Übereinstimmung von Bild und Urbild, von sinnlicher Erscheinung und intelligiblem Wesen angetroffen wird; I. Kant: Kritik der Urteilskraft,
Berlin-Libau[1]1790; Neudruck: W. Weischedel (Hrsg.): Kant, Werke, Band IX–
X, Wiesbaden 1957, 280–281; 288. – Ähnlich meinte F. Schiller, in der Schönheit
sei der Abstand zwischen Materie und Form, zwischen Empfinden und Denken,
der an sich unendlich ist, aufgehoben. »Durch die Schönheit wird der sinnliche
Mensch zur Form und zum Denken geleitet; durch die Schönheit wird der
geistige Mensch zur Materie zurückgeführt und der Sinnenwelt wiedergegeben.« F. Schiller: Über die ästhetische Erziehung des Menschen. In einer Reihe
von Briefen (1795), 18. Brief; in: P. Stapf (Hrsg.): F. Schiller, Werke in 2 Bdn.,
Wiesbaden o.J., II 618–619. – Zur Einheit von Fleiß und Schönheit im ›Frau-
Holle‹-Märchen vgl. die geistreiche, aber oft sehr spekulative Deutung bei
E. Storck: Alte und neue Schöpfung in den Märchen der Brüder Grimm, Bietigheim 1977, 385: »Ihr (der Goldmarie, d. V.) Erdenwirken besteht in zusammen-
wirkendem Tun, welches anstrebt, den Einklang von Innerem und Äußerem in
den Erscheinungen zu finden. Dieser Fleiß bildet, er erfüllt die Urform des
Schönen; da wird die Transparenz reiner Verinnerlichung, das Durchscheinen
des Geistig-Seelischen zum Eindruck.«

37 In der scholastischen Metaphysik ist die ontologische Gutheit mit der Wahrheit
eines Seienden identisch; nur der Vollzug des endlichen Geistes setzt die Differenz von Wissen und Wollen und begründet den Unterschied von Wahrheit und
Gutheit, deren Identität gleichwohl im Vollzug unthematisch mitgesetzt wird;
E. Coreth: Metaphysik. Eine methodisch-systematische Grundlegung, Inns-
bruck-Wien-München[2]1964, 382.

38 Der Widerspruch von Wesen und Erscheinung, die innere Unwahrheit, begründet die Bosheit, die Häßlichkeit und das mangelnde Handlungsvermögen, die
»Faulheit« von etwas. Die psychische Erfahrung, die dieser philosophischen
Ansicht zugrundeliegt, zeigt sich in der »Bequemlichkeitshaltung« des Neuroti-
kers; vlg. H. Schultz-Hencke: Der gehemmte Mensch. Entwurf eines Lehrbuches der Neo-Psychoanalyse, 1940; Neudruck: Stuttgart 1947, 73–75.

39 Sehr schön zeigt dies die aztekische Mythe »Zwei Götter werden Sonne und
Mond«: um das Licht zu spenden, müssen die Götter sich ins Feuer werfen; der
Gott Tecuciztécatl (»Der aus dem Lande der Meerschnecke«, der Mond) erklärt
sich dazu bereit, und auch der armselige, geschlechtskranke Gott Nanauatzin
weigert sich nicht; aber der prahlerische Mondgott bekommt trotz viermaliger
Anläufe Angst, sich im Feuer zu verbrennen, während Nanauatzin allen Mut
zusammennimmt und sogleich den Sprung wagt; daraufhin erst springt Tecuciztécatl auf den Herd. W. Krickeberg (Hrsg. u. Übers.): Märchen der Azteken
und Inkaperuaner, Maya und Muisca, 16–18.

40 S.o. Anm. 16.

41 Diese Bestimmung fällt um so mehr auf, als in zahlreichen Mythen gerade
betont wird, daß stets die Sonne zuerst aufgeht, hernach der Mond, wie z.B. in
der aztekischen Mythologie, s.o. Anm. 39, S. 19. Vielleicht liegt das daran, daß
die Mondmythologie historisch ursprünglicher ist als die Sonnenmythologie,
s.o. Anm. 16; in der Sicht des ›Frau-Holle‹-Märchens erwächst daraus jedoch

ein zunächst recht pessimistisches Weltbild vom scheinbaren Primat des Negativen.

42 Besonders in der *zarathustrischen* Religion steht im Mittelpunkt das Symbol des Flügelmenschen, des weiblich gedachten Genius (Fravashi) des Ahura Mazda, des guten Prinzips; sein Gegenspieler ist der Zwillingsbruder Angra Mainyu; vgl. K.F. Geldner: Die zoroastrische Religion (Das Avesta), Tübingen 1926, 2–3; Yasna 30, 3–5: »Und im Anbeginn waren diese beiden Geister, die Zwillinge, die nach ihrem eigenen Worte das Gute und das Böse (Prinzip) im Denken, Reden und Tun heißen. Zwischen ihnen haben die Guthandelnden richtig gewählt, nicht die Schlechthandelnden.« – Die spätere *Mithrasreligion*, vor allem aber der *Manichäismus*, ist von diesem dualistischen Weltbild tief beeinflußt worden; vgl. H. von Glasenapp: Die nichtchristlichen Religionen, Frankfurt (Fischer Lexikon, Bd. 1) 1957, 237–242 (zum Manichäismus); s.o. Anm. 26.

43 Die Voraussetzung dieser Interpretation liegt in der Regel, in Märchen, Mythen und Träumen Verwandtschafts- und Herkunftsangaben als Bezeichnungen innerer Wesenszusammenhänge zu deuten; vgl. E. Drewermann: Strukturen des Bösen, Bd. 1, S. XVIII–XXXI (zur Kategorie des Anfangs in mythischen Erzählungen).

44 B. de Spinoza: Traktat über die Verbesserung des Verstandes (Auszug), in: Die Ethik nach geometrischer Methode dargestellt (1677); übers. u. komm. v. O. Baensch (²1910); eingel. v. R. Schottlaender, Hamburg 1955 (Philos. Bibl. 92), S. XXVII. – Sehr treffend hat J. Roth diese »Verzweiflung am Endlichen« und den Anfang einer tieferen Gesinnung einmal in der Novelle ›Die Büste des Kaisers‹ wiedergegeben: »Ich habe erlebt..., daß die Klugen dumm werden können, die Weisen töricht, die echten Propheten Lügner, die Wahrheitsliebenden falsch. Keine menschliche Tugend hat in dieser Welt Bestand, außer einer einzigen: der echten Frömmigkeit. Der Glaube kann uns nicht enttäuschen, da er uns nichts auf Erden verspricht.« J. Roth: Die Büste des Kaisers, in: Die Erzählungen. Nachw. v. H. Kesten, Amsterdam-Köln 1973, 193.

45 S. Kierkegaard: Furcht und Zittern. Dialektische Lyrik, von Joh. de Silentio (Kopenhagen 1843), übers. u. komm. v. L. Richter, Hamburg (rk 89) 1961 (Kierkegaard, Werke in 5 Bänden, Bd. 3), 41; 44.

46 S. Kierkegaard: Die Krankheit zum Tode. Eine christliche psychologische Entwicklung zur Erbauung und Erweckung, von Anti-Climacus (Kopenhagen 1849), übers. u. komm. v. L. Richter, Hamburg (rk 113) 1962 (Kierkegaard, Werke in 5 Bänden, Bd. 4), 20; vgl. E. Drewermann: Strukturen des Bösen, Bd. 3, 466–467.

47 Das Bild des Buddha, der, sitzend unter dem Baum von Bodh-Gaya, zu sich selbst und zur Freiheit vom Haften an den irdischen Dingen erwacht, scheint dem Bild des Christus, der am Kreuzesbaum stirbt, geradewegs entgegengesetzt; aber beide Erlösungsbilder setzen ein unendliches Leiden an der Welt und eine Art Sterben voraus, ehe das Erwachen, die Auferstehung in einer anderen Welt, möglich wird; vgl. K. Schmidt (Übers. u. Komm.): Buddhas Reden. Majjhimanikaya. Die Sammlung der mittleren Texte des buddhistischen Pali-Kanons, Hamburg (rk 87–88) 1961, S. 118–125 (36. Sutta).

48 H. Hesse: Das Glasperlenspiel. Versuch einer Lebensbeschreibung des Magister Ludi Josef Knecht samt Knechts hinterlassenen Schriften, herausgegeben von Hermann Hesse, Zürich 1943; Neudruck: Frankfurt (st 79) 1972, 418–419.

49 Dementsprechend stehen an den Eingängen der katholischen Kirchen Weihwas-
serbecken und Taufbrunnen; denn erst durch eine Art von Tod gegenüber der
äußerlichen Welt tritt man in die tiefere Wahrheit des Daseins ein und gelangt zu
dem Ort, an dem die Gottheit wohnt; s.u. Anm. 60. Zur Wiedergeburt aus dem
Wasser vgl. tiefenpsychologisch C.G. Jung: Symbole der Wandlung. Analyse
des Vorspiels zu einer Schizophrenie; Neubearbeitung von »Wandlungen und
Symbole der Libido« (1912); Ges. Werke V, Olten-Freiburg 1973, 376–380;
421–423; E. Drewermann: Strukturen des Bösen, Bd. 2, 417–430; den Brunnen
als »Tor zu vollem Bewußtsein«, »zur Brücke des Aufgangs in das reine, unver-
gängliche Leben« sieht E. Storck: Alte und neue Schöpfung in den Märchen der
Brüder Grimm, 385. – H. Silberer: Probleme der Mystik und ihrer Symbolik
(1914), Darmstadt 1961, 64, verweist auf die Hollenteiche und Hollenbrunnen,
aus denen die kleinen Kinder kommen. »Im Fruchtwasser schwimmen die Kinder... Dieses ›Wasser‹ liegt natürlich in der ›Mutter‹ Erde. Andererseits haben
wir das Wasser der Toten (Totenstrom, Toteninsel usw.). Beiderlei Wasser...
ist der mythische Aufenthalt der nicht (noch nicht oder nicht mehr) in dieser
Welt befindlichen Menschen.«

50 Ähnlich beschreibt schon Homer (Odyssee XXIV 13–14), wie der Gott Hermes
die Seelen der Freier an den Strömungen des Okeanos und an dem Leukadischen
Felsen vorbeiführt und sie dann an den Toren des Helios und an dem Land der
Träume hinübergeleitet, bis sie auf die Asphodeloswiese gelangen, wo die Seelen
wohnen, die Schattenbilder der Verblichenen; W. Schadewaldt (Übers.): Homer, Die Odyssee, Hamburg (rk 29–30) 1958, 307. – Der Asphodelos, den
Homer meint, ist die in den Mittelmeerländern verbreitetste der sieben weiß bis
rosa blühenden Arten der Liliaceengattung Asphodelos, deren Wurzelknollen
der Demeter und Persephone geweiht waren; K. Ziegler u. W. Sontheimer (Bearb. u. Hrsg.): Der Kleine Pauly. Lexikon der Antike, München 1975; Neudruck: München (dtv 5963) 1979, Bd. 1, 651. – Als ein Paradies und eine Blu-
menwiese beschreibt Homer auch die Insel der schönlockigen Nymphe Kalyp-
so, deren Höhle in einem Wald aus Erlen, Pappeln und Zypressen gelegen ist;
Vögel nisten in den Bäumen, Weinreben klettern fruchtbeladen an der Höhlen-
wand, vier Quellen entspringen dort, und »ringsher sproßten kräftig weiche
Wiesen von Veilchen und Eppich«. Homer: Odyssee V 55–70; Schadewaldt:
a.a.O., 64–65. – Auch diese Wiese (oder der Wald, der Garten) ist ein mütterliches Symbol; es ist der Ort der Lebenserneuerung, »das Land, wohin die Ster-
benden gehen« und »woher die Lebenden gekommen sind«; H. Silberer: Probleme der Mystik und ihrer Symbolik, 45.

51 Hiob 38–41.

52 Vgl. die Rede des Stoney-Indianers Tatanga Mani in: T.C. Mc Luhan: Touch
the Earth, 1971; dt.: ... wie der Hauch eines Büffels im Winter. Indianische
Selbstzeugnisse; übers. v. E. Schnack, Hamburg 1979, 29; E. Drewermann: Der
tödliche Fortschritt. Von der Zerstörung der Erde und des Menschen im Erbe
des Christentums, Regensburg (Reihe: engagement) 1981, 107–108.

53 W. Müller: Glauben und Denken der Sioux. Zur Gestalt archaischer Weltbilder,
Berlin ²1970, 118.

54 A. Fol u. I. Marazov: Goldene Fährte Thrakien. Porträt einer schriftlosen
Hochkultur, o.J. (Verlag: Wort und Welt), 30.

55 Vgl. E. Drewermann: Strukturen des Bösen, Bd. 1, Paderborn ³(erw.) 1981;

Nachtrag: Von dem Geschenk des Lebens oder: das Welt- und Menschenbild der Paradieserzählung des Jahwisten (Gen 2,4b–25), 365–378.

56 F. Jammes: Das Paradies der Tiere. Aus dem Franz. übers. v. E. A. Rheinhardt. In: F. Jammes: Der Hasenroman und das Paradies der Tiere. Mit Zeichnungen v. R. Seewald, West-Berlin 1958; Neudruck: Frankfurt (Ullstein Tb. 204) o. J., 134–136. – Ganz ähnlich läßt T. H. White den durch viel Leid geläuterten Ritter Lanzelot du Lac die Vögel sprechen hören; sie lehren ihn, »daß die Welt schön ist, wenn man selber schön ist, und daß man nichts bekommt, wenn man nichts gibt. Und man muß geben, ohne etwas dafür bekommen zu wollen.« T. H. White: The Once and Future King, London 1976; dt.: Der König auf Camelot, 4 Bücher; übers. v. R. Rocholl; Stuttgart 1980; 3. Buch: Der mißratene Ritter, S. 157–158.

57 Der *Backofen* und der *Baum* sind *tiefenpsychologisch*, wie der Brunnen (s. o. Anm. 49), weiblich-mütterliche Symbole, deren Aufeinanderfolge den Stadien der Empfängnis, der Embryonalzeit und der oralen Phase zu entsprechen scheint – ein Prozeß der *Regression* und der schrittweisen *Lebenserneuerung*. – Zur *Baumsymbolik* vgl. E. Drewermann, I. Neuhaus: Der goldende Vogel. Grimms Märchen tiefenpsychologisch gedeutet, Olten-Freiburg 1982, Anm. 10. – Eine eigentümliche Darstellung einer weiblichen Gestalt (der Erdmutter?) unter einem Baum, die von drei Frauen mit Blumen beschenkt und von Sonne und Mond beschienen wird, ist auf einem goldenen Siegelring aus dem Gräberrund A der Burg von Mykene zu sehen: S. Marinatos: Kreta, Thera und das mykenische Hellas. Aufnahmen von M. Hirmer, München ³1976, S. 178 zu Abb. 229; vgl. H. Pars: Göttlich aber war Kreta; durchges. u. mit Nachw. vers. v. H. Guanella, Olten-Freiburg 1976; Neudruck: München (dtv 1649) 1981, 269–273. Zum *Ofen* als Symbol des Sommers wie des Mutterschoßes vgl. H. Silberer: Probleme der Mystik und ihrer Symbolik, 86–87; zugleich ist der Ofen der Ort einer seelischen Verwandlung, a. a. O., 245.

58 E. Drewermann: Strukturen des Bösen, Bd. 1, Nachw. (s. o. Anm. 55), 375–378; ähnlich auch die richtige Intuition von H. Engel: Silberschatz und goldener Schlüssel. Volksmärchen – theologisch erzählt, Sankt Augustin² (erw.) 1980, 31–35. – Als ein Beispiel für viele sei der Anfang der *melanesischen* Mythe ›Bei dem Mond und den Erdbebenmachern‹ wiedergegeben, um zu zeigen, wie selbstverständlich den Naturvölkern das Hören auf die Dinge ist: »Unter einem hohen Berg stand ein Felsen, unter dem Felsen lag ein Dorf. In dem Dorf lebte ein Mann namens Kor. Er war weise und tapfer und gut zu allen Menschen. Er schenkte ihnen sein Herz, und sie schenkten ihm ihre Herzen. Kor beobachtete oft den Mond und die Sterne und unterhielt sich mit ihnen. Manchmal legte er sein Ohr auf die Erde und horchte, was unter der Erde geschah. Er verstand, was die Winde der Erde sagten und was die Geister den Pflanzen sagten.« V. Reis: Märchen aus der Südsee; übers. v. L. Elsnérova, Hanau 1976, 77.

59 Sehr schön beschreibt die folgende Meditationsanweisung die buddhistische Haltung: »So verweile ich, indem ich die Kraft der Freundschaft, die meinen Geist erfüllt, über eine Weltgegend hin sich erstrecken lasse; ebenso über die zweite, die dritte, die vierte, nach oben, nach unten, in die Quere; nach allen Seiten, in aller Vollständigkeit über das All der ganzen Welt hin lasse ich die Kraft der Freundschaft, die meinen Sinn erfüllt, sich erstrecken, die weite, große, unermeßliche, die von keinem Haß weiß, die nach keinem Schaden trachtet.«

Zit. nach: H. Oldenberg: Buddha. Sein Leben, seine Lehre, seine Gemeinde (1881); Neudruck: hrsg. u. mit Nachw. vers. v. H. v. Glasenapp, München (GG Tb. 708–709) 1961, 278.

60 Die Meditation universeller Güte und eines gehorsamen absichtslosen Wohlwollens gegenüber den Geschöpfen hängt auf das engste mit der Erfahrung zusammen, daß alle Dinge dem Menschen heimisch und verwandt sind. Den großartigsten symbolischen Ausdruck hat diese Entdeckung von der Vertrautheit und »Heimeligkeit« der Welt wohl in der Konzeption des »Welthauses« verschiedener nordamerikanischer Indianerstämme gefunden; vgl. W. Müller: Glauben und Denken der Sioux, 130–161. Auch die Architektur *katholischer Kirchen* beschreibt den Grundriß eines solchen (paradiesischen) Welthauses: Das Gewölbe mit den 12 Aposteleuchtern stellt das Firmament mit den 12 Tierkreiszeichen dar; der Altar symbolisiert den Weltenberg, das Kreuz den Baum in der Mitte der Welt, die axis mundi; E. Drewermann: Strukturen des Bösen, Bd. 1, Paderborn ³1981, 369–372 (Nachtrag der 3. Aufl.). Die Symbolik ist dabei die gleiche wie im ›Frau-Holle‹-Märchen: Dort, wo die Gottheit wohnt, ist die Welt für den Menschen ein Zuhause.

61 S.o. Anm. 20; 21; 22; 23; in Mittelamerika und Südamerika verehrten z.B. die Olmeken und die Peruaner der Chavin-Kultur die Jaguargottheit; J.N. Leonard: Ancient America, New York 1967; dt.: Amerika. Die indianischen Imperien; übers. v. A. Blittersdorf; bearb. v. J. Volbeding; Hamburg (rororo life Bildsachbuch 27) 1971, 78–80.

62 In *subjektaler* Deutung kann man natürlich die Bewegungen in der Welt der Frau Holle als *Regression* deuten (s.o. Anm. 37); die Rückkehr in das Haus der Stiefmutter entspricht dann einer neuen Hinwendung zur äußeren Realität; so F. Lenz: Bildsprache der Märchen, Stuttgart 1971, 213. Aber der klassische Prozeß der psychischen Selbstfindung in den Märchen könnte kaum anders beschrieben werden, als daß im Hause der Frau Holle ein verwunschener Prinz wohnte, der nach vielen Mühen heimgeführt würde, so wie es, in Umkehrung der Geschlechterrolle, etwa in ›Die Gänsehirtin am Brunnen‹ (KHM 179) beschrieben wird. Auch Lenz sieht sich daher genötigt, den Reifungsprozeß des ›Frau-Holle‹-Märchens als eine geistige Bewegung, als eine Bewußtseinsänderung zu interpretieren; s.o. Anm. 3.

63 Sehr treffend schildert T.H. White in seiner Nachdichtung der Arthur-Sage, wie der König, von dem Zauberer Merlin in die Weisheit des Tierreiches und »der Gnade des Mitternachtsverstandes« unterwiesen, in die Welt zurückkehren und Frieden schaffen soll; Arthur ist in all seinen Bemühungen gescheitert und von seinen besten Freunden betrogen worden; aber er findet in die Welt zurück durch eben den »Gehorsam«, den das ›Frau-Holle‹-Märchen schildert. White sagt: »Plötzlich empfand er (König Arthur, d. V.) die starke traurige Süße des Seins als Sein, jenseits von richtig oder falsch: daß die bloße Tatsache des Seins das endgültige Richtige war. Er begann das Land unter sich mit einer wilden Sehnsucht zu lieben, nicht weil es gut oder schlecht war, sondern weil es war: wegen der Schatten der Getreidegarben an einem goldenen Abend ... weil die Sterne in den Pfützen heller strahlten als am Himmel ... weil dort unten im Mondlicht Gottes größter Segen für die Welt lag, das silberne Geschenk des Schlafes.« »All die Schönheit seiner Menschen fiel ihm ein statt ihrer Entsetzlichkeit ... Plötzlich sah er die Menschen vor sich, die ein Opfer auf sich genom-

men hatten: Gelehrte, die für die Wahrheit verhungert waren, Dichter, die niemals um des lieben Erfolges willen Kompromisse eingegangen waren, Eltern, die ihre eigene Liebe unterdrückten, damit ihre Kinder leben konnten, Ärzte und Heilige, die gestorben waren, um zu helfen, Millionen Kreuzritter, vorwiegend dumme, die wegen ihrer Dummheit geschlachtet worden waren – doch sie hatten es gut gemeint.« T. H. White: The Book of Merlyn. The Unpublished Conclusion to The Once and Future King, 1958; dt.: Das Buch Merlin. Das bisher unveröffentlichte fünfte Buch von ›Der König auf Camelot‹, übers. v. I. Brender; Nachw. v. F. Hetmann: Merlin. Porträt eines Zauberers. Und: Über Terence Hanbury White, Düsseldorf-Köln 1980, 128–131. – Nur in einer solchen Haltung wird es möglich sein, Idealität und Wirklichkeit zu versöhnen und die Welt zu akzeptieren, wie sie ist: Man muß die Dinge und die Menschen dafür liebgewinnen, daß sie sind, jenseits der moralisierenden Wertungen, und man muß jenseits der Frage nach Ergebnis und Erfolg das wollen, was in sich gut ist – oder doch wenigstens im Augenblick als gut erscheint.

64 Unter persischem Einfluß ist *der Hahn* in seiner Verbindung mit Hermes, Helios-Apollon, Eros, Mithras ein Vogelsymbol der Lichtgottheit; K. Ziegler u. W. Sontheimer: Der Kleine Pauly. Lexikon der Antike, Bd. 2, 1239. Der Hahn war in Griechenland das Opfertier des Heilgottes Asklepios, der durch seine Geburt aus der Mutter Aigle als der hellaufleuchtende Apoll gekennzeichnet ist; die Beziehung des Hahns zum Sonnenaufgang, zur Wiedergeburt, zur Überwindung der Dunkelheit und Krankheit, zur Bewußtwerdung ist in der Asklepiosmythe besonders deutlich. Von dem berühmten Ausspruch, den Sokrates unmittelbar vor seinem Tode tat: »O Kriton, wir schulden dem Asklepios noch einen Hahn, entrichtet ihm den, versäumt es ja nicht« (Platon: Phaidon, 118a), meint K. Kerényi: »Er hätte ebensogut sagen können: ›Die Sonne geht auf, das Licht kommt, danken wir dafür!‹« K. Kerényi: Der göttliche Arzt. Studien über Asklepios und seine Kultstätten, Darmstadt 1956, 67.

65 In gerade diesem Sinne wird man wohl auch das Bild vom »Goldregen« der Frau Holle deuten müssen, vorausgesetzt, daß die Frau Holle mit der germanischen Göttin Freya identisch ist (s. o. Anm. 17). Denn »Freya wird auch die Göttin genannt, die durch ihre Tränen verschönt wird und deren Tränen sich in Gold verwandeln«. J. Jens: Mythologisches Lexikon. Gestalten der griechischen, römischen und nordischen Mythologie, München (GG Tb. 11310) 1958, 141. So weint Freya ihrem Gatten Odin Tränen von rotem Gold über seinen Verlust nach. Die zwei Töchter der Freya nennt Snorri Hnoss (»Kleinod«) und Gersini (»Schatz«); E. Neumann u. H. Voigt: Germanische Mythologie, in: H. W. Haussig (Hrsg.): Wörterbuch der Mythologie, 2. Bd.: Götter und Mythen im alten Europa, Stuttgart 1973, 45–46.

66 E. Drewermann: Strukturen des Bösen, Bd. 3, 584–588; ders.: Der Teufel im Märchen, in: Archiv für Religionspsychologie, hrsg. v. W. Keilbach und K. Krenn, Bd. 15, Göttingen 1982. E. Storck: Alte und neue Schöpfung in den Märchen der Brüder Grimm, 388, meint von der Pechmarie als Inbegriff des Bösen: »Es vergewaltigt Geistiges zu Materiellem.« »Bequem und erden-faul geht dieses Mädchen an der Forderung seines Schicksals vorbei, das ihm aus jedem Ding und Vorgang zuruft: Wandele dich an mir!«

67 M. Buber: Die Erzählungen der Chassidim, Zürich 1949; in: Werke, Bd. 3: Schriften zum Chassidismus, München-Heidelberg 1963, 536.

68 G. Bernanos: Journal d'un Curé de Campagne, Paris 1936, S. 5 (hier eigene
   Übersetzung); dt.: Tagebuch eines Landpfarrers, übers. v. J. Hegner, Zürich
   1975, 9.

Diesem Band liegen folgende Einzelausgaben zugrunde:
Eugen Drewermann/Ingritt Neuhaus: Das Mädchen ohne Hände. Olten 1981
Eugen Drewermann/Ingritt Neuhaus: Marienkind. Olten 1984
Eugen Drewermann: Der Trommler. Olten 1987
Eugen Drewermann: Brüderchen und Schwesterchen. Olten 1990
Eugen Drewermann: Die kluge Else/Rapunzel. Olten 1986
Eugen Drewermann/Ingritt Neuhaus: Frau Holle. Olten 1982.

Eugen Drewermann

Milomaki – oder vom Geist der Musik

Eine Mythe der Yahuna-Indianer
Mythen der Völker tiefenpsychologisch gedeutet
73 Seiten mit 4 Farbtafeln, gebunden

«Die Mythe von Milomaki verdanken wir den Yahuna-
Indianern, die noch heute im tropischen Regenwald Ama-
zoniens leben.
Die Milomaki-Mythe führt in die Welt des Imaginären.
Mythische Helden sind Geschöpfe der Phantasie, und ihr
Ziel liegt darin, daß sie erlebt werden, als seien sie wirklich.
Musik ist etwas Göttliches. Singen und Tanzen schafft
Freude, innere Harmonie; der Mensch ist im Enklang mit
sich und der Welt.
Die weit ausholende, tiefe Deutung der Mythe macht klar,
wie Natur, Gesellschaft und menschliche Geschichte sich
miteinander verbinden. Wer sich mit dieser Mythe einläßt
und der Deutung Drewermanns folgt, wird sich ihrem nai-
ven Reiz kaum entziehen können.»
Main-Echo, Aschaffenburg

Walter-Verlag